Eichert Otto

Vollständiges Wörterbuch zu dem Geschichtswerke des Quintus Curtius Rufus

über die Taten Alexanders des Grossen

Eichert Otto

Vollständiges Wörterbuch zu dem Geschichtswerke des Quintus Curtius Rufus
über die Taten Alexanders des Grossen

ISBN/EAN: 9783337309688

Printed in Europe, USA, Canada, Australia, Japan

Cover: Foto ©ninafisch / pixelio.de

More available books at **www.hansebooks.com**

Vollständiges

Wörterbuch

zu dem Geschichtswerke

des

Quintus Curtius Rufus

über die Thaten Alexanders des Großen.

Bearbeitet

von

Otto Eichert,
Dr. phil.

Dritte, verbesserte Auflage.

Hannover.
Hahn'sche Buchhandlung.
1893.

Vorwort zur dritten Auflage.

Bei der dritten Auflage habe ich den Text von Vogel (1882) zu Grunde gelegt. Die abweichenden Lesarten von Zumpt sind daher weggefallen. Im übrigen wird man finden, daß ich auch in anderer Weise für die Verbesserung des Buches thätig gewesen bin.

O. E.

A.

ā, ăb, *praep.* mit *ablat.* 1) räumlich: a) z. Angabe des Punktes, von welchem weg eine Bewegung stattfindet, v o n, von ... her, von ... weg: proficisci a Persepoli V, 6, 19; redire ab Hammone IV, 8, 1. — b) zur Ang. der Richtung von einem Orte her, von ... aus, von ... her: fremitus accidit a litore IV, 4, 6; daß. häufig zur Bezeichn. der Seite, von wo etwas geschieht oder zur Erscheinung kommt (während im Deutschen hier mehr das „Wo" berücksichtigt wird): cornua a jugo stabant, vom Gebirge ab d. i. bis zum Gebirge III, 9, 6; ab utroque cornu III, 9, 8; a tergo, vom Rücken her, im Rücken III, 1, 19; a fronte, von vorn III, 8, 27; a parte dextra, auf der rechten Seite IV, 9, 6; ab utraque parte X, 9, 12; ab utroque latere V, 1, 15; a laeva, zur Linken IV, 10, 8; ab oriente, im Osten IV, 7, 18; a meridie, gegen Süden VIII, 10, 24; a septentrione IV, 7, 19; ab occidente, nach Westen zu VII, 3, 7; a puppi, am Schiffshinterteile IV, 3, 2; VII, 9, 4; ab imo, zu unterst VII, 3, 9. — c) z. Ang. des Abstandes ob. der Trennung, von: fretum dirimit (dividit) urbem a continenti IV, 2, 1. 2, 7; castra communire duo stadia ab urbe V, 5, 8; daß. auch zur Bezeichn. des Abstandes in der Reihenfolge ob. im Range, nach: ab eo fuit Amyntas V, 2, 5; proximae partes a nobis, die nächste Rolle nach uns VI, 11, 28. — 2) v. d. Zeit: a) von ... an, seit: a primordiis belli IX, 6, 17. — b) nach: ab hoc sermone dimissus VI, 7,

16. — 3) z. Bezeichn. des Ausganges ob. Ursprungs von etw., von, von Seiten: ducere genus ab aliquo IV, 2, 3; nihil metuere ab aliquo VI, 8, 9; litterae ab aliquo III, 6, 4; IV, 1, 7; V, 5, 2; intactus a superstitione IV, 6, 12; vates adhibere a superstitione animi, infolge abergläubischer Gesinnung V, 4, 1; bei passiv. u. intransitiv. Verben v. der bewirkenden Person: servari ab aliquo III, 6, 11; licentia oritur a paucis VIII, 10, 16; destitui a spe IV, 3, 20. — 4) bei den Zeitwörtern des Schützens ob. Sicherns, vor, gegen; f. munio, tueor, vindico, libero, securus.

Abdalonȳmus, i, ein Sidonier IV, 1, 19 ff.

ab-dĭco, 1. „von sich lossagen", daß. nicht anerkennen, verleugnen: patrem IV, 10, 3.

ab-do, dĭdi, dĭtum, 3. „wegthun", daß. verbergen, verstecken: se in saltu VIII, 2, 37; *part.* abditus als Adjekt., verborgen, versteckt: tecta in ultimo saltu VIII, 4, 13.

ab-dūco, xi, ctum, 3. wegführen, mit sich fortführen: alqm VI, 10, 37; equites X, 7, 21; equos VII, 1, 34; alqm ab aliquo, entfernen X, 8, 22. — 2) übtr. zum Abfall verleiten, abspenstig machen: Persas V, 9, 16.

ab-ĕo, ĭi (ivi), ĭtum, ire, weggehen, fortgehen, abziehen: inde VII, 11, 4; conspectu VIII, 3, 5; domos VIII, 6, 20; retro, zurückgehen III, 8, 2; agmen abeuntium V, 13, 13.

Wörterbuch zu Curtius Rufus.

1

ab-horreo, ui; 2. „vor etw. zurück-
schaudern", daß. einer Sache abgeneigt sein, gegen etw. eingenommen sein, von etw. nichts wissen
wollen: a more VI, 9, 36; multum a
fuga V, 8, 10; multum a luxu IV, 6, 3;
procul tanto facinore VI, 7, 11; carmen
auribus abhorrens, nicht zusagend, unangenehm VI, 2, 5. — 2) von etw. verschieden sein, abweichen: colore
a ceteris VIII, 9, 14; moribus VII, 8, 11;
vehiculum cultu a vilioribus III, 1, 14;
gens cultu multum a Persis V, 6, 17;
ingenium multum a luxu IV, 6, 3; cultus paulum a privato III, 6, 19; munia
servilibus ministeriis abhorrentia VIII,
6, 2; aqua haud multum abhorrens a
calore maris, nicht sehr verschieden von
III, 9, 4.

abicio (abjĭcio), jēci, jectum, 3.
(jacio), wegwerfen, hinwerfen:
poculum VIII, 1, 44; insignia imperii
III, 11, 11; amiculum III, 12, 5;
corpus humi, sich zur Erde niederwerfen X, 5, 19; pronum corpus in
humum, sich mit b. Angesicht zu Boden
werfen V, 12, 8; part. abjectus als Ab-
ject., niedergebeugt, kleinmütig
VI, 2, 21.

abĭgo, ēgi, actum, 3. (ago), wegtreiben: equos VII, 9 16; jumenta V,
13, 25.

Abii Scythae, die scythischen Abier,
ein nomadisierender Stamm im nördl.
Asien VII, 6, 11.

abjĭcĭo, s. abicio.

Abisărēs, is, ein König in Indien
VIII, 12, 13 ff. IX, 1, 7; acc. Abisaren
VIII, 14, 1. X, 1, 20.

Abistamĕnēs, is, Alexanders Statthalter in Cappadocien III, 4, 1.

ab-lŭo, lŭi, lūtum (luiturus), 3. ab-
spülen, abwaschen: corpus (aquā)
III, 5, 2. 5; IV, 1, 22; squalorem alcui
IV, 1, 23.

ab-nŭo, nui, nuiturus, 3. „abwin-
ken", daß. (durch Gesten) verneinen,
leugnen: mit acc. c. inf. VI, 7, 7.
11, 35; mit pleonast. non V, 3, 13.

ab-ōmĭnor, 1. etw. als ein Omen
wegwünschen: quod abominor, was
die Götter verhüten mögen VII, 4, 12.

Aborītae, f. Arabitae.

abrĭpĭo, rĭpui, reptum, 3. (rapio),
wegreißen, fortreißen: beluam
IV, 4, 5.

ab-rumpo, rūpi, ruptum, 3. losreißen, (gewaltsam) trennen: membra simulacrorum V, 6, 5; sibi partem
viscerum VI, 9, 19; equites ab exercitu
X, 7, 21; abrumpi ab alquo III, 5, 8;
Graeci a ceteris abrupti, abgeschnitten
III, 11, 18. IV, 15, 22; part. abruptus
als Adject., „abgerissen", daß. steil,
abschüssig: petra VII, 11, 2; rupes
VIII, 11, 3. — 2) übtr. gewaltsam
stören, hemmen: fossae abrumpunt
iter V, 5, 1; spem, abschneiden, vereiteln
X, 8, 17.

abscīdo, cidi, cisum, 3. (caedo) abschneiden, abhauen: lignum sagittae IX, 5, 22; caput VIII, 3, 9; part.
abscisus, „scharf abgeschnitten", daß. v.
Lokalitäten, schroff, jäh: petra VII,
11, 2; rupes V, 3, 17.

ab-scindo, scĭdi, scissum, 3. abreißen, losreißen: vestem III, 11,
25. X, 5, 19; petra VII, 11, 2.

abs-condo, condi (u. condĭdi), dĭtum,
3. verbergen, verstecken: siros VII,
4, 24; alqm in armamentario VI, 7, 23;
in domo VII, 1, 37; fossa abscondit
pedites VIII, 13, 17. — 2) unsichtbar
machen, bedecken: fumus abscondit
caelum VI, 6, 30; nitor siderum caligine absconditur VII, 4, 29; cursus
(amnis) absconditus VII, 10, 3. — 3)
verbergen, verheimlichen: miserias V, 5, 11; montes abscondunt paucitatem IV, 14, 14.

absens, f. absum.

absentĭa, ae, Abwesenheit III,
8, 10; in absentia (= absentibus nobis) V, 3, 8.

ab-sisto, stĭti, 3. „wegtreten", daß.
von etw. abstehen, ablassen: bello
X, 7, 18.

ab-solvo, solvi, solūtum, 3. „losmachen", daß. übtr. freisprechen:

absorbeo   **accendo**   3

alqm VI, 10, 3; VII, 2, 9. — b) etw. „abmachen", daß. fertig machen, vollenden: tecta VII, 6, 26; opera VIII, 10, 31.

ab-sorbĕo, bui, ptum, 2. (schlürfend) verschlingen: mare absorbet alqd IV, 2, 19; siccitas humorem, saugt auf VII, 5, 5.

abs-tergĕo, si, sum, 2. abtrocknen, abwischen: lacrimas V, 5, 8; oculos amiculo VI, 9, 33. — 2) abstreifen, abbrechen (durch zu nahes Vorbeifahren der Schiffe): remos, IX, 9, 16.

abstĭnĕo, tĭnui, tentum, 2. (teneo), „abhalten", daß. reflex. sich einer Sache enthalten, mit *ablat.*: cibo IV, 10, 23; lacrimis V, 4, 24; latratu IX, 1, 31; caedibus V, 13, 19. — 2) verschonen: corporibus V, 6, 8; equis IX, 10, 12; sacris X, 1, 3. — 3) abstehen, ablassen: consilio VIII, 3, 6; armis, nicht gebrauchen VII, 6, 11; nominibus, verschweigen VI, 9, 3.

abs-trăho, xi, ctum, 3. fortziehen, fortschleppen: alqm VIII, 1, 41; ad supplicium III, 2, 17.

ab-sum, abfui (afui) abesse, abwesend sein, nicht da sein VI, 10, 3; VIII, 5, 15; absens, abwesend VI, 9, 27; aus der Ferne IV, 1, 11; übtr. a) nicht vorhanden sein: abest dolor IV, 15, 17; absit invidia X, 2, 24; 9, 6; si invidia abfuerit (s. invidia) IX, 2, 29; si haec calamitas absit, abgesehen von diesem eurem Unglück V, 5, 22; istud procul abest, dies ist keineswegs der Fall IV, 10, 28. — b) fehlen, mangeln: cura abest alcui III, 2, 1. — 2) entfernt sein: procul VII, 8, 23; haud procul a Perside IX, 10, 23; fine mundi IX, 6, 20; haud procul castris VII, 5, 13; procul teli jactu IV, 3, 8; longius montibus III, 9, 10; spatium unius jugeri V, 1, 26; quinquaginta stadia ab aditu III, 4, 2; inde stadia triginta III, 8, 24; ab alqo V, 8, 2; amplius quam ducenta stadia V, 13, 11; haud longius centum stadiis ab alqo IV, 10, 15.

ab-sūmo, mpsi, mptum, 3. „hinwegnehmen", daß. aufbrauchen, wozu verwenden: talenta in congiarium VI, 2, 10. — 2) eine Zeit hinbringen, verbringen: biduum inter cogitationes III, 6, 8; quadriduum per solitudines IV, 7, 15; tredecim dies in obsequium desiderii VI, 5, 32; triginta dies in permutandis stationum vicibus VIII, 6, 11.

Abulītēs, ae, Satrap von Susiana V, 2, 8. 17.

abundē, *adv.* im vollen Maße, mehr als hinreichend, gar sehr III, 6, 19; V, 2, 21.

ab-undo, 1. „überströmen", daß. an etw. Überfluß haben, mit etw. vollauf versehen sein, reich an etw. sein, mit *abl.*: copiā rei IV, 10, 13; VI, 4, 21; copiā opificum IV, 2, 12; auro X, 1, 11; praedā IX, 2, 10; juventute IV, 4, 20; multitudine, an Mehrzahl überwiegen IV, 16, 2; *part.* abundans als Adjekt., reich an etw.: regio abundans frumento IX, 6, 3; copia rerum V, 2, 1.

ab-ūtor, ūsus sum, 3. „aufbrauchen", daß. vergeuden, übel anwenden, mit *abl.*: sanguine alcjus VIII, 7, 11; libertate VIII, 2, 2; nomine in perniciem X, 9, 21.

ac, s. atque.

Acadira, ōrum, Stadt in Indien, diesseit des Ganges VIII, 10, 19.

Acarnān, ānis, ein Akarnane, Bewohner der griechisch. Landschaft Akarnanien (zwisch. dem ambrakischen Meerbusen u. d. Flusse Achelous) III, 6, 1; *plur.* III, 2, 16.

ac-cēdo, cessi, cessum, 3. herantreten: propius V, 11, 4; ad fontem V, 13, 24; propius tribunal IX, 3, 3; propius discrimen, sich der Entscheidung nähern IV, 14, 24. — 2) übtr. (als Zuwachs) hinzukommen: ad summam pecuniae V, 6, 10; ad haec accessit quod („daß") VII, 1, 15; X, 3, 8; mit absol. Satze IV, 13, 10.

accendo, di, sum, 3. (cando), anzünden: faces VIII, 11, 21; lumina X, 5, 16; ignem flatu IV, 2, 13; acer-

1*

vos VIII, 4, 11; vapor accendit harenas, macht glühend IV, 7, 6; VII, 5, 3; calor oram III, 5, 1; übtr. a) v. Personen, anfeuern, entflammen, aufreizen: alqm clamore VI, 1, 10; ad pugnam IV, 15, 28; animum VII, 11, 6; contionem VI, 11, 8; *part.* accensus, entbrannt, entflammt: cupiditate V, 10, 1; cupidine VI, 5, 25; X, 1, 16; ira IV, 6, 24; V, 13, 16; felicitate ad spernendum periculum VIII, 13, 13; supplicio, aufgebracht X, 3, 4. — b) v. Leidenschaften, Zuständen u. dgl., entzünden, erregen: amorem VIII, 3, 6; iram VII, 6, 21; desiderium VII, 5, 7; sitim VII, 5, 2; proelium IV, 15, 19. 23; V, 2, 5. — c) steigern, verstärken: alacritatem IV, 2, 20; fiduciam IV, 2, 10.

accepto, 1. (*v. intens.* v. accipio), annehmen: humus acceptat opus, läßt anbringen IV, 6, 8.

acceptus, 3. „annehmenswert", daß. angenehm, beliebt, wert gehalten: alcui IV, 7, 28; acceptior VII, 2, 33; acceptissimus VII, 2, 11.

accerso, ivi (ii), itum, 3. (Nebenf. v. arcesso), kommen lassen, rufen lassen, herbeirufen: alqm IV, 13, 18; VI, 7, 29; exercitum ab Tanai VII, 4, 15; manum ad alqm, zu jmb. stoßen lassen III, 13, 1. — 2) übtr. a) etw. herbeiführen, herbeiziehen: aegritudo accersiit species imminentium rerum III, 3, 2. — b) sich zu verschaffen suchen, zu gewinnen suchen: honores X, 5, 33; gloriam ex periculo VIII, 13, 25.

accido, idi, 3. (cado), bei etw. niederfallen: genibus alcjus, zu den Knieen jmbs. sich niederwerfen X, 5, 24. — 2) übtr. a) die Sinne treffen: fremitus a litore accidit (erg. ad aures) erschallt IV, 4, 6. — b) (zufällig) sich treffen, sich ereignen, geschehen IV, 3, 18; quicquid accidit III, 6, 6; alqd tristius VII, 1, 23; accidit ut, es trifft sich zufällig X, 8, 13; alcui, es widerfährt jmbm. VIII, 1, 47.

ac-cio, civi, citum, 4. herbeiziehen, herkommen lassen, her-

beischeiben: alqm V, 12, 7; X, 8, 6; milites III, 2, 9; classis ex Graecia accita IV, 1, 36; elephanti ex India acciti V, 2, 10.

accipio, cēpi, ceptum, 3. (capio), annehmen, in Empfang nehmen, empfangen: poculum III, 6, 9; pecuniam IV, 1, 8; dona IV, 3, 2; obsides IX, 1, 22; regnum IV, 1, 18; leges VIII, 5, 19; nomen IV, 7, 25; nemora accipiunt vocem III, 10, 1; alqm ducem, als Anführer annehmen X, 8, 22; alqm praedem V, 4, 13; milites ab alquo, übernehmen III, 3, 1. — 2) aufnehmen: alqm (currum) in medium agmen III, 9, 6; IV, 15, 14; quae austrum accipiunt b. i. der südliche Teil VIII, 9, 3; campi accipiunt fluvium V, 3, 2; Medus amnem V, 4, 7; cavernae accipiunt impetum V, 1, 28; fluvius mari accipitur VIII, 9, 6; opus accipitur, wird angebracht IV, 2, 8; besond. in ein Verhältnis aufnehmen: alqm in deditionem, jmbs. Unterwerfung annehmen VII, 6, 7; in fidem, in seinen Schutz aufnehmen III, 10, 7; IV, 1, 6; V, 6, 2; alqm sospitem IX, 1, 30. — 3) bewirten: alqm hospitaliter VIII, 12, 15; convivio VIII, 4, 22. — 4) mit dem Gehör aufnehmen, vernehmen, hören: alqd VI, 7, 16; IX, 1, 34; vocem VII, 1, 22; signum tuba III, 8, 23; imperium IV, 9, 20; 13, 17; mare famā, durch Hörensagen v. Meere vernehmen IX 9, 6; mit *acc. c. inf.* VII, 8, 12; ex alquo X, 1, 34. — 5) mit dem Urteile als etw auffassen, ansehen: alqd omen V, 2, 15; omen pro tristi IV, 8, 6; alqd in contumeliam, als Beschimpfung aufnehmen V, 2, 19. — 6) annehmen, sich gefallen lassen: conditionem IV, 11, 19; VII, 11, 27; IX, 7, 18; bellum VII, 7, 17; societatem IV, 2, 2; excusationem, gelten lassen VIII, 1, 19; rationem consilii, billigen III, 7, 10. — 7) erhalten, bekommen, empfangen: litteras III, 6, 4; nuntium III, 7, 1; lumen superne VII, 3, 9; lucem VIII, 2, 21; gloriam a majoribus IV, 14, 25; fidem VI, 4, 14; 5, 22; auctoritatem VIII, 5, 18; vos cultu

nitentes accepi, habe überkommen X, 2, 24; von schlimmen Dingen, erleiden: injuriam VI, 8, 8; vulnus III, 11, 9; IV, 6, 12; cladem IV, 12, 15.
accipiter, tris, *m.* Habicht III, 3, 17.
acclāmātio, ōnis, *f.* Zuruf X, 7, 6; *plur.* VII, 2, 7; IX, 4, 23; X, 7, 6.
ac-clāmo, 1. „zurufen", insb. mißfälliges Geschrei erheben X, 2, 16.
accŏla, ae, Anwohner: maris III, 2, 9; Oceani IV, 5, 5; Tanais VI, 6, 13; sedis IV, 7, 18.
ac-commŏdo, 1. „anpassen", dah. zukommen lassen, hergeben: virum rebus humanis X, 6, 6; effigiem diis, verleihen IV, 7, 23; *part.* accommodatus als Adjekt. angemessen, für etw. geeignet: aulae VIII, 8, 21.
ac-curro, curri, cursum, 3. herzueilen IX, 5, 11.
accūsātor, ōris, Ankläger VII, 2, 6; X, 1, 2.
accūso, 1. (causa), anklagen: alqm X, 1, 37.
ācer, cris, cre, „scharf, schneidend", dah. übtr. a) scharfsinnig: acer consilio VII, 2, 33. — b) v. b. Gemütsart, streng, unerbittlich: vindex V, 12, 5. — c) stark, heftig: ventus IV, 3, 17; flatus IV, 2, 8; impetus III, 13, 8; pestilentia IX, 10, 13; cupido ad Venerem VI, 5, 32.
ăcerbĭtās, atis, *f.* „herber Geschmack", dah. v. Betragen, Härte: inimicorum VI, 8, 22.
ăcerbus, 3. „herb von Geschmack", dah. bitter, schmerzlich: mors IX, 6, 19.
ăcervus, i, aufgeschütteter Haufen VIII, 4, 11; frumenti IV, 10, 12.
Acesīnēs, is, Fluß in Indien, jetzt Tschinab, nimmt den Hydaspes u. Hydrastes u. Hyphasis auf u. fällt in den Indus VIII, 9, 8; IX, 3, 20; 4, 1, 8.
Achaei, ōrum, Bewohner von Achaja IV, 13, 29; VI, 1, 20.
Achāja, ae, das nördliche Küstenland des Peloponnes, seit Eroberung von Korinth 146 v. Chr. Name für ganz Griechenland als römische Provinz IV, 5, 14.
Achillēs, is, Sohn des Königs Peleus in Thessalien u. der Nereïde Thetis VIII, 4, 26; *acc.* Achillen IV, 6, 29.
ăciēs, ēi, „Schärfe, Schneide", dah. übtr. Sehkraft, Blick: acies fallitur VII, 11, 21. — 2) die eine scharfe Linie bildende Fronte des aufgestellten Heeres, Schlachtordnung, Schlachtreihe: Macedonum III, 2, 13; cornūs IV, 12, 11; peditum IV, 13, 29; pedestris III, 9, 4; equestris VII, 9, 13; clipeata VII, 9, 9; anceps III, 7, 9; media, Mitteltreffen, Centrum IV, 14, 14; ultima, Hintertreffen IV, 13, 34; aciem instruere IV, 13, 21; explicare IV, 12, 19; in acie stare IV, 16, 19; universae acies, ganze Korps IV, 16, 24. — 3) metonym. a) Schlacht, Feldschlacht III, 3, 28; 6, 3; IV, 16, 28; V, 5, 5; suos in aciem educere IV, 1, 35; in aciem ire V, 1, 19; (exire) V, 1, 19; IX, 4, 25; alqm in aciem sequi V, 9, 1; acie decernere IV, 13, 24; acie vincere IV, 1, 13; superare III, 7, 4; cadere in acie IV, 1, 28; in acie occidi VI, 9, 23; caedi III, 11, 27; deici III, 5, 5; alqm ex acie persequi IV, 1, 27. — b) Schlachtfeld V, 1, 17; currus vagantur tota acie VIII, 14, 9; ruina equorum complet aciem IV, 15, 15.
ăcĭnăcēs, is, *m.* krummer persischer Säbel III, 3, 6; acinacem stringere IV, 15, 30.
ac-quiesco, ēvi, ētum, 3 ausruhen, schlafen: in aede VIII, 6, 3; gravi sopore VI, 10, 12; somno IX, 5, 30; in lecto IX, 8, 25; reliquum noctis IV, 13, 16; toto die et nocte proxima VIII, 6, 27. — 2) übtr. a) sich der Ruhe erfreuen: sub tutela Romanae mansuetudinis IV, 4, 21. — b) in etw. seine Befriedigung finden, sich mit etw. trösten: in filio VI, 10, 31; alieno supplicio VI, 10, 9.
acquīro, sivi, situm, 3. (quaero), dazu erwerben: fatigari acquirenda praeda, mit Erwerbung neuer Beute sich abmühen IX, 2, 10.

ācrĭter, *adv.* „ſcharf", daß. hißig, heftig, lebhaft VII, 9, 10; *comp.* acrius IV, 13, 8; spiritus acrius concitatur III, 10, 3; fretum acrius furit IV, 2, 16; acrius imperare, gebieteriſcher VIII, 14, 20; acrius quam constantius proelium inire, mit mehr Hiße als Beharrlichkeit IV, 6, 14; *superl.* acerrime VIII, 14, 9.

actum, i, ſ. ago.

ăcŭlĕus, i, Stachel IV, 14, 13.

ăcŭo, ŭi, ūtum, 3. ſchärfen, wetzen: gladium in alqm VI, 9, 20. — 2) übtr. anſpornen: necessitas ignaviam acuit V, 4, 31.

ăcūtus, 3. ſpitz zulaufend, ſpitzig: cacumen VIII, 11, 6.

ăd, *praep.* mit *acc.*, zu, nach, an: venire ad urbem III, 1, 22; feindl. gegen: contendere ad hostem IV, 12, 2, 24; VI, 6, 19. — 2) v. b. Richtung, gegen, nach: manus ad caelum tendere IV, 10, 34; Cilicia vergit ad mare III, 4, 7; ad occidentem IV, 7, 19; ad orientem VI, 6, 23; ad septentrionem VI, 4, 17. — 3) v. der Ausdehnung, bis zu: pertinere ad mare III, 9, 8; V, 4, 6; attinere ad Tanaim VI, 2, 13; urbs ad solum diruta III, 10, 7; ad medium, bis zur Mitte VII, 3, 10. — 4) v. der Nähe, in der Nähe von, bei, an: venire ad Mazagas VIII, 10, 22; castra ad Babylona ponere III, 2, 2; subsistere ad jugum montis III, 11, 2; stare ad fores VIII, 6, 13; excubare ad praetorium III, 12, 3; ad tabernaculum (ad praetorium) VI, 8, 17; III, 12, 3; ad limen VIII, 6, 22; ad oram III, 1, 19; ad Oceanum IV, 4, 20; ad plagam orientis, im Morgenlande IV, 9, 16; ad manus esse, zur Hand ſein IV, 2, 18. — 5) v. d. Zeit: a) v. Eintreffen auf einen Termin, zu, auf: ad praestitutam diem, zur feſtgeſetzten Friſt III, 1, 8; ad ultimum vitae, am Ende ſeines Lebens X, 1, 42; ad ultimum, zuletzt III, 12, 20; IV, 14, 19; V, 1, 38. — b) bis zu (einem Zeitpunkt): ad noctem III, 2, 3; ad ultimum vitae III, 12, 18; ad mortem V,

1, 2; ad ultimum, bis zuletzt V, 8, 3; 12, 11. — 6) bei Zahl- u. Maßbestimmungen, bis zur Höhe von, an die, gegen III, 3, 13; V, 1, 31; 41, 5, 5; VII, 8, 8; VIII, 12, 11; als *adv.* III, 11, 27. — 7) von dem, was noch hinzukommt, zu, außer: ad hoc, zu dem, außer dem IV, 7, 13; 8, 4; 13, 4; VII, 1, 15; ad haec III, 10, 7. — 8) bis zu: ad internecionem IV, 11, 18; ad satietatem IV, 10, 15; ad unum (omnes), bis auf den letzten Mann IV, 1, 33; VII, 5, 32. — 9) v. Zweck, für: ad usum III, 1, 20; ad explorandum iter III, 7, 6; ad hoc, für dieſen Zweck V, 5, 22; VIII, 1, 12; ad hoc ipsum, eigens dazu III, 11, 11; IV, 3, 3. — 10) v. der Veranlaſſung, zufolge, auf, bei: ad hanc vocem, auf dieſe Botſchaft V, 2, 19; ad nutum V, 12, 2; ad nomen, auf den bloßen Namen V, 10, 2; ad sonum, nach dem Schall IV, 15, 32; ad conspectum, beim Anblick V, 3, 10; ad spem, infolge b. Hoffnung IV, 7, 1; ad famam IV, 1, 30; ad haec (inquit), hierauf IV, 10, 28; 13, 22; ad minus IV, 6, 27. — 11) in Beziehung auf, in Hinſicht auf: impedimento esse ad cetera IV, 2, 15; intentus ad nutum IV, 2, 13; 3, 27; rudis ad aliquid VI, 6, 9; VIII, 2, 24; interritus (pavidus, pervicax) ad omnia IV, 10, 4; VIII, 14, 23; X, 3, 6; insignis ad memoriam (ad famam) IV, 4, 19; IX, 5, 1; cupido ad Venerem VI, 5, 32; ad haec, in Beziehung hierauf III, 3, 4. — 12) gemäß, nach: iter dirigere ad cursum siderum VII, 4, 28; ad modum lunae spatium dirigere VIII, 9, 36; ad hunc modum, auf dieſe Weiſe IV, 11, 16; IX, 2, 12; ad quem modum VIII, 5, 19.

ad-dīco, xi, ctum, 3. „zuerkennen", daß. zu eigen geben, ganz u. gar ergeben: alcui credulitatem suam VII, 7, 8.

ad-do, dĭdi, dĭtum, 3. beigeben: equis frenos VIII, 5, 4. — 2) hinzuthun, hinzufügen: homines imperio X, 3, 7; additis septem milibus equitum, mit Hinzufügung von, nebſt III,

2, 6; 9, 1; V, 3, 3; VI, 4, 2. — 2) übtr.
in der Rede hinzufügen, hinzu=
setzen: metum mortis („Schreckbild des
Todes") VIII, 3, 5; denuntiationem
belli IV, 4, 18.

ad-dŭbĭto, 1. sich zum Zweifel
hinneigen, einiges Bedenken
tragen: mit folg. an („ob nicht")
X, 9, 14.

ad-dūco, xi, ctum, 3. heranzie=
hen: moles VIII, 10, 32. — 2) herbei=
führen, wohin führen: alqm ad alqm
III, 3, 3; in regiam VI, 2, 9; pedites
(ex Graecia) V, 1, 40; VI, 6, 35; IX,
3, 21. — 3) übtr. a) jemb. in eine Lage
bringen, versetzen: alqm ad mortis
periculum X, 8, 5; usque ad mortis
metum, bis zur Todesangst bringen VI,
8, 5. — b) jemb. zur Überzeugung
bringen: mit acc. c. inf. X, 2, 19.

1. **ădĕō,** adv. „bis dahin", daß. so
sehr, sogar, in dem Grade, der=
gestalt III, 11, 12; mit folg. ut IV,
13, 32; 15, 11; non adeo, eben nicht
VIII, 9, 11 (f. notus); adeo non, so wenig
III, 12, 22; VII, 1, 26; IX, 10, 30. —
2) sogar: adeo etiam VI, 3, 7; 9, 36.

2. **ad-ĕo,** ĭi, ĭtum, ire, herangehen,
sich nähern: propius IV, 7, 25; X,
8, 9; alqm III, 7, 15; 10, 8; V, 13, 9;
aliquis adiri potest, man kann vor jemb.
kommen IV, 5, 20. — 2) wohin gehen
ob. kommen, einen Ort besuchen,
betreten, wohin gelangen: oraculum IV, 7, 5; contionem X, 8, 6; quae
(„in welche Gegend") IX, 4, 18; quaecunque („wohin nur immer") IV, 9, 14;
qua adeunt Hyr-caniam, wo der Zu=
gang ist nach VI, 4, 3; concilium mortalium, sich in den Kreis der Sterblichen
mischen VI, 11, 25; faucibus Syria aditur, man gelangt III, 8, 13; solitudines
adeuntur, werden betreten IV, 7, 10;
interiora, man bringt ein VI, 5, 13;
petra aditur, läßt sich ersteigen VII,
11, 2; adiri posse, zugänglich sein III,
9, 6; IV, 10, 3; VI, 5, 24; flumina non
possunt adiri, sind unpassierbar IV, 10,
3. — 3) milit. wohin vorbringen,
vorrücken, ziehen: Aegyptum IV,
6, 30; Indiam VII, 1, 24; terras IV,
4, 20; urbes IV, 7, 9; regionem IV, 9,
2; finem Persidis V, 2, 16; terminos
rerum IX, 2, 28; Oceanum IX, 3, 22;
mare IV, 4, 19; gentes VII, 8, 19; IX,
8, 4. — 4) aliquem, jemb. angehen,
sich an jemb. wenden IV, 11, 19; VI,
7, 28; IX, 7, 24; X, 4, 3; regia patet
adeuntibus, („zur Audienz") VIII, 9, 27.
— 5) übtr. einer Sache entgegengehen,
etw. übernehmen: discrimen belli
III, 1, 10; periculum, in Gefahr ge=
raten IV, 15, 21. 25; 16, 20.

ad-ēquĭto, 1. heranreiten, her=
ansprengen: in primos ordines VII,
4, 33; ad perarmatos IV, 9, 23.

adf... f. **aff...**

adfŏre u. **adforem** f. **assum.**

adg... f. **agg...**

adgnosco, f. **agnosco.**

ad-haerĕo, haesi, haesum, 2. an etw.
hangen, mit etw. zusammenhän=
gen: terra adhaeret continenti III, 1,
13. — 2) übtr. sich an etw. festklam=
mern, Teil an etw. haben: parti
tantae fortunae X, 5, 37.

ad-hĭbĕo, ŭi, ĭtum, 2. (habeo), „her=
anhalten", daß. v. Personen, zu etw.
dazunehmen, hinzuziehen: alqm
VII, 11, 6; interpretem VIII, 12, 9;
parentes alcui, vorführen VI, 10, 30;
alqm consilio, zur Beratung ziehen VI,
8, 1; X, 6, 15; convivio zum Mahle ziehen
VIII, 1, 22; 5, 9; consilium, berufen
IV, 13, 3; absol. zu Rate ziehen: vates
V, 4, 1 (f. a 3). — 2) zu bestimmtem
Zwecke herbeibringen, daß. in Anwen=
dung bringen, anwenden: blan-
ditias VIII, 3, 2; solacia IV, 10, 23;
curam III, 12, 22; remedia alicui X,
2, 21; modum tormentis, Einhalt thun
VI, 11, 17; animum plenum alacritatis,
beweisen IX, 2, 25.

adhortātĭo, ōnis, f. Anmahnung,
Aufmunterung III, 11, 9; VII, 9, 9.

ad-hortor, 1. ermahnen, auf=
muntern, anfeuern: alqm IV, 15,
19; ad proelium III, 13, 8.

ad-hūc, adv. bis hierher, bis
jetzt III, 2, 15; IV, 14, 13. 18; VI, 3, 9;

adicio

VII, 7, 15; VIII, 5, 19. — 2) noch immer, noch III, 5, 2; IV, 5, 4; 13, 13; VIII, 1, 36; 13, 27; vulnus adhuc tepens IV, 6, 19; vulnera adhuc calida IV, 15, 17; auch jetzt noch VII, 4, 37. — 3) noch mehr: implere VIII, 8, 12; penetrare, noch weiter IX, 3, 13; quassa adhuc voce, mit immer mehr gebrochener Stimme VII, 7, 20.

ădĭcĭo, jēci, jectum, 3. (jacio), heranwerfen: laqueos funium, um die Klippen werfen VII, 11, 15; insignia capiti, aufsetzen X, 10, 13. — 2) hinzufügen, hinzuthun, dazugeben: vestes V, 5, 24; talenta VIII, 12, 16; scuta IV, 9, 3; manum VI, 6, 36; copiis milia Graecorum III, 2, 9; captivos remiges classi IV, 5, 18; regionem dicioni (finibus) IV, 1, 26; 8, 13; alqm societati VIII, 6, 9; patrem stragi filiorum X, 5, 23; aggeri latitudinem, größere Breite geben IV, 3, 8; ira adicitur ad violentiam, gesellt sich zu VIII, 1, 41; absol. magnitudini adicere, die Größe erhöhen VIII, 14, 13. — 3) übtr. in der Rede hinzufügen, hinzusetzen: minas VII, 1, 17; mandata X, 5, 4; mit *acc. c. inf.* III, 13, 2; IV, 7, 27; V, 3, 13; mit folg. ut X, 7, 9.

ădĭgo, ēgi, actum, 3. (agio), „herantreiben", bah. v. Geschossen, hineintreiben: telum adigitur, bringt ein IX, 5, 24; sagitta per loricam IV, 6, 17.

ădĭmo, ēmi, emptum, 3. (emo), „an sich nehmen", bah. wegnehmen, entreißen, rauben: imperium alcui IV, 14, 24; opes VIII, 6, 6; vitam VI, 10, 32; spiritum VI, 10, 33; gloriam VIII, 1, 23; pulvis adimit prospectum V, 13, 12; obscuritas conspectum oculorum VII, 11, 20; alqm hinraffen VIII, 8, 17.

ădĭtus, ūs (adeo), das Hinzugehen, b. Zutritt: ad urbem VIII, 10, 23; regis, zum König X, 3, 5; naturae situs difficilis aditu, schwer zugängliche natürliche Lage IV, 4, 15; homo aditu facili, leicht zugänglich IX, 8, 23. — 2) als Ort, Zugang, Eingang III, 4, 2; VI, 8, 18; VII, 11, 9; artus V, 3, 3; per-

admiror

angustus III, 4, 7; domūs VI, 8, 20; nemoris VII, 2, 28; finium VIII, 13, 2; übtr. aditum spei praeparare, einen Weg zur Hoffnung anbahnen V, 9, 3.

ad-jungo, nxi, nctum, 3. „anknüpfen", bah. *passiv.* adjungi, sich anschließen, angrenzen: mare adjunctum, angrenzend V, 4, 9; Phrygia Hellesponto adjuncta X, 10, 2; regio petrae VIII, 11, 25; Phrataphernes confinio Massagetis adjunctus VIII, 1, 8; Macedones Thessalis adjuncti, sich anschließend an III, 9, 8. — 2) hinzufügen, sich anschließen lassen: *passiv.* sich enschließen; aliquos VIII, 1, 10; turmas IV, 13, 29; equitibus dimachas V, 13, 8; curribus militem IV, 12, 10; munimenta VIII, 2, 22; se alcui X, 7, 16; adjunctis sagittariis, nebst den Bogenschützen IV, 13, 31; V, 1, 41. — 3) durch irgend welche Bande vereinigen, verbinden: se alcui VI, 7, 15; se alcui socium VI, 9, 17; aliquam nuptiis (matrimonio) sibi, sich mit einer ehelich verbinden IV, 5, 1; VIII, 4, 29.

ad-jŭvo, jūvi, jūtum, 1. helfen, unterstützen, fördern: alqm IV, 8, 8; ictum VII, 4, 37; effectum VIII, 13, 22; adjutus opibus IV, 1, 16; subst. adjuvantes, die Helfenden V, 4, 18.

adl... s. all..

ad-mētĭor, mensus sum, 4. zumessen: frumentum copiis, liefern VIII, 12, 6.

admĭnĭcŭlum, i, Stütze VIII, 2, 39; 4, 7; corporis (*gen. epexeget.*) VII, 3, 17. — 2) übtr. Stütze, Beistand VIII, 4, 7.

ad-mĭnistro, 1. „Handreichung thun", bah. verwalten, leiten: res X, 7, 9.

admīrābĭlis, e, bewundernswürdig: ars VII, 5, 42.

admīrātĭo, ōnis, f. Bewunderung, Staunen IV, 13, 23; mit *gen. object.*: regis III, 6, 17; laudis VIII, 14, 46; laudum („Ruhmesthaten") VIII, 5, 10.

ad-mīror, 1. bewundern, anstaunen: alqm VII, 6, 20; felicitatem III, 4, 11; magnitudinem animi IV, 1,

admisceo 18; VII, 10, 7; admirandus, bewundernswert X, 5, 29. — 2) sich verwundern X, 9, 9; mit *acc. c. inf.* VII, 10, 5; IX, 6, 10.

ad-miscĕo, scŭi, xtum, 2. „beimischen", dah. beifügen: sagittarios III, 9, 9.

ad-mitto, misi, missum, 3. „wohin lassen",dah.jemb.zulassen, einlassen: purgamenta urbis, aufnehmen X, 2, 7; lumen, hereinfallen lassen VII, 3, 9; in sedem Cyri admitti, erhoben werden VI, 3, 12. — 2) vor sich lassen: alqm III, 5, 11; 12, 9; VI, 8, 14; VIII, 3, 11; in tabernaculum VII, 7, 9. — 3) übtr. a) zulassen, gestatten: alqd VI, 9, 21; cupido X, 5, 29. — b) Straffälliges zulassen, sich zu Schulden kommen lassen, verschulden: alqd VI, 7, 32; IX, 6, 13; facinus X, 1, 2; (in alqm) VII, 6, 15.

admŏdum, *adv.* „bis ans volle Maß", dah. bei Zahlen, wohl an die, mindestens IV, 9, 24; 12, 6. — 2) überaus, völlig, sehr: raro admodum IV, 13, 25; necessarius VI, 6, 14; fidus III, 6, 1; laetus III, 2, 10; juvenis VII, 2, 12; admodum exiguum tritici VII, 4, 23.

ad-mŏnĕo, ŭi, ĭtum, 2. an etw. mahnen, erinnern, auf etw. aufmerksam machen: alqm alcjus rei III, 10, 4; IV, 10, 21; 14, 20; alcjus, an jemb. III, 6, 15; VI, 9, 29; *mit acc. c. inf.* III, 10, 8; IV, 12, 16; X, 1, 26. — 2) ermahnen, auffordern: alqm VII, 5, 7; mit folg. ut IV, 15, 2; V, 2, 19; VI, 8, 15; VII, 1, 12; mit Konjunktivsatz VII, 2, 36.

admŏnĭtus (nur *abl.* gebräuchl.), die Mahnung, das Anmahnen: admonitu alcjus IV, 13, 25.

ad-mŏvĕo, mōvi, mōtum, 2. heranbewegen, heranbringen, heranführen: ignem VIII, 4, 15; canes IX, 1, 32; equos, vorführen V, 1, 42; VIII, 6, 4; gladium jugulo, ansetzen VI, 7, 12; hastam pectori VIII, 2, 4; filium collo, auf den Arm nehmen III, 12, 26; liberos pectori patris, an die

adolesco

Brust des Vaters führen VIII, 3, 3; alqm genibus alcjus, auf jembs. Kniee legen VIII, 10, 35; alqm dexterae regis, dem Könige zur Handreichung zuführen VI, 5, 4; se lateri alcjus, sich an jembs. Seite drängen VII, 1, 14; se stipitibus, sich schleppen zu VIII, 4, 7; aedificia admota sunt muris, sind nahegerückt V, 1, 26. — 2) v. Kriegsmaschinen u. Truppen, vorschieben, heranführen, heranrücken lassen: machinas IV, 4, 10; arietes VIII, 2, 22; tormenta muris VIII, 10, 27; turres IV, 6, 9; V, 3, 7; VI, 6, 34; copias (oppido) III, 7, 8; VII, 11, 11; IX, 1, 27; exercitum (ad urbem) III, 1, 1; IV, 6, 10; VIII, 2, 22; rciem IV, 13, 21; ordines equitum VII, 9, 5; nahe bringen, heransegeln lassen, navigia IV, 2, 20; naves IV, 2, 9; classem ad moenia (litori) IV, 3, 13; 4, 6; scalas, anlegen IX, 1, 18; naves urbi admoventur, segeln an IV, 3, 16; agger urbi admovetur, rückt vor gegen IV, 2, 21; absol. heranrücken IX, 4, 27. — 3) in Anwendung bringen, anwenden, zur Hülfe nehmen: folles IV, 2, 13; vim IX, 4, 13; preces V, 10, 14; fomenta corpori III, 6, 14; tormenta VI, 1, 11, 31; IX, 7, 8; manus, Hand anlegen IX, 5, 25; infestas manus corpori, sich feindlich am eigenen Körper vergreifen VII, 1, 23; manus operi, Hand ans Werk legen VI, 7, 14; manus lanae, sich mit Wollarbeit beschäftigen V, 2, 19; nulla externa ope admota, ohne Zuthun einer Gewalt des Feindes V, 12, 16. — 4) übtr. a) naherücken, herbeiführen: occasionem VIII, 6, 16; diem leti, beschleunigen VIII, 9, 33; alcui desiderium, erwecken VI, 2, 19; nova praesidia, an die Hand geben, eingeben IV, 3, 24; spes propius admovetur, rückt näher IX, 9, 7; bellum, nahet, X, 9, 1. — b) wozu befördern, erheben: alqm in fastigium VI, 9, 22; in locum amicitiae IX, 2, 7.

adn... s. **ann...**

adŏlesco, lēvi, dultum, 3. heranwachsen, erstarken VI, 5, 15; adul-

adopto — **adversus**

tus, herangewachsen VIII, 2, 35; virgo III, 11, 25; filius IX, 1, 28; liberi V, 1, 17. 42.

ad-opto, 1. „auserſehen", inẛb. an Kindesſtatt annehmen, adoptieren: alqm VI, 11, 25.

ad-orĭor, ortus sum, 4. „ſich aufmachen", bah. ſich an jemb. machen: alqm ferocius, beſtürmen X, 2, 12. — 2) feinbl. angreifen: alqm IV, 2, 24; 15, 21; VII, 6, 18. — 3) übtr. ſich an etw. machen, etw. unternehmen, beginnen: mit *inf.* III, 1, 6; IX, 4, 6.

ad-orno, 1. mit etw. ausſtatten, ſchmücken: alqm armis V, 9, 1; loricas (arma) auro VII, 5, 4; 8, 16; vestes adornant alqm III, 3, 11 (ſ. rego); accipitres adornant auro aurei pallam III, 3, 17; vehicula adornata IX, 10, 26; tunica gemmis adornata III, 3, 13; currus argento et auro adornati X, 1, 24.

ad-ōro, 1. anflehen, zu jemb. beten: praesidem deum VIII, 10, 16.

adp... ſ. **app...**
adquiesco, ſ. acquiesco.
adquīro, ſ. acquiro.
ads... ſ. **ass...**
adsc... ſ. **asc...**
adsp... ſ. **asp...**
adst... ſ. **ast...**
ad-sum, ſ. **assum.**
adt... ſ. **att...**

adūlātĭo, ōnis, f. (kriechende) Schmeichelei IV, 7, 26; VIII, 5, 6.

adūlātor, ōris, (kriechender) Schmeichler VIII, 5, 8.

adūlescens, tis, junger Mann, Jüngling VI, 11, 37.

adūlescentĭa, ae, jugendliches Alter, Jugend VI, 10, 33.

adūlor, 1. eigentl. v. Hunden, „ſchmeichelnd ſich anſchmiegen", bah. (kriechend) ſchmeicheln: alcui IV, 1, 19.

adultus, a, um, ſ. adolesco.

ad-umbro, 1. „beſchatten", in ber Malerei: „ſkizzieren", bah. übtr. nachahmen, barſtellen: mores Macedonum X, 3, 14.

ad-ūro, ussi, ustum, 3. anbrennen, verſengen: manus III, 8, 15; papillam VI, 5, 28; v. b. Sonne: adusta erant ora („bie Lippen") IV, 7, 13; vom Froſt: rigor adurit pedes, macht erſtarren VII, 3, 13.

ad-věho, xi, ctum, 3. herzuführen, herbeiſchaffen: commeatus IV, 2, 2; VI, 2, 15; materiem IV, 2, 18; *passiv.* advchi, herzugefahren kommen, (zu Schiffe) anlangen III, 9, 10; in Asiam IV, 3, 11.

advěna, ae, Ankömmling, Fremder IV, 8, 6; VII, 3, 16; abjekt.: rex, von fern gekommen V, 8, 11.

ad-věnĭo, vēni, ventum, 4. ankommen: ex Macedonia III, 1, 24; Cypro IV, 3, 11; ex proelio VII, 7, 39.

advento, 1. (*v. intens.* v. advenio), (raſch, mit Macht) herbeikommen, anrücken III, 8, 10; IV, 10, 9; V, 12, 9; ex Macedonia III, 7, 8; tempus discriminis adventat III, 8, 20.

adventus, ūs, Anrücken, Anmarſch III, 4, 15; hostium III, 8, 24.

adversārĭus, i, Gegner, Feind III, 11, 6.

adversor, 1. ſich widerſetzen: adversantibus diis, gegen ben Willen ber Götter VI, 10, 32.

adversum, ſ. adversus.

adversus ob. **adversum,** *praep.* mit *acc.* „gegen... hin", bah. feinbl. gegen: adversus alqm III, 4, 1; IV, 14, 13; 15, 13; adv. calamitatem IV, 11, 17; adv. majestatem VII, 1, 21; invictus adv. multitudinem IX, 2, 13. — 2) gegenüber, in Hinſicht auf: adv. velocitatem V, 8, 2; invictus adv. libidinem X, 1, 42; adv. ea VII, 6, 23; tutus adv. ictus VII, 9, 2.

adversus, 3. (*partic.* v. adverto), „zugewenbet", bah. entgegenſtehend, gegenüber befinblich, entgegen: ex adverso, gegenüber, entgegen IV, 16, 21; IX, 5, 4; in adversum, nach vorn, bem Feinbe entgegen IV, 9, 5. — 2) v. menſchl. Körper, vorn: vulnera adverso corpore accipere, vorn auf ber Bruſt III, 11, 9; IX, 5, 16; fodere ad-

versa ora alcjus, jemb. von vorn burch-
bohren IV, 15, 31. — 3) v. Elementen:
ventus, entgegen wehend IV, 3, 8; adverso amne, den Strom aufwärts X, 1,
16; flumen agitur adversum, wird stromaufwärts getrieben IX, 9, 9; subire adversum flumen, den Fluß hinauffahren
IX, 10, 1. — 3) übtr. a) Widerpart
haltend, feindlich: alcui VI, 8, 2;
dis adversis, gegen den Willen der
Götter IV, 10, 6. — b) ungünstig,
widrig: valetudo III, 7, 1; fortuna,
widriges Geschick V, 10, 2; res adversae,
Mißgeschick, Unglück V, 11, 6; in adversis rebus IV, 3, 7; rebus adversis,
bei ungünstigem Erfolge IX, 6, 10; subst.
adversa, schlimme Lage VIII, 4, 11.
ad-verto, ti, sum, 3. hinwenden,
hinrichten: agmen parti, gegen den
Teil (des Ufers) VIII, 13, 19; oculos
V, 11, 4; übtr. animum rebus, seine
Aufmerksamkeit den Umständen zuwenden
V, 9, 17.
ad-vŏco, 1. herbeirufen, berufen:
alqm in regiam X, 6, 1; in consilium,
zur Beratung III, 8, 6; contionem IX,
4, 19; consilium IV, 11, 1.
ad-vŏlo, 1. herbeifliegen IV, 8, 6;
herbeieilen VIII, 2, 4; citatis equis V,
12, 15.
ad-volvo, volvi, volūtum, 3. her-
beiwälzen: advolvi genibus alcjus,
sich zu den Knieen jemds. werfen IV, 6,
15; pedibus alcjus III, 12, 17.
aedēs u. aedis, is, f. Gemach, Zim-
mer VIII, 6, 3. 13. — 2) plur. Haus,
Wohnhaus IV, 4, 12; V, 6, 7; IX,
10, 25.
aedĭfĭcĭum, i, Gebäude V, 1, 26;
VII, 3, 8.
aedĭfĭco, 1. (aedes u. facio), erbauen: regiam cedro V, 7, 5; navigia
IX, 1, 3; classem IX, 3, 21.
aeger, gra, grum, krank, leidend
VII, 1, 22; ex vulnere VII, 7, 5; corpore V, 13, 7; aeger animi (gen. relationis), krank am Geiste, verstimmt IV,
3, 11.
aegrē, adv. mit Mühe, mit Anstrengung III, 11, 15; IV, 4, 9; kaum

noch VII, 5, 10; haud aegre, ohne Mühe
IV, 3, 10; non aegre IX, 5, 9. — 2) mit
Überwindung, ungern V, 9, 13;
aegre ferre, ungern sehen, schmerzlich
empfinden, unwillig sein über etw.: alqd
VIII, 6, 7; X, 2, 6; mit folg. quod III,
6, 3; mit acc. c. inf. IV, 6, 13.
aegrĭtūdo, ĭnis, f. Kummer, Küm-
mernis, Sorge III, 3, 2; animi III,
5, 10.
Aegyptĭus, 3. ägyptisch: vates IV,
10, 4; subst. Aegyptii IV, 1, 28; X,
10, 13.
Aegyptus, i, f. Ägypten III, 7, 11;
11, 10; IV, 1, 27; 7, 2.
aemŭlātĭo, ōnis, f. „Nacheiferung",
bah. Eifersucht IX, 7, 4; dignitatis,
auf das Ansehn VI, 8, 2.
aemŭlor, 1. zu erreichen streben,
nacheifern: alqm IX, 4, 23; gloriam
IX, 10, 24; fastigium regiae VI, 6, 2;
morem, nachahmen VI, 2, 2.
aemŭlus, 3. nacheifernd, subst.
Nebenbuhler: regni, um die Herrschaft
V, 7, 2.
Aeŏlis, ĭdis, f. Landschaft Mysiens
in Kleinasien, nördl. vom Hermaëfflusse
IV, 5, 7; VI, 1, 3, 3.
aequālis, e, gleichmäßig, gleich:
usus VII, 6, 11. — 2) gleichalterig:
alcui VIII, 13, 21; subst. Altersgenosse
VII, 11, 8.
aequē, adv. auf gleiche Weise,
ebenso IV, 7, 26; mit folg. quam VI,
9, 36.
aequĭtās, ātis, f. „Gleichheit", dah.
übtr. billiges Verfahren III, 12, 24.
aequo, 1. eben machen: campos
IV, 9, 10; omnia solo, dem Boden gleich
machen VIII, 10, 8. — 2) gleichmäßig machen: fortuna aequat certamen inter viros VI, 1, 9. — 3) (im
Range) gleichstellen: alqm alcui X,
9, 8; se dis X, 5, 33. — 4) gleichkommend erreichen, gleichkommen:
aggere altitudinem moenium IV, 6,
21; opus (agger) aequat fastigium
aquae (summae terrae) IV, 2, 19; VIII,
10, 31; munimentum turres IV, 6,
22; horti aequant altitudinem mu-

rorum V, 1, 32; humeri verticem VII, 4, 6; beluae corpora navium X, 1, 12; stipites crassitudine spatium octo cubitorum V, 1, 33; fastigium montis aequatum est VI, 6, 29; pondus aequat quinquaginta talenta III, 13, 16; multitudo aequat exercitus V, 10, 3; agmen luxuriam, kommt an Üppigkeit gleich VIII, 9, 29; aequare cursum (velocitatem) equorum IV, 1, 2; VIII, 14, 18; alqm gloria IX, 4, 23; palma IX, 2, 29; specie corporis VII, 9, 19.

aequor, ŏris, n. „Ebene", dah. Meeresfläche, Meer X, 1, 12; profundum IV, 7, 11.

aequus, 3. „eben", dah. v. Terrain, günstig, vorteilhaft: aequior locus VI, 1, 6. — 2) (der Beschaffenheit nach) gleich: aequis viribus dimicare VI, 1, 2; pugna stat utrimque aequis viribus VII, 4, 33. — 3) übtr. a) gleichmütig, gelassen: aequo animo, mit Gleichmut IV, 6, 4; 14, 23; V, 9, 12. — b) günstig, gewogen: alqm aequis oculis videre VIII, 2, 9; aequis auribus audire VIII, 5, 20. — c) billig, gerecht: aequum est VI, 10, 25; aequa desiderare IV, 8, 13.

aerěus, 3. ehern: clipeus IV, 3, 25; IX, 7, 19.

aes, aeris, n. Erz, besond. Kupfererz III, 2, 7; 3, 26; X, 1, 19. — 2) metonym. Geld: aes alienum, Schulden X, 2, 9. 24; professio aeris („der Schulden") X, 2, 10.

Aeschylus, i, ein Rhodier, Statthalter Alexanders in Ägypten IV, 8, 4.

Aesculapius, i, Sohn des Apollo, Gott der Heilkunde III, 7, 3.

aestās, ātis, f. Sommer III, 5, 1.

aestimātio, ōnis, f. „Wertbestimmung", dah. Schätzung, Überlegung: vera IV, 7, 29; anceps et caeca IX, 9, 2; sera IV, 12, 21; secreta III, 6, 5; alqd eadem aestimatione metiri, mit ebendemselben Maßstabe III, 1, 7.

aestimātor, ōris, Abschätzer: immodicus sui, sich selbst übermäßig schätzend VIII, 1, 22.

aestimo, 1. abschätzen, taxieren: numerum IV, 9, 11; paucitatem VII, 11, 25; res V, 6, 4; alqd pretio, nach dem Preise VIII, 9, 19; amphoras ducenis denariis, veranschlagen auf VII, 4, 23. — 2) dem innern Werte nach schätzen, würdigen, ermessen, beurteilen: situm locorum IV, 6, 8; fidem III, 7, 14; famam in hoste VIII, 14, 46; alqm vere (juste) IV, 16, 33; X, 5, 26; habitu corporis, nach dem Äußeren V, 5, 17; animum vultu VI, 7, 33; animum magnitudine corporis VII, 8, 9; equum non eodem animo, mit ganz anderer Zuneigung schätzen VI, 5, 18; alqd vita, nach dem Leben abschätzen, dem Leben gleich achten V, 5, 18; alqd magni (quanti), hoch (wie hoch) anschlagen V, 9, 2; VII, 7, 14; pluris, höher schätzen: vitam honesta morte V, 8, 6; ex hoc aestimari potest, man kann daraus abnehmen IV, 4, 16. — 3) prägn. hochschätzen: speciem in liberis IX, 1, 26. — 4) wofür erachten, wofür halten: vitam unicum bonum IX, 6, 19; alqm pro socio IV, 1, 28.

aestīvus, 3. sommerlich: tempus, Sommerzeit IV, 12, 14; sol VII, 5, 3; subst. aestiva, ōrum, Sommerlager: aestiva agere („halten") V, 8, 1.

aestus, ūs, „wallende Bewegung", dah. wallende Hitze, Glut IV, 7, 13; V, 13, 23; VII, 5, 5; fervidus X, 10, 10; intolerabilis IV, 7, 6; intolerandus VIII, 9, 13; plur. Sonnengluten V, 4, 9. — 2) wogende Strömung, brandende Flut IV, 9, 20; IX, 9, 7; secundus X, 1, 12; insb. die mit der Ebbe periodisch wechselnde Flut des Meeres IV, 7, 20; IX, 4, 10; 9, 18. 22. 25; secundo aestu, bei günstiger Strömung X, 1, 12.

aetās, ātis, f. Lebensalter (jedesmaliges) Alter III, 6, 19; 12, 16; pueri hujus aetatis VIII, 8, 3; flos aetatis, Blüte der Jahre IV, 8, 7; VII. 2, 4; robur aetatis, Kraft der Jahre VI, 10, 33; plur. Altersklassen III, 11, 22. — 2) Jugendalter, Jugend VII, 2, 12; X, 5, 26. — b) hohes

Alter III, 11, 24; VI, 9, 4; VIII, 1, 19; IX, 3, 17; segnis VIII, 9, 32; gravis aetate VII, 4, 34. — 2) Zeitalter, Zeit III, 5, 5; 12, 22; IV, 14, 10; praesens VIII, 5, 11; longa V, 2, 12; *plur.* Menschenalter VIII, 1, 13; 6, 6; IX, 7, 13; metonym. Geschlecht IX, 10, 28.

aeternus, 3. ewig, von ewiger Dauer: ignis III, 3, 9; imperium VIII, 8, 12; memoria IV, 14, 24. — 2) von Ewigkeit her, ewig: constitutio V, 11, 10; sordes IV, 1, 22.

Aethiōpia, ae, Land am oberen Nil (Habesch u. Abyssinien) IV, 8, 3.

Aethĭopes, um, b. Äthiopen IV, 7, 18.

Aetōli, ōrum, die Bewohner Ätoliens im westl. Griechenland, südl. von Thessalien u. Epirus III, 2, 16.

affectio, ōnis, *f.* (afficio), Gemütszustand, Stimmung: praesens VII, 1, 24.

affecto, 1. (*v. intens.* v. afficio), eifrig nach etw. streben, trachten: imperium IV, 14, 21; regnum IV, 6, 4; regium fastigium X, 10, 14; immortalitatem IV, 7, 31.

affectus, ūs (afficio), Gemütsbewegung, Leidenschaft IV, 5, 3; VII, 1, 24.

affēro, attŭli, allatum, affere, herbringen, herbeibringen, bringen: dona IV, 7, 9; coronam donum („als Geschenk") IV, 2, 2; cibaria camelis IX, 10, 17; remedium III, 6, 2; litteras alcui IV, 5, 1; nomen, mitbringen IV, 14, 4. — 2) übtr. a) beibringen, vorbringen: indicium conscientiae VII, 1, 31; consilium, erteilen V, 11, 7; VII, 4, 9; argumentum, als Beweis anführen VI, 4, 18; vim corpori, jemds Person Gewalt anthun X, 9, 20. — b) überbringen, hinterbringen: alqd VIII, 6, 21; IX, 6, 5; conditiones pacis IV, 11, 19; nuntium III, 7, 4; 12, 5; arcana VI, 7, 3; terror („Schreckensnachricht"), affertur mit *acc. c. inf.* VII, 32. — c) beibringen, bewirken: odium alcui X, 7, 5.

afficio, fēci, fectum, 3. (facio) jemd. etw. anthun, ihm etw. widerfahren lassen: alqm aegritudine, mit Kummer erfüllen IX, 9, 23; desiderio sui VI, 6, 18; horrore, durchschauern VIII, 10, 7; vario modo suppliciorum, auf verschiedene Weise verstümmeln V, 5, 5; *passiv.* affici supplicio, hingerichtet werden IV, 5, 18; clade, Niederlage erleiden X, 6, 6; dolore, Schmerz empfinden VI, 3, 15; verberibus, gegeißelt werden VII, 11, 28; affectus frigore (fatigatione) erschöpft VII, 3, 1; VII, 11, 17; periculo, heimgesucht IX, 8, 22

affīgo, xi, xum, 3. anheften: alqm cruci, kreuzigen IV, 4, 17; VI, 3, 14.

affīnĭtās, ātis, *f.* Verwandtschaft durch Heirat, Verschwägerung VIII, 1, 9; IX, 3, 22.

affirmātio, ōnis, *f.* Versicherung, Beteuerung VI, 11, 35; IX, 1, 3.

affirmo, 1. „festmachen", dah. versichern, beteuern: alqd V, 10, 14; mit *acc. c. inf.* III, 1, 16; IV, 5, 20; jurejurando VI, 7, 4; per deos IV, 10, 30. — 2) als zuverlässige Wahrheit hinstellen IX, 1, 34.

afflīgo, xi, ctum, 3. „anschlagen", dah. beschädigen, verletzen: crus saxo IV, 6, 23; afflictus vulnere IX, 5, 10. — 2) „zu Boden werfen", dah. übtr. a) niederwerfen, stürzen: imperium IV, 14, 20. — b) niederbeugen, in Betrübnis setzen: desiderio affligi IV, 8, 9.

afflŭo, xi, xum, 3. „heranfließen", dah. v. einer Menschenmenge, heranströmen IX, 5, 7.

affōre u. **affōrem**, s. assum.

Afrĭca, ae, Afrika IV, 4, 20; 9, 1; Aegypto juncta (Libyen) IV, 8, 5.

Afrĭcus, i, Südwestwind IV, 2, 7.

āfui, s. absum.

Agalasses, rum, Volk in Indien IX, 4, 5.

agāso, ōnis, Stallknecht, Reitknecht VIII, 6, 4.

Agăthōn, ōnis, Anführer der leichten Reiterei Alexanders V, 1, 43; X, 1, 1.

agēma, ătis, *n.* Name der ersten der acht Schwadronen der berittenen mace-

Agenor — **ago**

bonisch. Nobelgarbe (der Hetärenreiterei) IV, 13, 26; V, 4, 21.

Agēnŏr, ŏris, König in Phönicien, Vater des Cadmus u. der Europa, Gründer von Tyrus u. Sidon IV, 4, 15. 19.

ăger, gri, Ackerland, Saatland, Acker V, 5, 24; *plur.* Felder, Ländereien V, 6, 17; VII, 8, 24; campi agrique III, 10, 10. — 2) zur Stadtgemeinde gehöriges Land, Gebiet IV, 1, 4. 11; 14, 2; V, 1, 4; Persidis V, 3, 17.

agger, ĕris, *m.* (ad u. gero), Aufschutt, Erdschutt VIII, 10, 27. — 2) meton. Aufschüttung, Damm IV, 2, 21; 3, 8; 6, 21; VIII, 10, 30.

1. aggĕro, 1. (agger), aufdämmen: humum IV, 3, 9.

2. aggĕro, gessi, gestum, 3. (ad u. gero), herbeitragen, herbeischaffen: arbores VI, 6, 29; faces igni V, 7, 7; humum IV, 3, 9; VI, 5, 20; frons aggesta VIII, 10, 17.

Aggrammēs, is, König der Gangariden u. Prasier in Indien: *acc.* Agrammen IX, 2, 3.

aggrăvo, 1. „schwer machen", das. übtr. drückender machen, erschweren: dolorem VIII, 10, 29; sortem III, 13, 12.

aggrĕdior, gressus sum, 3. (gradior), „heranschreiten", das. überfallen, angreifen: alqm VI, 13, 4; VIII, 6, 14. — 2) übtr. zu einer Thätigkeit schreiten, sich an etw. machen, etw. unternehmen: nihil sine divina ope III, 6, 18; mit *inf.* VIII, 4, 11; IX, 1, 4. 10; aggressus solvere III, 1, 17 (ei=turbae).

aggrĕgo, 1. (grex) beigesellen: se aggregare ob. *passiv.* aggregari, sich beigesellen, sich anschließen: alcui IV, 5, 17; 15, 9.

Agis, Idis, König der Lacedämonier, fiel 330 v. Chr. in der Schlacht bei Megalopolis gegen Antipater, Statthalter von Macedonien IV, 1, 39; *acc.* Agin VI, 1, 3. — 2) ein Dichter aus Argos: *acc.* Agin VIII, 5, 2.

ăgĭto, 1. (*v. intens.* v. ago), mit Gewalt treiben, das. auftreiben, auf-

jagen: feras VIII, 1, 13; übtr. a) verfolgen, beunruhigen: alqm III, 3, 2; VI, 10, 14. — b) im Geiste hin u. her bewegen, das. betreiben, im Sinne haben, erwägen, beabsichtigen: alqd V, 10, 10; VIII, 6, 29; X, 3, 6; in animo IX, 6, 26; consilium IV, 5, 17; V, 8, 10; scelus V, 10, 1; diversa VIII, 3, 14; mit *inf.* IV, 13, 16; VI, 4, 9; mit folg. ut VII, 5, 22; mit Fragesatz VIII, 5, 5; de aliqua re, an etw. denken VIII, 13, 21.

agmen, inis, *n.* (ago), Zug, Marsch des Heeres, in agmine, auf dem Marsche unterwegs III, 7, 15; V, 12, 20; VII, 1, 22. — 2) konkr. Heereszug, Marschkolonne: peditum III, 2, 13; equitum III, 11, 9; equestre X, 9, 14; gravius, das schwerer bewaffnete Fußvolk VIII, 12, 1; primum, Vortrab VII, 5, 14; ultimum, hinterster Zug VII, 3, 17; mobile IV, 14, 16; expeditum V, 3, 16; instructum III, 9, 5; compositum IV, 10, 9; incompositum VII, 6, 1; obliquum IV, 15, 1; quadrato agmine ingredi (incedere, ire) V, 1, 19; 13, 10; VI, 4, 14. — 3) übtr. Schar, Haufe V, 3, 18; 5, 5; spadonum V, 1, 6.

agnosco, nōvi, nĭtum, 3. (ad u. gnosco = nosco), erkennen, wahrnehmen: quicquam V, 5, 7; auram maris IX, 9, 3; vocem V, 5, 7; ubi requiesceret VIII, 4, 16; alqd ex alquo, vernehmen VIII, 3, 10. — 2) wiedererkennen, erkennen: alqm III, 5, 9; alqm cultu V, 12, 20; VIII, 14, 36; IX, 1, 23; amiculum III, 12, 5; herbam IX, 8, 27. — 3) als geltend anerkennen, gelten lassen: alqm V, 5, 16; liberos V, 5, 20; alqm patrem, als Vater V, 5, 13; alqm regem VI, 11, 23; stirpem Jovis VI, 10, 27; nomen IV, 7, 25; absol. oraculo agnosci, als Sohn anerkannt werden VIII, 8, 14. — 4) als wahr anerkennen, bestätigen, konstatieren: alqd VII, 1, 37; omnia VI, 11, 35; mit *acc. c. inf.* VII, 11, 19.

ăgo, ēgi, actum, 3. „in Gang bringen", das. treiben: jumenta V, 12, 20; equum (beluas) in hostem VII, 4, 35;

VIII, 14, 16; pecora per calles VII, 11, 7; elephantos ante agmen VIII, 14, 22; captivos prae se VII, 6, 2; agmen pecudum more, vor ſich hertreiben V, 13, 19; quadriremes ad urbem, ſteuern IV, 3, 15; classem in diversam partem IV, 4, 6; currum, führen VIII, 14, 6; moles, in Bewegung ſetzen VIII, 10, 32; levitas aves agit ad sidera IV, 5, 3; metus alqm agit V, 6, 2; navis agitur, wird fortgetrieben IX, 4, 11; Marsyas agit undas, rollt III, 1, 5; mare fluctus VI, 4, 19; flumen adversum agitur, wird ſtromaufwärts getrieben IX, 9, 9; alqm reum agere, als Angeklagten vor Gericht treiben, b. i. anklagen X, 1, 29; *passiv.* v. Perſonen, getrieben werden, gejagt werden III, 11, 17; ferri agique, getrieben u. geſcheucht werden IV, 13, 13; agmen raptim agitur, bewegt ſich V, 4, 34; IX, 10, 14. — 2) raubend **forttreiben, rauben**: praedas IX, 8, 29; 10, 7; cuncta IV, 1, 31. — 3) in räuml. Ausdehnung, **treiben, aufführen**: molem IV, 2, 8. 19; cuniculos IV, 6, 8. — 4) übtr. a) wozu **treiben, veranlaſſen**: alqm ad nefas VIII, 2, 6. — b) **aufregen**: ira agi VI, 9, 6. — c) v. b. Zeit, **zubringen, hinbringen**: noctem metu IV, 13, 14; vigiliis VII, 5, 16; inter pelices VIII, 3, 5; aestiva, Sommerlager halten V, 8, 1; annum nonagesimum, im neunzigſten Jahre ſtehen VI, 5, 3. — 5) etw. „betreiben", daß. a) mit Worten, etw. **vorbringen, äußern, ausſprechen, ſagen**: haec VII, 2, 1; 7, 36; quid acturus esset X, 2, 14; gratias, Dank ſagen, danken III, 8, 7; V, 12, 1; VI, 7, 15; grates IX, 6, 17; agere cum alqo, verhandeln X, 2, 21; abſol. ſprechen VI, 9, 35; VIII, 7, 8; sic VI, 3, 9. — b) **gerichtlich verhandeln**: causam alcjus agere, jembs. Sache führen IX, 3, 4; agitur de alquo, es handelt ſich um jemb. VIII, 6, 28; actum est de alquo, es iſt um jemb. geſchehen, er iſt verloren III, 12, 8; VI, 11, 23. — c) durch die That **betreiben, verrichten, ausführen, unternehmen, thun**: alqd V, 4, 1; 13, 9; VI, 5, 6; VII, 2, 21; rem VII, 2, 23; res, quas agimus, unſere Pläne VIII, 8, 15; quid ageret, womit er beſchäftigt ſei VII, 2, 25; bellum cum alquo, gegen jemb. betreiben IV, 10, 29; vigilias, Wache halten IV, 13, 10; poenitentiam alcjus rei, Reue zeigen über VIII, 6, 23; curam alcjus (ob. rei), Sorge tragen für X, 5, 22; IV, 11, 3; vestri, für euch VI, 9, 14; arbitrium victoriae (ſ. arbitrium) VIII, 1, 34; VI, 1, 19; *passiv.* agi, ausgeführt werden III, 2, 1; IV, 5, 19; negotia aguntur V, 11, 10; cuncta agebantur consilio, man verfuhr in allem nach b. Rate IV, 3, 23; ſubſt. acta, orum, das Geſchehene V, 13, 7; VII, 7, 39; alcjus, Thaten VIII, 1, 30.

agrestis, e, wild aufgewachſen, wild: silva VIII, 10, 14; pavo IX, 1, 13. — 2) auf dem Lande lebend, ſubſt. Landmann, Bauer III, 8, 24; 13, 4; IV, 2, 24. — 3) übtr. roh: genus (hominum) VII, 3, 6; VIII, 9, 31.

Agriāni, orum, Volk von b. thraciſch-macedon. Grenze am Strymon III, 9, 10; IV, 13, 31; V, 3, 6; VIII, 11, 9; 14, 24; IV, 8, 18; equites Agriani IV, 15, 21.

agricŏla, ae, Landbebauer, Ackersmann IX, 2, 26.

agricultor, oris, Landbebauer, Landmann VIII, 12, 12.

ājo, ăis, ăit, *v. defect.* ſagen, mit *acc. c. inf.* IV, 2, 14; 7, 25; 11, 11; VII, 5, 22.

āla, ae, Flügel b. Vogels IV, 6, 11. — 2) übtr. Flügel des Heeres, beſond. von b. Reiterei, daß. Schwadron III, 11, 14; IX, 13, 27; V, 4, 21; X, 9, 16; equitum III, 11, 2.

ălăcer, cris, cre u. **alacris, e**, munter (zum Handeln), freudig entſchloſſen, freudigen Mutes IV, 13, 25; 14, 25; gaudio, hurtig vor Freude IX, 5, 10; clamor, lebhaft IX, 4, 23.

ălăcrĭtās, ātis, f. Munterkeit, feuriger Eifer, freudiger Mut IV, 2, 20; 12, 23; 15, 28; VII, 8, 8; animorum, Ausgelaſſenheit VII, 1, 23.

albēo, ēre, weiß ſein: albentes equi III, 3, 11.

albus, 3. (glanzlos) weiß: vestis III, 3, 11; ſubſt. album, Weiß, weißer Streifen III, 3, 17. 19.

Alexander, dri, Alexander II, älterer Bruder Philipps, König v. Macedonien, 368 v. Chr. vom Lynceſtier Ptolemäus ermordet VI, 11, 26. — 2) Alexander der Große, Sohn des Philippus u. der Olympias, geb. 356 v. Chr. an demſelben Tage, wo Heroſtrates den Tempel der Diana in Epheſus anzündete, erzogen vom Philoſophen Ariſtoteles, gelangt 338 zur Regierung, läßt ſich in einer Verſammlung der griechiſchen Staaten zu Korinth zum Oberfeldherrn für den Krieg gegen die Perſer wählen und bricht im Frühjahr 334 mit 40000 Macedoniern u. Griechen nach Aſien auf. Durch die Siege am Fluſſe Granikos, bei Iſſos (333) u. Arbela (331) unterwirft er ſich das perſiſche Reich, bringt erobernd in Indien bis zum Hypaſis vor und ſtirbt 323 v. Chr. in Babylon. — 3) Alexander Lynceſtes, aus einem Fürſtengeſchlecht des Stammes der Lynceſtier im nordweſtl. Macedonien VII, 1, 5; VIII, 7, 4; 8, 6; X, 1, 40. — 4) ein Führer von Auserleſenen VIII, 11, 10. 14.

Alexandria, ae, Stadt in Ägypten, 331 v. Chr. von Alexander auf der Landzunge zwiſch. dem Mittelmeere und dem mareotiſchen See gegründet IV, 8, 2; X, 10, 20. — 2) Stadt am Kaukaſus in der Nähe von Kabul VII, 3, 23. — 3) Stadt am Tanaïs VII, 6, 25. — 4) Stadt in Indien am Einfluß des Acesines in den Indus IX, 8, 8.

aliās, adv. anderswo X, 10, 10. — 2) übtr. a) zu anderer Zeit, ein andermal, ſonſt (v. Vergangenheit u. Zukunft) III, 2, 11; 11, 6; IV, 3, 18; 6, 26; 13, 18; non (haud) alias, kein andermal IV, 13, 25; VII, 7, 29; VIII, 1, 24; IX, 4, 23; non alias magis, zu keiner anderen Zeit mehr, damals vorzüglich, wie ſonſt nie III, 4, 11; IV, 13, 15; VIII, 14, 16; alias...alias, einmal ...das andremal, bald...bald VIII, 2,

7; alias...nonnunquam VII, 4, 11; alias nunc...interdumque VI, 7, 11.

alĭbi, adv. anderswo, anderwärts VII, 4, 26; alibi...alibi, hier ...dort IX, 10, 26.

aliēnīgĕna, ae (alienus u. gigno) auswärts geboren, fremdländiſch: dominus VII, 8, 21; ſubſt. Ausländer, Fremder V, 11, 6; VI, 3, 10.

aliēno, 1. „fremd machen" dah. entfremben, abwendig machen, pass. alienari, abtrünnig werden, abfallen V, 9, 12; animus ab aliquo alienatus, abgeneigte Geſinnung VI, 9, 19.

aliēnus, 3. eines anderen, fremb: equus VII, 1, 35; imperium IV, 1, 9; regnum VII, 4, 17; supplicium VI, 10, 9; discrimen („durch andere") VII, 4, 35; alienum scelus = scelus aliorum III, 6, 6; vergl. terror VII, 2, 4; clades VIII, 2, 27; Mars, Kampf mit einem anderen Volke VII, 7, 11; aes alienum, Schulden X, 2, 9. 24; ſubſt. alienum, fremdes Eigentum IV, 5, 7; VII, 1, 33. — 2) übtr. ungehörig, unangemeſſen: nomen III, 21, 25; haud alienum est mit inf. VIII, 8, 15.

alĭmenta, ōrum (alo), Nahrungsmittel, Nahrung III, 8, 8; IV, 8, 6; tridui V, 4, 17; übtr. alimenta igni dare VI, 6, 29.

aliōquin (alioqui), adv. in anderer Hinſicht, im Übrigen, ſonſt IV, 10, 7; VII, 4, 8; VIII. 2, 2. — 2) an ſich ſchon, überhaupt IV, 2, 5; V, 13, 12; VII, 2, 36.

alĭquando, adv. „irgendeinmal", dah. zuweilen, manchmal VII, 8, 15; VIII, 5, 16.

alĭquantus, 3. ziemlich groß: aliquantum vestis, ziemliche Menge Gewänder IX, 8, 1; aliquantum intervalli, ziemliche Strecke IX, 6, 2; aliquantum temporis X, 2, 10; opus crevit in aliquantum altitudinis, zu ziemlicher Höhe VI, 5, 21.

alĭqui, quae (qua), quod, irgendein: satelles X, 5, 14; vox VII, 1, 22; plur. irgend welche: notae III, 6, 9.

aliquis, qua, quid, irgenb einer, irgenb jemb.: praefectorum III, 8, 17; ex ducibus III, 13, 3; aliquid, irgenb etwas: aliquid lucis, etwas Tageslicht VII, 9, 14; abjett. aliquis vigor, einige Lebenskraft VII, 3, 14.

aliter, *adv.* anders VI, 9, 31; non aliter quam ut VIII, 8, 13; non aliter quam si, unter keiner anderen Bedingung X, 8, 15.

alius, a, ud, ein anderer: si nihil aliud (erg. faciam) IV, 6, 28; non ob aliud, aus keinem anderen Grunde, gerade deshalb III, 8, 3; V, 5, 19; distribut. alius atque alius, bald dieser, bald jener IV, 1, 35; aliud atque aliud, immer anderes und anderes VI, 6, 27; alius...alius, der eine...der andere IV, 14, 5; VIII, 7, 4; alii...alii, die einen...die andern, einige...andere III, 8, 29; 11, 8; alii...quidam III, 3, 4; 11, 19; alii...plerique III, 8, 26; alia...alia einiges...anderes teils...teils III, 13, 11; in einem anderen Kasus wiederholt: alius alium adhortati, der eine den anderen, einander, gegenseitig VII, 9, 12; alius alium levantes V, 3, 20; alium alii conserunt VI, 5, 15; rami alius alio implicati V, 4, 24; alius alii sumus fastidio V, 5, 12; alium alii fors miscet IV, 15, 22; alii aliorum navigia urgent IX 9, 16; alius alii occursantes, gegen einander rennend X, 5, 16; alius alia nocte excubat, der eine in dieser, der andere in einer andern Nacht VIII 6, 10. — 2) prägn. verschieden: caeli haustus V, 5, 19; ad alia, zu ganz anderen Dingen VII, 7, 28. — 3) (= alter), der andere, der zweite IV, 4, 8; VI, 4, 7; IX. 8, 5; X, 5, 22; sonstig: grex III, 9, 8; alii, die übrigen IV, 8, 8.

allěvo, 1. aufrichten, unterstützen: alqm III, 12, 12; V, 4, 18; manu III, 12, 17; se IV, 4, 3; se clipeo IX, 5, 12; oculos, aufschlagen III, 5, 9; pelles tabernaculi, aufheben VII, 8, 2; navigia aestu allevantur, werden flott IX, 9, 22; übtr. animum a maerore, aufrichten IV, 15, 11.

allŏquor, cūtus sum, 3. anreden, ansprechen: alqm III, 10, 4, 13, 38; benigne IV, 2, 2; comiter IX, 10, 22.

allŭo, lŭi, 3. anspülen, bespülen: Oceanus alluit terras IV, 14, 9; quicquid Medus alluit V, 4, 7; India mari alluitur VIII, 9, 14.

alo, alui, alitum, 3. „wachsen machen", daß. nähren, ernähren; liberos VI, 5, 28; ignem IV, 3, 4; regio alit homines VII, 4, 27; terra rhinocerotas VIII, 9, 16; mare serpentes (crocodilos) VI, 4, 18; VIII, 9, 9; arbor fructus VII, 4, 26; fontes alunt silvas IV, 7, 16; arbores terra sua aluntur V, 1, 33; interiora mitia alendis fructibus, für das Wachstum VIII, 9, 12; flamma igni alita VIII, 10, 8. — 2) übtr. nähren, befördern: bellum vitando VII, 7, 17; otium VIII, 9, 1; materia belli alitur, wächst heran VI, 6, 12:

Alpēs, Ium, *f.* die Alpen X, 1, 18.

altāria, ium, (altus), der Aufsatz auf dem Opferherde (ara) zum Verbrennen der Opfer, Brandaltar III, 3, 9; IV, 14, 24; mit Pluralbedeutung V, 1, 20.

altē, *adv.* hoch V, 11, 10. — 2) tief IV, 6, 18; VII, 2, 9; humum alte egerere, aus großer Tiefe VII, 10, 14; iram altius supprimere VII, 7, 35. — 3) weither, weit: altius sermonem repetere in b. Rede weiter ausholen IX, 6, 16.

alter, era, erum, von zweien der eine ob. der andere: latus V, 4, 5; altera navium IV, 4, 7; alter ex duobus VIII, 6, 22; facere alterum ex his, das Letztere VIII, 13, 2; alter...alter, der eine...der andere III, 3, 16. — 2) der andere, zweite: castra III, 7, 5; unus et alter, der eine u. der andere, V, 7, 4; unus aut alter IX, 2, 20.

altĭtūdo, ĭnis, *f.* Höhe: muri V, 1, 26; arborum VII, 8, 14; in altitudinem IV, 2, 19. — 2) Tiefe: fluminis IV, 9, 15; cavernae in altitudinem pressae, in die Tiefe gegraben V, 1, 28.

altĭus, s. alte.

altus, 3. (alo) hoch: turris IV, 4, 10; terra V, 2, 33; recessus, hochge-

alumnus

wölbt VIII, 11, 3; subst. altum, i, das hohe Meer IV, 2, 7; altiora petrae, der höhere Teil VIII. 11, 6; übtr. hoch, erhaben: cogitatio IX, 3, 9; in altissima quaque fortuna, gerade auf der höchsten Stufe des Glücks VI, 4, 1. — 2) tief: flumen VII, 6, 13; limus V, 1, 29; sabulum IV, 7, 11; nives VII, 3, 11; subst. altum, i, Tiefe: voragines in altum cavatae VIII, 10, 24; insb. Tiefe des Meeres IV, 2, 15; 3, 9; 4, 4; übtr. sopor VII, 11, 18; somnus IV, 13, 17; consilium VI, 11, 28; dissimulatio X, 9, 8; malum, tiefliegend X, 2, 20.

alumnus, i (alo), Pflegling, Zögling III, 6, 1; IX, 2, 28.

alveŏlus, i, (*demin.* v. alveus), (kleines) Flußbett VI, 4, 4.

alvĕus, i, „bauchartige Höhlung", dah. Flußbett III, 4, 8; IV, 9, 15; V, 4, 8; recto alveo, in geradem Laufe VIII, 9, 5.

Amanĭcae Pylae, die amanischen Pforten, der nördliche der beiden Pässe, welche über die Gebirgskette des Amanus aus Cilicien nach Syrien führen. (Der südliche Paß dicht am Meere hieß Pylae Syriae) III, 8, 13.

amārus, 3. bitter: aqua IX, 9, 6.

amātor, ōris, Liebhaber, Buhle VI, 7, 11. 33.

Amāzŏnes, um, kriegerisches Weibervolk in Scythien am Flusse Thermodon VI, 4, 17. 5, 24.

ambĭgo, ĕre (amb u. ago), „umtreiben", dah. übtr. ungewiß sein, schwanken III, 3, 5 (erg. se); unpersönl. ambigitur, es wird Zweifel erhoben VII, 2, 34.

ambĭguē, *adv.* zweideutig: haud ambigue III, 3, 5; X, 7, 5.

ambĭguus, 3. „nach zwei Seiten sich bewegend", dah. zweifelhaft, ungewiß: in ambiguo esse, zweifelhaft sein VIII, 6, 25.

ambĭo, ivi, itum, ire (amb u. eo), „herumgehen", dah. ringsumgeben: mare ambit muros IV, 2, 9; undique ambientibus ramis IV, 7, 16.

amnis

ambĭtus, ūs, Umfang, Umkreis IV, 8, 2; operis V, 1, 26

ambo, ae, o, beide (in Verbindung gedacht) IV, 5, 7; V, 9, 2.

Amedīnēs, is, Geheimschreiber des Darius VII, 3, 4.

āmens, tis, sinnlos, der Besinnung beraubt, außer sich: dolore IV, 10, 29; amore et metu VI, 7, 8; conscientia sceleris VI, 9, 32.

āmentia, ae, Sinnlosigkeit, Wahnsinn VI, 9, 5; VIII, 14, 41.

amīcĭtĭa, ae, Freundschaft: cum aliquo VI, 10, 24; inter pares VII, 8, 27; insb. polit. Freundschaftsbündnis: amicitiam conjungere IV, 7, 9.

amĭcŭlum, i (amicio), Überwurf, Oberkleid III, 3, 10; X, 2, 23.

amīcus, 3. befreundet, freundlich gesinnt, freundschaftlich: animus („Gesinnung") IV, 11, 4; alicui VII, 1, 3; subst. amicus Freund: alcjus VI, 10, 25; insb. *plur.* das Gefolge eines Fürsten, Würdenträger, Hofleute III, 3, 25; IV, 1, 19; VIII, 4, 18; 14, 45; IX, 6, 4; cohors amicorum, Korps der Hetären (der macedonisch. Reiter) VI, 2, 11; 7, 17.

Amisus, i, ein Mann aus Megalopolis in Arkadien X, 8, 15.

ā-mitto, misi, missum, 3. fortlassen, fahren lassen: glebam IV, 6, 11; fructus e manibus IX, 2, 26. — 2) übtr. a) aufgeben: metum III, 6, 11. — b) (gegen seinen Willen) verlieren, einbüßen: alqd IV, 5, 7; VI, 6, 9; poculum IX, 7, 24; telum IX, 7, 22; aculeum IV, 14, 13; impedimenta IV, 15, 12; equos VII, 1, 15; imperium V, 8, 13; fortunam III, 11, 24; res amissae, das Verlorene IV, 1, 32; insb. durch den Tod verlieren IV, 8, 9; 14, 22; VI, 10, 30; exercitus V, 10, 3; amisso rege (hypothet. *abl. abs.*) IV, 15, 24.

amnis, is, *m.* Strömung: subire adverso amne, stromaufwärts X, 1, 16; defluere secundo amne, stromabwärts IX, 6, 2; IV, 8, 7. — 2) Strom, Fluß:

Marsyas amnis III, 1, 2; torrens VII, 10, 2; (*ahl* amni IV, 8, 7; 9, 19; IX, 4, 14; 9, 21).

Ammon, f. Hammon.

āmo, 1. lieben: subst. amans, der Liebende IV. 10, 31.

āmoenĭtās, ātis, f. Anmut, Lieblichkeit: naturae V, 1, 35; multa amoenitas riparum, sehr romantische Ufer III, 4, 9.

āmoenus, 3. anmutig, lieblich: silvae fontibus VIII, 1, 12; horti umbrā V, 1, 32; recessus nemoribus VII, 2, 22.

ā-mōlior, 4. wegschaffen, entfernen: alqm ab oculis mortalium VIII, 5, 17.

āmor, ōris, m. Liebe (aus Zuneigung u. Leidenschaft): alcjus, zu jemd. V, 1, 35; 5, 20; amore alcjus capi VI, 7, 13; flagrare VI, 7, 2; ardere VIII, 6, 7; jus amoris, Verwandtschaftsrecht IX, 8, 10. — 2) Vorliebe, Eingenommensein: alcjus rei VII, 4, 11; amnis III, 1, 4; spiritus, Liebe zum Leben VI, 4, 11.

ā-mŏvĕo, mōvi, mōtum, 2. „fortbewegen", dah. beseitigen, entfernen: alqm longius VII, 1, 14. — 2) heimlich bei Seite schaffen: poculum IX, 7, 24.

amphŏra, ae, doppelhenkeliges Gefäß, Krug, Amphora (als Maß für Flüssigkeiten = 24 Quart) VII, 4, 23.

Amphotĕrus, i, Flottenführer Alexanders III, 1, 19; IV, 5, 14; 8, 15.

amplector, plexus sum, 3. (plecto), umschlingen, umfassen, umarmen: alqm V, 12, 8; cervicem manibus III, 12, 26; dextram, erfassen III, 6, 17. — 2) räumlich einnehmen, umfassen murus amplectitur septuaginta stadia VII. 6, 10; spatium triginta pedum in latitudinem V, 1, 25.

amplius, *adv.* weiter, mehr VI, 8, 6; nihil amplius quam IV, 7, 28; amplius nemo VIII, 10, 2. — 2) fernerweit, anderweit III, 8, 11; VI, 8, 6; dreimal amplius, in Zukunft noch III, 8, 5. — 3) bei Zahlen, mehr: haud amplius quam mille III, 11, 17; V, 13, 11; absol. (ohne quam) VI, 1, 16.

amplus, 3. umfangreich, groß, ansehnlich: insula VIII, 13, 17; amplius regnum VIII, 14, 15; imperium IV, 14, 10; amplissimum intervallum V, 1, 13; übtr. amplior fructus IX, 6, 10.

am-pŭto, 1. „wegputzen", dah. abhauen, abschneiden: manum (gladio) III, 8, 16; IV, 6, 16; aures V, 5, 6; membra IV, 15, 17; crus ferro IX, 1, 32; pedes securibus VIII, 14, 28; quicquid obvium est IV, 9, 5.

Amyntās, ae, Sohn des Andromenes, Oberst eines Regimentes der Phalanx III, 9, 7; IV, 13, 28; V, 1, 40; 4, 20. 30; VI, 4, 2; *acc.* Amyntan IV, 6, 30. — 2) Sohn des Perbiccas, Geschwisterkind Alexanders, stiftete in Macedonien eine Verschwörung und wurde von Alexander beseitigt VI, 9, 17; 10, 24. — 3) Sohn des Antiochus, Überläufer zu den Persern, in Ägypten getötet III, 11, 18; IV, 1, 27; 7, 1. — 4) Amyntas Lyncestes, ein Krieger Alexanders V, 2, 5. — 5) Truppenführer Alexanders VI, 9, 28; VIII, 2, 14. 16. — 6) ein Page Alexanders VI, 7, 15; VII, 1, 10.

ăn, Fragepartikel 1) in einfacher direkter Frage, oder etwa IV, 14, 23; 16, 5; VI, 10, 21. 32; VII, 7, 15; VIII, 5, 23; IX, 5, 26; an vero VII, 1, 27; an non VII, 1, 29. — 2) in einfacher indirekter Frage a) ob nicht: nach dubito IV, 10, 16; 15, 30; 16, 8; addubito X, 9, 14; interrogo V, 3, 9; VI, 5, 31; haesito IV, 13, 16; delibero IV, 11, 18; incertum est VII, 5, 26; in discrimen venit IV, 9, 23; nescio an = vielleicht IV, 11, 8; VI, 3, 4. — b) ob (nur bei späteren Schriftstellern) III, 8, 21; IV, 7, 26. 27. 28; V, 4, 19; 5, 16; 8, 7; VI, 7, 20. 28; 9, 34; VII, 18. 20; 9, 34; IX, 2, 5. 10; X, 8, 6; 8, 18. — 3) in doppelgliedriger Frage, a) in direkter, oder: V, 5, 15; utrum...an VI, 10, 25. — b) in indirekter, ob er ob, oder: utrum...an X, 2, 17; utrumne...an III, 7, 8; IV, 9, 1; ne...an IV, 15, 12; VI, 7, 35; 11, 21; ohne Fragepartikel im ersten Gliede III, 8, 17; IV, 3, 11; VII, 2, 34; VIII, 6, 25; 12, 5.

anceps, cipĭtis (am u. caput), „doppelköpfig", bah. von beiden Seiten her, doppelt: acies III, 7, 9; malum IV, 15, 9; V, 3, 11; periculum VII, 7, 7; hostis, b. i. gegen den einen wie gegen den andern, Parteigänger V, 12, 2. — 2) übtr. a) doppelt hinsichtlich des Ausganges, bah. bedenklich, gefährlich: malum VIII, 14, 7; genus auxilii VIII, 14, 16. — b) schwankend, unzuverlässig, unsicher: aestimatio IX, 9, 2; conjectura VI, 11, 21; fides III, 8, 3; mutatio temporum IV, 1, 27; crimen, zweifelhaft VII, 1, 33; quaestio anceps est, der Ausfall des Verhörs ist zweifelhaft VI, 11, 40; proelium (pugna), unentschieden VIII, 2, 16; 14, 28.

Ancýra, ae, Stadt Phrygiens in Kleinasien, von Midas gegründet, später Hauptort der Tectosagen, eines Stammes der seit 275 v. Chr. von der Niederdonau u. Thracien nach Kleinasien eingewanderten Celten ob. Galater, jetzt *Angora* III, 1, 22.

Andromăchus, i, Befehlshaber der Soldtruppen Alexanders IV, 5, 9; 8, 9.

Andromĕnēs, is, Vater des Amyntas, Simmias u. Polemon; gen. Andromeni V, 1, 40.

Andronĭcus, i, Befehlshaber b. Soldtruppen Alexanders VII, 3, 2.

Andrus, i, cycladische Insel südl. von Euböa, jetzt *Andro* IV, 1, 37.

anfractus, ūs (frango), „Umbiegung", bah. Krümmung: callium V, 4, 15.

ango, nxi, 3. „beengen", bah. beunruhigen, quälen: alqm V, 3, 21.

angustiae, arum, enges Terrain, Engpaß, Defilée III, 9, 6; loci III, 3, 28; itineris VIII, 12, 1; saltūs III, 7, 7. 10; aditūs III, 4, 4.

angustus, 3. eng, schmal: via III, 4, 12; ripa IX, 2, 17; callis IV, 9, 22; fretum IV, 2, 1; alveus IX, 2, 17; angustius spatium V, 1, 14; angustissimae fauces VII, 4, 4.

anĭma, ae, „Lufthauch", bah. Atem, VII, 7, 36; Leben V, 4, 19.

anĭmadverto, ti, sum, 3. (animum adverto) den Geist auf etwas richten, bah. wahrnehmen, bemerken: mit *acc. c. inf.* IX, 5, 23.

anĭmal, ālis, *n.* Tier (als beseeltes Wesen), Geschöpf IV, 14, 18; kollekt. VIII, 14, 18. 23; IX, 1, 5.

anĭmus, i, Seele, Geist, bah. oft z. bloß. Umschreibung der Person: turbat res animum alcjus = aliquem III, 13, 4; vergl. IV, 1, 32; 2, 16; 13, 13; V, 3, 10; 9, 13; amicus animus, wohlwollender Mann IV, 11, 4. — 2) Denkkraft, Geist III, 5, 8; VI, 6, 27; praesagiens III, 3, 2; dubius animi VII, 5, 26; rebus advertere animum („Aufmerksamkeit") V, 9, 17; Überlegung VIII, 1, 48; dissimulato animo, sein Bedenken IV, 12, 22; Besinnung, Bewußtsein: animus linquit alqm VI, 9, 33; VII, 9, 14; animo linqui IV, 6, 20; IX, 5, 28; animum recipere IX, 5, 29; linquentem animum revocare IX, 5, 11; animus redit III, 5, 9. — 3) Willenskraft: animus linquit aliquum VIII, 2, 38. — 4) Verlangen, Neigung, Vorsatz IX, 2, 11; animus est mihi, ich habe Neigung, bin Willens, bin entschlossen: incessendi IX, 5, 8; ire IX, 3, 5; ad moriendum V, 3, 11; alqd est in animo, ist (ihm) beschlossene Sache IV, 11, 22. — 5) Herz, Gemüt, Gefühl, Seele, Empfindung V, 2, 19; VI, 1, 17; 2, 2; VIII, 4, 25; amantis IV, 10, 31; liberi hominis VII, 1, 35; dolor animi VI, 9, 1; anxius animus VII, 1, 36; aequus (("Gleichmut") IV, 6, 4; corda animique, Herzen und Seelen V, 9, 1. — 6) Sinnesart, Gesinnung, Gemütsstimmung, Charakter III, 10, 4; IV, 1, 25; VI, 7, 33; constans VI, 7, 13; regis IV, 1, 22; magnitudo animi, Seelengröße IV, 1, 17. — 7) Stimmung, Gesinnung gegen jemd. VI, 9, 8; VII, 1, 22; 2, 36; amicus VIII, 12, 9; alienatus VI, 9, 19; reconciliatus VI, 10, 11; hostilis VI, 6, 20; animum alcjus experiri III, 6, 12; sollicitare V, 8, 9. — 8) prägn. geneigte Gesinnung: pignora utriusque animi VI, 7, 4; alqd non eodem animo aestimare, mit ganz anderer Zuneigung VI, 5, 18; *plur.* IV, 1, 29. — 9) **Beherztheit**, Mut III, 11, 8; IV, 16, 27; VII, 7, 18; VIII, 14, 14; ad proelium V, 13, 13; bonus III, 12, 26; magnus III, 2, 2; ingens IV, 4, 10; magnitudo animi VI, 1, 3; VIII, 14, 44; alqd animi IX, 10, 27; animus crescit IV, 6, 13; confirmatur IV, 15, 14; animum incendere IV, 10, 13; recipere („Fassung") VI, 9, 2; bonum animum habere III, 12, 26; V, 5, 8; *plur.* VII, 11, 8. 13; animi labant V, 3, 10. — 10) Unmut, Zorn: inexorabilis VII, 6, 17; animo imperare VIII, 1, 32; temperare V, 9, 9; obsequi X, 4, 1; animum alcjus accendere VII, 11, 6; Entrüstung VI, 10, 2.

annecto, nexui, nexum, 3. „anknüpfen", bah. anfügen: harenae saxis annexae, an den Steinen angesetzt V, 1, 30. — 2) verwandtschaftl. verknüpfen: cognatione stirpi regiae annexus IV, 1, 19.

annīversārĭus, 3. (annus u. verto), jährlich wiederkehren d, jährlich erneuert: sacrum IV, 2, 10; sacrificium VIII, 2, 6.

annulus, s. anulus.

annuntĭo, 1. ankündigen, verkündigen: annuntiatur mit *acc. c. inf.* X, 8, 11.

annŭo, ŭi, 3. zunicken, mit folg. ut, zu verstehen geben V, 2, 22; — 2) prägn. zusagen, zu etw. seine Beistimmung geben: deditionem VIII, 2, 28; absol. VII, 5, 21.

annus, i. Jahr III, 3, 10; VIII, 9, 35.

antĕ, *adv.* „voran", bah. v. b. Zeit, vorher III, 11, 16; V, 6, 6; paulo ante, kurz vorher III, 5, 1; multo ante, lange vorher V, 11, 10; ante ... quam (antequam), eher ... als, bevor, mit Indicat. VII, 4, 14; 5, 16; VIII, 10, 30; mit Konjunkt. V, 4, 28; 6, 13; 9, 17; VIII, 6, 26; XI, 5, 2; 7, 21; 8, 12; X, 1, 37. — B) *praep.* mit *acc.* vor: ante signa ire III, 10, 3; ante pedes jacere VI, 9, 31; alqd ante oculos habere VII, 10, 5. — 2) v. b. Zeit, vor: ante eum diem V, 3, 22; ante lucem, III, 13, 4; ante certamen VIII, 1, 2; ante victoriam X, 5, 33; ante alqm III, 12, 21; VII, 11, 8. — 3) v. Vorrange, vor: ante omnes IV, 2, 2; VI, 6, 19; necessitas est ante rationem, geht über Berechnung VII, 7, 10; ante omnia, vor allem anderen IV, 8, 15; ante Jovem haberi, für größer gehalten werden als VIII, 7, 13.

antĕā, *adv.* vorher, früher III, 3, 1; 8, 10.

ante-cēdo, cessi, cessum, 3. voranziehen, vorangehen: agmen III, 9, 5; quadrigas IV, 12, 9; turmas X, 8, 23; prima signa volata, vor den ersten Abteilungen herfliegen IV, 7, 15; absol. IX, 3, 5; 9, 17. — 2) vorauseilen, überholen: celeritatem famae VII, 2, 15. — 3) übtr. den Vorrang abgewinnen, übertreffen: alqm in dole V, 7, 1; fidem magnitudine rerum, unglaublich große Thaten verrichten VIII, 1, 26. — 4) vorrücken (an der Spitze des Heeres) IV, 10, 9.

ante-ĕo, ivi, ire, vorangehen: currum III, 3, 15.

antenna, ae, Segelstange, Rahe IV, 3, 15.

antĕquam, s. ante.

antesignāni, ōrum, die Antesignanen, Soldaten der ersten Schlachtreihe IV, 6, 23.

Antĭclēs, is, einer aus dem Korps der königlichen Pagen VIII, 6, 9.

Antĭgenēs, is, Anführer einer Taxis der macedon. Phalanx V, 2, 5; VIII, 14, 15.

Antĭgŏnus, i. einer der berühmtesten Feldherren Alexanders, erhielt nach dem Tode des Königs ganz Vorderasien u. Syrien. Er starb 301 v. Chr. in der Schlacht bei Ipsus in Phrygien gegen Ptolemäus, Seleukus u. Lysimachus IV, 1, 35; 5, 13; V, 2, 5; X, 10, 2.

Antĭpăter, tri, Alexanders Statthalter von Macedonien u. Griechenland, später Reichsverweser im Namen des Sohnes Alexanders III, 1, 20; IV, 1, 39; V,

1, 40; VI, 1, 18; VII, 1, 7; 10, 12; X, 7, 9; 10, 14, 19. — 2) einer aus dem Korps der königlichen Pagen VIII, 6, 9.

Antiphānēs, is, Zahlmeister der Reiterei Alexanders VII; 1, 15; 17, 32, 35.

antīquĭtās, ātis, f. „das Altertum", metonym. die Menschen der Vorzeit, die Alten VII, 3, 22.

antīquus, 3. was vor einer gewissen Zeit war, alt : antiquissimi regum VIII, 8, 3.

ānŭlus, i, „Ring", bah. insb. Siegelring X, 5, 4; sigillum (signum) anuli III, 6, 7; VII, 2, 16; epistolam anulo (gemma anuli) obsignare III, 7, 12; VI, 6, 6.

ănus, ūs, alte Frau IV, 11, 12; avia, greise Großmutter III, 11, 25.

anxĭĕtās, ātis, f. Ängstlichkeit, Bangigkeit: animi IV, 13, 17.

anxĭus, 3. ängstlich, beklommen, beunruhigt, bang VII, 1, 36; sollicitudine IX, 4, 19; tantis malis VII, 5, 9; dolore IX, 10, 17; de instantibus curis III, 3, 2.

Aornis, ĭdis, f. ein Tafelberg in Indien: acc. Aornim VIII, 11, 2.

ăper, pri, m. Eber VIII, 6, 7.

ăpĕrĭo, perŭi, pertum, 4. „offen machen", bah. aufdecken, sichtbar machen: nix discussa aperit humum VII, 3, 10; lux aciem hostium VIII, 14, 2. — 2) öffnen, erschließen: fores VIII, 6, 22; portas IX, 1, 21; urbem IV, 2, 17; sepulcrum X, 1, 30; litteras III, 13, 3; oculos V, 5, 8; caelum alcui VIII, 5, 8. — 3) v. Lokalitäten, eröffnen, zugänglich machen: saltum caedendo VI, 5. 16; Asiam (Oceanum) alcui VII. 1, 3; IX, 4, 17; fines orientis (alium orbem) sibi IX, 1, 1; 6, 20; aditus aperit Ciliciam III, 4, 4; mare iter novum V, 3, 22; sinus aperiunt spatium III, 9, 12; amnis vadum, wird seichter IV, 9, 21; VIII, 13, 8; amnis duo itinera, bahnt sich VI, 4, 4; campi se aperiunt IV, 7, 11; os amnis aperitur VI, 4, 7; omnia aperiuntur victoria III, 10, 5. — 4) übtr. eröff-

nen, enthüllen, offenbaren: alqd alcui VI, 7, 18. 21; VIII, 6, 20; causam fugae VII, 1, 13; consilium VII, 4, 14; parricidium V, 9, 9; mit acc. c. inf. VI, 7, 6.

ăpertīus, adv. (comp. v. aperte), offener, unverhohlener VI, 1, 11.

ăpertus, 3. offen, frei: locus V, 4, 1; planities IV, 13, 6; iter V, 4, 2.

Aphoebētus, i, im Heere Alexanders VI, 7, 15.

Apollo, ĭnis, Sohn des Juppiter und der Latona IV, 3, 21.

Apollodōrus, i, Truppenführer Alexanders V, 1, 43.

Apollōnĭdēs, is, Parteiführer in Chios IV, 5, 15.

Apollōnĭus, i, Befehlshaber Alexanders in Afrika IV, 8, 5.

appărātus, ūs, Zurüstung: belli III, 7, 13; IV, 2, 12; rei exequendae VIII, 6, 11; hic tanti apparatus exercitus, diese so gewaltige Heeresrüstung III, 2, 12. — 2) prägn. glanzvolle Ausstattung, Glanz, Gepränge VIII, 2, 40; IX, 10, 29; regiae magnificentiae VIII, 13, 20; pristinae fortunae III, 12, 12; funerum III, 12, 14. — 3) konkr. Apparat, Werkzeug, Mittel: luxuriae III, 11, 20; VI, 6, 14.

appārĕo, ŭi, ĭtum, 2. zum Vorschein kommen, sichtbar werden: apparet agmen IV, 16, 21; aquila IV, 15, 26; lux caelo VII, 11, 21. — 2) übtr. sichtbar sein, sich zeigen: apparet periculum IX, 4, 12; causa sollicitudinis VII, 7, 29; unpers. apparet, es ist offenbar, leuchtet ein VIII, 2, 35; mit acc. c. inf. IV, 8, 2; VI, 6, 6.

appăro, 1. zurüsten, zubereiten: convivium VIII, 3, 8.

appellātĭo, ōnis, f. Benennung IV, 7, 30; 8, 2.

1. **appello**, 1. benennen, titulieren: alqm filium IV, 7, 25; patrem IX, 3, 16; proditorem VI, 7, 11; alqm regem, als König ausrufen III, 3, 5.

2. **appello**, pŭli, pulsum, 3. wohin antreiben, herantreiben: classem ad ostia X, 1, 16; navigia littori IV, 2,

24; 3, 18; classis appellitur, landet IX, 10, 1.

appěto, īvi, ītum, 3. „an etw. her= angreifen", bah. angreifen, anfal= len: alqm VIII, 14, 40; scelere, be= drohen VII, 2, 14; cervicem alcjus (manus gladiis), hauen nach IV, 6, 16; VIII, 14, 29; missilibus appeti, be= schossen werden VI, 1, 15. — 2) her= annahen, sich nähern: appetit lux VII, 8, 3; nox III, 12, 1; fatum X, 1, 30. — 3) nach etw. begehren, trach= ten: alqd X, 6, 18.

applĭco, ävi, ātum u. ŭi, ītum 1. „anfalten", bah. anfügen, anlegen, anschließen: scalas moenibus IV, 2, 9; corpus ad molem, sich schmiegen an IV, 4, 3; se (corpus) stipiti, sich anlehnen VIII, 2, 38; IX, 5, 4; *passiv.* applicari, sich anlehnen: truncis arborum VIII, 4, 14; alqm alcui, jemb. sich anschließen lassen, zugesellen IV, 12, 11; alqm lateri alcjus IV, 13, 26; se Graecis VI, 5, 7; conjuges captis, zugesellen V, 5, 15; flumen applicat undas munimento arcis, wälzt gegen die Burgmauer IX, 4, 8. — 2) v. Schiffen, wo anlegen, landen: navigia (crepidini) IV, 5, 21; IX, 2, 18; classem IX, 9, 8; navis ripae applicatur, landet am Ufer IX, 4, 14; rates (terrae) applicantur VII, 9, 5. 9; VIII, 13, 11. (*perf.* applicui nur VI, 5, 7.)

appōno, sŭi, sĭtum, 3. anlegen, an etw. hinstellen, bah. *part.* ap- positus als Adjekt., nahe gelegen, angrenzend: regio urbi (petrae) apposita IV, 1, 26; VII, 11, 29; cre- pido, daneben hinlaufend V, 1, 28; gen- tes Thraciae appositae, benachbart X, 10, 4.

approbo, 1. gutheißen, geneh- migen, billigen: consilium VI, 11, 29; approbantibus dis X, 5, 9; eventus approbat alqd X, 9, 19. — 2) dar- thun, bewähren: fidem alcui VIII, 8, 20.

appropinquo, 1. herannahen, sich nähern IV, 15, 5; victoria appropin- quans, nahe bevorstehend III, 6, 15.

aptē, *adv.* „angepaßt", bah. ange= messen, auf zweckmäßige Art VIII, 8, 13; 13, 6; 14, 19.

apto, 1. „anpassen", bah. einrich= ten, zurecht machen: remos IX, 9, 12; sarcinas itineri VI, 2, 16; omnia ad transeundum VII, 8, 8; se pugnae VII, 9, 10.

aptus, 3 „angepaßt", bah. passend, angemessen, wozu geeignet, dien= lich: locus proelio III, 7, 8; materies igni V, 7, 7; iter (insula) insidiis tegen- dis VII, 7, 32; VIII, 13, 17; gens no- vandis rebus IV, 1, 30; amnis gignen- dae herbae V, 4, 7; quicquid alendo igni aptum est IV, 3, 4; ut animis ap- tum est III, 10, 4; haud paulo aptius videtur, erscheint viel angemessener V, 1, 2.

apŭd, *praep.* mit *acc.*, bei, in der Nähe bon: proelium apud Isson IV, 1, 34; captivi apud Damascum IV, 11, 11; quae apud Chium acta erant, im Gebiete bon IV, 5, 19; apud Macedo- nas, im macebon. Heere III, 9, 7; IV, 2, 14. — 2) in Gegenwart, bor: apud alqm VI, 9, 34; VII, 7, 24; apud exercitum VI, 2, 21; apud surdas aures VI, 11, 15. — 3) apud alqm, bei b. i. in der Stellung zu jemb. VIII, 1, 28.

ăqua, ae, Wasser: aquam et ter- ram poscere (Zeichen der Unterwerfung) III, 10, 8; *plur.* III, 1, 3; 4, 8; VI, 4, 3; aquarum penuria IV, 7, 6. — 2) Meer IX, 3, 21.

ăquĭla, ae, Adler III, 3, 16; IV, 15, 26.

ăquĭlo, ōnis, *m.* Nordwind VIII, 9, 12.

āra, ae, Opferherd, Altar IV, 3, 22; aram deo sacrare III, 12, 27; locare VIII, 11, 24; ponere IX, 4, 14; erigere IX, 3, 19.

Ărăbĭa, ae, Arabien IV, 3, 1. 7. — 2) der von nomabisierenden Arabern be- wohnte höhere Teil von Mesopotamien V, 1, 11.

Ărăbes, um, die Araber IV, 2, 24; 6, 30; 7, 18; die Bebuinen der mefopo-

tam. u. ſyriſchen Wüſte VII, 2, 18; *sing.* Arabs IV, 6, 15.

Arăbĭcus, 3. a r a b i ſ ch : vestis VII, 2, 17.

Arabītae, ārum, freies Volk in Gebroſien, öſtl. vom Fluſſe Arabus: *gen.* Arabiton IX, 10, 5.

Arabs, ſ. Arabes.

Arăbus, i, Fluß in Gebroſien, jetzt *Poorally* IX, 10, 6.

Arachosīi, ōrum, Volk in Afghaniſtan zwiſch. dem Paropamiſus im Norden u. Gebroſien im Süden IV, 5, 5; 12, 6; VII, 2, 26; 3, 4; IX, 7, 14; 10, 7.

Arădus, i, *f.* eine zum nördl. Phönicien gehörige Inſel IV, 1, 5.

ărātrum, i, P f l u g VII, 8, 17.

Araxēs, is, Fluß in der Nähe von Perſepolis, jetzt *Bend - Emir* V, 4, 7; 5, 2; 7, 9; *acc.* Araxen IV, 5, 4. — 2) Fluß in Armenien am Fuß des Kaukaſus, jetzt *Aras* VII, 3, 19.

Arbēla, ōrum, Ort in der Landſchaft Abiabene in Aſſyrien, jetzt *Arbil,* berühmt durch den Sieg Alexanders über die Perſer 331 v. Chr. IV, 9, 9. 14; 16, 9; V, 1, 2. 10; VI, 1, 21; IX, 2, 23.

arbĭter, tri (v. ad u. bitere = ire), „der Hinzutretende", dah. M i t w i ſ ſ e r, T e i l n e h m e r : secretorum (arcanorum) III, 12, 16; VI, 8, 11; abſol. Ohrenzeuge, Augenzeuge: sine arbitris VII, 1, 31; arbitris remotis V, 11, 4; 12, 10; arbitris summotis IV, 10, 32.

arbĭtrĭum, i, „ſchiedsrichterl. Ausſpruch", dah. B e ſ t i m m u n g, E n t ſ ch e i b u n g III, 12, 9; V, 8, 12; agere arbitrium victoriae, Verfügung treffen über die Maßnahmen nach dem Siege VI, 1, 19; VIII, 1, 34; alcui liberum arbitrium de alquo permittere, freie Entſcheidung in Betreff jemds. überlaſſen VII, 5, 30; liberum mortis arbitrium occupare, freie Wahl des Todes ergreifen IV, 4, 12. — 2) f r e i e s E r m e ſ ſ e n, B e l i e b e n IX, 1, 25; X, 1, 42; arbitrio meo, nach eigenem Gutdünken III, 5, 12.

arbĭtror, 1. (nach perſönl. Ermeſſen) g l a u b e n, d a f ü r h a l t e n : mit *acc.*

c. inf. III, 5, 16; 6, 3; alqm dignissimum, für den würdigſten erachten IV, 1, 16.

arbor, ŏris, *f.* B a u m IV, 2, 16; kollekt. IX, 10, 11; multa VII, 4, 26; frequens VI, 4, 22.

arcānus, 3. (arceo), „abgeſchloſſen", dah. g e h e i m, h e i m l i ch : scelus VI, 10, 28; ſubſt. arcanum, Geheimnis IV, 6, 5; VI, 8, 11; arcana et silenda VI, 7, 3; arcana et secreta, verborgene Geheimniſſe VII, 7, 24.

arcĕo, cŭi, 3. „abfergen", dah. a b h a l t e n, a b w e h r e n : naves missilibus IV, 2, 9; hostem transitu amnis IV, 9, 7.

Archelāus, i, Sohn des Perdiccas, König v. Macedonien (413—399), fand ſeinen Tod durch eine Verſchwörung VI, 11, 26. — 2) Truppenführer Alexanders V, 2, 16.

Archepŏlis, is, Truppenführer Alexanders: *acc.* Archepolim VI, 7, 15.

arcus, ūs, B o g e n VIII, 14, 19; arcum intendere III, 4, 13.

ardĕo. si, sum, 2. i n B r a n d ſ e i n, b r e n n e n III, 3, 4; incendio III, 8, 18; fulgor ardens, glühend IV, 12, 14. — 2) übtr. v. Leidenſchaft e n t b r a n n t ſ e i n, g l ü h e n : amore VIII, 6, 8.

ardor, ōris, *m.* B r a n d, G l u t : regionis IV, 7, 7. — 2) übtr. F e u e r e i f e r, b r e n n e n d e B e g i e r d e IV, 16, 29; VII, 11, 8; VIII, 10, 31; pugnae (certaminis), Hitze des Kampfes VIII, 2, 38; 14, 15; cupiditatis, Glut der Leidenſchaft VIII, 4, 27.

ardŭus, 3. ſ t e i l : semita V, 4, 21; iter V, 4, 12; ſubſt. arduum, ſteile Höhe: per ardua niti VIII, 11, 9. — 2) übtr. ü b e r a u s ſ ch w i e r i g : arduum est progredi VI, 6, 27; persequi IX, 2, 9.

ărēna, ae, ſ. harena.

Arĕtēs, is, Führer der thraciſch. leichten Reiterei Alexanders IV, 15, 18; *acc.* Areten IV, 15, 13.

argentĕus, 3. ſ i l b e r n : altaria III, 3, 9; patera IV, 7, 24; lectus VIII, 8, 9; lammina VIII, 5, 4.

argentum, i, Silber: vasa ex argento VIII, 12, 16; argentum factum („verarbeitet") III, 13, 16; signatum („geprägt") VIII, 12, 15.

Argīvus, 3. aus der Stadt Argos im Peloponnes, argivisch; subst. Argiver VIII, 5, 8.

argūmentum, i, Beweisgrund, Beweis: argumentum afferre mit *acc. c. inf.* VI, 4, 18.

argŭo, ŭi, ūtum, 3. „in hellem Lichte zeigen", dah. darzuthun suchen: mendacium VI, 11, 5. — 2) prägn. jemd. als schuldig offenbaren, beschuldigen, anklagen: alqm avaritiae, der Habsucht bezüchtigen X, 1, 29; alquis sceleris particeps esse arguitur VI, 11, 35.

Argyraspĭdes, um, die Argyraspiden (Silberschildner"), eine Abteilung der macedon. Phalanx IV, 13, 27; da jedoch dieser Name erst später entstand (f. VIII, 5, 4), so sind hier die Hypaspisten (f. armiger c) gemeint.

Ariāni, ōrum (gleichbedeutend mit Arii) VII, 3, 1.

Ariarāthēs, is, König von Cappadocien X, 10, 3.

arĭdus, 3. trocken, dürr: solum IV, 7, 12.

arĭēs, ĕtis, *m.* „Widder", dah. Sturmbock, Mauerbrecher, ein starker Balken mit eisenbeschlagenem Kopfe, der die Gestalt eines Widderkopfes hatte; er hing schwebend an einem horizontalen Balken u. wurde am hinteren Ende gegen die Mauer der feindl. Stadt in Bewegung gesetzt IV, 3, 13; 4, 12; VIII, 2, 22.

arĭēto, 1. (aries), stark stoßen: alqm in terram, niederstauchen IX, 7, 22.

Arii, ōrum, die Arier, Bewohner von Arien, einer östl. Provinz Persiens (zum Teil das heutige *Korassan*) VI, 6, 20; VII, 3, 2. 4, 32; 33.

Arimaspi, ōrum, Volk in der persischen Provinz Drangiana VII, 3, 1.

Arimāzēs, is, ein Perser, welcher eine Felsburg in Sogdiana verteidigte VII, 11, 1; *gen.* Arimazi VII, 11, 27.

Ariobarzānēs, is, Satrap des Dareus IV, 12, 7; V, 3, 17; 4, 15; *acc.* Ariobarzanen V, 4, 20.

ărĭŏlus, f. hariolus.

Aristander, dri, aus Telmessos in Lycien, Seher im Heere Alexanders IV, 2, 14; 6, 12; 13, 15; 15, 27; V, 4, 2; VII, 7, 8.

Aristogītōn, ōnis, Gesandter Athens bei Dareus III, 13, 15.

Aristomēdēs, is, ein Thessalier, Truppenführer des Dareus III, 9, 3.

Aristomĕnēs, is, Flottenführer des Dareus: *acc.* Aristomenen IV, 1, 36.

Aristōn, ōnis, Führer der päonischen Reiterei im Heere Alexanders: *acc.* Aristona IV, 9, 24.

Aristonīcus, i, Tyrann von Methymna auf der Insel Lesbos IV, 5, 19; 8, 11.

Aristōnus, i, Generaladjutant Alexanders IX, 5, 15. 18; X, 6, 16.

arma, ōrum, Waffen (zum Schutz wie zum Angriff), Rüstung: arma virique, Gewappnete VIII, 14, 1. 27; IX, 6, 7; milites ad arma vocare III, 8, 25; arma capere IV, 13, 19; sumere III, 8, 24; induere V, 11, 1; in armis esse, unter den Waffen sein IV, 6, 3; in armis stare IV, 13, 10; insb. Schild: arma armis pulsare III, 11, 5. — 2) metonym. a) Waffenmacht IV, 8, 15; VII, 4, 15; VIII, 10, 20. — b) Kampf, Krieg: arma et acies III, 6, 3; Graeciae arma movere IV, 1, 38; arma spectare IX, 7, 2; inferre VII, 7, 11.

armamăxa, ae, ringsum geschlossener persischer Reisewagen III, 3, 23.

armāmentarĭum, i, Rüstkammer, Zeughaus VI, 7, 22.

armātūra, ae, „Art der Bewaffnung", kontr. Waffengattung: levis armatura, Leichtbewaffnete VI, 4, 15; 6, 21; VIII, 10, 4.

armātus, ūs (nur *abl.* gebräuchl.), Bewaffnung: pedites pari armatu equitum III, 2, 5.

Armĕnĭa, ae, das Hochland Asiens an den oberen Flußläufen des Euphrat,

Tigris u. Araxes, zwisch. dem Taurus u. Kaukasus, von Cappadocien bis ans kaspische Meer, zerfiel in Großarmenien u. (durch den Euphrat geschieden) Kleinarmenien V, 1, 13. 44; VI, 3, 3; VII, 3, 20; major IV, 12, 12.

Armēnii, ōrum, die **Armenier** III, 2, 6; minores, Kleinarmenier IV, 12, 10.

armentum, i (aro), „Pflugvieh", dah. Großvieh: kollekt. VIII, 12, 11; greges armentorum IX. 2, 16; pecora et armenta, Schafe u. Rinder VIII, 4, 19; IX, 8, 29.

armĭger, ĕri, Waffenträger, Lanzknecht IV, 7, 21; insb. armigeri: a) Mannschaften der Leibwache, Leibtrabanten III, 12, 7; IV, 15, 29; VI, 1, 5; 8, 19; VII, 1, 18; 2, 28; VIII, 2, 11. — b) die Generaladjutanten Alexanders (s. custos) VI, 8, 17. — c) die Hypaspisten, ein auserlesenes, leicht bewaffnetes Korps der Phalanx V, 4, 21.

armo, 1. bewaffnen: milites III, 2, 7; milia armata (= armatorum) VI, 6, 24; subst. armatus, Bewaffneter, Krieger; kollekt. V, 7, 2; plur. III, 2, 2; 4, 12.

Arrhidaeus, i, Sohn des Königs Philipp von Macedonien u. der Tänzerin Philinne aus Larissa in Thessalien, wurde, obgleich schwachsinnig, nach Alexanders Tode zum König ausgerufen, mit der Eurydice, der Tochter der Kyane (einer Stiefschwester Alexanders) vermählt u. 317 v. Chr. von der Olympias, der Mutter Alexanders, nebst seiner Gattin ermordet X, 7, 2 ff. X, 8, 16, 9. 18.

arrĭpĭo, rĭpŭi, reptum, 3. (rapio), an sich reißen, auffassen: alqd IV, 15, 9; saxum VI, 9, 31.

ars, tis, f. Kunst, Wissenschaft: magica VII, 4, 8; belli, Kriegskunst VII, 7, 16; Kriegslist IV, 13, 4; militiae IX, 8, 23; vasa pretiosae artis („Kunstarbeit") V, 6, 5; optimae artes VIII, 8, 22; honestae, die edleren Künste und Wissenschaften VIII, 5, 7; artes studiorum liberalium, die Übungen der freien Künste VIII, 6, 4. — 2) plur. übtr. sittliche Eigenschaften, Tugenden: animi („des Charakters") III, 6,

20; pacis, Gesittung VII, 11, 1; IX, 8, 23.

Arsácēs, is, Alexanders Statthalter in Medien VIII, 3, 17.

Arsămēs, is, Statthalter von Ariana VII, 3, 1; VIII, 3, 17. — 2) persischer Satrap von Cilicien III, 4, 3.

Artabāzus, i, Satrap von Kleinasien unter Artarxerxes III, hatte sich gegen diesen empört u. war zu Philipp von Macedonien geflohen. Später begnadigt diente er dem Dareus, nach dessen Tode er sich an Alexander anschloß und Statthalter von Baktrien wurde III, 13, 13; V, 9, 1. 12; 10, 10; 12, 7; VI, 5, 1; VII, 3, 2; 5, 1; VIII, 1, 10. 19.

Artacoāna, ōrum, Hauptort der Provinz Ariana VI, 6, 33.

Artaxerxēs, is, Name, welchen Bessus als Usurpationskönig annahm: acc. Artaxerxen VI, 6, 13.

artē, adv. enge, gedrängt: compar. artius IV, 2, 16; zu eng IV, 13, 34. — 2) eingeschränkt, knapp: spiritus arte meat, geht schwach III, 6, 14.

artĭcŭlus, i (deminut. v. artus), „kleines Gelenk", dah. übtr. Wendepunkt, entscheidender Augenblick: rerum mearum („meiner Lage") III, 5, 11.

artĭfex, fĭcis (ars u. facio), Künstler IV, 7, 23; VI, 2, 5; Virtuose V, 1, 22.

artĭus, s. arte.

artus, ūs, Gelenk, Glied III, 5, 3; VII, 4, 23; VIII, 4, 15.

artus, 3. gedrängt, enge: aditus V, 3, 3; os specus VII, 11, 3; artissimae fauces III, 1, 13; 4, 2; in artum (in artius) coire, sich enge (enger) zusammendrängen VIII, 13, 9; V, 1, 14; VIII, 11, 6; in artius cogi, ins engere zusammengezogen werden VII, 3, 9; in artissimum cogi, sich am engsten zusammenziehen VIII, 2, 20. — 2) übtr. a) enge, fest: propinquitas III, 12, 14. — b) beschränkt, knapp: tempora somni III, 2, 15; omnia in dies artiora sunt, wird knapper III, 1, 8.

ăruspex, s. haruspex.

Arvae, ārum, Stadt in Hyrkanien VI, 4, 23.

arx, cis, *f.* „Höhe", insb. befestigte Höhe, Burg, Feste III, 1, 6; 7, 2; 13, 6; IV, 7, 20.

Asander, dri, Statthalter von Lybien VII, 10, 12.

ascendo, di, sum, 3. (scando), hinaufsteigen, etw. besteigen: in jugum montis III, 8, 22; in turrem IV, 4, 10; in equum VII, 7, 36; verticem montis VIII, 10, 13; absol. zu Schiffe steigen VIII, 13, 26. — 2) übtr. emporsteigen, sich aufschwingen: in fortunam IX, 8, 24; ad gradum amicitiae VII, 1, 28.

ascensus, üs, das Hinaufsteigen VII, 11, 19.

ascisco, īvi, ītum, 3. zu einer Gemeinschaft annehmen, aufnehmen: alqm in societatem (erg. belli) IV, 13, 28; in societatem rei cogitatae (sceleris) VII, 5, 21; VIII, 6, 9.

Asclepiodōrus, i, Statthalter von Syrien VII, 10, 12. — 2) ein königlicher Page VIII, 6, 9.

ascrībo, psi, ptum, 3. beischreiben: beifügen: causam metus VII, 1, 36; sibi titulum regis IV, 1, 7. — 2) wozu zählen, rechnen: Scythas Asiae VI, 2, 13.

Asia, ae, Asien III, 1, 16; insb. Kleinasien III, 1, 13; IV, 4, 1; 5, 14.

Asiaticus, 3. asiatisch: praeda X, 2, 25; milites X, 3, 5.

Aspastēs, is, Statthalter von Carmanien IX, 10, 21. 29.

aspectus, üs, das Sichtbarwerden, der Anblick: regis VIII, 14, 12; multitudinis III, 2, 10; beluae IV, 4, 5; turrium VI, 6, 34; lucis V, 5, 19.

asper, ěra, ěrum, rauh, uneben: aditus III, 4, 7; mons III, 4, 6; jugum montis III, 10, 10; ripa VIII, 11, 7; subst. aspera, ōrum, rauhe Stellen VII, 11, 16; saxorum, rauhe Felsen VII, 11, 18. — 2) übtr. a) rauh, unsanft: os, störriger Eingang VIII, 9, 8 (s. obicio); remedium, heftig wirkend V, 9, 3; vox, hart, scharf VII, 1, 22; oratio VI, 9, 28. — b) roh, wild: gens VI, 5, 11.

aspergo, si, sum, 3. (spargo), bespritzen: alqm (mensam) sanguine VIII, 1, 52; 7, 5; aspersus sanguine civili X, 2, 4. — 2) übtr. beschimpfen, begeifern: rumor aspergit alqm X, 10, 18.

aspěrītās, ātis, *f.* Rauhheit: locorum VII, 3, 7; saxorum, rauhe Felsen VI, 4, 5.

aspernor, 1. (sperno), zurückweisen, verschmähen, von etw. nichts wissen wollen: munus V, 2, 19; novum imperium IV, 1, 5; societatem sermonis VI, 10, 22; proditionem V, 10, 6; imperium, dem Befehl zuwiderhandeln X, 2, 5.

aspicio, spexi, spectum, 3. (specio), den Blick auf etw. richten, etw. anblicken: exercitum VIII, 8, 9; alqm animo parentis VIII, 4, 25; vehiculum, betrachten III, 1, 14. — 2) prägn. erblicken: corpus VI, 9, 5; alqm X, 5, 2.

aspīro, 1. „anhauchen", dah. (nach einem vom günstigen Winde entlehnten Bilde) günstig sein, Beistand leisten: felicitas aspirat IV, 14, 19; aspirante fortuna, unter Beistand des Glücks III, 8, 20.

Assacānus, i, König der Assakaner in Indien, nördl. vom Zusammenfluß des Kabul u. Indus VIII, 10, 22.

assensio, ōnis, *f.* Zustimmung, Beifall VIII, 5, 20.

assensus, üs, Zustimmung, Beifall V, 9, 2.

assentātio, ōnis, *f.* schmeichlerische Zustimmung, Liebedienerei VIII, 5, 6.

assentior, sensus sum, 4. zustimmen, beipflichten: alcui IV, 13, 7; vultu V, 12, 3.

assentor, 1. (v. *intens.* v. assentior), „beistimmen", dah. aus Liebedienerei schmeicheln, gegen jemb. den Jaherrn spielen VIII, 8, 21.

assěquor, cūtus sum, 3. einholen, erreichen: alqm IV, 8, 7; agmen IV, 10, 11; vehiculum V, 13, 15. — 2) übtr. a) (Erstrebtes) erreichen, erlangen: alqd VII, 8, 12; regnum IV, 6, 4; alqd virtute IV, 14, 4; fraude V, 10, 8. — b) geiſtig erfaſſen, begreifen, ſich vorſtellen: alqd animo IV, 16, 10. **asser**, ĕris, *m*. dicke Stange, ſtarke Latte IV, 3, 15. 24.

assĕro, serŭi, sertum, 3. (ad. u. sero), „an ſich fügen", bah. als juriſt. Ausdruck, jemb. durch Berührung mit der Hand als Sklaven in Anſpruch nehmen, überh. etw. als Eigentum in Anſpruch nehmen, ſich zuſprechen omnia sibi X, 10, 14; Jovem sibi patrem VIII, 1, 42.

asservo, 1, „aufbewahren", bah, in Gewahrſam halten, bewachen: alqm III, 13, 3; IV, 13, 37; alqm vinctum VIII, 6, 27; captivos custodia IV, 1, 4; 15, 5.

assĭdĕo, sēdi, sessum, 2. (sedeo), bei jemb. ſitzen: alcui IV, 10, 20; X, 5, 20; beſonb. bei einem Kranken IX, 8, 25; X, 6, 17. — 2) vor einem Orte lagern, liegen: urbi IV, 3, 1.

assigno, 1. zuweiſen, zuerteilen: jumenta V, 5, 22; IV, 11, 21.

assĭlĭo, silŭi, sultum, 4. (salio), hinzuſpringen IX, 7, 21.

assisto, astĭti, 3. ſich hinſtellen, ſich aufſtellen VII, 1, 9 (ſ. ex 4); ad aditum VII, 2, 28; extra regiam X, 5, 9.

assuēfăcĭo, fēci, factum, 3. (assuetus u. facio), an etw. gewöhnen: alqm mit *inf.* V, 2, 19.

assuesco, suēvi, suētum, 3. ſich an etw. gewöhnen, *perf.* gewohnt ſein, pflegen, mit *inf.* IV, 13, 18; mit *dat.* u. *abl.* (an etw.): ministeriis IX, 1, 32; insignia, quis assueverant, bie ſie gewöhnlich trugen VIII, 12, 16; X, 1, 32; pedites, quis assueverat, bie er gewöhnlich befehligte V, 4, 14. — 2) mit jemb. vertrauten Umgang pflegen: alcui III, 12, 2; VI. 5, 23. — 3) *part.* assuetus: a) an etw. gewöhnt: custodiae X, 5, 8; imperio IV, 7, 31; VI, 3, 8; cultu vitae asperae VI, 5, 11; latrociniis VIII, 2, 16; regio imperio IV, 7, 31; milia assueta corporis custodiā, ſeine gewöhnliche Leibwache III, 9, 4; assueti custodiā regis, bie gewöhnliche

Leibwache des Königs V, 12, 9; III, 10, 9; IV, 6, 3; 7, 15; mit *inf.* III, 10, 9; IV,6,3; mit *acc. c. inf.* VIII,8,16; abſol. assueti, gewöhnliche Umgebung IX, 3, 18. — b) gewöhnlich: tepor IV,7,22.

assum, affŭi, Ädesse, anweſend ſein, zugegen ſein, zur Stelle ſein, ſich einſtellen: in vestibulo V, 10, 12; in medio agmine VII, 3, 17; mit *dat.*: praetorio IV, 10, 4; partibus (Darei) IV, 9, 2 (ſ. pars 3); sermoni alcjus VIII, 5, 14; abſol. III, 8, 17; IV, 4, 9; 16, 8; VII, 5, 21; dii ultores assunt, ſind als Rächer erſchienen V, 13, 16; VII, 5, 25. — 2) insb. a) einer Sache beiwohnen, an etw. teilnehmen: pugnae IX, 5, 21; funeri VI, 6, 19; abſol. babei ſein: nusquam VIII, 1, 25. — b) v. zeitl. Verhältniſſen, ba ſein, gekommen ſein: adest nox VIII, 6, 12; certamen („bie Stunbe bes Kampfes") IV,11,22; discrimen rerum VIII, 14, 1; suprema hora III, 12, 8; finis militiae (laboris, vitae) VI, 2, 17; IX, 9, 4; VII, 7, 19.

assūmo, mpsi, mptum, 3. „an ſich nehmen", bah. zur Teilnahme ob. Hilfe hinzunehmen, heranziehen: alqm VIII, 6, 9; assumptis (erg. iis), qui advenerant III, 1, 24. — 2) ſich aneignen, annehmen: nomen regis IX,7,3; nihil ex fastu regiae IX, 8,23.

assurgo, surrexi, surrectum, 3. aufſtehen, ſich erheben IV, 6, 15; übtr. jugum montis a mari assurgit, ſteigt empor III, 4, 6.

astringo, nxi, ctum, 3. ſtraff anziehen, zuſammenſchnüren, feſtknüpfen: seriem vinculorum III, 1, 17; opus bitumine, kitten V, 1, 29; jugum astrictum nodis, feſtgebunden III, 1, 15; pedes astricti crepidis, umſchnürt IV, 8, 8. — 2) v. b. Kälte, zuſammenziehen, ſtarr machen: corpora VII, 3, 13; nives gelu, zu Eis erhärten V, 6, 13; imbrem concreto gelu, zu feſtem Eis gefrieren machen VIII, 4, 6; humus riget gelu astricta, ſtarrt hart gefroren III, 13, 7. — 3) übtr. mora-

lisch fesseln, binden: astrictus religione deûm VI, 8, 12.
astrŭo, xi, ctum, 3. „daranbauen", bah. übtr. eine Person einer Sache beigeben, für etw. anstellen: alqm falsis criminibus, zu falschen Beschuldigungen anstiften X, 1, 27.
ăt, *conj.* bei einem Einwurfe, aber, allein: at satius est III, 6, 6; at enim, aber ja, aber freilich VI, 8, 13; 9, 16; 10, 18. 26. — 2) zur lebhaft. Einführung eines Gegensatzes, dagegen, aber III, 1, 5; IV, 7, 19; bah. beim Übergang der Darstellung zu einem anderen Gegenstande III, 2, 1; 7, 1; 9, 16; IV, 9, 1. — 3) doch, doch wenigstens: at divideret saltem copias III, 8, 2; attamen VI, 7, 8.
Atharrīās, ae, Kriegshauptmann im Heere Alexanders V, 2, 5; VI, 8, 19; VII, 1, 5; VIII, 1, 36.
Athēnae, ārum, Athen in Attika III, 2, 10; X, 2, 2.
Athenagŏrās, ae, ein Parteiführer in Chios IV, 5, 15 ff.
Atheniensis, e, athenienfisch: subft. Athenienser III, 1, 9; 10, 7.
Atizȳēs, is, persischer Statthalter von Phrygien III, 11, 10.
atque, verkürzt ac, „und dazu", bah. steigernd, und sogar, ja sogar: Asia atque ultima orientis III, 10, 4. — 2) und auch, zudem, und: genus ac nobilitas IX, 1, 26; sanguis ac stirps X, 6, 10; caligo ac tenebrae IX, 4, 18; sanctus ac mitis III, 8, 5; avare ac superbe IX, 8, 9. — 3) in der Satzverbindung = und so IV, 1, 29; 3, 23; IX, 6, 26. — 4) in fortschreitend. Erzählung zur Anreihung eines näher erklärenden ob. gewichtvollen Gedankens III, 2, 15; 6, 15; VII, 5, 24; ac primo III, 12, 6; IV, 7, 10. — 5) nach Ausdrücken der Gleichheit u. Verschiedenheit, wie, als: perinde ... ac VIII; 5, 5.
atquī, *conj.* aber nun, gleichwohl aber III, 13, 1; V, 5, 11; VI, 10, 6.
ătrōcĭtās, ātis, *f.* Gräßlichkeit, das Gräßliche: sceleris VIII, 1, 50; 3, 15; criminis X, 1, 6.

Attălus, i, Oheim der Cleopatra, der zweiten Gemahlin Philipps von Macedonien, wurde von diesem mit Parmenio nach dem Hellespont vorausgeschickt, als der Krieg gegen die Perser beschlossen war; Alexander ließ ihn aber aus dem Wege räumen, weil er ihm die Nachfolge in der Regierung zu entziehen u. diese dem Sohne seiner Nichte zuzuwenden strebte VI, 9, 17; VII, 1, 3; VIII, 1, 42; 7, 4; 8, 7. — 2) ein Anführer der Agrianer VII, 13, 31. — 3) Anführer einer Taxis der Phalanx VIII, 13, 21.
attămen, s. at.
attĕro, trīvi, trītum, 3, (tero), abreiben, abnutzen: ungulas VIII, 2, 34. — 2) übtr. hart mitnehmen, aufreiben: copias IV, 6, 31.
attĭneo, tinŭi, tentum, 2. (teneo), sich hinerstrecken: Scythae inde ad Tanaim attinent VI, 2, 13. — 2) übtr. a) attinet ad aliquem, es betrifft jemb.: quod ad me attinet X, 1, 34; 8, 19. — b) absol. attinet, es gehört zur Sache: plura dici non attinet, ist nicht nöthig V, 11, 6.
Attĭca, ae, die Landschaft Attika in Hellas X, 2, 1.
Attĭnās, ae, Truppenführer Alexanders VIII, 1, 3.
attingo, tĭgi, tactum, 3. (tango), berühren: quicquid fervens harena attigerat IV, 3, 26. — 2) einen Ort erreichen, betreten: terram VII, 8, 16; quae nondum attigimus IX, 6, 24.
at-tollo, ĕre, emporheben, erheben: oculos VI, 9, 32; Taurus a Cappadocia se attollens, aufsteigend VII, 3, 20.
attŏnĭtus, 3. „angedonnert", bah. vom Donner betäubt: aures VIII, 4, 4. — übtr. a) wie vom Donner gerührt, betäubt, entsetzt, bestürzt: magnitudine periculi VI, 9, 32; metu V, 12, 13; malo IX, 9, 11; maestitia et desperatione, niedergeschlagen V, 9, 13; insolito silentio, verblüfft IV, 13, 17; absol. VI, 9, 2; VII,

attrecto

6, 4. — b) prophetisch, begeistert: mens VIII, 6, 16.

attrecto, 1. (tracto), antasten, berühren: alqm X, 10, 13.

attrĭbŭo, bŭi, būtum, 3. zuerteilen, zuweisen, anweisen: alcui sedem V, 5, 21; agrum V, 5, 24; urbes VIII, 1, 2; talenta ad belli usum III, 1, 20; equites praefectis V, 2, 6.

auctor, ōris, (augeo), unmittelbarer ob. mittelbarer „Förderer", bah. Gründer, Erbauer IV, 8, 1. — 2) Ahnherr, Stammvater: generis IV, 7, 8. — 3) Urheber, Veranlasser, Anstifter: vulneris VII, 6, 6; seditiosae vocis X, 9, 9; belli IX, 1, 22; defectionis VI, 1, 20; 6, 34; conjurationis VI, 8, 10; proditionis VII, 5, 35; consternationis VII, 10, 13; discordiae X, 8, 15; deditionis IX, 7, 13; sceleris IV, 8, 10; VI, 9, 3; consilii IV, 10, 17; VIII, 6, 23; salutis IX, 7, 7; alicui auctorem esse rei, jemb. wozu veranlassen IV, 9, 1 (s. praesens); X, 3, 12; nuntius et auctor („Vollzieher") III, 7, 7; alquo auctore, auf jembs. Veranlassung X, 9, 18. — 4) Anrater, Ratgeber: alcui auctorem esse rei, jemb. zu etw. raten IV, 3, 23; 7, 28; VIII, 12, 4. — 5) Gewährsmann, Bürge IV, 9, 2; VII, 1, 36; levis IV, 3, 22; VI, 7, 33; X, 10, 5; auctorem esse mit *acc. c. inf.*, beglaubigen IX, 5, 21; 8, 15.

auctōrĭtās, ātis, *f.* „fördernder Einfluß", bah. Vorgang, maßgebendes Beispiel: auctoritatem alcjus sequi VII, 6, 14; IX, 7, 3. — 2) Meinungsausspruch, Gutachten: nisi valuisset auctoritas (erg. regum) VI, 8, 25. — 3) Ansehen, Einfluß, Gewicht VI, 7, 2; 8, 7; VII, 7, 21; VIII, 12, 13; litterae habent auctoritatem VI, 10, 34. — 4) Beglaubigung, Bürgschaft: divinitatis VIII, 5, 18.

audācia, ae, Wagluft, Kühnheit, Entschlossenheit: vir audaciae promptae VIII, 11, 11; promptae audaciae esse ad omne discrimen IX,

augeo

6, 10. — 2) im üblen Sinne, Dreistigkeit, Keckheit VI, 11, 2.

audacter, *adv.* kühn, breist VII, 9, 1.

audĕo, ausus sum, 2. sich einer That erbreisten, etw. wagen: facinus IV, 6, 15; scelus VI, 3, 13; talia X, 1, 7 (ausuros = ausuros fuisse); nihil frustra V, 3. 22; mit *inf.* III, 5, 7. 16; V, 5, 18; audete vincere, entschließet euch IV, 14, 13.

audĭo, 4. hören, vernehmen: clamorem IV, 4. 6; VII, 9, 11; adventum alcjus V, 5, 2; verum III, 2, 11; alqd ex aliquo VIII, 1, 29; *abl. abs.* audito mit *acc. c. inf.*, auf b. Nachricht V, 13, 1. — 2) anhören: alqm IV, 15, 7; VI, 9, 10; 11, 4; coepit audiri VI, 10, 15; legatos (legationem), Gehör geben, Audienz geben IV, 8, 12; VIII, 1, 10.

audītus, ūs, Hörensagen, Gerücht: alqd auditu compertum habere V, 4, 10; minus celeber auditu, weniger häufig genannt VIII, 9, 9; auditu majora quam vero, was nach der Erzählung größer ist als in der Wirklichkeit IX, 2, 15.

aufĕro, abstŭli, ablatum, auferre (ab u. fero), wegtragen, forttragen: corpus VII, 1, 10; VIII, 2, 10. — 2) fortreißen: fuga alqm aufert III, 11, 13. 26; terror VII, 2, 4; auferri impetu amnis VIII, 13, 16; onere in gurgites IV, 9, 19. — 3) entziehen, entreißen, rauben: alcui lanceam VIII, 1, 46. 49; iter fugientibus IV, 16, 9; caelestes honores VIII, 5, 15; prospectum (usum) oculorum IV, 15, 32; IX, 9, 14; caligo faciem rei aufert IV, 12, 20.

Augaeus, 3. aus der Stadt Augäa auf b. macedon. Halbinsel Chalcibice V, 2, 5.

augĕo, xi, ctum, 2. vermehren, vergrößern, verstärken: regnum X, 10, 8; exercitum VII, 10, 13; incendium IX, 4, 7; periculum III, 5, 14; metum VI, 1, 9; formidinem VIII, 2, 26; terrorem X, 5, 15; speciem IX, 3, 19; 4, 24; famam rerum gestarum

augurium   avaritia   31

IV, 7, 30; causas supplicii VIII, 7, 7; vulnus secando IX, 5, 23; Acisenes Indum auget VIII, 9, 8; copiis auctus, verstärkt V, 7, 12. — 2) übtr. vergrößert darstellen, übertreiben: multitudinem IV, 2, 12; falsa per metum IV, 10, 10.

augŭrĭum, i, Beobachtung der Wahrzeichen, baß. metonym. Wahrzeichen, Vorzeichen IV, 6, 12; divinae opis IV, 13, 13.

augŭror, 1. vorhersagen, ahnen, vermuten: bella mente X, 5, 13; vultu (= ex vultu) spem, im voraus schöpfen IV, 13, 25; mit *acc. c. inf.* III, 3, 5; IV, 4, 5; aestimatio auguratur, sucht zu erraten IX, 9, 2.

aula, ae, „Hof", insb. der Hof eines Fürsten, baß. metonym. das Hofleben VIII, 8, 21.

aulaeum, i, Vorhang, Teppich VIII, 5, 21; IX, 7, 15

aura, ae, Lufthauch, wehende Luft: maris IX, 4, 21; 9, 3; übtr. aura incertae famae, die Luftströmung eines unsicheren Gerüchtes IV, 5, 12.

aurātus, 3. goldverziert, vergoldet IV, 7, 24; VIII, 9, 26.

aurĕus, 3. golden: vas III, 13, 10; cratera IX, 10, 26; torques III, 3, 13; corona VIII, 12, 15; subst. aureus, Goldstück (= 21³/₄ Mark) IX, 1, 6. — 2) goldverziert, vergoldet: virga III, 3, 11; freni III, 13, 10; VIII, 5, 4; soleae IX, 1, 29; lectica VIII, 9, 24; lectus IX, 7, 15.

aurīga, ae, (v. aurea, „Zügel" u. ago) Wagenlenker IV, 15, 3; VIII, 14, 3.

auris, is, Ohr: aures credulae VII, 2, 37; surdae VI, 11, 15; clausae VIII, 1, 48; surdas aures pulsare IX, 2, 30; aures fatigare IX, 10, 16; propitias aures praebere, geneigtes Gehör schenken IX. 3, 6; aequis auribus alqm audire VIII, 5, 20; honos auribus habitus sit (s. honos) V, 1, 38.

aurum, i, Gold: cratera ex auro IV, 8, 16; vehiculum auro argentoque caelatum III, 3, 12. — 2) meton. Gold-

geschirr: mensas auro onerare VIII, 8, 9.

auspĭcĭum, i, (avis u. specio), „Beobachtung der Weissagevögel", ein Recht, welches außer den Magistraten auch dem Feldherrn zustand, baß. übtr. Oberleitung, Oberbefehl: sequi alcjus imperium atque auspicium, Befehl u. Führung IX, 3, 6; 6, 9; X, 8, 10; imperio auspicioque meo, unter meiner obersten Leitung VI, 3, 2. — 2) metonym. Vorzeichen, Anzeichen: victoriae IV, 15, 27; deorum, göttliche Weihe V, 12, 16.

auster, tri, Südwind VIII, 9, 3 (s. accipio 1).

aut, *conj.* oder (trennt Begriffe als wesentlich verschieden): aere aut ferro III, 2, 7; aut... aut, entweder... oder III, 4, 4; 5, 6; hypothetisch: wenn nicht... so V, 6, 9. — 2) im negativ. Satze weder... noch IV, 13, 9. 19; VIII, 1, 18; nec aut... aut, und weder ... noch IV, 15, 28; V, 5, 23; 9, 1; VII, 5, 33; IX, 1, 7; X, 2, 13. — 3) oder wenigstens, oder auch nur X, 2, 5.

autem, *conj.* zur Gegenüberstellung eines Begriffes, aber, dagegen III, 1, 19; 5, 10; IV, 5, 7. — 2) in d. Erzählung beim näheren Eingehen auf etw., aber III, 11, 27; IV, 6, 3. — 3) bei Einleitung einer Frage, aber VIII, 5, 23; IX, 2, 32.

auxĭlĭum, i, Hilfe, Unterstützung, Beistand: mittere auxilium alicui III. 1, 8; ferre V, 3, 9; Hilfsmittel, Verteidigungsmittel III, 2, 16; 11, 12; IV, 3, 10; 7, 13; 9, 4. — 2) *plur.* Hilfstruppen IV, 2, 11; 9, 2; 12, 9; VII, 4, 5; IX, 2, 24.

ăvārē, *adv.* auf habsüchtige Weise, habsüchtig: multa avare et superbe facere IX, 8, 9; avare et superbe imperare (imperitare) VIII, 3, 16; IV, 7, 1.

ăvārĭtĭa, ae, Gier: gloriae, Ruhmsucht IX, 2, 9. — 2) insb. Habgier, Habsucht III, 13, 11; IV, 10, 17; V, 6, 6; insatiabilis VIII, 8, 12.

ăvārus, 3. habgierig, habfüchtig: manus VII, 8, 19.

ā-vello, velli, vulsum, losreißen, abreißen: membra simulacrorum V, 6, 5; tabulas IX, 9, 20; crus canis IX, 1, 32; alqm V, 12, 8.

āversor, 1. (averto), (aus Unwillen ob. Verachtung) von jembm. ob. etw. sich abwenden, zurückweisen, verschmähen, abgeneigt sein: alqm IV, 7, 31; VII, 1, 29 (s. scilicet); Philippum patrem VIII, 7, 13; imperium VIII, 10, 2; domum alcjus VIII, 6, 23; facinus VIII, 3, 14; bella V, 8, 15; neptem, von sich abwehren X, 5, 44; laetitiam non aversatus, nicht ungehalten über VIII, 10, 17.

āversus, 3. (*part. v. averto*), mit der Vorderseite abgewendet, auf der Kehrseite IV, 14, 14; porta aversa ab hoste IV, 10, 25; iter ab urbe V, 3, 5; alicui averso instare, von hinten einbringen auf IV, 15, 22; aversos (barbaros) caedere, von hinten einhauen auf IV, 15, 21. — 2) übtr. abgeneigt: animus IX, 2, 30.

ā-verto, ti, sum, 3. wegwenden, abwenden: vultum a conspectu alcjus VI, 7, 30; oculos in alqm III, 11, 24; ordines a fronte, mit dem Rücken gegen die Front stellen IV, 13, 31; hostem inde, fern halten IV, 9, 22; alqm in fugam, in die Flucht treiben III, 11, 8; *passiv.* averti, sich wenden: in alqm V, 4, 16; VIII, 13, 23. — 2) übtr. a) von etw. abziehen, abwenden: militem a proelio IV, 15, 13; a sensu operis IV, 6, 9; curas a munere X, 10, 9; contemplatio avertit alqm ab ordine („vom Gange der Ereignisse") X, 9, 7. — b) abwenden, entfremben: alqm ab alquo X, 2, 20.

ăvĭa, ae, Großmutter: anus, greise Großmutter III, 11, 25.

ăvĭdē, *adv.* begierig, gierig, leibenschaftlich IV, 16, 13; VII, 5, 8; *comp.* avidius III, 6, 17; IV, 16, 29.

ăvĭdĭtās, ātis, *f.* Gier, Begierde: animi VII, 8, 12.

ăvĭdus, 3. nach etw. gierig, begierig, auf etw. erpicht, mit *gen.*: gloriae IV, 7, 29; pecuniae IX, 1, 3; certaminis IV, 16, 23; regem cognoscendi V, 1, 19; noscendi VII, 2, 21; cognoscendae vetustatis IV, 8, 3; explendi supplicii VII, 5, 23; avidior fuit quam patientior, zeigte mehr Rachsucht als Selbstbeherrschung V, 7, 4; insb. habgierig: gens avidissima V, 1, 6.

ăvis, is, *f.* Vogel IV, 5, 3; 8, 6.

ăvĭus, 3. abwegsam, vom Wege abbiegend, dah. abgelegen: montes VIII, 10, 19; lacuna IV, 16, 14.

ăvuncŭlus, i, Mutterbruder, Oheim VIII, 1, 37 (gemeint ist Alexander Molossus in Epirus, Bruder der Olympias).

ăvus, i, „Großvater", dah. überh. Vorfahr, Ahn III, 3, 16.

axis, is, *m.* „Erdaxe", dah. Pol: septentrionis, Nordpol VII, 3, 7.

B.

Băbўlōn, ōnis u. **Babўlōnĭa**, ae (V, 1, 45; X, 1, 19), die Hauptstadt Babyloniens an beiden Ufern des Euphrat IV, 9, 6; V, 6, 9; X, 6, 1; *acc.* Babylona III, 2, 2; 3, 3; IV, 16, 7; V, 1, 7. 17; X, 1, 16; 8, 11.

Băbўlōnĭa, ae, Babylonien, der südl. Teil der zwisch. den Flüssen Euphrat u. Tigris liegenden Ebene bis zur Vereinigung derselben IV, 6, 2; 9, 2; 16, 7; V, 1, 44; VIII, 3, 17.

Băbўlōnĭus, 3. babylonisch: regio V, 1, 43; arx V, 1, 43; muri V, 1, 16; *subst.* Babylonii IV, 12, 10; V, 1, 15. 37.

baccar, ăris, *n.* der sogenannte celtische Baldrian, ein aromatisches Strauchgewächs VIII, 10, 14.

bacchābundus, 3. bacchantiſch ausgelaſſen: agmen IX, 10, 27.

bacchor, 1. bacchantiſch ſchwärmen: ſubſt. *part.* bacchantes, die Bacchanten VIII, 10, 15; IX, 10, 24.

Bactra, ōrum, Hauptſtadt von Bactrien am Bactros, einem Nebenfluſſe des Oxus, jetzt *Balkh* IV, 5, 8; VII, 4, 31. — 2) die Provinz Bactrien im nördl. Teile des perſiſchen Reiches, zwiſch. dem Paropamiſus u. Oxus-Fluß III, 10, 5; V, 8, 1; 9, 5. 8; V, 13, 2. 18; VI, 6, 22; VII, 7, 4. — 3) Stadt in Sogbiana am unteren Laufe des Polytimetus nahe an der Wüſte VII, 9, 20.

Bactriānus, bactriſch: equites IV, 12, 6; auxilia IX, 2, 24; arx IX, 7, 2; regio (terra), die Provinz Bactrien (ſ. 2 Bactra) V, 8, 4; VI, 6, 18; VII, 4, 26; VIII, 2, 13; ſubſt. Bactriani, die Bactrier III, 2, 9; IV, 6, 3; 9. 2.

Bactrus, i, Fluß in Bactrien, jetzt *Balkhab*, Nebenfluß des Oxus VII, 4, 31.

băcŭlus, i, Stab IX, 1, 30.

Bagistānēs, is, ein Babylonier V, 13, 3.

Bagōās, ae, ein ägyptiſcher Eunuch, tötete den König Artaxerxes III, ſo wie deſſen Sohn u. Nachfolger Arſes durch Gift und verſchaffte dadurch dem Dareus Codomannus den Thron. Dieſer ließ ihn ſpäter hinrichten, weil er ihm ebenfalls nach dem Leben trachtete VI, 3, 12; *acc.* Bagoan 4, 10. — 2) ein Liebling des Dareus, dann des Alexander VI, 5, 23; X, 1, 25. 36.

Bagophānēs, is, perſiſcher Befehlshaber der Burg von Babylon V, 1, 20. 24.

Balācrus, i, Anführer der Wurfſchützen Alexanders IV, 5, 13; 13, 28; VIII, 11, 22

barbăria, ae, Barbarenland, Ausland IV, 3, 3.

barbărus, 3. fremdländiſch, barbariſch: gens IX, 6, 11; litterae V, 5, 6; opulentia III, 3, 13; ſubſt. barbarus, Ausländer, Barbar III, 4, 15; 7, 3. 14; barbara, ae, Barbarin VIII, 3,

11 — 2) roh, barbariſch: ululatus III, 12, 3; feritas III, 8, 15; licentia VIII, 3, 15.

Barcāni, ōrum, Volk öſtl. vom kaſpiſchen Meere III, 2, 5.

Barsinē, ēs, Tochter des Artabazus, Wittwe des Rhobiers Memnon, gebar dem Alexander den Hercules X, 6, 11; *gen.* Barsinae X, 6, 13.

Barzaëntēs, is, Satrap von Drangiana, Teilnehmer an der Ermordung des Dareus VI, 6, 36; VIII, 13, 3.

Bazaira, ae, Gegend in Bactrien VIII, 1, 10.

Beïra, ōrum, Stadt in Indien VIII, 10, 22.

Belītae, ārum, unbekanntes Volk in Aſien IV, 12, 10.

bellātor, ōris, Kriegsmann, Kriegsheld, IX, 8, 23.

bellicōsus, 3. kriegeriſch, ſtreitbar: gens IV, 6, 3; V, 6, 17; natio VI, 6, 36.

bellĭcus, 3. den Krieg betreffend: opera, Kriegsthaten VIII, 1, 20; virtus, kriegeriſche Tüchtigkeit IX, 8, 4.

bello, 1, Krieg führen, kriegen: cum aliquo VIII, 12, 12; inter se IX, 4, 15.

bellum, i (aus duellum), „Zweikampf", dah. Krieg: civile X, 5, 13; domesticum IV, 3, 19; bellum parare IX, 1, 20; alcui moliri IV, 1, 39; inire V, 9, 4; alcui inferre III, 5, 11; gerere (cum alquo) IV, 1, 38; finire VI, 1, 21. — 2) metonym. Kampf VII, 8, 5; bellum est cum amni IX, 4, 14. — 3) Haber, Feindſeligkeit: bello abſistere V, 7, 18.

belŭa, ae, (plumpes) Tier, Untier V, 9, 5; Seeungeheuer VIII, 9, 9; IX, 4, 18; 9, 22; 10, 10; Elephant VIII, 9, 29; 13, 3; 14, 16; IX, 3, 12; als Schimpfwort: inutilis, unnützes Maſtvieh IX, 7, 16.

Belus, i, der mythiſche Stifter des babyloniſchen Reiches III, 3, 16; V, 1, 24.

bĕnĕ, *adv.* gut, recht, gehörig: bene meritus, wohl verdient VI, 10, 36;

bene suadere, guten Rat geben VIII, 6, 17; bene computare, genau IX, 6, 19; *compar.* melius, besser IV, 10, 7; rühmlicher VII, 7, 19; *superl.* optime, am besten V, 5, 11; optime meritus, hochverdient VI, 9, 2. — 2) glücklich:quod bene verteret V, 4, 12; VII, 11, 14.

běněfícíum, i, Guttat, Wohltat, Begünstigung: alcjus VI, 3, 12; beneficia tribuere VII, 8, 26; beneficio alcjus, durch die Gnade jemds. VII, 10, 7.

běnígně, *adv.* gütig, freundlich: excipere alqm V, 1, 18; alloqui IV, 2, 2; *compar.* benignius VIII, 6, 19.

běnígnítās, ātis, *f.* Güte, Freigebigkeit VIII, 12, 16; in aliquem X, 1, 35.

běnívŏlentía, ae, Wohlwollen, Zuneigung: erga alqm IV, 10, 16; VI, 7, 9.

Berdēs, ae, ein Macedonier VIII, 1, 7; *acc.* Berdam VII, 6, 12.

beryllus, i, Beryll, ein meergrüner Edelstein IX, 1, 30.

Bessus, i, persischer Satrap von Bactrien, Mörder des Königs Dareus IV, 6, 2; 12, 6; 15, 2; V, 8, 4; 9, 2; 13, 6; VI, 6, 13; VII, 4, 1; 5, 23. 36; VII, 10, 10.

bestia, ae, Tier (als vernunftlos): fera V, 4, 19; VI, 3, 8.

Betis, is, persischer Befehlshaber in Gaza IV, 6, 7. 25.

bíbo, bĭbi, 3. trinken: medicamentum VI, 10, 34.

bíduum, i, (bis u. dies), Zeitraum von zwei Tagen, zwei Tage: per biduum VIII, 11, 20; in biduum, auf zwei Tage VII, 11, 14; biduum, zwei Tage lang VI, 8, 13; IX, 2, 1; biduo, während zweier Tage IV, 10, 1; VI, 7, 31; biduo illo VI, 10, 20.

biennium, i, (bis u. annus), Zeitraum von zwei Jahren, zwei Jahre: per biennium VII, 11, 1; VIII, 8, 6.

bilinguis, e, (bis u. lingua) „in zwei Sprachen redend", dah. ein Räuberwelsch redend VII, 5, 29.

bíní, ae, a, je zwei IV, 3, 14; VII, 5, 27; *gen.* binum VIII, 9, 28.

Biōn, ōnis, ein persischer Überläufer IV, 13, 36.

bipennis, is, (bis u. penna), „zweiflügelig", dah. übtr. zweischneidig: subst. bipennis, *f.* Doppelart III, 2, 5.

bis, *adv.* zweimal IV, 11, 1; V, 4, 10.

Bito u. **Biton**, ōnis, ein Empörer in Bactriana IX, 7, 4 ff.

bítūmen, ĭnis, *n.* Erdpech IV, 3, 2; 6, 11; V, 1, 16.

blandítíae, ārum, Schmeicheleien, Liebkosungen: muliebres VIII, 3, 2.

blandus, 3. schmeichelnd: oratio VII, 1, 21.

Boeotia, ae, Landschaft im eigentlichen Hellas mit der Hauptstadt Theben III, 10, 7; IV, 4, 20; VI, 3, 2.

bŏnítās, ātis, *f.* „gute Beschaffenheit", dah. Gutherzigkeit, Güte VI, 5, 3; 8, 22.

bŏnum, i, *f.* bonus.

bŏnus, 3. gut, trefflich, tüchtig: miles X, 2, 27; animus III, 12, 26; fides III, 8, 6; spes VIII, 13, 11; sors VIII, 4, 17; eventus VIII, 13, 22; tempus VII, 7, 10 (f. meus); melius est mit *inf.* III, 5, 13; V, 13, 18; optimum factu IV, 13, 3; alqd optimum reri, für das Beste erachten VI, 6, 21. — b) geneigt, gewogen: amicus VII, 8, 27. — 2) subst. bonum, i, Gut (jeder Art): unicum IX, 6, 19; *plur.* bona Gaben, Vorzüge, Tugenden VI, 6, 1; X, 5, 26; animi V, 7, 1; Glück X, 1, 40; Güter, Reichtum, Vermögen VIII, 6, 26; X, 2, 5.

Borysthēnēs, is, Fluß im europäischen Sarmatien, fällt in die nördl. Spitze des Pontus Euxinus, jetzt *Dniepr* VI, 2, 13.

bōs, bŏvis, *c.* Rind VII, 8, 17.

Bospŏrus, i, der kimmerische Bosporus ob. die Meerenge zwisch. dem mäotischen See (asowschen Meer) u. dem Pontus Euxinus, jetzt Straße von *Jenikale* VI, 2, 13; VII, 6, 12; VIII, 1, 7.

Boumēlus, i, Fluß in Assyrien, jetzt *Khaser*; an ihm lag Gaugamela IV, 9, 10.

Boxus, i, ein Margianer IX, 7, 4.
brachīum, i, Unterarm, Arm IV, 16, 31; brachia et lacerti VIII, 9, 21; IX, 1, 29. — 2) übtr. Gebirgsarm VI, 4, 16.
Branchīdae, ārum, die Nachkommen des Branchus aus Delphi, in deren Geschlecht die Verwaltung des Apollo-Orakels zu Didyma bei Milet erblich war. Da sie wegen Auslieferung des Tempelschatzes an König Xerxes die Rache der Griechen fürchteten, so verpflanzte dieser sie nach Sogdiana VII, 5, 28 ff.
brevis, e, kurz, klein: virgulta IV, 9, 10; iter IV, 16, 11; labor V, 13, 4; brevi, in kurzem IV, 2, 5. 11; 4, 5; V, 9, 5; libertas brevi duratura, kurz dauernd X, 7, 11.

Brocubēlus, i, Sohn des Mazäus, ehemaliger Satrap von Syrien V, 13, 11.
Bubacēnē, ēs, eine (unbekannte) Landschaft in Asien VIII, 5, 2.
Bubācēs, is, ein Eunuch des Dareus: acc. Bubacen V, 11, 4; 12, 10.
Bucephăla, ae, Stadt in Indien am westl. Ufer des Hydaspes, von Alexander gegründet IX, 3, 23.
Bucephălās, ae, („Ochsenkopf"), das berühmte Streitroß Alexanders VI, 5, 18.
būcĭna, ae, Signalhorn III, 3, 8.
Bumēlus, i, s. Boumelus.
bustum, i, Grabstätte X, 1, 34.
Byblos, i, Stadt in Phönicien, Hauptsitz des Adoniskultus, jetzt *Djebeil*: acc. Byblon IV, 1, 15.

C.

căcūmen, ĭnis, n. „spitz zu laufendes Ende", dah. Wipfel VII, 8, 14; Gipfel III, 1, 3; V, 3, 17; VII, 11, 10.
cădāver, ĕris, n. (cado), Leichnam V, 1, 11; VI, 8, 26.
cădo, cĕcĭdi, casum, 3. fallen: tela in humum cadunt III, 11, 4; fons cadit in petram III, 1, 3; sol in umbram IV, 7, 16; amnis in amnem, ergießt sich VI, 4, 6; palus in mare VI, 4, 18; mare ex India in Hyrcaniam VI, 4, 19; fulmina cadentia, einschlagend VIII, 4, 4. — 2) im Kampfe fallen III, 11, 17; in acie IV, 1, 28; proelio VII, 7, 39. — 3) übtr. a) einem Verhältnisse unterworfen werden, ausgesetzt werden: sub unum ictum fortunae III, 8, 2 (f. sub *B*, 3). — b) in alqm, auf jemb. zutreffen, ihm beigelegt werden können: superbia in te non cadit, der Vorwurf des Übermutes trifft dich nicht VII, 4, 11.
cădūceātor, ōris Herold, Parlamentär III, 1, 6; IV, 2, 15.
cădūcus, 3. (cado), „zum Fallen geneigt", dah. übtr. hinfällig, leicht vergänglich: felicitas VIII, 14, 43.

Cadūsii, ōrum, Völkerschaft in Medien westl. vom caspischen Meere IV, 12, 12; 14, 3; 15, 12.
caecus, 3. blind VIII, 13, 25. — 2) übtr. unergründlich: aestimatio IX, 9, 2.
caedēs, is, f. (caedo), Ermordung, Mord VI, 6, 32; alcjus III, 12, 19; caedem committere VIII, 2, 6. — 2) in b. Schlacht, das Niedermetzeln, das Gemetzel, Blutbad IV, 15, 32; ingens III, 11, 14; IV, 15, 10; multiplex IV, 16, 10; multa IV, 15, 20; caedibus abstinere V, 13, 19; metonym. die Erschlagenen: omnis Persarum caede strata sunt IV, 16, 5.
caedo, cĕcīdi, caesum, 3. „fällen machen", dah. umhauen, fällen: arbores VIII, 2, 24; silvam VI, 5, 20; nemus VII, 5, 34; caedendo saltum aperire VI, 5, 16; materiam, Holz fällen V, 3, 7. — 2) einhauen: alqm, auf jemb. IV, 15, 21. — 3) zerhauen: vasa dolabris V, 6, 5. — 4) töten, schlachten: canem IX, 1, 33; jumenta VII, 4, 25; victimas VIII, 2, 32. — 5) im Kampfe niederhauen, töten:

alqm III, 11, 7; IV, 15, 9; praesidium IV, 5, 17; in acie III, 11, 27.

caelātus, 3. mit erhabener Arbeit ausgeführt: vehicula (arma) auro, mit Gold in erhabener Arbeit verziert III, 3, 12; IX, 3, 21; vitis auro, aus Gold getrieben VIII, 9, 26.

caelestis, e, himmlisch, göttlich: honores VIII, 5, 5; X, 5, 6. 33.

caelum, i, Himmel: alqm laudibus in caelum ferre V, 8, 10; als Göttersitz: caelum alcui aperire VIII, 5, 8; dare („verleihen") VIII, 5, 19. — 2) als Sitz der Lufterscheinungen, Luft, Atmosphäre, Witterung IV, 7, 17; V, 4, 9; 5, 19; VII, 3, 10; 4, 20; 11, 21; IX, 1. 11; X, 10, 10; status caeli VI, 4, 19.

caenum, i, Schmutz, Kot III, 13, 11; IV, 3, 25.

caerimōnia, ae, religiöser Gebrauch X, 7, 2.

caerŭlěus, 3. dunkelblau: fascia III, 3, 19.

călămĭtās, ātis, f. „Wetterschaden", dah. überh. Schaden, Verlust, Unglück III, 11, 26; IV, 10, 22; plur. IX, 11, 17.

călămĭtōsus, 3. vom Unglück heimgesucht, elend V, 5, 17; non ob aliud calamitosi („obgleich fie . . . seien") V, 5, 19.

Calās, ae, Alexanders Statthalter von Paphlagonien III, 1, 24; IV, 5, 13.

calcăr, aris, n. Sporn: equum calcari incitare VII, 4, 18; equo calcaria subdere III, 13, 8; calcaribus subditis, spornstreichs IV, 15, 21; 16, 6.

călěo, ŭi, ĭtūrus, 2. „heiß sein", dah. üftr. aufgeregt sein, entflammt sein: spe IV, 1, 29.

călesco, călŭi, 3. heiß werden: aqua calescit IV, 7, 22.

călĭdus, 3. warm, heiß: corpus III, 5, 2; vulnus IV, 15, 17.

cālīgo, ĭnis, f. Nebeldecke, Dunkelheit IV, 3, 16; 9, 15; caligo ac tenebrae IX, 4, 18. — 2) Dunkel vor den Augen, Schwindel: caligo oculis offunditur VII, 6, 22; IX, 5, 28.

cālīgo, are, in Dunkel gehüllt sein: mundus caligans X, 9, 4; übtr. caligare ad cetera, für das übrige blind sein X, 7, 4.

Calis, is, ein Macedonier im Heere Alexanders: acc. Calin VI, 11, 36.

callĕo, ēre, eig. „harte Haut haben", übtr. „praktisch geübt sein", dah. (durch Erfahrung) verstehen mit inf. III, 2, 14.

Callicrătēs, is, Alexanders Aufseher des königl. Schatzes in Susa V, 2, 17.

Callicratĭdēs, is, Gesandter der Spartaner an König Dareus III, 13, 15.

callis, is, m. (u. f.), Bergpfad, Waldweg III, 4, 5. 13; iter callium, über die Bergpfade V, 4, 17; fem. III, 10, 10; IV, 16, 11; V, 4, 10.

Callisthĕnes, is, aus Olynth, Begleiter u. Geschichtsschreiber Alexanders, widersetzte sich der Verehrung des Königs nach persischer Sitte u. wurde von diesem aus dem Wege geräumt VIII, 7, 3; acc. Callisthenem VIII, 5, 13; 6, 1; 8, 19.

cālo, ōnis, Troßknecht: lixae et calones III, 3, 25; VI, 8, 23; VIII, 4, 13.

călor, ōris, m. Wärme, Hitze: aestatis III, 5, 1; nocturnus IV, 7, 22; vitalis III, 5, 3; VII, 3, 14.

cămēlus, i. Kameel III, 3, 24; IV, 7, 12; dromades cameli, Dromedare V, 2, 10.

campester, tris, e, eben, flach: regio IV, 2, 13; Cilicia III, 4, 8; loca V, 1, 35; iter V, 1, 12.

campus, i, freies Feld, Ebene: herbidus VI, 6, 24; campi patentes IV, 12, 5; spatiosi III, 8, 2; planities campique III, 7, 9; campi agrique III, 10, 10; tendere in campis, auf freiem Felde X, 7, 20.

candĭdus, 3. (glänzend) weiß: vestis IV, 13, 15; velum VII, 11, 11; IX, 10, 25; ferrum, Stahl IX, 8, 1.

candor, ōris, m. „blendendes Weiß", dah. Lichtglanz: lapilli insignes candore IX, 1, 30.

canis, is, c. Hund VII, 4, 13; VIII, 10, 9; (femin.) X, 9, 12.

cānĭtĭēs, ēi, „Grauheit", daß. graues Haar VII, 4, 34; capitum, ergrautes Haupthaar X, 2, 12.

căno, cĕcĭni, cantum. 3. „melodisch tönen", daß. insb. singen: carmen III, 3, 9; IV, 7, 24; laudes regum, im Liebe preisen V, 1, 22.
cantus, ūs, „melodischer Ton", daß. Gesang VIII. 9, 28. — 2) Getön, Klang: tubarum VIII, 14, 10; tibicinum, Flötenspiel IX, 10, 26. — 3) Geschrei: trux X, 1, 12.

căpax, acis (capio). umfassend, geräumig: magnae sedis, für eine große Niederlassung IV, 8, 2. — 2) übtr. für etw. empfänglich, befähigt, mit gen.: gloriae IV, 7, 29; spei VIII, 13, 11; operum VI, 5, 29.

căpesso, ivi, itum, 3. (v. *desider.* v. capio). „mit Eifer ergreifen", daß. sich mit etw. befassen, sich an etw. beteiligen, etw. betreiben: proelium III, 10, 3; IV, 6, 25; bellum III, 2, 2; fugam, ergreifen III, 13, 9.

căpillus, i, Haupthaar VIII, 9, 22.

căpio, cēpi, captum, 3. in sich fassen, umfassen, enthalten, für etw. Raum bieten, mit Negation, nicht fassen können, für etw. zu klein sein: navigium (vehiculum) plures capit IV, 8, 7; IX, 10, 25; vallum (angustiae) multitudinem III, 2, 2; 7, 9; quantamcunque (pecuniam) Macedonia capit IV, 1, 8; pons non capit fugientes IV, 16, 17; exercitum vix planities IV, 14, 12; iter vix quaternos milites III, 4, 12; orbis alqm non capit VII, 8, 12; domus aurum non capiunt X, 1, 33; quantum (intervallum) puppes capere poterant, als sie zuließen IV, 3, 14; corpus onera capit, ist zu tragen imstande X, 9, 2; quae reperiebant capere fortbringen, unterbringen III, 11, 20; V, 6, 4. — 2) übtr. a) etw. zulassen, einer Sache angemessen sein: promissa capit fortuna („Stand") V, 4, 12; aetas vix sollertiam X, 5, 31; res majores, quam quas perfecti modus cupit, als der Stellung eines Statthalters angemessen sind VI, 1, 17; magnitudinem,

der Größe angemessen sein IX, 6, 14. — b) einer Sache fähig sein, gewachsen sein, wozu tüchtig sein: celeritatem III, 7, 1; quae non capis, was für dich zu groß ist VII, 8, 13; spirat majora, quam capit, strebt nach Dingen, die über seine Grenze hinaus liegen VI 9, 11; quicquid mortalitas capit, zu leisten vermag IX, 3, 7; X, 5, 36; capere sapientiam, empfänglich sein für VII, 8, 10; nomen, des Namens würdig sein X, 7, 15; libri notas litterarum capiunt, eignen sich zum Schreiben VIII, 9, 15. — c) fassen, zu fassen vermögen, im vollen Umfang ermessen: plus, quam capimus VIII, 8, 12; quod capere non possis IV, 11, 8. — d) fassen, ertragen: fortunam IV, 5, 3; magnitudinem fortunae III, 12, 20; fastigium praeteritae fortunae b. i. die Erinnerung an III, 12, 25; iram animo (magnitudinem doloris), überwältigen VIII 5, 22; X, 5, 8; omnium mala, zu tragen haben X, 5, 21. — e) fassen, nehmen, ergreifen: arma III, 8, 25; IV, 13. 19; cibum, zu sich nehmen II, 13, 20; V, 9, 17; impetum, schnellen Entschluß fassen V, 12, 1; poenam in hostem, am Feinde vollziehen IV, 6, 29. — 3) festhalten, behaupten: imperium IV, 14, 21. — 4) einen Ort besetzen, einnehmen: locum VI, 1, 6; jugum V, 3, 16; tumulum VII, 7, 38; verticem VII, 11. 13; cacumen VII, 11, 11; sedem IX, 4, 2. — 5) auswählen: locum castris, zum Lager VII, 5, 10. — 6) sich aneignen: regis animum IV, 1, 22; spiritus nobilitate dignos V, 8, 16. — 7) wegnehmen, erbeuten, sich bemächtigen: alqd V, 6, 20; VI, 3, 9; pecuniam VII, 11, 29; impedimenta IX, 4, 25; naves IV, 1, 36; 4, 9. — 8) einnehmen, erobern: urbem III, 7, 7; castra III, 12, 1; Lydiam VII, 8, 19; orbem terrae IX, 9, 4. — 9) gefangennehmen · alqm III, 11, 26; IV, 2, 24; absol. V, 13, 22; captus, Gefangener III. 1, 9; V, 5, 15. — 10) fangen IV, 6. 11; VI,

3, 8. — 11) übtr. einnehmen, fesseln: oculos VIII, 8, 17; capi vana religione IV, 10, 7; captus amore VI, 7,13; simulato obsequio, bestochen VIII, 3, 8; superstitione, befangen IX, 4, 29; nos laudis satietas capit, ergreift IX, 6, 23. — **12)** empfangen, erhalten: speciem indolis IV, 1, 26; somnum, finden IV, 13, 16.

căpĭtāl, ālis *n.* todeswertes Verbrechen, Kapitalverbrechen VIII, 4, 17; 9, 34.

căpĭtālis, e, den Kopf b. i. b. Leben gefährdend: res, todeswertes Verbrechen VI, 8, 25; supplicium, Todesstrafe III, 2, 17.

Cappădŏces, um, die Cappadocier IV, 1, 34; 12, 12.

Cappădŏcia, ae, Landschaft im Innern Kleinasiens bis zum Fluß Halys, jetzt Karamanien III, 1, 24; 4, 1; VI, 3, 3; VII, 3, 20; X, 10, 3.

captīvus, 3. kriegsgefangen, gefangen III, 12, 22 (s. corpus); spado III, 12, 5. 17 (s. ex 4); habitus, Tracht der Kriegsgefangenen VI, 6, 10; subst. captivus, Gefangener IV, 11, 11; V, 3, 15; captiva, ae, Gefangene III, 12, 4. 7; pecunia (aurum), erbeutet V, 6, 6; VIII, 7, 11.

capto, 1. (v. *frequent.* v. capio), nach etw. haschen, schnappen: imbrem (aquam) hianti ore, auffangen IV, 7, 14; IX, 16, 12; auram incertae famae, achten auf IV, 5, 12; auribus fremitus vocesque lauschen auf X, 5, 16.

căput, ĭtis, *n.* Kopf, Haut: humanum VIII, 3, 13. — **2)** metonym. **a)** Haupt b. i. Person. liceri capita hostium IV, 1, 12; ira effunditur in hostium capita VII, 1, 25; cladem in suum caput vertere VIII, 2, 27; eventus recidit in caput alcjs IX, 5, 25; capita subdere ruinae rerum, ihre Personen dem Sturz des Staates preisgeben V, 10, 9. — **b)** Leben VI, 8, 12; IX, 6, 11; poena capitis, Todesstrafe VIII, 14, 12; alcui caput suum credere VI, 9, 21; fidei alcjus permittere VI, 7, 9; insidiari capiti alcjus VIII, 8, 6; in caput (capiti) alcjus insidias comparare (praeparare) VI, 2, 4; 7, 31; hostem capiti alcjus esse VIII, 8, 7; alqm subornare in caput alcjus VI, 9, 5; caput suum flumini permittere IX, 9, 1; potentiam in caput alcjus exercere X, 1, 27; consilium capite luere III, 8, 6; persolvere VII, 10, 10; facinus inchoare a capite alcjus, mit der Ermordung jembs. VI, 7, 10; reus capitis, ein auf den Tod Angeklagter VI, 10, 30. — **2)** übtr. **a)** das Äußerste, Oberste eines Gegenstandes: molis, Spitze des Dammes IV, 2, 23; Krone des Dammes 3, 3; 4, 4. — **b)** Hauptperson, Haupt X, 6, 8; 9, 2; X, 9, 4; conjurationis VI, 10, 6; beherrschendes Volk VI, 2, 12. — **c)** Hauptstadt: regni IV, 5, 8; regionis V, 4, 33.

Caranus, i, Befehlshaber der Bundesgenossen im Heere Alexanders VII, 3, 2; 4, 32.

carbāsus, i, *f.* feines Gewebe, Batist VIII, 9, 21; *plur.* carbasa, Batistgewänder VIII, 9, 24.

carcer, ĕris, *m.* Kerker, Gefängnis IV, 14, 22; V, 5, 10.

căreo, ŭi, ĭtūrus, 2. etw. nicht haben, entbehren, *mit abl.*: regno VII,4,17 (s.quo2,b); militibus X,2,27.

Cāria, ae, die südwestlichste Landschaft Kleinasiens VI, 3, 3; X, 10, 2.

cărīna, ae, Schiffskiel VII, 3, 9; X, 1, 19.

cărītās, atis, *f.* hoher Preis einer Sache, dah. übtr. Wertschätzung, Liebe VI, 7, 4; in alqm VII, 10, 9.

Carmānia, ae, das Küstenland längs des persischen Meerbusens, nördlich bis zur Oase Isatis (*Jesd*), jetzt *Kerman*, IX, 10, 20.

carmen, ĭnis, *n.* Lied, Gedicht: patrium III, 3, 9; inconditum IV, 7, 24; fabulosum III, 1, 2; carmen canere III, 3, 9. — **2)** Vers VIII, 1, 28.

carnĭfex, ficis, (caro u. facio), Scharfrichter VI, 10, 33; VIII, 2, 2.

căro, carnis, *f.* Fleisch V, 6, 17; VII, 4, 25; IX, 10, 10.

carpo, psi, ptum, 3. rupfen, zerstückeln: Ethimantus carpitur, wird in Kanäle zerteilt VIII, 9, 10.

Carthāginiēnsēs, ium, die Karthager IV, 2, 10; 3, 19.

Carthāgo, inis, Stadt auf einer Halbinsel in Zeugitana im nördl. Afrika (im heutigen Tunis), Kolonie der tyrischen Phönizier IV, 2, 10; 3, 20; X, 1, 17.

Carthāsis, is, Bruder eines Königs der Scythen; *acc.* Carthasin VII, 7, 1.

cārus, 3. teuer, kostbar: ornamenta III, 11, 21. — 2) übtr. teuer, wert, geschätzt: alcui VII, 2, 33; in paucis IV, 8, 7 (f. in *B*, 3); VI, 8, 2; carissimus amicorum III, 12, 16; carissima sui pars IV, 3, 20; alcui nil patriā (spiritu) carius est V, 5, 20; VI, 4, 11.

Caspii, ōrum, Volk im nördl. Medien am kaspischen Meere IV, 12, 9.

Caspium mare, das kaspische Meer in Asien III, 2, 8; V, 4, 16. 18; VII, 3, 21; Caspium fretum VII, 3, 19.

Cassander, dri, Sohn des Antipater, kehrte 319 v. Chr. aus Asien nach Macedonien zurück, um die Reichsverwaltung, welche sein sterbender Vater dem Polysperchon übertragen hatte, zu gewinnen. Er brachte das Heer des Polysperchon auf seine Seite, ließ die Olympias, die Mutter Alexanders, wegen Ermordung des Philipp Arrhidäus (des Halbbruders Alexanders) u. der Gemahlin desselben Eurydice hinrichten u. heiratete die Thessalonike, Alexanders Schwester. Im Jahre 311 ließ er, statt für den Sohn der Roxane (der hinterlassenen Gemahlin Alexanders) Macedonien zu verwalten, beide umbringen u. hielt, nachdem auch Polysperchon, von ihm bestochen, den Sohn Alexanders von der Barsine ermordet hatte, Macedonien bis an seinen Tod (297 v. Chr.) im Besitz X, 10, 2. 17.

castē, *adv.* keusch, züchtig: alqm caste habere („behandeln") IV, 10, 33.

castellum, i, Festung, Kastell V, 3, 9; VIII, 12, 7.

castīgātio, ōnis, *f.* die Zurechtweisung, das Schelten X, 2, 13.

castīgo, 1. zurechtweisen, schelten: alqm IV, 13, 8; scharf ermahnen IV, 2, 18. 6, 1. — 2) strafen, züchtigen: alqm VIII, 5, 24. 8, 3; verberibus VIII, 6, 5; linguam graviter IV, 6, 6.

Castōr, ŏris, Zwillingsbruder des Pollux, beide Söhne der Leda u. des Tyndarus (Königs von Sparta) ob. des Zeus, Dioskuren genannt VIII, 5, 8.

Castra Alexandri, Gegend in der Nähe von Pelusium in Unterägypten IV, 7, 2.

Castra Cyri, Gegend am nördl. Abhange der Cilicien einschließenden Bergkette III, 4, 1.

castro, 1. entmannen, kastrieren: homo castratus VI, 3, 12; *subst.* castratus, Eunuch X, 1, 37.

castrum, i, „befestigter Platz, *plur.* castra, Kriegslager: castra metari III, 8, 19; locare IV, 3, 20; ponere III, 2, 2; munire IV, 12, 17; movere, f. moveo. — 2) metonym. Tagmarsch, der im Aufschlagen eines Lagers sein Ziel fand: pervenire alteris castris, mit dem zweiten Marschtage III, 7, 5; quartis castris V, 1, 16; nonis IX, 10, 5; undecimis IV, 9, 12; sextisdecumis VIII, 12, 4.

cāsus, ūs (cado), Fall, Sturz VIII, 11, 12. — 2) übtr. eintretender Fall, zufälliges Ereignis, Zufall; discriminis (f. sub *B*, 2, a); IV, 10, 2; multiplex, die mannigfachen Wechselfälle VI, 1, 9; casu, durch Zufall, zufällig IX, 7, 2. — 3) prägn. ungünstiger Zufall, Unfall IV, 4, 21; VI, 8, 26; VII, 11, 16; IX, 9, 8; Untergang IX, 6, 8.

Catabŏlum, i, Stadt Ciliciens in der Bucht von Issus III, 7, 5.

Cataŏnēs, um, Volk Cappadociens nördl. vom Amanusgebirge: *acc.* Cataonas IV, 12, 11.

cătēna, ae, Kette IV, 3, 22; catenam alcui inicere IV, 5, 21; VI, 8, 22.

Catēnēs, is, ein Aufständischer von der Partei des Bessus VII, 5, 21. 41; 6, 14; *acc.* Catenen VIII, 5, 2.

Caucăsii, ōrum, Bewohner des Kaukasus IV, 15, 12; VII, 3, 23.

Caucăsus, i („Schneegebirge"), Gebirge des inneren Asiens im heut. Kabulistan (f. Paraparnisus) IV, 5, 5; V, 4, 6; VI, 5, 25; VII, 3, 19; 4, 22; VIII, 9, 3.

Caunii, ōrum, die Einwohner der Stadt Caunus in Carien III, 7, 4.

causa, ae, Veranlassung, Grund, Ursache: belli V, 1, 7; fugae VII, 1, 13; mortis IX, 8, 20; ob hanc causam, aus diesem Grunde, deshalb IV, 6, 7; VIII, 1, 21; quam ob causam VI, 7, 18. — 2) v. Personen, Veranlasser, Ursache: malorum VI, 11, 22; periculi VII, 1, 28; cladis IX, 10, 17. — 3) erdichteter Grund, Vorwand: probabilis X, 9, 11. — 4) *abl.* causa mit vorangehend. *gen.*, um ... willen, wegen: virtutis causa V, 2, 5; ignominiae causa VII, 2, 37. — 5) obwaltende Lage, Fall: omnibus hanc causam („Veranlassung") esse, in qua („in welcher Lage") major pars exercitus non est X, 2, 19; bah. insb. a) Sache, um die es sich handelt, das Interesse IV, 1, 13; VIII, 8, 5; causam alcjus tueri V, 10, 11; agere („führen") IX, 3, 4. — b) Rechtsfache, Sache: melior VII, 1, 33; timere causam, die Anklage VII, 1, 20; causam cognoscere („untersuchen") VI, 10, 3 (f. utrimque); causa incognita, unverhörter Sache, ohne Verhör X, 4, 1; causam dicere, sich gegen eine Anklage verteidigen VI, 9, 31; VII, 1, 20; sich zu verteidigen haben, b. i. angeklagt sein VI, 9, 27; 10, 8; indicta causa, ohne gestattete Verteidigung III, 12, 19.

causor, 1. als Grund anführen, vorschützen: mit *acc. c. inf.* IV, 16, 18; VI, 5, 31.

cautē, *adv.* vorsichtig, behutsam V, 5, 1; cautius VIII, 11, 15.

cautio, ōnis, *f.* Vorsicht, Vorsichtsmaßregel VII, 8, 29.

cautus, 3. vorsichtig, behutsam III, 8, 10; erga bona sua X, 1, 40 (f. bonus 2); contra fortunam, gewappnet VIII, 4, 24.

căvĕa, ae, Tierbehälter, Käfig V, 1, 21.

căvĕo, cavi, cautum, 2. sich hüten, sich vorsehen: cave mit Konjunktiv zur starken Verneinung: cave credas, glaube ja nicht VII, 8, 28; cave obliviscaris IV, 1, 22; cave parcas IV, 10, 26; cave acceperis, mögest du ja nicht annehmen V, 2, 21.

căverna, ae, Höhlung. Loch V, 1, 16; VI, 4, 7; Bassin V, 1, 28.

căvo, 1. aushöhlen: vorago cavata V, 4, 23; cavernae in altum cavatae VIII, 10, 24.

Cebalinus, i, im Heere Alexanders VI, 7, 16.

cēdo, cessi, cessum, 3. „gehen", dah. übtr. a) von statten gehen, ablaufen, ausfallen: utcunque res cessura est VII, 1, 37; utcunque cesserit, wie es auch ablaufen mag VII, 4, 16; in gloriam cedere, zum Ruhm ausschlagen III, 6, 18. — b) zufallen, zu teil werden: alcui X, 10, 3. 20; gloriae VI, 1, 18; cedit alqd praemium, als Belohnung VI, 11, 29; in praedam, wird zur Beute VII, 6, 16; cetera pabulo cedunt, bleibt übrig für VII, 4, 26; cohortes fortitudinis praemia cesserant (erg. ducibus suis), waren als Belohnung zuerteilt worden V, 2, 3. — 2) weggehen, weichen, sich zurückziehen: ex contione X, 7, 13; finibus imperii IV, 1, 9; inde V, 3, 9; dorsum mari cedit, zieht sich vom Meere zurück III, 4, 7; sabulum vestigio cedens, nachgebend IV, 7, 7; absol. weichen, fliehen III, 11, 17; IV, 15, 4. 31; VIII, 11, 16; gurgites retro cedunt IX, 4, 14; repercussae aquae, lassen sich zurückdrängen VIII, 9, 8. — 3) übtr. a) von etw. zurücktreten, auf etw. verzichten: titulo urbis captae, auf d. Ruhm die Stadt genommen zu haben VI, 6, 33; quo ceditis, worauf ihr verzichtet (was ihr abtretet) IV, 11, 19; cessisse se illis metuentibus Gangen, ihrer Furcht habe er ... geopfert IX, 4, 20. — b) der Gewalt, Übermacht wei-

Cedrosia   certus   41

chen, sich fügen: alcui X,7,18; malis,
erliegen VIII,4,10; mare cedit alcui,
giebt nach IV,3,18. — c) dem Range,
den Vorzügen nach weichen, nachstehen: numini VIII,5,8; alcui caritate in regem VII,10,9.
Cedrōsia, ae, Landschaft der persisch.
Provinz Ariana, östl. an Indien grenzend, jetzt *Beludschistan* IX,10,18.
Cedrōsii, ōrum, die Cebrosier
IX,10,5.
cedrus, i, Ceder, Cebernholz
V,7,5; VIII,10,8.
Celaenae, ārum, blühender Handels-
ort in Phrygien am Mäander, bis er
durch die unter den Seleuciden in der
Nähe gegründete Stadt Apamea Kibotos
verfiel III,1,1.
celeber, bris, e, u. celebris, e, „zahlreich besucht", daß. volkreich: urbes
V,1,4. — 2) übtr. a) vielfach verbreitet, allgemein: usus sagittandi
VII,5,42. — b) viel besprochen:
minus celeber auditu, weniger häufig
genannt VIII,9,9. — c) gepriesen,
berühmt: nomen VI,2,8; celeber
scientia VII,4,8; vir famā celebris
V,1,18.
celebro, 1. „zahlreich besuchen", daß.
festlich begehen, feiern: ludos
III,7,3; funus VIII,2,40; suprema
officia III,12,14; convivium VIII,4,
23; salutem IX,9,26; mortem carminibus VII,10,6. — 2) „weit verbreiten", daß. verherrlichen, rühmen:
alqd VIII,1,22; celebratus, gepriesen,
gerühmt: nomen IX,5,6; fortitudo
IX,7,23; regia IV,8,3; opes IX,
1,2.
celeritas, atis, f. Schnelligkeit,
Raschheit V,5,3; praerapida fluminum IX,4,10; famae VII,2,15.
celeriter, adv. schnell, rasch III,
13,4; IV,1,5.
celo, 1. verheimlichen, verhehlen, verbergen: arcana IV,6,
5; celatur alqm alqd V,11,7; celatum
indicium VI,7,35; alqm celare, jemb.
mit Stillschweigen übergehen VI,9,16.

cēna (coena), ae, Hauptmahlzeit,
Mittagessen: super cenam, bei Tafel
VI,11,27.
cēno (coeno), 1. (zu Mittag) speisen, tafeln VI,8,16; VIII,1,49.
censĕo, sŭi, sum, 2. „abschätzen",
daß. der Ansicht sein, dafürhalten, erachten: mit acc. c. inf.
III,7,8; IV,13,4; vera, die richtige
Meinung haben X,6,17. — 2) auf
etw. antragen, für etw. stimmen,
mit folg. ut IV, 11,12.
Cercasōros, i, Stadt in Ägypten auf
dem linken Nilufer, wo der Fluß sich
zum erstenmal teilt: acc. Cercasoren
IV,7,4 (*V.*).
Cercĕtae, arum, Volk im asiatisch.
Sarmatien an der Küste des schwarzen
(nicht, wie Curtius schreibt, des kaspischen)
Meeres, die jetzigen Tscherkessen VI,4,17.
cerno, crēvi, crētum, 3. „sichten, sondern", daß. sehen, wahrnehmen:
alqd IV,1,22; V,13,22; mit acc. c.
inf. III,11,8; mit Fragesatz III,5,11.
— 2) geistig wahrnehmen, erkennen: mit acc. c. inf. III,13,17;
V,1,7.
certāmen, inis, n. „das Sich-Messen",
daß. Wettkampf, Wettstreit, Wett-
eifer: militum inter se VII,6,26; de
fortitudine cum alquo VII,9,18; certamen quoddam maeroris edere, eine
Art Wettkampf in der Trauer anstellen
X,5,9. — 2) Kampf, Gefecht III,
8,11; certamen temptare IV,15,12.—
3) Streitigkeit, Fehde X,5,5;
plur. X,10,7.
certē, adv. gewiß, jedenfalls,
unzweifelhaft IV,4,19; 6,30; V,
8,17; 11,11.   2) restringierend,
wenigstens doch, wenigstens IV,
6,28; 10,23; V,5,20; VII,1,34; VII,6,
22; IX,5,2; at certe IX,4,27.
certo, 1. wettkämpfen, wetteifern VII,10,8; de virtute V,2,
2; mit inf. VII,6,8. — 2) streiten,
kämpfen: armis X,8,12; cum hoste
IV,14,10; inter se X,8,16.
certus, 3. entschieden, ausge-
macht: certum est mit inf., es ist fest

beſchloſſen IV, 13, 9. — 2) genau
beſtimmt, entſchieden: heros X,
5, 12. — 3) ſicher, untrüglich,
unzweifelhaft: oraculum IV, 7, 24;
fides VI, 10, 28; spes IV, 13, 25; indicium VIII, 8, 10; modus III, 6, 12;
possessio VI, 3, 5; tormenta oraculis
certiora VI, 10, 29; jus, unbeſtreitbar
IV, 1, 27; ictus, ſicher treffend VII, 5,
41; 9, 9. — 4) der Erkenntnis nach
ſicher, beſtimmt, gewiß: certiora
cognoscere V, 13, 3; certum est mit
acc. c. inf. III, 8, 21; certum habeo, ich
weiß als gewiß, bin überzeugt, mit *acc.
c. inf.* VII, 7; 24; 11, 12. — 5) zu etw.
entſchloſſen: perseveraret an abiret
IV, 3, 11. — 6) in betreff einer Sache
ſicher, ſicher berichtet: alqm facere
certiorem alcjus rei, über etw. benach-
richtigen IX, 10, 17; certiorem fieri,
benachrichtigt werden VIII, 3, 13.

cervix, icis, *f.* Nacken, Hals: cervicem manibus amplecti III, 12, 26;
jugum subire rigida cervice, mit ſtör-
rigem Nacken VI, 3, 6; in cervicibus
alcjus stare, jemb. auf b. Nacken ſitzen,
ihn unmittelbar im Rücken haben VII,
7, 11; urbs imposita est cervicibus
alcjus, iſt ihm auf ben Nacken geſetzt
VII, 7, 1.

cesso, 1. (*v. intens.* v. cedo), ſäu-
men, ſich ſäumig zeigen, zögern
III, 11, 5; VII, 5, 39 (qui si = nam si
ipse); paulum VII, 7, 15; mit *inf.* VI,
11, 14; cessatum est IX, 10, 18. —
2) raſten, feiern, nachlaſſen VII,
2, 26; in excolenda gloria, ſtill ſtehen
IX, 6, 21; usus oculorum cessat, iſt
unterbrochen X, 5, 16.

cēterum, *adv.* um einen unweſent-
lichen Gedanken beiläufig einzuführen,
im übrigen, übrigens III, 1, 5;
IV, 15, 26; V, 1, 24; VI, 1, 10; VII, 1,
22; 3, 9. 11; 4, 29; 7, 3; VIII, 1, 18;
9, 9. — 2) um den Faden der Erzählung wieder aufzunehmen, nun aber,
aber III, 1, 10; 6, 13; 8, 12; IV, 13, 38;
V, 1, 17; VI, 5, 30. — 3) um die Erzählung unmittelbar fortzuführen IV, 14,
9; VII, 8, 8; 9, 6; VIII, 4, 11; 5, 1;
10, 2. 6; 11, 19; 13, 13; IX, 1, 15;
X, 2, 9; 9, 15. — 4) wenn die Entwicke-
lung der Begebenheiten nicht der Erwartung entſpricht, ſondern auf irgend eine
Weiſe anders gelenkt wird, indeſſen
doch, gleichwohl, trotzdem III, 1,
8; 3, 7; 8, 20. 29; IV, 4, 2; V, 6, 9;
VI, 1, 16; VII, 1, 7; 8, 1; VIII, 1, 32;
2, 23; 6, 10; 10, 29; IX, 3, 1; 7, 8. —
5) adversat. übrigens, dagegen,
jedoch, aber: nach vorhergeh. quidem
III, 8, 7; IV, 5, 20; 6, 12; 8, 3; 10, 5;
V, 4, 23; VI, 9, 18; VIII, 2, 28; 11,
21; ohne vorherg. quidem V, 6. 14; 7, 1;
9, 10; 13, 8; VIII, 12, 9; 13, 24; IX,
9, 6. — 6) eine Erörterung abbrechend,
wie dem auch ſei, genug VI, 11,
22; VII, 1, 34; 8, 30.

cēterus, 3. der übrige, ſonſtige:
exercitus V, 9, 11; apparatus VIII, 6,
11; de cetero, übrigens VIII, 7, 15; fürs
übrige, künftighin IV, 1, 14; VIII, 3, 7;
plur. ceteri. die übrigen, die anderen VI,
5, 9; X, 2, 26; cetera, das übrige III,
4, 10; IV, 7, 32; impedimentum ad cetera, für die übrigen Unternehmungen
IV, 2, 15; invictus ceteris, in allem
übrigen VIII, 8, 16.

cētra, kleiner, leichter Lederſchild
III, 2, 5.

Chaerōnēa, Stadt in Böotien am
Fluſſe Cephiſſos, berühmt durch den Sieg
Philipps von Macedonien über die Athe-
ner u. Thebaner 338 v. Chr. VIII, 1, 23.

Chaldaei, ōrum, wahrſcheinl. ein auf
den armeniſchen Gebirgsländern ent-
ſproſſener Stamm; da die Chaldäer ſich
durch aſtronomiſche Kenntniſſe auszeich-
neten, ſo wurde nach ihnen die Prieſter-
kaſte unter den Babyloniern benannt III,
3, 6; V. 1, 22; X, 10, 13.

Chalȳbes, um, ein von Fiſchfang und
Bergbau lebendes Volk im Oſten des
ſchwarzen (nicht, wie Curtius anführt, des
kaſpiſchen) Meeres VI, 4, 17.

Charēs, is, ein Athener im Dienſte des
Dareus IV, 5, 22.

Charidēmus, i, aus Euböa, neben
Demoſthenes und Hyperides Leiter der

antimacedonischen Partei in Athen, floh
zum Dareus, weil Alexander von den
Athenern seine Auslieferung verlangte
III, 2, 10.

charta, ae, Papyrusblatt, Papier (aus der ägypt. Papyrusstaude)
VIII, 9, 15.

Charus, i, im Heere Alexanders VIII,
11, 10.

chiliarcha, ae, Befehlshaber über
tausend Mann, Chiliarch V, 2, 3.

Chii, ōrum, Bewohner von Chios IV,
8, 12.

Chius, i, Insel im ägäischen Meere
an der Küste Joniens III, 1, 19; IV, 1,
37; 5, 14. 19.

Choaspēs, is, Fluß in Susiana, floß
an Susa vorbei, jetzt *Kerah* IV, 5, 4;
V, 2, 9. — 2) Fluß in Indien, welcher
in den westl. Nebenfluß des Indus, in
den Cophen, strömt VIII, 10, 22.

Choerĭlus, i, ein geschmackloser Dichter
aus Jasos in Carien, Begleiter Alexanders, dessen Thaten er zu verherrlichen
suchte VIII, 5, 8.

Chorasmii, ōrum, Volk in Sogdiana
südl. vom Uralsee VII, 4, 6; VIII, 1, 8.

Chrysolāus, i, Tyrann von Methymna
auf Lesbos IV, 8, 11.

cibāria, Mundvorrat, Lebensmittel: cocta VIII, 4, 20; IX, 10, 17.

cibus, i, Nahrung, Speise: cibum capere IV, 13, 20; cibo abstinere
IV, 10, 23.

cicātrix, icis, *f*. Narbe: cicatrix
(vulneri) obducitur IV, 6, 24; VII, 9,
11; VIII, 10, 31.

cidāris, is, *f*. der oben spitz zulaufende
Kopfschmuck der persisch. Könige III, 3, 19.

cĭeo, civi, cĭtum, 2. „in Bewegung
setzen", dah. in Aufruhr bringen,
aufregen: mare ciet fluctus, wirft
Wellen auf IV, 3, 17; X, 7, 11. — 2) übtr.
erregen, veranlassen: pugnam
VIII, 14, 9.

Cilicia, ae, das südöstliche Küstenland
Kleinasiens, westl. durch das Taurusgebirge von Pamphylien, östl. besonders
durch die amanischen Pforten von Syrien

geschieden III, 4, 1; 5, 1; IV, 1, 39; 5,
8; 9, 3; X, 10, 2.

Cilicius, 3. cilicisch: regio V, 1,
43; mare, die pamphylische Bucht III,
1, 12.

cingo, nxi, nctum, 3. gürten: umgürten: cinctus zona III, 3, 18; ferro
VI, 10, 21; gladio VI, 7, 29. — 2)
umringen, einschließen: domum
VI, 8, 20; agmen valida manu IV, 13,
30; arx muro cingitur VII, 6, 10; urbs
amne VIII, 10, 23; terra fluctibus III,
1, 13; nemus muris VIII, 1, 12.

circā, *adv*. ringsum, umher IV,
12, 20. — 2) *praep*. mit *acc*., räumlich: a) in der Umgegend von, in
der Umgebung von: circa urbem
VII, 10, 15; circa Mesopotamiam („im
Umkreise von") IV, 9, 1; c. aliquem
III, 1, 17; 11, 9; IV, 10, 25; 15, 10;
c. muros, vor b. Mauern IV, 4, 1; c.
prima signa, in den ersten Reihen IV,
14, 14. — b) um ... herum: circa
urbem IV, 5, 9; c. amnem VI, 5, 24;
c. currum III, 11, 9; c. equum IV, 15,
26; c. aliquem X, 7, 1. — 3) v. b.
Zeit, um, gegen: circa lucis ortum
V, 3, 7. — 4) bei Zahlen gegen, an
die: circa decem milia IV, 6, 30.

circĕo, f. circumeo.

circuĭtus, ūs, „das Herumgehen",
dah. Umweg III, 11, 19; IV, 16, 7;
circuitu gloriam petere IX, 3, 14. —
2) Umkreis, Umfang: rupis VI, 6,
23; in circuitu VII, 3, 22; circuitu
VII, 11, 2.

circŭlus, i, „Kreis", dah. Reif,
Ring VI, 5, 16.

circum, *praep*. mit *acc*., rings ...
um, um ... herum: circum amnem
VII, 4, 17.

circum-ăgo, ēgi, actum, 3. „im Bogen herumtreiben", dah. umdrehen,
schwenken: equos III, 11, 14. 15;
passiv. circumagi, sich schwenken IV,
6, 14; in frontem, nach der Fronte IV,
13, 32.

circum-do, dĕdi, dătum, āre, „umgeben", dah. um etw. herumlegen,
herumstellen: diadema capiti VI,

circumduco — **circumvenio**

6, 4; aulaca lectis herumziehen IX, 7, 15; equitem lateri, um die Flanke aufstellen IV, 12, 3; murum nemori circumdatum, um den Hain gezogen VII, 2, 29; absol. equitatum IV, 9, 17; vallum, ringsherum aufführen III, 2, 2. — 2) womit umgeben, umstellen: nemus (solum) muro IV, 7, 20; VII, 6, 25; muros (urbem) corona IV, 6, 10; VII, 6, 19; circumdari exercitu III, 8, 4; armatis VII, 9, 3.

circum-dūco, xi, ctum, 3. herumführen: alqm III, 8, 15.

circum-ĕo, ivi (ii), itum, ire, „rings umgehen", bah. etw. (im Bogen) umgehen, sich um etw. herumziehen: locum IV, 15, 1; saltum VII, 7, 33; tergum suorum III, 11, 3; eluvies circumiri postet V, 4, 26. — 2) rings umgeben, einfassen: fascia circumit insigne III, 3, 19. — 3) militär. umringen, rings einschließen, überflügeln: moenia IV, 3, 14; muros IV, 3, 16; opus navigiis IV, 2, 21; saltum VI, 5, 17; currus IV, 15, 15; ultimos III, 8, 28; praetergressos III, 9, 11; hostem a fronte et a tergo III, 8, 27; opus navigiis, umschiffen IV, 2, 21; circumiri a multitudine IV, 13, 30; absol. umzingeln, in den Rücken fallen III, 2, 14. — 4) reihum gehen, bei etw. die Runde machen: agmina IV, 13, 12; milites VIII, 4, 9; tabernacula V, 9, 17.

circum-fĕro, tŭli, lātum, ferre, herumtragen, herumbewegen: merum herumreichen VII, 4, 7; arma, nach allen Seiten wenden VI, 1, 4; clipeum ad ictus, rings gegen d. Schüsse wenden IX, 5, 1; oculos, herumlaufen lassen VI, 11, 36; oculos manusque ad agmina, rings hinrichten IV, 14, 9; spolia profundo ventre, im Leibe umhertragen b. i. verpraßt haben X, 2, 26; *passiv.* circumferri, umherziehen V, 12, 2.

circum-flŭo, xi, xum, 3. rings umfließen: alqm, in Fülle umgeben X, 2, 22. — 2) übtr. überfließen, im Überfluß vorhanden sein VIII, 8, 12.

circum-fundo, fūdi, fūsum, 3. rings herum gießen, bah. *passiv.* circumfundi v. Personen, (in gedrängter Reihe) umringen, sich herandrängen, sich ringsherum verbreiten: alcui, umzingeln IV, 13, 6; equitatus circumfunditur lateribus, breitet sich um die Flanken aus III, 9, 12; circumfusi, umringend, umdrängend, alcui IV, 15, 21; vehiculis IX, 1, 16; absol. VII, 5, 9; VIII, 14, 31. — 2) „umgießen", bah. umringen, einschließen: undique circumfusi, umringt III, 11, 4.

circumĭcĭo, (circumjĭcio), jēci, jectum, 3. (jacio), „herumwerfen", bah. *part.* circumjectus v. Örtlichkeiten, herumliegend, umliegend: campi III, 1, 3; nemora III, 10, 2; valles IV, 12, 23.

circumĭtus, ūs, f. circuitus.

circum-pendĕo, ēre, ringsherum hangen VIII, 9, 24; IX, 10, 26.

circum-sĭdĕo, (circumsĕdĕo), sēdi, sessum, 2. (sedeo), „rings um etw. sitzen", bah. umlagern, eingeschlossen halten: arcem III, 1, 8; moenia VIII, 10, 10.

circum-sisto, stĕti, 3. umstellen, umringen: alqm VII, 5, 24.

circumspĭcĭo, exi, ectum, 3. (specio) nach etw. (rings) umherschauen, sich umsehen: locum fugae VIII, 14, 24.

circum-sto, stĕti, are, herumstehen, rings umherstehen: circumstans exercitus IX, 3, 15; agmen IV, 14, 9; subst. circumstantes, die Umstehenden IV, 6, 11; VI, 10, 36. — 2) *transit.* umstehen, umgeben: alqm V, 12, 9; VI, 11, 37; lectum X, 5, 2.

circum-vĕhor, vectus sum, 3. „sich herumtragen lassen", bah. um etw. herumfahren, etw. umfahren: arcem navigio IX, 4, 8. — 2) um etw. herumreiten, etw. umreiten: petram VII, 11, 14; aciem IV, 16, 2; terga hostium, dem Feinde in den Rücken schwenken VIII, 14, 21; absol. ad diripienda impedimenta, herumschwenken IV, 15, 5.

circum-vĕnĭo, vēni, ventum, 4. „um etw. herumkommen", bah. umgeben, umfassen: magnitudinem operum V,

1, 28. — 2) umringen, umzingeln: aciem IV, 13, 30; *passiv.* IV, 13, 34; VIII,13,15;circum veniri ancipiti malo IV, 15, 9.
cis, *praep.* mit *acc.*, diesſeit: cis Euphraten X, 5, 18.
cito, 1. (*v. intens. v.* cieo), in ſchnelle Bewegung ſetzen: *partic.* citatus als Abjekt., beſchleunigt, eilend: citato gradu IV,16,6; equo citato, im ſchnellſten Roßeslaufe, im geſtreckten Galopp V, 12, 15. — 2) vorbeſcheiden, vorlaben: alqm nominatim X, 6, 2.
citō,*adv.* geſchwind, ſchnell IX, 6, 14; X, 8, 17.
citus, 3. ſchnell, raſch: equites, leicht IV, 12, 3.
cīvīlis, e, bürgerlich, Bürger: bellum X, 5, 13; sanguis X, 2, 4; cultus IX, 8, 23; habitus VI, 6, 2.
cīvis, is, *c.* Bürger: Lycius V, 4, 11; gentis barbarae IX, 6, 11. — 2) Mitbürger, Landsmann IV, 1, 22; VI, 3, 5; 9, 4. 23; VIII, 14, 46.
cīvitās, ātis, *f.* Staat (als Komplex von Bürgern): Graecorum X, 2, 4.
clādēs, is, *f.* (harter) Verluſt, ſchweres) Unglück III, 13, 14; belli, Leiden des Krieges VII, 9, 22; vastari omni clade, mit allen Kriegsplagen IV, 1, 10. — 2) Niederlage IV, 9, 9; VII, 7, 39; VIII, 1, 6; terrestris IV, 3, 14; omni clade, durch Niederlagen jeder Art VIII. 10, 20.
clam, *adv.* heimlich X, 2, 2; 9, 8.
clāmito, 1. (*v. frequent. v.* clamo), laut ſchreien, ausrufen, mit *acc. c. inf.* VI, 7, 27; 9, 30.
clāmo 1. rufen, ſchreien, mit *acc. c. inf.* VI, 11, 8; mit folg. ut IX, 5, 1. — 2) anrufen: alqm IV, 16, 15.
clāmor, ōris, *m.* Ruf, Geſchrei: lugubris III, 12, 3; proeliantium IV, 6, 14; clamorem tollere III, 10, 1; clamor oritur IX, 3, 16; pervenit ad alqm IV, 6, 14.
clārītās, ātis, *f.* „Helle", dah. übtr. a) erlauchte Abkunft VI, 2, 11. — b) Berühmtheit, Ruhm: alcjus VII, 1, 2; urbis IV, 2, 2; rerum VII, 6, 20.

clārus, 3. hell, klar: lux VII. 11, 21; umbra noctis VII, 4, 28; dah. übtr. a) hervorleuchtend, ausgezeichnet, berühmt: rex III, 5, 5; urbs VI. 2. 15; magnitudo, glänzend VIII, 14. 46; clarus proelio III, 11, 8; militiae domique VII, 2, 33. — b) angeſehen: inter suos IV, 1, 17; clarissimus. hochangeſehen X, 5, 37.
classicus, 3. die Flotte betreffend: ſubſt. classici, Schiffsleute, Flottenmannſchaft IV, 3, 18.
classis, is, *f.* Flotte: piratica IV, 8, 15; mille (tot) navium V, 7, 8; 8, 16; classis appellitur IX, 10, 1.
claudo u. clūdo, si, sum, 3. ſchließen, ſperren: portas IX, 1, 27; regiam IX, 3, 18; aditum domus VI, 8, 20; clausum mare, Binnenmeer VI, 4, 19; aures clausae sunt VIII, 1, 48. — 2) ſich unmittelbar an etw. anſchließen: petra terga claudit VIII, 2, 20; hos equites claudebant IV, 13, 29; agmen claudere, den Zug ſchließen III, 3, 21; IV, 12, 7. 10 — 3) einſchließen, umſchließen: Hellespontus claudit terras IV, 14, 9; munitio regiam IV, 7, 21; cludunt ab utroque latere V, 1, 15; laquei cludunt iter VI. 5, 15; greges nemoribus clusi VIII, 1, 11; Persis jugis clauditur V, 4, 5.
claudus, 3. lahm: navigium, gelähmt d. i. an einer Seite ohne Ruder IX, 9, 13.
claustrum, i, gewöhnl. *plur.* claustra, ōrum, Riegel, Verſchluß X, 7, 17; Sperrkette IV, 5, 21; claustra portūs, verſchloſſener Eingang IV, 5, 19. — 2) Bollwerk, Grenzfestung VII, 6, 13; Nili, Mündung IV, 8, 4.
clāva, ae, Knüttel, Keule IX, 4, 3.
Cleander, dri, Truppenführer Alexanders unter Parmenio III, 1, 1; IV, 3, 11; VII, 2. 19. 30; X, 1, 1. 5.
clēmens, tis, „mild", dah. ſanft aufſteigend: clementior alveus V, 3, 2.
clēmenter, *adv.* mild, glimpflich IV, 11, 16.
clēmentia, ae, Milde, Schonung V, 3, 15; in alqm V, 7, 1; VII, 6, 17.

Cleo — cogitatio

Clĕo, ōnis, ein Sicilianer im Gefolge Alexanders VIII, 5, 8.

Cleochărēs, is, im Heere Alexanders: acc. Cleocharen VIII, 13, 2.

Cleomĕnēs, is, Beamter Alexanders in Ägypten IV, 8, 5.

Cleŏphis, is, Königin der Assakanen in Indien VIII, 10, 22.

cliens, tis, Schutzgenosse, Höriger VII, 4, 21.

clĭpĕātus, 3. schildbewaffnet: acies VII, 9, 9; subst. VII, 9, 2; VIII, 14, 3.

clĭpĕus, i, m. (schwerer) Rundschild, Schild III, 2, 13; aereus IV, 3, 25.

Clitarchus, i, Geschichtschreiber, dessen Geschichte der Thaten Alexanders verloren ist IX, 5, 21; 8, 15.

Clitus, i, Anführer einer Schwadron der macedonisch. schweren Reiterei, wird vom Alexander in der Trunkenheit ermordet, weil er den Thaten des Königs Philipp vor den seinigen den Vorzug gab IV, 13, 26; VIII, 1, 19. 28; VIII, 7, 4; 8, 7. 22; VIII, 12, 18.

olīvus, i, Steigung, Abhang VIII, 11, 6.

olūdo, s. claudo.

coagmento, 1. zusammenfügen: umbilicus gemmis coagmentatus IV, 7, 23.

Cobărēs, is, ein Meder in der Umgebung des Bessus VII, 4, 8.

coctĭlis, e (coquo), gebrannt: laterculus, Backstein V, 1, 25. 29.

Coele Syria, ae, Cölesyrien ("das hohle Syrien"), eigentl. nur das Thal zwisch. dem Libanon u. Antilibanon, im weiteren Sinne b. ganze nördl. Teil von Syrien im Gegensatz zu Palästina und Phönicien IV, 1, 4; 5, 9.

coena, ae, s. cena.

coeno, s. ceno.

Coenus, i, Oberst in der macedonisch. Phalanx III, 9, 7; IV, 13, 28; 16, 32; VI, 8, 17; 9, 30; 11, 10; VIII, 12, 1; IX, 3, 3. acc. Coenon V, 4, 20; VIII, 1, 1; 10, 22; 14, 15. — 2) ein anderer gleiches Namens X, 1, 43.

coenum, i, s. caenum.

coĕo, īi, ĭtum, ire, zusammenkommen, sich versammeln: in regiam VI, 8, 17; ad alqm VII, 2, 20; ad nutum, sich zusammenfinden IV, 15. 32. — 2) feindl. zusammentreffen: agmina coëunt X, 9, 15. — 3) zusammentreten, sich vereinigen X, 8, 23; ad praestanda justa X, 8, 18; sich einander nähern X, 9, 15. — 4) ehelich sich verbinden; cum alqua VIII, 4, 26; conubio VIII, 1, 9; nuptiis IX, 1, 26; stupro cum alquo, unzüchtigen Umgang haben V, 1, 37; VIII, 2, 19; pignus coëuntium, der Eheschließung VIII, 4, 27. — 5) v. leblos. Gegenst., a) sich ansammeln: aquae coëunt in vallem, fließen zusammen VIII, 2. 23. — b) sich schließen: structura coit in modum carinae VII, 3, 9; in artum (in artius) coire, sich eng (enger) zusammendrängen VIII, 13, 9; VIII, 11, 6.

coepio, pi, ptum, 3. etw. anfangen, beginnen: iter V, 1, 13; mit inf. act. III, 5, 9; 8, 18; mit inf. passiv. IV, 4, 19; 6, 20; VI, 10, 15; IX, 9, 16; pleonastisch (für den griech. aoristus) III, 2, 5; V, 11, 7; VIII, 5, 22; 6, 7; IX, 3, 4; X, 8, 6; 9, 16. — 2) intrans. den Anfang nehmen, anfangen: tempus coeperat III, 5, 1.

coeptum, i, das Beginnen, Unternehmen: plur. VIII, 6, 20.

coërcĕo, ŭi, ĭtum, 2. (arceo), einhegen, einschränken: amnis coërcetur crepidinibus V, 1, 28; ripis angustis VI, 4, 6; flumen coërcitum, gestauet IX, 9, 9. — 2) übtr. in Schranken halten, zur Ordnung bringen, zügeln: alqm VIII, 1, 3; defectionem, unterdrücken VII, 6, 15; flumen coërcet impetum, mäßigt seine Heftigkeit VIII, 13, 9.

coetus, ūs (coëo), das Zusammentreffen, die Vereinigung: amnium IX, 4, 9.

cōgĭtātĭo, ōnis, f. Gedanke, Vorstellung: periculi VII, 8, 4; plur. III, 6, 8. — 2) Gedanke, Ent-

cogito **collido** 47

Schluß, Plan IV, 10, 3; VI, 6, 27;
IX, 3, 9.
  cōgĭto, 1. an etw. benken, etw.
überdenken, sich vorstellen, erwägen: omnia V, 10, 5; de aliqua
re VI, 8, 5; mit *acc. c. inf.* IV, 6, 26;
V, 3, 13; VII, 2, 9; cogita, bedenke IV,
6, 26; mit folg. ut X, 6, 8. — **2)** auf
etw. benken, etw. vorhaben, beabsichtigen: alqd VI, 11, 14; in
alqm VI, 11, 35; rem VIII, 7, 10; facinus VI, 11, 37; parricidium VI, 10,
14; nefas VI, 7, 30; scelus V, 10, 15;
de transitu VIII, 13, 21; res cogitata,
Anschlag VII, 5, 21; mit *inf.* V, 5, 22.
  cognātĭo, ōnis, *f.* Blutsverwandtschaft: cum alquo IV, 4, 15; propin-
qua V, 3, 12; longinqua X, 10, 19; longa
IV, 1, 19. — **2)** metonym. Verwandte:
VIII, 2, 31.
  cognātus, 3. blutsverwandt:
subst. cognati, Titel der Stammver-
wandten der persisch. Könige, welche
eine eigene Abteilung im Heere bildeten
III, 3, 14; IV, 11, 1; 15, 29.
  cognōmen, ĭnis, *n.* Beiname IV,
7, 18.
  cognosco, nōvi, nĭtum, 3. (com u.
gnosco = nosco) kennen lernen:
alqm V, 1, 19; fama cognitus, bekannt
VIII, 10, 1. — **2)** in Erfahrung bringen, erfahren, vernehmen: in
den tempp. perfecti auch = wissen:
cuncta VI, 11, 9; alqd ex alquo V, 13,
3. 7; VI, 7, 19; alqd ex litteris VI, 6,
20; extis VII, 7, 25; cognito excidio,
als sie b. bevorstehenden Untergang sahen
IX, 1, 18; his cognitis IV, 10, 11; mit
acc. c. inf. III, 1, 10. 21; VIII, 2, 40;
6, 18; hören VII, 5, 11; VIII, 2, 40. —
3) Untersuchung anstellen, untersuchen: de alquo IX, 8, 9; causā co-
gnitā, nach angestelltem Verhör VI, 10,
3; X, 1, 7.
  cōgo coēgi, coactum, 3. (statt coigo
v. ago), „zusammentreiben", bah. zusammenbringen, versammeln:
exercitum IV, 6, 2. — **2)** zusammen-
halten, schließen: agmen, den Zug
schließen III, 3, 25. — **3)** zusammen-

drängen, zusammenzwängen,
zusammenziehen: ripae amnem in
tenuem alveum cogunt VII, 10, 2; iter
in tenuem alveum cogitur IX, 4, 9;
amnis iter cogit, verengt seine Bahn VI,
4, 6; structura in artius cogitur, wird
ins Engere gezogen VII, 3. 9; regio in
artissimum, zieht sich am engsten zusammen VIII, 2, 20. — **4)** übtr. wozu brän-
gen, nötigen, zwingen: quae cogit
necessitas VI, 4, 11; mit folg. ut VI, 9,
2; alqm mit *inf.* III, 11, 17; IV, 1, 29.
  cōhaerĕo, si, sum, 2. womit zusam-
menhängen, (unmittelbar) verbunden sein: turris cohaeret muris IV,
4, 11; juga inter se cohaerentia VII, 3,
20; absol. IV, 3, 14; 4, 8; acies cohaerent, sind hart an einander III, 11, 5;
quasi cohaerentes, zusammengeteilt III,
11, 4. — **2)** übtr. **a)** zusammenhän-
gen, in naher Verbindung stehen:
res ("Ereignisse") inter se cohaerent V,
1, 2. — **b)** eng verbunden sein:
moribus cum alquo VI, 3, 8.
  cŏhĭbĕo, ŭi, ĭtum, 2. (habeo), „zusam-
menhalten", bah. zurückhalten, festhalten: Macedones intra castra X, 3,
6; alqm in vinculis, in Banden halten
VI 2, 11; tela, mit Schießen inne halten
VII, 4, 35; aquilo jugis cohibitus, ab-
gehalten VIII, 9, 12.
  cōhors, tis *f.* Kohorte, Schar VII,
2, 35; VIII, 13, 20; quingenaria V, 2,
3; regia, die königliche Wache VIII, 11,
9; das Korps der königlichen Pagen VIII,
6. 7; X, 7, 16; 8. 3; amicorum, Korps
der macedon. berittenen Adelgarde VI,
2, 11; prima cohors amicorum (s. agema)
VI. 7. 17.
  collābor, lapsus sum, 3. ohnmächtig
ob. sterbend zusammensinken VI,
7, 30; inter manus alcjus IV, 10, 19.
  collaudo, 1. sehr loben, belobi-
gen: alqm VI, 7, 19; VII. 2, 17; fidem
alcjus X, 9, 10.
  collīdo, si, sum, 3. (laedo), zusammenstoßen: mare navigia inter se
collidit IV, 3, 17; *passiv.* aneinander-
stoßen: naves colliduntur inter se IX,

9, 16; amnis uterque colliditur VIII, 9, 8. — 2) übtr. entzweien: vires, b. Staatsgewalt X, 9, 2.

colligo, lēgi, lectum, 3. (lego), zusammensuchen, sammeln: disperos VIII, 14, 22; vasa, das Gerät zum Abmarsch aufpacken VI, 2, 16; mentem, sich sammeln, zur Besinnung kommen VIII, 6, 22. — 2) zusammenfassen, zusammenknüpfen: sinum nodo, aufschürzen VI, 5, 27.

collis, is, m. Anhöhe, Hügel: editus IV, 12, 18.

colloquium, i, Besprechung, Unterredung V, 6, 16; IX, 1, 23.

colloquor, cūtus sum, 3. sich besprechen, sich unterreben: cum alquo VI, 8, 16; inter se VII, 1, 25; mit acc. c. inf. VI, 11, 34.

collūcĕo, ēre, in vollem Lichte leuchten: collucent ignes III, 8, 18; faces III, 8, 22; castra magno fulgore ignis III, 3, 3.

collum, i, Hals III, 12, 26; VII, 5, 36.

collŭvĭo, ōnis, f. „zusammengespülte Masse", bah. übtr. Zusammenfluß, Vermischung: ordinum omnium X, 2, 6.

cŏlo, cŏlŭi, cultum, 3. „hegen u. pflegen", bah. bebauen, bestellen: agros V, 3, 15; cetera („den übrigen Raum") V, 1, 27; part. cultus als Abjekt., bebaut: solum IV, 7, 12; loca VII, 3, 18; subst. cultiora, bebautes Land VI, 4, 20. — 2) einen Ort (mit Vorliebe) bewohnen: urbem IV, 8, 6; saltum VII, 7, 4; absol. wohnen IV, 7, 19; VI, 1, 2, 13; IX, 9, 2. — 3) einer Person ob. Sache Sorgfalt u. Pflege zuwenden, bah. schmücken: brachia auro VIII, 9, 21; turba muliebriter culta III, 3, 14. — 4) ausbilden, part. cultus als Abjekt., gebildet: cultiora ingenia VII, 8, 11. — 5) einer Sache huldigen, auf etw. halten: fidem VII, 8, 29; fortitudinem X, 3, 9; usus mutuos VII, 3, 5; amicitiam cum fide, pflegen VIII, 2, 32. — 6) ehren, auszeichnen, huldigen: alqm IV, 14, 6; VI, 10, 22; parentum (parentis) loco IV, 2, 10; V, 3, 12; honore IV, 7, 28; donis III, 7, 11; impense VI, 10, 22; nomen X, 7, 15. — 7) Götter u. göttliche Dinge verehren: Herculem IV, 2, 2; Apollinem eximia religione IV, 3, 21; quicquid VIII, 9, 34; alqd pro deo IV, 7, 23; alqm inter deos, göttlich verehren VIII, 5, 11.

cŏlōnĭa, ae, Pflanzstadt, Kolonie IV, 1, 10; 4, 20; milites in colonias deducere IX, 7, 1.

cŏlōnus, i, Pflanzbürger, Kolonist X, 2, 8.

cŏlor, ōris, Farbe: maris VIII, 9, 4; sanguinis IV, 10, 2; oris IV, 6, 18. — 2) übtr. äußeres Ansehen, äußerer Anstrich: eundem colorem ducere („annehmen") X, 3, 14.

cŏlŭmen, ĭnis, n. „Säule", bah. übtr. Grundpfeiler, Stütze: Macedoniae IX, 6, 8.

cŏlumna, ae, Säule, Pfeiler VIII, 9, 26; columnae Herculis, s. Hercules.

cŏma, ae, Haupthaar: hirtae V, 6, 18; hirsutae IV, 10, 9; intonsae IV, 13, 5.

cŏmĕs, ĭtis, c. (v. com = cum), Begleiter (Begleiterin), Gefährte III, 6, 1; V, 11, 2; VII, 2, 4; fugae IV, 16, 8.

cŏmĭnus, s. comminus.

cŏmissābundus, 3. lustschwärmend V, 7, 10.

cŏmissor, 1. lustschwärmen, fröhlichen Umzug halten VIII, 10, 18; IX, 10, 27.

cōmĭtās, ātis, f. Heiterkeit, heitere Laune VIII, 4, 23; 6, 14. — 2) Freundlichkeit, Artigkeit V, 1, 38; VIII, 6, 20.

cŏmĭtātus, ūs, Begleitung, Gefolge IV, 12, 2.

cōmĭter, adv. freundlich: alqm excipere VI, 5, 3; alloqui IX, 10, 22.

cŏmĭtor, 1. (comes), begleiten: alqm III, 2, 7; 3, 21; divinitas comitatur alqm VIII, 5, 15; comitantes, Begleiter III, 12, 15; passiv. part. comitatus, begleitet: alquo VI, 5, 26; VIII, 14, 15; X, 8, 3.

commeātus, ūs, (commeo) „das
Gehen u. Kommen", bah. metonym. a)
„Transport", milit. Zufuhr, Proviant: VII,3,18; *plur.* III,3,27; IV,2,
2; 9,8. — b) überh. Lebensmittel V,
2, 1; VI, 4, 21; 6, 19; VII, 3, 1. 18.

com-mēmŏro, 1. erwähnen, anführen: acta VIII, 1,30; clementiam
IX, 1, 23; mit Fragsatz VIII, 8, 4.

commendo, 1. (mando), anvertrauen, übergeben: nomen posteritati, auf die Nachwelt bringen IX, 3, 5.

com-mĕo, 1. die Straße ziehen,
hin- u. herfahren: quadrigae commeant, können neben einander fahren
V, 1, 25; v. Schiffen: libero mari,
kreuzen IV, 4, 20.

commercium, (merx), „Handelsverkehr", bah. überh. Verkehr: gentium
VI, 10, 23; vitiorum VIII, 9, 19; linguae, Gemeinschaft der Sprache, Umgangssprache V, 5, 19; VI, 3, 8; VII,
5, 33.

com-mīgro, 1. wohin ziehen, wandern: ex urbibus Alexandriam IV, 8,
5 (erg. hominibus zu jussis),

commīlĭto, ōnis, Kriegsgefährte
III, 5, 8; V, 4, 18; VI, 10, 8.

commĭnus, *adv.* (com u. manus),
handgemein, im Handgemenge
III, 11, 4; comminus alqm petere, aus
der Nähe VI, 1, 4; VII, 8, 18.

com-mitto, misi, missum, 3. „zusammenlassen",bah.zusammenfügen,
verbinden, vereinigen: alqd VII,7,
14; maria III, 1,13; urbem continenti,
mit d. Festlande IV, 2, 16; silvas, ein
dichtes Laubdach bilden V, 4, 4; *passiv.*
committi, sich anschließen, sich vereinigen: Taurus committitur Caucaso VII,
3, 20; Hydaspes Acesini IX, 4, 1;
opus commissum, zum Anschluß gebracht
IV, 2, 21; vires, die Staatsgewalt konzentrieren X, 9, 2. — 2) überlassen,
anvertrauen: alqd (alcui) VI, 7, 4;
11, 6; se alcui IV, 1, 14; salutem alcui
III, 6, 4; alqd fidei alcjus III, 13, 6;
si quid commissum esset, was ihnen
etwa anvertraut sein würde III, 8, 3.
—3) stattfinden lassen, anstellen,
Wörterbuch zu Curtius Rufus.

unternehmen: obsidionem IX,4,27;
proelium, liefern, beginnen IV,1,35. —
4) Straffälliges begehen, verüben:
nefas IV, 10, 29; caedem VIII, 2, 6;
mit folg. ut, zulassen, verschulden VI,
10, 4.

commŏdē, *adv.* gehörig, bequem
VIII, 14, 19.

com-mŏvĕo, mōvi, mōtum, 2. in
Bewegung bringen, beweglich
machen: membra VIII,4,12; saxa,
lockern V, 3, 20; lacrimas, erregen V,
5, 7; arma, sich rühren machen IV, 1,
38. — 2) übtr. v. Gemüt, a) bewegen,
ergreifen, erregen, aufregen:
animum VIII, 3, 14; commoveri periculo VI, 9, 10 (commoveretur, „sollte
beunruhigt werden!"); commotus exspectatione IV, 10, 26; miseratione
VIII, 14, 41; interitu militum, erschüttert VIII,11,17. — b) aufbringen, erbittern: contionem in alqm
VI, 9, 28; commotus morte suorum
IV, 2, 15; indignitate, empört IX,5,11.

communĭco, 1. gemeinsam machen: liberos cum alquo, gemeinschaftlich erzeugen VI, 5, 30. — 2) an etw.
teilnehmen lassen: clementiam
cum alquo VIII, 8, 12. — 3) jemdm
zur Kenntnisnahme etw. mitteilen: rem
cum alquo VI, 7, 21.

com-mūnio, 4. (rings) befestigen,
verschanzen: castra V,5,1. 8; VI,4,3.

commūnis, e, gemeinschaftlich,
gemeinsam, allgemein: nomen
cum alquo VIII, 11, 10; consulere in
commune, zum gemeinsamen Zweck V,
9, 14; IX, 1, 21; X, 6, 15.

com-mūto, 1. umwandeln, verändern: naturam X, 1, 40.

compāgēs, is, *f.* (compingo), Zusammenfügung, Fuge: operis IV,
3, 6; saxorum IV, 4, 12.

compărātĭo, ōnis, *f.* Vergleichung,
Vergleich X, 8, 9; in comparatione
meliorum, bei Vergleichung mit dem
Besseren III, 11, 20.

1. compăro, 1. (compar), „gleich
machen", bah. gleichstellen, ver-

gleichen: alqm regiae stirpi VIII, 4, 25.

2. **com-păro**, 1. beschaffen, aufbringen, zurüsten: exercitum IV, 14, 12; arma IV, 9, 3; suppellex ad usum comparata, verfertigt V, 6, 3. — 2) veranstalten, anstiften: insidias alcui VI, 7, 6; in caput alcjus VI, 2, 4.

1. **compello**, 1. anreben, anrufen: alqm nomine, beim Namen rufen IV, 13, 20.

2. **com-pello**, pŭli, pulsum, 3. zusammentreiben, wohin treiben: alquos in urbem IV, 1, 31; mare terram in fauces compellit, drängt zusammen III, 1, 13. — 2) übtr. jemb. wozu treiben, drängen, bestimmen: alqm ad defectionem X, 1, 45; ad deditionem VIII, 2, 25; ad pacem IV, 2, 15; compelli ad vilitatem sui V, 9, 7; mit folg. ut VIII, 8, 2; mit *inf.* V, 1, 35; IX, 9, 1.

com-penso, 1. „aufwägen", daß. ausgleichen, gut machen: facinora ministerio X, 1, 2.

compĕrĭo, pĕri, pertum, 4. zuverlässig erfahren, in Erfahrung bringen: alqd ex aluquo VI, 7, 18; nuntiare comperta, Selbsterfahrenes X, 1, 11; mit *acc. c. inf.* III, 1, 13; IV, 9, 1; *part.* compertus, zuverläßig, gewiß: compertum habere, zuverläßig wissen IV, 13, 10; V, 4, 10 (f. oculus); pro comperto esse, als gewiß gelten VII, 1, 6.

compēs, pĕdis, *f.* Beinschelle, Fußfessel IV, 14, 23; V, 12, 20.

complector, plexus sum, 3. umschlingen, umfassen, umfaßt halten: ramum dextera IX, 5, 13; saxa (hastam) manu X, 3, 20; VII, 4, 37; alqm (medium) V, 4, 32; VIII, 4, 46. — 2) umfassen, umarmen: alqm VI, 7, 34; VII, 2, 24; dexteram, erfassen VI, 7, 8. — 3) räumlich umfassen, im Umfange einnehmen: ambitus (arx) trecenta stadia complectitur V, 1, 26. 31; solum inter paludem et mare, abstecken IV, 8, 2. —

4) übtr. a) erfassen, sich bemächtigen: provincias VI, 3, 4. — b) geistig umfassen, erfassen: imperium mente IX, 2, 11; animo infinita X, 1, 17. — c) mit Worten zusammenfassen, darstellen: alqd oratione IV, 16, 10.

com-plĕo, ēvi, ētum, 2. (ganz) anfüllen, erfüllen: iter odoribus VIII, 9, 23; castra vocibus X, 2, 12; cuncta pavore III, 13, 10. — 2) mit Menschen anfüllen, dicht besetzen: loca agminibus IV, 1, 1; v. den Besetzenden selbst: ripam VIII, 13, 10; templa IV, 4, 14; vestibulum X, 8, 8; aciem („Schlachtfeld") IV, 15, 15. — 3) übtr. erfüllen, vollenden: sortem rerum humanarum X, 6, 6.

complexus, ūs, das Umfassen, die Umschlingung IX, 7, 22.

complūres, complura (selten compluria), mehrere, ziemlich viele III, 1, 15; IV, 7, 15.

com-pōno, sŭi, sĭtum, 3. „zusammenstellen ob. legen", daß. Schriftliches, entwerfen, verfassen: alqd VII, 1, 8; monumenta rerum IX, 5, 21. — 2) zurecht legen: eodem habitu, in quem se composuerat, die Lage, welche er eingenommen hatte X, 5, 3. — 3) in Ordnung stellen, ordnen: agmine composito ire, im geordneten Zuge VI, 4, 14; IV, 10, 9. — 4) übtr. a) Angelegenheiten ordnen, anordnen, einrichten: res III, 1, 1; vates in adulationem compositus, geschult zu IV, 7, 26. — b) festsetzen, bestimmen: ex composito, nach Verabredung, verabredeter Maßen VII, 1, 5; IX, 7, 24. — c) beilegen, ausgleichen: quae turbata erant VII, 10, 13.

compŏs, pŏtis, einer Sache völlig mächtig: mentis, der Besinnung mächtig, bei Besinnung III, 1, 6; VI, 3, 16; non satis compos mentis, fast besinnungslos III, 5, 4; compos sui, zu sich gekommen IV, 12, 17; voti compos, der seinen Wunsch erfüllt sieht, am Ziel seiner Wünsche ist IX, 9, 27.

comprehendo   concupisco   51

com-prĕhendo, di, sum, 3. „zusammenfassen", bah. umfassen: circuitus triginta stadia comprehendit VI, 6, 23. — 2) fassen, ergreifen: lanceam laevā VII, 1, 19; pinnas VII, 8, 25; ramos VII, 8, 14; incendium (ignis, flamma) comprehendit alqd IV, 3, 3; VI, 6, 30; VIII, 10, 8. — 3) festnehmen, ergreifen: alqm IV, 5, 15; V, 9, 2.

comprĭmo, pressi, pressum, 3. (premo), „zusammendrücken", bah. übtr. unterdrücken: seditionem VII, 2, 31.

com-pŭto, 1. berechnen, überschlagen: munera fortunae IX, 6, 19.

cōnātus, ūs, Ansatz (als körperliche Anstrengung) VIII, 14, 19.

con-cēdo, cessi, cessum, 3. weichen, sich zurückziehen: in arcem V, 3, 11; 10, 33; retro III, 4, 5. — 2) übertr. a) einräumen: victoriam alcui V, 5, 1. — b) verstatten, zugestehen: alcui mit inf. VIII, 8, 3; sibi ad gloriam deos concedere, sich ihm geneigt erweisen VII, 7, 28.

concentus, ūs (concino), das Zusammentönen: signorum VII, 11, 25.

concha, ae, Muschel IX, 10, 10.

con-cĭĕo, civi, cĭtum, 2. in raschen Lauf setzen: equum calcaribus VII, 4, 36.

concĭlĭo, 1. „zusammenbringen", bah. geneigt machen, befreunden: alqm alcui VII, 1, 11; pecuniā sibi, für sich gewinnen X, 2, 3; conciliatus alcui, lieb geworden VII, 9, 19.

concĭlĭum, i (cieo), Versammlung, Verein: mortalium VI, 11, 25; insb. zur Beratung VI, 11, 9; plebis X, 2, 3; Graecorum, Tagsatzung VI, 1, 19.

concĭo, ōnis, s. contio.

concĭpĭo, cēpi, ceptum, 3. (capio), „ganz fassen", bah. aufnehmen, auffangen: medicamenta venis III, 6, 11; vela vim venti concipiunt IV, 3, 2; ignem, fangen IV, 3, 3; ignis conceptus, angegangen VIII, 10, 8. — 2) durch Befruchtung empfangen: mas conceptus est X, 6, 21; amnis ex fonte conceptus, entsprungen VI, 4. 5. — 3) übtr. a) in die Seele aufnehmen, im Busen hegen, einer Empfindung Raum geben, etw. fassen: alqd altio reconsilio, mit tieferer Überlegung VI, 11, 28; iram VII, 1, 25; spem IX, 6, 1; spem ex alquo, von jemb fassen X, 2, 21; de alquo X, 7, 10; alqd mente, aussinnen VIII, 5. 5; metum ex aliquo, vor jemb. empfinden VIII, 14, 12. — b) in die Phantasie aufnehmen, sich vorstellen, sich denken: opulentiam animo III, 2, 12; V, 10, 9. — c) in die Erkenntnis aufnehmen, erfassen, erkennen: auguria mente IV, 13, 13; alqd ex vultu V, 11, 7.

concĭto, 1. (v. intens. v. concieo), in rasche Bewegung setzen, antreiben: equum (calcaribus) IV, 9, 5; VII, 4, 18. 36; VIII, 12, 8; 14, 17; beluam in fugam VIII, 14, 34; turmas in obvios IV, 16, 21; remos IX, 4, 13; navem (remis) IV, 3, 2; 4, 7; spiritus acrius concitatur, wird zu heftig erregt III, 10, 3; mare vento concitatum, aufgeregt IV, 3, 17. — 2) übtr. in Aufruhr bringen, aufregen: milites nuntio VII, 2, 28; animum in iram X, 1, 36; alqm ad arma, treiben VII, 6, 15; ira concitat celeritatem, befeuert VII, 6, 23.

concĭtus, a, um, s. concieo.

con-clāmo, 1. gemeinschaftlich ob.laut ausrufen: mit acc. c. inf. V, 5, 8; V, 13, 5; VII, 4, 7; X, 7, 3; mit folgend. Konjunktiv IV, 1, 29; absol. Geschrei erheben VIII, 11, 22.

conclāve, is, n. Gemach, Saal X, 7, 16.

concordia, ae, Eintracht X, 8, 19. 23.

con-cresco, crēvi, crētum, 3. „zusammenwachsen", bah. sich verdichten, verhärten: glacies concreta V, 6, 14; gelu concretum, fester Frost VIII, 4, 6.

concŭbīnus, i, (concumbo), Beischläfer X. 2, 27.

concŭpisco, īvi, ītum, 3. (cupio), heftig nach etw. begehren, trachten: alqd VII, 8, 13; VIII, 5, 6; 6, 18.

4*

con-curro, curri, cursum 3. zusammenlaufen, von allen Seiten herbeieilen VIII, 14, 40; X, 5, 9; illuc IX, 5, 16; huc IV, 1, 30; ex gentibus VII, 4, 5; ad opem ferendam V, 7, 6; rami concurrentes, zusammenschlagend V, 4, 25; tela in eosdem concurrentia, zusammentreffend III, 11, 4. — 2) im Kampfe zusammenstoßen, aneinander geraten: rostris inter se III, 3, 18; bah. vom angreifenden Teile, eine Attake machen, anstürmen: hosti, gegen den Feind IV, 13, 16.

concursātĭo, ōnis, f. „das Hin- u. Herlaufen", bah. milit. wiederholter Angriff, Plänkeln VIII, 14, 24.

concursus, ūs, „das Zusammenlaufen", bah. v. Gewässern das Zusammenströmen V, 4, 23; IX, 4, 9.

concŭtĭo, cussi, cussum, 3. (quatio), „zusammenschütteln", bah. erschüttern: munimenta arietibus VIII, 2, 22; übtr. a) erschüttern, wankend machen: imperium IV, 14, 20. — b) in Angst u. Schrecken setzen, erschüttern: alqm VIII, 2, 24; Asiam IV, 1, 20.

condĭtĭo, ōnis, f. (condo), „Aufstellung", bah. Stand, Lage, Los: misera VII, 1, 37. — 2) (aufgestellte) Bedingung, Vertrag, Vorschlag IV, 11, 13; deditionis VII, 11, 27; IX, 7, 18; 8, 12; pacis conditiones ferre (afferre) IV, 11, 1. 19; accipere IV, 11, 19; IX, 7, 18.

condĭtor, ōris, (condo), Erbauer, Gründer: urbis IV, 1, 15; 3, 23. — 2) Verfasser: carminum VIII, 5, 8.

con-do, dĭdi, dĭtum, 3. „zusammenthun", bah. erbauen, gründen: urbem IV, 2, 10; 4, 15; V, 1, 24; VII, 3, 23; Parthos, das Paterreich VI, 2, 14; conditi sunt ab aliquo, ihre Stadt ist gegründet worden VIII, 10, 11; mores gentis, begründen VIII, 4, 28. — 2) einthun, wegthun: fruges in siris, einspeichern VII, 4, 24; gladios, beistecken X, 9, 5. — 3) beisetzen, bestatten: corpus in sepulcro X, 1, 30; talenta cum alquo X, 1, 34. —

4) verbergen, verstecken: militem in silvis VIII, 1, 4; ibi VII, 7, 32; se in specus V, 6, 17; quo nexus se condit III, 1, 17; luna condit nitorem IV, 10, 2; nubes solem (lucem) IV, 7, 13; VIII, 13, 24; lux (fulgor) conditur, verbirgt sich VIII, 4, 3; VII, 11, 21; 8, 12; belua fluctibus condita IV, 4, 4; vis hostium in parte petrae VII, 11, 18; amnis labitur conditus, unter der Erde VI, 4, 5.

con-dōno, 1. aus Gnaden schenken: alcui alqd V, 8, 13.

con-dormĭo, ire, (fest) einschlafen VI, 10, 14.

con-dūco, xi, ctum, 3. „zusammenführen", besond. um einen Preis, bah. als Söldner mieten, in Sold nehmen: militem III, 1, 1; 2, 16; mercede V, 12, 2; miles mercede conductus, Mietstruppen IV, 13, 31; V, 1, 43; 3, 6; pedites mercede conducti, Söldner zu Fuß III, 9, 2; milia Graecorum mercede conducta, Tausende griechischer Söldner III, 2, 9; IV, 5, 18.

cōnecto, nexui, nexum, 3. verknüpfen, verbinden: quadriremes vinculis IV, 3, 17; lamminas serie inter se IV, 9, 3.

con-fĕro, contŭli, collatum, conferre, zusammentragen: sarcinas in medium VI, 6, 14. — 2) vereinigen: aquae collatae VII, 11, 3. — 3) ganz nahe bringen: collato pede, Fuß an Fuß, Mann gegen Mann III, 11, 5. — 4) hinbringen: se, sich wohin begeben, sich wohin wenden VI, 9, 21; VIII, 2, 9. — 5) zuwenden, angedeihen lassen: magna in alqm, jembm. VI, 9, 19.

confertus, 3. (part. v. confercio), dicht zusammengedrängt III, 11, 4; VII, 9, 7; robora III, 2, 13.

confessĭo, ōnis, f. Geständnis VI, 11, 10.

confestim, adv. stracks, sofort IV, 4, 9; 12, 1.

conficĭo, fēci, fectum, 3. (facio), verfertigen: vestes V, 2, 18; itinera equo, zurücklegen VIII, 9, 29. — 2) jembm.

confido   conicio   53

gleichsam „zusammenarbeiten", daß. erschöpfen, aufreiben: confectus vulneribus IV, 6, 25; maerore III, 11, 25.
con-fīdo, fīsus sum, 3. zu jemd. ob.
etw. festes Vertrauen haben, auf
etw. fest vertrauen, sich verlassen,
mit *dat.*: turbae IX, 2, 25; felicitati
III, 13, 4; VII, 7, 28; fortunae VII,
9, 1; 11, 27; fidei IV, 10, 16.
con-fīgo, xi, xum, 3. durchstechen,
durchbohren: alqm sagittis VII,
5, 40.
confīnis, e, angrenzend, mit *dat.*
VI, 5, 11; VIII, 2, 14.
confīnium, i, Grenzscheibe,
Grenze: regionum VIII, 1, 8.
con-firmo, 1. kräftigen, stärken:
passiv. erstarken, genesen VIII, 14, 45;
übtr. pudorem, Herr werden über VIII,
2, 13; animum, Mut fassen, sich ermutigen IV, 15, 14. 19; V, 1, 9; X, 6, 20.
confĭtĕor, fessus sum, 2. (fateor),
bekennen, eingestehen: crimen VI,
11, 31; verum III, 2, 11; haec VI, 11,
30; quae agitaverant VIII, 6, 29; mit
acc. c. inf. III, 2, 19; 4, 11; 12, 25;
VI, 8, 8; II, 13, 37; alqm deum, anerkennen als VIII, 5, 10; absol. Geständnis machen VI, 1, 14; alcui VI, 10,
7; IX, 6, 17; de se VI, 10, 9; confessus, der einer Sache Geständige: confessus vera VI, 11, 21; facinus VIII,
8, 2; absol. VIII, 7, 9. — 2) (durch
Thatsachen) eingestehen, zu erkennen geben: mit *acc. c. inf.* IV, 14, 2.
con-flīgo, xi, ctum, 3. „zusammen-
schlagen", daß. im Kampfe an einander
geraten, kämpfen: cum alquo IX,
10, 19.
con-fŏdĭo, fōdi, fossum, 3. durchbohren, niederstechen: alqm VI,
5, 17; VII, 2, 27; lanceis VII, 1, 9;
telo IV, 16, 23; jaculis IX, 5, 17; hastia
III, 11, 11; beluas VIII, 14, 16; jumenta V, 13, 25; confossus multis vulneribus V, 13, 16; VIII, 14, 34.
con-fŭgĭo, fūgi, 3. wohin flüchten,
seine Zuflucht nehmen: in arcem
III, 1, 6; IX, 8, 12; in templum IV, 4,
12; X, 9, 21; in urbem V, 1, 17; IX,

1, 19; in montes VIII, 10, 19; ad manus alcjus VI, 9, 24.
con-fundo, fūdi, fūsum, zusammen-
gießen: aestus confundit undas IX,
9, 7; Acesines Hydaspi confunditur,
strömt zusammen mit IX, 4, 8. — 2) übtr.
a) vermischen, durch einander men-
gen: vitia utriusque gentis IX, 7, 15;
summa imis, das höchste mit dem untersten, b. i. keinen Unterschied zwischen hoch
und niedrig (zwischen König und Unter-
than) machen VIII, 8, 8; eques pedesque confusi, vermengt, durch einander
IV, 16, 11; vocibus confusis, mit ver-
worrenem Geschrei IX, 3, 16; 6, 15. —
b) gleichsam in einander fließen machen,
daß. unkenntlich machen, entstel-
len: pallor confundit notas oris VIII,
3, 13. — c) verwirren, außer Fassung bringen: ira confusus VII, 7,
23; os confusum, verstörtes Antlitz VI,
7, 18.
con-gĕro, gessi, gestum, 3. zusammentragen ob. -bringen, aufhäufen: saxa VIII, 2, 24; frondem
VIII, 10, 17; alimenta VII, 11, 1; opes
in sedem (in urbem) V, 1, 10; 6, 3;
prima quaeque congesta, die jedesmalige erste Aufschüttung IV, 2, 8; undique
tela in alqm congerere, jemb. mit Geschossen überschütten VIII, 14, 38.
congiārium, i, ursprüngl. ein aus
einem Congius (Maß Wein, Öl ob. Salz)
bestehendes, später in Geld verwandeltes
Geschenk ans Volk ob. Heer, Spende
VI, 2, 10.
congrĕdĭor, gressus sum, 3. (gradior), „zusammenschreiten", daß. feindl.
zusammentreffen, kämpfen: alcui,
mit jemb. IX, 7, 20; absol. V, 4, 27;
IX, 5, 13. 19; comminus VI, 1, 15.
congrĕgo, 1. (grex), zusammenscharen: se V, 13, 18; congregata
milia (elephantorum) IX, 2, 21; *passiv.*
sich zusammenscharen VIII, 2, 15.
cōnĭtor, s. connitor.
cōnĭcĭo, jēci, jectum, 3. (jacio), wohin werfen: tela in alqm V, 13, 16.
— 2) wohin treiben: exercitum in
angustias V, 3, 21.

conjecto, 1. (*v. frequent.* v. conicio), „zusammenwerfen", daß. übtr. kombinierend zusammenstellen, mutmaßen, vermuten: alqd ex aliqua re VII,8,2; IX, 9, 27; quantum conjectari potest IV, 9, 11; mit *acc. c. inf.* III, 11, 1; IV, 10, 31.

conjectūra, ae, Mutmaßung, Vermutung VI, 11, 21.

conjectus, ūs, das Hinwerfen: oculorum, das Hinrichten IX, 7, 25.

con-jungo, nxi, nctum, 3. zusammenbinden, zusammenfügen: naves VIII,10,3. — 2) übtr. a) *passiv.* räumlich zusammenstoßen, angrenzen: Thracia Macedoniae conjuncta est VII, 8, 30; Parapamisadae Bactrianis VII, 3, 7. — b) verbinden, vereinigen: se alcui V, 12, 19; VIII, 13, 4; alqm, an sich ziehen IX, 1, 35; *passiv.* sich mit jemb. vereinigen, sich an jemb. anschließen: alcui III, 11, 3; ultimis V, 13, 10. — c) v. der Zeit, *passiv.* unmittelbar folgen, sich anschließen: quae proelio conjuncta sunt V, 1, 2. — d) in der Darstellung verknüpfen, anfügen: res („Ereignisse") V,1,2. — e) eine Verbindung schließen: nuptias IX, 1, 26; amicitiam IV, 7, 9. — f) durch irgend welche Bande verbinden: alqm matrimonio secum VI, 9, 30; conjunctus alcui familiaritate VII, 2, 35; propinquitate III, 12, 14; sanguine, blutsverwandt IX, 8, 22; conjuncti sontibus, Verwandte der Schuldigen VI, 11, 20.

conjunx, jūgis, Gattin III, 3, 22; V, 1, 35.

conjūrātio, ōnis, *f.* Verschwörung, Komplott VI, 8, 10; 9, 4.

con-jūro, 1. sich eidlich verbünden, sich verschwören: in caedem cum alquo VII, 1, 6; *subst.* conjurati, Verschworene VI, 7, 10; VIII, 6, 12.

conl..., f. coll...

con-necto, f. conecto.

con-nītor, nīsus u. nixus sum, 3. mit aller Kraft sich anstemmen, sich aufstemmen IX, 5, 13; ad surgendum VII, 3, 13. — 2) übtr. sich anstrengen, sich bestreben: mit folg. ut V, 8, 7.

connūbĭum, i, f. conubium.

cōnor, 1. etw. zu thun versuchen, unternehmen, beginnen: mit *inf.* IV, 6, 11; V, 3, 20; *absol.* conati = cum conarentur VII, 9, 7.

conp..., f. comp...

con-quěror, questus sum, 3. über etw. sich beklagen, etw. beklagen: mortem alcjus VII, 2, 35; mit *acc. c. inf.* VI, 2, 18; X, 9, 8.

conquīro, sīvi, situm, 3. (quaero), aufsuchen, aufzubringen suchen: alios IX, 9, 1.

conr..., f. corr...

con-sălūto, 1. (laut) begrüßen: alqm VII, 8, 5; alqm Philippum („als Philippus") X, 7, 7.

consanguĭněus,3.blutsverwandt: *subst.* consanguinei VI, 9, 12.

conscendo, di, sum, 3. (scando), auf etw. steigen, etw. besteigen: currum V, 10, 12; navigium IV, 4, 5; 8, 7; equum V, 13, 15.

conscientia, ae, Mitwissenschaft: sceleris VI, 9, 32; *absol.* VII, 1, 31. — 2) Bewußtsein, Gewissen VI, 10, 1; conscientiam suam exonerare VI, 8,12. — 3) prägn. a) gutes Gewissen VII, 2, 12. — b) böses Gewissen, Schuldbewußtsein III, 6, 9; V, 11, 7; VI, 10, 14; VII, 1, 9.

conscĭus, 3. um etw. mitwissend, in etw. eingeweiht, *subst.* Mitwisser: facinoris VIII, 3, 9; sceleris alcui, mit jemb. VI, 10, 20; VIII, 7, 10; sibi conscium esse, sich bewußt sein VII, 1, 21; *absol.* Mitschuldiger: alcjus III, 13, 17; VI, 9, 15; VII, 1, 30.

consěcro, 1. (sacro), den Göttern heiligen ob. weihen: sedem deo IV, 7, 16. — 2) für heilig ob. göttlich erklären, daß. a) jembm. etwas als göttliches zuweisen: consecrata immortalitas, die zuerkannte VIII, 5, 17. — b) als Gottheit zuweisen: alqm immortalitati, jembm. die Un-

sterblichkeit verschaffen IX, 6, 26; X, 5, 30.
con-sĕnesco, sĕnŭi, 3. alt werden, ergrauen X, 2, 22.
consensus, ūs, Übereinstimmung, Einstimmigkeit VII, 2, 7.
con-sentio, si, sum, 4. übereinstimmen, einverstanden sein: mit *acc. c. inf.* V, 5, 21.
conseptus,ūs(sepio),Einzäunung, Gehege IX, 1, 32.
con-sĕquor, cūtus sum, 3. mitfolgen, nachfolgen V, 9, 11; VII, 3, 18; 5, 13. — 2) insb a) verfolgen, nachsetzen: alqm IV, 9, 25; absol. V, 4, 34; 13, 12. — b) der Zeit nach folgen: crudelitatem poenitentia consequitur VII, 8, 23; divinitas hominem, folgt nach, wird nachmals zu Teil VIII, 5, 16. — 3) nachkommen, einholen, erreichen; alqm VII, 2, 1; 8, 22; spolia („erhaschen") IV, 9, 19; mors timidum consequitur IV, 14, 25; absol. III, 12, 1; VIII, 14, 38. — 4) übtr. (mit Anstrengung) erreichen, erringen: alqd VIII, 7, 15.
1. **con-sĕro, sĕrŭi, sertum,** 3. zusammenreihen, aneinanderknüpfen, zusammenfügen: vehicula vinculis IX, 1, 17; scuta supra capita V, 3, 23; navigia, verketten IV, 3, 18; truncos nexu, verflechten VI, 5, 15; arma armis conserta, dicht angeschlossen III, 2, 13; übtr. sermonem, anknüpfen VIII, 12, 9. — 2) feindl. aneinanderbringen:pugnamcomminus, handgemein werden III, 11, 4; proelium, Treffen liefern VIII, 13, 12.
2. **con-sĕro, sēvi, sĭtum,** 3. besäen, bepflanzen: mitiora frumento VII, 4, 26; insula palmis consita X, 1, 14. — 2) einpflanzen: truncos VI, 5, 15; ramos terrae VI, 5, 14; nemus manu consitum, angepflanzt VII, 2, 22.
con-servo, 1. bewahren, (unversehrt) erhalten: urbem III, 4, 15; regnum V, 9, 4; fidem in alqm VI, 5, 2; alqm, retten V, 11, 9 (s. fero 2, d); VI, 3, 13.

consīdĕro, 1. überlegen, erwägen, mit Fragsatz VII, 5, 31; 8, 30.
con-sīdo, sēdi, sessum, 3. sich niedersetzen, sichniederlassen: in sella V, 2, 13; in turre IV, 6, 11; absol. V, 2, 22; sichaufden Ruderbänken niederlassen IX, 9, 12; alqm considere jubere, sich setzen heißen VII, 6, 6; 7, 9; 8, 9. — 2) v. Truppen, sich lagern, sich festsetzen, sich postieren: in campo VI, 6, 24; in colle IV, 12, 18; in ripa VIII, 13, 5; in silva VIII, 1, 5; absol. IV, 12, 4; VII, 7, 31. — 3) dauernd sich niederlassen, seinen Aufenthalt nehmen: in rupe III, 1, 4; in urbem VII, 3, 23. — 4) sich senken: considit terra VIII, 10, 26; pulvis V, 13, 12.
con-signo, 1. untersiegeln, urkundlich beglaubigen: pacta VII, 8, 29.
consilium, i, Rat, Beratung, Beratschlagung V, 5, 23; X, 9, 11; alqm advocare in consilium, zur Beratung III, 8, 6; alqm consilio adhibere VI,8,1; X,6,15; consilium habere III, 7, 8; IX, 7, 14; fortunam alcjus in consilio habere, das Unglück jemds. zu Rate ziehen b. i. im voraus darauf rechnen III, 5, 12; suam fortunam, von seiner eigenen Lage sich beraten lassen V, 5, 12. — 2) metonym. beratende Versammlung, insb. Kriegsrat V, 9, 2; consilium advocare IV, 11, 1; VI, 8, 1; adhibere IV, 13, 3; alqd ad consilium referre IV,11,10; consilium dimittere VI, 11, 11. — 3) kluge Berechnung, Klugheit VII, 4, 12; X, 5, 31; magno consilio IV, 16, 28. — 4) erteilter Rat, Ratschlag, Vorschlag III, 2, 18; IV, 3, 23; 9, 20; salubre III, 4, 3; 7, 10; sanum IV, 1, 9; verum VI, 10, 26; stolidum III, 8, 6; consilium dare IV, 4, 8; afferre VII, 4, 9; fidele consilium habere („gehört haben") VII, 4, 18; sequi VII, 9, 1; exequi X, 7, 8; consilio alcjus uti VII, 9, 1. — 5) gefaßter Rat, daß Beschluß, Maßregel, Plan IV, 15, 13; VI, 6, 27; 8, 15; VII, 7,

18; grave VI, 9, 13; turbidum VII, 4, 11; praeceps VII, 7, 20; scelestum, VIII, 6, 23; defectionis VII, 6, 24; insidiarum V, 12, 5; fugae V, 8, 10; fugiendi VII, 2, 4; consilium inire III, 7, 13; V, 9, 11; agitare IV, 5, 17; volvere X, 8, 7; animo volutare V, 12, 10. — 6) Absicht: scelesto consilio III, 7, 15; sollerti consilio VII, 7, 39; suo consilio, aus eigenem Antriebe IV, 15, 12; sceleris, Ausführung V, 12, 1.

con-sisto, stĭti, 3. sich wohin stellen, sich postieren, *perfect.* stehen VII, 5, 16; in aditu VIII, 1, 49; in muris V, 1, 19; in limine X, 8, 3; in vallo IX, 6, 6 (s. ut *B*, 5); in vestibulo VII, 4, 14; ante vestibulum VI, 7, 17; inter primos V, 3, 9; circa alqm III, 11, 25; post alqm X, 6, 19; post tormenta VII, 9, 3; contra pedites X, 9, 13. — 2) stehen bleiben IV, 15, 16; in valle V, 13, 23; sanguis consistit, kommt zum Stehen IX, 5, 29. — 3) Halt machen, rasten III, 8, 24; IV, 12, 16; 16, 3; VII, 5, 6; VIII, 4, 7; in colle V, 13, 23. — 4) verweilen: diutius in urbe V, 1, 36. — 5) sich ansässig machen: in sede VII, 5, 28.

consobrīnus, i, „Kind der Mutterschwester", dah. überh. Geschwisterkind VI, 9, 17.

con-sōlor, 1. trösten, ermutigen: alqm III, 12, 6. — 2) durch Trost lindern, erleichtern: patientiam verberum VII, 6, 25.

consors, tis, „gleiches Loses teilhaftig", dah. Teilhaber: sacrorum X, 7, 2.

conspectus, ūs, das Schauen, der Blick: oculorum VII, 11, 20. — 2) der Anblick: ad conspectum alcjus, bei jembs. Anblick V, 3, 10; in conspectum alcjus venire, vor jembs. Augen treten III, 6, 16; proponere (dare) alqd in conspectum alcjus, vor jembs. Augen stellen, zur Schau stellen VI, 11, 13; X, 6, 4; III, 2, 2; extra conspectum (procul conspectu) alcjus, außerhalb des Gesichtskreises VIII, 13, 20; IV, 2, 24; 3, 10; abire conspectu, aus den Augen gehen VIII, 3, 5; in conspectu alcjus, vor den Augen jembs., Angesichts jembs. III, 5, 2; IV, 13, 38; V, 2, 22; VI, 11, 13; in conspectu esse, vor den Augen sein, in Sicht sein, gesehen werden können III, 10, 1; IV, 10, 22; VI, 5, 12. 26. — 2) übtr. geistige Anschauung: res Asiae in conspectum dare, zur Anschauung bringen, darstellen V, 1, 2.

con-spĭcio exi, ectum, 3. (specio), ansichtig werden, gewahr werden, erblicken: imaginem III, 3, 8; speciem fortunae III, 11, 23; alqm jacentem VIII, 11, 16; lacrimantem IX, 5, 26; ingemiscentem V, 2, 14; se conspici pati, sich öffentlich zeigen VIII, 9, 23; übtr. quantum ex vultu conspici poterat V, 11, 7.

conspicŭus, 3. in die Augen fallend, sichtbar, bemerklich: signum alcui V, 2, 7; tabernaculum undique IX, 6, 1; insigni regio IV, 4, 11; luxu III, 3, 14.

con-spīro, 1. zusammenhauchen", dah. übtr. ein Komplott stiften, sich verschwören: in alqm IX, 6, 7.

constans, tis, „fest stehend", dah. fest, beständig VIII, 14, 46; animus VI, 7, 13.

constanter, *adv.* standhaft, beharrlich VI, 7, 7; acrius quam constantius (s. acriter) IV, 6, 14; constantissime IX, 3, 6.

constantia, ae, Standhaftigkeit, Unerschrockenheit: animi V, 8, 17; in subeundis periculis V, 7, 1. — 2) Fassung IX, 7, 25.

consternātio, ōnis, *f.* Verblüffung, Bestürzung V, 10, 8. — 2) Aufregung, Aufruhr VII, 2, 32; 10, 13; furiosa X, 2, 21; repens X, 2, 15.

con-sterno, strāvi, strātum, 3. „bebreiten", dah. bestreuen, bedecken: iter floribus V, 1, 20; maria classibus IX, 6, 7; amnem navigiis IX, 8, 5; vehicula constrata, mit Brettern belegt IX, 10, 25.

constĭtŭo, ŭi, ūtum, 3. (statuo), **hinstellen**: nihil tam alte natura constituit VII, 11, 10. — 2) **militär. aufstellen, postieren**: phalangem in fronte III, 9, 7; impedimenta in colle IV, 13, 35. — 3) übtr. a) **in einen Posten einsetzen**: alqm regem IV, 1, 16; satrapen VII, 3, 1. — b) **begründen, befestigen**: imperium IV, 14, 10. — c) **festsetzen, bestimmen**: tempus agendae rei VII, 2, 23; pretium VIII, 9, 19; fortuna rebus famam constituit IX, 10, 28; mit *acc. c. inf. fut.* VIII, 11, 4. — d) **beschließen, Beschluß fassen**: mit *inf.* VI. 10, 34; absol. VI, 5, 9.

con-sto, stĭti, statūrus, 1. „**dastehen**", bah. übtr. a) **aus etw. bestehen**: equitatus constat ex nobilissimis X, 7, 20. — b) **auf etw. beruhen, sich auf etw. stützen, wovon abhängen**: bellum famā constat VIII, 8, 15; genus certaminis celeritate III, 11, 15; vigor ex spiritu X, 10, 12. — 2) „**feststehen**", bah. unperf. constat, **es steht fest, ist allgemein bekannt**: mit *acc. c. inf.* III, 1, 14; 7, 8; IV, 16, 9; V, 1, 16.

con-stringo, nxi, ctum, 3. **zusammenziehen, zusammenschnüren**: nives gelu constrictae, fest gefroren VII, 3, 11. — 2) übtr. **binden, verbindlich machen**: constringi religione VI, 7, 7.

con-stŭpro, 1. **notzüchtigen, schänden**: virginem X, 1, 5.

con-suesco, ēvi, ētum, 3. **sich gewöhnen**, *perf.* consuevi, **bin gewohnt**: mit *inf.* VII, 11, 7.

consuētūdo, ĭnis, *f.* **Gewohnheit**: praeter consuetudinem, **gegen Gewohnheit** VII, 1, 14. — 2) **Lebensweise** VI, 3, 6. — 3) **Umgang, Verkehr**: stupri, unzüchtiger Umgang IV, 10, 31.

consŭlo, sŭlŭi, sultum, 3. **Rat pflegen, sich beraten**: in commune V, 9, 14; IX, 1, 21; in medium VIII, 14, 21; consulto opus est, **Beratung ist nötig** X, 6, 15. — 2) **Maßregeln ergreifen, verfahren**: graviter in alqm V, 6, 16; nihil gravius in alqm consulitur, jembm. **widerfährt keine harte Behandlung** IV, 10, 30. — 3) **alcui, für** jemb. **Rat schaffen, sorgen, auf** jemb. **schonende Rücksicht nehmen** IV, 1, 14; sibi V, 12, 11; male ingeniis humanis, übel beraten VIII, 2, 1. — 4) **um Rat fragen, befragen**: alqm VIII, 12, 5; concilium VI, 1, 19; vates (de re) IV, 6, 12; VII, 7, 8; oraculum V, 4, 11; Hammonem VI, 11, 5; 10, 28; quid fieri juberet IV, 15, 6; mit folg. an IV, 7, 26.

consulto, 1. (*v. frequent.* b. consulo), **mit reiflicher Überlegung sich beraten**: cum alquo VII, 11, 6; de bello VII, 4, 1; mit Fragsatz V, 4, 1; VII, 7, 29.

consultum, i, **Ratschluß, Plan**: animi VII, 8, 2.

consummo, 1. (summa), „**summieren**", bah. **vollenden, vollbringen**: parricidium VI, 10, 14.

con-sūmo, mpsi, mptum, 3. **verbrauchen, aufbrauchen**: instrumenta belli IX, 3, 11; alimenta, aufzehren IX, 10, 11; misericordiam, das Maß des Mitleids erschöpfen VI, 8, 6; verba (sermonem), verschwenden V, 8, 6; VI, 7, 19; gloriam, vergeuden IX, 6, 14. — 2) v. b. Zeit, **verbringen, hinbringen**, *passiv.* **verstreichen**: diem inter metum laboremque VII, 11, 15; dies noctesque conviviis VI, 2, 5; triduum consilia volvendo X, 8, 7; dies ad confirmandum pudorem VIII, 2, 13; nocte inter vigilias consumpta IX, 9, 25; consumpto die per ludum VI, 8, 12. — 3) **vernichten, zerstören**: opera incendio IV, 3, 6; rubigo ferrum consumit VII, 8, 15. — 4) v. **lebend. Wesen, aufreiben, wegraffen**: alqm VIII, 4, 13; consumi morte IV, 15, 17; caede VI, 6, 32.

con-surgo, surrexi, surrectum, 3. **sich erheben, aufstehen** VII, 2, 7; 5, 24; VIII, 1, 44; ad quaestionem habendam VI, 11, 11.

con-tăbŭlo, 1. „**bebielen**", bah. **überbrücken**: mare molibus V, 7, 8.

contactus, a, um, s. contingo.

contagium

contāgĭum, i (contingo), „Berührung", baſ. Anſteckung: morbi IX, 10, 1.

con-tĕgo, xi, ctum, 3. überdecken, bedecken: corpus auro VIII, 9, 29; ossa tumulo VII, 9, 21; omnia frondibus V, 4, 4; hedera contegit stipites VII, 9, 15; vehiculum pellibus contectum V, 12, 16; sedes ramis contecta IV, 7, 16.

con-temno, mpsi, mptum, 3. gering anſchlagen, nicht beachten, verachten: sarcinas III, 11, 20; animalia IX, 2, 21; paucitatem III, 3, 28; jacturam IV, 16, 28; damnum IV, 15, 8; famam IV, 14, 13; indicium VI, 7, 35; mortem IV, 14, 25; scintilla contempta VI, 3, 11.

contemplātĭo, ōnis, f. Betrachtung: publicae felicitatis X, 9, 7.

contemplor, 1. betrachten, in Augenſchein nehmen: situm locorum III, 4, 11; loci naturam IV, 8, 1; munimenta VIII, 10, 27; alqm IV, 1, 25.

contemptim, adv. mit Geringſchätzung, geringſchätzig VIII, 13, 15; IX, 5, 8.

contemptĭo, ōnis, f. Geringſchätzung, Verachtung: mortis X, 5, 29.

contemptor, ōris, Geringſchätzer, Verächter: periculi IV, 9, 12.

contemptus, ūs, das Nichtachten, das Geringſchätzen: contemptu sui V, 3, 18. — 2) Verachtung X, 7, 5; verächtliche Behandlung VIII, 5, 23.

con-tendo, di, tum, 3. „aus allen Kräften ſpannen", baſ. übtr. a) ſich anſtrengen, ſeine Kräfte aufbieten: mit inf. VII, 8, 14. — b) ſchleunig aufbrechen, ſchleunig marſchieren, wohineilen: ad urbem VII, 9, 20; ad amnem III, 7, 1; ad („gegen") alqm VI, 6, 19; ad interitum vindicandum IV 8, 10. — c) als Gegner ſich anſtrengen, baſ. wetteifern, ſtreiten: meritis IX, 2, 28; mit Fragſatz IX, 2, 32. — d) überh. kämpfen, ſtreiten: aequo Marte de regno IV, 1, 8; adversus hostium vires IV, 11, 17. — e) ſich anſtrengen eine Behauptung durch-

contingo

zuſetzen, feſt behaupten: mit acc. c. inf. VIII, 7, 10.

contentĭo, ōnis, f. Anſtrengung: vocis VII, 7, 9. — 2) Streit VIII, 1, 31; animi, Streitſucht VIII, 1, 33.

contentus, 3. (contineo), mit etw. ſich begnügenb, zufrieden: mit abl.: cultu III, 5, 2; faſtigio IV, 7, 8; opibus IX, 6, 19; mit inf. IV. 10, 14; 12, 15; VIII, 1, 38.

con-terrĕo, ŭi, ĭtum, 2. in Schrecken ſetzen, heftig erſchrecken: alqm III, 12, 3; conterritus conspectu III, 12, 26; auctoritate X, 7, 13.

contĭcesco, tĭcui, 3. (v. inchoat. v. conticeo), verſtummen X, 7, 13.

contĭnens, tis (contineo), zuſammenhängenb, ununterbrochen: opus IV, 3, 9; incendium III, 8, 18; frons, bicht V, 4, 25; ſubſt. continens, f. Feſtland, Kontinent III, 1, 13; abl. continenti IV, 2, 1; 5, 7; X, 1, 11. 14.

contĭnentĭa, ae, Enthaltſamkeit, Mäßigung, Selbſtbeherrſchung III, 12, 18. 21; IV, 1, 22; VI, 6, 1.

contĭnĕo, tĭnŭi, tentum. 2. (teneo), „zuſammenhalten", baſ. feſthalten: se continendum praebere, ſich halten laſſen IX, 5, 27. — 2) behalten, feſthalten: alqd IV, 11, 8. 9. — 3) einhalten, hemmen: rigor continet spiritum VIII, 4, 12. — 4) übtr. a) abhalten, zurückhalten: non contineri quin IV, 12, 24; quominus VII, 4, 19. — b) im Zaum halten, in Schranken halten: Asiam exercitu X, 2, 8; alacritatem VII, 1, 23; alqm (armis) VI, 3, 8; VII, 6, 16; alqm fide, burch Treue im Gehorſam erhalten VII, 10, 9; se in secundo gradu, ſich begnügen mit IV, 6, 4. — 5) „umfaſſen, umſchließen", baſ. übtr. passiv. contineri, beſchränkt ſein: luctus muris urbis continetur, beſchränkt ſich auf bie Stadt X, 5, 18. — 6) „in ſich enthalten", baſ. übtr. passiv. contineri, enthalten ſein: litteris insidiae continentur VII, 2, 30.

contingo, tĭgi, tactum, 3. (tango), berühren: humum mento VIII, 5,

22; orientem manu VII, 8, 12; pedes gradum contingunt, reichen hinab bis zu V, 2, 13. — 2) etw. berühren, um es zu verzehren, anfressen: corpus VII, 4, 40. — 3) eine Örtlichkeit berühren, an etw. angrenzen: Bactra VII, 8, 30. — 4) übtr. a) mit jemb. durch ein Verhältnis in Berührung stehen: alqm cognatione V, 3, 12; sanguine, in Blutsverwandtschaft stehen VIII, 6, 28; propiore gradu amicitiae, zu jemb. in näherer Freundschaft stehen VI, 7, 31. — b) moralisch beflecken: noxa contactus X, 4, 3. — c) „zutreffen", daß. v. glücklich. Ereignissen, glücken: contingit (alcui) mit *inf.* V, 10, 4.

contĭnŭo, 1. (continuus), „zusammenhängend machen", daß. unmittelbar anfügen: nemora montibus continuata, sich unmittelbar anschließend V, 4, 8. — 2) ununterbrochen fortsetzen: labor continuatus VII, 11, 17.

contĭnŭus, 3. (contineo), zusammenhängend, aneinanderstoßend: tecta V, 1, 27. — 2) v. b. Zeit, unmittelbar aufeinanderfolgend: quattuor continuis aetatibus, hinter einander VIII, 1, 13. — 3) ununterbrochen, unablässig: iter IV, 10, 19; fragor VIII, 4, 4; labor IX, 3, 1; felicitas VII, 7, 30.

contĭo, ōnis, *f.* (aus conventio), Versammlung b. Volkes ob. Heeres VI, 9, 1; pro contione, vor dem versammelten Heere IV, 10, 16; IX, 2, 12; contionem advocare IX, 4, 19; dimittere VII, 2, 11; exercitum ad contionem vocare VI, 2, 21.

con-torquĕo, torsi, tortum, 2. „herumdrehen", daß. schleudern: telum in alqm VIII, 14, 36.

contrā, *adv.* „gegenüber", daß. a) dagegen, anbrerseits III, 3, 26; IV, 2, 14; VII, 1, 23; 6, 8; in entgegengesetzten Sinne: contra augurari III, 3, 5; V, 5, 17. — b) in Erwiderung dessen, darauf IV, 1, 10; V, 5, 17. — 2) *praep.* mit *acc.* a) gegenüber: consistere contra pedites X, 9, 13. — b) feindl. gegen: suadere contra alqm III, 2, 18. — c) im Widerspruch mit, gegen: contra jus IV, 2, 15; c. spem VIII, 14, 45; c. voluntatem X, 1, 41.

con-trăho, xi, ctum, 3. zusammenziehen, versammeln, an sich ziehen: copias (undique) III, 1, 10; IV, 1, 39; VI, 6, 13; praefectos in praetorium VI, 2, 18; jumenta a Susis V, 6, 9. — 2) übtr. sich etw. zuziehen, herbeiführen: invidiam rebus VIII, 5, 14; sibi periculum VII. 4, 9; aes alienum, Schulden machen X, 2, 9.

contrārĭus, 3. „gegenüber befindlich", daß. übtr. entgegengesetzt, schnurstracks zuwiderlaufend: alqd in contrarium vertere (mutare) ins Gegenteil verkehren IV, 14, 16; IX, 4, 7; alqm in contrarium mutare, umstimmen VII, 2, 3.

con-trĭbŭo, ŭi, ūtum, 3. beifügen, zuteilen: gentem satrapae V, 3, 16.

contŭbernālis, is, Zeltgenosse (deren gewöhnl. zehn in einem Zelte lagen) VI, 2, 16; IX, 10, 16.

contŭbernĭum, i, „Zeltgenossenschaft", daß. geschlechtliches Zusammenleben (das einzig mögliche Eheverhältnis für Sklaven), Sklavenehe V, 5, 20.

contŭĭtus, ūs, (contueor), Anblick: parricidarum V, 12, 18.

contŭmācĭa, ae, störriger Trotz, Widerspenstigkeit VI, 8, 3; X, 2, 10.

contŭmācĭter, *adv.* trotzig: *compar.* contumacius IV, 7, 31.

contŭmax, ācis, störrig, trotzig: vultus IV, 6, 27.

contŭmēlĭa, ae, Beschimpfung, Schmach, entehrende Mißhandlung IV, 10, 29; VII, 2, 37; alqd in contumeliam accipere, als Beschimpfung aufnehmen V, 2, 19.

con-turbo, 1. „verwirren", daß. verstören, bestürzt machen: alqm VII, 2, 4.

contus, i, Ruderstange IX, 9, 12.

cōnūbĭum, i, (nubo), Eheverbindung: conubio jungi VIII, 4, 25; conubio coire cum alquo VIII, 1, 9.

con-vălesco, valŭi, 3. „kräftig werden", daß. sich erholen, genesen III, 5, 13. — 2) übtr. v. Gerüchten, Bestand gewinnen IX, 6, 1.

con-vello, velli, vulsum, 3. losreißen, herausreißen: saxa V, 3, 20.

con-vĕnio, vēni, ventum, 4. wohin zusammenkommen, sich versammeln: ad accipienda imperia IV, 13, 17; ad nomen ("auf den bloßen Namen") V, 10, 2. 7; absol. IV, 9, 2. — 2) „zusammenpassen", daß. sich passen, geeignet sein: hastae conveniunt mortalibus VIII, 10, 32; alqd convenit fortunae V, 3, 13; tenori rerum X, 6, 11; stirps majestati X, 6, 10; id alicui, trifft auf jemb. zu VI, 7, 32; *part*. conveniens als Abjekt., angemessen, geeignet: sententia conveniens fortunae V, 9, 12. — 3) „sich vereinigen", daß. alqd convenit ob. unpersönl. convenit, man kommt über etw. überein, einigt sich über etw., etw. wird verabredet: signum convenit VII, 11, 19; convenit mit folg. ut X, 9, 9; ita convenerat VIII, 14, 1.

conventus, ūs, Zusammenkunft, Versammlung: Graeciae IV, 5, 11.

con-verbĕro, 1. stark schlagen, zerbläuen: os VII, 2, 5.

con-verro, verri, versum, 3. zusammenkehren, zusammenfegen: sabulum VIII, 4, 27.

conversor, 1. irgendwo verkehren: in regia VIII, 6, 16.

con-verto, ti, sum, 3. umkehren, umwenden, hinwenden: agmen ad periculum V, 4, 16; hostem ab alquo in alqm VII, 11, 11; signa, mit dem Heere eine Schwenkung machen IV, 16, 19; conversus ad alqm, zu jemb. sich wendend III, 2, 10; VII, 5, 38; VIII, 1, 28; terra ad occasum conversa, in der Richtung nach Westen VI, 4, 17. — 2) übtr. a) hinlenken, hinwenden: animum ad alqd VIII, 2, 28; 3, 16; consilia in bellum IV, 11, 1; sollicitudinem in se IX, 8, 22; oculos in se, auf sich ziehen V, 1, 24; VIII, 4, 24; *passiv.* converti u. *reflex*. convertere, sich einer Sache zuwenden: dolor convertitur ad cogitationes X, 5, 7; rege in bellum converso IV, 8, 15; convertere ad curam IV, 2, 22. — b) umwandeln: metus convertitur in venerationem, schlägt um VIII, 14, 12.

con-vinco, vīci, victum, 3. einer Schuld überführen: alqm VIII, 8, 6; convictus multa avare fecisse IX, 8, 9.

convīva, ae, Tischgenosse, Gast V, 7, 5; VIII, 2, 3.

convīvālis, e, zum Mahl gehörig: vas, Tafelgefäß VIII 12, 16; ludi, Gastmahlsspiele, Kurzweil bei Tafel (durch Musiker, Possenreißer, Tänzerinnen) V, 1, 37; VI, 2, 6; VIII, 4, 29; 6, 14.

convīvium, i, geselliges Mahl, Gastmahl: convivium apparare VIII, 3, 8; instruere VIII, 4, 22; exornare IX, 7, 15; inire V, 7, 2; convivio interesse III, 12, 2; convivium solvere VIII, 6, 16. — 2) metonym. a) Speisezimmer: convivium inire V, 1, 38; VIII, 5, 12; convivio egredi VIII, 5, 9; 6, 13; convivium repetere VIII, 5, 21; in convivium redire VIII, 6, 16. — b) Tischgesellschaft VIII, 5, 17.

con-vŏco, 1. zusammenrufen: duces IV, 13, 37; amicos VI, 11, 9; peritos locorum V, 4, 2. — 2) heranrufen: obsides in colloquium IX, 1, 23.

con-vulnĕro, 1. (stark) verwunden: jumenta V, 13, 17.

cŏ-ŏrior, ortus sum, 4. (mit Macht) sich erheben, losbrechen: procella cooritur X, 1, 44.

Cophēs, ae, Sohn des Artabazus VII, 11, 5. 22 ff.

cōpia, ae (com u. ops), Vorrat, reichliche Mittel, Fülle: rerum IV, 10, 13; commeatuum IV, 10, 15; pro cujusque copia, nach den Mitteln eines jeden IX, 10, 26. — 2) v. lebend. Wesen, Masse, Menge: opificum IV, 2, 12. — 3) milit. *plur*. Truppen: magnae VI, 8, 18; pedestres IV, 7, 3;

equestres VI, 6, 21; peditum equitumque IX, 2, 17; im Gegenſ. zur Flotte, Landmacht III, 1, 19. — 4) übtr. Gelegenheit: copia alcjus, Zutritt zu jemb. IV, 5, 20.

cōpis, ĭdis, *f.* ſichelförmiger Säbel, **Copis:** *acc. plur.* copidas VIII, 14, 29.

cōpŭlo, 1. „koppeln", baſ. übtr. verknüpfen, verketten: alqm cum alquo V, 11, 6.

cōquo, xi, ctum, 3. kochen: cocta cibaria VIII, 4, 20; IX, 10, 17.

cŏr, dis, *n.* Herz: corda animique, Herzen u. Seelen V, 9, 1; cordi esse, am Herzen liegen, belieben, teuer ſein, gefallen IV, 3, 23; V, 1, 37; 2, 19; VI, 9, 36.

cōram, (com u. os), *adv.* „Angeſicht zu Angeſicht", baſ. in eigener Perſon, perſönlich: adesse VIII, 10, 1. — 2) *praep. mit abl.,* Angeſichts jembs., in Gegenwart jembs. VIII, 8, 19.

cŏrĭum, i, (dicke, haarloſe) Tierhaut, Fell IV, 2, 23.

cornu, ūs, „Horn, Gehörn", übtr. a) Horn der Mondſichel VI, 4, 16; VIII, 9, 36. — b) äußerſtes Ende: jugi III, 4, 6. — c) Flügel des Heeres ob. der Flotte III, 2, 14; IV, 3, 11; dextrum III, 8, 27; laevum IV, 12, 6.

cŏrōna, ae, Kranz, Krone: aurea IV, 2, 2; sub corona venire, als Sklave verkauft werden (weil Kriegsgefangene zum Verkaufe wie Opfertiere bekränzt wurden) IX, 8, 12.—2) übtr. a) Mauerkranz, Mauerring: muri IX, 4, 30. —b) die einen Ort umgebende Truppenlinie, Belagerungslinie: muros corona circumdare IV, 6, 10; VII, 6, 19; urbem corona capere, durch Einſchließung VII, 6, 16; IX, 1, 14; 4, 4.

cŏrōno, 1. bekränzen: alqm IX, 7, 20.

corpus, ŏris, *n.* Körper, Leib: tela vitare corpore, durch Körperwendung VI, 1, 4; declinatio corporis IX, 7, 21. — 2) Perſon IV, 11, 6; V, 6, 6. 8; 13, 4; X, 9, 20; captivum, die Gefangene III, 12, 22; corpus suum dedere, ſich in Perſon IX, 1, 7; corpus prosternere, ſich niederwerfen IV, 16, 12. — 3) Leichnam III, 12, 11; IV, 8, 9; 12, 2. — 4) übtr. a) Schiffskörper X, 1, 12. — b) Reichskörper, Staatskörper X, 9, 2.— c) Heereskörper, Korps: militum X, 3, 10.

corrĭpĭo, rĭpui, reptum, 3. (rapio), anpacken, (mit Haſt) ergreifen, erfaſſen: saxa V, 3, 20; alqm (manu) X, 2, 30; 3, 20; VI, 11, 15; arma manu („mit dem Rüſſel") VIII, 14, 27. — 2) übtr. ergreifen, wegraffen: flumen corripit tecta V, 1, 28; Nicanor subita morte correptus, der plötzliche Tod des Nicanor VI, 6, 18.

corrumpo, rūpi, ruptum, 3. „ganz zerbrechen", baſ. vernichten, zerſtören: alqd III, 4, 3; IV, 14, 2; alimenta IV, 13, 23. — 2) verderben, verſchlechtern: aquam IX, 9, 6; forma corrupta, entſtellt III, 11, 24; corpus tabe corruptum X, 10, 12. — 3) übtr. a) moraliſch verderben: naturam alcjus III, 2, 17; famam, verringern IV, 7, 30; professionem artium malis moribus, entweihen VIII, 5, 7; corruptus als Abjekt., verderbt: luxu IX, 7, 15; nihil urbis moribus corruptius V, 1, 36. — 4) verführen, beſtechen: alqm donis VI, 10, 22; talentis III, 6, 4.

corrŭo, ŭi, 3. niederſtürzen: pronus corruit VIII, 5, 24.

corvus, i, Rabe IV, 6, 11; 7, 15. — 2) als Kriegswerkzeug: mit Haken verſehene Brechſtange IV, 2, 12; 3, 26.

Cŏrӯcĭus, 3. corycisch b. i. zur Hafenstadt Corycos in Cilicien gehörig: nemus III, 4, 10.

cŏs, cōtis, *f.* harter Stein, Kieſel, *plur.* hartes Geſtein, Geklippp VI, 6, 26; saxa cotesque IV, 6, 8; V, 3, 8.

Cossaei, ōrum, Volk im nördlichen Suſiana (jetzt *Chusistan*) IV, 1, 23.

cŏtīdie, *adv.* täglich III, 8, 10.

Cous, i, Inſel im ägäiſch. Meere zwiſch. Knibus u. Halikarnaſſus III, 1, 19.

crāpŭla, ae, Weinrauſch IX, 10, 27.

crassitūdo, ĭnis, *f.* Dicke V, 1, 33.

crātēra, ae, (Nebenform v. crater), Mischkessel (zum Mischen des Weines mit Wasser) IV, 8, 16; IX, 10, 25.

Cratĕrus, i, Oberst der macedonisch. Phalanx, befehligte mit Parmenio in d. Schlacht bei Issos den linken Flügel; leitete mit Perdikkas die Belagerung von Tyrus; führte auf dem Rückzuge aus Indien den zu Lande zurückkehrenden Teil des Heeres; erhielt nach Alexanders Tode die Verwaltung der europäischen Länder des Reiches und fiel im Kampfe gegen Eumenes von Kappadocien III, 9, 8; IX, 8, 3; X, 7, 9; *acc.* Crateron IV, 3, 1.

crātēs, (u. crātis), is, *f.* Flechtwerk (aus Ruten): scuta ex cratibus X, 2, 23; Faschine X, 3, 7.

crēber, bra, brum, dicht nebeneinander, zahlreich, häufig: insulae VIII, 13, 12; arietes IV, 4, 12; fontes VII, 4, 26; rivi III, 4, 7; intervalla VII, 9, 15. — 2) wiederholt, häufig: fluctus IV, 2, 7; motus terrae IV, 4, 20; gemitus IV, 10, 20; jactatio IV, 15, 16; varietas fortunae IV, 4, 19.

crēbrō, *adv.* wiederholentlich, häufig VIII, 9, 7.

crēdĭbĭlis, e, glaublich: vix credibile dictu V, 13, 22.

crēdo, dĭdi, dĭtum, 3. Vertrauen schenken, vertrauen: alcui V, 12, 3; fidei alcjus VII, 2, 14. — 2) Glauben schenken, glauben: alcui VI, 8, 13; 9, 21; 10, 12; plurimum V, 4, 2; quid („in irgend etw.") IV, 14, 18; famae (de alquo) IV, 4, 19; X, 3, 8; cetera incolis X, 1, 13; sibi potissimum credere, hauptsächlich seiner eigenen Überzeugung glauben, sich durchaus nicht einschüchtern lassen X, 7, 10. — 3) anvertrauen, auf Treu und Glauben übergeben: alcui caput suum VI, 9, 21; salutem suam III, 8, 5; V, 12, 4. — 4) glauben, für wahr halten: alqd IV, 16, 29; V, 10, 14; deteriora IV, 3, 22; tantundem VIII, 5, 11; nihil VI, 9, 10; creditum referre X, 10, 11. — 5) glauben, meinen, dafürhalten: mit *acc. c. inf.* III, 1, 22; 12, 4; crediderim, ich möchte glauben IV, 3, 23; V, 11, 10; VIII, 1, 17; ne credideris, glaube nicht VII, 8, 29; crederes, man sollte glauben, man hätte glauben können IV, 10, 23; VI, 2, 16; VIII, 4, 12; IX, 4, 14; 9, 16; X, 2, 18; 5, 21; *passiv.* credor, man glaubt von mir, daß ich... III, 8, 7; VI, 5, 18. — 6) mit *dopp. acc.* wofür halten: se Jovis filium VI, 10, 26; vos genitos X, 3, 13; aliquis deus creditur VI, 11, 24; VIII, 5, 15; credo, als Parenthese, ich glaube, denk' ich, vermutlich IV, 15, 11; V, 1, 27; VI, 9, 35; VII, 8, 9; IX, 5, 11; (ironisch) III, 2, 16.

crēdŭlĭtās, ātis, *f.* Leichtgläubigkeit VI, 10, 35; VII, 7, 8.

crēdŭlus, 3. leichtgläubig VI, 8, 14; aures VII, 2, 37; X, 1, 28.

crĕmo, 1. verbrennen: alqm vivum IV, 8, 10; se (spolia) incendio IX, 4, 6; 10, 12; naves IX, 10, 4; v. Verbrennen der Leichen III, 12, 14. — 2) in Brandstecken: vicos igni IV, 10, 11.

crĕo, 1. „erschaffen", übtr. schaffen: sibi periculum VII, 4, 9.

crĕpĭda, ae, Halbschuh, der nur den Fuß oberhalb bedeckte u. hinten mit Riemen befestigt war IV, 8, 8.

crĕpīdo, ĭnis, *f.* „erhöhter Rand", insb. aufgemauerter Uferrand, Kai V, 1, 28; portūs IV, 5, 21.

cresco, crēvi, crētum, 3. emporwachsen, zunehmen: crescit latitudo aggeris IV, 2, 21; altitudo petrae VII, 11, 16; petra in sublime fastigium VIII, 11, 6; opus in altitudinem IV, 2, 19; opus in aliquantum altitudinis VI, 5, 21; arbor diu („nur langsam") VII, 8, 14; aestus VII, 5, 7; animus alcui IV, 6, 13; ardor animorum IX, 9, 7; desperatio IV, 12, 22; fama IV, 4, 3; malum crescens VIII, 4, 2.

Crēta, ae, die größte griechisch. Insel südl. von den Cycladen, jetzt *Kandia* IV, 1, 38; 8, 15; X, 2, 3.

Crētēnsis, e, cretiſch: sagittarius IV, 13, 31; ſubſt. Cretenses III, 7, 15; 9, 9.

crīmen, ĭnis, *n.* Beſchuldigung, Anklage, Vorwurf VII, 1, 6; parricidii III, 6, 11; verum VI, 10, 11; falsum X, 1, 27; crimen diluere III, 6, 11. — 2) Schuld, Verbrechen VII, 2, 2; X, 1, 6; anceps VII, 1, 33; reus criminis VI, 7, 31; 10, 5.

crīminātio, ōnis, *f.* Anſchuldigung, Verdächtigung III, 6, 13; IX, 7, 24.

crīminor, 1. verunglimpfen, anklagen: alqm VIII, 6, 24; abſol. X, 1, 28. — 2) zur Laſt legen, zum Vorwurf machen: inopiam apud alqm IV, 1, 24.

crīnis, is, *m.* Haar: crines lacerare III, 11, 25; X, 5, 19.

Critobūlus, i, Arzt im Heere Alexanders IX, 5, 25. 27.

crŏcum, i, Safran III, 4, 10.

crŏcŏdīlus, i, Krokobil VIII, 9, 9.

Croesus, i, König von Lydien, vom Cyrus 546 v. Chr. ſeines Reiches beraubt III, 4, 1.

cruciātus, ūs, Qual, Marter: ultimi cruciatus VI, 11, 15; alqm per cruciatum necare IX, 7, 8.

crŭcio, 1. (crux), martern, quälen: cruciari suo supplicio VI, 10, 9.

crūdēlĭtās, ātis, *f.* Grauſamkeit, Unbarmherzigkeit III, 11, 22; V, 6, 6; VI, 10, 14; 11, 13.

crūdēlĭter, *adv.* grauſam, unbarmherzig VI, 11, 40; *comp.* crudelius III, 13, 12.

crūdus, 3. „ungekocht, roh", bah. ungebrannt: later VII, 3, 8; VIII, 10, 25.

cruentus, 3. blutig, blutbefleckt: vestis VIII, 3, 10; corpus VIII, 2, 8.

cruor, ōris, *m.* Blutſtrom, Blut IV, 2, 14; VIII, 2, 3; 11; VIII, 10, 29.

crūs, crūris, *n.* Unterſchenkel, Schienbein IV, 6, 23; VII, 6, 3.

crux, crŭcis, *f.* Marterholz, Kreuz: alqm cruci affigere IV, 4, 17; in crucem tollere IX, 8, 16.

crystallum, i, Kryſtall III, 3, 8.

cŭbĭcŭlum, i (cubo), Schlafgemach V, 1, 42; VI, 10, 21; VIII, 3, 8.

cŭbīle, is, *n.* (cubo), Lagerſtätte III, 2, 15; 6, 9; Schlafraum VIII, 6, 18; IX, 3, 19.

cŭbĭtālis, e (cubitum), eine Elle lang: simulacrum III, 3, 16.

cŭbĭtus, i, „Ellbogen", bah. als Maß, Elle (= 1½ Fuß) V, 1, 26, 33; VIII, 9, 28; IX, 5, 9.

cŭbo, bŭi, bĭtum, 1. ruhend liegen, ruhen: lectis VIII, 8, 9; insb. zu Tiſche liegen VIII, 1, 28. 40; 5, 22.

culmen, ĭnis, *n.* Giebel: tecti X, 5, 15.

culpa, ae, Verſchulden, Schuld IV, 16, 30; VIII, 5, 7; silentii VI, 7, 34; culpam luere VII, 5, 35; in alqm referre IV, 3, 7.

cultor, ōris (colo), Bebauer IV, 14, 11. — 2) Bewohner IV, 4, 20.

cultus, a, um, ſ. colo.

cultus, ūs (colo), „Abwartung, Pflege", bah. Bebauung, Anbau, Kultur: humanus V, 6, 13. 15; VII, 3, 12; 8, 24; kultiviertes Land VII, 7, 4. — 2) die auf das äußere Leben gerichtete Pflege, Lebenseinrichtung, Lebensweiſe: vitae V, 6, 17; VI, 5, 11; modicus IX, 8, 23; cultus habitusque III, 6, 19; corporis, Körperpflege III, 5, 2. — 3) Aufzug, Tracht, Kleidung, Schmuck III, 12, 5; V, 1, 23; X, 2, 24; virorum III, 13, 10; feminarum III, 12, 23; regis III, 3, 17; corporis X, 5, 33; regius V, 12, 20; regalis III, 3, 24; externus IX, 3, 10. — 4) Ausſtattung, Einrichtung III, 1, 14. — 5) Pracht, Gepränge III, 3, 13; V, 9, 1; IX, 10, 23. — 6) Verehrung: deûm VIII, 11, 24; in regem VIII, 5, 12.

1. **cum**, *praep.* mit *abl.* mit, nebſt: Pharnabazus cum Apollonide vincti traduntur IV, 5, 18; vom gemeinſchaftl. Verkehr: loqui cum aliquo VII, 1, 35; esse cum aliquo III, 2, 8; quid nobis tecum est, was haben wir mit dir zu ſchaffen VII, 8, 16; mihi res est cum aliquo, ich habe eine Sache (einen Auf-

64   cum

tritt) mit jemb. VII, 1, 32; ich habe es mit jemb. zu thun VI, 3, 8. — 2) unter jembs. Kommando: ultimi cum suis ducibus III, 3, 25. — 3) v. Dingen, die man mit sich führt: cum poculo III, 6, 8; cum insignibus IV, 1, 21; urbem intrare cum curru, zu Wagen V, 1, 23. — 4) v. b. Zeit, gleichzeitig mit, unmittelbar nach: cum ipsa luce VII, 5, 5. — 5) v. den eine Handlung begleitenden Umständen, mit, unter, nicht ohne: cum fragore IV, 3, 17; cum multo sanguine V, 4, 33; magna cum laude III, 8, 21; cum gloria VIII, 13, 15; multa cum vexatione V, 4, 21; mentio cum honore illata, ehrenvolle Erwähnung VIII, 1, 38; cum fide, treulich VII, 2, 36; VIII, 2, 32; 11, 25; cum cura, sorgfältig III, 12, 13.
2) cum, *conj.* zu der Zeit da, wann ob. wenn, (damals) als, sobald als, mit Indikativ: cum se evolvit III, 1, 5; vergl. III, 8, 20; VI, 10, 35; VIII, 9, 13; cum coepit VII, 3, 10; vergl. III, 2, 18; 3, 5; IV, 1, 29; cum scribes IV, 1, 14; vergl. IV, 1, 22; VII, 8, 23; cum redieritis V, 5, 22; vergl. VI, 3, 18; 9, 3; VII, 11, 11; VIII, 14, 15. — 2) in Nebensätzen der Erzählung mit *imperf.* ob. *plusqpf.* des Konjunktiv, als, nachdem: tum... cum intuerentur V, 10, 15; tum... cum subderes VII, 2, 6; cum reverterentur III, 8, 18; vergl. III, 5, 12; IV, 2, 14; cum statuisset III, 1, 19.— 3) im logischen Hauptsatz beim raschen ob. entscheidenden Eintritt einer Handlung, mit *perfect.* ob. *praes.* des Indikativ, da: tertia hora erat, cum coepit IX, 9, 9; acquiescebam... cum excitaverunt VI, 10, 13; vergl. IV, 4, 9; V, 9, 1; VI, 11, 36; VII,5,10; 7, 20; VIII, 1, 28; 11, 9; cum repente III, 12, 3; cum subito IX, 9, 19; mit vorangeh. jam: jam in conspectu erat, cum sustulere III, 10, 1; vergl. IV, 2, 21; 3, 16; 6, 14; 15, 32; 16, 3; VI, 5, 21; VII, 2, 20; VIII, 2, 4; 13, 3; IX, 4, 25.27; X, 1, 36; 7, 1; mit *imperf. indicat.* VI, 7, 1; IV, 2, 21; non dum... cum IV, 13, 36; VII,

cuneus

4, 32. — 4) indem, während mit Konjunktiv V, 2, 6. — 5) z. Bezeichn. einer wiederholten Handlung, (jedesmal) wenn, so oft als: mit Indikat. III, 10, 8; IV, 7, 24; V, 2, 22; 5, 12; IV, 4, 16; IX, 1, 31; mit Konjunktiv III, 10, 4; IV, 3, 24; 7, 15; V, 2, 7; 4, 18; 13, 8; VIII, 14, 27; IX, 1, 15. — 6) z. Bezeichn. b. (Grundes, da, weil, mit Konjunktiv III, 5, 15; 6, 18; 7, 9. 13; 8, 8; IV, 1, 19; X, 6, 2. — 7) *concessiv.* während doch, obwohl, obgleich, mit Konjunktiv III, 4, 5; 11,17; IV, 1, 12; 3, 7; V, 1, 34; VI, 10, 17; VIII, 2, 36; 7, 10; X, 5, 35; mit folg. tamen IV, 8, 8; VI, 9, 16.

cummaxime, f. magis 2, d.

cŭmŭlo, 1. häufen, aufhäufen, auftürmen: harenas V, 1, 30; sabulum VII, 4, 27; struem saxorum super alqd IV, 3, 9; aurum V, 6, 3; opes (alcui) V, 2, 12; X, 1, 23; agmina IV, 16, 17; turba peditum circa alqm cumulata est III, 11, 10; nix cumulata vento V, 4, 18; *subst. partic.* cumulata, orum, das Aufgehäufte III, 13, 11; übtr. saeculi res („Ereignisse") in unum diem IV, 16, 10. — 2) hoch anfüllen, überhäufen: altaria ture V, 1, 20.

cŭmŭlus, i (hoch aufgeschichteter) Haufen: saxorum IV, 3, 9; sarcinarum IV, 9, 19.

cunctanter, *adv.* zögernd, zaubernd VI, 10, 34.

cunctātĭo, ōnis, f. das Zaubern, die Zögerung IV, 6, 13; IX, 4, 32; X, 6, 20.

cunctor, 1. (aus Bedächtigkeit) zaubern, zögern: surgere VIII, 1, 40; diu IV, 13, 20; nihil cunctatus, ohne zu zaubern V, 6, 2.

cunctus, 3. (aus conjunctus), „gesamt, ganz", *plur.* alle insgesamt: gentes IX, 6, 22; *subst.* cuncti VI, 6, 15; cuncta, alles III, 1, 21; cuncta hostium, sämtliche Habe der Feinde IV, 1, 31.

cŭnĕus, i, Keil: ferreus VII, 11, 13. — 2) übtr. keilförmig aufgestellte Schlachtreihe, dah. überh. enggeschlossener Haufe, Kolonne: im-

cuniculus cursus

mobilis III, 2, 13; barbarorum VII, 7, 35.

cŭnĭcŭlus, i, „Kaninchen", daß. unterirdischer Gang, Mine VIII, 2, 21; cuniculos agere IV, 6, 8; cuniculis muros subruere (suffodere) IV, 6, 21; VII, 6, 23; urbem cuniculo capere IX, 8, 13.

cŭpĭdĭtās, ātis, *f.* Verlangen, Begierde nach etw.: regni IV, 1, 19; V, 10, 1; VII, 2, 34; consequendi V, 13, 12; ad venandum IX, 1, 33. — 2) Begierde, Leidenschaft, Sucht: vini V, 7, 1; absol. VIII, 4, 27; *plur.* Begierden, Lüste VI, 6, 1; immodicae V, 1, 36; X, 5, 36; insb. Herrschgelüste X, 10, 6.

cŭpīdo, ĭnis, *f.* Verlangen, Begierde nach etw.: imperii IX, 7, 3; adeundi alqm IV, 7, 8; visendi Oceanum IX, 9, 1; fatigandi naturam VII, 11, 4; plura cognoscendi X, 1, 16; potiundi loci VII, 11, 20; ignominiae demendae VII, 2, 38; sortis implendae III, 1, 16; mit *inf.* IV, 8, 3; absol. IX, 2, 12. — 2) Begierde, Leidenschaft: vini X, 5, 34; ad Venerem VI, 5, 32.

cŭpĭdus, 3. nach etw. begierig, gelüstend, mit *gen.*: auri VIII, 8, 17.

cŭpĭo, ivi, ĭtum, 3. (begierig) wünschen, begehren: alqd VII, 8, 20; mit *inf.* IV, 8, 7; V, 5, 10.

cūr, *adv.* (aus cui rei), warum, weshalb: causa est cur VIII, 9, 10; est cur Persas vicerimus, haben wir deshalb besiegt? X, 6, 14.

cūra, ae, Sorge, Sorgfalt, Bestrebung, angelegentliche Bemühung um etw., mit *gen. object.*: alcjus VIII, 8, 18; salutis IX, 6, 6; sapientiae VIII, 9, 31; standi VII, 9, 7; se tuendi IV, 2, 22; recuperandi sua IV, 15, 13; cum cura, sorgfältig III, 12, 13; curam alcjus (ob. rei) agere, Sorge tragen für IV, 11, 3; VI, 9, 14; X, 5, 22; curas intendere in alqm, sein Augenmerk gespannt richten auf III, 1, 21; alqd mihi est curae, ich lasse mir etw. angelegen sein, sorge für etw. VI,

7, 21; VII, 5, 41. — 2) Aufsicht, Obhut: arcis V, 2, 16. — 3) Besorgung: sepulturae IV, 11, 4; Obliegenheit: spectandi habitum IX, 1, 25. — 4) Sorge, Besorgnis: periculi VII, 1, 7; *plur.* III, 3, 2; 7, 13; curam alcui incutere III, 5, 14; inicere III, 1, 17; curam alcjus intendere VI, 4, 15; curis laxari VI, 2, 1; curis solutus IV, 13, 23.

cūrātĭo, ōnis, *f.* „Besorgung", daß. Heilung, Kur IX, 5, 25.

cūro, 1. „Sorge tragen, besorgen", daß. Tote einbalsamieren X, 10, 12. 13. — 2) durch Ruhe, Speise, Baden u. dgl. pflegen, stärken, erquicken: corpus III, 8, 22; IV, 13, 10; VII, 5, 16; 11, 20; baden VI, 7, 23. — 3) einen Kranken pflegen: aegrum VIII, 14, 45. — 4) ärztlich behandeln, heilen: morbos remediis V, 9, 3; vulnus VII, 1, 22; IX, 6, 1; curari, sich ärztlich behandeln lassen III, 5, 12.

curricŭlum, i, Wagen VIII, 14, 8.

curro, cŭcurri, cursum, 3. laufen, eilen: in tabernaculum III, 12, 8; per saxa VIII, 11, 21; ad alqm VI, 8, 10; amnis per ultima Indiae currit, fließt VIII, 9, 9.

currus, ūs, Wagen (f. cum 3): falcatus IV, 12, 6; currum vehere III, 3, 11; curru vehi V, 12, 16.

cursus, ūs, das Laufen, der (rasche) Lauf: equorum IV, 1, 2; effuso cursu ire V, 13, 12; sequi quanto maximo cursu potest III, 8, 16; cursum Gadis dirigere X, 1, 17; cursum inhibere, den Lauf hemmen, im Laufe anhalten (v. Reitern) IV, 16, 21; V, 13, 12; cursu ad hostem contendere, im Sturmschritt IV, 12, 24. — 2) v. Schiffen, Lauf, Fahrt IX, 9, 8; X, 1, 18; cursum regere VII, 9, 6. — 3) v. Gestirnen, Umlauf, Lauf: lunae VIII, 9, 36; siderum VII, 4, 28. — 4) v. Flüssen, Lauf, Strömung VII, 10, 3; segnis IX, 2, 17; liber V, 1, 30. — 5) übtr. Lauf: victoriae, Siegeslauf IV, 2, 17; Verlauf, Gang: secundus IV, 14, 20; rerum III, 5, 5; res eodem cursu sunt, bewegen sich in demselben Gleise fort VIII, 5, 10.

curvo, 1. krümmen, beugen: ramus se curvat IX, 1, 10; luna se in cornua VIII, 9, 36; gladius leviter curvatus VIII, 14, 29; jugum montis flexu curvatum III, 4, 6; amnis flexibus curvatus VIII, 9, 10.

custōdĭa, ae, Wache, Bewachung, Hut: arcis V, 2, 16; pecuniae VI, 11, 6; corporis III, 9, 4; (f. assuesco); V, 1, 42; VI, 4, 9; opportunitatis, Beobachtung VIII, 13, 18. — 2) Gewahrsam, Haft: alqm in custodiam tradere VI, 5, 10; mittere VIII, 3, 17.

custōdio, 4. bewachen, hüten: portam IV, 10, 25; alqm IV, 13, 35; in vinculis VII, 1, 6; custodientes, Wächter III, 13, 3.

custōs, ōdis, Wächter, Schirmer, Hüter: portūs IV, 5, 19; arcis V, 1, 20; urbis V, 4, 34; pecuniae V, 5, 2; impedimentorum V, 8, 5; custos salutis, Wächter über die Gesundheit, Leibarzt III, 6, 1; corporis, Leibwächter V, 11, 6; VIII, 9, 24; insb. hießen: custodes corporis (σωματοφύλακες) alle diejenigen, deren Beruf der unmittelbare Dienst um die Person des Königs war; daß, a) die Generaladjutanten Alexan-

ders VI, 7, 15; 11, 8; VII, 7, 9; VIII, 2, 11; 6, 21; 11, 11; IX, 6, 4; 8, 23; X, 6, 1. — b) die königl. Pagen (βασιλικοὶ παῖδες) VII, 10, 9; vergl. V, 1, 42; VIII, 6, 2; X, 5, 8.

cŭtis, is, f. (glatte) Haut III, 12, 2; VIII, 9, 22.

Cydnus, i, Fluß bei Tarsus in Cilicien, jetzt *Karasu* III, 4, 8; 5, 1.

Cymaeus, 3. aus Chyme in Äolis in Kleinasien V, 5, 9.

Cypriī, ōrum, die Cyprier IV, 3, 11; 8, 14; X, 1, 19.

Cyprus, i, Insel des Mittelmeeres an b. Küste v. Kleinasien IV, 1, 27; 3, 11.

Cȳrenenses, ĭum, die Bewohner der griech. Kolonie Cyrene in b. Landschaft Cyrenaica auf d. Nordküste Afrika's, das jetzige Plateau v. Barka IV, 7, 9.

Cȳropŏlis, is, Stadt in der Nähe des Jaxartes in Sogdiana VII, 6, 16. 19.

Cȳrus, i, Sohn des Kambyses u. der Mandane, einer Tochter des medischen Königs Astyages, Stifter des persischen Reiches (558 — 529 v. Chr.), fiel im Kampfe gegen die scythischen Massageten III, 4, 1; IV, 12, 8; 14, 24; V, 6, 10; VI, 3, 12; VII, 3, 1; 6, 11. 20; X, 1, 23. 30; Castra Cyri, f. Castra.

D.

Daedăla, ae, Gegend in Indien diesseits des Ganges VIII, 10, 19.

Dāhae, ārum, scythisches Volk an der Ostseite des kaspischen Meeres, im heutigen Dahistan IV, 12, 6; VII, 4, 6; 7, 32; VIII, 1, 6. 8; 3, 1. 16; 14, 5; IX, 2, 24.

Dāmascus, i, Hauptstadt von Coelesyrien am Flusse Chrysorrhoas III, 8, 12; 12, 27; IV, 1, 4; 11, 11.

damno, 1. verdammen, verurteilen: alqm VI, 8, 16. 26; 10, 3; 11, 15; absol. V, 11, 11; subst. damnatus, ein Verurteilter VIII, 8, 20; X, 2, 5. — 2) (als unzulässig) mißbilligen, verwerfen, verschmähen: consilium

III, 8, 2; delationem VI, 8, 13; cuncta III, 2, 1; prima quaeque („die ersten Gedanken") VI, 6, 27; praesidium VIII, 2, 26; sacrificia V, 4, 2; fidem, beargwöhnen, nicht trauen III, 6, 6; V, 12, 4; VI, 4, 9; X, 9, 15; spem, aufgeben X, 2, 21; 9, 21.

damnum, i, Einbuße, Verlust, Schaden: sarcinarum IV, 15, 8; damnum facere („erleiden") V, 9, 4.

Dārēus, i, Dareus I, Sohn des Hystaspes, aus dem Stamme der Achämeniden, nach der Ermordung des Pseudo-Smerdis zum König b. Perser gewählt (521—485 v. Chr.) III, 10, 8; IV, 1, 10; V, 6, 1. — 2) Dareus III (Codomannus), Urenkel des Dareus II (Nothus), gelangt 336 auf den persischen Thron (s.Bagoas), wird durch Alexander d. Gr. seines Reiches beraubt u. von seinem Satrapen Bessus 330 v. Chr. ermordet III, 1, 8.

Dataphernēs, is, ein persischer Heerführer: *acc.* Dataphernen VII, 5, 21; VIII, 3, 16.

dē, *praep.* mit *abl.*, von ... weg, von ... herab: desilire de tribunali X, 2, 30; spolia de hostibus, den Feinden abgenommene VIII, 8, 9; IX, 1, 2; 10, 12. — 2) v. b. Zeit: noch im Laufe, noch während: de die, schon bei Tage, am hellen Tage V, 7, 2; VIII, 3, 8. — 3) vom Ganzen, von dem ein Teil genommen ist, von: duces de captivis dati V, 4, 20; esse de exercitu, gehören zu IX, 4, 2. — 4) hinsichtlich, in betreff, über: nuntium accipere de re III, 7, 1; dicere de alquo VI, 10, 5; certare de virtute V, 2, 2; securus de re IV, 11, 14; victoria de alquo VIII, 1, 33; de cetero, übrigens IV, 1, 14; VIII, 7, 15; fortan, künftig hin IV, 1, 14; VIII, 3, 7. — 5) wegen: anxius de curis III, 3, 2; de ira, aus Haß VII, 9, 18. — 6) in Gemäßheit, gemäß: de industria, absichtlich V, 3, 17; VI, 1, 9.

dē-bello, 1. „niederkämpfen", daß. völlig besiegen: alqm VII, 4, 7; (debellaturus = quasi debellaturus esset); IX, 2, 15; debellari inopia III, 5, 6; IV, 9, 8.

dēbĕo, ŭi, ĭtum, 2. (v. dehibeo v. habeo), eigentl. etw. von jemd. „weghaben, schulden", daß. übtr. a) (zu thun) verpflichtet sein, (thun) sollen od. müssen: mit *inf.* III, 8, 6; IV, 10, 21; debebam u. debui, ich hätte sollen, hätte müssen III, 4, 5; VI, 9, 23; 10, 20; VII, 2, 6; *part.* debitus, schuldig, gebührend: poena III, 13, 17; supplicium VIII, 8, 6; nomen V, 2, 22; appellatio X, 5, 11; laudes V, 8, 10; *subst.* debitum, Verpflichtung, schuldiger Tribut: vitae X, 5, 3. — b) jemd. für etw. verpflichtet sein, ihm etw. zu verdanken haben: alcui salutem VI, 8, 7; eventum VII, 1, 19; (erg. nos); multum VIII, 7, 15; quantum VI, 8, 5; alqd virtuti IV, 16, 27; hoc unum debiturus sum, dies eine will ich euch (eurer Gunst) verdanken IX, 2, 29.

dēbĭlis, e, hinfällig, schwach, entkräftet IV, 15, 16; debilior ad discrimina, zu entnervt für V, 1, 39; dienstuntüchtig X, 5, 14.

dēbĭlĭto, 1. schwächen, entkräften: alqm vulnere VIII, 1, 24; debilitatus, kampfunfähig IV, 3, 5.

dēbĭtum, i, s. debeo.

dē-cēdo, cessi, cessum, 3. weggehen, fortgehen: inde V, 3, 9; militari via, von der Heerstraße abweichen V, 13, 23; Asiā, abziehen V, 9, 4. — 2) von einem Amtsposten abgehen: inde VIII, 3, 17. — 3) prägn. a) abscheiden, sterben VII, 6, 11. — b) ablaufen, vergehen: nox decedit VIII, 6, 23. — c) entweichen, schwinden: ira mente decedit VIII, 2, 1.

dĕcem, zehn: decem et quinque III, 3, 14.

dĕcĕo, ŭi, 2. „wohl anstehen", daß. *unpers.* decet, es schickt sich, geziemt sich V, 7, 2; 12, 11; VI, 5, 19.

dēcerno, crēvi, crētum, 3. „entscheiden", daß. sich für etw. entscheiden, etw. beschließen: alqd X, 6, 15; bellum IV, 2, 12; mit *inf.* III, 8, 23; IV, 1, 27; V, 3, 4; VIII, 2, 29. — 2) durch Beschluß erklären, anordnen: mit *acc. c. inf.* VI, 8, 15; VIII, 2, 12; mit folg. ut IV, 5, 11; mit folg. Konjunktiv X, 10, 4. — 3) durch Waffen die Entscheidung herbeiführen, entscheidend kämpfen: Marte IV, 5, 7; proelio III, 11, 1; acie IV, 13, 24; ferro cum alquo IX, 7, 17; absol. III, 2, 1.

dēcerpo, psi, ptum, 3. (carpo) abpflücken: folia VIII, 10, 15.

1. **dēcĭdo**, cĭdi, 3. (cado), herabfallen VII, 8, 14; flumina ex dorso in mare decidunt VII, 3, 20.

2. **dēcīdo**, cīdi, cīsum 3. (caedo), abhauen: caput VII, 2, 32.

decipio, cēpi, ceptum, 3. (capio), „wegfangen", dah. übtr. hintergehen, täuschen: alqm V, 2, 20; 12, 14; mit folg. quod („dadurch daß") X, 3, 8.

dē-clāro, 1. „klar machen", dah. öffentl. erklären, kund geben: mit *acc. c. inf.* VI, 9, 8; acclamatione X, 7, 6.

dēclīnātio, ōnis, *f.* das Abbeugen, die Beugung: capitis VII, 4, 36; corporis IV, 6, 16; IX, 7, 21.

dē-clīno, 1. von der Richtung abbeugen, ablenken: via militari V, 8, 5. — 2) *transit.* a) abwenden, wenden: iter eo IX, 4, 20; declinari in fugam, sich zur Flucht wenden IX, 2, 20. — b) vermeiden: regionem IV, 13, 37.

dē-cŏquo, xi, ctum, 3. abkochen: coenum IV, 3, 25.

dĕcor, ōris, *m.* Anstand: habitus, edele Haltung VIII, 4, 23.

dĕcŏro, 1. zieren: currum III, 3, 16.

dĕcōrus, 3. geziemend, angemessen: decorum est III, 5, 2. — 2) stattlich, prächtig: arma III, 3, 14; habitus IX, 7, 12.

dē-cresco, crēvi, crētum, 3. (im Wachstum) abnehmen: multum ex calore, viel von der Wärme verlieren IV, 7, 22.

dēcrētum, i, Entscheidung, Beschluß: convivii VIII, 5, 17.

dē-curro, curri, cursum, 3. herablaufen: de montibus VII, 6, 1; in mare, hinabziehen IX, 3, 13; v. Flüssen, hinabströmen VIII, 9, 5. 8; IX, 4, 2. — 2) wohin laufen, eilen: ad alqm VI, 7, 27; VII, 1, 28.

dĕcus, ŏris, *n.* Glanz, Würde: pristinum III, 11, 25; pristinae fortunae VIII, 10, 35. — 2) Ehrenzeichen: capitis V, 8, 13; corporis IV, 14, 16; opimum, Siegesbeute III, 11, 7; VII, 4, 40. — 3) Ruhmesthat: caesi regis („getötet zu haben") IV, 15, 25; *plur.* V, 8, 16; VI, 1, 8.

dēdĕcus, ŏris, *n.* Entwürdigung, Unehre, Schande: fugae IV, 15, 30; ultimum IV, 14, 24; IX, 5, 11;

vitae, Entehrung VIII, 9, 32. — 2) metonym. entwürdigende Handlung V, 1, 38; X, 1, 29 (s. patientia).

dē-dīco, 1. „zusprechen", dah. weihen, widmen: urbem memoriae equi IX, 3, 23.

dē-dignor, 1. (als unwürdig) abweisen, verschmähen: imperium VI, 10, 22; affinitatem VIII, 1, 9; alqm patrem, als Vater seiner für unwürdig halten VI, 11, 23; mit *inf.* X, 3, 11; 5, 33.

dē-disco, dĭdĭci, 3. „verlernen", dah. sich einer Sache entwöhnen: naturam III, 2, 18.

dēdĭtīcius, 3. der sich (auf Gnade u. Ungnade) ergeben hat VII, 11, 29.

dēdĭtio, ōnis, *f.* Uebergabe, Unterwerfung, Kapitulation VII, 11, 27; sui V, 1, 18; deditionem facere („vollziehen") IV, 1, 16; alqm in deditionem subigere VII, 7, 38; ad deditionem compellere IX, 1, 19; alqm in deditionem accipere, jemds. Unterwerfung annehmen VII, 6, 7.

dēdo, dĭdi, dĭtum, 3. übergeben, ausliefern, preisgeben: urbem V, 1, 7; alqm (alcui) VII, 2, 29; VIII, 3, 16; 7, 11; 8, 17; corpus suum („sich persönlich") IX, 1, 7; dedi alcui VIII, 3, 4; IX, 2, 32; 4, 32. — 2) übergeben, unterwerfen: urbem III, 1, 8; arcem III, 1, 6; rupem VII, 11, 5; insulam IV, 1, 5; regnum alcui VIII, 12, 4; gentem VI, 5, 21; gentem in fidem VII, 6, 7; se, sich auf Gnade u. Ungnade ergeben, sich unterwerfen VI, 4, 23; absol. kapitulieren III, 1, 6; deditus, ein Unterworfener IV, 5, 22; V, 3, 15; 6, 16. — 3) übtr. hingeben, übergeben: dedi alienis moribus VI, 6, 10; *part.* deditus als Abjekt., einer Person ob. Sache sich hingebend, ergeben: alcui VI, 7, 2; VIII, 3, 6; admirationi alcjus III, 6, 17.

dē-dūco, xi, ctum, 3. herabführen, herabbringen: exercitum in campum X, 9, 12; naves in Oceanum IX, 10, 3; hostes in planum, herunterloden VI, 1, 2. — 2) wohin führen:

defatigo — **defluo** 69

alqm in cubiculum VIII, 6, 13; insb. als Kolonisten wohin führen, wo ansiedeln: in urbem IX, 10, 7; in colonias IX, 7, 1. — 3) übtr. den Ursprung von etw. ableiten, herleiten: genus ab alquo IV, 6, 29; VIII, 4, 26.

dē-fătigo, s. defetigo.

dēfectio, ōnis, f. (deficio), Abtrünnigkeit, Abfall IV, 7, 3; regionis VIII, 1, 6; Bactriana VII, 7, 31. — 2) das Abnehmen: lunae, Mondfinsternis IV, 10, 6.

dēfectus, ūs (deficio), Abtrünnigkeit, Abfall: Spartanorum VII, 4, 39.

dēfendo, di, sum, 3. „wegstoßen", bah. Feindliches abwehren, verteidigen, schützen: urbem IX, 4, 7; regionem X, 10, 3; defendentes, Verteidiger IX, 4, 6. — 2) übtr. verteidigen, verfechten, sich gegen etw. rechtfertigen: alqd VI, 10, 24; VII, 1, 21; fugam VII, 2, 2. — 3) beschützen: cornu in acie VII, 1, 3.

dēfensio, ōnis, f. Verteidigung VI, 10, 4; VII, 1, 8.

dē-fĕro, tŭli, lātum, ferre, hintragen, hinbringen: litteras (arma) ad alqm III, 7, 13; VIII, 12, 3; alqm in tabernaculum III, 5, 4. — 2) prägn. *passiv.* deferri, (unwillkürlich) wohin geführt werden, wohin geraten: in foveas V, 4, 18; errore deferri, in der Irre sich umhertreiben V, 13, 23. — 3) übtr. a) zur Verwaltung übertragen: summam imperii ad alqm X, 6, 17. — b) mündl. ob. schriftl. hinterbringen, berichten, melden: alqd (ad alqm) V, 12, 7; VI, 7, 16. 23; 8, 1; 10, 9. 7; facinus ad alqm VI, 10, 12; sermonem ad alqm VI, 7, 33; indicium V, 11, 7; VI, 7, 25; vera V, 12, 3; vana VI, 8, 14; talia VI, 8, 13. — c) gerichtl. über etw. Anzeige machen: alqd X, 1, 27. — d) angeben, anklagen: alqm VII, 1, 6; X, 1, 40.

dēfětigo (defatigo), 1. gänzlich erschöpfen, abmatten: defetigatus labore IX, 2, 11; prolio ac fuga IV, 16, 11; metu VIII, 4, 6.

dēfĭcĭo, fēci, fectum, 3. (facio), „sich losmachen", daß abfallen, abtrünnig werden: ab alquo VI, 6, 20 (ab eo = ab ipso); VIII, 2, 15; ad alqm IV, 8, 14; VII, 3, 2; absol. VII, 7, 6; IX, 7, 1; 8, 16; Asia deficiens, im Abfall begriffen VII, 9, 17. — 2) ausgehen, aufhören: mons deficit, endigt sich V, 4, 6. — 3) fehlen, mangeln: deficit aqua IV, 7, 12; deficiunt alimenta VII, 4, 25; arma IX, 3, 10. — 4) schwach werden, versagen, erliegen VII, 1, 22; 5, 9; VIII, 2, 35; IX, 10, 15; deficit equus IV, 1, 2; VIII, 14, 34; elephantus VIII, 14, 37; corpus VII, 5, 6; vox X, 5, 4; deficiunt membra VI, 1, 14; ohnmächtig sein IV, 10, 19; caput (corpus) deficiens, ermattet VI, 1, 15; VII, 3, 13; voce deficiens, schwach an Stimme VII, 7, 5; jumenta deficientia, hinsterbend V, 13, 24; natura deficit, hat die Kraft verloren IX, 4, 18; rabies, erlahmt IV, 4, 17; (f. in, B, 6); membra deficiunt, kränkeln X, 9, 2; animo deficere, den Mut verlieren IV, 3, 20.—5) schabhaft werden: munimenta deficiunt IV, 4, 12; arma, sind morsch IX, 3, 10. — 6) v. Gestirnen, sich verfinstern IV, 10, 2. 5. — 7) *transit.* jemb. verlassen, im Stiche lassen, ihm ausgehen, fehlen: alqm lux deficit V, 6, 13; aqua VII, 5, 8; alimenta X, 8, 13; vox VI, 7, 30; sanguis VI, 11, 37; VIII, 14, 36; anima VII, 7, 36; spiritus IX, 5, 12.

dē-fīgo, xi, xum, 3. hineinschlagen, hineintreiben: cuneos inter saxa VII, 11, 13. — 2) übtr. wohin richten ob. heften: os in terram IX, 3, 1; oculos in vultu alcjus VII, 8, 9.

dē-flĕo, ēvi, ētum, 2. beweinen, unter Thränen beklagen: alqm III, 12, 4; VIII, 11, 12; pretium sanguinis VI, 6, 16; ludibria corporum X, 1, 3; ignominiam apud alqm VIII, 6, 7.

dē-flŭo, xi, 3. „herabfließen", bah. übtr. a) herabschiffen: ad insulam IX, 8, 30; secundo amne, ben Fluß hinab IV, 8, 7; IX, 3, 24; 6, 2; 9, 27. — b) (sanft) herabfallen: gleba

defodio — **delitesco**

resoluta defluit IV, 6, 11; corpus ex equo in terram, gleitet herab VII, 7, 36.

dē-fŏdĭo, fōdi, fossum, 3. eingraben, vergraben: murices in terram IV, 13, 36; vites VII, 3, 10; prägn. siros, unter der Erde anlegen VII, 4, 24.

dēformis, e, mißgestaltet, entstellt: ora cicatricibus X, 2, 12.

dē-fungor, ctus, sum, 3. mit etw. fertig werden, etw. durchmachen, überstehen, mit abl.: casibus IV, 4, 21; periculo IV, 6, 16; 16, 25; discrimine IX, 4, 16; prospero eventu, ein Begegnis glücklich überstehen VIII, 1, 18; vita defunctum esse, mit dem Leben abgeschlossen haben V, 5, 13; morte egregia defungi, eines herrlichen Todes sterben III, 11, 9; V, 8, 11; non simplici morte VIII, 7, 5; corpus defunctum, entseelt IV, 10, 20; subst. defuncti, Hingeschiedene, Tote III, 12, 15. — 2) sich mit etw. begnügen: parvo victu VI, 2, 3.

dēgěner, ěris (genus), aus der Art geschlagen, entartet IV, 12, 11; a domestico sermone VII, 5, 29 (externo sermone ablat. instr.).

dēgěněro, 1. (degener), entarten: in peregrinos ritus VIII, 5, 14; in externum cultum IX, 3, 10; tantum a semet ipso, so sehr seine Art verleugnen, sich unähnlich werden X, 1, 42.

dēgo, dēgi, 3. (de u. ago), eine Zeit „zubringen", absol. sein Leben zubringen, leben: in urbibus VIII, 9, 33; subst. degentes inter feras IX, 3, 8.

deicio, jēci, jectum, 3. (jacio), hinabwerfen: stipites in cavernas VIII, 10, 30. — 2) den Feind aus seiner Stellung vertreiben, werfen: praesidium inde VII, 6, 24. — 3) prägn. a) niederwerfen, umstürzen: fundamenta murorum VII, 5, 33. — b) niederstrecken, töten: alqm III, 5, 5; VIII, 2, 22; feras VIII, 1, 19. — 4) niederschlagen, senken: os in terram VI, 2, 6.

dĕindeu. dĕin, adv. von da an, von da abwärts VI, 5, 27. — 2) von jetzt ab, fernerhin V, 8, 16; VIII, 11, 11; IX, 4, 19; X, 5, 7; deinde amplius, in Zukunft noch III, 8, 5. — 3) hierauf, nachher III, 2, 19; IV, 15, 18; mox deinde X, 3, 12; prius... deinde III, 10, 8; primum... deinde III, 6, 16; primo... deinde III, 12, 7. — 4) z. Anknüpf. v. Ereignissen u. Argumenten, alsdann, ferner III, 1, 19; IV, 3, 17; VI, 2, 4; VII, 2, 20; 6, 11; IX, 2, 21; X, 5, 13.

dē-lābor, lapsus sum, 3. herabfließen V, 4, 8.

dēlātĭo, ōnis, f. (defero), Anzeige, Denunciation VI, 8, 13.

dēlecto, 1. (v. intens. v. delicio), ergötzen, erfreuen: alqd me delectat, ich finde an etw. Wohlgefallen VIII, 7, 12.

delectus, ūs (deligo), „Auswahl", bsd. Aushebung: delectum juniorum habere X, 3, 10.

dēlĕo, lēvi, lētum, 2. zerstören, vernichten: urbem V, 7, 3. 10; templa ruinis et ignibus III, 10, 9; exercitum IV, 9, 22; praesidia IV, 1, 30.

dēlībĕro, 1. (libra, „Wage"), erwägen, überlegen: de re V, 5, 12; mit Fragsatz IV, 11, 18; VI, 5, 6; an darem IV, 11, 18; absol. cum alquo, beraten VI, 8, 4.

dēlīcātus, 3. köstlich, herrlich: aqua V, 2, 9.

1. **dē-līgo**, 1. anbinden, festbinden: antemnas IV, 3, 15.

2. **deligo**, lēgi, lectum, 3. (lego), auslesen, auswählen: optimum X, 6, 16; alqm ex deditis VIII, 4, 30; alqm ex turba X, 6, 17; ad ministerium V, 12, 15; delectus, ausgewählt, auserlesen: equites III, 9, 4; subst. delecti, Auserlesene IV, 9, 7; VII, 9, 5; delecti equitum IV, 12, 18; principum, auserlesenes Geleit VIII, 1, 18.

dē-linquo, liqui, lictum, 3. in etw. fehlen, sich vergehen: alqd in alqm IX, 2, 31 (s. nescio).

dēlĭtesco, litui, 3. (latesco), sich verbergen, sich verstecken: inter angustias saltūs III, 8, 10.

delphīnus, i, Delphin VIII, 9, 9.
dēmentĭa, ae, Sinnlosigkeit, Wahnsinn IX, 7, 20.
dē-mergo, si, sum, 3. versenken: alqd in caenum III, 13, 11; naves, in Grund bohren IV, 3, 12; 4, 9.
Demetrĭus, i, Generaladjutant Alexanders VI, 7, 15; 9, 5; 11, 35.
de-mitto, misi, missum, 3. herablassen, herabwerfen: alqd in cavernam VI, 4, 7; fundamenta in terram, tief einlegen V, 1, 31; corpus in terram, sich auf die Erde niederlassen VIII, 14, 39; vultum (caput) in terram, senken VI, 9, 2; IX, 2, 31; falces in terram demissae, nach unten gekehrt, abwärts stehend IV, 9, 5; 15, 4. — 2) v. Truppen sich herabziehen lassen: aciem e jugo in dextrum cornu IV, 13, 16. — 3) v. Anhöhen, se, sich herabsenken: ad planiora V, 4, 23. — 4) übtr. sinken lassen: animum, an Mut erschlaffen V, 2, 2.
dēmo, dempsi, demptum, 3. (emo), wegnehmen, abnehmen: alcui arma VIII, 4, 15; galeam VII, 4, 33; soleas VIII, 9, 27; ignominiam, tilgen VII, 2, 38. — 2) entziehen, entreißen: alcui spolia VI, 1, 13; decus capitis V, 8, 13; regna bello X, 5, 28; alqd gloriae VI, 1, 18; caput (gladio), abhauen IV, 9, 25; VI, 9, 28.
Democrătēs, is, ein Athener VI, 5, 9.
dē-mōlĭor, 4. niederreißen: tecta VIII, 10, 30.
dē-monstro, 1. (genau) bezeichnen, anzeigen: locum IV, 15, 1; iter V, 4, 17.
Demophŏōn, ontis, ein Seher im Heere Alexanders IX, 4, 28.
dē-mŏrĭor, mortŭus sum, 3. wegsterben VIII, 3, 17; 10, 22.
dēmum, enklit. adv. zur Hervorhebung eines Zeitmomentes, erst IV, 9, 23; orto sole demum III, 3, 8; sexto demum die VII, 5, 18; noctu demum VII, 11, 20; tum demum, dann erst III, 11, 6; 12, 12; VII, 3, 14; tunc demum IV, 13, 20. — 2) gerade, eben nur: id demum, eben nur soviel IV, 1, 3. — 3) zuletzt,

schließlich: nunc demum, jetzt schließlich noch VI, 10, 25.
dēnārĭus, i, die Silbermünze Denar (100 Denare ungefähr = 87 Mark) V, 1, 45; 5, 24; VII. 4, 23; *gen. plur.* denariûm V, 5, 22; VI, 2, 17; VII, 5, 27.
dē-nĕgo, 1. abschlagen, verweigern: misericordiam alcui V, 5, 17; honorem exemplo, dem Vorgange eine Auszeichnung verweigern VIII, 12, 3.
dēni, ae, a, je zehn V, 1, 26; 5, 24; quini deni VIII, 9, 35.
dēnĭque, *adv.* endlich, zuletzt III, 8, 6; VII, 8, 25. — 2) abschließend, mit einem Worte, kurz VII, 1, 36.
dens, tis, *m.* Zahn IX, 1, 33.
denso, 1. verdichten: ordines densati, dicht geschlossen V, 3, 23; VI, 1, 6.
densus, 3. dicht: umbra IV, 7, 16; arbores, dicht gedrängt VI, 4, 3.
dēnuntĭātĭo, ōnis, *f.* Ankündigung VI, 5, 19; belli, Androhung IV, 4, 18.
dē-nuntĭo, 1. (förmlich, amtlich) ankündigen, sagen lassen, zu wissen thun: alcui mit *acc. c. inf.* III, 1, 6; VII, 2, 29; mit folg. ut VII, 1, 15; VIII, 3, 15; mit bloß. Konjunktiv VII, 7, 25; mit folg. ne III, 6, 4; VII, 6, 12; alcui mortem, androhen VII, 7, 39; quid haec consternatio denuntiat, was hat zu bedeuten X, 2, 15. — 2) verkündigen, prophezeien: periculum IV, 6, 14. 16.
dēnŭo, *adv.* „von neuem", daß. zum andernmal, noch einmal IV, 5, 13.
dē-pello, pŭli, pulsum, 3. vertreiben: alqm hinc IV, 11, 19. — 2) b. Feind aus seiner Stellung werfen, zurückschlagen: hostem VIII, 11, 18; V, 3, 8.
dē-pendĕo, ēre, herabhangen: unci ex asseribus dependentes IV, 3, 25.
dē-pĕrĕo, ii, ire, „zu Grunde gehen", daß. sterblich verlieben sein in jemd.: in corpore VIII, 6, 8.
dē-plōro, 1. (heftig) beweinen, bejammern: alqm lugubri ululata V, 12, 12; contumeliam, jammernd klagen über VIII, 3, 11.

dē-pōno, sĭi, sĭtum, 3. niederlegen, niederlassen, ablegen: alqm VI, 1, 13; vestem III, 3, 4; arma ante se IV, 12, 16. — 2) zur Aufbewahrung niederlegen, sicher unterbringen: partem commeatuum hic IV, 9, 9; alqm in urbe V, 2, 17.

dē-pŏpŭlor, 1. verwüsten, verheeren: vicos VII, 6, 10; regionem VIII, 4, 20.

dē-porto, 1. wegtragen, davontragen: praedam ex Asia X, 2, 11; gloriam ex gente IX, 10, 24; alqm secum, heimbringen X, 2, 16.

dē-posco, pŏposci, 3. bringend fordern, verlangen: bellum VII, 8, 5; pugnas sibi IX, 6, 14; custodiam V, 11, 6; tormenta in semet ipsum VI, 11, 35; alqm ad supplicium X, 9, 16.

Depraesti, ōrum, Volk in Indien, diesseits des Ganges IX, 8, 11.

dēprĕcātĭo, ōnis, f. Fürbitte: pro alquo V, 3, 13.

dē-prĕcor, 1. durch Bitten ablehnen, um Abwendung einer Sache bitten: poenam VI, 10, 37; fidem exhibendae veritatis VI, 10, 29. — 2) flehenblich bitten, bei jemd. Fürbitte einlegen: alqm V, 3, 14; VII, 2, 7; IX, 1, 20; nihil pro se, für sich um keine Gnade bitten VII, 2, 2; absol. V, 3, 11; 9, 10.

dē-prĕhendo, di, sum, 3. ergreifen, abfangen, festhalten: alqm V, 3, 19; 4, 19; 13, 7; felicitas deprehensa haesitat V, 3, 22. — 2) überfallen, überraschen, ereilen: alqm IV, 5, 4; VII, 4, 4; fortuna (mors) alqm deprehendit III, 5, 11, VIII, 4, 14; ventus, ereilt VII, 4, 29; aestus, trifft X, 10, 10. — 3) übtr. a) wahrnehmen, entdecken: scelus VII, 1, 15; notas in ore III, 6, 9. — b) aufdecken, ans Licht bringen: campi deprehendunt paucitatem IV, 14, 14.

Derbīces, um, Volk östl. v. kaspischen Meere III, 2, 7.

dē-rĕlinquo, līqui, lictum, 3. zurücklassen: praesidium in arce IX, 4, 8.

dērĭpĭo, rĭpui, reptum, 3. (rapio), abreißen: insigne ex capite VII, 5, 24.

dēscendo, di, sum, 3. (scando), hinabsteigen, sich hinabbegeben, herabziehen: in castra VII, 11, 28; in flumen III, 5, 2; in Phoenicen IV, 1, 15; ad alqm IV, 6, 2; VIII, 10, 33; secundo amne ad paludem, hinabfahren IV, 7, 9; absol. absteigen VIII, 14, 39; mare descendit in campos, ergießt sich hinab IX, 9, 10; sinus vestis infra genua, fällt herab VI, 5, 27.

dē-scrībo, psi, ptum, 3. „begrenzen", daß. abteilen, einteilen: annum (menses) in dies III, 3, 10; VIII, 9, 35; agmina III, 2, 3; equites in suam gentem, einreihen V, 2, 6.

dē-sĕro, serŭi, sertum, 3. „von sich abreißen", daß. verlassen, im Stiche lassen, aufgeben: alqm IV, 1, 33; 6, 25; impie V, 12, 13; turres IV, 4, 12; collem IV, 12, 19; petram fugā VIII, 11, 22; navigia VIII, 13, 23; milites insepultos, unbeerdigt lassen V, 4, 3; übtr. se, sich selbst aufgeben VI, 10, 4. — 2) unbebaut lassen, unbewohnt lassen, daß. desertus als Adjekt., verödet, öde, wüst: regio VII, 10, 1; loca VII, 2, 18; subst. deserta, ōrum, Einöden, Wüsten V, 1, 5; VII, 8, 23; Scythiae VII, 3, 19; omnia („lauter") IV, 10, 3.

dēsertor, ōris, der jemd. im Stiche läßt, Verlasser: fratrum VII, 2, 6. — 2) militär. Ausreißer IX, 6, 12; X, 2, 28.

dēsĕs, ĭdis (desideo), „still sitzend", daß. unthätig, müßig V, 2, 2.

dēsīdĕrĭum, i, Sehnsucht, Verlangen, mit gen. object. („nach"): alcjus IV, 10, 31; sui VI, 6, 18; patriae VI, 2, 19; nemorum V, 1, 35; humoris VII, 5, 7; quietis VII, 3, 1. — 2) (natürliches) Bedürfnis IV, 1, 25; naturale X, 5, 32; bibendi VII, 5, 2; desideria naturae VI, 2, 3. — 3) Wunsch, Bitte VI, 5, 32.

dēsīdĕro, 1. nach etw. Sehnsucht haben, etw. wünschen, verlangen: alqd IV, 8, 13; equos VII, 1, 32;

desido — **destituo** — 73

mit *inf.* VII, 8, 16; VIII, 5, 19; mit *acc. c. inf.* VIII, 3, 12; res plura dici desiderat, erforbert VII, 8, 7. — 2) begehren, bitten, mit folg. ut VII, 1, 18. — 3) vermiffen: alqd IV, 9, 21; *passiv.* v. ben im Kampfe Gefallenen, vermißt werben, verloren gehen III, 11, 27; IV, 16, 26.

dē-sīdo, sēdi, 3. fich fenten, einfinten: sabulum desidit IV, 6, 9.

dēsilīo, silŭi, sultum, 4. (*ealio*), herabspringen: de (e) tribunali X, 2, 30; IX, 3, 18; equo V, 6, 14; in navigia IV, 3, 4; in terram VII, 9, 9; ad alqm IX, 5, 1.

dē-sĭno, sĭi, sĭtum, 3. v. etw. ablaffen, (zu thun) aufhören: mit *inf. activ.* IV, 5, 6; V, 9, 4; mit *inf. passiv.* VII, 3, 13; VIII, 11, 21. — 2) *intrans.* aufhören, ein Enbe nehmen: cavernae desinunt VIII, 10, 24.

dē-sisto, stĭti, stĭtum, 3. von etw. abstehen, ablaffen, mit *abl.:* incepto VII, 1, 15; mit *inf.* III, 6, 15; V, 9, 17.

dēspērātĭo, ōnis, *f.* das Aufgeben der Hoffnung, Hoffnungslosigkeit, Verzweiflung an etw.: veniae VIII, 2, 16; salutis ("Rettung") IX, 9, 23; salutis suae, das Aufgeben seines Lebens X, 1, 7; desperatio incessit alqm X, 2, 16.

dē-spēro, 1. die Hoffnung aufgeben auf etw., an etw. verzweifeln: alqd VII, 11, 10; misericordiam V, 5, 17; victoria a vobis desperata, aufgegeben IX, 2, 34; desperata pace, weil er am Frieden verzweifelte IV, 6, 1; vergl. V, 11, 12; VI, 5, 9; VIII, 10, 33; IX, 4, 6; desperatis magis quam perditis rebus, „weil er mehr an seiner Sache verzweifelte, als daß sie wirklich verloren gewesen wäre" VII, 11, 28; absol. desperato mit *acc. c. inf.* (= cum desperassent) VI, 5, 21.

dēspĭcĭo, exi, ectum, 3. (*specio*), „herabbliden", daß. gering schätzen, mißachten: deos VI, 11, 24; alqd in hoste VI, 3, 11.

dēstĭno, 1. „feststellen", baß. als Ziel feststellen, nach etw. zielen: ferire destinata, das beabsichtigte Ziel VII, 5, 41. — 2) übtr. a) bezeichnen, angeben: mare IX, 9, 6; muros polenta IV, 8, 6; alqm ut furem, als Dieb IX, 7, 25; alqm ut participem sceleris VI, 9, 7. — b) festsetzen, bestimmen: imperium (provinciam, regnum) alcui IV, 7, 26; VIII, 1, 19; 2, 14; X, 7, 5; 10, 2; oram imperio suo, („für seine Herrschaft") IV, 5, 8; amnem finem imperio IV, 11, 5; ambitum muris IV, 8, 2; diem (sacro) III, 6, 8; X, 9, 13; alqm tutorem alcui X, 7, 8; alqm morti VIII, 7, 10; supplicio destinatus, verurteilt zu VI, 2, 11; IX, 7, 10; sorti, bem Schidfal verfallen V, 12, 8; *part.* destinatus, festgesetzt, bestimmt: dies III, 6, 8; vices IV, 10, 5; causa V, 11, 10. — c) bestimmen, beschließen, beabsichtigen, sich vornehmen: alqd VI, 9, 14; mit *inf.* IV, 2, 14; VIII, 9, 23 (s. per 2); mit Fragsatz VIII, 4, 5; X, 6, 9; absol. quo destinaverant (erg. ire) VII, 2, 18; ut destinatum erat VIII, 14, 17; *part.* destinatus mediāl, entschloffen: ad omne obsequium V, 10, 5; subft. destinatum, bas Beschloffene, das Vorhaben VIII, 5, 1; salubriter destinata, heilsame Beschlüsse III, 8, 29; destinata exequi IV, 7, 9; VIII, 10, 28.

dēstĭtŭo, ŭi, ūtum, 3. (statuo), „wegstellen", baß. verlaffen, im Stiche laffen: currum IV, 15, 29; vehicula III, 13, 11; aciem IV, 15, 30; urbem III, 1, 6; mens alqm destituit VII, 1, 8; vigor vultum X, 10, 12; destitui in solitudine VII, 3, 12; beluae fluctibus destitutae IX, 9, 22; navigia (aestu) destituta, von ber Flut verlaffen, geftranbet IV, 7, 20; IX, 9, 20. — 2) hilflos laffen, im Stiche laffen, preisgeben: alqm IV, 8, 7; femina destituunt alqm, verfagen ihm VI, 1, 4; *passiv.* destitui ab aliquo V, 13, 4; VIII, 14, 31; destitutus inter conscientiam et fortunam, ratlos stehend VI, 10, 2; barbari ducibus destituti, ihrer Führer beraubt VI, 13, 18.

destruo — 3) täuschen: spem IV, 1, 29; destitutus spe VIII, 6, 20; a spe IV, 3, 20.

dē-strŭo, xi, ctum, 3. "einreißen", daß. übtr. erniedrigen, verringern: magnitudinem alcjus VIII, 14, 46.

dē-sum, fŭi, esse, fehlen, mangeln, an etw. gebrechen: deest animus VI, 11, 28; facies mali III, 11, 12; alcui viaticum X, 2, 25; multitudo militum III, 2, 10; adulatio VIII, 5, 6; deest vigor corpori VII, 9, 11; nihil gloriae ("zum Ruhme") IX, 9, 4; desunt qui mit folg. Konjunktiv III, 8, 6; IX, 10, 12. — 2) es an sich fehlen lassen: ego non deero IX, 6, 21.

dē-tĕgo, xi, ctum, 3. "abdecken", daß. übtr. aufdecken, enthüllen: superstitionem VII, 7, 23; conjurationem VI, 9, 4; scelus VII, 1, 13; facinus VI, 10, 7; alqm, entlarven VII, 1, 32.

dētĕrĭor, us, gen. ōris, minder gut, schlechter: deteriora credere, das Schlimmere glauben IV, 3, 22; VII, 1, 12.

dē-terrĕo, ŭi, ĭtum, 2. abschrecken, zurückschrecken, abbringen: alqm IV, 10, 17; a consilio VII, 7, 20; mit folg. quominus VI, 10, 34; mit inf. X, 1, 12.

dētestābĭlis, e, verabscheuungswürdig: ministerium VIII. 2, 2.

dētĭnĕo, tinŭi, tentum, 2. (teneo), "festhalten", daß. übtr. fesseln, anziehen: ubertas terrae alqm detinet VIII, 2, 14; amor V, 5, 20.

dē-tondĕo, di, sum, 2. abscheren: comas X, 5, 17.

dē-torquĕo, torsi, tortum, 3. wohin drehen ob. wenden: agmen in laevum IV, 13, 16.

dē-trăho, xi, ctum, 3. herunterziehen, herabreißen: alqm lecto VIII, 5, 24; ad terram, zu Boden ziehen V, 4, 32; übtr. detractus ex fastigio paterno, herabgestürzt III, 13, 12. — 2) abziehen, abreißen, wegreißen: ornamenta III, 11, 21; amiculum III, 12, 5; galeam (diadema) capiti IX, 3, 4; X, 8, 20; anulum digito X, 5, 4. — 3) wegnehmen, rauben: vim materiae VIII, 10, 30; pudorem alcui, benehmen VIII, 4, 25.

dētrecto (detracto), 1, ablehnen, von sich weisen, verweigern: militiam VII, 1, 38. 40; munia IX, 3, 1; certamen III, 8, 11; imperium, sich weigern, die Herrschaft anzuerkennen, Gehorsam verweigern IX, 8, 17; X, 10, 3.

dētrīmentum, i (detero), Abnutzung: konkret: detrimenta ergastuli, Krüppel aus dem Arbeitshause V, 5, 13.

dē-turbo, 1. herabtreiben ob. -werfen: alqm VIII, 14, 16. — 2) den Feind aus seiner Stellung vertreiben III, 7, 7; VII, 11, 27; VIII, 12, 2; ex collibus VI, 5, 12.

dĕ-ūro, ussi, ustum, 3. "verbrennen", daß. übtr. erstarren machen: propiora aquilone deuruntur, erstarren VIII, 9, 12.

deus, i, Gottheit, Gott: di patrii IV, 10, 34; praesides loci (imperii) III, 8, 22; IV, 13, 13; noctium VIII, 9, 30; gen. plur. deûm IV, 6, 10; VI, 8, 12; 9, 2.

dē-vĕho, xi, ctum, 3. wegtragen, wegbringen, fortschaffen, wohin schaffen: aquam utribus IV, 7, 12; simulacrum Syracusis IV, 3, 22; materiam ad urbem X, 1, 19; multos navigiis Sidona IV, 4, 15; passiv. wohin segeln: secundo amne in fines IX, 8, 3.

dēversōrĭum, i, Absteigequartier VI, 1, 2. 12; VII, 2, 22.

dēvertĭcŭlum, i, Seitenweg III, 13, 9.

dē-verto, ti, sum, 3. "abwenden", daß. reflex. sich abwenden, sich wohin wenden: Aegypto in Africam IV, 9, 1; longius IV, 16, 14; übtr. oratio inde devertit, schweift ab X, 6, 1.

dē-vincio, nxi, nctum, 4. fesseln: simulacrum catenā IV, 3, 22. — 2) übtr. an sich fesseln, verpflichten: alqm sibi obsequio X, 1, 25; devinctus meritis VI, 9, 4.

dē-vinco, vici, victum, 3. völlig besiegen, überwinden: devictus exercitus IV, 16, 7; gens IV, 6, 31;

VI, 2, 3; ſubſt. **devictus VI**, 6, 4; *plur.* **VII**, 6, 17.

dēvĭus, 3. (via), vom Wege ent=
fernt, abſeits gelegen: montes V,
6, 15; VI, 11, 20; saltus IV, 16, 11.

dē-volvo, volvi, volūtum, 3. her=
abwälzen ob.=rollen: saxa per prona montium V, 3, 18; clipeos e muris
IV, 3, 25; *passiv.* devolvi mebial, her=
abſtürzen: scalis IX, 4, 33; ex praecipiti VII, 11, 16; fluvius devolvitur praeceps, ſtürzt ſich reißend hinab V, 3, 1.

dē-vōro, 1. „verſchlingen", bah. übtr.
(gierig) in ſich aufnehmen: spem
VIII, 6, 18.

dē-vŏvĕo, vōvi, vōtum, 2. „als Opfer
weihen", bah. insb. (den unterird. Göttern
b. i.) dem Tode weihen: caput alcjus **VIII**, 6, 28. — 2) übtr. weihen,
hingeben: se gloriae IX, 6, 21.

dexter, tĕra, tĕrum, u. tra, trum,
rechts befindlich, rechts: femur III,
11, 10; cornu III, 8, 27; ſubſt. dextra,
ae, rechte Hand, Rechte IV, 14, 25;
V, 8, 14; dextram alcjus amplecti (complecti III, 6, 17; VI, 7, 8; 10, 11; alcui
offerre III, 6, 12; VI, 5, 2; dare VIII,
12, 10; *abl.* dextrā, zur Rechten, rechts
IV, 10, 8; dextrā laevāque III, 3, 21;
9, 5.

diădēma, ătis, *n.* königliche Kopf=
binde, Diadem VI, 6, 4; X, 6, 4;
8, 20.

Diardĭnes, is, Nebenfluß des Ganges VIII, 9, 9.

dĭcio, ōnis, *f.* (dico), „Spruchrecht",
bah. Botmäßigkeit, Herrſchaft,
Gewalt: alqm imperio dicionique
subicere VI, 9, 22; regionem adicere
dicioni alcjus IV, 1, 26; urbem (gentem) in dicionem redigere III, 1, 14;
IV, 1, 13; 5, 14; VIII, 1, 1; se (libertatem, omnia) dicioni alcjus permittere
VI, 5, 9; IX, 7, 13; VIII, 13, 1; mare
(gentem) suae dicionis facere, unter
ſeine Botmäßigkeit bringen IV, 4, 19; III,
7, 4; in dicione esse, unter der Herr=
ſchaft ſtehen, unterthänig ſein X, 10, 1;
VI, 3, 9; alienae dicionis esse, unter
fremder Botmäßigkeit ſtehen V, 5, 6; aliquis dicionis meae, mir unterworfen
VIII, 2, 25.

1. **dĭco**, 1. „zuſprechen", bah. einer
Gottheit weihen: crateram Herculi
IV, 8, 16; urbem numini IV, 3, 22. —
2) zur Gottheit erheben: alqm deum VIII, 5, 11.

2. **dīco**, xi, ctum, 3. ſagen, ſpre=
chen, reben: alcui, zu jemb. IV, 14,
7; V, 11, 4; sententiam III, 8, 6; de
aliquo VI, 10, 5; mit *acc. c. inf.* III,
3, 4; *passiv.* dicor mit *nom. c. inf.*, man
ſagt, daß ich..., ich ſoll... III, 4, 11;
IV, 2, 13; 3, 23; 15, 30; mit Fragſatz
VI, 11, 19; haud facile dixerim, ich
möchte nicht leicht entſcheiden VI, 7, 35;
haud facile dictu est, es iſt kaum aus=
zuſprechen III, 6, 17; res parva dictu,
gering zu erwähnen IV, 2, 10; vix credibile dictu V, 13, 22; incredibile dictu IV, 7, 16; VIII, 2, 36; X, 5, 3; speciosa dictu V, 1, 8; ſubſt. dictum, i,
Wort VII, 1, 36; maligne dictum, bös=
willige Äußerung VII, 1, 21; parere
dicto, dem Befehl VII, 4, 9. — 2) mit=
teilen, erzählen: alqd V, 1, 2. —
3) nennen, benennen, mit Prädi=
kats akkuſat.: fauces pylas III, 4, 2; *passiv.*
genannt werden, heißen VII, 4, 10; VIII,
5, 5. — 4) feſtſetzen, beſtimmen:
leges IV, 5, 7.

dictum, i, ſ. dico.

Didymēon, i, Orakeltempel des Apol=
lo zu Dibyma bei Milet in Jonien VII,
5, 28.

di-dūco, xi, ctum, 3. „auseinander=
ziehen", bah. übtr. teilen, ſpalten:
vulgum in diversa consilia IX, 1, 20.

dĭēs, ēi, *c.* (*plur.* nur *masc.*) Tag:
dies inclinat in vesperam VI, 11, 9;
medio die IV, 7, 22; die jam illustri
III, 3, 8; toto eo die ac nocte IX, 5,
30; de die, ſchon bei Tage, am hellen
Tage V, 7, 2; VIII, 3, 8; ante eam diem V, 3, 22; postero die III, 12, 13;
postera die IV, 3, 13; in dies, von Tag
zu Tage III, 1, 8. — 2) metonym. Tage=
reiſe, Tagmarſch: iter undecim dierum IX, 2, 2. — 3) beſtimmter Tag.
Termin: praestituta III, 1, 8; desti-

differo — dimicatio

natus III, 6, 8; leti VIII, 9, 33; fati VIII, 9, 32. — 4) Zeitraum: longior VI, 3, 8.

differo, distŭli, dilātum, differre, „auseinandertragen, verschleppen", dah. übtr. a) hinausschieben, aufschieben, verschieben: bellum IV, 12, 22; facinus VI, 10, 21; obsidionem IX, 4, 27; supplicium VII, 5, 43; concilium in posterum diem VI, 11, 9; consilium (in proximam noctem) VII, 6, 14; V, 12, 1; mit *inf.* VI, 9, 9; non ultra, zögern V, 11, 8. — b) aufsparen: alqm per triennium, jemds. Bestrafung aufsparen VIII, 8, 6.

difficilis, e, schwierig, schwer: electio VII, 6, 9; aditu, schwer zugänglich VI, 4, 15; transitu, schwierig zu überschreiten IX, 2, 1; difficile est mit *inf.* IV, 5, 3; 11, 8.

difficultās, ātis, *f.* Schwierigkeit IV, 2, 9; loci VII, 11, 4; *plur.* schwierige Stellen VII, 11, 17; naturae, natürliche Hindernisse IX, 2, 10.

difficulter, *adv.* schwierig, schwer: haud difficulter VII, 6, 15; difficilius IX, 2, 16.

diffīdo, fīsus sum, 3. kein Vertrauen zu etw. haben, an etw. verzagen: rebus suis („Lage") VIII, 2, 27.

diffugio, fūgi, 3. nach allen Seiten hinfliehen V, 6, 2.

diffundo, fūdi, fūsum, 3. „auseinandergießen", dah. se diffundere ob. *passiv.* diffundi, sich ausbreiten, sich verbreiten, medicamentum se diffundit in venas III, 6, 16; amnis in latitudinem diffunditur VI, 4, 6; diffusus, sich ausbreitend: fons diffusus III, 1, 3; flumen in latitudinem quattuor stadia diffusum VIII, 13, 8; silvae in immensum spatium diffusae IX, 1, 9. — 2) verbreiten, zerstreuen: coloniae toto orbe diffusae IV, 4, 20; nomen reges ac regna in totum orbem diffudit (= effecit ut diffunderentur) X, 5, 37; terror per castra diffunditur VI, 11, 20.

dignātio, ōnis, *f.* „Würdigung", dah. Rang VII, 1, 27.

dignĭtās, ātis, *f.* Würde, Ansehen VI, 8, 2.

dignor, 1. für würdig erachten, würdigen, mit *inf.* VI, 5, 29; VIII, 14, 44; alqm filium, für würdig erachten, ein Sohn zu heißen VI, 10, 28.

dignus, 3. würdig, wert, mit *abl.*: laude VIII, 1, 26; honore V, 8, 9; malo V, 5, 17; ludibrio VIII, 5, 23; contemptu VIII, 5, 23; invidiā III, 12, 24 (s. qui 4, c); regno VI, 7, 30; fastigio IV, 1, 16; digna spectaculo, sehenswerte Thaten IV, 4, 11; mit folg. Relativsatz IV, 6, 12; 10, 23; VI, 5, 30. — 2) angemessen, würdig: alquo IV, 15, 4; 16, 33; cogitatio animo digna IX, 3, 9; dignum VIII, 8, 14.

digredior, gressus sum, 3. (gradior), „auseinandergehen", dah. weggehen, sich entfernen: ab urbe VI, 6, 35; a mensa VI, 10, 12; velut a rogo V, 12, 8; a rege VIII, 2, 36; in diversa III, 8, 3 (s. diversus).

di-lābor, psus sum, 3. „auseinanderfallen", dah. übtr. a) auseinanderlaufen, sich zerstreuen III, 11, 14; V, 12, 9; in vicos VII, 4, 20; ad epulas IV, 4, 5. — b) entschließen V, 4, 8.

dilātio, ōnis, *f.* (differo), Aufschub, Verzögerung: sine dilatione VI, 7, 18.

dilectus, ūs, s. delectus.

dīligens, tis, sorgfältig: custodia IV, 1, 4.

diligenter, *adv.* sorgfältig, genau: diligentius cognoscere VI, 11, 9.

dīligo, exi, ectum, 3. (lego), „auslesen", dah. werthachten, lieben: alqm VI, 10, 24; eximia caritate III, 6, 1; diligi loco parentis, wie eine Mutter V, 3, 12.

di-lŭo, lŭi, lūtum, 3. „auseinanderspülen", dah. auflösen, zerweichen: medicamentum III, 6, 8. 12; terra humore diluta VIII, 10, 25. — 2) übtr. entkräftigen: crimen III, 6, 11; VII, 1, 31.

dimăchae, ārum (διμάχης), Doppelkämpfer (zu Fuß u. zu Pferde) V, 13, 8.

dimicātio, ōnis, *f.* (hitziger) Kampf IX, 1, 1.

dimico **disciplina** 77

dīmĭco, 1. (hitzig) kämpfen: comminus VIII, 2, 37; viritim VII, 4, 33; de regno IX, 6, 10; pro salute IV, 3, 19; dimicatur aequis viribus VI, 1, 2; ferro inter victores V, 6, 4; abjol. dimicantes VII, 9, 10.

dīmĭdĭus, 3. (dis u. medius), halb: pars VIII, 8, 10; subst. dimidium, i, Hälfte: exercitus dimidio major IV, 9, 3.

dī-mitto, mīsi, missum, 3. nach verschiedenen Seiten hin auseinandergehen lassen: falces ab utroque latere dimissae, ausgehend IV, 15, 4. — 2) fortschicken, von sich lassen, entlassen: alqm VI, 8, 13; VIII, 11, 4; internuntium VIII, 2, 29; legatos IV, 2, 6; milites IX, 1, 3 (dimissis erg. iis); milites ex praesidiis ad regem IV, 1, 35; ad curanda corpora IV, 13, 10; alqm a sermone VI, 7, 16 (f. a 4, b). — 3) eine Versammlung entlassen: contionem VII, 2, 11; X, 8, 7; consilium VI, 11, 11. — 4) Soldaten entlassen, verabschieden: in patriam X, 2, 16. — 5) freilassen, ungestraft lassen: alqm IX, 7, 10; captivam VI, 2, 8; dimissus, von der Strafe entbunden VI, 10, 12. — 6) übtr. aus den Händen lassen, aufgeben: thesauros V, 5, 2; opportunitatem IV, 4, 1.

Dimnus, i, f. Dymnus.

Dioxēnus, i, ein Mitverschworener des Dymnus VI, 7, 15.

Dioxippus, i, ein Athener IX, 7, 16 ff.

dīrĭgo, exi, ectum, 3. (rego), gerade richten: gladios utrimque a jugo, in gerader Richtung anbringen IV, 9, 5. — 2) wohin Richtung geben, richten: molem recta fronte in adversum ventum IV, 3, 8; ratem in (ad) ripam VII, 9, 5; VIII, 13, 11; cursum Gadis X, 1, 17; iter ad cursum siderum VII, 4, 28; mucronem (hastam) in os III, 11, 5; VII, 4, 37; hasta in guttur directa IV, 9, 25. — 3) übtr. a) die Rede an jemb. richten: orationem in alqm VIII, 5, 13. — b) einrichten: spatium mensium ad lunae modum, bemessen nach VIII, 9, 36.

dĭrĭmo, ēmi, emptum, 3. (dis u. emo), auseinandernehmen", bah. trennen, scheiben: fretum dirimit urbem a continenti IV, 2, 1; natura alqd longo intervallo VII, 7, 14.

dīrĭpĭo, rĭpŭi, reptum, 3. (rapio), wegreißen", bah. plündern: impedimenta IV, 15, 5; urbem VII, 5, 32. — 2) wegschleppen, rauben: pondus auri III, 11, 20; pecuniam V, 12, 17; thesauros V, 5, 2; X, 6, 23.

dī-rŭo, rŭi, rŭtum, 3. einreißen, zerstören: vicos V, 5, 4; arcem IX, 8, 13; urbem ad solum, bis auf den Grund III, 10, 7.

dīrus, 3. grausenhaft, grausig: superstitio IV, 3, 23.

dīs, dite, *gen.* ditis, reich: gaza V, 1, 10; campi III, 10, 10; castra omni opulentia III, 11, 20.

dis-cēdo, cessi, cessum, 3. auseinandergehen, sich zerstreuen: ad necessaria ferenda V, 12, 6; in cornua, sich verteilen auf VIII, 12, 8. — 2) weggehen, sich entfernen VI, 7, 21; X, 2, 17; a corpore alcjus X, 7, 19; quo V, 12, 9; ad corpora curanda VIII, 6, 19; inde, abgehen VIII, 3, 17; abziehen, abmarschieren IV, 4, 2; 15, 20.

dis-cerno, crēvi, crētum, 3. absondern, trennen: terrae spatio discretae IV, 11, 13; discreti a ceteris X, 9, 18; 10, 7. — 2) unterscheiden: victos a victoribus X, 5, 9; sumptuosos ab integris X, 2, 10.

discerpo, psi, ptum, 3. (carpo), zerpflücken", bah. zerstücken, zerreißen: alqm manibus VI, 11, 8.

discindo, scĭdi, scissum, 3. "zerschlitzen", bah. zerstücken: canem X, 9, 12.

disciplīna, ae, "Unterweisung", bah. Zucht, Disciplin: vetus regum IV, 6, 6; militaris, Kriegszucht V, 1, 36 (f. noceo), X, 2, 12; absol. III, 2, 15; VI, 6, 17; rei militaris Einrichtung des Kriegswesens V, 2, 6. — 2) Lebensweise, Gewohnheit, Sitte VI, 2, 3; Macedonum regum VI, 6, 2; Persarum VIII, 7, 12.

discipŭlus, i, Schüler VIII, 8, 19.

disco, dĭdĭci, 3. lernen, erlernen: linguam VI, 10, 23; sermonem VI, 9, 36; litteras IV, 4, 19; alqd ab alquo VIII, 5, 19; 8, 13; ex alquo VIII, 7, 3; mit *inf.* III, 2, 13; didici esse infelix IV, 10, 26; mit *acc. c. inf.* V, 1, 6; mit Fragsatz VIII, 5, 19.

discŏlor, ōris, verschiedenfarbig, bunt: vestis III, 3, 26.

discordĭa, ae, Zwietracht, Uneinigkeit X, 7, 1; 8, 14; 9, 11.

discors, dis (cor), zwieträchtig, uneinig: reges IX, 3, 22; exercitus III, 8, 26; membra X, 9, 4; natura, widerstrebend IX, 9, 26. — 2) übtr. verschiedenartig: homines moribus IV, 13, 4.

discrībo, s. describo.

discrīmen, ĭnis, *n.* (discerno), „das Scheidende", daß. Scheidelinie, Scheidewand: tenue III, 1, 13; Zwischenraum: agminum discrimina, die einzelnen Abteilungen IV, 12, 10. — 2) übtr. a) Unterschied: nationum V, 2, 6; victi et victoris X, 3, 12. — b) Entscheidung (durch Urteil): venit in discrimen, es kommt zur Entscheidung IV, 9, 23. — c) Entscheidung, Ausschlag: discrimen parvae rei, Entscheidung im kleinen VIII, 13, 12; discrimen summae rei est in acie, die Hauptentscheidung beruht auf dem Erfolge der Schlacht IV, 16, 28; ultimum rerum, letzter entscheidender Augenblick IV, 13, 18. — d) Entscheidungskampf, Kampf III, 8, 20; 11, 26; IV, 10, 2; 13, 1; 14, 1. 24; VII, 4, 35 (s. sequo); VIII, 14, 6; pugnae VI, 1, 1; belli III, 1, 10; 8, 9; Martis IX, 9, 4; belli Martisque IX, 6, 24; vehemens VI, 1, 7; magni laboris VII, 7, 26; discrimen temptare VIII, 10, 10; experiri V, 4, 28; *plur.* IV, 1, 40; V, 1, 39. — d) gefährliche Lage, Gefahr VII, 7, 10; VIII, 3, 1; IX, 2, 18; 4, 6; 6, 10; fortunae et vitae V, 11, 8; discrimen adire IV, 13, 25; subire VIII, 11, 10; in discrimine esse IV, 16, 2.

dis-cumbo, cŭbŭi, cubĭtum, 3. sich niederlassen (zur Mahlzeit) VIII, 5, 9.

dis-curro, curri, cursum, 3. auseinanderlaufen, sich zerstreuen: in tabernacula VI, 2, 16; ad praedam IV, 15, 10; ad thesauros diripiendos X, 6, 23; ad populandos agros IV, 1, 31; in cornua, nach den Flügeln vorrücken III, 2, 14. — 2) hin- u. herlaufen III, 8, 25; fama discurrit tota urbe, verbreitet sich IV, 1, 24.

discŭtĭo, cussi, cussum, 3. (quatio), „auseinanderschlagen", daß. zerteilen, zerstreuen, vertreiben: tempestatem serenitate X, 9, 5; sopore discusso VI, 8, 22; VIII, 6, 26; caligine discussa IV, 12, 23; ebrietate discussa VIII, 2, 1; nix discussa, das Schmelzen des Schnee's VII, 3, 10. — 2) übtr. hintertreiben, vereiteln: destinata III, 8, 29; vitia otii negotio, beseitigen VII, 1, 4.

dispār, păris, ungleich, verschieben: facies III, 3, 26; undae IX, 9, 7; poenae V, 5, 7; tempestas haud dispar nocti VIII, 4, 8; vultus animo VII, 8, 1; disparia humano cultu (= cultui) VII, 7, 4; dispar habitu oris („an Gesichtsbildung") VIII, 13, 21.

dispenso, 1. (*v. intens. v.* dispendo,) „genau abwägen", daß. gleichmäßig verteilen: aquas VI, 4, 4.

dispergo, si, sum, 3. (spargo), zerstreuen, vereinzeln: dispergitur agmen IV, 16, 25; classis IX, 9, 11; dispersa tuguria IV, 7, 20; dispersi VIII, 2, 22; 4, 9; 14, 22. — 2) übtr. zersplittern: vires X, 9, 2.

displĭcĕo, ŭi, 2. (placeo), mißfallen: alcui III, 8, 3; VII, 1, 37.

dis-pōno, sŭi, sĭtum, 3. „auseinanderstellen", daß. ordnen, rangieren: aciem IV, 12, 5; sibi fata, gestalten IX, 6, 19. — 2) hier u. da aufstellen: vasa liminibus IX, 10, 25; altaria utroque latere V, 1, 20; lapides intervallis VII, 9, 15. — 3) Streitkräfte aufstellen, postieren: praesidia pluribus locis X, 2, 8; equites dextra

dissentio — diversus 79

laevaque III, 9, 5; ab utroque latere VIII, 14, 3; tormenta per muros IV, 2, 12; ſubſt. dispositi, aufgeſtellte Poſten VI, 11, 3.

dis-sentio, si, sum, 4. mit etw. nicht übereinſtimmen, im Widerſpruch mit etw. ſtehen: vultus dissentiunt ab animis VI, 1, 17.

dis-sĕro, serŭi, sertum, 3. „auseinanberreihen", bah. übtr. (in entwickelnber Darſtellung) Vortrag halten, ſich verbreiten IX, 2, 12.

dissĭmĭlis, e, unähnlich: eorum (= fortium virorum) IV, 14, 7.

dissĭmŭlātio, ōnis, f. Verheimlichung VI, 7, 32; heimlicher Groll VII, 2, 9. — 2) Verſtellung: alta X, 9, 8.

dis-sĭmŭlo, 1. „unkenntlich machen", bah. verheimlichen, verhehlen, ſich etw. nicht merken laſſen: dolorem IV, 6, 19; pavorem IV, 12, 22; iram IX, 10, 22; causam irae X, 1, 28; magnitudinem vulneris VII, 6, 5; periculum IV, 16, 22; animum („ſein Bebenken") IV, 12, 22; mit *acc. c. inf.* VI, 10, 20.

dissĭpo, 1. zerſtreuen, zerſprengen: currus tota acie VIII, 14, 9; *passiv.* ſich zerſtreuen III, 11, 12; V, 13, 18.

dis-solvo, solvi, sŏlūtum, 3. „ablöſen", bah. übtr. bezahlen: aes alienum X, 2, 9.

dissŏnus, 3. mißtönenb, verworren: clamor V, 12, 14; voces IX, 9, 14.

distinguo, nxi, nctum, 3. „burch Punkte ſcheiben", bah. (die Einheit im Aeußern einer Sache) unterbrechen: rivi distinguunt planitiem III, 4, 7; pinnae fastigium muri IX, 4, 30. — 2) in etw. Abwechſelung bringen, etw. auszeichnen, mannigfach verzieren: gemmae distinguunt jugum III, 3, 16; berylli baculum IX, 1, 30; effigies opera VIII, 9, 26; arma auro distincta VIII, 13, 7; fascia albo distincta, burch Weiß gehoben III, 3, 19; VI, 6, 4; carbasa (vestis) auro distincta,

beſetzt, burchwirkt VIII, 9, 24; III, 3, 13. 17; IV, 1, 23; IX, 7, 12.

disto, āre, abſtehen, entfernt ſein: intervallo IV, 3, 14; viginti stadiis indo V, 7, 9; modicis inter se spatiis VII, 10, 15; pari intervallo mari („vom Meere") III, 1, 12.

dis-trĭbŭo, ŭi, ūtum, 3. verteilen, austeilen, zuteilen: provincias X, 10, 5; jumenta VIII, 4, 19; copias VIII, 10, 21; milites in supplementum IV, 5, 18; VI, 5, 10; equos (peditibus) IV, 9, 4; 14, 12; VII, 1, 34; amicis elephantos VIII, 14, 9; opifices in officinas IV, 2, 12. — 2) verteilen, einteilen: copias in hunc numerum V, 2, 3.

distringo, nxi, ctum, 3. „auseinanberziehen", bah. übtr. ſpannen: curam, ſorgenvolle Spannung bewirken III, 3, 4 (ſ. ad 9).

ditio, ōnis; ſ. dicio.

dĭū, adv. lange Zeit, lange III, 1, 18; diu crescere („langſam") VII, 8, 14; diutius, länger V, 1, 36; nec diutius quam respondit, als bis er ſeine Antwort gegeben hatte IX, 4, 30. — 2) vor langer Zeit IV, 4, 19.

diurnus, 3. täglich: quaestus IX, 2, 6; opus IV, 1, 20. — 2) bei Tage: labor V, 13, 5.

diūtĭnus, 3. (diu), lange bauernb, langwierig: bellum IV, 14, 11.

diutius, ſ. diu.

diŭturnus, 3. lange bauernb, von langem Beſtande, anhaltenb: possessio VIII, 8, 11; fructus VIII, 5, 15; potentia X, 1, 6; vita VIII, 5, 16; sidus IX, 6, 8; posteritas X, 9, 6.

dī-vello, velli, vulsum, 3. losreißen, (gewaltſam) trennen: alqm ab aliquo III, 5, 8.

dīverbĕro, 1. zerſchlagen, (burch Schlagen) zerteilen: fluctus IV, 4, 3.

dīversōrium, ſ. deversorium.

dīversus, 3. (*part. v.* diverto), nach verſchiebenen Seiten gewenbet, entgegengeſetzt, verſchieben: fuga III, 11, 19; iter V, 4, 30; ex diverso, aus verſchiebenen Richtungen IV, 4, 7.

diverticulum

— 2) **auf der entgegengesetzten Seite, entgegengesetzt, gegenüberliegend**: regio IX, 1, 35; pars IV, 4, 6; evadere in diversum, auf die entgegengesetzte Seite (des Ufers) IV, 8, 8; spicula eminent in diversum, dem Feinde entgegen, nach vorn IV, 9, 5; digressi in diversa, vom übrigen Heere getrennt III, 8, 3. — 3) **abgelegen, entfernt**: pars VIII, 13, 20; litus III, 4, 6; regio IX, 1, 35. — 4) übtr. **entgegengesetzt, widersprechend, verschieden**: consilia IX, 1, 20; exta prioribus VII, 7, 29; color ab aliis VI, 4, 18; animus diversa agitans VIII, 3, 14; animus in diversa versatur III, 6, 7; mutare in diversum, ins Gegenteil umstimmen IX, 7, 10.

dīverticŭlum, f. deverticulum.

dīves, ĭtis, **reich**: gens X, 2, 11; regio (auro) VIII, 5, 3; IX, 2, 27; divitissimus quisque IV, 1, 24.

dīvĭdo, vīsi, vīsum, 3. **teilen, verteilen**: utres VII, 5, 17; munus VII, 6, 26; arma junioribus IV, 2, 12; copias (cum alquo) III, 8, 2; IV, 3, 1; V, 3, 16; exercitum in partes VIII, 1, 1; classem (peditem) in cornua IV, 3, 11; 12, 3; pedes in cornua divisus, in Flügelstellung aufgestellt IV, 9, 17; agmen in cornua divisum VIII, 14, 1; panem gladio, zerteilen VIII, 4, 27. — 2) **teilen, trennen, scheiden**: intervallum dividit aciem X, 9, 15; terra maria III, 1, 13; dorsum Asiam jugo VII, 3, 19; fretum urbem a continenti IV, 2, 7; amicos a consciis, unterscheiden VII, 1, 30; absol. nisi Tanais dividat, macht die Grenzscheide (f. nisi) VII, 8, 30.

dīvīnātĭo, ōnis, f. **Weissagungsvermögen, Vorgefühl**: praesagientis animi III, 3, 2.

dīvīnĭtās, ātis, f. **Göttlichkeit** VIII, 5, 16. 18.

dīvīno, 1. **prophezeien, ahnen**: mit acc. c. inf. VI, 10, 18; X, 6, 21; absol. die Zukunft voraussehen VI, 10, 25.

dīvīnus, 3. **die Götter betreffend,**

do

göttlich: jus III, 10, 9; honores IV, 7, 28; X, 5, 11. — 2) **von den Göttern herrührend, göttlich**: instinctus VIII, 10, 15; ope divina III, 6, 18.

dīvĭtĭae, ārum, **Reichtum** V, 6, 2; VII, 8, 20; X, 1, 22.

dīvortĭum, i, (diverto), **Scheidung**: magno divortio amnes iter percurrunt, in großem Bogen von einander sich entfernend V, 1, 13.

do, dĕdi, dătum, dăre, **geben, schenken**: dona amicis V, 6, 20; alqd dono, zum Geschenk V, 2, 19 (f. doceo); alqd doti IV, 5, 7; dextram fidei pignus VIII, 12, 10; nobilitatem loco, verleihen IX, 6, 22; impunitatem facto, angedeihen lassen VIII, 12, 3; fortunam, zuweisen VI, 5, 8; vitam, schenken VIII, 1, 39; terga alcui, vor jemb. die Flucht ergreifen III, 2, 17. — 2) **entrichten, zahlen**: pretium flagitii V, 1, 37; poenas, Strafe leiden, büßen IV, 7, 27; VII, 1, 39. — 3) **eingeben, beibringen**: medicamentum VI, 10, 34; venenum III, 6, 6; X, 10, 14. — 4) **beigeben, bestellen, bestimmen**: alqm qui meminerit IV, 1, 18; judicem V, 2, 2; alqm satrapen VI, 4, 25; comitem III, 6, 1; 13, 3. — 5) **darbringen, weihen**: inferias (alcui) VII, 9, 21; X, 1, 30. — 6) **überweisen, übergeben**: virginem servo X, 1, 5; captivos urbi incolas VII, 6, 27; negotium X, 1, 36. — 7) **Zeichen geben**: notam VI, 8, 15; signum (pugnae, receptui, ad eundum) IV, 13, 22; V, 3, 23; 10, 12. — 8) **wohin geben ob. bringen**: alqd in profundum secum, mit sich in die Tiefe reißen IV, 3, 10; alqd in conspectum, vor Augen stellen, zur Schau stellen III, 2, 2; V, 1, 2. — 9) **geben, einräumen, gestatten**; spatium liberum VII, 4, 35; locum, Raum geben VI, 6, 31; viam alcui, Platz machen X, 6, 24; iter, offen lassen IV, 16, 9; biduum irae IX, 3, 19; spatium animo („seiner Hitze") VIII, 1, 48; occasionem IV, 5, 16. — 10) **zugestehen, in Rücksicht auf etw. thun**: alqd precibus IX, 2, 30; formae VIII, 10, 35.

dŏcĕo, cūi, ctum, 2. jembm. etw. lehren, ihn in etw. unterrichten: litteras IV, 4, 19; alqm artem VII, 7, 16; alqm, belehren VI, 10, 4; VII, 7, 6; aves, abrichten VIII, 9, 25; abſol. (dono dare) quae docerent, Frauen, welche ſie unterrichten könnten V, 2, 19. — 2) berichten, nachweiſen, vorſtellen: mit *acc. c. inf.* IV, 1, 28; V, 1, 8; 3, 5; 6, 1; IX, 1, 1; 4, 19; mit Fragſatz V, 4, 13. — 3) lehren, beweiſen: eventus docet mit *acc. c. inf.* VIII, 14, 42.

dŏcĭlis, e, gelehrig: ad imitandum sonum VIII, 9, 16.

dŏcŭmentum, i, „was zur Lehre bient", bah. warnendes Beiſpiel, Warnung III, 2, 18; perfidiae non inultae III, 8, 4; mit Fragſatz V, 8, 15; mit ut VIII, 14, 26. — 2) Beweis, Probe, Zeugnis: fidei VIII, 6, 12; indulgentiae X, 5, 25; documenta sui dare, Proben von ſich geben VII, 11, 8.

dŏlābra, ae, Picke, Brechaxt V, 6, 5. 14; VIII, 4, 11.

dŏlĕo, ŭi, ĭtūrus, 2. ſich betrüben, betrübt ſein X, 9, 9.

dŏlor, ōris, *m.* (körperl.) Schmerz IV, 6, 19; cervicis VII, 7, 5. — 2) übtr. a) Schmerz, Gram, Kummer, Betrübnis III, 12, 7; IV, 8, 9; animi VI, 9, 1; mutuus IV, 10, 21; communis X, 5, 9; haud levis VIII, 2, 39. — b) Ärger, Unmut, Unwille VI, 2, 4; 6, 17; VIII, 1, 38; 6, 25; IX, 3, 2; soporatus VII, 1, 7.

dŏlus, i, Täuſchung, Liſt IX, 7, 7; dolum intendere VII, 5, 21; VIII, 13, 17.

dŏmesticus, 3. zum Hauſe gehörig: hostis, Feind im eigenen Lager VI, 8, 9; ſubſt. domestici, Hausgenoſſen, bie Umgebung jembs. IX, 6, 24. — 2) heimatlich, einheimiſch: miles IV, 6, 31; vestis IX, 3, 10; sermo VII, 5, 29; bellum IV, 14, 19; res, Heimweſen V, 11, 5.

dŏmĭcĭlĭum, i, Wohnort, Wohnſitz IV, 4, 20.

dŏmĭna, ae, Herrin, Gebieterin III, 11, 25; 12, 8.

dŏmĭnātĭo, ōnis, *f.* Herrſchaft VI, 1, 8.

dŏmĭnor, 1. herrſchen, den Herrſcher ſpielen: in alqm, über jemb. VIII, 7, 1.

dŏmĭnus, i, „Hausherr", bah. Eigentümer, Herr VI, 6, 16; VII, 6, 27; 8, 28; VIII, 14, 40. — 2) Gebieter, Herrſcher III, 11, 23; VI, 3, 17; X, 5, 8; terrarum IV, 14, 9.

dŏmĭto, āre (*v. intens. v.* domo), bänbigen, zähmen: elephantos VIII, 9, 17 (quam, erg. eorum).

dŏmĭtor, ōris, Bezwinger, Überwinder: gentium III, 12, 19; exercitus domitor Asiae, welches Aſien überwunden hatte V, 1, 39.

dŏmo, ŭi, ĭtum, 1. bänbigen, zähmen: equos IV, 9, 4; animal ad mansuetudinem IX, 8, 2. — 2) bezwingen, unterwerfen: Syros cladibus belli IV, 1, 5; gentem V, 6, 19; urbes IX, 1, 23; terras VI, 3, 5.

dŏmus, ūs, *f.* Haus: satraparum X, 1, 33; in domo alcjus VII, 1, 37. — 2) Haus, Familie III, 13, 14; VIII, 6, 23; X, 9, 6; in eadem domo familiae X, 7, 15. — 3) Heimat, Vaterland: domi, in der Heimat, im Vaterlande, baheim III, 13, 15; V, 5, 19; domi militiaeque, im Krieg u. Frieben VII, 2, 33; domum (domos), repetere (remittere), nach Hauſe, heim IV, 1, 39; VI, 5, 10. 22; reverti (redire) domos V, 5, 9; VI, 2, 17; 6, 10.

dōnec, *conj.* ſo lange als, während VII, 9, 14. — 2) ſo lange bis, bis baß, bis mit *perf. indicat.* IV, 4, 6; VI, 1, 2; 4, 15; VI, 11, 20; VIII, 1, 23; 14, 33; IX, 1, 12; 5, 9; mit *praes. conj.* IV, 7, 22; V, 9, 4; mit *imperf. conj.* III, 11, 5; IV, 3, 5; 15, 17; V, 2, 22; 3, 17; 13, 12.

dōno, 1. ſchenken: alqd VII, 3, 3; X, 1, 35. — 2) beſchenken: alqm X, 5, 10; alqm bonis VIII, 6, 26; coronis IX, 1, 6; regno VIII, 14, 45; libertate V, 3, 15; VI, 5, 29.

dōnum, i, Gabe, Geſchenk V, 10, 9; victoriae, Siegespreis IV, 5, 11; alqd afferre (ferre) donum, als Geschenk IV, 2, 2; 5, 11; V, 12, 1; dono dare, zum Geschenk geben IV, 11, 15; dono mittere V, 2, 18.

dorsum, i, Rücken (als Erhöhung) IV, 4, 3; VIII, 14, 40; testudinis („Schale") IX, 8, 2; alqd dorso portare III, 13, 16; V, 13, 7; gestare IV, 2, 20. — 2) übtr. Gebirgsrücken, Kamm III, 4, 7; montis III, 4, 12; VII, 3, 8; (s. in *B*. 5): VII, 3, 19.

doryphŏros, i, Lanzenträger: *plur.* doryphoroe, Leibgarde der persischen Könige III, 3, 15.

dōs, dōtis, *f.* Mitgift, Aussteuer IV, 5, 1; alqd in dotem offerre IV, 2, 1; IV, 11, 5; doti dare, zur Mitgift geben IV, 5, 7. — 2) übtr. natürliche Eigenschaft, Gabe: *plur.* X, 5, 32; ingenii III, 6, 20.

drăco, ōnis, Drache, eine Schlangenart IX, 8, 26.

Drangae, arum, Anwohner des Binnensees Zareh im heutig. Sebschistan VI, 6, 36; VIII, 3, 17.

drŏmăs, ădis, „laufend": bah. dromades cameli, Dromedare V, 2, 10.

Dropĭdes, is, ein Athener im Heere des Dareus III, 13, 15.

dŭbĭē, *adv.* zweifelhaft: haud dubie, ohne Zweifel, unstreitig III, 7, 15; IV, 9, 1.

dŭbĭtātĭo, ōnis, *f.* Ungewißheit, Zweifel: dubitationem eximere V, 11, 7; VII, 11, 21. — 2) Unschlüssigkeit VIII, 10, 10.

dŭbĭto, 1. im Urteile, schwanken, ungewiß sein, zweifeln: de alqua re V, 6, 9; VII, 6, 18; mit *acc. c. inf.* X, 6, 21; mit ne („ob nicht etwa") VII, 11, 21; mit an („ob, ob auch") V, 8, 7; VII, 7, 18; IX, 2, 10; („ob nicht") IV, 10, 16; 15, 30; 16, 8; mit disjunkt. Frage IV, 9, 1; IX, 1, 27; 8, 24; VII, 2, 34; non (haud) dubito mit folg. quin III, 8, 14; IV, 10, 29; 15, 28; V, 1, 4; 12, 7; VI, 2, 14; VII, 1, 13; IX, 4, 28; X, 6, 18; mit *acc. c. inf.* VII, 1, 11. — 2) Bedenken tragen, anstehen, zö-

gern: mit *inf.* IV, 1, 32; 5, 2. 21; V, 4, 16; VI, 4, 14; 5, 30; 7, 15; VII, 7, 12; X, 8, 2; non dubito quin III, 13, 2; absol. VIII, 5, 12; X, 4, 2.

dŭbĭus, 3. schwankend, unsicher: eventus pugnae IV, 16, 28; bah. mißlich, gefährlich: res („Lage") IV, 16, 23. — 2) zweifelhaft: auspicium IV, 15, 27; haud dubia fortuna (erg. est) VII, 7, 11; dubium est an III, 8, 21; nulli est dubium quin VII, 1, 9. — 3) zweifelnb: haud dubius quin V, 12, 3; VII, 6, 14; mit *acc. c. inf.* IV, 13, 33; IX, 7, 21. — 4) schwankend, unschlüssig: animi („im Geiste") IV, 13, 3; VIII, 5, 26.

dŭcēni, ae, a, je zweihundert V, 1, 45; VII, 4, 23.

dūco, xi, ctum, 3. A) führen, leiten: alqm secum IV, 7, 9; iter ducit in Persidem III, 11, 19; flumina aquas ducunt, schleppen hin VIII, 9, 18. — 2) (zur Bestrafung u. dgl.) fortführen, abführen: alqm VII, 5, 26; VIII, 7, 15; X, 4, 1. — 3) heimführen: alquam conjugem, heiraten X, 3, 12; V, 5, 13. — 4) militär. a) führen, marschieren lassen: agmen raptim V, 13, 5; modicis itineribus VIII, 12, 1; exercitum per Phrygiam III, 1, 11; in Persidem jugo montium V, 4, 4; nocturno (terrestri) itinere VII, 5, 1; IX, 10, 2; terrā IX, 10, 4; impedimenta campestri itinere VI, 4, 3; absol. IV, 1, 29; IX, 4, 23. — b) vom Feldherrn, ziehen, marschieren: adversus alqm III, 4, 1. — c) führen, befehligen, kommandieren: agmen V, 1, 19; manum VI, 4, 2; antesignanos IV, 6, 23. — d) vor einer Heeresabteilung ziehen, den Vortrab bilden: levis armatura ducit agmen VI, 4, 15; absol. vorangehen IV, 7, 15 (*V*.). — 5) Festzüge u. dgl. (als erster) anführen, veranstalten: exequias filiorum X, 5, 21. — B) ziehen: currum IX, 8, 1; spiritum, Atem holen IV, 10, 19; übtr. a) herleiten, ableiten: genus ab alquo IV, 2, 3; X, 1, 23. — b) annehmen:

colorem X, 3, 14. — c) das Resultat von etw. ziehen, daß. für etw. halten, erachten: alqd optimum, für das Beste VII, 4, 11 (f. solus); egregium IV, 15, 24; levius VI, 6, 2; nihil parvum IX, 6, 24; alqm marem X, 1, 26.

ductus, ūs, Führung, Leitung: ductu alcjus, unter jembs. Führung VI, 3, 2; ductu imperioque, unter Leitung u. Oberbefehl VI, 1, 1; non ipsius magis, quam suo ductu, mehr auf ihren eigenen als auf seinen Antrieb III, 10, 4.

dulcēdo, ĭnis, f. „Süßigkeit", daß. Reiz, Lust: bibendi VII, 5, 7; perpotandi VI, 2, 2.

dulcis, e, süß: aqua IV, 7, 16; mare VI, 4, 18. — 2) v. Personen, geliebt: dulcissima mater V, 2, 22.

dum, conj. während, indem: mit praes. indicat. IV, 5, 21; 6, 17. 23; IV, 7, 30; 16, 20; VI, 11, 15; in inbirect. Rede IX, 10, 21; mit *imperf.* IX, 9, 12; mit *perf.* X, 1, 43; dum etiam, während noch X, 2, 26. — 2) so lange als: dum dico VII, 1, 18; dum infitiatus est VI, 11, 40; dum spe calerent IV, 1, 29. — 3) so lange bis, bis daß, bis: dum inbuuntur VI, 3, 6; dum perventum est VII, 4, 25; mit Konjunktiv VI, 11, 6. 19; VII, 4, 5; 5, 18; VIII, 12, 9; IX, 10, 22; X, 5, 36. — 4) (= dummedo), wenn nur, wofern nur, mit Konjunkt.: dum memineritis VI, 9, 36.

dumtaxat, *adv.* eben nur, lediglich III, 1, 3; 12, 2; IV, 10, 32; VIII, 1, 29; IX, 9, 18; X, 10, 16. — b) wenigstens IX, 10, 18.

duo, ae, o, zwei: stipendium duum mensium V, 1, 45. — 2) die beiden (genannten) III, 8, 28; 11, 5; VIII, 6, 22.

duplex, ĭcis, zweifach, doppelt: numerus III, 2, 8.

dūro, 1. hart machen, härten: lignum igni III, 2, 7; nodi duraverant stipites VI, 5, 16; hastae igne duratae III, 2, 16; pisces sole durati, gebörrt IX, 10, 10. — 2) übtr. rauh machen, unempfindlich machen: ingenia VII, 3, 6. — 3) *intrans.* „sich verhärten", daß. übtr. a) ausdauern, aushalten: in eodem habitu corporis X, 5, 3. — b) fortdauern, fortbestehen: durat moles V, 1, 34; habitus VIII, 4, 14; nihil III, 4, 10 (f. in *B.*, 6); fides in illud tempus VIII, 6, 15; libertas brevi duratura, kurz dauernd X, 7, 11; vites durant, halten sich VII, 3, 10.

dūrus, 3. hart: materia VIII, 10, 25. — 2) übtr. hart, schwer: duriora restant VII, 11, 16.

dux, dŭcis, Führer, Wegweiser: viae V, 4, 11; itineris V, 3, 6; duce alquo, unter jembs. Führung IV, 2, 17; V, 2, 9. — 2) Anführer, Heerführer: exercitūs VIII, 5, 8; equitatūs VI, 9, 26; alquo duce, unter jembs. Anführung III, 11, 18; IV, 13, 29. — 3) Anleiter, Rädelsführer: sceleris VI, 9, 4; clamor sine duce ac sine imperio, ohne Anregung u. Veranlassung V, 12, 14.

Dyardănēs, is, f. Diardines VIII, 9, 9.

Dymnus, i, ein Verschworener gegen Alexander VI, 7, 2.

E.

ē, f. ex.

ebriĕtās, ātis, *f.* Trunkenheit, Rausch V, 1, 37; mens ebrietate gravata V, 7, 11.

ebrius, 3. trunken, berauscht V, 7, 4.

ĕbur, bŏris, *n.* Elfenbein VIII, 5, 4; IX, 1, 2.

Ecbătăna, ōrum, Hauptstadt v. Medien, Sommerresidenz der persisch. Könige, jetzt *Hamadan* IV, 5, 8; V, 8, 1; 13, 1; VII, 10, 10.

Ecbolima, ōrum, Stadt in Indien VIII, 12, 1.

ecce, *interj.*, siehe da! sehet! VI, 3, 3; X, 2, 24.

ecquis, ecquid. *pron. interrog.*, **wohl irgend einer?** VI, 10, 22. — 2) ecquid als Fragepartikel in affektvoller Frage, denn nicht? wohl? IV, 16, 5; VI, 9, 36; VIII, 4, 17; ecquid mirum est, ist es wohl zu verwundern? IV, 11, 4.

ĕcŭlĕus, i, „Füllen", dah. ein pferdeartig gestaltetes Folterinstrument: alqm in eculeum imponere, auf die Folterbank spannen VI, 10, 10; VIII, 7, 5.

ē-dīco, xi, ctum, 3. ansagen, verordnen, bestimmen (kraft eines Amtes): alqd VIII, 10, 30; certamen in noctem IV, 13, 14; mit folg. ut VII, 1, 4; X, 2, 9; mit Konjunktivsatz VI, 8, 23; mit *acc. c. inf.*, bekannt machen VI, 11, 20.

ēdĭtus, a, um, f. edo.

ē-do, dĭdi, dĭtum, 3 herausgeben, von sich geben: clamorem (gemitum), ausstoßen IV, 12, 23; 10, 20; sonum, hervorbringen V, 4, 25; matre editus, geboren VI, 5, 4; amnis editur, bricht hervor VI, 4, 5. — 2) „äußern", dah. mitteilen, veröffentlichen, bekannt machen: mandata regis X, 8, 15; summam orationis VI, 11, 12; responsum in vulgus III, 3, 7; IV, 10, 7; oraculum (sortem), verkündigen IV, 7, 24; VI, 9, 18; sors oraculo edita V, 4, 11. — 3) verrichten, leisten: alqd dignum nobilitate (spectaculo) III, 7, 12; IV, 4, 11; opus virtutis VIII, 14, 37; facinus V, 13, 18; exemplum patientiae, zeigen X, 3, 4; spectaculum ludicrum, veranstalten III, 7, 5; proelium (pugnam), liefern V, 4, 31; IV, 6, 25; VII, 7, 37; certamen maeroris, anstellen X, 5, 9. — 4) „emporgeben", dah. *part.* editus als Adjekt. hervorragend, hoch: collis IV, 12, 18; mons III, 8, 22; vertex V, 4, 27; turris multum edita III, 1, 7; arbores in altitudinem editae IX, 1, 9; tumulus editior VII, 7, 38; subst. edita montium, Berghöhen VI, 6, 25.

ē-dŏcĕo, cŭi, ctum, 2. jemb. (gründlich) über etw. belehren, ihn mit etw. bekannt machen: alqm periculum IV, 13, 37; rationem IV, 10, 5.

1. **ēdūco**, 1. erziehen: alqm III, 3, 23; 12, 16; VIII, 1, 21.

2. **ē-dūco**, xi, ctum, 3. herausführen: alqm e custodia VII, 1, 8. — 2) ausrücken lassen: copias VI, 6, 21; equites VIII, 1, 3; 10, 4; in proelium X, 5, 10; in aciem IV, 1, 35; ad occupandas angustias V, 4, 29. — 3) „emporziehen", dah. aufziehen, großziehen: alqm III, 12, 16.

effectus, ūs (efficio), Ausführung: consilii VIII, 12, 22. — 2) Wirkung, Erfolg VIII, 9. 28.

effēmĭno, 1. (femina), zum Weibe machen: *passiv*. effeminari, zum Weibe ausarten: stupro X, 1, 26. — 2) verweichlichen: subst. *part.* effeminatus, Weichling VI, 7, 11.

1. **effĕro**,' 1. (ferus), verwildern machen: bellum efferat ingenia VIII, 2, 16; efferatus, verwildert VI, 3, 6; equi dolore efferati, wild geworden III, 11, 11.

2. **effĕro**, extŭli, elātum, efferre, „heraustragen", dah. bestatten: corpus magnifico funere IV, 8, 9. — 2) forttragen, fortschaffen: pecuniam III, 13, 5. — 3) gewaltsam fortreißen, *passiv.* v. Affekten, fortgerissen werden, sich fortreißen lassen: mobili impetu IX, 4, 22; elatus gaudio IV, 6, 26; VI, 7, 24; ad vanam fiduciam III, 8, 10. — 4) emportragen: nubes ad caelum effertur, steigt empor IV, 15, 32; übtr. *passiv.*, sich erheben: super humanum fastigium IX, 10, 24; se ad sidera IV, 5, 3.

effĭcācĭus, *adv.* (*compar.* v. efficaciter), wirksamer IV, 10, 7.

effĭcax, ācis, wirksam: efficaciores preces VIII, 3, 3; necessitas efficacior IV, 3, 24; VIII, 4, 11.

effĭcĭo, fēci, fectum 3. (facio), „hervorbringen", dah. herstellen, erbauen: rates VII, 8, 8. — 2) zuwege bringen, ausführen, bewirken: alqd VI, 9, 14; res V, 7, 1; mit folg.

ut III, 6, 20; VII, 1, 28; 2, 6; mit folg. ne VI, 5, 11.

effĭgĭēs, ēi (fingo), plaſtiſches Bilb= wert, Geſtalt IV, 7, 23; avium VIII, 9, 26.

effluo, xi, 3. ˏentfließen˝, baß.übtr.ent= gleiten, entfallen: telum effluxit VIII, 14, 36.

effringo, frēgi, fractum, 3. (frango), aufbrechen: portam IV, 5, 17.

effŭgĭo, fūgi, 3. entfliehen, ent= rinnen, entkommen: alqm V, 9, 2; manus alcjus V, 10, 15; mortem IV, 14, 25; ultimum suppliciorum VI, 6, 31; velocitatem alcjus VII, 7, 7.

effundo, fūdi, fūsum, 3. ausgießen, auswerfen, ausſtrömen laſſen: fons effundit vim bituminis V, 1, 16; procella nivem (imbrem) effundit, ſchüttet hinab III, 13, 7; *passiv.* effundi, ſich ergießen: effunditur imber VIII, 4, 5; mare VI, 4, 19; amnis ex radicibus montium VI, 4, 4; sanguis IV, 15, 17; VI, 1, 4. — 2) hervorſtürmen laſſen, anſtürmen laſſen: currus in hostem IV, 15, 3. — 3) abwerfen (b. Reiter) VIII, 14, 34. — 4) „loslaſſen", baß. a) ſchießen laſſen: effusis habenis, mit verhängtem Zügel VII, 7, 35; 9, 13; cursus effusus, geſtreckter Lauf V, 13, 12. — b) (in Menge) ſchleudern: tela in alqm VIII, 10, 31. — 5) übtr. a) v. Äußerungen, ausſtoßen: illa VI, 11, 28. — b) v. Leidenſchaften, aus= ſtrömen laſſen, auslaſſen: iram in alqm VII, 1, 25; effusum esse, einer Sache leidenſchaftlich ergeben ſein: in vinum V, 1, 37; in amorem alcjus VIII, 4, 25. — 6) „weggießen", baß. ver= brauchen, verſchwenden: temeritas primum impetum effundit IV, 14, 13. — 7) „auseinandergießen", baß. a) militär. zerſtreuen: in fugam effundi, in wilde Flucht ſich zerſtreuen IV, 15, 29; 16, 20; fuga effusa, wilde Flucht IV, 15, 4. — b) verbreiten: fumus (mons) effundit caliginem IV, 9, 15; 12, 20; caligo effunditur IV, 3, 16; *part.* effusus als Adjekt., „ausgebreitet", baß.

ausgelaſſen, maßlos: laetitia VII, 10, 5; licentia X, 2, 15.

effūsē, *adv.* ausgebehnt, weit u. breit, zerſtreut VI, 1, 6; IX, 8, 19. — 2) übtr. maßlos, heftig: effusius flere IX, 3, 3.

ĕgĕo, ŭi, 2. nötig haben, be= bürfen: *part.* egens, bebürftig: externae opis VI, 3, 13.

ē-gĕro, gessi, gestum, 3. heraus= tragen, herausſchaffen: limum V, 1, 29; humum alte, ausgraben VII, 10, 14. — 2) von ſich geben: aquam vomitu VII, 5, 8. — 3) wegſchaffen, wegnehmen: summam pecuniae ex thesauris V, 2, 11; aurum inde X, 1, 33.

ĕgo, ich: potens mei IV, 13, 23; exercitus mei (bes Gegenſatzes wegen ſtatt meos) IX, 2, 25; pars mei, meines Ichs IV, 14, 22; pars nostri V, 5, 14.

ēgrĕdĭor, gressus sum, 3. (gradior), herausgehen, herauskommen, ſich entfernen: tabernaculo III, 12, 26; convivio („Speiſezimmer") VIII, 5, 9; in ripam, ausſteigen IV, 9, 18; in terram, ans Land ſteigen IX, 9, 21; ob= viam, entgegenkommen V, 1, 19. — 2) militär. ausrücken, ausziehen: porta, Ausfall machen IV, 6, 13; ob= viam, entgegenziehen VIII, 12, 7; X, 8, 23. — 3) *transit.* über einen Punkt hinausgehen, ihn überſchreiten: finem mundi IX, 6, 20; sextum annum egressum esse, überſchritten haben III, 11, 24.

ēgrĕgĭē, *adv.* ausgezeichnet, ungemein gut, vortrefflich III, 11, 4; VII, 7, 29.

ēgrĕgĭus, 3. (grex), „auserleſen", baß. ausgezeichnet, trefflich, rühm= lich, glänzend: dux IV, 5, 13; opus VI, 3, 17; pugna IV, 6, 25; victoria V, 8, 17; mors III, 11, 9; fides IV, 8, 13; alqd egregium ducere IV, 15, 24.

ēĭcĭo, jēci, jectum, 3. (jacio), her= auswerfen, auswerfen: fluctus eicit beluas IX, 10, 10.

ĕjŭlātus, ūs, ſ. hejulatus.

ejusmŏdi, von der Art, berar= tig: casus IV, 3, 18.

elabor

ē-lābor, psus sum, 3. entgleiten, entfallen: tela elapsa VIII,14,32. — 2) entſchlüpfen, entkommen V, 9,11; VII, 4,19; per portam IV, 10, 25; occulto aditu VI, 8,20.

ē-languesco, gŭi, 3. erſchlaffen, ermatten: elanguescit proelium IV, 15,19; favor X,7,13.

Elaptonīus, i, ein Page Alexanders VIII, 6, 9.

ēlectĭo, ōnis, f. (eligo), Auswahl VII, 6, 9.

ēlectus, a, um, ſ. eligo.

Elēi, ōrum, die Eleer, Bewohner der Landſchaft Elis im Peloponnes VI, 1, 20.

ĕlēmentum, i, Element IX,9,26.

ĕlĕphantus, i, Elefant V, 2, 10; VIII, 9, 17; 13, 7.

ēlĭcĭo, licŭi, licĭtum, 3. (lacio), herauslocken: hostem extra muros IX, 8, 18. — 2) übtr. a) entlocken, ablocken: metus elicit vocem IV,6,6.— b) erwecken, erregen: iram VIII, 5, 22.

ēlīdo, si, sum, 3. (laedo), herausſchlagen, herausſtoßen: amnis elisus fertur, ſchießt überſchäumend einher VIII, 13, 9. — 2) zerſchlagen, zerſchmettern: alqm stipite IX,7, 22. — 3) zuſammendrängen, milia se elidunt, erdrücken ſich IX, 2, 21; flumina in augustiorem alveum elisa, gepreßt IX,2,17.

ēlĭgo, lēgi, lectum, 3. (lego), ausjäten: steriles herbas IV, 1, 21. — 2) ausleſen, auswählen, wählen: milites V, 5, 22; VII, 5, 27; ad hoc V, 5, 22; ducem IX, 4, 24; terras V, 11, 5; locum (urbi, morti) IV,14, 12; 8, 2; VIII, 4, 8; sedem sibi VI, 4, 13; sedem condendae urbi VII,3,23; 6, 13; 10, 15; silvas ad hoc VIII,1,12; part. electus als Adjekt., auserleſen: species IX, 1, 26; electae, Jungfrauen von auserleſener Schönheit VIII,4,24.

ē-lŏquor, cūtus sum, 3. herausſagen, ausſprechen: haec VII, 2, 3; plura VI, 8, 22; mit acc. c. inf. IX, 6,12.

emineo

ē-lūdo, si, sum, 3. im Fechten „parieren", baḣ. übtr. a) unwirkſam machen: alqd VII, 2, 12 (quibus, „wodurch"). — b) „mit jemb. ſein Spiel treiben", baḣ. jemb. dem Spott preisgeben, verſpotten: alqm V,11,10; VII,11, 6; solitudines proverbiis VII, 8, 23; ferociam contemptim IX,7,18; sortem III,1,18; oraculum VIII,1,42.

ēlŭvĭēs,ēi, „Überſchwemmung", baḣ. metonym. ausgeſpülte Schlucht V, 4, 26; plur. VI, 4, 20; VIII, 11, 7.

ē-māno, 1. herausfließen: ex fonte X, 10, 17.

ēmendo,1.(mendum),verbeſſern: passiv. ſich beſſern VIII, 7, 15.

ē-mentĭor, 4. erlügen, lügneriſch vorgeben: mit acc. c. inf. VII, 5, 26.

ē-mergo, si, sum, 3. hervortauchen, auftauchen IV, 4, 4; herauswaten IV, 9, 21.

ēmētĭor,mensus sum,4. „ausmeſſen", baḣ. einen Raum durchwandern, durchziehen, zurücklegen: iter V, 4,22; spatium itineris VII,9,21; spatia terrarum IV, 14, 7; spatium cursu (fuga) VI, 1, 12; IV, 16, 9; terras IV, 14, 1; maria terrasque IX,3,7; silvas V, 6, 15; juga montium VII, 11, 8; terminos Herculis III, 10, 5 (emensos, „wenn ſie überſchritten haben würden"); gentes („Länder") III, 12, 18; quae emensus erat, der durchlaufene Weg IX, 3, 20.

ē-mĭco, cŭi, cātum, 1. hervorblitzen, hervorſchießen: fulgur (vis sanguinis) emicat VIII, 4, 3; IX, 5,10. — 2) übtr. hervorleuchten: magnitudine animi VII, 6, 20.

ēmĭnĕo, ŭi, 2. hervorragen, hervorſtehen: eminet columna X, 1, 14; tumulus IX, 9, 18; campus IV, 9,10; cornu lunae VI, 4, 16; prora multum IV, 3, 2; signum ex pertica V,2,7; simulacrum ex jugo III,3,16; hasta ex temone (ultra temonem) IV, 9, 5; 15, 4; moles aquā IV, 2, 21; sarissa per cervicem VII, 4, 36; belua super ceteras (inter ceteras) VIII, 13,

7; 14, 13; dorso super fluctus IV, 3, 4; curru, thronen auf III, 3, 15; 11, 7; IV, 14, 9; eminens, hervorragend: arbores IV, 3, 10; saxa V, 3, 20. — 2) übtr. a) hervortreten, sichtbar sein, sich zeigen: eminet studium IV, 1, 24; atrocitas in voce, verrät sich VIII, 1, 50. — b) hervorragen, hervorstrahlen, sich auszeichnen: magnitudine inter omnes VI, 1, 3; nobilitate X, 1, 22; specie IX, 1, 28; velocitate inter ceteros IV, 4, 7; robore super ceteros III, 11, 8; eminet auctoritas in alquo VIII, 12, 13; furor inter omnes X, 1, 5; nobilitas VIII, 9, 21; genus VI, 2, 9; eminentia bona VI, 6, 1. — c) vollauf vorhanden sein: eminet macror X, 5, 2; opes ominent IX, 1, 2.

ēmĭnus, *adv.* (e u. manus), „von b. Hand entfernt", bah. aus der Ferne, von fern: (sagitta) petere alqm V, 3, 9; VI, 1, 4; VII, 8, 18; obrui telis VIII, 13, 15.

ē-mitto, mīsi, missum, 3. heraus-schicken, entlassen: agmina inde III, 2, 3; paucos navigio in ripam IX, 9, 5; leonem, loslassen IX, 1, 32. — 2) militär. abschicken, ausrücken lassen, hervorbrechen lassen: equites (in cornu hostium) IV, 13, 36; V, 13, 19; VIII, 14, 5; milites in beluas VIII, 14, 24; currus IV, 13, 33. — 3) v. Flüssen, entsenden, hervorfließen lassen VII, 11, 3; VIII, 9, 10. — 4) v. Geschossen, abschleudern, schießen: hastam VII, 4, 36; lanceam IX, 7, 21; sagittas VIII, 9, 28; tela III, 11, 4; saxum in alqm VI, 9, 31 (emissurus, „Miene machend zu schleudern"); aculeum IV, 14, 13. — 5) hören lassen: vox emittitur, läßt sich hören VII, 2, 7.

ĕmo, ēmi, emptum, 3. kaufen, erkaufen: ab alquo equum X, 1, 11; vicum capite („mit dem Leben") IX, 6, 11; percussorem, dingen IV, 1, 12.

ē-mŏrĭor, mortuus sum, 3. absterben: terra (natura) emoriens IV, 7, 10; IX, 4, 18.

ōn, *interj.* zur Erregung der Aufmerksamkeit, siehe! en tandem, seht mir doch! X, 2, 23.

ē-nascor, nātus sum, 3. hervorwachsen, entstehen: insula medio alveo enata IX, 8, 30.

ē-nāvĭgo, 1. abschiffen IX, 9, 13.

ĕnim, *conj.* (an zweiter Stelle b. Satzes), nämlich, benn: neque enim III, 9, 12; IV, 3, 18; quid enim, warum benn auch VI, 10, 32; at enim, s. at.

ĕnimvēro, Bekräftigungspartikel, nun aber, nun vollends IV, 7, 14; VIII, 1, 43.

ē-nītor, nisus sum, 3. „sich stemmend herausarbeiten", bah. sich emporarbeiten, emporklimmen: in verticem VII, 11, 17; per aspera VII, 11, 16; quo VII, 11, 10. — 2) *transit.* mit Anstrengung hervorbringen: marem, gebären X, 6, 9.

ē-no, navi, 1. hinausschwimmen, hinüberschwimmen VIII, 13, 15; in tumulos IX, 9, 18.

ē-nŭmĕro, 1. aufzählen, herzählen VI, 3, 4.

ē-nuntĭo, 1. (Geheimes) mitteilen, verraten: alqd III, 6, 7.

ĕo, īvi (ĭi), ĭtum, ire, gehen, sich wohin begeben: domos VII, 10, 9; in ordines, in Reih u. Glied treten IV, 13, 19; VIII, 13, 27; Arabia est a parte laeva euntibus („wenn man geht, auf bem Wege") V, 1, 11; *imperat.* ite, wohlan benn! V, 12, 11. — 2) v. Schiffen, fahren, abfahren IX, 9, 14. — 3) reiten III, 10, 3; IV, 12, 6; 16, 22; IX, 10, 26; effuso cursu V, 13, 12. — 4) ziehen, marschieren III, 3, 13; retro III, 8, 7; obviam hosti 8, 10; in aciem V, 1, 19; quadrato agmine VI, 4, 14; in hostem, losgehen IV, 15, 19; signum dare ad eundum, zum Marsche V, 10, 12. — 5) übtr. a) zu einer Thätigkeit gehen: infitias ire, leugnen, in Abrede stellen VII, 1, 26. 35; mit *supin.*: decernunt ultum ire, rächen zu wollen X, 8, 5; (illos) repletum ire, sie seien auf bem Wege anzufüllen IX, 1, 2. — b) v. Verhältnissen, verlaufen,

von statten gehen: res eodem cursu eunt VIII, 5, 19.

ĕō, *adv.* dahin: venire IV, 12, 21; pervenire VIII, 11, 13; recipi VI, 11, 2; eo rerum ventum est, es ist soweit gekommen V, 12, 3. — 2) *ablat.* v. is, daburch, deshalb VI, 8, 2; VIII, 2, 7. **ĕōdem**, *adv.* ebendahin IV, 1, 2; 15, 2; V, 1, 3; 6, 19.

Epimĕnēs, is, ein Page Alexanders VIII, 6, 9.

Epīrus, i, westl. Landschaft Nordgriechenlands am ionischen Meere X, 1, 18.

ĕpistŏla, ae, Zuschrift, Brief: epistolam obsignare III, 7, 12; legere III, 6, 9; 7, 14; recitare VI, 9, 13.

ĕpŭlae, ārum, (reiches) Mahl, Schmaus: inter epulas, beim Mahle III, 12, 19; V, 1, 42; alqm invitare ad epulas VI, 8, 16.

ĕpŭlor, 1. speisen, schmausen VIII, 1, 19; subst. epulantes III, 12, 3; VIII, 6, 14.

ĕquĕs, ĭtis, Reiter: Thessali III, 2, 16; sagittarii, berittene V, 4, 14; kollekt. Reiterei III, 2, 4; 11, 13; IV, 12, 3. 22; 13, 37; V, 1, 45; eques et phalanx VII, 8, 6; eques pedesque IV, 16, 11.

ĕquester, tris, e, die Reiterei betreffend: agmen, Zug der Reiter X, 9, 14; copiae, Reiterei VI, 6, 21; proelium, Reitertreffen III, 11, 1; pugna VII, 7, 32; acies VII, 9, 13.

ĕquĭdem, *adv.* (verstärktes quidem), sicherlich, gewiß, fürwahr III, 12, 18; VIII, 5, 19; 8, 10; mit erster Person des Zeitwortes = meinesteils, meinerseits V, 8, 15; VI, 3, 14; 9, 19; 10, 5; VII, 1, 38; VIII, 10, 15. — 2) konzessiv., wohl, freilich IV, 3, 23; IX, 1, 34; X, 2, 16; non equidem ...sed, zwar nicht...aber V, 13, 3; non equidem...ceterum IV, 12, 20.

ĕquĭtābĭlis, e, für Reiterei geeignet: planities IV, 9, 10.

ĕquĭtātus, ūs, Reiterei III, 3, 12; IV, 9, 17; VI, 9, 21.

ĕquŭlĕus, s. eculeus.

ĕquus, i, Pferd: equi quadrijugi IX, 8, 1; equi virique III, 3. 26; equum frenare III, 8, 26; conscendere V, 13, 15; equo vehi V, 13, 8; equum regere VII, 4, 18; equo citato advolare V, 12, 15.

ergā, *praep.* mit *acc.* „gegenüber", daß. in Betreff: cautus erga bona sua, seinem Glück gegenüber X, 1, 40. — 2) gegen (besond. im freundl. Sinne): erga alqm III, 6, 17; IV, 10, 16; V, 8, 3.

ergastŭlum, i, Arbeitshaus (für Sklaven) V, 5, 13.

ergō, *adv.* mit vorausgeh. *gen.*, aus Ursach, wegen: proditionis ergo VII, 5, 30. — 2) folglich, daher, also, zu Anfang des Satzes III, 3, 28; 4, 5; 5, 14; 11, 4; 12, 17; an zweiter Stelle III, 5, 10; 8, 16; IV, 1, 30; 10, 14; V, 6, 7; in konsekut. Fragen, also, denn III, 6, 6; IV, 10, 29; V, 5, 16; VI, 10, 6. — 3) eine Erörterung abbrechend, genug VIII, 7, 8; 10, 30; IX, 2, 12.

ērĭgo, exi, ectum, 3. (rego), aufrichten, emporrichten: jacentem VII, 3, 17; navigia IX, 9, 24; vultus, aufschlagen V, 5, 23; *passiv.* sich erheben IX, 1, 10; petra in metae modum erecta est VIII, 11, 6. — 2) errichten, erbauen: turres IV, 2, 23; aras IX, 3, 19; pontem VII, 5, 17. — 3) übtr. a) hervorbrechen lassen, aufkommen lassen: liberiorem poenitentiam („die freiere Äußerung der Reue") VIII, 2, 3; dolor liberius erigitur, bricht hervor IX, 3, 2. — b) aufrichten, ermutigen: alqm IV, 16, 6; animum X, 6, 20; fiduciam VIII, 13, 16; alqm (animos) ad spem IV, 10, 7; 7, 1.

Erigyius, i, Befehlshaber der Bundesgenossen Alexanders VI, 4, 3; 8, 17; VII, 3, 2; 4, 34; 7, 9. 21; VIII, 2, 40.

ērĭpĭo, rĭpŭi, reptum, 3. (rapio), entreißen, entziehen, rauben: alcui aurum III, 10, 10; regnum VII, 4, 17; victoriam e manibus III, 5, 10; alcui officium VII, 6, 8; navigia (erg. mari), abtringen IV, 3, 18; *prägn.*

passiv. burch Tob entriffen werben: alcui VI, 9, 2; rebus humanis, („ben irbifchen Verhältniffen") X,5,10; abfol. hingerafft werben III, 5, 5; VI, 10, 33; VII,6,22. — 2) entreißen', befreien, retten: alqm e vinculis IV, 14, 22; e manibus alcjus VI, 7, 24; periculo IX, 7, 7; navem gurgitibus IX, 4, 14; se fugā V, 13, 15.

Erix, Ÿcis, ein Ĵnber VIII, 12, 1; *acc.* Ericen VIII, 12, 3.

errābundus, 3. umherirrenb: agmen VIII, 4, 6.

erro, 1. umherirren, umherschweifen IV, 15, 32; VIII, 14, 20; errantes greges V, 6, 15. — 2) übtr. im Ĵrrtum fein, irren III, 12, 17; VI, 9, 12.

error, ōris, *m.* bas Umherirren: errore deferri V, 13, 23. — 2) übtr. Ĵrrtum, Täufchung III, 12, 6; V, 9, 12; VIII, 12, 8.

ē-rŭbesco, rubŭi, 3. „rot werben", insb. fchamrot werben, fich fchämen: alqua re, über etw. IV, 5, 4; V, 5, 17; mit *inf.* IV, 15, 30; V, 3, 9; superstes esse erubuit X, 5, 25.

ē-rumpo, rūpi, ruptum, 3. heraušob. hervorbrechen: ex carcere V, 5, 19; ex concione, fortftürzen X, 9, 18; amnis erumpit VI,4,7. — 2) militär. a) hervorbrechen, einen Ausfall machen: ex urbe IV,1, 32; in subeuntes III, 4, 13. — b) fich burchbrängen, fich Bahn brechen: ad penates VI, 3, 5; per mediam aciem V,4,33; per medios armatos X,6,24; abfol. III, 11, 12.

ē-rŭo, rŭi, rŭtum, 3. „herauswühlen", bah. auffftöbern: alqm IX, 2, 9; ex latebris IV, 14, 4.

Erỹthrus, i, mythifcher König im fübl. Kleinafien, nach welchem das erythräifche Meer (zwifch. Ĵnbien, Arabien u. Afrika) benamt ift VIII, 9, 14; X, 1, 13. 14.

escendo, di, sum, 3. (scando), hinaufffteigen: in jugum montis III, 8, 22.

escensio, ōnis,*f.* die Lanbung: escensionem facere, lanben IX, 4, 4.

ēsŭrio, īre (*v. desiderat.* v. edo), „effen wollen, hungern", bah. übtr. lüftern fein: quae te osurire cogunt, nur noch lüfterner machen VII, 8, 20.

et, *conj.* unb: et non (= ac non), unb nicht vielmehr VII, 1, 36; IX, 5, 26; oft mit nachläffiger Ĵorm bes Überganges zu Anfang eines neuen Satzes V, 2, 14; 4, 23; VI, 6, 14. 25; VII, 5, 40; et profecto IV, 13, 13; et hercule X, 5, 26. — 2) unb zwar: et devictarum VI, 2, 3; et vulgari III, 3, 4; et illos VI, 4, 17; et maxime VI, 9, 6; IX, 4, 22; et in primis VIII, 5, 12; et ad ultimam VIII, 1, 42; et non modo VIII, 1, 35; et id maximum X, 1,7; et quidem X,4,1; 10,6. — 3) unb noch bazu: et devictarum gentium VI, 2, 3. — 4) fofort, alsbalb VI, 11, 27; VII, 2, 28; VIII, 10, 9. — 5) et...et, fowohl...als auch, einerfeits...anberfeits III, 1,17; 3, 7; IV, 1, 9; obgleich...boch III, 2, 11; nec ...et, f. neque; que...et, f. que. — 6) auch III, 10, 2; 12, 17; IV, 7, 22; 10, 19; 12, 23; V, 4, 30; 9, 11; VI,5,2; IX, 3, 17; 10, 2; X, 5, 4; sed et X, 1, 2; ideo et VII, 5, 35; et ipse, felbft auch, ebenfalls, f. ipse.

Ethimantus, i, f. Ethymandrus.

ĕtĭam, *conj.* noch X, 2, 26; etiam pridem, fchon längft VI,9,19; quousque etiam, wie lange noch X,4,1; etiam atque etiam, wieber u. wieber, einmal über das anbere V, 4, 13. — 2) auch: non solum (modo) . . sed etiam III, 1, 9; 3, 27. — 3) fteigernb, fogar, gar, felbft III,2,9; 8, 24; 13, 11; IV,4,15; V, 5, 10. 19; VI, 3, 13; 7, 5; 8, 11; 2, 26; jam etiam III, 8, 11; VII, 8, 19; adeo etiam, fogar auch VI, 3, 7; 9, 36; immo etiam, vielmehr fogar VI, 4, 8; etiam minimus, auch nur ber kleinfte X, 5, 37. — 4) beim Komparat., noch: etiam impensius VII, 2,17; acrius IX,7,18; magis V, 8, 7.

ĕtĭamsi, *conj.* auch wenn, felbft wenn IV, 14, 14; mit Konjunktiv IV, 7,13; V,8,10; VII,1,22.

etsi, *conj.* auch wenn, wenn auch IV, 1, 13; VIII, 11, 25.

Etymandrus, i, ein Fluß in Indien VIII, 9, 10.

Euboïcus, 3. euböisch, von b. Insel Euböa (jetzt *Negroponte*) an b. Ostküste Griechenlands: gens IV, 12, 11.

Euotēmōn, ŏnis, Gefangener in Persepolis, aus Cyme in Ätolien stammend V, 5, 9.

Eudaemōn, ŏnis, Anführer der Thracier bei Alexander X, 1, 21.

Energĕtae, arum („Wohlthäter"), Beiname der Arimaspi VII, 3, 1.

Eumĕnēs, is, aus Karbia in Thracien, Geheimschreiber Alexanders, erhielt bei der Teilung des Reiches Kappadocien u. Paphlagonien u. schloß sich an den Reichsverweser Perdikkas u. das von diesem vertretene königliche Haus an. Nach der Ermordung des Perdikkas wurde er geächtet u. geriet 315 v. Chr. trotz glänzender Kriegsthaten durch Verrat in die Gewalt des Antigonus, der ihn töten ließ IX, 1, 19; X, 10, 3.

Euphrātēs, is, Fluß in Syrien, jetzt *Phrat,* entspringt im armenischen Gebirge u. bildet die Grenze zwisch. Syrien u. Mesopotamien, bis er, mit dem Tigris vereinigt, in den persischen Meerbusen mündet III, 1, 10; IV, 9, 6; 11, 5; 14, 10; V, 1, 12. 28 (*acc.* hier stets Euphraten).

Euripĭdēs, is, griechischer Tragiker (480—405 v. Chr.) VIII, 1, 28.

Eurōpa, ae, Europa III, 10, 4; V, 5, 14; 6, 1.

Europaeus, 3. europäisch: Scythae VII, 7, 2.

Eurylŏchus, i, Bruder des Epimenes im Heere Alexanders VIII, 6, 20.

ē-vado, si, sum, 3. herausgehen, herauskommen: in ripam IV, 8, 8; in diversum IV, 8, 8; supra capita hostium, hinauskommen über V, 3, 5; in terram, ans Land steigen IX, 2, 18; retro ex angustiis, sich zurückziehen V, 3, 23; amnis evadit in mare, ergießt sich III, 4, 9. — 2) prägn. entkommen, entrinnen III, 11, 18; IX, 8, 21; in ultimam aciem IV, 15, 17; ad alqm VI, 8, 18; periculo VIII, 6, 26; absol. naves evadunt, kommen glücklich durch VIII, 13, 27. — 3) emporsteigen, emporklimmen: in cacumen VII, 11, 11; in verticem V, 4, 27; in jugum III, 8, 26; in murum IX, 4, 30; in turres IV, 4, 12; in arcem IX, 8, 12; absol. V, 4, 12; VII, 11, 15; VIII, 11, 14; IX, 4, 33.

ē-vĕho, xi, ctum, 3. „hervortragen", dah. *passiv.* evehi: wo anfahren, zu Schiffe erreichen: insulam IX, 9, 8; os amnis IX, 9, 27; absol. losfahren: in latus IV, 4, 8. — b) hervorsprengen, lossprengen: equo in cuneos barbarorum VII, 7, 35; acri impetu in hostem III, 13, 8. — c) abfließen: ad mare V, 4, 7. — 2) „emportragen", dah. übtr. erheben: imperium ad summum fastigium IV, 14, 20.

ē-vello, velli, vulsum (volsum), 3. herausreißen, herausziehen: lanceam ex vulnere VI, 1, 15; sagittam IV, 6, 17; spiculum VIII, 10, 28; navom remis IV, 4, 9 (evellĕre, *perfect.*).

ē-vĕnio, veni, ventum, 4. „herauskommen", dah. übtr. eintreten, sich ereignen III, 6, 6.

ēventus, ūs, der Eintritt, das Erfolgen: discriminis III, 8, 20. — 2) Ausgang, Erfolg IX, 8, 20; X, 9, 19; consilium eventu felix, glücklich ausgeführt IV, 1, 33; eventus belli VIII, 14, 42; pugnae IV, 16, 28; rei VIII, 1, 44; rerum VII, 7, 8; summae rei („im Großen") VIII, 13, 12; quaestionis VI, 11, 12; curationis IX, 5, 25; tristis IX, 7, 23; prosper VIII, 1, 18; *plur.* boni VIII, 13, 22.

ē-verbĕro, 1. aufpeitschen: mare remis IV, 3, 18. — 2) zerpeitschen, zerschlagen: fluctus IX, 4, 13; os hastis VI, 11, 31.

ē-verto, ti, sum, 3. „von unterst zu oberst kehren", dah. umstürzen: currum IV, 15, 16; naves IV, 1, 36; navigia fluctibus eversa IX, 9, 24; murum, niederreißen VII, 2, 29. — 2) übtr. zu Grunde richten, vernichten: gen-

tes funditus VIII, 8, 10; opes VIII, 5, 6; plura famā quam armis IV, 4, 2.
ē-vīto, 1. einer Sache ausweichen, entgehen, etw. vermeiden: ictum IV, 6, 16; locum VII, 1, 19; fraudem („die Falle") IV, 13, 36.
ē-vŏco, 1. aufrufen, aufforbern: alqm ad defectionem coërcendam VII, 6, 15.
ēvolsus, a, um, f. evello.
ē-volvo, volvi, volūtum, 3. „fortwälzen", baß. v. Gewässern, wälzen, entströmen laffen: aquas per campos V, 4, 7; fluctus ex alto in litus IV, 2, 7; so extra munimenta, strömen III, 1, 5. — 2) emporwälzen: fumus specu (ex tuguriis) evolutus, auffteigend VIII, 4, 9; VII, 11, 18.
ē-vŏmo, ŭi, ĭtum, 3. ausspeien, auswerfen: mare evomit harenam IV, 6, 8.
ex ob. ē, praep. mit abl.: aus... heraus, aus: manare ex radicibus montium III, 4, 12; profugus ex Cilicia IV, 1, 39; von... herab: deturbari ex collibus VI, 5, 12; labi ex equo IV, 16, 23; defluere ex equo VII, 7, 36; von... aus, von... her: signum dare e tabernaculo III, 3, 8; e muris propugnare (manus tendere) IV, 4, 11; VI, 6, 34; cuncta cernere e ripa VIII, 13, 16; prospicere ex colle IV, 12, 18; ex diverso, aus verschiedenen Richtungen IV, 4, 7; ex adverso, gegenüber, entgegen IV, 16, 21; turres erigere ex capite molis, auf b. Höhe des Dammes IV, 2, 23. — 2) v. b. Zeit: a) von... an, feit: ex quo, feitdem VI, 7, 25; VII, 3, 1; 6, 11; 7, 18; X, 6, 9; 10, 9; ex multo, feit langem V, 11, 10. — b) nach: ex longa fame V, 1, 6; ex caede VII, 7, 34. — 3) v. Stoffe, aus: cratera ex auro IV, 8, 16; vagina ex gemma III, 3, 18; amiculum ex purpura X, 2, 23. — 4) im partitiv. Sinne, aus, von, unter: unus ex his V, 7, 3; minimus e fratribus VII, 1, 10; maximus natu e sacerdotibus IV, 7, 25; aliquid ex indole III, 12, 26; quicquam ex magnificentia III, 12, 23; mit fehlen-

dem Hauptbegriff: ex his (erg. nonnulli) VII, 1, 9; ex captivis spadonibus (erg. nonnullis) III, 12, 17. — 5) v. b. Abstammung, aus, von: esse e plebe X, 1, 32; quidam ex plebe X, 7, 1; eques ex Paeonia IV, 12, 22; gigni ex aliqua VIII, 2, 19; ex alquo VIII, 3, 3. — 6) bei b. Begriffen des Entnehmens ob. Wahrnehmens, von: fructus percipere ex alquo (ex amicitia) VI, 10, 32; VII, 1, 26; gloriam deportare ex alquo IX, 10, 24; audire (accipere, comperire, discere) ex alquo VIII, 1, 29; X, 1, 34; VI, 7, 18; VIII, 7, 3. — 7) aus Anlaß, infolge, wegen: aeger ex vulnere VII, 7, 5; interire ex vulnere X, 1, 20; sollicitus ex fiducia III, 1, 17; ex religione IV, 10, 2; ex comparatione X, 8, 9. — 8) gemäß, nach: ex foedere III, 1, 20; ex composito VII, 1, 5; ex praesentibus, unter b. gegenwärtigen Umständen IV, 12, 17; X, 9, 17; magna ex parte, großenteils III, 1, 13; majore ex parte, zum größeren Teile IV, 16, 27; ex toto, ganz u. gar VIII, 6, 23; ex permisso, in den Schranken des Erlaubten X, 5, 32.
exactus, a, um, f. exigo.
ex-aedĭfĭco, 1. aufbauen, erbauen: urbem IV, 8, 2; navigia IX, 1, 3.
ex-aequo, 1. gleichmachen: cutem ad speciem levitatis, bie Haut scheren, baß fie glatt aussieht, glatt scheren VIII, 9, 22. — 2) übtr. gleichstellen, vergleichen: se dis VI, 11, 24.
ex-aestŭo, 1. aufwallen, aufbrausen: fons exaestuat fervida IV, 7, 22; alia („andere Gegenden") fervore solis exaestuant, glühen VIII, 9, 13. — 2) v. Meere, überfluten, anbranden IV, 2, 16; VI, 3, 16; 4, 19 (f. pars).
ex-aggĕro, 1. (agger) aufdämmen: planitiem VI, 5, 20; spatium IV, 2, 16.
exanguis, e, f. exsanguis.
exănĭmis, e u. exănĭmus, 3. entseelt, leblos VIII, 11, 16; IX, 5, 8; corpus exanimum X, 10, 12; subst. exanimus VII, 2, 27; X, 6, 7.

exănĭmo, 1. „atemlos machen", daß. übtr. in Todesangst versetzen, der Besinnung berauben: metus alqm exanimat X, 5, 29; metu exanimatus, halbtot VII, 3, 16. — 2) entseelen, töten: alqm VII, 3, 13; *passiv.* sterben IV, 8, 8; 15, 17.

ex-ardesco, arsi, 3. „sich entzünden", daß. übtr. in Wut geraten, ergrimmen VII, 4, 19.

ex-aspĕro, 1. „rauh machen", daß. übtr. aufreizen, erbittern: alqm VIII, 1, 32.

ex-audĭo, īvi, itum, 4. (deutlich) hören: vocem IV, 9, 18; sonum V, 2, 7; strepitum III, 5, 11; fremitum IV, 12, 4; tumultum V, 4, 16; gemitum IV, 10, 29; alqm IV, 13, 38. — 2) auf etw. aufmerken, Acht haben: quod imperatur III, 2, 14; strepitum non exaudire, kein Ohr haben für IV, 1, 20.

ex-cēdo, cessi, cessum, 3. herausgehen, sich entfernen, einen Ort verlassen: finibus VI, 5, 25; oppido III, 13, 6; castris VIII, 3, 15; vallo V, 5, 9; tabernaculo IV, 11, 10; contione VI, 9, 36; convivio („Speisezimmer") VIII, 1, 38; IX, 7, 25; acie III, 11, 6; proelio IV, 15, 30; absol. vordringen: ducenta stadia IX, 4, 4 — 2) übtr. a) aus b. Leben scheiden, sterben: e vita IV, 10, 28; vitā III, 1, 21; IX, 6, 26; ad deos, zu den Göttern eingehen IV, 7, 27; absol. X, 5, 2. — b) vergehen, entschwinden: reverentia excedit animis VIII, 8, 8. — 3) hervortreten, sich erheben: in fastigium VIII, 9, 3; rupes in altitudinem excedit VII, 3, 22. — 4) *transit.* über einen Ort hinausgehen: flumen excedit fastigium V, 1, 28; daß. übtr. über ein Maß hinausgehen, es überschreiten: modum IV, 11, 8; modum hominis VI, 9, 18; formam humanae magnitudinis VIII, 14, 13; gloria humanum fastigium IX, 2, 28; fidem, b. Glaubwürdigkeit übersteigen III, 13, 11; V, 6, 8.

excellens, s. excello.

excellĕo, ui, 2. (Nebenform zu excello), sich auszeichnen: sapientia IX, 1, 24.

ex-cello, ui, ŏre, emporragen: *part.* excelsus als Abjekt., erhaben, hoch: sella excelsior V, 2, 13. — 2) übtr. sich hervortun, sich auszeichnen: *part.* excellens, ausgezeichnet, vorzüglich: forma III, 12, 21; fortitudo X, 5, 27.

excelsus, a, um, s. excello.

excensio, ōnis, s. escensio.

excīdĭum, i, (excido), „das Zerhauen", daß. die Zerstörung: urbis IV, 3, 23; 4, 21; IX, 1, 18 (s. cognosco 2).

excido, cīdi, 3. (cado), „herausfallen", daß. v. Worten, entfallen, entschlüpfen IV, 15, 11. — 2) „aus etw. herausgeraten", daß. einer Sache verlustig gehen, etw. verlieren: mit *abl.* regno X, 5, 22.

ex-cĭĕo, civi (cii), cītum, 2. „herausbewegen", daß. herbeirufen, kommen lassen: artifices e Graecia VI, 2, 5; excitus e regia, herbeigeführt X, 8, 16; moles gentium ex sedibus suis excita, aufgeboten III, 2, 12. — 2) übtr. hervorloden, verursachen: liberiorum poenitentiam („die freiere Äußerung der Reue") VIII, 2, 3.

excindo, ĕre (scindo), „auseinanderreißen", daß. zerstören, verheeren: vicos IV, 13, 23.

Excipīnos, i, ein Macedonier: *acc.* Excipinon VII, 9, 19.

excĭpĭo, cēpi, ceptum, 3. (capio), „herausnehmen", daß. übtr. ausnehmen, ausschließen: excepta Tyro, mit Ausnahme von Tyrus IV, 2, 1; exceptis necessariis VI, 6, 14; exceptis qui confugerant (qui citarentur) IV, 4, 13; X, 6, 2. — 2) bei sich aufnehmen, empfangen: alqm IV, 1, 3; VI, 7, 20; VIII, 4, 16; 6, 16; tabernaculo III, 11, 23; hospitaliter VII, 6, 18; comiter VI, 5, 3; benigne V, 1, 18; 2, 9; magno gaudio VII, 5, 29; comitate, jemb. mit Freundlichkeit begegnen VIII, 6, 20; Syria alqm excipit IV, 14, 10; tecta excipiunt alqm VIII,

excipio

4,13; Bactra alqm bonis et opulentia V, 10, 9; Cydnus puro solo excipitur III, 4, 8; navigiis excipi IV, 3,5. — **3) aufnehmen, auffißen lassen:** alqm VI, 5, 18; jumentis excipi IX, 10, 15. — **4) jemb. feindlich empfangen, angreifen:** fatigatos III,11,6; aciem VI, 1,6; alqm gladio IX, 5, 8. — **5) einen Angriff u. bgl. aufnehmen, abwehren, parieren:** impetum alcjus IV, 13, 33; tela clipeo VI,1,4; imbrem, aushalten VIII, 4,5. — **6) mit b. Körper Geschosse ob. Wunden aufnehmen, empfangen:** tela VIII, 7, 4; vulnera IV, 16, 31. — **7) ber Reihe nach aufnehmen, bah. a) räumlich(unmittelbar)sichanschließen:** excipit regio IX, 10, 6; silva VII, 7, 4; Ganges IX, 2,2. — **b) in b. Zeit folgen:** posteritas excipit tempora X, 9, 6; soboles excipit X,10,19; felicitas consilium, begleitet VII, 2, 37 — **8) irgenb wie aufnehmen:** vocem silentio VI,9,7; assensu V,9,2; sermonem VIII, 4, 27; orationem summa alacritate VI, 4, 1; magnitudinem animi honore, auszeichnen VIII,14,44. — **9) mit b. Sinnen aufnehmen, bah. wahrnehmen:** vestigia IV, 15, 33. — **10) auf sich nehmen, sich zuziehen:** inimicitias VI,10,18. — **11) wegfangen, aufgreifen, aufheben:** alqm III, 8, 14; 13, 4. 14; IV, 10, 25; V, 4,4; 13, 7; VI, 5, 18 (erg. hostem); IX, 8, 21; litteras VII, 2, 37; feram, abfangen VIII, 1, 16; aves, im Fluge erlegen VII,5,41. — **12) (mit Gefäß, mit ben Händen) auffangen:** imbrem IV, 7, 14; humorem IV, 16, 14; alqm (manu) III, 5, 4; IX, 4, 12; 5, 1; corpus VI, 4, 7. — **13) (einen Fallenben) aufrecht halten, stützen:** alqm (manibus) VIII, 2, 39; IV, 6, 20; adminiculo corporis VII, 3, 17; caput clipeo VI, 1, 15; se poplitibus, sich auf bie Kniee niederlassen VI, 1, 14; corpus poplitibus exceptum, auf bie Kniee gesunken IX, 5, 9; se pedibus, auf bie Füße zu stehen kommen IX, 5, 3; corpus alcjus, tragen IX, 2, 32; vestem regalem,

excolo 93

bie Schleppe bes königl. Gewanbes tragen III, 3, 15; alqm clipeo, auf ben Schilb nehmen VI, 1, 5; corpus clipeo, auf ben Schilb lehnen IX, 5, 15. — **14) in Beschlag nehmen, ergreifen:** dolor (voluptas) excipit alqm VIII, 2, 4 ; VI, 2, 1.

ex-cīto, 1. „sich erheben machen", bah. aufführen, errichten: turres IV, 3, 8; munimenta VII, 6, 28; molem VIII,2,24. — **2) „herausrufen", bah. als Zeugen aufrufen:** alqm VIII, 8, 9. — **3) hervorbringen, erregen, erzeugen:** flammam VIII, 10, 8; incendium VI, 3, 11; motum in animis VI, 9, 3; desiderium X, 8, 9; spem X, 8, 21; suspiciones VI, 2, 4; invidiam alcui VIII, 8, 22; caligo fervore excitata VII, 5, 4. — **4) aufscheuchen, aufschrecken:** vulneribus excitari IV, 16, 13. — **5) aufwecken, aufrütteln, ermuntern:** alqm VI, 10, 12; VIII, 6, 22; torpentem III, 6, 14; VII, 3, 14; ex somno IX, 8, 26; ex alto sopore VII, 11, 18; alqm somno VI, 11, 3; tactu IV, 13, 20; *passiv.* aufwachen IV, 13, 18; VIII,14, 36. — **6) alarmieren:** vigiles IV, 12, 21; custodes VIII, 6, 21. — **7) übtr. aufregen, beleben:** animos aversos IX,2,30.

ex-clāmo, 1. ausrufen IV, 10, 29; VI, 10, 36.

exclūdo, si, sum, 3. (claudo), ausschließen, nicht einlassen: alqm V, 4, 34. — **2) übtr. beseitigen, entfernen:** discrimen victi et victoris X, 3, 12.

ex-cōgĭto, 1. ausbenten, ersinnen: alqd IV, 3, 9; ludibria V, 12, 20; cladem X, 6, 6; alqd in alqm VII, 5, 35; *subst.* excogitata tuendis urbibus, Erfinbungen zur Beschützung der Städte IV, 2, 12. — **2) ergründen:** causam IX, 8, 20; mit Fragsatz VI, 10, 3.

ex-cōlo, colui, cultum, 3. ausbilben: alqm artibus VIII, 6, 4; regio ad luxum exculta, mit ihrer Kultur gerichtet auf VIII, 5, 3. — **2) übtr. zu Ansehen bringen, erhöhen:** gloriam IX, 6, 21.

ex-crŭcĭo, 1. foltern, martern: alqm VI, 11, 36; VIII, 8, 20.

ex-cŭbo, bŭi, bĭtum, 1. „im Freien liegen", bah. Wache halten, wachen: ante fores (ad limen) cubiculi VIII, 6, 18, 22; ad praetorium VI, 8, 17; ad tabernaculum III, 12, 3; vigil excubans VIII, 1, 49.

ex-cūdo, di, sum, 3. „herausschlagen", bah. schmieden: ferrum IV, 2, 13.

ex-curro, curri, cursum, 3. heraus= laufen: fons ex cacumine excurrens III, 1, 3. — 2) v. Vorgebirgen u. dgl., auslaufen, bis wohin sich erstrecken VI, 4, 16; in litus III, 4, 6; ad mare IV, 7, 18; in Persidem V, 3, 3. 16.

excūsātĭo, ōnis, f. Entschuldigung V. 2, 20; VI, 4, 10; excusationem aetatis accipere, gelten lassen VIII, 1, 19; excusationem offerre V, 12, 4. — 2) Ab= lehnung, Weigerung IX, 3, 17.

excūso, 1. (causa), entschuldigen: id V, 3, 14; verba sua alcui, bei jemb. rechtfertigen VII, 1, 35. — 2) als Ent= schuldigung anführen, sich mit etw. entschuldigen: ignorationem III, 12, 17; consternationem V, 10, 8.

excŭtĭo, cussi, cussum, 3. (quatio), herausschütteln, herauswerfen: alqm curru III, 11, 11; e puppi in mare currus excutit alqm IV, 4, 8. — 2) herausreißen: radices VII, 5, 34. — 3) abschleudern, abschießen: tela VIII, 13, 6; tela tormentis VIII, 2, 26; sagittam IX, 5, 9; hastas tormentis VIII, 10, 32; lapides fundis V, 3, 19; tormenta IV, 2, 9. — 4) her= abschütteln, herabgießen: procellae imbrem excutiunt IV, 7, 14. — 5) übtr. austreiben, verscheuchen: cogitationem periculi VII, 8, 4; sensum alcui, benehmen V, 13, 22. — 6) ab= schütteln, abwerfen: harenam IV, 3, 26; jugum IV, 15, 16. — 7) „aus= schütteln", bah. übtr. etw. genau unter= suchen: delata VII, 2, 9.

ex-ĕdo, ēdi, ēsum, 3. „ausessen", bah. zernagen, zerstören: vetustas exedit monumenta (opera) III, 4, 10; V, 1, 34; undae molem exedunt, unter= wühlen IV, 2, 8. — 2) aufreiben, zerquälen: animum cogitationibus X, 8, 11.

exemplăr, āris, n. Vorbild: licentiae VIII, 3, 15.

exemplum, i (eximo), „was aus einer Menge herausgenommen wird", bah. Beispiel: vetera exempla regum IV, 10, 6; consecratae immortalitatis VIII, 5, 17. — 2) Beispiel, Vor= bild VIII, 12, 3; sui V, 1, 18; fortunae V, 5, 5; alcui exemplum fortitudinis (clementiae) esse IV, 14, 6. 26; VIII, 14, 41; exemplum alcjus rei facere („geben") VII, 5, 37; prodere VIII, 5, 12; edere X, 3, 4; exemplo esse, zum Vorbild dienen VI, 4, 24; exemplo alcjus, nach jembs. Beispiel, Vorgang III, 2, 2; V, 8, 12. — 3) zur Lehre u. Warnung, Beispiel, Thatsache: cladis VII, 6, 16; alieni casus VII, 11, 16; habero praesens exemplum IX, 2, 19.

ex-ĕo, ĭi, ĭtum, īre, herausgehen, sich entfernen VIII, 1, 50; de convivio VIII, 1, 51. — 2) militär. aus= rücken: in aciem IX, 4, 25; absol. IV 13, 20.

exĕquĭae, ārum, (exequor), Lei= chenbegängnis X, 5, 21.

exĕquor, cūtus sum, 3. (sequor), „bis ans Ziel verfolgen", bah. übtr. a) ausführen, verrichten, voll= ziehen: alqd IV, 3, 9; rem VIII, 6, 9; omnia VIII, 1, 48; consilium III, 4, 3; scelus V, 10, 1; munia III, 11, 7; destinata IV, 7, 9; mandatum VI, 7, 20; jussa IV, 3, 18; imperium III, 8, 29; imperatum VII, 6, 15. — 2) v. b. Rede, entwickeln, ausführlich be= richten: consilium VII, 4, 18; cetera IV, 7, 32.

exercĕo, cŭi, cĭtum, 2. „tummeln", bah. etw. (eifrig) handhaben, aus= üben: imperium („Herrschergewalt") X, 3, 3; potentiam in caput alcjus, auslassen X, 1, 27.

exercĭtātĭo, ōnis, f. Übung: corporis III, 6, 19.

exercĭtus, ūs (taktisch geübtes) Heer IX, 2, 25 (s. ego); pedester III, 2, 8.

ex-haurĭo, si, stum, 4. „ausschöpfen", bah. übtr. a) erschöpfen, entleeren, entblößen: omnia bello IV, 16, 18; acies exhausta, entblößt von Streitkräften IV, 14, 14; regiones, abgraben IV, 2, 16. — b) körperl. u. geistig erschöpfen: vires exhaustae sunt VII, 9, 14; corpora cursu IV, 16, 18. — c) erschöpfen, vernichten: moles belli exhausta est V, 9, 5.

exhĭbĕo, bŭi, bĭtum, 2. (habeo), „heraushalten", bah. gerichtl. eine Person vorführen, zur Stelle schaffen, stellen: alqm VII, 1, 5; 2, 12; testem VI, 10, 15. — 2) zeigen, beweisen: veritatem, erhärten VI, 10, 29. — 3) v. Eigenschaften, erweisen, bethätigen: fidem alcui V, 12, 11.

exĭgo, ēgi, actum, 3. (ago), „heraustreiben", bah. a) Geld, Abgaben eintreiben, erheben: pecuniam (ab alquo) IV, 1, 37; III, 7, 2. — 2) (nachdrücklich) fordern, verlangen: operam VII, 2, 17; jusjurandum ab alquo X, 7, 9; necessitas exigit promissa V, 4, 12; mit folg. ut VI, 11, 14; absol. VII, 1, 33. — 3) durch Fragen herauszubringen suchen, nach etw. forschen: causam V, 5, 33. — 4) durch Messen herauszubringen suchen, bah. nach etw. bemessen: omnia ad modum fortunae suae, nach dem Maßstabe seines eigenen Glückes VII, 2, 23; cultum ad luxuriam, auf Verschwendung berechnen V, 1, 23. — 5) vertreiben, verjagen: elephantos ultra aciem VIII, 14, 30; exigi telis VIII, 14, 9. — 6) über einen Raum „hinaustreiben", bah. übtr. einen Zeitraum vollenden, beendigen: exacti menses, Ende der Schwangerschaft X, 6, 21.

exĭgŭus, 3. klein, unbedeutend, gering: castellum V, 3, 9; declinatio IX, 7, 21; impensa VIII, 5, 10; subst. exiguum, ein weniges VII, 5, 12; tritici VII, 4, 23.

exĭlĭo, ilŭi, ire (salio), aufspringen: ex sella VIII, 4, 15.

exĭlĭum, i, (exul), Aufenthalt im Auslande, (freiwillige ob. unfreiwillige) Verbannung III, 2, 10. — 2) metonym. Verbannungsort X, 2, 7; Ausland, Fremde III, 7, 11; Zufluchtsstätte VI, 4, 13; VIII, 3, 1.

eximĭus, 3. (eximo) ausnehmend, ungemein: altitudo IX, 1, 9; ars VII, 5, 41; species VIII, 4, 23; caritas III, 6, 1; religio IV, 3, 21; fides IV, 6, 7; fluvius omnium eximius, unter allen der ausgezeichnetste VIII, 9, 5.

exĭmo, ēmi, emptum, 3. (emo), herausnehmen: se hominibus, sich ausscheiden von VI, 11, 24. — 2) übtr. a) etw. benehmen, beseitigen: dubitationem V, 11, 7; VII, 11, 21; discrimen nationum, aufheben V, 2, 6; tempora peregrinationi, entziehen IV, 8, 4. — b) (aus beschwerlicher Lage) befreien: alqm servitio VI, 3, 3; crimini, entziehen VII, 1, 6.

ex-ĭnānĭo, 4. (inarius), „ausleeren", bah. lichten, entblößen: aciem IV, 13, 34.

existĭmo, 1. (aestimo), urteilen, beurteilen: ex hoc IV, 4, 16. — 2) der Meinung sein, glauben: mit acc. c. inf. III, 12, 14; VI, 1, 18; 8, 6 (s. sum A, 3). — 3) wofür halten, erachten, mit boppelt. acc. IX, 6, 19.

existo, tĭti, 3. (sisto), heraustreten, hervorkommen, zum Vorschein kommen, erstehen VI, 4, 7; ab inferis VII, 5, 37; terra IX, 8, 14; hostes existunt armis („für") IX, 4, 18; existit humor VII, 5, 2; ivus sub flammis IV, 2, 13. — 2) entstehen, werden: existit aestus IV, 7, 6; flatus, erhebt sich IV, 2, 8; periculum VI, 9, 22; fides promisso VIII, 4, 18 (s. fides b).

exitĭum, i, (exeo), Untergang, Verderben IV, 2, 14; VIII, 11, 12; venire exitio alcjus, zu jembs. Verderben IV, 5, 6.

exĭtus, ūs (exeo), „das Hinausgehen, der Ausgang", bah. übtr. a) Ausgang, Ende: belli VI, 1, 21; laborum IX,

2, 26; regia habet hunc exitum, findet diesen Untergang V, 7, 8; insb. Lebens=
ende VI, 9, 8; VII, 2, 33; IX, 10, 16.
— b) Ausgang, Los: prosper VII,
1, 19.
ex-ōlesco, lēvi, lētum, 3. auswach=
sen: *part.* exoletus, mannbar, subst.
Buhlknabe VI, 7, 2. 33. — 2) übtr.
„veralten", daß. außer Gebrauch
kommen, verschwinden: sermo
exolevit VI, 10, 23; memoria rei III,
13, 17; mores exolescunt VII, 5, 29;
posteri, sind erloschen VII, 6, 27.
ex-ŏnĕro, 1. „entladen", daß. übtr.
entlasten, erleichtern: animum
sollicitudine IV, 13, 22; conscientiam
VI, 8, 12; sc, sich von einer Last befreien
VI, 9, 9.
exoptātus, 3. erwünscht: tempus
V, 9, 9.
ex-ordĭor, orsus sum, 4. anheben,
beginnen: orationem IX, 3, 20.
ex-ŏrĭor, ortus sum, 4. sich erhe=
ben, entstehen: ventus exoritur a
mari VII, 4, 29; fremitus V, 2, 7.
ex-orno, 1. mit etw. ausstatten:
alqm veste VIII, 13, 21. — 2) aus=
schmücken, verzieren: hastae argento exornatae III, 3, 20. — 3) zu=
rüsten, herrichten: convivium VIII,
5, 9; IX, 7, 15; tabernaculum omni
opulentia III, 11, 23.
exortus, ūs, Aufgang: sub exortum lucis V, 10, 12.
exōsus, 3. (odi), sehr hassend,
verabscheuend: parricidium V, 13,
9; exosus es mores (= odisti) VIII,
7, 12.
exors, s. exsors.
expectātĭo, ōnis, *f.* gespannte Er=
wartung, Spannung, das Harren
auf etw. III, 6, 16; mit *gen. object.*: rei
VI, 9, 1; futuri („was geschehen würde")
X, 6, 3; expectationem alcjus suspendere VII, 4, 14; alqm expectatione
suspendere III, 1, 17; VI, 7, 4. — 2)
bange Erwartung, Bangigkeit
IV, 13, 2; doloris IV, 10, 26.
expectātus, a, um, s. expecto.

expecto, 1. (specto), „ausschauen",
daß. auf etw. warten, etw. abwar=
ten, erwarten, gewärtig sein:
alqm IV, 12, 13; VIII, 3, 15; IX, 2,
18; 9, 13; diu exspectato (erg. eo) qui
introduceret III, 12, 10; tempus III,
7, 13; menses exactos X, 6, 21; mortem VIII, 9, 32; imperium IV, 13, 21;
legem fati V, 12, 11; eventum VI, 11,
12; fortunam X, 9, 17; pignus VIII,
2, 31; arbitrium V, 8, 12; classis ex-
pectat alqm IX, 8, 16; fruges maturitatem, müssen warten auf VI, 3, 7; praemia (tormenta) alqm VI, 3, 5; IV, 10,
32; tempora non expectant remedia,
können nicht warten auf III, 5, 13; fata
alqm, der Tod wartet auf jemd., giebt
ihm Frist X, 5, 36; mit Fragsatz VI, 6,
15; X, 2, 14; mit folg. ut IX, 3, 1; absol.
warten VI, 10, 33; VIII, 12, 9; IX,
9, 14. — 2) insb. mit Spannung nach
etw. ausschauen, daß. a) erwarten,
hoffen: alqd V, 7, 3; X, 6, 18; vices
fortunae V, 8, 15; praemium ab aliquo
V, 12, 5; *part.* expectatus als Abjekt.,
ersehnt, erwünscht: lux V, 4, 26. — b)
befürchten: graviora IX, 9, 21.
expĕdĭo, ivi, (ii), itum, 4. (pes), „los=
fesseln", daß.*part.*expeditus als Abjekt.:
a) v. Soldaten, ohne Gepäck, leicht
beweglich, kampffertig: manus
III, 4, 15; IV, 3, 1; agmen IV, 14, 16;
subst. expediti, mit Gepäck nicht Belastete
IV, 7, 6. — b) v. Örtlichkeiten, frei
von Hindernissen, ungehindert:
iter V, 5, 2. — c) ohne Schwierig=
keit, leicht: expeditius videtur X, 10,
8; alqd in expedito est, ist ohne Schwie=
rigkeit III, 1, 21; IV, 2, 22. — 2) „her-
auswickeln", u. somit fördern, daß. un=
persönl. expedit. es ist zuträglich,
es nützt: alcui IV, 7, 31; VII, 1, 38.
expĕdītĭo, ōnis, *f.* Unternehmung
gegen den Feind, Kriegszug, Expe=
dition VII, 9, 17; VIII, 3, 1.
expĕdītĭus, *adv.* (*comp.* v. expedite),
leichter, schneller IV, 11, 9.
expĕdītus, a, um, s. expedio.
ex-pello, pŭli, pulsum, 3. heraus=
treiben, wegtreiben, vertrei=

ben: commilitones VI, 11, 2; alqm Athenis III, 2 10; corpora expulsa, ausgeworfen VI, 4, 7; navigia in ripam expelluntur, werben ans Ufer geworfen IX, 4, 11. — 2) verbannen: alqm Athenis III, 2, 10. — 3) abtreiben, abstoßen: ratem VIII, 13, 26.

expĕrĭor, pertus sum, 4. prüfen, erproben: alqm IV, 13, 3; membra VI, 1, 13; alcjus animum („Gesinnung") III, 6, 12; VII, 2, 36; mit Fragsaß VII, 7, 11; eventum, berechnen VIII, 13, 12. — 2) es mit etw. versuchen, etw. versuchen: alqd V, 8, 17; VII, 11, 10; remedium III, 5, 16; pugnam VIII, 10, 10; discrimen V, 4, 28; fortunam IV, 11, 23; potentiam alcjus VIII, 5, 18; clementiam VI, 4, 24; VIII, 3, 2; fidem VIII, 2, 27; omnia IV, 1, 29; ultima V, 3, 4; mit Fragsaß X, 8, 18; alqm, es mit jemb. versuchen VII, 10, 8; X, 7, 10; se, sich versuchen VIII, 13, 11. — 3) (durch Erfahrung) kennen lernen, erfahren: animum alcjus IX, 8, 24; fidem V, 8, 7; arma VIII, 10, 5; vires VIII, 14, 42; mit Fragsaß VI, 11, 28; mit *acc. c. inf.* VII, 4, 11 (f. solus).

expers, tis, (pars), einer Sache un» teilhaftig, an etw. unbeteiligt, mit *gen.*: sceleris VI, 11, 30; consilii VI, 11, 33; cladis III, 13, 14; sensūs expertia, empfindungslose Gegenstände VI, 3, 7.

ex-pĕto, ivi, (ii), itum, 3. „zu er» reichen suchen", dah. forbern, ver» langen: poenas, Strafe nehmen (alc» jus rei, wegen etw.) III, 2, 18; poenas ex alquo, jemb. zur Strafe ziehen IV, 13, 13; supplicia, vollziehen VIII, 7, 6. — 2) nach etw. trachten, streben, etw. begehren, wünschen: alqd voto III, 8, 19; regnum X, 9, 1; praedam IV, 13, 14; fructum IX, 2, 11; decus III, 11, 7; commercium linguae V, 5, 19; gratiam alcjus VII, 1, 28; amici» tiam VII, 1, 26; mit *inf.* IV, 10, 32; VI, 6, 3; 11, 17.

expiro, 1. (spiro), „aushauchen", dah. sterben, verscheiden III, 5, 4; IX, 5, 29; 8, 20.

ex-plĕo, ēvi, ētum, 2. ausfüllen, vollfüllen: cavernas VIII. 11, 9; voraginem VIII, 2, 23. — 2) „voll» zählig machen", dah. a) in voller Zahl stellen: sex milia III, 2, 6; V, 8, 4; VII, 4, 30. — c) in voller Zahl aus» machen, betragen: numerum trium milium IX, 2, 4; quattuor milia IV, 12, 6. 13. — 3) übtr. a) erfüllen, Genüge leisten: munia ducis VII, 2, 33; vicem officii VIII, 6, 18; sup» plicium, vollziehen VII, 5, 23. — b) be» friebigen, sättigen: iram VIII, 6, 1; se sanguine alcjus X, 7, 14.

ex-plĭco, 1. „auseinanderfalten", dah. Streitkräfte entwickeln, entfalten: copias IV, 9, 10; aciem, IV, 12, 19.

explōrātor, ōris, „Ausspäher", insb. *plur.* Rekognoszierungstruppen (aus einzelnen Reitergeschwadern bestehend) III, 13, 2; IV, 12, 5.

explōro, 1. auskundschaften, rekognoszieren: iter III, 7, 6; loca VI, 4, 14. — 2) übtr. a) erforschen, ermitteln: paucitatem IV, 9, 24; vera IV, 10, 10; eventum sacrificiis VII, 7, 8. 9; mit Fragsaß III, 8, 17; IV, 6, 5. — 3) untersuchen, prüfen: de» lata IX, 10, 22.

expŏlĭo, 1. (spolio), ausplündern, besonb. ber Waffenrüstung berauben: cor» pus IX, 5, 10.

ex-pōno, sui, situm, 3. ans Land fetzen, landen lassen: exercitum in ripa VII, 5, 18; copias opportunis locis IX, 3, 24; milites IV, 2, 24. — 2) aussetzen, bloßstellen, preis» geben: expositus ad ictus, ben Schüssen ausgesetzt VIII, 14, 31; IX, 5, 9. — 3) „auseinanderlegen", dah. aus» einandersetzen, darlegen, dar» thun, mitteilen: alqd V, 12, 7; VI, 9, 7; ordine VI, 8, 1; ordinem sceleris VI, 11, 32; mit Fragsaß IV, 13, 24; X, 8, 14; mit *acc. c. inf.* V, 1, 4; IX, 8, 26; *abl. abs.* exposito (= cum ex» posuisset) IV, 13, 37.

ex-posco, pŏposci, 3. bringend verlangen, erflehen: certamen IX, 7, 18; opem alcjus IV, 14, 23.

exprĭmo, pressi, pressum, 3. (premo), auspressen, ausdrücken: sucum ex sesamo VII, 4, 23. — 2) übtr. erpressen, abnötigen: veritatem tormentis VI,11,10; assensionem, hervorrufen VIII, 5, 20; vox indignatione expressa VI, 9, 7; mit folg. ut, nötigen, erzwingen IV, 11, 2 (erg. ab eo); VI, 7, 12; 11, 31; VIII, 8, 2 (erg. a vobis). — 3) „abbrücken", baß. (in Wachs ob. Metall) abbilden, gestalten: simulacra ex auro III, 3, 16.

exprŏbro, 1. (probrum), vorrücken, vorwerfen: alcui alqd VIII, 1, 16; avaritiam VIII, 8, 9; mit acc. c. inf. IV, 2, 20; VIII, 1, 39.

exprōmo, mpsi, mptum, 3. (pro u. emo), „herausnehmen", baß. sich über etw. auslassen, sich äußern: quid sentirent IV, 10, 4.

ex-pugno, 1. im Kampf bezwingen, überwinden: alqm VI, 6, 25. — 2) erstürmen, erobern: urbem III, 10, 7.

exquīro, sīvi, sītum, 3. (quaero), forschen, fragen: quid optimum factu esset IV, 13, 3.

exsanguis, e, blutlos: os VIII, 3, 13; totenblaß, bleich VII, 7, 26; metu IV, 14, 2; sollicitudine IX, 5, 26. — 2) (bis aufs Blut) erschöpft, entkräftet: corpus IX, 3, 10; vulneribus VII, 7, 36.

ex-sătĭo, 1. sättigen, befriedigen: exsatiatus IX, 6, 15.

exscendo, f. escendo.
exscensio, ōnis, f. escensio.
ex-scindo, f. excindo.
exsequiae, ārum, f. exequiae.
exsequor, f. exequor.
exsilio, f. exilio.
exsilium, f. exilium.
exsisto, f. existo.

ex-sorbĕo, bŭi, 2. wegschlürfen, wegspülen: Indus ripas exsorbet VIII, 9, 6.

exsors, tis (sors), „nicht mitlosend", baß. nicht teilhaftig, ohne Anteil an etw.: praedae IV, 14, 6.

exsp... exp...

exst... f. ext...

exsul u. **exsulo,** f. exul u. exulo.

ex-surgo, surrexi, surrectum, 3. „aufstehen", baß. b. leblos. Dingen, sich erheben: summa (petrae) in cacumen exsurgunt VIII, 11, 6.

exta, ōrum, Eingeweide (besonb. Herz, Lunge, Leber): tristia („Unglück verkündend")VII,7,22; laeta VII,7,29; exta spectare VII, 7, 8; IX, 4, 28.

extemplo, adv. auf der Stelle, sofort IV, 16, 13; V, 5, 16.

ex-tendo, di, tum u. sum, 3. ausspannen, ausbreiten: pinnas III, 3,16; fastigium, ebnen IV,9,10; passiv. extendi, b. Sterbenben, sich strecken IX, 5, 28. — 2) ausbehnen, erweitern: cornua IV, 13, 34; aciem latius III, 9, 12; agmen ad mare III, 9, 10; phalangem in duo cornua IV, 12, 23; munimenta, vergrößern IX, 3, 19.

ex-tenŭo, 1. „verbünnen", baß. schwächen: dolor extenuat vocem VII, 7, 5.

extĕrus, a, um, „außen befindlich", baß. auswärtig: natio III, 8, 5; gens VIII, 9, 19. — 2) superl. extrēmus, „ber äußerste", baß. übtr. v. bedenklicher Lage, ber schlimmste, gefährlichste: ad extrema perventum est, es ist zum äußersten gekommen IV,14,22.

externus, 3. „äußerer", baß. auswärtig, ausländisch, fremb: rex V, 2, 12; hostis VI, 8, 9; vis V, 1, 27; domicilium IV, 4, 20; habitus X, 5, 33; ritus VIII, 5, 14; mos VII, 2, 8; mutatio VIII, 5, 20; sermo VII, 5, 29; ope externa V, 12,16; opis externae VI, 3, 13; subst. externus, Ausländer, Fremder V, 11, 6; VI, 3, 10.

ex-terrĕo, ŭi, ĭtum, 2. in Schrecken setzen: nova re exterritus X, 9, 9.

ex-tĭmesco, tĭmŭi, 3. etw. sehr fürchten, sich vor etw. fürchten: multitudinem IV, 16, 30; nomina vana IV, 14, 3; situm locorum IX, 2, 8.

extinguo, nxi, nctum, 3. (stinguo), auslöschen: ignem IV, 10, 11; incendium IX, 4, 7; lumina VI, 8, 16; faces X, 9, 5. — 2) übtr. a) bas Lebens-

extirpo — **facies** 99

licht auslöschen, umbringen, töten: animalia X, 10, 10; senectutem, erlöschen machen VI, 10, 32; *passiv.* umkommen, sterben III, 5, 5; IV, 10, 19; VI, 7, 30; X, 5, 23; morbo IX, 3, 20; morte obscura III, 5, 10; in opere VII, 7, 19; IX, 6, 22; subst. extincti, die Umgekommenen VIII, 11, 12. — b) austrocknen: *passiv.* extingui, vertrocknen: sucus tepore extinguitur VI, 4, 22. — c) in Vergessenheit bringen, verstummen machen: haec („diese Gerüchte") X, 10, 18.

extirpo, 1. (stirps), mit der Wurzel ausreißen, ausrotten: arbores VII, 8, 14; lucos VII, 5, 34.

exto, stĭti, āre (sto), „heraus stehen", dah. sichtbar sein, bemerkbar sein: extat vestigium V, 13, 20; VII, 3, 11; 5, 33. — 2) noch vorhanden sein: bona extant X, 2, 5.

ex - tollo, ĕre, „emporheben", dah. übtr. erheben, rühmen: vires suas VII, 4, 2.

ex-torquĕo, torsi, tortum, 2. herausbrechen, herauswinden: hastam e manibus VIII, 2, 4.

extrā, *praep.* mit *acc.* außerhalb: extra urbem IV, 2, 4; extra conspectum VIII, 13, 20; extra teli jactum, außerhalb der Schußweite III, 10, 1; sicher gegen die Geschosse IV, 2, 23; V, 3, 7; extra sortem periculi, dem Schicksal der Gefahr entrückt IV, 3, 20. — 2) aus...hinaus, über...hinaus III, 1, 5; IV, 8, 3; VII, 11, 24.

ex-trăho, xi, ctum, 3. herausziehen: hastam ex vulnere VII, 4, 37; telum IX, 5, 23. — 2) übtr. der Zeit nach hinziehen, dah. a) in der Zeit hinziehen, ausdehnen: convivium in lucem VIII, 6, 14; certamen in multum diei, bis spät in den Tag hinein VIII, 14, 28. — b) eine Zeit hinbringen, verstreichen lassen: noctem vigiliis VII, 8, 2; inter preces VIII, 2, 6; tempus prolatando X, 2, 10; biduum VI, 8, 13; ludi extrahunt tem; verzögern VIII, 6, 14. — c) hinhalten VI, 8, 13 (erg. eos).

extrāordĭnārĭus, 3. außerordentlich: periculum IV, 16, 25.

extrinsĕcus, *adv.* von auf auf der Außenseite IV, 2, 14.

extrŭo, xi, ctum, 3. (struo), schichten", dah. aufführen, errichten: aggerem IV, 6, 21; munimentum IV, 6, 22.

exŭl, ŭlis (solum), der freiwillig ob. zur Strafe im Auslande lebt, ein Heimatsloser, Verbannter VI, 4, 25; VIII, 1, 3; 2, 15; exul orbis terrarum, aus der ganzen Welt verbannt V, 12, 2.

exŭlo, 1. in der Verbannung leben, ein Verbannter sein VI, 5, 2; in regno V, 8, 11.

exŭo, ŭi, ūtum, 3. ausziehen, ablegen: amiculum V, 1, 38; vestem VI, 11, 15. — 2) übtr. sich eines Verhältnisses entledigen, entäußern: statum X, 2, 22. — 3) jemb. etw. abnehmen, ihn zwingen etw. im Stiche zu lassen, mit *abl.*: hostes impedimentis IV, 15, 10.

ex-ūro, ussi, ustum, 3. (völlig) verbrennen: alqd VI, 6, 16; navigia VII, 4, 21; solum vestigia exurit IV, 7, 6; venenum ferrum, zerfrißt X, 10, 16.

F.

făbŭla, ae, Gerede, Erzählung V, 1, 32; VIII, 1, 17. — 2) insb. Fabel, Märchen IX, 2, 15.

făbŭlōsus, 3. sagenreich, mythenreich: carmina III, 1, 2.

făcesso, cessi, 3. eilig sich fortmachen, sich wegbegeben: hinc X, 2, 27.

făcĭēs, ēi, äußere Gestalt, Aussehen, Anblick: nova IX, 8, 5; tristis III, 13, 11; terribilis VIII, 14, 27; miserabilis VII, 11, 16; dispar III, 3, 26; alcjus IV, 13, 5; V, 4, 28; cornūs IV, 12, 12 (*V.*); IV, 13, 28; quercūs VI, 4, 22; ripae VIII, 13, 10; rei IV, 12, 20;

7*

facile — **fallo**

futuri discriminis IV, 13, 1; mali, Jammerſcene III, 11, 22; imminentis mali, Bild der drohenden Gefahr IX, 10, 15. — 2) Antlitz VIII, 13, 24.

făcĭlē, *adv.* leicht, ohne Mühe III, 7, 10; haud facile, kaum VI, 1, 5; *comp.* facilius III, 6, 3.

făcĭlis, e, leicht, bequem, nicht ſchwierig: via VIII, 6, 10; aliquis facile aditu, leicht zugänglich IX, 8, 23; facile (facilius) est mit *inf.* VI, 10, 1; VIII, 5, 19; haud facile dictu est, es iſt kaum zu ſagen III, 6, 17. — 2) nachgiebig, gefügig: humus IV, 6, 8. — 3) übtr. willfährig, geneigt: aures VIII, 6, 24.

făcĭnus, ŏris, *n.* (auffallende gute ob. böſe) That, Handlung: magnum IV, 6, 15; pulcherrimum facinus inchoare VI, 7, 10. — 2) Frevelthat, Frevel, Verbrechen V, 11, 2; VI, 10, 7; VIII. 2, 1; dissimulationis VI, 7, 32; inauditum V, 9, 2; ingens VIII, 3, 14; intestinum VI, 7, 1; ultimum VIII, 8, 2; facinus facere III, 8, 5; admittere in alqm VII, 6, 15. — b) verbrecheriſche Abſicht VI, 9, 11.

făcĭo, fēci, factum, 3. machen, thun, verrichten: alqd temere VII, 9, 1; oboedienter X, 3, 4; multa avare IX, 8, 9; facinus III, 8, 5; imperata, Gehorſam leiſten, ſich unterwerfen IV, 1, 5; VII, 6, 11; 9, 17; iter, den Weg machen, marſchieren IV, 10, 18; VI, 5, 5; modum laudi, der Ruhmbegierde ein Ziel ſetzen IX, 6, 15; periculum, Verſuch machen VII, 8, 27; deditionem, vollziehen IV, 1, 16; aliquid dicionis suae facere, unter ſeine Botmäßigkeit bringen III, 7, 4; IV, 4, 19; quid optimum factu esset IV, 13, 3; VII, 5, 31. — 2) machen, verfertigen: crates V, 3, 7; navigia, erbauen VIII, 10, 2; turres IV, 2, 18; aggerem, errichten VIII, 10, 30; argentum factum, verarbeitet III, 13, 16. — 3) machen, ſchaffen, zuwege bringen: solitudinem III, 4, 3; IX, 2, 24; sinum, bilden VI, 4, 16; iter (sibi), Weg bahnen IV, 14, 7; V, 6, 14; viam VIII, 12, 2;

locum sibi, ſich Raum ſchaffen III, 11, 5; silentium, bewirken X, 6, 3. — 4) veranſtalten, verrichten, begehen: sacrum IV, 2, 4; 6, 10; sacrificium III, 8, 22; sacrilegium IV, 3, 23; expeditionem VIII, 1, 25; proelium, liefern VIII, 2, 16. — 5) machen, verurſachen, veranlaſſen, erregen: spem VIII, 2, 32; expectationem VI, 9, 1; invidiam VI, 10, 27; fidem alcui IV, 9, 11; mit folg. ut, bewirken V, 8, 8. — 6) geben, gewähren, bieten: libertatem VIII, 14, 42; alcui potestatem IV, 1, 17; licentiam III, 13, 7; exemplum VII, 5, 37; speciem alcjus rei IV, 10, 10; locum alcui rei, Gelegenheit zu etw. geben III, 1, 4; IV, 11, 8. — 7) zu etw. machen, mit doppelt. *acc.*: partem solitudinem VIII, 8, 10; muros pervios VIII, 10, 25; alqm regem VIII, 5, 18; laetum III, 6, 12; suspectum VII, 1, 32; nomen invisum X, 1, 4; alqm certiorem rei, ſ. certus. — 8) „ſich zufügen", daß. erleiden: jacturam VI, 6, 17; damnum V, 9, 4. — 9) darſtellen, erſcheinen laſſen: alqm victorem, als Sieger IV, 11, 19; Euphraten terribilem IX, 2, 13; victoriam magnam, dem Siege ein Anſehen von Bedeutung geben VIII, 11, 24. — 10) *intransit.* handeln, verfahren: temere IV, 9, 23; simpliciter IV, 11, 22; fortiter VIII, 1, 16.

factum, i, That, Handlung V, 2, 4; forte VII, 1, 22.

falcātus, 3. (falx) mit Sicheln verſehen: currus, Sichelwagen IV, 12, 6; 13, 33; quadriga IV, 9, 4.

fallax, ācis, täuſchend, trügeriſch: miraculum IX, 3, 19.

fallo, fĕfelli, falsum, 3. ausgleiten machen, einen Fehltritt thun laſſen: gradus fallit alqm VII, 11, 16; saxa vestigium fallunt IV, 9, 18; V, 4, 18. — 2) übtr. hintergehen, täuſchen: alqm V, 10, 15; VI, 4, 12; specie amicitiae VII, 2, 13; spem IX, 4, 33; promissum, brechen VII, 10, 9; alqd fallit alqm, jemb. täuſcht ſich in etw. IV, 5, 16; IX, 8, 28; abſol. IV, 13,

falso   **fastigium**   101

8; murus fallit, läßt im Stich IV, 3, 13; *passiv.* falli, sich täuschen V, 12, 5; VII, 7, 13; acies fallitur VII, 11, 21. — **3) der Aufmerksamkeit jmds. entgehen**, von jemb. unbemerkt bleiben: hostem V, 4, 16; VIII, 11, 5; custodes, entwischen V, 4, 19; incrementum eos fallit, entgeht ihnen VI, 2, 21; lacuna fallit sitim, entgeht IV, 16, 14; subductus rex barbaros fallit, die Wegführung des Königs bleibt von b. Barbaren unbemerkt VII, 6, 4; epistola fallit alqm, ist ihm unverständlich VI, 9, 15; *unpers.* fallit me, es entgeht mir IV, 15, 6; *mit acc. c. inf.* VI, 1, 17; non fallit me, ich weiß recht wohl VIII, 4, 8 (ipsos gehört ebensowohl zu fallebat als zu eligere).

falsō, *adv.* fälschlich, irrig, grundlos III, 12, 7; V, 2, 4; VI, 10, 6.

falsus, 3. falsch, ungegründet, erlogen: nuntius III, 12, 5; nomen VII, 5, 38; crimen X, 1, 27; *subst.* falsa, ōrum, Falsches, falsche Angaben IV, 10, 10; VI, 11, 21.

falx, cis, *f.* Sichel IV, 9, 5; 15, 4; insb. Mauersichel, lange mit sichelförmigen Haken versehene Stange zum Einreißen der Mauern IV, 3, 10. 25.

fāma, ae, Gerede, Gerücht, Kunde, Sage III, 4, 10; IV, 1, 24; 14, 13; IX, 2, 14; 10, 24; vana X, 10, 5; incerta IV, 5, 12; mortis IX, 6, 1; mali V, 5, 18; victoriae VII, 9, 17; auri X, 1, 15; superati regis, „von der Niederlage des Königs" IV, 16, 4; ad cujus (= hujus rei) famam, auf b. Gerücht hiervon IV, 1, 30; majore fama, mehr zum Gerede der Leute VIII, 1, 1; fama est, es geht die Sage IV, 8, 6; V, 2, 9; fama fert VII, 8, 30; vulgat IV, 9, 2; famā vulgare VII, 6, 15; fama perfertur ad alqm VIII, 1, 6; famā alqd accipere, von etw. durch Hörensagen vernehmen IX, 9, 6. — **2)** öffentliche Meinung, öffentliche Stimme: famā bella stant (constant) III, 8, 7; VIII, 8, 15. — **3)** Geschichtsschreibung, Geschichte V, 8, 10; VI, 3, 17. — **4)** Ruf: perfidiae VIII, 12, 10;

temeritatis IX, 5, 1. — **5)** prägn. Ruf, Ruhm, Berühmtheit III, 13, 15; IV, 1, 15; 4, 2; V, 1, 18; VII, 4, 3; laus famaque VI, 2, 19; nomen et fama V, 13, 14; fama generis IV, 1, 25; nominis VIII, 13, 2; rerum VI, 5, 29; rerum gestarum IV, 7, 30.

famēs, is, *f.* Hunger: ad famem ventum est VII, 4, 22; famem sentire IX, 10, 11. — **2)** übtr. Begierde, Gier V, 1, 6 (f. ex 2, *b*); VII, 8, 20.

fāmĭlĭa, ae, Familie, Geschlechtslinie: domus familiaque X, 7, 15.

fāmĭlĭāris, e, „zur Familie gehörig", baß. vertraulich, vertraut: usus VI, 9, 18; patria, traut, heimisch V, 5, 11.

fāmĭlĭārĭtās, atis, *f.* vertrauter Umgang, Vertrautheit: intima VII, 2, 35.

fāmĭlĭārĭter, *adv.* vertraut, vertraulich, freundlich: loqui cum alquo VII, 1, 31; uti alquo familiariter, vertrauten Umgang haben mit jemb. VI, 11, 22; familiarius, vertraulicher als gewöhnlich IX, 6, 16.

fāmŭla, ae, Dienerin, Sklavin III, 12, 25.

fās, *indecl.* n.(fari) „göttliche Satzung", baß. das göttliche Recht: contra jus fasque, gegen menschliches u. göttliches Recht VI, 4, 9; fas est alcui, es ist (ohne Frevel) gestattet VIII, 2, 19; jus fasque est, es ist erlaubt u. gestattet X, 10, 13.

fascĭa, ae, Binde VII, 6, 5; Kopfbinde III, 3, 19.

fastīdĭo, 4. gegen jemb. ob. etw. Widerwillen haben, jemb. ob. etw. verschmähen, zurückweisen: alqm V, 5, 12; VI, 11, 25; Jovem VIII, 7, 13; regnum IV, 1, 18; mores VI, 10, 22; *mit inf.* IV, 14, 23; VI, 9, 36.

fastīdĭum, i, Widerwille, Abneigung: alcujus, gegen jemb. VIII, 3, 6; fastidio esse alcui, jemb. zuwider sein IV, 10, 3 (erg. ei); V, 5, 12; X, 2, 23. — **2)** hochmütige Verachtung, schnöder Stolz V, 8, 14.

fastīgĭum, i, eigentl. Neigung zweier spitzig zulaufenden Seitenflächen, baß.

Abbachung, Senkung: lenius VI, 6, 23. — 2) **Erhebung, Steigung**, bah. a) **Bodenerhebung** IV, 9, 10; Hyrcaniae VI, 4, 19; inaequale terrae IX, 9, 19; altius terrae, ziemlich bedeutendes Hochland VIII, 9, 3; terrae summae, Höhe der Erdoberfläche VIII, 10, 31. — b) **Giebel:** aedificiorum VII, 3, 8. — c) **Gipfel, Höhe:** sublime VIII, 11, 6; superius VIII, 2, 23; montis VI, 6, 29; crepidinis V, 1, 28; munimenti V, 1, 31; muri IX, 4, 30; moenium IV, 6, 22; aquae, Niveau IV, 2, 19; summi operis, oberster Rand des Baus IV, 2, 8. — 3) übtr. hohe Stellung, Rang, Würde IV 1, 16; VI, 9, 22; regium X, 10, 14; paternum III, 13, 12; humanum IX, 2, 28; regni X, 6, 20; fortunae III, 12, 25 (f. capio); magnitudinis VI, 8, 7; regiae Persicae, Hoheit der persisch. Königsmacht VI, 6, 2; mortale, Rang eines Sterblichen IV, 7, 8; imperium summum fastigium evehere IV, 14, 20.

fastus, ūs, schnödes Benehmen, Hochmut: regiae IX, 8, 23.

fateor, fassus sum, 2. gestehen, bekennen: verum VI, 3, 6; 10, 10; de se VI, 9, 16; mit *acc. c. inf.* IV, 16, 33; VI, 5, 30.

fatigatio, ōnis, *f.* Ermüdung, ermüdende Anstrengung VI, 8, 21; continuati laboris VII, 11, 17.

fatigo, 1. abmüden, abmatten, erschöpfen: alqm V, 4, 18; equos IV, 15, 31; fatigari, sich abmühen IX, 2, 10; fatigatus, ermattet, erschöpft: labore IV, 10, 19; itineris spatio V, 5, 3; persequendo III, 12, 1; vulneribus VIII, 14. 30; malis, der Drangsale müde VIII, 3, 2; 10, 10; motibus terrae, beunruhigt IV, 4, 20. — 2) übtr. ermüben: aures aljus VIII, 13, 10; indulgentiam V, 3, 13; naturam VII, 11, 4; fortuna indulgendo ei fatigata VIII, 3, 1.

fatum, i (fari), „Götterspruch", bah. Verhängnis, Geschick: inevitabile IV, 6, 17; *plur.* IV, 7, 26; 14, 20. — 2) das bestimmte Lebensziel, der Tod IX, 8, 26; dies fati VIII, 9, 32; *plur.* X, 5, 36.

faux, gewöhnl. *plur.* **fauces,** ļum, *f.* „Kehle", bah. übtr. a) enger Eingang, enger Paß III, 8, 13; VIII, 2, 20; artissimae III, 4, 2; V, 3. 17; Ciliciae V, 3, 22; VI, 3, 16. — b) Landenge III, 1, 13.

făveo, fāvi, fautum, 2. günstig sein, geneigt sein X, 7, 5; di faveant IX, 6, 23; judex favens VI, 7, 32.

Făvōnius, i, Westwind VI, 6, 28.

făvor, ōris, *m.* Gunst: militaris X, 7, 13.

fax, făcis, *f.* Feuerbrand, Fackel (meist aus Kienholz) III, 8, 22; IV, 3, 4; VIII, 11, 21; faces subdere urbi (sarcinis) V, 7, 4; VI, 6, 15. — 2) Brandstoff X, 9, 5.

fēlicitās, ātis, *f.* glückliches Gedeihen, glücklicher Erfolg, Glück III, 4, 11; 12, 24; partium VIII, 13, 13; rerum VII, 7, 30; caduca VIII, 14, 43; perpetua X, 5, 35.

fēliciter, *adv.* glücklich VI, 9, 23; *comp.* felicius, mit mehr Glück IV, 16, 3; felicissime VIII, 5, 14.

fēlix, icis, glücklich, vom Glück begünstigt: rex VII, 2, 33; temeritas VIII, 13, 15; consilium eventu felicius, glücklicher ausgeführt IV, 1, 33.

fēmen, ĭnis, f. femur.

fēmĭna, ae, Weib, Frau (bezügl. b. Geschlechts) III, 13, 10; verächtl. von Männern III, 10, 10; VI, 11, 3; VIII, 1, 37.

fēmur, femŏris u. gewöhnl. **femĭnis** (v. veralt. femen), *n.* der obere Schenkel, das Dickbein III, 11, 10; femine III, 12, 2; VIII, 10, 12; femina VI, 1, 4.

fĕra, ae, f. ferus, a, um.

fĕrax, ācis (fero), an etw. fruchtbar, ergiebig, mit *gen.*: lini VIII, 9, 15.

fĕrē, *adv.* so ziemlich, fast, beinahe: omnes fere IV, 4, 9; 13, 7; prima fere vigilia IV, 10, 2; media fere nocte V, 1, 3; isdem fere diebus IV, 5, 11. — 2) bei Zahlangaben, unge-

fährt, etwa III, 9, 1; IV, 2, 24; 9, 10; V, 5, 5. — **3) fast immer, in der Regel** VI, 10, 9; ut fere fit III, 3, 6; VIII, 2, 34; quod fere fit VIII, 14, 20.

fĕrĭo, ire, durch Schlag, Stoß ob. Schuß **treffen**: alqm telis VIII, 11, 14; jugulum VII,2,27; destinata certo ictu VII, 5, 41; aprum, erlegen VIII, 6, 7.

fĕrĭtās, ātis, *f.* **wildes Wesen, Rohheit** V, 6, 16; barbara III, 8, 15.

fermē, *adv.* (*superl.* v. fere = ferime), **so ziemlich, beinahe, fast**: isdem ferme diebus IV, 5, 1; hora ferme secunda VIII, 6, 17; medio ferme alveo IX, 8, 30; India tota ferme VIII, 9, 1; dimidio ferme major IV, 9, 3; par ferme numerus IV, 15, 23; ducenti ferme III, 3, 21.

fĕro, tuli, lātum, ferre, **tragen, bringen**: amiculum III, 12, 5; glebam unguibus IV, 6, 11; alqm lectica VII, 6, 8. — **2) übtr.** a) **ertragen**: fortunam III, 12, 20; fastigium X, 6, 20; **erleiden, aushalten, sich gefallen lassen**: alqm IV, 3, 20; X, 6, 20; alqd fortitu IV, 3, 20; hoc a tutoribus VIII, 8, 3; mit *acc. c. inf.* IX, 6, 11; ictus VI, 11, 17; obsidionem IV, 2, 6; linguam alcjus VIII, 8, 7; ferociam VII, 4, 34; saevitiam VII, 6, 15; conjectum oculorum IX, 7, 25; vultum superbum V, 8, 14; vultum disparem animo ferre non potest, kann es nicht ertragen eine ... Miene zu zeigen VII, 8, 1; iram, beherrschen VIII, 1, 43; aurum oculi ferre non possunt X, 2, 23; inopiam patientia IV, 1, 25; stultitiam aequo animo V, 9, 12; defectum magno animo VII, 4, 39; miserias optime V, 5, 11; alqd graviter, s. graviter; alqd aegre, s. aegre; alqd indigne, s. indigne; alqm ferre, mit jemb. auskommen VII, 1, 23. — b) im Munde tragen, dah. **erzählen, sagen**: fama fert VII, 8, 30; dixisse fertur, er soll gesagt haben VIII, 10, 29; illacrimasse fertur III, 12, 6. — c) Meinung, Urteil **abgeben**: sententiam de alquo (de alqua re) V, 2, 4; 5, 17; 7, 4. — **3)** *passiv.* ferri, sich **bewegen**: per semitas X, 5, 16; agmen fertur, schleppt sich VIII, 4, 6; beluae secundo aestu feruntur, schwimmen daher X, 1, 12; amnis fertur, strömt VII, 10, 2; VIII, 13, 9; v. Schiffenden, fahren IX, 9, 2. — **4) mit sich tragen**: cibaria VIII, 4, 20; übtr. **mit sich bringen**: quicquid fors tulit V, 8, 17; 11, 11; ut fert sollicitudo III, 3, 6; si fors ita fert, gestattet IX, 6, 22. — **5)** an sich (am Körper) tragen, dah. (in seiner äußern Erscheinung) **darbieten, zeigen**: speciem III, 2, 3; notas perturbationis prae se, kundgeben VI, 7, 18. — **6) wegtragen, forttragen**: nihil integrum V, 6, 5; necessaria e vico, holen V, 12, 6; übtr. **davontragen, erhalten**: praemium VIII, 1, 34; gloriam conservati regis, der Rettung des K. V, 11, 9; responsum X, 8, 15; fructum mansuetudinis, ernten IV, 10, 23. — **7) überbringen**: dona V, 2, 20; alqd donum („als Geschenk") IV, 5, 11; epistolam ad alqm VII, 2, 16; conditiones pacis IV, 11, 1; tributum (stipendium) alcui, entrichten, zahlen III, 1, 23; V, 8, 16; opem, Hilfe bringen IV, 15, 12; auxilium V, 3, 9. — **8) emportragen**: nubes pulveris ad caelum fertur, steigt empor IV, 15, 32; alqm laudibus in caelum ferre, erheben V, 8, 10; übtr. **hervorheben**: prae propinquis ferebantur = propinquis praeferebantur, wurden vorgezogen VIII, 5, 8. — **9) wohin führen, leiten**: via fert in Persidem V, 4, 11; aditus ad cacumen VII, 11, 10. — **10) treiben**: ventus fert flammam in ora VI, 6, 30; qua natura fert, nach der natürlichen Richtung VI, 5, 15; ferri agique, getrieben u. gescheucht werden IV, 13, 13.

fĕrōcĭa, ae, Trotz, Übermut VII, 4, 34; militaris („des Soldaten") IX, 7, 18.

fĕrōcĭter, *adv.* wild, mutvoll, ungestüm III, 11, 1; IV, 15, 19. — **2) trotzig, übermütig**: ferocius VII, 11, 23; ferocissime X, 2, 30.

ferox, ōcis, herzhaft, mutig, streitbar: gentes VII, 9, 18. — 2) wild, ungestüm, übermütig VII, 8, 5; ingenia VIII, 2, 16; stolidā audaciā VI, 11, 2; ingenio et mero, durch Leidenschaft u. Wein erhitzt VII, 4, 19; verbis, kühn VII, 4, 3.

ferrĕus, 3. eisern: lammina IV, 9, 3; cunei VII, 11, 13; murices IV, 13, 36; manus IV, 2, 12.

ferrum, i, Eisen III, 2, 7; candidum („Stahl") IX, 8, 1. — 2) metonym. Schwert: ferro cinctus VI, 10, 21; ferrum stringere VIII, 7, 7; ferro decernere IX, 7, 17; se interimere IX, 7, 25; igni ferroque vastare III, 4, 3.

fertĭlis, e (fero), ertragsfähig, ergiebig, fruchtbar an etwas, regio copia omnium rerum IX, 10, 18; pabuli, futterreich V, 4, 20; absol. terra V, 2, 1; regio VI, 2, 13.

fertĭlĭtās, ātis, f. Fruchtbarkeit V, 1, 12; odorum („an") V, 1, 11.

ferus, 3. ungezähmt, wild: bestia V, 4, 19; subst. fera, ae, wildes Tier, Wild III, 8, 10; IV, 13, 14; V, 6, 17.

fervens, tis (part. v. ferveo), siedend heiß, glühend, harena IV, 3, 26.

fervĭdus, 3. siedend heiß, glühend: aqua IV, 7, 22; solum IV, 7, 6; harena IV, 3, 25; sabulum IV, 7, 12; aestus fervidior X, 10, 10; tempus fervidissimum III, 5, 1.

fervor, ōris, m. das Sieden ob. Kochen", dah. Glut, Hitze: solis VIII, 9, 13; terrae VII, 5, 4.

festīnātĭo, ōnis, f. Hast, Eile III, 5, 14; 8, 25; 10, 4; X, 6, 21.

festīno, 1. hasten, eilen, sich beeilen: ad res repetendas VI, 3, 15; mit inf. III, 7, 1; IV, 6, 30.

festus, 3. festlich: dies, Festtag VIII, 5, 9.

fibra, ae, „Fiber", besonb. an der Leber, dah. überh. plur. Eingeweide VII, 7, 9; IX, 4, 29.

fĭdēlis, e, treu, ehrlich, zuverlässig: amicus III, 6, 11; consilium VI, 4, 8.

fĭdēlĭter, adv. treu, ehrlich V, 5, 12.

1. **fĭdēs**, ĕi, Treue, Aufrichtigkeit, Redlichkeit III, 6, 13; V, 4, 19; 10, 7; VII, 2, 8; societatis III, 13, 15; in alqm V, 7, 1; in partes IV, 8, 13; mutua VIII, 6, 12; inexperta VI, 7, 9; mira IV, 6, 5; incorrupta VI, 7, 26; invicta V, 11, 6; anceps III, 8, 3; fidem alcui exhibere V, 12, 11; approbare VIII, 8, 20; conservare VI, 5, 2; colere VII, 8, 29; firmare VIII, 13, 1; damnare III, 6, 6; timere V, 10, 7; violare III, 13, 15; Betis eximiae fidei, von ausgezeichneter Treue IV, 6, 7; melioris fidei haberi, für treuer gelten III, 8, 6; bona fide, treu u. ehrlich IV, 11, 18; cum fide, treulich, gewissenhaft VII, 2, 36; VIII, 2, 32; 11, 25; X, 2, 11. — 2) Zutrauen, Vertrauen: amicitiae, zur Freundschaft VI, 10, 26; fidem habere alcui, Vertrauen zu jemdm. haben, ihm Vertrauen schenken III, 13, 4; IV, 6, 12. — 3) Glaube, Überzeugung V, 11, 10; fidem habere, Glauben schenken III, 8, 16; VI, 8, 13; fidem facere alcui, jemdm. etw. glaublich machen IV, 9, 11; fides fit (alcui), die Überzeugung wird gewonnen, jemb. läßt sich überzeugen IV, 10, 34. — 4) (treuer) Schutz, Beistand: fidem alcjus implorare V, 13, 16; experiri VIII, 12, 6; gentem in fidem dedere VII, 6, 7; alqm (urbem) in fidem accipere, in seinen Schutz aufnehmen, zu Gnaden annehmen III, 10, 7; IV, 1, 6; V, 6, 2; VIII, 2, 18; (recipere) VI, 4, 24; 6, 13. — 5) gegebenes Wort, Gelöbnis, Versprechen VI, 8, 29 (s. pono 2, b); fidem alcjus sequi III, 8, 5; fidem dare IV, 1, 14; in parricidio (s. in B, 6) VI, 7, 7; fidem dare et accipere (in alqd) sich gegenseitig das Wort (auf etw.) geben IV, 1, 9; VI, 11, 29; VIII, 6, 8; fidem invicem firmare, gegenseitige Versicherung der Treue geben VIII, 13, 1; datam fidem violare, das gegebene Wort brechen

fides   **finis**   105

VI,4,12; pro fide, dem Eide getreu III, 1,7; V,3, 4; 11,12. — 6) das Versprechen der Sicherheit od. des Schutzes VI,5,8; fidem dare VI, 4, 13; 5, 6; VIII, 12, 9; accipere VI, 5, 22. — 7) Bestätigung, Garantie: fidem facere, Bestätigung geben IV, 1, 23; Beweis geben VII, 9,18; fides exhibendae veritatis, Beweismittel VI, 10,29. — 8) Bewahrheitung eines Versprechens, Erfüllung: fides promisso existit, dem Versprechen wird Erfüllung zu Teil VIII, 4, 18. — 9) Glaublichkeit, Glaubwürdigkeit, Wahrhaftigkeit: oraculi VI,10,28; nostra VII,8,11; suspecta VI,10,16; rumori (indicio) fidem facere, Glauben verschaffen VI, 2, 17; 10, 19; alqd fidem excedit(antecedit), übersteigt die Glaubwürdigkeit III, 13, 11; V, 6, 8; VIII, 1, 26. — 10) personifiziert, Göttin der Eide u. Versprechungen VI, 3, 14.

2. **fĭdēs, is,** f. „Saite", plur. Saiteninstrument, Saitenspiel V, 1, 22 (f. genus 3).

Fīdĭus, i, Beiname des sabinischen Gottes Semo Sancus, später des Hercules, dah. mediusfidius (= ita me dius Fidius juvet), beim wahrhaftigen Gott! X, 6, 22.

fīdo, fīsus sum, 3. sein Vertrauen auf etw setzen, vertrauen, mit dat. (ob. abl.): munimentis III, 13, 5; loco IV, 2, 6; viribus IV, 5, 16.

fĭdūcĭa, ae, Vertrauen auf jemb. ob. etw., mit gen. object.: alcjus X, 3, 3; victoriae III, 11, 14; formae VIII, 3, 4; moenium IX, 4, 26; loci IV, 2, 5. — 2) Zuversicht, Selbstvertrauen, Mut III,1,17; 8, 20; IV, 15,28; vana III,8,10; plenus fiduciae IX, 4, 25; fiduciam erigere VIII, 13, 16; alqm ad fiduciam erigere IV, 10, 7; Selbstgefühl III, 12, 23.

fĭdūcĭārĭus, 3. (interimistisch) anvertraut: imperium V, 9, 8.

fīdus, 3. treu, zuverlässig, ergeben: mens VIII, 3, 7; fidissimus purpuratorum III, 6, 4; civium IX, 6, 17.

fīgo, xi, xum, 3. „anheften", dah. hineinstoßen: sarissam in gutture VII, 4, 36; sagitta in crure fixa, eingedrungen VII, 6, 3. — 2) durchbohren, erlegen: animalia VIII, 9, 28.

fĭgūro, 1. „gestalten", übtr. sich einbilden, sich vormalen: inanes species animo VII, 1, 36.

fīlĭa, ae, Tochter: Ochi III,13,12; filiae virgines IV, 11, 6.

fīlĭus, i, Sohn: regis e Barsine X, 6, 11; parvus III, 8, 12.

findo, fĭdi, fissum, 3. spalten: undas IX, 4, 14.

fingo, finxi, fictum, 3. „gestalten", dah. übtr. a) sich vorstellen, den Fall setzen: mit acc. c. inf. IX, 2, 19; finge, angenommen, gesetzt IV, 10, 29. — b) erdichten, fabeln: mit acc. c. inf. VII, 10, 14; voces fictae, heuchlerisch IX, 3, 6.

fīnĭo, 4. „begrenzen", dah. beendigen, beschließen, passiv. zu Ende gehen, aufhören: bellum VI, 1, 17; defectionem VIII, 1, 6; discordiam X, 8, 14; imperium IV, 14, 10; sermonem VIII, 5, 21; cogitationes VII, 1, 25; vitam V, 12, 11; finitum est periculum IX, 2, 11; odium VI, 3, 17; dolor IX, 8, 27; metus IX, 5, 27.—2) feststellen, bestimmen: numerum IV, 16, 26.

fīnis, is, m. Grenze, Grenzmark: terrarum IX, 1, 3; mundi IX, 3, 8; finem imperio desticare IV, 11, 5; Tanais Asiam et Europam interfluit finis, als Grenze VII, 7, 2; insb. plur. fines, Gebiet, Bezirk VIII, 13, 2; IX,8,13; Babyloniorum V, 1,15; imperii IV, 1, 9; regni IV, 14, 24; sing. finis Persidis V, 2, 16. — 2) Ende: militiae VI, 2, 17; vitae VII, 7, 19; regni V, 8, 13; laborum IX, 4, 19; malorum V, 8, 14; tormentorum VII, 2, 34; doloris VI, 11, 21; facere finem dicendi, zu reden aufhören IV, 11, 14; finem sermoni(orationi)imponere VIII, 1, 32; IX, 3, 16; finis alcui rei est, etw. ist zu Ende VI, 11, 17; finis non

106 finitimus   fluito

fit lacrimis, der Thränen wird kein Ende VIII, 2, 10; alqd in fine est, ist zu Ende IX, 3, 9.

fīnĭtĭmus, 3. angrenzend, benachbart: urbs IV, 8, 5; regio Susis V, 3, 3; Sarmatarum finitima est (erg. genti Scytharum) VII, 7, 3; subst. finitimi, Grenznachbarn III, 2, 12; finitimi satrapum, die nächsten VI, 6, 20.

fīo, factus sum, fĭĕri, „entstehen", daß. als passiv. v. facio, gemacht werden, gethan werden: ignes fiunt V, 3, 14; quid fieri velim IV, 13, 24; potestas fit alcui, wird erteilt IV, 1, 17. — 2) etw. werden: transfugam V, 11, 11; satrapen ex imperatore VI, 6, 10; agmen fit rarius VIII, 2, 34; senes facti IX, 2, 10. — 3) geschehen, sich ereignen: solet fieri III, 8, 20; ut fere fit III, 3, 6; VIII, 2, 34; 10, 16, quod fere fit IV, 3, 7; VIII, 14, 20; non potest fieri (s. possum) X, 2, 19.

firmĭtās, ātis, f. „Festigkeit", übtr. Standhaftigkeit: animi VII, 9, 11.

firmo, 1. fest machen: gradum, festen Fuß fassen IV. 9, 18. — 2) befestigen, sichern: cuncta (cornua) subsidiis III, 7, 7; IV, 13, 30. — 3) übtr. a) befestigen, dauerhaft machen: pacem X, 8, 23; gratiam IX, 3, 22; fidem invicem, sich gegenseitig Treue versichern VIII, 13, 1. — b) ermutigen: alqm adhortatione III, 11, 9. — 4) stärken: milites quiete IX, 10, 18; cibo ac potione firmari, sich stärken VII, 5, 14.

firmus, 3. fest, nicht wankend: solum suffalciendo operi („für") V, 1, 29; moles IV, 2, 8. — 2) übtr. fest, unwandelbar: amicitia VII, 8, 27. — 3) stark, widerstandsfähig VII, 8, 15; praesidium X, 8, 4.

flăgellum, i, Peitsche, Geißel VI, 11, 17.

flăgĭtĭum, i, entehrende Handlung, Schandthat, Schande: militare VIII, 14, 11; insb. Unzucht V, 1, 37; X, 1, 27.

flagro, 1. auflobern, in Flammen aufgehen VI, 6, 16. — 2) glühen: harenae flagrare coeperunt VII, 5, 3. — 3) übtr. leidenschaftl. entbranntsein, erglühen: amore alcjus VI, 7, 2; VIII, 3, 1; caritate III, 6, 17.

flamma, ae, loberndes Feuer, Flamme IV, 2, 13; flammam excitare VIII, 10, 8; tectis inicere IV, 10, 12.

flātus, ūs, (flo), das Blasen, Wehen des Windes IV, 2, 8; ignem flatu accendere IV, 2, 13.

flecto, xi, xum, 3. beugen, krümmen: ramos manu VI, 5, 14; rami in humum flexi IX, 1, 10.

fleo, ēvi, ētum, 2. weinen IV, 10, 23. 34; flentes III, 5, 5. — 2) transit. beweinen: alqm X, 5, 22; vicem alcjus X, 5, 21.

flexus, ūs, Krümmung, Bogen III, 4, 6; VI, 4, 16; VIII, 9, 10.

flōrĕo, ŭi, 2. „blühen", daß. übtr. in blühenden Verhältnissen sein: imperium floret X, 9, 5; perpetua felicitate, in beständigem Glücke blühen VI, 5, 3; absol. auf der Höhe des Glückes stehen V, 11, 5; X, 5, 23.

flōs, flōris, m. Blüte, Blume IV, 4, 5; V, 1, 20. — 2) übtr. flos aetatis, Blüte der Jahre IV, 8, 7; VII, 2, 4; fortunae aetatisque X, 5, 10; aetatis et rorum („der Verhältnisse") V, 5, 13; pueritiae VI, 5, 23; flos juventae, Jugendblüte III, 5, 8.

fluctŭo, 1. „wogen", daß. übtr. ins Schwanken geraten, wanken: acies suo pavore fluctuans III, 10, 6.

fluctŭor, 1. „auf den Wogen treiben", daß. übtr. schwanken, unschlüssig sein: animo fluctuari IV, 12, 21.

fluctus, ūs, (hochgehende) Woge, Flut, Strömung III, 1, 13; IV, 2, 7; maritimi IX, 4, 9; mare fluctus agit (ciet) VI, 4, 19; X, 7, 11.

flŭĭto, avi, 1. (v. intens. v. fluo), auf dem Wasser treiben, schwimmen: cumuli sarcinarum fluitantes IV, 9, 19.

flūmen, ĭnis, *n*. Strömung, Gewässer, Fluß: flumina altissima VII, 4, 13; *plur.* der vereinigte (nunmehr Acesines genannte) Fluß IX, 4, 5.

flŭo, xi, 3. fließen, strömen III, 1, 5; 4, 7 (erg. ibi); sub solo VII, 10, 3; tria stadia in longitudinem VI, 4, 4. — 2) übtr. a) v. einer Menschenmenge, heranfluten: acies effuse fluens VI, 1, 6. — b) Fortgang haben, verlaufen: res eodem cursu fluunt VIII, 5, 19. — c) „zerfließen", dah. erschlaffen: luxu X, 3, 9; membra fluentia, schlaff VIII, 14, 33.

flŭvĭātĭlis, e, zum Flusse gehörig: piscis, Flußfisch VII, 4, 24.

flŭvĭus, i, Fluß, Strom V, 3, 2; VIII, 9, 6.

fŏdĭo, fōdi, fossum, 3. graben: puteos VII, 10, 14; specus in montibus V, 6, 17. — 2) burstechen, durchbohren: alqm telis V, 4, 32; os adversum alcjus, jemb. von vorn IV,15,31.

foedē, *adv.* schimpflich IV,16,30.

foedo, 1. verunstalten: luna foedat lumen, trübt IV, 10, 2. — 2) übtr. beflecken, schänden: animi bona cupiditate vini V, 7, 1.

foedus, ĕris, *n*. Bündnis, Bund: foedera divini humanique juris, die auf menschlichem u. göttlichem Recht beruhenden Verträge III,10,9. — 2) eheliches Bündnis X, 3, 12.

fŏlĭum, i, Blatt: arboris VI, 4, 22; vitium VIII, 10, 15.

follis, is, *m*. Blasebalg IV,2,13.

fōmentum, i (foveo), Bähmittel, Bähung III, 6, 14.

fons, tis, *m*. Quelle: perennis VI, 6, 23; perennium aquarum VIII,1,12.

fŏrāmen, ĭnis, *n*. (gebohrtes) Loch, Öffnung VII, 3, 9.

fŏre, s. forem.

fŏrem, es, et etc. (aus fuerem v. veralt. fuo, „ich bin") = essem III, 7, 8; 12, 21; IV, 13, 30. — 2) *inf.* fore = futurum (am, os, as, a) esse III, 1, 21; 8, 4; decernendum fore III, 8, 19; senescendum fore IV, 5, 5.

fŏris, is, *f*. Thür: *plur.* fores, Doppelthür, Flügelthür, aedis VIII, 6, 3; cubiculi V, 1, 42; fores obserare IV, 4, 12; aperire VIII, 6, 22.

forma, ae, Gestalt, Form: humanae magnitudinis VIII, 14, 13; pulchritudo formae III, 11, 24; prägn. schöne Gestalt, Schönheit VIII, 3, 4; virgines excellentis formae III, 12, 21; nova forma pugnae, Art IX, 4, 7. — 2) Gepräge: argentum forma signatum, geprägt V, 2, 11.

formīdo, ĭnis *f*. Grausen, Angst, Furcht III, 8, 25; IV, 13, 5; VIII, 2, 26; incutitur alcui IV, 10, 2.

formīdo, 1. vor etw. grausen, sich fürchten: alqd III,11,12; IV,16,17.

formo, 1. „formen", dah. übtr. a) gestalten, bilden: situs locorum format ingenia hominum VIII, 9, 20. — b) gestalten, einrichten: statum publicum X, 10, 9.

fornax, ācis, *f*. Ofen: IV, 2, 13.

fors, *abl.* forte (nur *nom.* u. *abl.* gebräuchl.), Zufall, (blindes) Geschick IV, 4, 12; 15, 22; quicquid fors fert V, 8, 17; si fors ita fert IX, 6, 22; forte temere, durch Zufall u. Ungefähr V, 11,10.— 2) insb. *abl.* forte: a) von ungefähr, zufällig, gerade, es trifft sich daß... III, 8, 13; 11, 13; 12, 5; 13, 2; IV, 1, 21; V, 2, 18; VI, 7, 18; VIII, 1, 4; 6, 11; forte eodem die IV, 3, 6; iisdem forte diebus IV, 3, 19. — b) etwa: qui forte VII, 2, 36; si forte IV, 5, 2; nisi forte V, 4, 12; 8, 12; ne forte V, 12, 20.

forsitan, *adv.* (= fors sit an, („es wäre ein Zufall, daß"), wohl möglich daß, vielleicht III, 2, 11; IV, 14, 20; V, 12, 11.

forte, s. fors.

fortis,e,„kräftig", dah. übtr. a) stark: pignus VI, 7, 9. — b) mutvoll, tapfer: vir IV, 14, 4; animus IV, 2, 11; factum VII, 1, 22.

fortĭter, *adv.* tapfer, mutvoll IV,14,6; fortius IV, 3, 20.

fortĭtūdo, ĭnis, *f*. Tapferkeit, Unerschrockenheit, Mut IV, 14, 26; VII, 9, 18.

fortuītus, 3. burch Zufall ver=
anlaßt, zufällig: incendium V, 7,
6; laetitia VIII, 10, 17; semina, zufäl=
lig verstreut VIII, 10, 14; malum, un=
verschuldet V, 5, 17.

fortūna, ae, Schicksal, Geschick:
varietas fortunae IV, 14, 21; fortuna
impotens III, 11, 23; pertinax V, 9, 4;
iniquissima VI, 10, 2; secunda X, 2, 22;
adversa V, 10, 2; potentior ratione III,
8, 29. — 2) Schicksal, Ausgang,
Erfolg: pugnae IV, 15, 18; obsidio-
nis VII, 11, 5; discriminis III, 11, 26;
belli VI, 1, 16; rerum VI, 1, 17; proximae lucis IV, 11, 21; causae VI, 1, 20;
experiri belli fortunam, das Kriegs=
glück VIII, 12, 13. — 3) prägn. a) glück=
liches Geschick, Glück III, 2, 17; 6,
18; VII, 9, 1; alcjus IV, 16, 5; perpetua
IV, 9, 22; incredibilis III, 13, 11; mutabilis III, 8, 20; versabilis V, 8, 15; lubrica VII, 8, 24; fortuna abest alcui
III, 2, 1; metonym. Glücksgüter, Schätze
III, 13, 17. — b) Unglück, Miß=
geschick III, 5, 12; 12, 6; 13, 7; V, 5, 5;
12, 8; 13, 22; VI, 4, 12; 9, 27; VIII, 14, 44;
partium IV, 16, 4; varia V, 5, 7. — 4)
Los, Lage, Stand, Stellung,
Verhältnisse IV, 1, 22; V, 3, 13; 4,
12; 5, 12; praesens III, 12, 14; pristina
III, 12, 12; paterna IX, 2, 7; melior
VII, 4, 16; altissima VI, 6, 1; majus
fortunā suā facinus, größer als sein
Stand erwarten ließ IV, 6, 15; Macht=
stellung III, 11, 24; IV, 6, 27; VI, 6, 6;
X, 10, 13. — 5) die Schicksals=
göttin IV, 1, 40; VII, 8, 25.

fortūnātus, 3. glücklich V, 5, 12.

fossa, ae, Graben: praealta VIII,
13, 17; praeceps V, 5, 1; ingentis operis VIII, 10, 24.

fŏvĕa, ae, Grube V, 3, 19; 4, 18.

fŏvĕo, fōvi, fōtum, 2. erwärmen:
mare tepore terras fovet V, 4, 9.

frăgĭlis, e (frango), zerbrechlich,
brüchig: materia VIII, 10, 25.

frăgĭlĭtās, ātis, f. „Zerbrechlichkeit",
dah. übtr. Gebrechlichkeit, Hin=
fälligkeit: humana IV, 14, 20.

fragmentum, i (frango), abge=
brochenes Stück, Bruchstück: remorum IX, 9, 20.

frăgor, ōris, m. (frango), „das Zer=
brechen", dah. das Krachen IV, 3, 17;
caeli VIII, 4, 4.

frango, frēgi, fractum, 3. brechen,
zerbrechen: hastam stipite IX, 7, 21;
panem IV, 2, 14. — 2) übtr. a) be=
zwingen, überwinden: alqm VI,
2, 1; VII, 9, 17. — b) lähmen, ent=
mutigen: Spartam VI, 1, 16.

frāter, tris, Bruder VII, 2, 2. —
2) Vaterbrudersohn, Vetter VI,
10, 24.

fraudo, 1. (fraus), „betrügen", dah.
jemdm. etw. vorenthalten, ent=
ziehen: duces sua laude IV, 16, 31;
alqm jure X, 7, 2; fructu et praesentia
civium X, 7, 4; aures debita appella-
tione X, 5, 11.

fraus, dis, f. Betrug, Täuschung,
Hinterlist, List V, 10, 8; VI, 2, 10;
intestina IX, 6, 24. — 2) Nachstel=
lung, Hinterhalt IV, 13, 36; locorum V, 5, 1; VII, 7, 34.

frĕmĭtus, ūs (fremo), Lärmen,
Getöse, lärmendes Geschrei IV,
13, 33; hominum IV, 12, 4; hostium
V, 13, 12; agminum IV, 13, 38; tumultuantium V, 2, 7; cum fremitu, unter
Geschrei IV, 13, 33; fremitus exoritur
V, 2, 7; accidit a litore IV, 4, 6; infertur in castra V, 4, 29; *plur.* X, 5, 16.
— 2) unwilliges Gemurmel,
Murren IX, 3, 2; indignantium VI,
9, 6.

frendo, fresum (fressum), 3. mit den
Zähnen knirschen X, 2, 30; prägn.
knirschend klagen: mit *acc.c.inf.*IV, 16, 3.

frēno, 1. aufzäumen: equos III,
8, 26; equi frenati IV, 13, 11.

frēnum, i (*plur.* frena u. freni),
Zaum: aurei freni III, 13, 10. — 2)
übtr. Zügel, Schranke: felicitati
frenos imponere VII, 8, 24; velut freni
domitarum gentium („Zwingburg")
VII, 10, 16.

frĕquens, tis, zahlreich, in großer
Menge: hostis VIII, 13, 14; consi-

lium VIII, 6, 28; vici IX, 8, 5; palmae X, 1, 14; arbor VI. 4, 22; frequentes coëunt X, 3, 6; adsunt IV, 10, 4. — 2) v. Lokalitäten: a) **volkreich**: vici VIII, 2, 14. — b) **reich an etw.**: Phrygia (terra) vicis III, 1, 11; V, 4, 6; nemus multitudine pavonum IX, 1, 13.

frĕquentia, ae, häufige Anwesenheit, große Menge: advenarum IV, 8, 6; militum X, 6, 2.

frētum, i, Wogenmasse, Strömung VI, 4, 19; IX, 9, 20. — 2) **Meerenge, Sund**: angustum IV, 2, 1; quattuor stadiorum („**breit**")IV, 2, 7. — 3) **Meresflut, brandendes Meer** V, 4, 6; IX, 4, 18; vastum X, 7, 11; exaestuans VIII, 9, 19; Caspium VII, 3, 19.

frētus, 3. auf etw. sich verlassend, im Vertrauen auf etw., mit *abl.*: loco VII, 11, 5; virtute V, 8, 10; conscientiā VII, 2, 12; mit *acc. c. inf.* VII, 7, 31.

frīgĕo, xi, 2. kalt sein, erstarrt sein: sanguis friget IV, 6, 19.

frīgesco, frixi, 3. kalt werden, erstarren: vulnus frigescens VIII, 10, 29.

frīgĭdus, 3. kalt: aqua IV, 7, 22; amnis frigidissimus III, 4. 9.

frīgus, ŏris, *n.* **Kälte, Frost**: Indiae VII, 11, 8; nocturnum VIII, 10, 7; matutinum VII, 5, 5; frigus perpeti VII, 11, 8.

1. **frons, dis,** *f.* **Laubwerk, Laub**: arbores fronde tectae V, 4, 25; trunci (rami) fronde vestiti VI, 5, 15; VIII, 11, 8; *plur.* **Laubholz** V, 4, 4. 8.

2. **frons, tis,** *f.* **Stirn** V, 6, 18. — 2) übtr. a) **Vorderseite: a fronte, von vorn** III, 8, 27; 11, 6; recta fronte, gerade mit der Vorderseite IV, 3. 8. — b) **die vordere Linie, Fronte des Heeres**: laevi cornūs IV, 13, 30; in fronte, in der Fronte III, 9, 7; recta fronte, mit der Fronte gerade aus IV, 13, 16. 30; in frontem circumagi, sich nach der Fronte schwenken IV, 13, 32; ordines a fronte avertere, mit dem Rücken gegen die Fronte stellen IV, 13, 31.

fructus, ūs, „Nutznießung", daß. Ertrag, Frucht: arborum VII, 4, 26; 8, 14; maturus IX, 2, 26; praecox VIII, 5, 15. — 2) übtr. a) **Frucht, Lohn, Gewinn, Genuß** IX, 2, 11; amplior IX, 6, 10; victoriae IV, 14, 16; laborum IX, 6, 26; vitae VI, 9, 2; fructum ex alquo (ex alqua ro) percipere VI, 10, 32; VII, 1, 26; IX, 6, 18; fructum mansuetudinis ferre, Lohn ernten IV, 10, 23. — b) **Verkehr**: civium X, 7, 4.

frūges, *f.* frux.

frūgĭfer, ĕra, ĕrum, fruchttragend, fruchtbar: arbores V, 1, 33.

frūmentum, i, Getreide IV, 10, 13; V, 5, 24; IX, 8, 29.

fruor, fructus u. fruĭtus sum, 3. etw. **genießen, sich einer Sache erfreuen**, mit *abl.*: parta praeda IX, 2, 10; parta laude VI, 3, 5; bonitate alcjus VI, 5, 3; alquo IX, 6, 17.

frustrā, *adv.* **erfolglos, vergeblich** III, 8, 29; IV, 6, 11; V, 3, 22.

frustror, 1. (frustra), täuschen, hinhalten: alqm simulatione III, 8, 11; spe IV, 11, 22 (erg. se). — 2) **erfolglos machen, vereiteln**: ictus VI, 5, 16.

frux, frūgis, *f.* **Frucht, besond. Feldfrucht: kollekt.** VII, 4, 27; *plur.* VI, 3, 7; VII, 4, 24; 8, 18.

fŭga, ae, Flucht: effusa IV, 15, 4; alqm in fugam avertere III, 11, 8; V, 4, 28; fugam intendere III, 11, 19; sistere IV, 16, 2.

fŭgĭo, fūgi, fŭgĭtum, 3. die Flucht ergreifen, fliehen: alqm, vor jemb. V, 8, 11; elephantos VIII, 14, 28; in montes VI, 11, 20; acriter VIII, 14, 37; aperte VI, 1, 11; *subst.* fugientes III, 5, 7; 11, 16.

fŭgĭtīvus, i, Flüchtling VI, 3, 17.

fŭgo, 1. fliehen machen, in die Flucht jagen: copias hostium V, 5, 1; barbaros III, 4, 15; fundere et fugare (f. fundo) VIII, 1, 25; IX, 4, 18.

fulgĕo, fulsi, 2. blitzen, strahlen, leuchten: fulget imago Solis III, 3, 8; castra fulgens ignibus IV, 13, 11; arma

V, 4, 31; arma fulgentia IV, 4, 11; aulaea purpura auroque fulgentia IX, 7, 15; b. **Perſonen**: fulgere armis et opulentia III, 2, 12; auro purpuraque III, 10, 9; auro et ebore VIII, 5, 4; ferro atque aere III, 3, 26.

fulgor, ōris, *m.* das **Blitzen**, der **Glanz**: caeli IV, 12, 14; solis IV, 14, 24; lucis VII, 11, 21; numinis VII, 8, 12; siderum IV, 10, 3; ignis III, 3, 3; auri IX, 1, 12; armorum IV, 13, 2. — 2) übtr. **Glanz, Ruhm** III, 3, 5.

fulgur, ŭris, *n.* das **Wetterleuchten**, der leuchtende **Blitz** VIII, 4, 3.

fulmen, ĭnis, *n.* **Wetterſtrahl, Blitzſtrahl**: fulmina cadentia VIII, 4, 4.

fūmo, 1. **rauchen, dampfen**: regio incendio fumat IV, 9, 14.

fūmus, i, **Rauch, Dampf** IV, 9, 15; V, 2, 7; VI, 6, 30; fumus specu (e tuguriis) evolutus VII, 11, 18; VIII, 4, 9.

funda, ae, **Schleuder** III, 2, 16; V, 6, 18; fundā saxa librare IV, 14, 5; lapides excutere V, 3, 19.

fundāmentum, i, **Unterbau, Grund**: murorum VII, 5, 33; turrium V, 1, 31; fundamenta jacere („legen") V, 1, 29. — 2) übtr. **Grundlage**: operum X, 2, 24.

funditor, ōris, **Schleuderer**: funditores et sagittarii III, 9, 1; V, 8, 4; jaculatores funditoresque III, 9, 5.

fundĭtus, *adv.* (fundus), **von Grund aus, gänzlich** VIII, 8, 10.

1. **fundo**, 1. (fundus), „mit einem Boden verſehen", dah. übtr. **begründen, befeſtigen**: opes X, 10, 6.

2. **fundo**, fūdi, fūsum, 3. **gießen, vergießen**: sanguinem III, 11, 5; *passiv.* fundi, **ſich ergießen**: flumen latius fusum est IX, 2, 17; imber violentius fusus VIII, 14, 4. — 2) **verbreiten**: incendium (ignem) late IV, 3, 3; V, 7, 5. — 3) „hinſtrecken", dah. den Feind aus dem Felde ſchlagen, in verworrene Flucht werfen IV, 1, 35; 16, 29; fundere et fugare, aus dem Felde und in die Flucht ſchlagen VIII, 1, 25; IX, 4, 18.

fundus, i, **Grund, Boden**: maris IV, 2, 19. — 2) **Grundſtück** IV, 1, 31.

fūnĕbris, e (funus), das **Leichenbegängnis betreffend**: ludi, Leichenſpiele X, 5, 5.

fungor, functus sum, 3. **ſich eines Geſchäftes entledigen**, etw. **verrichten, vollziehen**, mit *abl.*: officio III, 12, 11; V, 9, 17; mutua gratulatione, ſich gegenſeitig Freude bezeigen VII, 2, 24.

fūnis, is, *m.* **Seil, Strick** IV, 3, 24; VII, 11, 13.

fūnus, ōris, *n.* **Leichenbegängnis, Beſtattung**: funus omni apparatu celebrare VIII, 2, 40; alqm magnifico funere efferre IV, 8, 9. — 2) *metonym.* **Leiche** IV, 10, 23; X, 5, 1.

fūr, fūris, **Dieb** IV, 13, 8; IX, 7, 25.

Fŭrĭae, ārum, *f.* die **Furien, Rachegöttinnen** (Symbole des böſen Gewiſſens) VI, 10, 14.

fŭrĭōsus, 3. **raſend, wahnſinnig**: consternatio X, 2, 21.

fŭro, ĕre, **toll ſein, raſen** IX, 8, 7; furentibus similes X, 5, 8. — 2) im **Zorn wüten, toben** VIII, 1, 45; irā X, 9, 9; in alqm VIII, 14, 16; fretum acriter furit IV, 2, 19.

fŭror, ōris, *m.* **Raſerei, wahnſinniges Verhalten** X, 1, 5.

furtum, i, „**Diebſtahl**", dah. **heimlicher Streich, geheime Liſt** IV, 4, 15; noctis, nächtliche Liſt IV, 13, 9; **Kriegsliſt** IV, 13, 4.

fŭtūrus, a, um, ſ. sum.

G.

Gādes, ium, phöniziſche Kolonie, das heutige *Cadix* auf d. kleinen Inſel Leon an d. ſpaniſch. Küſte jenſeits der Säulen des Herkules IV, 4, 20; *acc.* Gadis X, 1, 17.

gălĕa, ae, (lederner) **Helm** V, 13,

24; galeam demere VII, 4, 33; capiti detrahere IX, 3, 4.

gangăba, ae, (perſiſch. Wort), Laſtträger III, 13, 7.

Gangarĭdae, ārum, Volk Indiens im jetz. Bengalen IX, 2, 3.

Gangēs, is, Hauptfluß Indiens, welcher aus den emodiſchen Bergen entſpringt, das Land in Vorder- u. Hinterindien teilt u. nach einem Laufe von 340 Meilen das größte Delta der Erde bildet VIII, 9, 5; *acc.* Gangen IX, 2, 2; 4, 8; 17, 20.

gaudĕo, gāvīsus sum, 2. ſich übereſw. freuen, an etw. Freude oder Genuß finden, mit *abl.*: visu avium VIII, 9, 26; mit *acc. c. inf.* X, 7, 15.

gaudĭum, i, (innere) Freude: magnum VII, 5, 29; nimium IX, 7, 26; immodicum IX, 9, 26; praecox IV, 15, 11; gaudio elatus IV, 6, 26. — 2) metonym. freudiges Ereignis: insperatum VIII, 4, 27.

gāza, ae, (perſiſch. Wort), königliche Schatzkammer, königlicher Schatz III, 12, 27; 13, 5.

Gāza, ae, Hafenstadt u. ſüdliche Grenzfeſtung im Lande der Philiſter in Paläſtina IV, 5, 10; 6, 7; 7, 2.

Gazāba, ae, Gegend in Sogdiana, öſtl. vom Hiſſarfluß VIII, 4, 1.

gelĭdus, 3. eiskalt, kalt: Indus gelidior est VIII, 9, 4; gelidissimus axis VII, 3, 7.

gelu, ūs, Eisdecke, Eis: frigus nives (imbrem) gelu adstringit V, 6, 13; VIII, 4, 6; humus riget gelu adstricta III, 13, 7; calles gelu rigentes III, 10, 10; nives gelu constrictae VII, 3, 11.

gemĭno, 1. verdoppeln: honorem VI, 5, 22; periculum geminatum IV, 6, 30.

gemĭtus, ūs, das Ächzen, Stöhnen, der Seufzer IV, 6, 28; V, 12, 8; gemitus bejulatusque III, 12, 4; gemitus edere IV, 10, 20; gemitu castra complere V, 12, 12; gemitus oritur IX, 3, 2.

gemma, ae, Edelſtein III, 3, 13. 16; nobilis X, 1, 24; smaragdus et gemmae IV, 7, 23; *collect.* vagina ex gemma III, 3, 18; gemma anuli, Petſchierſtein VI, 6, 6.

gĕmo, ŭi, ĭtum, 3. ächzen, ſtöhnen, ſeufzen IV, 10, 25.

gĕner, ĕri, Schwiegerſohn IV, 11, 20.

gĕnĕro, 1. (genus), erzeugen, hervorbringen: liberos (ex alqua) X, 3, 12; VI, 5, 30; terra rhinocerontas generat VIII, 9, 16; arbor ex radice generata, entſproſſen IX, 1, 10.

gĕnĭtus, a, um, ſ. gigno.

gens, tis, *f.* (v. veraltet. geno = gigno), Geſchlecht, Sippſchaft (als eine durch ein gemeinſchaftl. nomen gentile verbundene Geſammtheit von Verwandten): Branchidarum VII, 5, 30. — 2) Völkerſtamm, Völkerſchaft (als Inbegriff kleiner einen gemeinſamen Stammnamen führender Völker): Scytharum IV, 6, 3; equites ejusdem gentis VI, 6, 35; Gortuae gentis Euboicae IV, 12, 11; ejusdem gentis esse X, 10, 7. — 3) metonym. Landſchaft, Land III, 12, 18; V, 6, 17; VI, 2, 12; VII, 7, 3; IX, 8, 28.

gĕnu, ūs, Knie: genua submittere VI, 5, 18; submitti genu IV, 6, 20; in genua subsidere (procumbere) VII, 9, 2; VIII, 14, 39; genu ponere alcui, das Knie beugen vor jemb. IV, 6, 28; VIII, 7, 13.

gĕnus, ĕris, *n.* (v. veraltet. geno = gigno), „das Erzeugte", dah. Stamm, Volksſtamm: equites ejusdem generis V, 1, 40. — 2) Stamm, Geſchlecht, Herkunft IV, 1, 25; VI, 2, 9; stirps generis X, 3, 12; auctor generis IV, 7, 8; genus ac nobilitas IX, 1, 26; genere clarus III, 13, 15; genus ab alquo ducere (deducere) IV, 2, 3; VIII, 4, 26; IV, 6, 29. — 3) Gattung, Klaſſe, Zunft, Schlag: hominum VII, 3, 6; agreste VIII, 9, 31; humanum, Menſchengeſchlecht VII, 8, 13; utrumque, beide Teile X, 8, 13. — 4) v. lebloſ. Gegenſt., Gattung, Art:

| 112 germen | Gordyaeus |

munimenti VI, 5, 13; pugnae III, 11, 15; IX, 1, 16; id genus pugnae moliri, dieses Manöver III, 11, 15; dona omnis generis X, 1, 24; fides sui generis, der landesüblichen Art V, 1, 22; genus hujus operis, derartiges Bauwerk V, 1, 35.

germen, Inis, *n*. Sproß, Keim: fruges fortuitorum germinum, gewachsen aus zufällig zerstreuten VIII, 10, 14.

gĕro, gessi, gestum, 3. tragen, daß. se gerere, sich betragen, sich verhalten: ita III, 12, 21; procacius VIII, 8, 3; pro victore, sich das Ansehen des Siegers geben IV, 16, 28. — 2) an sich tragen, d. i. führen, haben: libertatem in dextris IV, 14, 25; effigiem, darstellen III, 3, 10.—3) in sich tragen, hegen: odium in alqm VII, 5, 30.— 4) „hervorbringen", daß. ausführen, verrichten, betreiben: alqd VII, 4, 32; VIII, 1, 22; nihil magnae rei ("nichts wichtiges") VII, 2, 33; res IV, 1, 30; IX, 2, 25; *passiv*. geri, sich zutragen, vorgehen, geschehen: in Graecia V, 1, 1; apud hostem IV, 6, 7; res gestae, Ereignisse X, 1, 43; res gerere, Kriegsthaten verrichten IV, 5, 11; VI, 2, 15; res gestae, Kriegsthaten, Waffenthaten IV, 7, 30; bellum gerere (cum alquo), Krieg führen IV, 1, 38; 11, 17; rem (cum alquo), kämpfen IV, 16, 1; 12, 22.

gesto, 1. (*v. intens. v.* gero), tragen: saxa IV, 2, 24; onus dorso IV, 2, 20; aquam utribus VII, 5, 10; spolia VI, 6, 5; saucios commilitones VII, 6, 8; *subst.* gestantes VIII, 14, 11.

Gĕtae, ārum, thracisches mit den Dakern identisches Volk zu beiden Seiten des Ister von der Mündung aufwärts bis zur Theiß X, 1, 44.

gigno, gĕnŭi, gĕnitum, 3. erzeugen, gebären: liberos IX, 1, 25; ex alqua VIII, 4, 29; alquo genitum esse IX, 8, 22; *part.* genitus: a) erzeugt, geboren, entsprossen: ex aliquo VIII, 3, 3; aliquo III, 12, 21; ex aliqua VIII, 2, 19; matre VI, 5, 4; stirpe VI, 2, 8; IX, 6, 22; ad hanc spem X,

7, 6; in spem fortunae (imperii) III, 11, 24; IV, 14, 22. — b) eingeboren, angestammt: milites X, 3, 13. — 2) v. leblosen Gegenst. hervorbringen: herbam V, 4, 7; uvas VI, 4, 21; terra hos genuit III, 2, 16; *passiv*. erzeugt werden, wachsen III, 4, 10; VII, 4, 30; VIII, 10, 13; IX, 10, 11.

glăcĭēs, ēi, Eis: concreta V, 6, 14.

glădĭus, i, (messerförmiges, zu Hieb u. Stoß verwendbares) Schwert: leviter curvatus VIII, 14, 29; gladium stringere VI, 7, 12; temeritas ad gladios pervenit, versteigt sich bis zum Schwerte VI, 9, 20.

glēba, ae, Erdscholle IV, 6, 11.

glŏbus, i, „Kugel", daß. übtr. Gruppe, Schar: armatorum X, 7, 1.

glōrĭa, ae, Ruhm, Ehre: tantae rei, einer solcher Großthat VIII, 1, 23; rerum gestarum X, 2, 25; conservati regis (f. fero 2, d) V, 11, 9; gloriam parere VII, 2, 26.

glōrĭor, 1, sich rühmen: mit *acc. c. inf.* IV, 6, 29; VII, 8, 19.

gnārus, 3. kundig, etw. wissend: mit *acc. c. inf.* III, 1, 21; satis gnarus, wohl wissend, überzeugt IX, 2, 21; X, 2, 10.

Gobăres, is, persischer Befehlshaber in Parsagaba V, 6, 10.

Gordĭum, i, Residenz der phrygischen Könige an der Grenze von Galatien III, 1, 12.

Gordĭus, i, alter König von Phrygien, welcher zur Königswürde gelangte, weil das Orakel den Phrygiern befohlen hatte, denjenigen zu wählen, der ihnen zuerst mit einem Wagen auf dem Wege zum Tempel begegnen würde. Gordius weihte hierauf seinen Wagen dem Juppiter u. befestigte an demselben das Joch durch einen künstlichen Knoten, an dessen Lösung nach der Sage die Herrschaft über Asien geknüpft war III, 1, 14.

Gordyaeus, 3. gordyäisch: montes, das gordyäische (jetzt kurdische) Gebirge in Armenien IV, 10, 7; *subst.* Gordyaei V, 1, 14.

Gorgatas   **gravis**   113

Gorgātās, ae, im Heere Alexanders: *acc.* Gorgatan VII, 1, 38.

Gorgīās, ae, Anführer einer Taxis der macedon. Phalanx VII, 1, 38.

Gortūae, ārum, ein aus Euböa stammendes Volk, vielleicht die von Datis u. Artaphernes im ersten persischen Kriege entführten Eretrier, welche bei Susa Wohnsitze erhalten hatten IV, 12, 11.

grădus, ūs, Schritt, Tritt: instabilis VII, 11, 16; citatus IV, 16, 6; gradum firmare, festen Fuß fassen IV, 9, 18. — 2) Stufe: imus V, 2, 13; gradus sub dere VII, 11, 15; übtr. Stufe, Rang: fortunae VI, 10, 25; amicitiae V, 10, 10; gradum in amicitia obtinere IX, 1, 6; alqm propiore gradu amicitiae contingere VI, 7, 31; ad gradum promotus VI, 11, 1; se continere in secundo gradu, einer Stellung zweiten Ranges IV, 6, 4.

Graecĭa, ae, Griechenland IV, 5, 11; V, 11, 6; VI. 2, 5.

Graecus, 3. griechisch: sermo V, 11, 7; milites III, 8, 1; subst. Graeci III, 1, 2. 9; 2, 9; in Graecis, in Griechenland V, 1, 1.

grando, ĭnis, *f.* Hagel, Schloßen VIII, 4, 5.

Granīcus, i, Fluß in Mysien, entspringt auf dem Kotylos, einer Spitze des Ida, u. mündet in die Propontis; hier erkämpfte Alexander 334 v. Chr. seinen ersten Sieg über d. Perser III, 1, 9; 10, 7; IV, 9, 22; 14, 1; VIII, 1, 20; IX, 2, 23.

grassor, 1. (*v. intens.* v. gradior), „losschreiten", dah. feindlich verfahren, wüten: avaritia in urbe grassatur V, 6, 6.

grātes, *abl.* gratibus, *f.* Dank: grates habere („wissen") III, 6, 17; agere („sagen") IX, 6, 17.

grātĭa, ae, (gratus), „das angenehme Wesen", dah. Gunst (die man erweist), Wohlwollen VII, 1, 28; 4, 16; muliebris („Frauengunst") VII, 1, 39; gratiam alcjus inire V. 9, 2; apud alqm V, 7, 3; in gratiam alcjus, jemdm. zu Gefallen, zu Liebe VI, 11, 15; *abl.*

gratia mit voranstehend. *gen.*, „zu Gunsten", dah. wegen: temporis gratia, der Zeitverhältnisse wegen V, 9, 8. — 2) Gunst für empfangene Dienste, dah. Erkenntlichkeit, Dankgefühl, Dank für etw.: beneficiorum VIII, 8, 11; meriti VIII, 3, 15; gratias agere, Dank sagen, danken III, 8, 7; V, 12, 1; gratiam referre, Dank erweisen, bethätigen V, 8, 9; VI, 7, 28; 9, 2; VIII, 5, 10 (quibus = pro quibus); VIII, 7, 4; reddere („erstatten") VIII, 5, 15. — 3) Gunst (in der man steht), Beliebtheit VI, 6, 11; modicae gratiae apud alqm esse, in mäßiger Gunst stehen VI, 7, 2. — 4) gutes Verhältnis, Freundschaftsverhältnis: spes gratiae X, 8, 17; gratiam sancire jurejurando VII, 8, 29; reconciliare (cum aliquo) X, 8, 12; VI, 7, 35; in gratiam redire cum aliquo, in das freundschaftl. Verhältnis zurückkehren VII, 2, 8; alqm firmatae gratiae relinquere (*gen. qualit.*), in befestigter Freundschaft IX, 3, 22.

grātŭītus, 3. ohne Entgelt, unentgeltlich: frumentum VIII, 12, 6; cicatrices, ohne Lohn VIII, 7, 11.

grātŭlātĭo, ōnis, *f.* Freudenbezeigung, Beglückwünschung: mutua VII, 2, 24 (s. fungor); victoriae, Siegesjubel IV, 4, 5.

grātŭlor, 1. seine Freude bezeigen, Glück wünschen: alcui mit folg. quod VI, 7, 15; 9, 18; victoriam („in betreff") IV, 8, 12; *absol.* grutulantes VI, 1, 17.

grātus, 3. „dankbar", dah. dankenswert, angenehm, willkommen, wert: spectaculum VII, 15, 36; consilium VII, 4, 14; adventus V, 1, 17; sententia V, 9, 3; pigritia VIII, 4, 8; caedes X, 1, 2; praeda gratior III, 13, 6; gratiora sunt vulgo militari, verschaffen mehr Liebe bei den Soldaten III, 6, 19.

grăvis, e, schwer, wuchtig: arma V, 13, 8; tela VIII, 13, 6; currus VIII, 14, 4; übtr. a) schwer, groß, bedeutend: aes alienum X, 2, 9; auctoritas, gewichtvoll X, 1, 28; consilium,

Wörterbuch zu Curtius Rufus.   8

gravitas

schwer ins Gewicht fallend VI, 9, 13. — b) der Wirkung nach schwer: sopor VI, 10, 12; somnus VIII, 3, 9; morbus V, 9, 3. — c) schwer, drückend, lästig, unangenehm: jactura IV, 14, 17; liberalitas VIII, 8, 9; mutatio moris VIII, 5, 20; electio VII, 6, 9; verba auribus VI, 10, 37; supplicium VI, 11, 8; militia VII, 2, 36; nihil gravius consulere in alqm IV, 10, 30; graviora, Schlimmeres IX, 9, 21; X, 3, 1; accola, lästig, bedrohlich VI,2,13; auribus, unerträglich VI, 8, 3; VIII, 1, 22; inimicus, heftig VI, 9, 17 (s. qui); gravis (gravior inimicus), gefährlich V, 9, 12; VII, 9, 17. — 2) beschwert, belastet: armis IV, 16, 16; agmen (spoliis) IV, 14, 16; serie lamnarum III, 11, 15; absol. agmen (comitatus), schwerfällig III, 7, 1; IV, 12, 2; agmen gravius, das schwer bewaffnete Fußvolk VIII, 12, 1; übtr. a) beschwert, überladen, voll: vino IV, 4, 5; mero VII, 4, 2; crapulā IX, 10, 27; vino et epulis VIII, 3, 8; avide hausto humore VII, 5, 8; epulis et somno VII, 6, 18; mero ac vigiliis, ermüdet VIII, 6, 27. — b) durch Krankheit u. Alter beladen, schwach: genua labore IX, 5, 7; aetate gravis, bejahrt V, 2, 16; VII, 4, 34.

grăvĭtās, ātis, f. „Schwere", bah. übtr. würdevoller Ernst, gesetztes Wesen VIII, 5, 13.

grăvĭter, adv. „schwer", bah. übtr. a) schwer, heftig, nachdrücklich: saucius IX, 5, 18; ictus IX, 5, 17; vulnerari VI, 7, 29; offendi VI, 6, 11;

habeo

gravius instare IV, 15, 18; peccare in alqm VII, 2, 7. — b) hart, streng: gravius castigare IV, 6, 6; consulere in alqm („besonders streng") V, 6, 16. — c) empfindlich: alqd graviter ferre, schmerzlich empfinden IX, 7, 26. **grăvo**, 1. „beschweren", bah. übtr. ermatten: gravatus vino VI, 11, 28; ebrietate V, 7, 11; anxietate IV, 13, 17; labore IX, 5, 7; telis VIII, 14, 38. — 2) „sich beschwert fühlen", bah. gravor mit *inf.*, es kommt mir schwer an, ist mir zu viel, mit *inf.* VI, 8, 12; 11, 25; IX, 1, 8.

grĕgārĭus, 3. (grex), „zur Heerde gehörig", bah. gemein: miles VII, 2, 33; VIII, 4, 15.

grĕmĭum, i, Schoß: alqm in gremium recipere IV, 10, 21; in gremio alcjus jacere, sich an jemb. anschmiegen III, 11, 25.

grex, grĕgis, *m.* Herde, Rudel, Schwarm: pecorum V, 1, 21; equorum IV, 9, 4; ferarum VIII, 1, 11. — 2) Schar, Haufe: feminarum III, 9, 6; lixarum III, 3, 25; spadonum III, 3, 23; cognationis VIII, 2, 31; uno grege profugere, in einem Haufen X, 2, 20.

gŭbernātor, ōris, Steuermann IV, 3, 18; V, 9, 3; IX, 9, 3.

gŭbernācŭlum, i, Steuerruder IX, 4, 11.

gurgĕs, gĭtis, *m.* Strudel, Wirbel IV, 16, 16; rapidus IV, 9, 19.

gutta, ae, Tropfen: sanguinis IV, 2, 14.

guttur, ŭris, *n.* Gurgel, Kehle IV, 9, 25; VII, 4, 36.

H.

hăbēna, ae (habeo), „die Halte", bah. der Zügel IV, 15, 33; habenis effusis (laxatis) mit verhängtem Zügel VII, 7, 35; IV, 9, 24.

hăbĕo, ŭi, ĭtum, 2. haben: praemium in manibus VI, 11, 33; vestem, anhaben VII, 2, 17; spem in alquo III, 3, 1; honorem alcui, erweisen III, 12, 13; regia habet exitum V, 7, 8; litterae habent auctoritatem VI, 10, 34; mit *part. perf.* um den Erfolg der Handlung hervorzuheben: arcus habere intentos III, 4, 13; regnum acceptum IV, 1, 18; vires paratas V, 9, 5; aliquos dispositos VI, 11, 3; exercitum operatum VIII, 10, 17; moderationem

habilis   **haereo**   115

notam, fennen IV, 11, 7; alqd compertum, zuverlässig wissen IV, 13, 10; V, 4, 10. — 2) als etw. haben: alqm inimicum VII, 1, 29; omnia venalia V, 12, 2; pulchritudinem incitamentum, an der Schönheit einen Anreiz finden IV, 10, 24; nemus habent pro arce, der Hain dient ihnen als Burg IV, 7, 20. — 3) im Geiste haben b. i. wissen: habeo te ereptum VI, 7, 24; non habebant, quo discederent V, 12, 9; alqd certum, als gewiß wissen, wovon überzeugt sein VII, 7, 24; 11, 12. — 4) v. Lokalitäten, haben, eingenommen haben: sedes VI, 2, 13; castra IV, 2, 1; stativa IV, 10, 1; VIII, 1, 10. — 5) haben, festhalten: alqm in vinculis V, 10, 13; Asiam in potestate VII, 11, 10; fortunam (vocem) in potestate X, 5, 35; VI, 11, 16. — 6) irgendwie halten, behandeln: alqm superbe VIII, 8, 11; sancte III, 12, 21; caste sancteque IV, 10, 33. — 7) wofür halten, ansehen: fidem suspectam VI, 10, 16; alqd levius III, 6, 19; alqm pro hoste VI, 2, 2; silentium pro imperio X, 8, 2; mortem pro dedecore VIII, 9, 32; alqm inter socios, zählen zu III, 7, 11; *passiv.* haberi, wofür gehalten werden, wofür gelten: haberi parem alcui IV, 11, 22; clarum X, 5, 37; ante Jovem haberi, für größer gehalten werden als VIII, 7, 13; melioris fidei haberi, für treuer gelten III, 8, 6. — 8) halten, abhalten, vornehmen, veranstalten: delectum X, 3, 10; quaestionem de alquo VI, 8, 15; concilium IX, 10, 5; consilium III, 7, 8; orationem VI, 2, 21; sermonem VI, 11, 12; silentium, beobachten VIII, 1, 23; X, 7, 3.

hăbĭlis, e (habeo), „leicht zu handhaben", baß. gefügig mit *dat.*: militiae, im Dienst VI, 6, 17.

hăbĭto, 1. (habeo), „inne haben", baß. bewohnen: quae septentrioni propiora sunt („die nördlicher gelegenen Teile") VII, 7, 4; regio habitatur vicis, ist bevölkert VIII, 2, 14; absol. wohnen: in munitione IV, 7, 21; dispersis

tuguriis IV, 7, 20; habitatur per stadia, stehen Wohnhäuser V, 1, 27.

hăbĭtus, ūs (se habere, „sich verhalten"), was an einem Gegenstande äußerlich zur Erscheinung kommt, baß. Haltung VIII, 4, 14; decor habitus, äußerer Anstand VIII, 4, 23; corporis, Lage X, 5, 3. — 2) das Äußere, Aussehen, die Gestalt: alcjus VI, 5, 29; oris et corporis VIII, 13, 21; modicus VII, 8, 9; haud indecorus IX, 2, 6; similis umbilico IV, 7, 23; habitus corporis, Körpergestalt, das körperliche Äußere III, 12, 16; IV, 1, 25; V, 2, 13; V, 5, 17; VII, 8, 9. — 3) Kleidung, Anzug, Tracht III, 3, 5; IV, 1, 22; VI, 6, 4. 5; vestis (*gen. epexeget.*), Kleidertracht III, 3, 3; cultus habitusque III, 6, 19; decorus IX, 7, 12; modestus V, 1, 38; miserabilis VI, 9, 25; vulgaris III, 3, 4; captivus VI, 6, 10; externus X, 5, 33 (f. muto); Rüstung VII, 1, 18. 20; X, 3, 10. — 4) übtr. a) Eigentümlichkeit, Beschaffenheit: naturae V, 6, 18; praesentis fortunae III, 12, 14. — b) Verhalten, Sitte VI, 6, 2; civilis, feine Sitte VI, 11, 1.

haerĕo, haesi, haesum, 2. hangen, hängen bleiben, haften: in margine IX, 4, 31; alae haerent in turri IV, 6, 11; alquis in medio (in angustiis) haeret, steckt IV, 15, 21; V, 4, 29; falces haerent orbibus, sind eingelassen IV, 9, 5; flammae in summo, haften IV, 10, 12; classis in vado haeret, bleibt sitzen IX, 9, 19; navis VIII, 13, 27; currus illuvie, bleibt stecken VIII, 14, 4; pugna in loco, hat sich fest gesetzt VI, 1, 10. — 2) sitzen bleiben, verweilen: circum Bactra VII, 8, 21; circum muros IV, 4, 1; in eodem vestigio IV, 14, 2; in obsidione castelli (rupis) V, 3, 9; VII, 11, 23. — 3) an jemb. sich (wie eine Klette) anhängen: in tergis hostium, dem Feinde auf dem Nacken sitzen III, 8, 16; IV, 15, 32; VII, 7, 15. — 4) übtr. a) haften, hängen: alqd haeret in animo VI, 2, 8; spes ultima in alquo, flammert sich an IX, 5, 18; haerere in

8*

desiderio, beharren X, 5, 11; amor penitus haerens, tief im Herzen haftend VIII, 3, 6. — b) „stocken", daß. unschlüssig sein, schwanken: inter cupiditatem pudoremque X, 6, 18.
haesito, 1. (v. intens. v. haereo), hängen bleiben: felicitas deprensa haesitat, sitzt in einer Falle fest V, 3, 22. — 2) übtr. a) im Reben stocken VII, 1, 8. — b) unschlüssig sein, schwanken: inter spem et desperationem IV, 15, 31; inter fidem timoremque V, 11, 3; inter revertendi fugiendique consilium VII, 2, 4; mit folg. an IV, 13, 16 (haesitare *inf. histor.*); absol. VI, 6, 27.
Hages, Bruder des indischen Königs Porus VIII, 14, 2.
Halicarnasus, i, dorische Kolonie in Carien am keramischen Meerbusen, jetzt *Bodrun* III, 7, 4; VIII, 1, 36; *acc.* Halicarnason V, 2, 5.
Halys, yos, der größte Fluß Kleinasiens, entspringt auf dem Antitaurus u. mündet ins Schwarze Meer, jetzt *Kisil-Irmak* („roter Fluß"): *acc.* Halym IV, 11, 5; Halyn IV, 5, 1.
Hammon, ōnis, lybisch-ägypt. Gottheit, von den Griechen mit Zeus identificiert, wurde in der Gestalt eines widderköpfigen Mannes (Zeichen der Frühlingsnachtgleiche) verehrt, u. sein berühmtester Tempel nebst Orakel lag auf der Oase Hammonium (jetzt *Siwah*) in der lybischen Wüste IV, 7, 5. 22; VI, 9, 18; 10, 28; X, 5, 4,
Hammonii, ōrum, die Bewohner von Hammonium (s. Hammon) IV, 7, 20.
hāmus, i, Haken IX, 5, 23.
hărēna, ae, Sand IV, 3, 2; *plur.* Sandmassen IV, 7, 6; V, 1, 30.
hariŏlus, i, Zeichendeuter, Wahrsager VII, 7, 8.
harpāgo, ōnis, *m.* Hakenstange: *acc. plur.* harpagonas IV, 2, 12; 3, 24.
Harpălus, i, Alexanders Statthalter von Babylonien IX, 3, 21; X, 2, 2.
hăruspex, ĭcis, Opferschauer aus den Eingeweiden der Opfertiere VII, 7, 8.
hasta, ae, Wurfspieß, Speer: ferro praefixa III, 2, 7; igne durata III, 2, 16; hastam vibrare VI, 1, 14. — 2) metonym. Lanzenschaft III, 3, 20.
hastātus, i, Speerträger III, 3, 20; Lanzenreiter IV, 15, 13.
haud, *adv.* nicht eben, nicht (verneint mit Restriktion): haud immerito V, 1, 24; haud longius IV, 10, 15; haud procul III, 3, 12; haud aegre IV, 3, 10; haud facile VI, 1, 5; haud dubie III, 7, 15; haud secus III, 2, 1; haud sane, nicht gerade, nicht eben III, 1, 14; haud ullus VIII, 1, 11; IX, 1, 12; haud injuria III, 5, 15; haud ambigere III, 3, 5; haud approbare VII, 6, 24.
haudquāquam, *adv.* durchaus nicht, keineswegs IV, 2, 17; V, 9, 3; VI, 5, 29; 9, 29.
haurio, hausi, haustum, 4. schöpfen: aquam galeā V, 13, 24; sanguinem, vergießen IV, 14, 17. — 2) „einschöpfen", daß. trinken (in langen Zügen): aquam (humorem) avide IV, 16, 13; VII, 5, 8; intemperantius VII, 5, 15; übtr. a) verschlingen: amnis alqm haurit VIII, 11, 12; hauriri gurgitibus IV, 16, 16; incendio III, 3, 4; (im Schnee) versinken V, 4, 18. — b) in sich aufnehmen: alqd ex indole III, 12, 26; alacritatem alcjus, sich beseelen lassen von VI, 2, 21. — 3) „ausschöpfen", daß. übtr. a) austrinken, leeren: poculum III, 6, 9. — b) das Blut ausschöpfen, daß. durchbohren, durchstechen: latus gladio (mucrone) VII, 2, 27; IX, 5, 11.
Haustānēs, is, ein Aufstständischer von b. Partei des Bessus: *acc.* Haustanen VIII, 5, 2.
haustus, ūs, „das Schöpfen", daß. Trunk, Schluck: fontium, Trunk Wasser III, 10, 8. — 2) das Einatmen: caeli („der Luft") V, 5, 19.
hĕbĕs, ĕtis, stumpf: tela IV, 16, 18. — 2) übtr. stumpfsinnig, wenig scharfsinnig: in negotio VII, 4, 10.
Hĕcătaeus, i, im Heere Alexanders VII, 1, 38.
Hĕcătompўlos, i („die Hundertthorige"), erste Residenz der Arsaciden,

nicht weit von der Nordgrenze von Parthiene VI, 2, 15.
Hectŏr, ŏris, Sohn des Parmenio IV, 8, 7; VI, 9, 27.
hĕdĕra, ae, Epheu VII, 9, 15; VIII, 10, 13.
Hegelŏchus, i, Flottenführer Alexanders III, 1, 19; IV, 5, 14. — 2) Oberst eines Geschwaders der Hetärenreiterei VI, 11, 22. 27.
hējŭlātus, ūs, das Heulen, Wehklagen III, 12, 4; *plur.* IV, 10, 29.
Hellanīcē, ēs, Schwester des Clitus, Erzieherin Alexanders VIII, 1, 21.
Hellanīcus, i, im Heere Alexanders V, 2, 5.
Hellespontus, i („Meer der Helle"), die Meerenge, welche den thracischen Chersones von Asien trennt (jetzt Straße der Dardanellen), sowie das Land auf beiden Seiten der Meerenge III, 1, 19; IV, 1, 36; VI, 3, 3; IX, 2, 24; X, 10, 3.
Hĕnĕti, ōrum, Volk aus Paphlagonien, welches zur Zeit des trojanischen Krieges auswanderte u. das Volk der Veneter in Italien gründete III, 1, 22.
Hephaestīon, ōnis, Generaladjutant Alexanders III, 12, 15; IV, 1, 16; 5, 10; 16, 31; VI, 2, 9; 8, 17; VIII, 1, 1; 2, 13; 10, 2; 12, 4; 14, 15; IX, 1, 35; 10, 6; X, 5, 20; *nom.* Hephaestio VI, 11, 10; VII, 7, 9.
Herăcōn, ōnis, im Heere Alexanders X, 1, 1.
herba, ae, (junges, zartes) Gras V, 4, 7. — 2) Kraut IX, 8, 26; *plur.* VII, 4, 24; Unkraut IV, 1, 21.
herbĭdus, 3. grasreich: campus VI, 6, 24.
hercŭle, f. Hercules.
Hercŭlēs, is, griechisch. Heros, Sohn Juppiters u. der Alkmene, von welchem die macedonisch. Könige ihr Geschlecht ableiteten III, 10, 5; 12, 27; IV, 2, 17; VIII, 5, 8; 11, 17; 10, 1; 11, 2; 14, 11; IX, 2, 29; 4, 2. 21; von b. Griechen mit b. phönicischen Sonnengott Melkarth identifiziert IV, 2, 2; 3, 22; Tyrius IV, 8, 16; columnae Herculis, die Säulen des Herkules b. i. die beiden Berge Kalpe in

Europa u. Abyla in Afrika an der Meerenge von Gibraltar X, 1, 17; *voc.* hercule u. mehercule (= ita me, Hercule, juves) als Beteuerungsformel, beim Hertules! = wahrlich, gewiß: hercule III, 8, 10; IV, 10, 23; 11, 9; at hercule VI, 3, 14; VII, 1, 36; immo hercule IV, 1, 22; mehercule IV, 14, 14; at hercules (= ita me Hercules juvet) VI, 10, 20; X, 3, 9.
hērēdĭtārĭus, 3. erblich: imperium X, 7, 15; imperium accipere hereditarium, durch Erbschaft VI, 3, 12.
hērēs, ēdis, Erbe X, 5, 12; regni VI, 5, 30; opum X, 6, 23.
Hermolāus, i, ein Page Alexanders VIII, 6, 7. 25; 7, 1 ff.
Herōōn amnis, der Heroenfluß, ein Kanal, welcher aus dem pelusischen Nilarm bei Heroopolis vorbei in den arabischen Meerbusen führte IV, 7, 4.
Hĭbērĭa, f. Iberia.
hĭbernus, 3. winterlich: subst. hiberna, ōrum, Winterlager, Winterquartiere VIII, 4, 1.
Hĭbērus, f. Iberus.
hic, haec, hoc, dieser (in Raum, Zeit u. Vorstellung nähere): regio III, 1, 23; quid hoc rei est, was ist dies? was soll dies bedeuten? X, 2, 17; ad hoc, für diesen Zweck IV, 8, 4; V, 5, 22; ad hoc ipsum, eigends dazu III, 11, 11; ad hoc, zudem, außerdem IV, 7, 13; 13, 4; hōc als *abl.* der Differenz, desto: quo ... hoc, je ... desto IV, 2, 16. 22; 14, 24; ad haec, zudem, außerdem III, 10, 7; ad haec (inquit), hierauf IV, 10, 28; 13, 22; ad haec, in Folge dessen III, 3, 4; in haec, auf diese Bedingungen hin, darauf hin VI, 11, 29; inter haec, unterdessen III, 1, 1; 5, 9; 6, 4. — 2) dieser hier: habitus IV, 1, 22; Dimnus VI, 9, 5; Atharrias VIII, 1, 36. — 3) b. Zeit, gegenwärtig: dies IV, 14, 10; jam hoc tertio, jetzt schon zum drittenmal IV, 11, 2. — 4) auf Folgendes hinweisend, folgender: sententia (summa) haec est VI, 4, 8; 9, 14; in (ad) hunc modum IV, 1, 10; 11, 16. — 5) prägn. solcher, mit folg. ut VII, 11,

13. — 6) anstatt des *pronom. reflex.*:
ab his = ab ipsis X, 1, 15 (hōc als *adv.*
IV, 1, 30, s. hoc).
hīc, *adv.* hier, an diesem Orte
V, 4, 20; VI, 6, 1. — 2) übtr. in diesem Falle, bei dieser Gelegenheit, hierbei IV, 3, 7; 10, 21; 14, 1.
hicine, haecine, hocine (aus hic u. ne), ob dieser: hocine uno an pluribus = sitne hoc caput, quo opus est, unum an (sint) plura X, 6, 8.
hiems, ĕmis, *f.* Winter VII, 3, 10; IX, 10, 4. — 2) Winterkälte III, 13, 7 *(V.)*.
hinc, *adv.* von hier, von da IV, 5, 22; V, 7, 12; (= ex hac cohorte) VIII, 6, 6; auf dieser Seite IV, 9, 20; hinc... hinc, von hier... von dort, hier... dort V, 4, 28; 10, 9; teils... teils VIII, 14, 32; IX, 4, 10; hinc... illinc, von (auf) der einen Seite... von (auf) der anderen, hier... dort III, 9, 6; IV, 14, 9; V, 4, 9; illinc... hinc, auf jener Seite... auf dieser IV, 14, 5. — 2) hierauf VIII, 11, 1; IX, 1, 8; 13, 24; 3, 4; 10, 1. — 3) daher, dadurch, in Folge dessen IV, 6, 13; VI, 2, 4; VIII, 1, 31; 3, 14; IX, 7, 24; X, 1, 35.
hinnītus, ūs, das Wiehern: equorum IV, 12, 4; 13, 2.
hio, 1. „klaffen", das. offen stehen, aufgesperrt sein: imbrem (aquam) hianti ore captare IV, 7, 14; 16, 12.
hirsūtus, 3. struppig: comae IX, 10, 9.
hirtus, 3. struppig: comae V, 6, 18; ora, bärtig IV, 13, 5.
hisco, ĕre, (aus hiasco), „klaffen", das. übtr. den Mund auftun (zum Reden), einen Laut von sich geben VI, 9, 32.
Hispānia, ae, die pyrenäische Halbinsel, durch den Ebro in Hispania citerior (b. östliche Teil) u. ulterior geteilt, das. *plur.* Hispaniae X, 1, 18.
hōc, *adv.* (= huc), hierher, dahin IV, 1, 30.
hocine, s. hicine.
hŏdiē, *adv.* (aus hoc die), heute VI, 10, 8; IX, 6, 17.

hŏmo, ĭnis, Mensch, Mann: temporum (s. tempus) V, 3, 4; homines ingenui VIII, 7, 15; liberi VIII, 7, 14.
honestē, *adv.* ehrenhaft, ehrenvoll: mori III, 8, 21; honestius IV, 11, 15.
hŏnesto, 1. auszeichnen, zieren: alqm III, 3, 13; pudor formam honestat VI, 2, 6; aetas opera, verleiht Glanz III, 6, 19.
hŏnestus, 3. anständig, ehrenhaft, ehrenvoll: mors IV, 15, 30; honestior obsidio VII, 6, 17; artes honestae, die edleren Künste u. Wissenschaften VIII, 5, 7; absol. honestiora, ehrenhaftere Entschlüsse VIII, 2, 28.
hŏnōs u. **hŏnōr,** ōris, *m.* Ehre, Ehrenbezeigung, Auszeichnung: caelestes VIII, 5, 5; divini X, 5, 11; alqm honore colere III, 7, 11; IV, 7, 28; honorem alcui habere, erweisen III, 12, 13; IV, 10, 28; in magno honore esse apud alqm VIII, 8, 10; honori esse, zur Ehre gereichen III, 7, 12; honos auribus habitus sit, mit Achtung für die Ohren (der Hörer) sei es gesagt, mit Ehren zu melden V, 1, 38. — 2) Ehrengabe, Ehrenlohn VIII, 12, 3; honor alcui habetur, wird zu Teil IV, 8, 14; V, 2, 4. — 3) Ehrenposten, Ehrenstelle: alcui honorem servare V, 6, 11; alqm in eodem honore habere, belassen IX, 10, 22; in eodem honore esse, verbleiben VIII, 8, 18.
hŏnōro, 1. Ehre erweisen, ehren: alqm donis VII, 1, 23; *part.* honoratus als Adjekt., ehrenvoll: ministeria VII, 1, 11.
hōra, ae, Stunde V, 2, 12; suprema III, 12, 8.
Horrātās, ae, ein Macedonier IX, 7, 17.
horrĕo, ŭi, 2. „starren, sich sträuben", das. übtr. vor etw. schaudern, sich entsetzen: periculum VII, 8, 4; nomina gentium IX, 2, 33; cogitationem IX, 6, 12; *part.* horrendus, schaudervoll, schrecklich: stridor VIII, 13, 10.

horrĭdus, 3. „rauh, borstig", bah. übtr. a) rauh, schroff: ingenium IV, 6, 3. — b) einfach, schlicht: genus VIII, 9, 31.

horror, ōris, *m.* Frostschauer: artus rigent horrore III, 5, 3; frigus corpus horrore afficit, durchschauert VIII, 10, 7. — 2) übtr. Schauer, Entsetzen: periculum cor horrore perstringit V, 9, 1.

hortor, 1. ermahnen, ermuntern, anfeuern: alqm V, 9, 17; ad spem IV, 1, 28; mit folg. ut III, 7, 12; IV, 2, 11; mit folg. Konjunktiv V, 13, 15; IX, 9, 4.

hortus, i, Garten IV, 1, 19; *plur.* Gartenanlagen V, 1, 32.

hospĕs, ĭtis, Frember, Fremdling V, 1, 37. — 2) Gastfreund III, 2, 17; IV, 1, 17; 5, 20; V, 9, 1; VI, 5, 2.

hospĭtālis, e, das Gastrecht betreffend: dii, Götter des Gastrechtes V, 2, 15.

hospĭtālĭter, *adv.* gastfreundlich, gastlich IV, 2, 2; alqm excipere (accipere) VII, 6, 18; VIII, 12, 15.

hospĭtĭum, i, Gastfreundschaft VI, 5, 2.

hostīlis, e, feindlich, des Feindes: arma III, 5, 11. — 2) feindselig, feindlich: animus VI, 6, 20.

hostis, is, Feind (im Kriegsverhältnis): alcui IV, 1, 27; kollekt. III, 2, 10; IV, 13, 1; frequens VIII, 13, 14; *femin.* Feindin IV, 11, 4. — 2) Hochverräter VI, 2, 2; 8, 9; capiti alcjus, am Leben jmds. VIII, 8, 7.

hūc, *adv.* hierher IV, 1, 30. — 2) übtr. dahinaus, so weit: huc malorum ventum est, so weit ist es mit meinem Unglück gekommen VII, 1, 35.

hūmānĭtās, ātis, *f.* Menschlichkeit, menschliches Gefühl IV, 3, 23.

hūmānus, 3. menschlich: caput VIII, 3, 13; mens IV, 13, 13; fragilitas IV, 14, 20; sors IV, 7, 25; genus VII, 8, 13; res humanae, irdische Verhältnisse X, 6, 6; Welt V, 6, 13; IX, 2, 9. 28; X, 5, 10.

hŭmĕrus, i, Schulter VII, 4, 6; VIII, 1, 15; IX, 8, 32; onera humeris portare III, 13, 7; IV, 9, 19.

hūmĭdus, 3. feucht: montes IV, 12, 20; *subst.* humidum, feuchter Ort VIII, 4, 13.

hŭmĭlis, e (humus), niedrig, klein VII, 4, 6. — 2) übtr. a) niedrig, gering, tiefgestellt: ordo VI, 11, 1; reus X, 1, 41; *subst.* humiliores VII, 6, 11; humillimi III, 13, 7. — b) gering, wertlos VIII, 8, 17 (s. sordidus).

hŭmĭlĭtās, ātis, *f.* „Niedrigkeit" der Statur, bah. übtr. Niedrigkeit, niedrige Stellung IV, 1, 24.

hŭmo, 1. (humus), beerdigen, bestatten: alqm III, 12, 14; V, 4, 3.

hūmor, ōris, *m.* Feuchtigkeit, Naß, Wasser IV, 16, 14; V, 1, 12. 33; 4, 8; paludis VI, 4, 18.

hŭmus, i, *f.* Erdboden, Boden: sterilis VII, 5, 34; facilis ac levis IV, 6, 8; lubrica VIII, 14, 19; humum aggerere IV, 3, 9; egerere VII, 10, 14; rami in humum flexi IX, 1, 10; pronum corpus in humum abicere, mit dem Angesichte sich zu Boden werfen V, 12, 8; tela cadunt in humum III, 11, 4; humi, auf der Erde, am Boden, (bei Verbis der Bewegung) zur Erde IV, 7, 15; 10, 21; 15, 17; VI, 6, 3; humi procumbere V, 10, 13; corpus humi prosternere (abicere) VIII, 2, 5; X, 5, 19.

Hyarōtis, ĭdis, Nebenfluß des Acesines, jetzt *Rawi*: *acc.* Hyarotim IX, 1, 13.

Hydarnēs, is, Sohn des Mazäus, Feldherr des Dareus IV, 5, 13.

Hydaspēs, is, einer der das indische Pendschab bewässernden Flüsse, vereinigt sich mit dem Acesines, jetzt *Tschelam* IX, 2, 15; 4, 1; *acc.* Hydaspen IV, 5, 4; VIII, 12, 13; 13, 5.

Hypāsis, is, der östlichste unter den linken Zuflüssen des Indus, jetzt *Beas*: *acc.* Hypasin IX, 1, 35.

Hypsĭdēs, is, im Heere Alexanders VII, 7, 36.

Hyrcāni, ōrum, die Hyrkanier III, 2, 6; Hyrcani equites III, 9, 5.
Hyrcānia, ae, Landschaft Asiens am Südostrande des kaspischen Meeres, nördl. von Parthien, jetzt *Dschordschan* IV, 5, 5; V, 13, 11. 18; VI, 4, 2. 19. 25; VI, 5, 24; VIII, 3, 17; urbs Hyrcaniae VI, 5, 22.
Hyrcānius, 3. hyrkanisch: mare VI, 4, 18.
Hystaspēs, is, ein Perser VI. 2, 7.

I.

Ibēria, ae, früherer Name von Hispanien X, 1, 18.
Ibērus, i, der Ebro in Spanien X, 1, 18.
ibi, *adv.* daselbst, dort III, 7, 6; VI, 3, 5.
īco, īci, ictum, 3. (durch Stoß, Schlag ob. Wurf) treffen: ictum esse sagittā IV, 6, 17; hastā IV, 16, 31; saxo VII, 6, 22; graviter IX, 5, 17; quinqueremis rostro icta IV, 4, 7.
ictus, ūs, Schlag, Hieb, Streich IV, 6, 16; VI, 5, 16; flagellorum VI, 11, 17; Stoß VII, 4, 37; Wurf III, 11, 4; hastas certo ictu mittere VII, 9, 9; Schuß VIII, 14, 19; sagittarum VII, 9, 2; alqd certo ictu ferire VII, 5, 41; übtr. ictus fortunae (s. sub B, 3) III, 8, 2.
idcircō, *adv.* deshalb, deswegen VIII, 9, 36.
īdem, eădem, ĭdem, eben derselbe der nämliche: unus atque idem X, 3, 13; idem atque unum IX, 9, 14; eadem illa, eben jene Dinge III, 11, 23; idem juris, dasselbe Recht VIII, 8, 19; idem animi, dieselbe („Gesinnung") IX, 2, 11; mit folg. Relativpronomen („als, wie"): eodem parente, quo ipse, genitae III, 12, 21; idem regni qui spiritus finis V, 8, 13; vgl. IV, 6, 9; 15, 11; V, 11, 5; mit folg. et III, 1, 7; IX, 6, 18. — 2) zugleich: silvestris eadem et apta VIII, 13, 17; supplex idem et infestus VI, 7, 12; idem rex et commilito III, 5, 8; vgl. IV, 7, 22; V, 2, 4; IX, 2, 27; amnis incorruptus idemque frigidissimus III, 4, 9; princeps idemque auctor IX, 8, 16; nec idem, aber nicht zugleich IV, 1, 7. — 3) (bei verschiedenen Prädikaten) aber auch, doch auch, dagegen aber: campestris eadem III, 4, 7; vgl. VI, 4, 19; 6, 23; VIII, 14, 46. — 4) eben solcher: asseres IV, 3, 25.
identĭdem, *adv.* wiederholentlich, immer wieder III, 10, 3; IV, 15, 33; V, 1, 39; von Augenblick zu Augenblick IX, 9, 21.
ideō, *adv.* deswegen, deshalb IV, 11, 9; ideo et, dah. auch VII, 5, 35.
idōnĕus, 3. geeignet, tauglich: auctor, zuverlässig IV, 9, 2.
igĭtur, *conj.* somit, sonach, unter diesen Verhältnissen (bei Curtius gewöhnl. zu Anfang des Satzes) III, 7, 5; IV, 13, 3; V, 1, 2; 4, 12; VII, 1, 12. — 2) nach einer Episode wieder anknüpfend, also III, 2, 2; 4, 3; IV, 9, 17; V, 1, 43; VI, 2, 5; VII, 8, 12. — 3) in Fragesätzen, also? denn? V, 7, 4; VI, 10, 19; 11, 23; VII, 1, 31. 39.
ignārus, 3. etw. nicht wissend, einer Sache unkundig, mit etw. unbekannt, mit *gen*: insidiarum VIII, 1, 3; periculi X, 1, 29; sermonis V, 11, 7; naturae IX, 9, 6; omnium, per quae ferebantur, ohne alle Kenntnis der Örtlichkeit IX, 9, 2; mit *acc. c. inf.* V, 3, 12; VI, 6, 11; mit abhäng. Frage IV, 9, 2; 16, 7; VI, 7, 29; absol. ignari, die Unkundigen IV, 3, 18; VI, 9, 15; VIII, 9, 14.
ignāvĭa, ae, „Mangel an Energie", Feigheit, Mutlosigkeit IV, 14, 26; V, 4, 31; VI, 2, 19.
ignāvus, 3. „energielos", dah. träg: equus VII, 4, 18. — 2) feig, mutlos, zaghaft: subst. III, 11, 5; IV, 14, 18; V, 9, 7; ignavissimus VII, 1, 35.
ignis, is, *m.* Feuer: sacer III, 3, 9; ignem concipere V, 7, 5; igni ferroque

vastare III, 4, 3; templa ruinis et ignibus delere III, 10, 9; fprüchwörtl. alqd per ignes ferrumque petere, b. i. auf jebem noch so gewaltsamen Wege IV, 1, 18. — 2) *plur.* Wachfeuer III, 8, 18; VII, 8, 2; ignes facere V, 4, 14. (*abl.* igni III, 2, 7; 4, 3; VIII, 10, 8; igne III, 2, 16; IV, 3, 3. 25; VI, 6, 31.)

ignōbĭlis, e, unbekannt, unberühmt, ruhmlos: satelles X, 5, 14; gens III, 2, 8; castellum V, 3, 9; vicus IX, 6, 11; senectus IX, 6, 19; mors III, 5, 10; pugna IX, 6, 14. — 2) unadelig, von geringer Herkunft VIII, 4, 25; IX, 2, 6; ferae, unebel III, 8, 10.

ignōmĭnĭa, ae, „Entziehung des guten Namens", bah. Beschimpfung, Schimpf: ignominiae causa, zur Beschimpfung VII, 2, 37; alqm ignominia notare, brandmarken IX, 6, 13.

ignōrātĭo, ōnis, *f.* Unkenntnis, Unkunde V, 2, 21; regis, Unbekanntschaft mit III, 12, 17.

ignōro, 1. nicht kennen, nicht wissen: causam IV, 16, 4; viri ignorantur, bleiben unbekannt IV, 14, 4; mit *acc. c. inf.* IV, 1, 12; non ignoro, ich weiß recht wohl VI, 8, 3; VII, 5, 10; nihil ignoro, nichts bleibt mir unbekannt VIII, 5, 21; ne gentem ignores, damit du das Volk kennen lernest VII, 8, 17; mit Fragesatz IV, 5, 7; V, 5, 11; VI, 8, 5; ignorari non potest, es kann nicht unbekannt bleiben V, 2, 4.

ignosco, nōvi, nōtum, 3. „etw. nicht kennen wollen", bah. jembm. verzeihen, ihn begnabigen: alcui V, 3, 14; VI, 8, 5; 11, 26.

ignōtus, 3. nnbekannt: iter alcui V, 3, 12; gens IV, 14, 3; VI, 5, 18; subst. ignoti IX, 10, 15; ignoti jumenta agebant, Leute, die ihn nicht kannten V, 12, 20.

Ilia, ium, bie Weichen, ber Unterleib IV, 15, 15.

Iliōneus, ĕi, Sohn des Artabazus III, 13, 13.

illăcrĭmo, 1. über etw. Thränen vergießen, mit *dat.*: fortunae alcjus III, 12, 6.

ille, illa, illud, ber bort, jener (in Raum, Zeit u. Vorstellung entferntere): terra III, 2, 16; sors, bamalig III, 11, 24. — 2) zur nachbrückl. Bezeichn. des Subjekts, er III, 3, 13; 6, 14; IV, 2, 15. 17; V, 9. 17. — 3) in obliquer Rebe zur Bezeichn. der angeredeten Person III, 8, 2. 7; 10, 5; IV, 5, 6. 8; 14, 6; V, 5, 19; VI, 2, 21; 7, 10. — 4) prägn. jener bekannte ob. berühmte: disciplina III, 2, 15; vigor IV, 13, 21; exercitus V, 1, 39; X, 2, 11; ille vultus, jene alten Blicke IX, 2, 30. — 5) zur Anfünbig. von etw. Folgenbem: illud („dies") risu dignum fuit VIII, 8, 14; ad haec illud accedit IV, 13, 10; illa fortunae (erant), dies waren die Folgen seines Glückes X, 5, 33.

illic, *adv.* bort, baselbst III, 4, 1; 7, 9; IV, 1, 35.

illĭcĭo, lexi, lectum, 3. (lacio), anlocken, locken: cupiditates V, 1, 36.

illīdo, si, sum, 3. (laedo), an etw. anstoßen, anschlagen, anwerfen: fluctus navem petrae illidit VIII, 13, 27; ventus mare in molem IV, 3, 6; navis illiditur in vadum IX, 4, 14; amnis illiditur, prallt an V, 1, 30. — 2) hineinschlagen, hineinstoßen; (congesta illis a pulsu maris, „zerschmettert") IV, 2, 8.

illĭgo, 1. anbinden, befestigen: harpagonas validis asseribus IV, 9, 24.

illinc, *adv.* von bort: illinc... hinc, auf jener Seite... auf dieser, bort ... hier IV, 14, 5; hinc... illinc, f. hinc.

illĭno, lēvi, lĭtum, 3. bestreichen: navem bitumine IV, 3, 2; pedes odoribus, salben VIII, 9, 27.

illūc, *adv.* borthin, bahin VII, 2, 15; IX, 5, 16.

illūcesco, luxi, 3. anfangen zu leuchten: dies illuxit, brach an III, 6, 8. — 2) übtr. princeps novum sidus illuxit, ging strahlenb auf als ein neues Gestirn X, 9, 3.

illūdo, si, sum, 3. mit jemb. ob. etw. seinen Spott treiben, verspotten,

verhöhnen, mit *dat.*: alcui IV, 1, 23; superbiae alcjus VII, 11, 24; memoriae alcjus VIII, 1, 34. — 2) einen Schimpf anthun: captivo corpori (f. corpus) III, 12, 22.

illustris, e, erleuchtet, erhellt: die jam illustri, wenn es schon heller Tag war III, 3, 8. — 2) übtr. vornehm, angesehen III, 13, 10; V, 1, 18; VI, 7, 6.

illuviēs, ēi, (lavo), „Anspülich", das. Moraft, aufgeweichter Boden VIII, 14, 4. — 2) Schmuß, Kot IV, 1, 22.

Illyrĭcus, 3. illyrisch: subst. Illyricum, das östliche Küstenland am abriatischen Meere (Dalmatien u. Albanien) VI, 6, 35.

Illyrii, ōrum, die Illyrier III, 10, 6. 9; IV, 13, 31; V, 1, 1; VI, 3, 2; IX, 6, 20; X, 2, 23.

imāgo, ĭnis, *f.* (plastisches ob. gemaltes) Bild, Abbild: solis III, 3, 8. — 2) übtr. Vorstellung, Bild: periculi VIII, 6, 26.

imbellis, e, unkriegerisch, feig III, 10, 10; IV, 14, 4; regio IX, 2, 27.

imber, bris, *m.* Platzregen, Regenguß: largus IV, 7, 14; procella imbrem effundit VIII, 12, 23; imber effunditur IV, 4, 5.

Imbrus, i, Insel im nördl. Theile des ägäischen Meeres nahe bei Lemnos IV, 5, 22.

imbŭo, bŭi, būtum, 3. „befeuchten", das. beflecken: manus sanguine III, 8, 5. — 2) übtr. jembm. Geschmack an etw. beibringen, ihn an etw. gewöhnen: alqm ministeriis VI, 6, 3; mitioribus ingeniis („Gesittung") VI, 3, 6; aures promissis IV, 10, 17.

imĭtor, 1. nachahmen: arma III, 3, 6; sonum VIII, 9, 16; exemplum alcjus V, 6, 14; alqm IV, 6, 29; X, 3, 14. — 2) v. leblof. Dingen, ähnlich fein: munimenta naturali situ imitantia III, 4, 2.

immānis, e, (in u. magnus) ungeheuer groß, riesig: belua IX, 4, 18; copiae immanium barbarorum („grausiger") IV, 1, 11.

immĕmor, ŏris, uneingedenk, vergessend, mit *gen.*: decoris III, 11, 25; meritorum VII, 4, 38; sui III, 5, 8. — 2) nicht achtend: salutis VII, 9, 12; periculi IX, 5, 19; sui, ihrer Person IV, 15, 24.

immensus, 3. (metior), unermeßlich, ungeheuer: planities IV, 14, 12; spatium IX, 1, 9; agmina IV, 1, 1.

immergo, si, sum, 3. eintauchen: se alto, in die Tiefe tauchen IV, 4, 4.

immĕrĭtō, *adv.* unverdienter Weise, unverschuldet III, 6, 6; non (haud) immerito, nicht mit Unrecht IV, 15, 13; VII, 11, 24.

immĭnĕo, ēre, über etw. hereinragen, herüberragen, mit *dat.*: jugum imminet itineri, beherrscht III, 4, 4; dorsum viae III, 4, 12; silva semitae (montibus) VI, 4, 20; V, 1, 34; manus capiti alcjus imminens, erhoben gegen VIII, 1, 20; absol. colles (silvae) imminent V, 4, 8; petrae imminentes VI, 4, 3. — 2) übtr. a) v. Übeln, hereinzubrechen drohen, nahe bevorstehen: imminens bellum, drohend IV, 8, 4; malum IX, 10, 15; res III, 3, 2. — b) hart bedrängen, jembm. dicht auf den Fersen sein: alcui III, 1, 10; IV, 8, 16; VI, 6, 21; tergis fugientium IV, 16, 3; quinqueremi, bedrohen IV, 4, 8. — c) nach etw. trachten, eifrig streben, auf etw. lauern: spei IV, 1, 19; imperio VI, 10, 22; occasioni, abpassen V, 1, 12. — d) zu etw. geneigt fein: deditioni IX, 1, 21; proditioni III, 8, 3.

immiscĕo, miscui, mixtum, 2. beimischen, vermischen: elephantos agmini VIII, 12, 7; alqm corpori militum, einverleiben X, 3, 10; pedites non immixti IV, 12, 7.

immītis, e, „unmild", das. unfreundlich, rauh: ingenium IX, 10, 9.

immitto, mīsi, missum, 3. wohin losschicken: loslassen: currus (per lubrica) IV, 13, 33; VIII, 14, 7; se,

sich stürzen, sich werfen: saltu in urbem IX, 5, 2; in mare IV, 3, 4; in medium agmen X, 2, 30; in discrimen pugnae VI, 1, 1; equo se in hostes, **hineinsprengen** VII, 7, 37; immissi in medium Persarum, **die in die Mitte gedrungenen** III, 11, 4; fretum in specus immittitur, **wird hineingelassen** V, 7, 8.

immo, *adv.* **im Gegenteil, vielmehr, ja sogar** VI, 9, 2, 26; immo hercule IV, 1, 22; immo etiam, **vielmehr sogar** VI, 4, 8.

immōbĭlis, e, **unbeweglich**: animal VIII, 14, 18; currus VIII, 14, 4; undae IX, 4, 18; cunei, **nicht wankend** III, 2, 13.

immŏdĭcus, 3. **unmäßig, maßlos**: fervor VII, 5, 4; libertas VIII, 2, 2; gaudium IX, 9, 26; cupiditas V, 1, 36; aestimator sui VIII, 1, 22.

immŏlo, 1. **ein Opfertier mit Opfermehl (mola) bestreuen, dah. opfern**: puerum Saturno IV, 3, 23.

immortālis, e, **unsterblich**: *subst.* immortales: a) **die Unsterblichen, die Götter** IX, 9, 4. — b) **eine aus 10000 auserlesenen Kriegern bestehende Abteilung des persischen Fußvolkes, welche immer vollzählig erhalten wurde** III, 3, 13.

immortālĭtās, ātis, *f.* **Unsterblichkeit** IV, 7, 31; *metonym.* **der unsterbliche Teil des Menschen** X, 6, 7; immortalitatem famae dare, **unsterblichen Ruhm** IX, 4, 21.

immūnĭtās, atis, *f.* **Befreiung von öffentlichen Leistungen, Abgabenfreiheit** V, 3, 15.

immūtābĭlis, e, **unveränderlich**: lex V, 11, 10.

immūtātĭo, ōnis, *f.* **Umwandelung, Veränderung** IX, 7, 15.

impār, păris, **„ungleich", dah. an Kräften nicht gewachsen**: alcui X, 8, 22.

impătĭens, tis, **unfähig etw. zu ertragen, mit** *gen.*: veritatis III, 2, 17; navis impatiens gubernaculi, **unfähig dem Steuerruder zu gehorchen** IX, 4, 11.

impăvĭdus, 3. **unerschrocken, unverzagt** IX, 6, 24.

impĕdīmentum, i, **Hindernis, Hemmnis** V, 1, 6; itinerum IV, 11, 12; impedimento esse ad alqd, **für etw. zum Hindernis gereichen** IV, 2, 15. — 2) *plur.* impedimenta, **Heeresgepäck, Troß, Train (mit Einschluß der Lasttiere u. Troßknechte)**, insofern der Marsch dadurch aufgehalten wird IV, 12, 3; 15, 5; IX, 3, 34; sarcinae et impedimenta VII, 5, 1; **Bagagevieh** IX, 10, 22.

impĕdĭo, 4. (pes), **„in Fußfesseln legen", dah. hemmen**: amnis saxis impeditus VIII, 9, 6. — 2) *übtr.* a) **verhindern, hindern**: alqm IV, 3, 19; aditum ad urbem VIII, 10, 23; molem, **das Erbauen der Mole** IV, 3, 9; quietem IX, 6, 2; destinata VIII, 5, 1; conatum VIII, 14, 19. — b) **unzugänglich machen**: plana munimentis VI, 5, 13; impeditus, **schwer zugänglich, beschwerlich**: mons IX, 4, 25; planities VI, 5, 20; iter (amnis) saxis VIII, 2, 34; IX, 2, 1; V, 3, 8.

impello, pŭli, pulsum, 3. **stoßen, treffen**: alqm gladio IV, 4, 11. — 2) **in Bewegung setzen, treiben**: alqm VII, 9, 6; aestus impellit classem IX, 9, 25; triremis in navem impellitur, **rennt an** IV, 4, 8. — 3) *übtr.* a) **wohin treiben od. bringen**: alqm in mala VI, 2, 3. — b) **wozu treiben, bewegen, verleiten**: alqm ad cupiditatem regni VII, 2, 34; ad (in) societatem rei VI, 11, 6; IX, 7, 2; animum ad nefas VI, 9, 11; alqm mit folg. ne VI, 10, 26; *absol.* impelli, **bewogen werden** VI, 10, 6.

impendĕo, ēre, **herüberhangen**: rami impendentes IX, 5, 13.

impendĭum, i (impendo), **„Aufwand, Kosten", dah. übtr. Opfer, Verlust**: parvum IX, 4, 21; victoria tantulo impendio stat, **kostet ein so kleines Opfer** III, 11, 27.

impendo, di, sum, 3. **„für etw. abwägen", dah. für etw. aufwenden, verwenden**: pecuniam in bellum IV,

124 impensa

8, 13; sanguinem in jactationem IV, 10, 3; probra, anwenben X, 7, 5; abfol. hoc solum, in quod impenditur, wofür Aufwanb gemacht wirb (b. i. bie Kebs= weiber) X, 2, 27.

impensa, ae (impendo), Berwen= bung, Aufwanb: turis VIII, 5, 10.

impensius, adv (compar. v. impense', „mit mehr Aufwanb", baß. übtr. reichlicher VI, 10, 22; angelegent= licher VII, 2, 17.

impĕrātor, ōris, Befehlshaber VIII, 14, 20. — 2) Herrscher: Macedoniae VI, 6, 10.

impĕrātōrius, 3. felbherrlich, bes Felbherrn: officium V, 9, 17.

impĕrātum, i, f. impero.

impĕrīto, 1. (v. intens. v. impero), beherrschen: alcui VI, 5, 24; alcui superbe imperitatur IV, 7, 1.

impĕrīum, i, Befehl, Gebot, Ver= orbnung III, 8, 26; V, 11, 1; VIII, 14, 16; temporum, Gebot ber verschiebenen Zeiten IX, 9, 26; imperium atque auspicium, Befehl u. Führung X, 9, 4; IX, 3, 6; 6, 9; X, 8, 10, imperio alicujus, auf jembs. Befehl IV, 15, 12; imperium accipere IV, 9, 20; sequi V, 1, 9; exequi III, 8, 29; servare IX, 9, 15; spernere VIII, 14, 20; aspernari X, 2, 5; imperio alcjus parere, unter jembs. Befehle stehen V, 12, 18. — 2) Macht ob. Recht zu befehlen, baß. a) Heeresbefehl, Oberbefehl, Kommando III, 3, 1; V, 1, 1; 12, 14; precarium IV, 7, 1; imperio auspicioque meo, unter meiner obersten Leitung VI, 3, 2. — b) Herr= schergewalt, Herrschaft, Regie= rung III, 11, 11; IV, 1, 5; 3, 19; V, 7, 2; Alexandri IV, 2, 2; regum IX, 8, 4; regium IV, 7, 31; hereditarium VI, 3, 12; precarium VI, 3, 6; praegrave IV, 11, 8; summa imperii X, 6, 17; mit gen. object.(„über"): Persarum III, 3, 6; partis terrarum X, 2, 24; orbis IV, 7, 26; orae III, 13, 14; Graeciae („Hegemo= nie") IX, 6, 20; imperium regnumque, Thron u. Reich VIII, 14, 36; regnum atque imperium, Königs= u. Herrscher= macht X, 6, 5; sub imperio alcjus esse

impetus

V, 8, 8; alqm imperio dicionique subicere VI, 9, 22; imperium exercere X, 3, 3; detrectare IX, 8, 17; rumpere, ben Gehorsam auftünbigen X 2, 15; imperium transit ad (in) alqm III, 3, 6; VIII, 12, 14; plur. imperia, Strenge ber Herr= schaft VIII, 8, 8. — c) Amtsgewalt VIII, 2, 32; 4, 21. — d) metonym. Herrschaft, Reich IV, 11, 5; VII, 8, 30; X, 9, 2. 5; 10, 1; Persarum IV, 14, 20; amplum IV, 14, 10; IX, 8, 10; alienum IV, 1, 9.

impĕro, 1. befehlen, gebieten, vorschreiben: alcui alqd VII, 6, 15; alcui mit folg. ut VI, 8, 17; VII, 2, 23; 4, 35; imperare sibi ut credat, sich zu glauben zwingen V, 7, 10; mit bloß. Kon= junktiv IX, 8, 3; mit acc. c. inf. V, 4, 14; mit inf. X, 1, 19; abfol. IV, 3, 18; subft. part. imperatum, bas Befohlene: imperata facere, Gehorsam leisten, sich unter= werfen IV, 1, 5; VI, 5, 11; VIII, 1, 2. 8; 10, 1. — 2) als Leistung anbefehlen, auferlegen, abforbern: alcui commeatum IX, 10, 5; sociis naves III, 1, 20; equites, zu stellen befehlen IX, 7, 14. — 3) über jemb herrschen, gebie= ten, ihn beherrschen: alcui VII, 8, 16; VIII, 4, 29; 8, 10; X, 5, 17; genti X, 6, 13; alcui superbe imperatur ab aliquo VIII, 3, 16; animis ac linguis imperare VIII, 5, 5; cupiditatibus VIII, 4, 24; animo suo, seinen Zorn bemeistern VIII, 1, 32 (f. video).

im-pĕto, ĭi, ītum, 3. angreifen, beschulbigen: juvenem X, 7, 5.

impĕtro, 1. (burch Bitten) etw. von jemb. erlangen, erreichen, bei jemb. burchseßen: alqd ab aliquo IV, 1, 13; aegre X, 8, 22; pacem IV, 6, 1; veniam VI, 1, 20; utroque impetrato VI, 11, 18; mit folg. ut V, 9, 17; mit folg. ne III, 1, 23; abfol. IV, 8, 13.

impĕtus, ūs, „bas Vorwärtsbrängen, baß. bas Anstürmen, Anrennen, ber Anlauf, ungestüme Angriff III, 11, 14; nondum satis provisus IV, 15, 3; VIII, 14, 17. 30; Scytharum IV, 15, 12; suorum IV, 16, 16; incurrentium IV, 13, 33; primus IV, 15, 18; VII,

impie   **impono**   125

6, 19; acer III, 13, 8; impetum facere in cornu hostium VIII, 14, 15; navis libero impetu invecta IV, 4, 8. — 2) Drang, Ungestüm, Gewalt: maris VI, 4, 19; fluminis V, 1, 28; amnis VIII, 13, 9; impetus fortunae, Gewalt des Glückes V, 6, 19; impetus cursusque rerum, Sturm u. Drang der Ereignisse III, 5, 5. — 3) übtr. a) Drang, Leidenschaft, Aufregung, Hitze IV, 14, 13; VIII, 1, 44; mobilis IX, 4, 22; puerilis VIII, 6, 9; impetu ad effectus rapi VII, 1, 24. — b) Begeisterung, Eifer VI, 4, 2; animorum IV, 10, 8; animi, Drang des Mutes VI, 1, 13. — c) Anlauf zu etw., rascher Entschluß VII, 4, 12; occidendi regis V, 12, 1.

impie, *adv.* pflichtvergessen V, 12, 13.

impiger, gra, grum, unverdrossen, rührig, rüstig: juvenis III, 3, 1.

impigrē, *adv.* unverdrossen, eifrig, ohne Zögerung III, 11, 3. 4; IV, 6, 1; IX, 4, 24.

impius, 3. pflichtvergessen, gottlos, frevelhaft, verrucht: civis VI, 9, 4; animus V, 10, 3; mens IX, 3, 5; vox V, 9, 9; facinus VIII, 6, 23; caedes VIII, 8, 4; insidiae VI, 9, 17; bellum IV, 1, 12; subst. impii VI, 7, 24; 10, 25.

implācābĭlis, e, unversöhnlich: frater VII, 2, 6.

implecto, xi, xum, 3. verschlingen, verflechten: rami implexi, unter einander verflochten V, 4, 4.

implĕo, ēvi, ētum, 2. anfüllen, ausfüllen, erfüllen: vas VII, 5, 11; utres VII, 5, 14; cavernas aggere VIII, 10, 27; loca agminibus IV, 1, 1; urbem multitudine IV, 8, 5; orbem armis virisque IX, 6, 7; intervallum (pontibus) antemnis, überdecken IV, 3, 15; agmen implet campos IV, 9, 6; turba regiam VI, 8, 23; clamor nemora IV, 12, 23; fremitus (clamor) aures IV, 12, 20; IX, 8, 6; credulas aures, einnehmen X, 1, 28; alqm metu VI, 10, 15; impleri eo, quod circumfluit, mit dem noch mehr angefüllt werden, was im Überfluß vorhanden ist VIII, 8, 12. — 2) eine Zahl, ein Maß ausfüllen, ausmachen: eques triginta milia implet III, 2, 4; sidus orbem implet, macht die Scheibe voll VI, 4, 16; VIII, 9, 36. — 3) übtr. a) erfüllen, Genüge thun: sortem oraculi III, 1, 16. 18; votum IV, 13, 24; desideria naturae, befriedigen VI, 2, 3. — b) eine Handlung ausführen, vollenden: alqd IX, 3, 7; orbes temporum destinatas vices implent IV, 10, 5.

implĭco, ŭi, ĭtum u. āvi, ātum, 1. „hineinfalten", bah. verwickeln, verwirren, verstricken: nodi in semet ipsos implicati III, 1, 15; rami alius alio (in se) implicati, in einander verschlungen V, 4, 24; VI, 5, 16; navigia implicare, festhalten IV, 3, 24; tela implicantur, verfangen sich III, 11, 4; inermes armatis, knäueln sich zusammen mit IV, 16, 11; vorticibus impliciti, hineingezogen VIII, 13, 16; spoliis implicitus, umstrickt, in d. Bewegung gehindert IV, 14, 16. — 2) übtr. *pass.* implicari, in etw. verwickelt werden, in etw. geraten: periculo implicitus VII, 7, 7.

implōro, 1. flehentlich anrufen, anflehen: deos IV, 14, 23; fidem alcjus V, 13, 16; opem IX, 10, 16.

impōno, sŭi, sĭtum, 3. hineinlegen: hineinsetzen. ferrum fornacibus IV, 2, 13; praesidium arci (urbi) III, 7, 2; IX, 8, 10; milites in naves, einschiffen IV, 1, 27; 4, 2; IX, 8, 3; auch bloß imponere IV, 8, 7; exercitum in rates VII, 9, 2; trabes, einrammen VIII, 10, 26; absol. an Bord nehmen IV, 8, 7. — 2) auf etw. legen ob. setzen: alqm in equum III, 11, 11; in vehiculum V, 12, 16; in rogum VI, 10 31; in eculeum VI, 10, 10; pedem alcui super cervicem IX, 7, 22; turres aggeri IV, 6, 22; herbam vulneri IX, 8, 27; corpus dorso VIII, 14, 40; pontem flumini, über b. Fluß legen V, 1, 29; signum hastis, aufstecken VII, 11, 19; sagittas, auflegen VIII, 14, 19; urbs cervicibus alcjus imposita est VII, 7, 1; übtr. fundamentis imperium, erbauen auf X, 2, 24.

— 3) auferlegen, aufbürden: jugum gentibus III, 10, 5; stipendium IX, 1, 14; 7, 14. — 4) an etw. legen, an etw. setzen; übtr. finem sermoni (orationi), ein Ziel setzen, beendigen VIII, 1, 32, IX, 3, 16; frenos felicitati, anlegen VII, 8, 24; labem felicitati, anhängen VII, 7, 30.

importūnus, 3. „unbequem", daß. unverschämt, frech. importunissimum scortum X, 1, 29.

impŏtens, tis, „machtlos", insb. nicht mächtig etw. zu beherrschen, über etw. nicht Herr, mit gen.: animi („Zorn") VIII, 1, 49; sui, ihrer selbst nicht mächtig IV, 7, 14; absol. multitudo, sich zu beherrschen unfähig IV, 10, 7. — 2) prägn. zügellos, unbändig: animus X, 8, 1; fortuna, wankelmütig III, 11, 23; barbaria, despotisch VI, 3, 3.

imprīmis, s. prior 2, c.

imprĭmo, pressi, pressum, 3. (premo), aufdrücken: litteris anulum VI, 6, 6; sigillum (signum) anuli III, 6, 7; VII, 2, 16.

imprōvīdē, adv. unvorsichtig III, 11, 8; IV, 16, 17.

imprōvĭdus, 3. sich nichts versehend, nichts ahnend VIII, 1, 4. — 2) achtlos unvorsichtig VIII, 13, 25.

imprōvīsus, 3. unvorhergesehen, unvermutet, urplötzlich: malum IX, 9, 11; periculum IV, 13, 4; ex improviso, unversehens, unvermutet VIII, 1, 5; 2, 16.

imprūdens, tis, (aus improvidens), nichts ahnend, unwissend IX, 2, 31; non imprudens, wohl wissend, mit acc. c. inf. VIII, 8, 2.

impūnē, ungestraft IV, 2, 22; 6, 9; X, 1, 35. — 2) ohne Gefahr, ohne Nachteil IV, 1, 14; 3, 5.

impūnĭtās, ātis, f. Straflosigkeit: facto impunitatem dare, angedeihen lassen VIII, 12, 3.

impŭto, 1. „in Rechnung bringen", daß. übtr. (als Schuld) zurechnen, zuschreiben, zur Last legen: eventum fortunae VII, 1, 19; licentiam vi-

no VIII, 2, 2; alqd tempori VII, 1, 22; fugam innocentiae VII, 2, 2.

īmus, a, um, s. inferus.

in, praep. mit acc. in, nach, auf: milites imponere in naves IV, 1, 27; decurrere in mare („nach") IX, 3, 13. — 2) v. b. Richtung, nach, gegen· molem in adversum ventum dirigere IV, 3, 8; mucrones in ora dirigere III, 11, 5; apicula eminent in adversum IV, 9, 5; sedes in meridiem versa IV, 7, 18; traicere in regionem insulae, in der Richtung auf jene Insel VIII, 13, 23. — 3) v. Dimensionen, in, nach: in latitudinem, in der Breite, der Breite nach V, 1, 25; in altitudinem IV, 2, 19; in longitudinem VI, 4, 4; in immensum spatium IX, 1, 9. — 4) v. b. Zeit: a) z. Angabe des Zeitpunktes, für den etwas bestimmt ist, auf, für: in illum diem IV, 16, 10; in noctem IV, 13, 14; in tertium diem VI, 7, 6. — b) v. b. Zeit, in welche hinein sich etwas erstreckt, in . . . hinein, bis . . . in: in horam secundam VIII, 6, 17; in multum diei, bis spät am Tage VIII, 14, 28; in multam noctem VI, 11, 12; in lucem, bis zu Tagesanbruch VII, 11, 18; in triduum, bis zum dritten Tage VII, 8, 8; in perpetuum, für beständig, für immer V, 8, 17. — 5) Angabe d. Teile, in: annus in totidem dies descriptus est III, 3, 10. — 6) v. b. Richtung des Thuns u. Denkens im freundl. u. feindl. Sinne, gegen: officio in alqm fungi III, 12, 11; jura in alqm servare IV, 1, 13; fides in alqm IV, 6, 7; peccare in alqm VII, 2, 7; poenam in hostem capere IV, 11, 29; scelus (saevitia) in alqm VI, 6, 36; VIII, 8, 4; cultus in alqm VIII, 5, 12. — 7) z. Ang. des Zweckes, zu, für, behufs: in obsidionem jungere VII, 6, 19; in congiarium VI, 2, 10; in supplementum IV, 5, 18; in perniciem X, 1, 30; in obsequium VI, 5, 32; in ludibrium V, 5, 6; offerre in dotem („als Mitgift") IV, 11, 5; in gratiam alcjus, jemb. zu gefallen VI, 11, 15; VII, 5, 28; in rem esse, zur Sache dienen, förderlich sein

VI, 2, 21; in spem fortunae genitus, mit ber Aussicht auf III, 11, 24; in ea, auf biese Bebingungen hin IV, 1, 9; in haec, baraufhin VI, 11, 29. — 8) zur Ang. ber Art u. Weise, auf, nach: in modum alcjus rei VII, 3, 9; VIII, 11, 6; in hunc modum IV, 1, 10.
B) mit *abl.* in, auf: in rupe (turre) considere III, 1, 4; vesci in mensa („an") V, 2, 14; in Graecia, in Griechenland V, 1, 1. — 2) v. b. Zeit, im Verlauf, währenb: in bello III, 3, 1; in principio imperii III, 3, 6; in principio rerum V, 1, 8. — 3) v. b. Klasse ob. Anzahl, unter: in quis III, 2, 4; carus in paucis (= inter paucos), wie wenige IV, 8, 7; insignis in paucissimis III, 11, 8. — 4) v. Personen, an, bei: in alquo agnosci V, 5, 7; ars est in alquo III, 5, 13; quantum in te est, auf bir beruht VII, 7, 27; alqd pati in se („an sich") VII, 11, 16. — 5) z. Bezeichn. v. Umständen u. Verhältnissen, unter benen etw. stattfinbet, in, bei (oft einen Nebensatz des Grundes ob. ber Bebingung vertretend): in comparatione III, 11, 20; in illa aetate IV, 5, 3; in penuria VII, 4, 24; in illa sorte III, 13, 17; in illo statu IV, 1, 27; in tanto impetu III, 5, 5; in tanto periculo IX, 5, 25; in tanto rigore VII, 3, 10; in tantis rebus X, 5, 29; in adversis rebus IV, 3, 7; in paucitate IV, 14, 17; in nudo montis dorso, bei ber Kahlheit des Bergrückens VII, 3, 8; in hostibus sordidis (bei, b. i. wenn es sich handelt um) IX, 6, 14; in praeda, trotz ber Beute X, 2, 25; in majestate corporum, bei, b. i. gegenüber ber majestätisch. Körpergestalt VI, 5, 29. — 6) hinsichtlich, inbetreff: in quibus III, 4, 10; in quibus occidendis, rücksichtlich beren Niebermetzelung IV, 4, 17; fidem dare in parricidio, in Sachen des Hochverrates IV, 7, 7.
inaequālis, e, ungleich, uneben: fastigium IX, 9, 19.
inānis, e, leer: sepulcrum X, 1, 33; naves IV, 5, 18. — 2) übtr. eitel, nichtig: species VII, 1, 36; affectus IV, 5, 3; subst. vana et inania, leere u.

nichtige Dinge IV, 13, 5; VII, 11, 25; pleraque inania, mancherlei nichtige Erscheinungen IV, 13, 2.
in-ardesco, arsi, 3. sich entzünben VI, 6, 28.
in-āresco, rŭi, 3. trocken werben, vertrocknen: lacrimae inarescunt V, 5, 11.
inaudītus, 3. unerhört: facinus V, 9, 2; res IX, 5, 1.
inbŭo, s. imbuo.
in-călesco, lŭi, 3. heiß werben, erhitzt werben: mero V, 7, 5; VIII, 1, 22.
incautē, *adv.* unvorsichtig, unbebachtsam IX, 5, 8; *comp.* incautius IV, 6, 23.
incautus, 3. unvorsichtig, unbebachtsam, sorglos VII, 4, 4; fiducia IV, 1, 32.
in-cēdo, cessi, cessum, 3. „einherschreiten", baß. militär. einherziehen, vorrücken, marschieren IX, 10, 27; lente IV, 7, 15; per gentes IX, 10, 28; pluribus in ordine (s. ordo a) III, 9, 12; quadrato agmine V, 13, 10; agmen incedit obliquum IV, 15, 1. — 2) v. Affekten, ergreifen, anwanbeln: formido (desperatio, cupido) incedit animos III, 8, 25; animis IV, 2, 16; animo III, 1, 16; VII, 11, 4; *absol.* Platz greifen IV, 8, 3; V, 4, 24.
incendĭum, i, Feuersbrunst, Branb: continens III, 8, 18; incendium excitare VI, 3, 11; late fundere IV, 3, 3; inhibere III, 4, 15; incendio cremare IX, 4, 6; regio fumat incendio IV, 9, 14.
incendo, di, sum, 3. (cando), in Branb setzen, anzünben: regiam V, 7, 3; vicos IV, 10, 14; sarcinas VI, 6, 15; sol omnia incenderat, hatte glühenb gemacht IV, 7, 13. — 2) übtr. entflammen, aufreizen: alcui animum ad persequendum IV, 10, 13.
inceptum, i, s. incipio.
incertus, 3. unbestimmt, unentschieben, unsicher, zweifelhaft: fama IV, 5, 12; consilium X, 8, 7; res VI, 9, 9; voluntas IV, 11, 10; incer-

incesso

tum (est) mit Fragsatz, es ist ungewiß IV, 15, 11. 12; V, 4, 19; 5, 10. 16; incertum, quam ob causam VI, 7, 18. — 2) unentschlossen, unschlüssig, nicht wissend: mit Fragsatz IV, 10, 26; V, 13, 18; X, 6, 19; consilii (*gen. relationis*), im Entschlusse schwankend VIII, 10, 27.

incesso, cessivi, 3. (*v. intens.* v. incedo), auf jemb. losgehen, ihn angreifen alqm III, 11, 7; VII, 9, 7; missilibus IV, 2, 21; *passiv.* III, 9, 11.

inchŏo, s. incoho.

1. **incīdo**, cīdi, cāsum, 3. (cado), auf etw. fallen ob. treffen, wohin einschlagen: gleba incidit capiti IV, 6, 11; missilia incidunt ramis IX, 5, 5; saxa V, 3, 18; telum incidit in suram, fährt in die Wade VIII, 10, 28; tela incidentia, herausfliegend IX, 4, 31. — 2) übtr. a) auf jemb. treffen ob. stoßen, ihm in die Hände fallen: in alqm III, 13, 2; V, 12, 13; 13, 21; VIII, 1, 37; quadriga incidit alcui IV, 15, 17; oculi in alqm incidunt VI, 1, 36. — b) wohin geraten: in vertices IX, 4, 11; in pericula VI, 9, 23; in superbiam, dem Übermut anheimfallen VI, 11, 24. — c) zustoßen, befallen: adversa valetudo alcui incidit IX, 6, 4.

2. **incīdo**, cīdi, cīsum, 3. (caedo), in etw. schneiden ob. hauen, etw. durchhauen: vincula IX, 1, 17.

incipio, cēpi, ceptum, 3. (capio), „anfassen", daß. anfangen, beginnen, unternehmen: alqd IV, 6, 12; mit *inf.* V, 12, 1; VII, 4, 2, 17; *subst. part.* inceptum, Beginnen, Unternehmen: irritum III, 1, 17; incepto desistere VII, 1, 15. — 2) *intransit.* sich anfangen, den Anfang nehmen: nexus incipit III, 1, 17.

incitāmentum, i, Anreizungsmittel, Anreiz, Sporn VIII, 14, 11, libidinis IV, 19, 24; gloriae IV, 14, 1; ad incessendum III, 11, 7; ad moriendum IX, 5, 6.

in-cĭto, 1. antreiben, reizen, anspornen: alqm IV, 13, 10; IX, 5,

incolumis

19; alqm ad deditionem V, 1, 18; virtutem VII, 2, 38; dolorem, aufstacheln VIII, 6, 25.

inclīno, 1. einbeugen, neigen: caput VI, 1, 15; rupes fluvium inclinant ad orientem, geben ihm eine Richtung nach Osten VIII, 9, 5. — 2) übtr. a) v. der Tageszeit, *passiv.* inclinari, sich neigen: die inclinato in vesperam IV, 7, 22; *reflex.* dies inclinat in vesperam VI, 11, 9. — b) *passiv.* inclinari, einer Sache sich zuwenden, sich zuneigen: inclinatus ad misericordiam VI, 9, 28; levitas in scelus V, 12, 4; *reflex.* inclinare studiis in alqm, sich mit seiner Neigung jembm. zuwenden X, 7, 12.

inclĭtus, (inclutus) 3. (clueo), vielgepriesen, berühmt: armis („durch Waffenthaten") IV, 2, 20; amnis (carminibus) III, 1, 2; 4, 7; urbs vetustate IV, 1, 15.

inclūdo, si, sum, 3. (claudo), einschließen: alqm IV, 14; 15, 21; VI, 3, 16; muris VII, 7, 31; moenibus IX, 4, 5; feras (vivario) VI, 3, 8; VIII, 9, 28; se tabernaculo (muris, urbi) V, 9, 13; VII, 6, 24; IX, 8, 11; Cilicia jugo includitur III, 4, 6; vox carcere VIII, 7, 8; imago crystallo inclusa III, 3, 8.

inclŭtus, a, um, s. inclitus.

incognĭtus, 3. unbekannt: alcui IV, 4, 20; *subst. plur.* incognita, Unbekanntes IX, 9, 4. — 2) ununtersucht: causa incognita, unverhörter Sache X, 4, 1.

incŏho (inchoho), 1. anfangen, beginnen: facinus VI, 7, 10 (s. caput b).

incŏla, ae, Einwohner: nemoris IV, 7, 20; oppidi VII, 11, 29; VIII, 10, 6.

in-cŏlo, colui, cultum, 3. wohnen: incolentes, Einwohner VIII, 10, 19. — 2) *transit.* bewohnen IV, 2, 5; 12, 10. 11.

incŏlŭmis, e, wohlbehalten, unverletzt III, 12, 12; IV, 5, 22; Dareo incolumi, so lange Dareus am Leben war V, 10, 1.

inoŏlŭmĭtās, ātis, f. Unverfehrtheit, Erhaltung: regis VI, 11, 7.

incommŏdē, adv. mit Unbequemlichkeit IX, 2, 21.

incommŏdus, 3. unbequem, läſtig: onus IV, 9, 19; valitudo, ungünſtig VIII, 9, 32; v. Perſonen IX, 4, 28; ſubſt. *plur.* incommoda, das Nachteilige VIII, 13, 22.

incompŏsĭtē, ungeordnet: fugere VIII, 11, 22.

incompŏsĭtus, 3. „nicht zuſammengeſtellt", baß. v. Truppen, ungeordnet, nicht gehörig geſchloſſen IV, 2, 24; 9, 23; 16, 20; agmen VII, 6, 1; exercitus incompositus et inordinatus V, 13, 11; sparsi et incompositi III, 11, 14.

incondĭtus, 3. „nicht wohlzuſammengefügt, baß. v. Truppen, ungeordnet, regellos: multitudo III, 8, 18; turba IX, 2, 22; agmen IV, 14, 5; oppidani VIII, 11, 1. — 2) ungeregelt, roh: clamor III, 10, 1; carmen IV, 7, 24. — 3) v. Perſonen, ungebildet, roh: genus hominum VII, 3, 6; auxilium, plumpes Verteidigungsmittel IX, 1, 16; rudis et inconditus sensus VII, 8, 10.

inconsultē, adv. unüberlegt, unbedacht IX, 9, 13; inconsulte ac temere VIII, 1, 38.

inconsultus, 3. unüberlegt, unbedacht: pavor VI, 2, 4.

incorruptus, 3. unverborben: Cydnus, lauter III, 4, 9. — 2) übtr. unverfälſcht VII, 8, 11; fides, unverletzt bewahrt VI, 7, 26.

incrēdibĭlis, e, unglaublich IX, 2, 5; incredibile dictu (est), es klingt unglaublich, unglaublicher Weiſe IV, 7, 16; dictu audituque X, 5, 3. — 2) übtr. unglaublich, erſtaunlich, außerordentlich: summa pecuniae V, 2, 11; vis animi X, 5, 27; fortuna III, 13, 11.

incrēmentum, i (incresco), Wachstum, Zunahme: molis IV, 2, 21; incrementi operis, beim Emporwachſen VII, 3, 9; in incremento esse, im Zunehmen ſein IX, 3, 9. — 2) Nachwuchs, Zuwachs: incrementa du-

Wörterbuch zu Curtius Rufus.

cum, Pflanzſchule V, 1, 42 (haec, „dieſer Dienſt"); abſol. Erſatztruppen V, 1, 39.

in-crĕpo, ŭi, ĭtum, 1. „laut anrufen", baß. hart anlaſſen, ſchelten: jembm. etw. vorwerfen: alqm IV, 13, 8; VIII, 6, 30; mit *acc. c. inf.* IX, 7, 16.

incruentus, 3. unblutig, ohne Blutvergießen: victoria IV, 6, 30.

in-cŭbo, ŭi, ĭtum, 1. auf etw. liegen: pulvino III, 6, 7; utribus VII, 5, 18; nox mari incubans, lagernd auf IX, 4, 18.

incultus, 3. ſchmutzlos: acies III, 2, 13.

in-cumbo, cŭbŭi, cŭbĭtum, 3. ſich auf etw. legen, ſtemmen, ſtützen: remis, ſich auf die Ruder werfen, angeſtrengt rudern IX, 9, 4; in alqm, ſich anlehnen an VI, 9, 33; fragilis (materia) duriori materiae incumbit, liegt auf VIII, 10, 25. — 2) gewaltſam eindringen: mare incumbit in litus VI, 4, 19.

in-curro, curri u. cŭcurri, cursum, 3. „hineinlaufen", baß. hineinſtrömen III, 4, 8. — 2) übtr. hineinrennen: in perniciem IV, 13, 14. — 3) anlaufen, anrennen, anſtürmen: in alqm IV, 15, 19; abſol. VIII, 1, 14; IX, 5, 8; incurrentes IV, 13, 33; 15, 15 (erg. equorum); v. Flüſſen, einherſtrömen: per saxa VI, 4, 5; praecipiti alveo IX, 9, 9.

incursio, ōnis, f. „das Hineinrennen", baß. der feindliche Einfall VI, 4, 2.

incūso, 1. (causa), anſchuldigen, beſchuldigen: deos VII, 7, 7.

incŭtĭo, cussi, cussum, 3. (quatio), „hineinſchlagen", baß. übtr. einflößen, einjagen, erregen: alcui curam III, 5, 14; sollicitudinem III, 6, 5; metum III, 8, 25; terrorem VIII, 10, 5; formidinem (animis) IV, 10, 2; 13, 13; superstitionem VII, 7, 21; religionem IV, 10, 2. — 2) an etw. anſchlagen, anſtoßen: prorae incutiuntur puppibus IX, 9, 17; saxa petris, praſſen an V, 3, 18; ictus ossibus incussi, auf die Knochen fallend VI, 11, 17; imber

grandinem incutiens, herabschleubernd VIII, 4, 5.

inde, *adv.* von dort, von da aus III, 1, 3; 2, 3; 7, 5; IV, 1, 15; 3, 15; von dieser Seite her III, 1, 8. — 2) übtr. a) daraus, davon VIII, 9, 15; 10, 12. — b) darauf, hierauf III, 12, 17; IV, 8, 2; V, 5, 8; VII, 7, 29.

indĕcōrē, *adv.* unrühmlich, schimpflich III, 11, 11.

indĕcōrus, 3. unschön, häßlich: habitus IX, 2, 6. — 2) ungeziemend: indecorum est X, 3, 14.

index, ĭcis, Anzeiger, Angeber: tantae rei VI, 9, 10. — 2) v. Dingen, Kennzeichen, Beweis: clamor alacritatis index VIII, 11, 8; vultus securi animi VIII, 6, 22; linguae violentia scelesti animi index VII, 1, 16; maestitia desperationis X, 8, 9; lacrimae poenitentiae indices V, 10, 13.

India, ae, Indien diesseits u. jenseits des Ganges VII, 11, 8; VIII, 5, 1; 9, 2.

indicĭum, i, Anzeige, Angabe conjurationis VI, 8, 10; indicium profiteri VIII, 6, 23; (ad alqm) deferre V, 11, 7; celare VI, 7, 35. — 2) übtr. Anzeichen, Merkmal, Beweis: certum VIII, 8, 10; manifestum VII, 1, 12; cursūs VII, 10, 3; opulentiae VIII, 1, 11; innocentiae VI, 9, 16; desperationis IV, 14, 2; animi alienati VI, 9, 19; irae IX, 9, 10; vulnera indicia virtutis IV, 16, 31.

indīco, 1. angeben, verkünbigen, offenbaren: alqd VI, 7, 5; insolentiam alcjus VII, 11, 6; de alqua re, Aufschluß geben über VII, 1, 17; mit *acc. c. inf.* III, 8, 24; 12, 7; mit Fragsatz VI, 7, 22; VII, 7, 25; absol. Anzeige machen VI, 10, 35. — 2) verraten: alqm VI, 8, 15; 9, 16; alqm vita indicat VI, 9, 17.

indictus, 3. ungesagt: causā indictā, unverhörter Sache, ohne Verteibigung III, 12, 19; VIII, 7, 5.

Indĭcus, 3. indisch: mare VII, 3, 7; bellum VIII, 5, 3.

indĭgĕna, ae (indu = in u. geno), Eingeborener VIII, 2, 14. 21.

indĭgĕo, ŭi, 2. (indu = in u. egeo), nötig haben, bedürfen, mit *abl.*: praesidio VII, 10, 10.

indignātĭo, ōnis, *f.* Unmut, Unwille, Entrüstung III, 6, 10; IV, 1, 24; VI, 9, 7.

indignē, *adv.* unwillig, unmutig: alqd indigne ferre, über etw. unwillig (entrüstet) sein VI, 11, 23.

indignĭtās, ātis, *f.* das Unwürbige, Empörende: dedecoris IX, 5, 11.

indignor, 1. „für unwürdig halten", daß. über etw. entrüstet sein, seinen Unwillen zeigen: mit *acc. c. inf.* VI, 1, 18; 11, 19; mit folg. si VI, 5, 11; absol. indignantes VI, 9, 6; X, 5, 10.

indignus, 3. unwürdig, empörend, schimpflich: res X, 8, 5; mors IV, 2, 15; nihil indignius est IX, 6, 14. — 2) v. Personen, etw. nicht verdienend, einer Sache unwürbig, mit *abl.*: supplicio VII, 5, 37; regno IV, 1, 16; mit folg. Relativsatz VI, 4, 13.

in-do, didi, ditum, 3. hineinthun: venenum potioni X, 10, 17. — 2) „an etw. anbringen", daß. übtr. beilegen, geben: alcui nomen IX, 1, 5; ab alqua re IV, 9, 16; ab alquo, (nach jemb.) VIII, 9, 14.

indŏlēs, is, *f.* natürliche Anlage, Eigenschaften, Denkweise III, 12, 26; V, 7, 1; animi VI, 2, 9; magna IV, 1, 26; rara VIII, 2, 35.

indŏmĭtus, 3. (domo), ungebändigt: gens IX, 4, 17; regio, unbezwungen VIII, 1, 35.

in-dormĭo, 4. „bei etw. einschlafen", daß. etw. verschlafen: malis („seine Gefahr") VI, 10, 12.

in-dūco, xi, ctum, 3. hereinführen, einführen, heranführen: alqm VI, 9, 25; in possessionem VIII, 8, 11; phalangem V, 6, 2; turmas in recusantes X, 9, 16. — 2) einen Gegenst. mit etw. überziehen, daß. darüber aufführen: pontem subditis saxis V, 5, 4.

indulgentĭa, ae, Nachsicht, Güte V, 3, 13; in alqm X, 5, 25.

indulgĕo, si, tum, 2. (dulcis), gegen jemb. nachsichtig sein, willfährig sein, ihm Gunst erweisen: alcui VII, 1, 40; fortuna indulget IV, 14, 19; fortuna indulgendo ei nunquam fatigata, in der Gunst gegen ihn nie ermüdet VIII, 3, 1. — 2) übtr. einer Sache sich hingeben, nachhängen: luxuriae VIII, 8, 16; spei VIII, 14, 1.

indŭo, dŭi, dūtum, „hineinfügen", daß. anlegen, anziehen: vestem III, 13, 7; loricam IV, 6, 14; arma V, 11, 1; passiv. indui, sich mit etw. bekleiden: veste VII, 2, 17; indutus, bekleidet: veste IV, 15, 27; loricā VIII, 2, 36; sich etw. anlegen, anziehen: vestem X, 7, 13; indutus, sich etw. angelegt habend, bekleidet mit: vestem V, 9, 1; pretiosissima vestium V, 6, 7; carbasa VIII, 9, 24; thoracem VII, 5, 16. — 2) übtr. annehmen: mores VI, 6, 5.

1. Indus, inbisch: rex IX, 1, 28; subst. Indi, die Inbier III, 2, 9; 10, 5; maritimi IX, 10, 8; Oceani accolae IV, 5, 5.

2. Indus, i, Fluß in Indien, jetzt *Sindh*, entspringt am südl. Abhange des Paropamisus *(Hindu-Kusch)*, bildet die Westgrenze b. India intra Gangem gegen d. Land der Paropamisaden, gegen Arachosia u. Gedrosia u. teilt sich 50 Meilen vor seiner Mündung in den indischen Ocean in zwei Arme, welche ein Delta bilden VIII, 9, 4; 10, 2; 11, 7; 12, 4; IX, 4, 8.

industrĭa, ae, Betriebsamkeit, reger Fleiß: deindustria, mit Fleiß, vorsätzlich, absichtlich V, 3, 17; 4, 14; VI, 1, 9.

indutĭae, ārum (induo), Waffenstillstand: sexaginta dierum III, 1, 8.

in-ĕo, ĭi, ĭtum, ĭre, hineingeben: convivium („Speisezimmer") VIII, 5, 12. — 2) übtr. a) in eine Thätigkeit eintreten, etw. vornehmen, beginnen: bellum (scelus), sich einlassen in V, 9, 4; VI, 10, 28; proelium, in die Schlacht ziehen, zur Schlacht schreiten IV, 1, 1; 6, 14; V, 1, 42; 3, 10; VI, 1, 10; pugnam IX, 5, 3; certamen IV, 3, 12; convivium de die, veranstalten V, 7, 2; iter, antreten III, 4, 13; scelus, sich einlassen auf VI, 10, 28; numerum, Zählung veranstalten III, 1, 22; 2, 2; consilium, Plan eingehen, Entschluß fassen III, 7, 13; VI, 8, 15; rationem, Plan entwerfen X, 9, 10. — b) in ein Verhältnis eingehen: societatem alcjus rei (cum alquo), sich zu etw. verbinden V, 9, 2; VI, 7, 14; gratiam (alcjus, apud alqm), sich Dank, Gunst erwerben V, 7, 3; 9, 2; 12, 1.

inēquĭtābĭlis, e, für Reiter ungeeignet: campus VIII, 14, 4 (nur bei Curtius).

inermis, e (arma), unbewaffnet: miles IV, 13, 21; auriga VIII, 14, 3; subst. inermes IV, 16, 11.

iners, tis (ars), „untüchtig", daß. feig: manus inertissimae IX, 6, 12.

inertĭa, ae, „Ungeschicklichkeit", daß. Trägheit IX, 2, 26.

inēvītābĭlis, e, unvermeiblich: fatum IV, 6, 17; X, 1, 30.

inexōrābĭlis, e, unerbittlich: animus in alqm VII, 6, 17.

inexpertus, 3. unversucht, unerprobt: remedium III, 5, 15; fides VI, 7, 9; nihil inexpertum omittere (relinquere), nichts unversucht lassen III, 6, 14; IX, 2, 27.

inexpiābĭlis, e, unsühnbar: facinus VII, 6, 15.

inexplicābĭlis, e, unentwirrbar, unauflöslich: vinculum III, 1, 16.

inexpugnābĭlis, e, unüberwindlich III, 1, 7.

infans, tis (for), „unfähig zu sprechen", subst. (kleines) Kind: habitus infantum IX, 1, 25.

infēlix, īcis, unheilvoll, unglücklich: proelium IV, 1, 32. — 2) unglückselig, unglücklich IV, 10, 26; V, 5, 11.

infensus, 3. feindselig, aufsässig: erbittert: aluci, gegen jemb. IX, 7, 1; opibus IV, 7, 1; superbiae VII, 11, 27.

inférĭae, ārum, Totenopfer: inferias dare („darbringen") VII, 9, 21; X, 1, 30.

infĕro, intŭli, illātum, inferre, hineintragen, herbeibringen, wohinbringen: lumen VIII, 2, 21; corpus tabernaculo VIII, 2, 8; opes in manus alcjus V, 2, 12; imperium in Persidem, übertragen IV, 14, 24; pedem alcui, auf jemd. einbringen VII, 9, 10; *passiv*. inferri, wohin geraten: praesidiis IV, 12, 14; signa inferre alcui, zum Angriff gegen jemd. vorrücken, ihn angreifen IV, 6, 13; VIII, 14, 15; bellum alcui, jemd. mit Krieg überziehen, mit Krieg heimsuchen IV, 14, 21; bellum illatum („gegen uns begonnen") IV, 14, 21; arma inferre, bekriegen, angreifen VII, 7, 11; VIII, 12, 13; absol. den Krieg anfangen, angriffsweise verfahren III, 5, 11; IV, 10, 29. — 2) übtr. wohin bringen: terrorem in oppida, verbreiten IX, 1, 18; in exercitum IX, 8, 7; fremitus in castra infertur, bringt ein V, 4, 29; nefas, einführen VIII, 4, 26. — 3) a) vorbringen: mentionem VIII, 1, 38. — 4) beibringen, verursachen: terrorem alcui V, 4, 30; periculum IX, 2, 21. — 5) anthun: vim X, 8, 4; 9, 15.

infĕrus, 3. unten befindlich; subst. inferi, die Unterirdischen, die Unterwelt VII, 5, 37. — 2) *comp*. inferior, us, tiefer unten, der untere: ripa VIII, 13, 23; subst. inferiora, die unteren Teile IV, 10, 12; muri VIII, 10, 25; übtr. geringer, schwächer: inferiorem esse, besiegt werden, unterliegen V, 1, 6 (quibus rebus vicisset, „rücksichtlich der Dinge, durch welche"). — 3) *superl*. a) infĭmus, „der unterste", übtr. der geringste, niedrigste: plebs X, 7, 1. — b) īmus, der unterste: gradus V, 2, 13; velamenta V, 1, 38; turres, die untersten Teile der Türme IV, 3, 4; regnum, äußerste Grenze des Reiches IX, 8, 17; ab imo, von Grund auf, zu unterst VII, 3, 9; 5, 33; *plur*. ima, die untersten Teile, das Unterste: muri VIII, 10, 25;

11, 6; summa imis confundere VIII, 8, 8 (f. confundo).

infestus, 3. gefährdet, bedroht: telis IV, 6, 22. — 2) bedrohend, feindlich, aufsässig, erbittert V, 6, 1; VI, 7, 12; VII, 2, 1; sarissa, zum Angriff erhoben, eingelegt VII, 4, 36.

inficio, fēci, fectum, 3. (facio), „mit etw. anmachen", dah. übtr. beflecken, anstecken: haec („diese Einrichtungen") luxu infecta VI, 6, 9; spolia, durch Berührung entweihen IX, 6, 12.

infīdus, 3. treulos, unzuverlässig X, 9, 7.

infīgo, xi, xum, 3. hineinheften, hineinbohren: lanceam pectori VI, 1, 15; sagittam per thoracem IX, 5, 9; dentes in vulnere, einbeißen IX, 1, 33; infixus, eingedrungen, haftend: tela corporibus V, 13, 24; lignum corpori IX, 5, 22.

infĭmus, a, um, f. inferus.

infīnītus, 3. grenzenlos, schrankenlos: infinita („schrankenlose Pläne") animo complecti X, 1, 17.

infirmĭtās, ātis, f. schwacher Zustand, Schwäche: valitudinis VII, 7, 27.

infirmus, 3. schwach, kraftlos: telum IV, 14, 13; cicatrix, schwache Vernarbung VII, 7, 9.

infĭtĭās, Akkusativform (fateor), nur in der Verbindung infitias ire, in Abrede stellen, ableugnen: amicitiam VII, 1, 26; mit *acc. c. inf*. VII, 1, 35.

infĭtĭor, 1. (fateor), in Abrede stellen, ableugnen: facinus VI, 11, 40; mit *acc. c. inf*. VII, 7, 25.

in-flo, 1. „aufblasen", dah. übtr. a) stolz machen, mit Selbstvertrauen erfüllen: animum V, 10, 3; inflatus titulo, stolz auf den Ruhm X, 10, 14. — b) heben, steigern: spem alcjus III, 2, 10.

in-flŭo, xi, xum, 3. hineinströmen VIII, 9, 8.

infrā, *praep*. mit *acc*. unter, unterhalb: infra rupes VIII, 10, 24;

infra alqm (se) VIII, 1, 28; VII, 11, 18; infra fastigium magnitudinis VI, 8, 7; sinus vestis descendit infra genua, fällt über die Kniee hinab VI, 5, 27.

infringo, frēgi, fractum, 3. (frango), zerbrechen: palmam in manibus IX, 2, 29. — 2) übtr. brechen, schwächen, lähmen: animi magnitudinem VIII, 14, 44; absol. infractus, entmutigt VI, 2, 21; IX, 2, 30.

in-fundo, fūdi, fūsum, 3. hineingießen, hineinschütten: aquam VII, 5, 8; *passiv.* infundi, sich hineinergießen VI, 4, 18; übtr. v. Menschenmassen, sich ergießen, einbringen V, 6, 1. — 2) wohin schütten, hineinwerfen: sagittas ratibus, die Flöße mit Pfeilen überschütten VII, 9, 8; mare gemmas litoribus infundit, wirft an den Strand VIII, 9, 19.

ingĕmisco, gemui, 3. in Seufzen ausbrechen, über etw. seufzen, jammern: morti IV, 10, 30; morte (*abl. causae*) IX, 3, 20; absol. V, 2, 14; VII, 6, 22.

ingĕnĕro, 1. anerschaffen, einpflanzen: cupiditatem animalibus IX, 1, 33.

ingĕnĭum, i, (geno = gigno), „das Anerzeugte", bah. Naturell, Gemütsart, Denkart, Charakter, Gemüt, Herz VII, 4, 19; VIII, 5, 8; 14, 46; humanum VIII, 14, 1; mite III, 2, 17; aulae, Sitte, Art VIII, 8, 21; uti ingenio suo, seiner Sinnesart folgen VIII, 8, 4; *plur.* VII, 3, 6; humana VIII, 2, 1; temporaria IV, 5, 11; molliora V, 6, 18; immitia IX, 10, 9; ferocia VIII, 2, 16; praecipitia VIII, 1, 35; horrida IV, 6, 3; Gesittung: mitia VI, 3, 6; VIII, 3, 15. — 2) angeborene Fähigkeit, Geist, Verstand: dotes ingenii III, 6, 20; ingenia cultiora VII, 8, 11.

ingens, tis, gewaltig, überaus groß, bedeutend: corpus IV, 4, 3; mare VI, 4, 19; multitudo III, 8, 18; modus V, 6, 8; facinus VIII, 3, 14; caedes III, 11, 14; cura III, 5, 14; metus IV, 4, 6; animi bona V, 7, 1; ingentia promittere VI, 7, 11.

ingĕnŭus, 3. (geno = gigno), „im Lande geboren", bah. im Gegensatz zu den Eingewanderten, welche ursprüngl. als unfrei angesehen wurden, freigeboren: puer IV, 3, 23; homines VIII, 7, 15; subst. ingenui VIII, 7, 1.

in-gĕro, gessi, gestum, 3. hineintragen, hineinschütten, hineinwerfen: alqd IV, 2, 22; vinum oribus, in den Mund eingießen VII, 5, 7. — 2) darauf werfen: faces in opera IV, 3, 4. — 3) v. Geschossen, schleudern, werfen: tela (jacula) in alqm IV, 2, 23; VIII, 14, 3; ex adverso IX, 5, 4; missilia IV, 3, 15; saxa subeuntibus IV, 4, 12; lapides V, 3, 19. — 4) übtr. anwenden: verbera VI, 11, 16.

in-gigno, genŭi, genĭtum, 3. anerschaffen, einpflanzen: veneratio genti ingenita III, 6, 17; subst. ingenita, ōrum, die durch Geburt verliehenen Güter V, 5, 19.

ingrātus, 3. unangenehm, zuwider: alcui IV, 11, 14; VI, 6, 11. — 2) unbankbar X, 2, 21 (f. opera 3); X, 2, 27; fama V, 8, 10.

ingrĕdĭor, gressus sum, 3. (gradior), einherschreiten, marschieren, gehen: pedibus, zu Fuß VI, 5, 5; quadrato agmine V, 1, 19; ingreditur pedes, zu Fuß V, 6, 14; absol. den Weg antreten VII, 11, 14. — 2) hineinschreiten, hineingehen, einrücken, etw. beschreiten ob. betreten: aequor IV, 7, 11; aquam IX, 10, 1; flumen III, 5, 3; fines V, 1, 9; saltum VIII, 1, 13; iter, einschlagen, ziehen III, 13, 4; IV, 7, 6; 10, 9; viam V, 13, 10; quicquid (spatii) ingredi possunt, so weit sie einbringen können VI, 6, 26; absol. einbringen VI, 1, 10.

ingrŭo, ŭi, 3. (ruo), hereinbrechen, hereinstürzen: mare ingruens a septentrione VI, 4, 19; ingruit externa vis V, 1, 27; übtr. morbus, bricht aus V, 1, 11.

inhăbĭlis, e (habeo), schwer zu handhaben, unlenksam: navigium

inhaereo

IX, 9, 13; ratis VIII, 13, 11; moles corporum IX, 2, 21; pondus, unbequem VIII, 9, 28.

in-haereo, si, sum, 2. an jemb. hangen: alcui V, 12, 8; canis leoni inhaerens IX, 1, 32; tergis fugientium, den Fliehenden auf dem Nacken sitzen, auf den Fersen sein VII, 9, 14.

inhĭbĕo, bŭi, bĭtum 2. (habeo), anhalten, zurückhalten: alqm VI, 7, 29; VII, 4, 33; manu III, 10, 3; turbam (abweisen) III, 12, 15; manum alcjus VI, 9, 31; vix inhiberi posse quin VII, 2, 1. — 2) jembs. Rede hemmen, ihn nicht zu Worte kommen lassen: alqm VII, 7, 23; loqui volentem X, 2, 13. — 3) v. leblos. Dingen, hemmen, aufhalten, Einhalt thun: profluvium IX, 5, 29; incendium III, 4, 15; fugam V, 13, 19; cursum IV, 16, 21; transitum IV, 9, 12; impetum IV, 16, 16; lacrimas X, 6, 3; crudelitatem VII, 5, 33; spem, dämpfen IX, 6, 1; absol. verhindern V, 2, 22; navem remis, rückwärts rudern IV, 4, 9.

in-horresco, horrŭi, 3. „rauh werben", bah. v. Meere, vor dem Sturme aufschauern, sich kräuseln IV, 3, 17.

inĭcĭo, jēci, jectum, 3. (jacio), hineinwerfen: ignem (flammas) tectis IV, 4, 13; 10, 12; regiae V, 7, 5. — 2) übtr. einflößen, beibringen, verursachen: curam (animo) III, 1, 17 (ei = turbae Macedonum); IX, 2, 8; terrorem VIII, 14, 23; alcui cupiditatem V, 13, 12; moram rebus VIII, 3, 14. — 3) auf etw. werfen: terram IV, 3, 7; manus ferreas (operibus) IV, 2, 12; 3, 24; arbores cumulo saxorum IV, 3, 9; tela alcui (in alqm) VIII, 14, 25; V, 13, 16; vestem alcui, anlegen IV, 1, 23; catenas alcui, jemb. in Ketten legen IV, 5, 21; tabulata trabibus, anbringen über VIII, 10, 26; manus alcui, Hand an jemb. legen, sich jembs. bemächtigen VIII, 1, 40; 6, 21; IX, 5, 11.

inĭmīcĭtĭa, ae, Feindschaft: *plur.* Anfeindungen VI, 10, 18.

innoxius

inĭmīcus, 3. feindselig, feindlich: alcui VI, 4, 8; VII, 10, 7; subst. inimicus, Feind (rücksichtl. der Gesinnung) III, 13, 17; VI, 11, 14.

inīquĭtās, ātis, *f.* „Unebenheit", bah. übtr. Ungünstigkeit, Ungunst: temporis VII, 7, 6.

inīquus, 3. (aequus), „uneben", bah. abgeneigt, ungünstig: alcui VII, 5, 25; iniquissima fortuna VI, 10, 2. — 2) das rechte Maß überschreitend, bah. übtr. a) nicht gelassen: alqd haud iniquo animo audire, mit ziemlichem Gleichmut VI, 11, 8. — b) unbillig: homo VII, 1, 34; quid iniquius est VII, 1, 39.

inĭtĭum, i, (ineo), Anfang: belli III, 4, 3; *abl.* initio, anfänglich III, 8, 27; initium facere VI, 11, 8. — 2) *plur.* a) Regierungsantritt: nova V, 9, 4. — b) geheimer Gottesdienst: Samothracum VIII, 1, 26.

injūrĭa, ae, Rechtsverletzung, Ungerechtigkeit, Unrecht, Unbilde VII, 5, 30; 10, 8; alcjus, gegen jemb. VIII, 3, 16; injuriam accipere VI, 8, 8; haud injuriā, nicht mit Unrecht, nicht ohne Grund III, 5, 15; VII, 6, 21; nec injuriā III, 8, 20.

injussu, (*abl.*), ohne Befehl: alcjus IV, 13, 19; VII, 6, 12.

injustus, 3. ungerecht: injustum est VI, 10, 25; cupido, unberechtigt IV, 8, 3.

inl... f. ill...
inm... f. imm...

in-nitor, nixus sum, 3. sich auf etw. stützen: telo IV, 6, 24; opus stipitibus innixum est, ruht auf IV, 3, 10.

innŏcens, tis, „unschädlich", bah. übtr. unschuldig, unsträflich VII, 1, 30; subst. VI, 10, 1; VIII, 7, 9; X, 1, 30.

innŏcentĭa, ae, Unschuld, Unsträflichkeit VI, 9, 16; 10, 14; fratrum (= innocentes fratres) VII, 2, 2.

innoxĭus, 3. unschädlich: tela cadunt innoxia III, 11, 4. — 2) übtr. unschuldig III, 7, 13; VI, 11, 37; initi consilii, am Anschlage VIII, 8, 21;

— 3) unbeschädigt: navigia IX, 4, 11.

innŭmĕrābĭlis, e, unzählig, zahllos: turba III, 2, 3; copiae III, 8, 2.

inŏpĭa, ae, Mittellosigkeit, Armut IV, 1, 19. — 2) Mangel an etw.: frumenti VII, 4, 22; absol. Mangel an Nahrungsmitteln III, 5, 6; IV, 9, 8; VII, 3, 12.

inops, ŏpis, „mittellos", dah. arm an etw., mit *gen.*: omnium IX, 3, 11; aquarum IX, 10, 6; equorum X, 1, 11; consilii, ratlos VIII, 11, 3; 13, 17.

inordĭnātus, 3. ungeordnet, nicht in Reih u. Glied: exercitus V, 13, 11.

inp... s. imp...

inprīmis (in primis), s. prior 2, c.

inquam, is, it, sagen (der direkten Rede eingeschaltet) III, 1, 18; 2, 18; IV, 1, 18.

inquĭno, 1. verunreinigen, beflecken: ignem VIII, 9, 32. — 2) übtr. verdächtigen: innoxios VI, 11, 37.

inquīro, sīvi, situm, 3. (quaero), Untersuchung anstellen: de capitalibus rebus VI, 8, 25.

inquīsītĭo, ōnis, f. das „Aufsuchen", dah. die Aushebung: novorum militum IV, 6, 30.

inr... s. irr...

insălūbris, e, ungesund: cibus IX, 10, 13; potui, zum Trinken VII, 10, 13.

insānābĭlis, e, unheilbar: vulnus IX, 5, 26; plaga IX, 8, 20. — 2) übtr. unverbesserlich X, 2, 21.

insānĭo, 4. (insanus), „toll sein", dah. übtr. unsinnig handeln, rasen X, 2, 22; scelere insaniens, rasend gemacht VIII, 7, 2.

insānus, 3. „ungesund", dah. übtr. unsinnig, übertrieben: dulcedo perpotandi VI, 2, 2.

insătĭābĭlis, e, unersättlich: avaritia VIII, 8, 12; cupido IX, 2, 9; manus VII, 8, 19.

in-scrībo, psi, ptum, 3. als Aufschrift auf etw. setzen: nomina tropaeis VIII, 1, 29.

insectātĭo, ōnis, f. „Verfolgung", dah. übtr. Verhöhnung IV, 2, 20.

insĕpultus, 3. unbegraben V, 4, 3.

in-sĕquor, cūtus sum, 3. auf dem Fuße nachfolgen: agmen III, 8, 12. somnus insecutus est, trat sofort ein IX, 8, 26. — 2) nachsetzen, verfolgen: alqm IV, 9, 13; V, 13, 1; VII, 9, 13; VIII, 2, 35; absol. III, 5, 6; IV, 4, 9. — 3) erreichen, ereilen: alqm V, 9, 2.

in-sĕro, seruï, sertum, 3. hineinfügen, hineinstecken: ramos terrae VI, 5, 14. — 2) übtr. in b. Rede beifügen, einfließen lassen: alqd VII, 4, 13; verba sermoni VI, 8, 12. — 3) anfügen, an etw. befestigen: vinculum arae IV, 3, 22; catenam collo VII, 5, 36; gemmas soleis, die Sandalen mit Edelsteinen besetzen IX, 1, 29.

insīdĕo, sēdi, sessum, 2. (sedeo), auf etw. sitzen: in dorso VI, 5, 18.

insĭdĭae, ārum, Hinterhalt III, 13, 4; IV, 9, 15; VII, 7, 32; locus insidiarum IV, 15, 1; insidias parare VIII, 1, 3. — 2) übtr. Nachstellungen, Hinterlist, meuchlerischer Anschlag, Attentat IV, 10, 17; V, 12, 1; in alqm VII, 2, 30; locum insidiis quaerere X, 7, 19; insidias comparare, Nachstellungen bereiten, nachstellen VIII, 6, 23; alcui VI, 7, 6; capiti alcjus VI, 9, 17; in caput alcjus VI, 2, 4; 7, 31; per insidias, hinterlistig, meuchlerisch VIII, 3, 14; IX, 2, 7.

insĭdĭor, 1. nachstellen, einen Anschlag auf jemb. machen, ihm heimlich nach dem Leben trachten: alcui V, 11, 8; VI, 11, 10, 24; capiti alcjus VI, 11, 6; VIII, 8, 6.

in-sīdo, sēdi, sessum, 3. einen Ort besetzen, wo Posto fassen: jugum montis III, 9, 10.

insigne, is, n. Abzeichen, Ehrenzeichen, Schmuck: capitis III, 3, 19; regum VII, 4, 12; kollekt. regium IV, 4, 11; VI, 6, 4; imperii („der Herrscherwürde") III, 11, 11; fortunae X, 10, 13; regiae vestis (*gen. epexeg.*) IV, 1, 21.

insignis, e, „gekennzeichnet", dah. hervorstechend, auffallend, ausgezeichnet: vestis auro III, 13, 7;

insimulo

lapilli candore IX, 1, 30; res ad famam („in Rücksicht auf den Ruf") IX, 5, 1; arma IV, 13, 1. — 2) übtr. sich auszeichnend, ausgezeichnet: pugna IV, 9, 25; juvenes audaciā VIII, 13, 13; pietate III, 11, 8; urbs ad („bis zu") memoriam IV, 4, 19; liberi, auffallend, anstößig IX, 1, 24.

in-sĭmŭlo, 1. „bewahrscheinlichen", daß. verdächtigen, beschuldigen: alqm falso IX, 7, 26.

in-sĭnŭo, 1. in etw. einbringen lassen: Tigris se mari insinuat, bringt ein V, 3, 2.

in-sisto, stĭti, 3. auf etw. sich stellen ob. treten: gradibus VII, 11, 15; in terra, auftreten VII, 7, 6. — 2) bedrängen: vis mali insistit VIII, 4, 8.

insŏciābĭlis, e, keinen Teilnehmer duldend: regnum X, 9, 1.

insŏlens, tis (soleo), „ungewöhnlich", daß. v. Benehmen, übermütig: gaudium IV, 6, 26.

insŏlentĭa, ae, „Ungewöhnlichkeit", daß. v. Benehmen, Überhebung, Übermut III, 10, 8; animi VI, 6, 5.

insŏlĭtus, 3. ungewohnt, ungewöhnlich: genus pugnae IX, 1, 16; stridor VIII, 14, 23; rigor VII, 3, 13; silentium IV, 13, 17.

insons, tis, unschuldig, schuldlos VI, 10, 18. 25; VII, 2, 7.

inspērātus, 3. unverhofft, unerwartet: salus IX, 9, 26; gaudium VIII, 4, 26.

in-spīro, 1. „einblasen", daß. übtr. einflößen: alcui fortitudinem IV, 13, 12.

instăbĭlis, e, nicht feststehend, schwankend, unsicher: naves IV, 2, 9; rates VIII, 13, 11; gradus VII, 11, 16.

instans, tis, s. insto.

instăr, indecl. n. „Abbild", daß. acc. instar mit gen., gleich wie, ähnlich wie: instar reorum IV, 14, 22; rami instar stipitum IX, 1, 10.

instīgo, 1. anreizen, mit inf. IX, 9, 1.

instruo

instinctus, ūs, Anregung, Antrieb: instinctu alcjus III, 8, 15. — 2) Eingebung VIII, 6, 16; instinctu divino VIII, 10, 15.

instinguo, nxi, nctum, 3. anregen, anreizen: alqm IV, 14, 8; belua rabie instincta VIII, 14, 33.

instĭtŭo, ŭi, ūtum, 3. (statuo), „aufstellen", daß. übtr. a) veranstalten, unternehmen: triumphum IX, 10, 24; sermonem, anheben VIII, 5, 10. — b) einrichten, anordnen: mit Substantivsatz VIII, 1, 29. — c) „unterweisen", daß. abrichten, dressieren: elephantos VIII, 14, 39.

in-sto, stĭti, 1. auf ob. über etw. stehen, daß. jemb. hart bedrängen, auf ihn eindringen, ihm nachdrängen: alcui III, 11, 8; territis IV, 4, 10; cedentibus IV, 16, 30; fugientibus III, 11, 13. 16; perculsis IV, 16, 4; absol. a fronte III, 11, 6; improvide III, 11, 8; ferociter IV, 16, 5; parcius VIII, 14, 26; in drohender Nähe sein III, 5, 6; V, 9, 12. — 2) drängen, nahe sein, bevorstehen: instat tempus IV, 13, 19; hiems III, 8, 7; curae instantes, gegenwärtig III, 3, 2. — 3) v. bedenklichen Dingen, drohen: periculum (alcui) instat V, 9, 16; 10, 15; discrimen VII, 7, 26; instans periculum VII, 11, 18. — 4) auf etw. bestehen, etw. eifrig betreiben: obsidioni acriter VII, 6, 23; mit inf., beharren, fortfahren IX, 1, 33; quaerere, mit Fragen drängen IV, 7, 27; VI, 7, 25; IX, 1, 33. — 5) mit Bitten jembm. zusetzen, in ihn bringen: alcui mit folg. ut IV, 16, 18; VI, 7, 27; X, 8, 21.

instructus, a, um, s. instruo.

instrūmentum, i, Werkzeug, Gerätschaft: belli IX, 3, 11; crudelitatis VI, 11, 13.

in-strŭo, xi, ctum, 3. „aufschichten", daß. errichten, aufbauen: pilas saxo V, 1, 33; murum laterculo V, 1, 25; tuguria conchis IX, 10, 10. — 2) „ordnen", daß. Truppen ordnen, in Schlachtordnung stellen: aciem IV, 13, 21; exercitum IV, 9, 6; agmen

III, 9, 5; militem IV, 10, 9; milites instructi IV, 12, 13. — 3) einrichten, zurechtmachen, zurüften: convivium VIII, 4, 22; *part.* instructus als Objekt., eingerichtet, geeignet: nihil instructius est ad irritandas cupiditates V, 1, 36. — 4) ausrüften: exercitum IV, 9, 6; quadriremes IV, 3, 15; instructus ad obterendum hostem III, 2, 10; abfol. kampfgerüftet III, 8, 22. — 5) womit verfehen, ausftatten: copia commeatuum instructus IV, 10, 15; tabernaculum omni luxu instructum III, 11, 23.

insŭla, ae, Jnfel, Eiland III, 1, 13; VIII, 13, 17.

in-sum, fŭi, esse, in ob. an etw. fich befinden: hami insunt telo IX, 5, 23; saxa insunt VIII, 13, 9.

intactus, 3. (tango), „unberührt", bah. unangetaftet, unverfehrt, verfchont geblieben: tabernaculum III, 11, 23; papilla VI, 5, 28; arx IX, 4, 8; urbs V, 3, 15; 9, 5; regio V, 9, 16; ultima regni V, 1, 5; saltus VIII, 1, 13; agmen V, 13, 19; vires IX, 7, 13; intactus evasit IX, 8, 21; pontem intactum sinere IV, 16, 9; nihil intactum erat, blieb unverfehrt V, 6, 5; alqd intactum rapere VI, 6, 16. — 2) übtr. unberührt von etw., frei von etw.: mens intacta a superstitione IV, 6, 12.

intĕger, gra, grum, unverfehrt, unbefchädigt: nihil integrum ferebatur V, 6, 5. — 2) von Perfonen, a) bei voller Kraft, gefund IV, 16, 11; VII, 1, 37; unverwundet V, 4, 28; VIII, 11, 23. — b) unbefcholten: discernere sumptuosos ab integris, von den guten Hauhaltern X, 2, 10. — 3) frifch: bellum IX, 4, 16.

in-tĕgo, xi, ctum, 3. bedecken, vehiculum pellibus V, 12, 20.

intĕgro, 1. (integer), „wieder herftellen", bah. erneuern: luctum X, 6, 4.

intellĕgo, lexi, lectum, 3. einfehen, inne werden, wahrnehmen, erkennen: alqd VIII, 12, 9; fraudem X, 9, 20; mit *acc. c. inf.* VI, 3, 18; 11, 30; mit Fragfatz IV, 1, 18;

VIII, 4, 17. — 2) verftehen: orationem VI, 9, 35; epistolam VI, 9, 15.

intempĕrantĭa, ae, Mangel an Mäßigung, Zügellofigkeit: linguae VIII, 1, 45.

intempĕrantĭus, *adv. (comp.* v. intemperanter), zu unmäßig: haurire VII, 5, 15.

intempĕrĭēs, ēi, ungemäßigte Befchaffenheit: caeli, ungünftiges Klima VII, 4, 20.

intempestīvus, 3. zur ungehörigen Zeit, unzeitgemäß VI, 2, 2. 5; sacrificia V, 4, 2; res VI, 11, 29; sollicitudo III, 6, 11; cupido IV, 8, 3.

intempestus, 3. der Zeit nach ungünftig, bah. nox intempesta, tiefe Nacht IV, 13, 4; VII, 6, 18.

in-tendo, di, tum, 3. ftraff anziehen, fpannen: arcum III, 4, 13; nubes se (caelo) intendere, überzogen ben Himmel IV, 3, 16; VIII, 13, 24. — 2) übtr. ausfpannen, fteigern: metus intendit spiritum („das Atmen") IV, 8, 8; curam alcjus intendere, jemb. in gefpannter Sorge erhalten VI, 4, 15. — 3) wohin richten: tormenta VII, 9, 3; probra in juvenem V, 7, 5. — 4) feine Bewegung wohin richten, einfchlagen: fugam X, 7, 19; longe diversam fugam, in ganz verfchiedener Richtung III, 11, 19; eodem IV, 1, 2; amnis novum alveum intendit, bahnt fich VI, 4, 5. — 5) feinen Geift auf etw. richten: animum ad reparandas vires IV, 6, 1; curas in alqm („fein Augenmerk") III, 1, 21. — 6) mit *inf.* beabfichtigen: quo intenderat (procedere) V, 6, 12. — 7) etw. anfpinnen, anzetteln: dolum VII, 5, 21; periculum alcui X, 8, 7.

intento, 1. (*v. intens.* v. intendo), ausftrecken, drohend erheben: stipitem IX, 7, 22.

intentus, 3. auf etw. gefpannt, auf etw. achtend, aufmerkfam: ad imperium III, 8, 26; ad nutum III, 2, 13; in pugnam IV, 15, 27; in eventum VII, 4, 35; abfol. IX, 10, 24. — 2) mit etw. eifrig befchäftigt, mit

inter

dat.: operi IV, 1, 20; arti IX, 4, 28. — 3) **angeftrengt, gesteigert**: intentior cura III, 13, 8; IV, 13, 1. 11. **inter,** *praep.* mit *acc.* **zwischen, inmitten, unter**: inter insulam et continentem IV, 2, 16; inter manus alcjus collabi IV, 10, 19; spatium inter se relinquere V, 1, 14; inter ipsos, in ihrer Mitte III, 6, 19; inter ora hostium, vor den Augen VIII, 10, 18; haesitare inter spem et desperationem IV, 15, 31; inter fidem timoremque V, 11, 3. — 2) v. b. Zeit, unter, während: inter tumultum VII, 4, 19; inter trepidationem IV, 10, 25; inter epulas, beim Mahle III, 12, 19; inter haec, inzwischen, mittlerweile, dabei III, 1, 1; 5, 9; 6, 4; IV, 2, 17; 15, 12; inter quae IV, 2, 10. — 3) v. b. Anzahl ob. Klaffe, unter: inter medicos esse III, 6, 1; inter socios haberi III, 7, 11; inter quae, unter anderen X, 1, 13; peritissimus inter duces IV, 13, 4; inter conjuratos, bei der Aufzählung der Verschworenen VI, 10, 5. — 4) einen Vorrang bezeichnend, vor: inter omnes amicos VII, 5, 19; eminere inter omnes (inter ceteras) VI, 1, 3; VIII, 14, 13; inter pauca exempla, wie wenige V, 5, 5; inter omnia, vor allem III, 3, 17. — 5) z. Ang. eines Verkehrs, zwischen, unter: fides inter ipsos VIII, 6, 12; jurgium inter aliquos VI, 7, 33; dimicatur inter victores V, 6, 4; inter se, untereinander, gegenseitig III, 3, 17; 11, 5; IV, 3, 14. 17; VII, 8, 27; IX, 4, 15. — 6) v. Verhältniffen, unter welchen etw. stattfindet, unter: inter querelas VI, 2, 4; inter gemitus IV, 16, 12; V, 12, 8.

intercīpĭo, cēpi, ceptum, 3. (capio), **auffangen, wegfangen**: Ganges Jomanen intercipit VIII, 9, 8; epistolam intercipere IV, 10, 16; alqm, gefangen nehmen X, 2, 3. — 2) **entreißen**: alqm IX. 6, 12; gloriam VIII, 1, 29; 8, 17. — 3) **aus dem Wege räumen, töten**: alqm VI, 4, 8. — 4) **unterbrechen, abschneiden**: iter pedestre, den Zugang zu Lande IV,

interior

2, 9; usum aurium, verhindern IV, 13, 38.

interclūdo, si, sum, 3. (claudo), **absperren, abschneiden**: spiritus intercluditur, wird behindert III. 6, 14; VII, 5, 15.

interdīu, *adv.* (dies), **bei Tage** IV, 13, 5; V, 2, 7.

interdum, *adv.* **zuweilen, manchmal** IV, 1, 23; modo ... interdum X, 1, 29.

intereā, *adv.* **unterdessen, inzwischen** III, 4, 1; IV, 1, 27.

inter-ĕo, ĭi, ĭtum, ire, **verloren gehen**: vestigia itineris intereunt VII, 4, 27. — 2) v. Personen, **umkommen, sterben** VII, 4, 37; VIII, 8, 21; morbo IX, 10, 20; ex vulnere X, 1, 20.

inter-ĕquĭto, 1. **dazwischen reiten**: agmina, zwischen den Scharen hin u. herreiten IV, 13, 1. 38.

interfector, ōris, **Mörder** III, 5, 16; IV, 7, 27.

interfĭcĭo, fēci, fectum, 3. (facio), „wegmachen", dah. **töten**: alqm III, 11, 27; per insidias IX, 2, 7; se VI, 11, 20.

inter-flŭo, xi, xum, 3. **dazwischen fließen**: Tanais Europam et Asiam medius interfluit VI, 2, 14; Tanais Asiam et Europam interfluit finis VII, 7, 2; („als Grenze") VII, 7, 2; Pinarus duo agmina interfluit, fließt zwischen den beiden Heeren III, 8, 28; unda saxa interfluens, zwischen den Steinen durchspülend IV, 3, 6. — 2) **mitten durchfließen**: urbem III, 5, 1; moenia III, 1, 2; non adeo nota, („eben nicht bekanntes Land").

interim, *adv.* **unterdessen, mittlerweile** IV, 15, 1; V, 9, 4.

interĭmo, ēmi, emptum, 3. (emo), „aus der Mitte wegschaffen", dah. **aus dem Wege räumen, töten**: alqm IV, 8, 11; VI, 4, 10; semet VI, 7, 34; a semet ipso interimi V, 12, 14.

intĕrĭor, ĭus, *gen.* ōris, **der innere**: pars IV, 2, 14; murus IV, 3, 13; regio V, 6, 12; *subst.* interiora, **das Innere** VIII, 2, 21; urbis IV, 6, 22; reinteritus intestinus 139

gionis VI, 5, 13; regni IV, 9, 1. — 2) *superl*. intĭmus, der innerſte: pars VI, 11, 12; übtr. der vertrauteſte, intimſte: familiaritas VII, 2, 35.

intĕrĭtus, ūs,(intereo), Untergang, Tod IV, 2, 13; 8, 10; VIII, 11, 17.

inter-līno, lēvi, lĭtum, 3. dazwiſchen beſtreichen, kitten: muros bitumine V, 1, 16. 25.

intermissĭo, ōnis, *f*. das Nachlaſſen, die Unterbrechung VIII,2,35.

inter-mitto, mīsi, missum, 3. (einſtweilig) unterlaſſen, ausſetzen: sacrum IV, 3, 23.

inter-mŏrĭor, mortŭus sum, 3. abſterben: ignis intermoritur, erliſcht VI, 6, 31 (si qua, „wenn wo" = wo irgend).

internĕcĭo, ōnis, *f*. (nex), völlige Tötung, gänzliche Vernichtung: hostium IX, 5, 20, persequi ad („bis zu") internecionem IV, 11, 18.

inter-nĭtĕo, tŭi, 2. durchleuchten, durchſchimmern: lux internitet IV, 3, 16; sidera internitent V, 4, 25; fulgor internitens IV, 12, 14; gemmae internitentes, hervorblitzend III, 3, 16; arma IV, 13, 2.

internuntĭus, i, Unterhändler, Mittelsperſon VI,8,11; pacis VIII, 2, 29.

inter-pello, 1. „durch Einreden unterbrechen", dah. unterbrechen, ſtören: silentium gemitu IV, 6, 28; otium bello VI, 6, 12; alqm IX, 4, 28; saxum interpellat alveolum (specum), ſperrt, ſteht im Wege VI, 4, 4; IV, 6, 8. — 2) verhindern, hintertreiben: satietatem epularum ludis VI, 2, 5. — 3) mit Bitten ang'ehen, behelligen: alqm VI, 7, 22; 10, 19.

inter-pōno, sŭi, sĭtum, 3. dazwiſchen legen: lapides VIII, 10, 25. — 2) übtr. „einſchieben", dah. übtr. einmengen, in etw. miſchen: aures jurgio VI, 10, 16.

interprĕs, ĭtis, Dollmetſcher V, 13, 7; VI, 5, 19; sine interprete (mit inquit zu verb.) V, 11, 4; interpretem adhibere X, 3, 6; alqm per interpretem audire VI, 11, 4. — 2) Ausleger, Erklärer: extorum VII, 7, 24 (ſ. ator).

interprĕtātĭo, ōnis, *f*. Auslegung, Erklärung III, 3, 4.

interprĕtor, 1. auslegen, zur Erklärung ſagen, mit *acc. c. inf*. III, 3, 6.

interrĭtus, 3. unerſchrocken: vultus IV, 6, 27; magnitudo animi VIII, 14, 44; ad omnia, in Bezug auf alles IV, 10, 4.

inter-rŏgo, 1. fragen, befragen: alqm mit Fragſatz V, 3, 9; VI, 5, 31; VII, 11, 5; VIII, 1, 50.

inter-rumpo, rūpi, ruptum, 3. „von einanderreißen", dah. übtr. unterbrechen: orationem VI, 9, 3; res Asiae V, 1, 1.

inter-sum, fŭi, esse, „dazwiſchen ſein", dah. bei etw. gegenwärtig ſein, beiwohnen, (thätig) an etw. Teil nehmen, mit *dat*.: bello IV, 5, 9; certamini V, 2, 4; convivio III, 12, 2; epulis IX, 7, 16; consilio VIII, 6, 28. 2) unperſ. interest, es liegt daran, es verſchlägt, mit *gen*. der Perſon: regis nihil interest VII, 1, 18; mit Fragſatz III, 1, 18; IX, 2, 20; tuā interest, es geſchieht in deinem Intereſſe, iſt lediglich deine Sache III, 12, 25.

intervallum, i, eig. Raum zwiſch. zwei Palliſaden, dah. überh. Zwiſchenraum, Entfernung: puppium IV, 3, 15; unius stadii III, 3, 22; intervallo distare III, 1, 12; exiguo intervallo III, 3, 14; terrae ingenti spatio intervalloque discretae IV,11,13; lecti modicis intervallis positi IX, 7, 15; lapides crebris intervallis dispositi VII, 9, 15. — 2) Zwiſchenzeit VIII, 5, 15; longo intervallo, ſeit langer Zeit VII, 2, 21.

inter-vĕnĭo, vēni, ventum, 4. dazwiſchen kommen: fluvius intervenit, fließt dazwiſchen VIII, 2, 23; IX, 2, 18.

intestīnus, 3. „innerlich", dah. einheimiſch: facinus, im eigenen Heere VI, 7, 1; fraus IX, 6, 24.

140 intexo

in-texo, xŭi, xtum, 3. einweben: tunicae album intextum est III, 3, 17; aurum intextum IX, 7, 12.

intĭmus, a, um, f. interior.

intŏlĕrābĭlis, e, unerträglich: aestus IV, 7, 6; tempestas V, 6, 12.

intŏlĕrandus, 3. unerträglich: aestus VIII, 9, 13.

intonsus, 3. (tondeo), unbeschoren: comae IV, 13, 5; mentum VIII, 9, 22.

in-torquĕo, torsi, tortum, 2. herumbrehen: ramos VI, 5, 14. — 2) herumschleubern, wirbeln: navis verticibus intorta IX, 4, 11.

intrā, *praep. mit acc.* innerhalb: intra muros III, 1, 5; intra teli jactum IV, 3, 14; intra se, bei sich X, 8, 9. — 2) hinein ... in: intra munimenta compulsi VIII, 11, 1. — 3) v. b. Zeit, innerhalb, vor Ablauf: intra eos dies III, 1, 8; intra nonum diem VIII, 10, 31; intra triduum VII, 8, 8; intra breve spatium IX, 8, 27. — 4) nicht über ... hinaus, innerhalb: intra desiderium naturale X, 5, 32; peccare intra verba, nur in Worten VII, 1, 25.

intrĕpĭdus, 3. unerschrocken VII, 4, 9; VIII, 11, 18.

intro, 1. hineingehen, eintreten, etw. betreten: in tabernaculum III, 12, 10; ad alqm VI, 7, 19; mit *acc.*: tabernaculum III, 12, 15; regiam VI, 7, 16; absol. hineinfahren IV, 5, 21. — 2) milit. einziehen, einrücken, eindringen: urbem III, 1, 6; castra III, 11, 20; fauces III, 4, 11; nationem, kommen zu VII, 3, 5; portum, hineinsegeln IV, 4, 9; absol. IV, 5, 17; 7, 2; V, 4, 15. — 3) übtr. einbringen, ergreifen: pavor animos intrat IV, 16, 17.

intro-dūco, xi, ctum, 3. hineinführen: alqm III, 12, 10; legatos IV, 11, 1. 16; praesidium in urbem IV, 1, 37; introduci ad alqm VI, 7, 17 (quo = a quo).

intro-mitto, misi, missum, 3. hereinlassen: alqm VII, 2, 30.

inutilis

introrsus (= introversus), *adv.*, hineinwärts, landeinwärts III, 4, 7.

in-tŭĕor, ĭtus sum, 2. auf jemb. ob. etw. hinsehen, seinen Blick richten, etw. betrachten: alqm III, 6, 17; 12, 26; vultu interrito VI, 5, 29; truci vultu VII, 5, 24; aciem III, 3, 26; agmen IV, 14, 5; cacumina VII, 11, 20; terram, zur Erde blicken V, 5, 23; mit Fragsatz III, 1, 7. — 2) übtr. etw. ins Auge fassen, vor Augen haben, berücksichtigen, bedenken: praedam IV, 13, 14; Bactra IV, 11, 13; manus IX, 2, 25; decora VI, 1, 8; magnitudinem rerum VI, 3, 1; nomen regis X, 7, 4; atrocitatem X, 1, 6; liberalitatem VII, 11, 12; alqm, sich an jemb. kehren VII, 1, 38; fortuna intuetur certamen, richtet die Blicke auf IV, 1, 40; mit Fragsatz IV, 11, 8; V, 10, 15. — 3) erblicken, sehen: alqm vinctum VI, 9, 26; digredientem V, 12, 8; corpus laceratum VIII, 6, 8.

in-tŭmesco, tŭmŭi, 3. aufschwellen: vulnus intumuit IV, 6, 19; corpus ulceribus intumescens V, 11, 17; mare intumescens IX, 9, 10.

inŭla, ae, die Pflanze Alant VIII, 10, 14.

inultus, 3. (ulciscor), ungerächt, ungestraft, ohne Gegenwehr: perfidia III, 8, 4; alquis inultus cadit IV, 16, 24; occidit VII, 7, 37; perit IV, 4, 12; caeditur V, 3, 19. — 2) ohne Gefahr, sicher III, 4, 4; 11, 15.

in-umbro, 1. beschatten: Cydnus riparum amoenitate inumbratus III, 4, 9.

in-undo, 1. überschwemmen: aestus inundat campos IX, 9, 18; mare terras IX, 9, 24; Cilicia inundata cruore IX, 2, 23; übtr. von einer Menschenmenge: multitudo inundat campos IV, 12, 20; Europa exercitibus inundata est V, 7, 8.

in-ūro, ussi, ustum, 3. einbrennen: notas litterarum V, 5, 6.

inūtĭlis, e, unnütz, untauglich, unbrauchbar: belua IX, 7, 16; naves IX, 10, 4; liberi parte membrorum,

invado   **invidus**   141

mangelhaft IX, 1, 24; humus movendis turribus, ungeeignet für IV, 6, 9.
in-vādo, si, sum, 3. wohin eindringen: in rupem, den Felsen hinanbringen VIII, 11, 11. — 2) übtr. an etw. gehen, etw. unternehmen: pugnam fundis sagittisque VII,6,2. —3)feindl. auf einen Ort ob. jemb. losgehen, einbringen, angreifen: oppidum III,4,14; pleraque("sehr viele Punkte") IV, 5, 13; alqm IV, 15, 9; 16, 24; ordines IV, 15, 20. — 4) v. Übeln, befallen, ergreifen: scabies invadit corpora IX,10,1; pavor (terror) alqm IV, 12, 14; VII, 9, 6. — 5) sich bemächtigen, an sich reißen: regnum IX, 2, 7.
invălĭdus, 3. schwach, krank: corpus VII, 9, 13; subst. invalidi III, 8,14. — 2) zum Widerstande schwach: praesidium IV, 1, 28; subst. invalidus VII, 8, 15.
in-věho, xi, ctum, 3. hineintragen, wohin tragen ob. bringen: mare opes litoribus invehit, wirft IX, 2, 27; flumen aquas, führt mit sich IX, 2, 17; fluctus se invehunt, bringen heran IX, 4, 10. 13; animalia invecta, importiert VIII, 9, 16. — 2) passiv. invehi medial, einbrechen, einbringen, angreifen: navibus (dativ.) IV, 3,12; ordinibus VIII, 14, 33; absol. expedito agmine VIII, 14, 5; multa caede hostium IV,15,20.—3)draufloßreiten, loßsprengen: in mediam aciem VIII, 14, 15; in laevum cornu III, 11, 1; absol. VIII, 14, 18; laxatis habenis IV, 9, 24; vehementer IV, 16,1. — 4) losfahren: currus invehitur in phalangem IV, 15, 14; navis in latera quinqueremis IV, 4, 7. — 5)einherströmen, heranströmen IV,9,16. — 6) übtr. mit Scheltworten auf jemb. losfahren: acriter in alqm VI, 9, 30.
in-vĕnĭo, vēni, ventum, 4. "auf etw. kommen", dah. finden, auffinden, ausfindig machen: alqd IV, 6, 26; vestigium IV,3,7; corpora III,12,13; siros VII, 4, 24; herbam IX, 8, 27;

viamVII,11,10; modum("Maß")VIII, 13, 15; locum victoriae ("Gelegenheit zu") IX, 2, 34; alqm X, 5, 2; mit Relativsatz VI, 10, 18; IX, 2, 33.
in-verto, ti, sum, 3. "umwenden", dah. umwandeln: natura se invertit VIII, 9, 13.
in-vestīgo, 1. aufspüren: tecta VIII, 4, 13.
in-větěro, 1. alt machen: novitatem X, 3, 13; part. inveteratus, altgewohnt, eingewurzelt: mos VIII,5,20; virtus III,10,4; auctoritas VI,8,7.
invĭcem, adv. (vicis), abwechselnd III, 8, 8; IV, 14, 21. — 2) gegenseitig, einander, unter einander IV, 5, 9; 9, 20; 14, 17; VIII,5,21; 13,1. — 3) seinerseits (ihrerseits), dagegen IV, 4, 7; VI, 1, 10.
invictus, 3. unbesiegt, unbesiegbar: exercitus IX, 1, 18; urbs VII,11, 8; animus IX, 9, 23; fides, unerschütterlich V, 11, 6; invictus adversus libidinem ("den Lüsten gegenüber") X,1,42; adversus ea VII, 6, 23; quibus (meritis), invicti contendimus, unverdrossen IX, 2, 28.
in-vĭděo, vidi, visum, 2. "scheel sehen", dah. beneiden, auf etw. eifersüchtig sein, mit dat.: animus gloriae invidens VI, 9, 19; alcui alqd, mißgönnen IX, 4, 21.
invĭdĭa, ae, Neid, Mißgunst: deûm VI, 2, 19; absit modo invidia, nur Mißgunst bleibe fern X, 9, 6; si invidia abfuerit, wenn es ohne Mißgunst der Götter sein kann IX, 2, 29; absit invidia (erg. verbo), möge meine Äußerung nicht als Vermessenheit erscheinen X, 2, 24; invidiam vincere, erhaben sein über VII, 1, 21. — 2) das Beneidetwerden, dah. die Mißgunst, der Haß III,12,24; IV,5,2; VI, 11, 39; invidiam alcui excitare VIII, 8, 22; facere ("erregen") VI, 10, 27.
invĭdĭōsus, Neid erregend, Anstoß bereitend VI, 11, 5; apparatus III, 12, 14.
invĭdus, 3. neidisch: homo VIII, 12, 18; subst. invidi IX, 7, 16.

inviŏlātus, 3. unverletzt, unversehrt: libertas IX, 7, 13; fides VI, 4, 9; moles durat inviolata V, 1, 34; pleraque inviolata relinquere IV, 10, 14.

invisitātus, 3. „ungesehen", daß. ungewöhnlich, selten: arbor IX, 1, 13; simulacra V, 5, 7; belua IX, 6, 7; animalia VIII, 9, 16; magnitudo IV, 4, 3.

in-vīso, visi, visum, 3. „nachsehen", daß. besuchen: Aethiopiam IV, 8, 3; mare IX, 1, 3.

invīsus, 3. verhaßt, hassenswert: alcui IX, 2, 7; X, 7, 6; perfidia VII, 5, 20; memoria VIII, 1, 41; nomen alcjus invisum facere X, 1, 4; liberalitatem sibi invisam facere, sich verleiden VIII, 8, 9; alqm invisum habeo, jemb. ist mir verhaßt VII, 2, 36.

invītāmentum, i (invito), Anreiz, Lockung: libidinis, zur Wollust IV, 10, 24.

invīto, 1. zur Tafel einladen: alqm III, 12, 2; ad epulas VI, 8, 16. — 2) übtr. einladen, reizen, locken: liquor fluminis alqm invitat III, 5, 2; ubertas terrae advenas VIII, 2, 14.

invītus, 3. dem Willen zuwider, ungern VII, 1, 12; 8, 24; X, 6, 20 (s.perpetior); invito aliquo, gegen jembs. Willen VI, 9, 24; invitis dis IV, 10, 3.

invĭus, 3. (via), unwegsam, ungangbar: loca VII, 4, 4; calles IV, 13, 6; semita VI, 4, 20; rupes V, 4, 18; cupido nihil invium videri sinit IX, 2, 9; subst. plur. invia, unwegsame Stellen VIII, 14, 7; saxorum, unwegsame Felsen VII, 11, 18.

in-vŏco, 1. anrufen: deos VI, 11, 15; deos testes IV, 10, 33; patrem III, 10, 7. — 2) irgendwie nennen: alqm dominum X, 5, 9; alqm reginam III, 11, 25.

Iōceus, ĕi, ein Mitverschworener des Dimnus VI, 7, 15.

Iollās, ae, Sohn des Antipater X, 10, 14. 17.

Iomānes, is, ein Fluß in Indien: acc. Iomanen VIII, 9, 8.

Iōnes, um, die Jonier. acc. Ionas IV, 5, 7; VI, 3, 3.

Iōnĭus, 3. ionisch: coloniae IV, 1, 10.

Iphicrătēs, is, Gesandter Athens an Dareus III, 13, 15.

ipse, a, um, selber, selbst: id fore ipsius, werde ihm selbst gehören IV, 1, 3; ductu ipsius, unter seiner eigenen Führung III, 10, 4; ipsorum tela, ihre eigenen Waffen V, 4, 32; et ipse, (er) selbst auch, ebenfalls III, 3, 24; 9, 9; ne ipse quidem, ebenfalls nicht VIII, 1, 27; IX, 3, 2. — 2) gerade, eben, just: in ipso flore VI, 5, 23; ea ipsa res III, 12, 10; id ipsum iter V, 4, 16; haec ipsa insectatio IV, 2, 20; illa ipsa fortuna III, 8, 20; eo ipso loco, III, 8, 19; is ipse III, 2, 18; id ipsum III, 6, 3; V, 11, 2; ob id ipsum IV, 10, 22; ad hoc ipsum, eigens dazu III, 11, 11; IV, 3, 3. — 3) schon, bloß: fides VII, 8, 29; ipso aspectu VI, 6, 34; ipso impetu III, 11, 14.

īra, ae, Zorn, Unwillen, Erbitterung: in alqm VIII, 6, 12; pervicacis irae esse in alqm, nachhaltigen Zorn hegen VIII, 6, 1; iram alcjus accendere VII, 6, 21; irā accensus IV, 6, 24; iram concipere VII, 1, 25; tenere IV, 2, 5; alte supprimere VI, 7, 35; mitigare IX, 7, 6,

īrācundĭa, ae, Zornmütigkeit, Jähzorn X, 5, 34.

īrascor, irasci, zürnen: alcui VIII, 8, 7; sceleri VI, 3, 18; part. iratus, 3. erzürnt, erbittert: dii X, 6, 6; subst. irati IX, 3, 18.

irrīto, 1. reizen, erregen: beluas in alqm VIII, 13, 10; cupiditates V, 1, 36; iracundiam X, 5, 34. — 2) erbittern: alqm VII, 2, 37; fortunam IV, 15, 11.

irrĭtus, 3. (ratus), vergeblich, erfolglos: labor VI, 6, 26; inceptum III, 1, 17. — 2) v. Personen, ohne etw. auszurichten, unverrichteter Sache IV, 4, 2; irritus spei, (gen. relationis), erfolglos hoffend, mit vereitelter Hoffnung VI, 5, 31.

irrumpo, rūpi, ruptum, 3. hereinbrechen, einbrechen, eindringen: in agmen III, 11, 9; in tabernaculum VIII, 2, 11; regiam X, 7, 10; eo VI, 8, 9; in Arios, Einfall thun VII, 3, 2; amnes in mare irrumpunt, ergießen sich V, 1, 15.

is, ea, id, derselbe, dieser: is locus IX, 6, 3; ea tempestate VI, 2, 15; et is, und zwar X, 1, 7. — 2) correlat. zu qui, derjenige: in eam formam III, 3, 6; cum iis copiis VI, 4, 2. — 3) prägn. ein solcher, von der Art, mit folg. ut V, 9, 2; IX, 6, 22. — 4) objektivierend für suus: laudes ejus VIII, 1, 31; oculis ejus VIII, 3, 5; ab eo VI, 6, 20; ab iis X, 1, 15; iis VIII, 3, 6; eorum VI, 11, 8; si iis contigisset V, 10, 4.

Issos, i, Stadt in Cilicien am issischen Meerbusen (Busen von *Skanderum*), berühmt durch Alexanders Sieg über Dareus 333 v. Ch. III,7,6; 8,14; IV,1,34.

iste, a, ud, dieser (da), jener: mensa VII, 4, 14; istud, das was du da sagst IV, 10, 28. — 2) mit verächtlichem Nebenbegriff VI, 9, 10; VIII, 8, 1. 9; animalia IX, 2, 21; sollertia IV, 13, 8.

Ister, tri, die Donau (besond. in ihrem unteren Laufe) IV, 11, 13; VIII, 7, 4.

Isthmus, 3. zum Isthmus (Landenge von Korinth) gehörig: subst. Isthmia, ōrum, die in einem dem Poseidon geheiligten Fichtenhaine bei Korinth in jedem dritten Jahre gefeierten isthmischen Spiele IV, 5, 11.

istic, aec, oc ob. uc (aus iste u. hic), der da: argentum istuc III, 2, 16.

Itā, *adv.* so, also, auf diese Weise: ita pariter his ita compositis V, 2, 1; 3, 1; sicut ... ita III, 8, 21; mit folg. ut III, 9, 12; 11, 5; 12, 16; mit folg. ne IX, 5, 22; ita .. si, insofern ... wenn IX, 6, 24. — 2) so sehr, mit folg. ut VIII, 4, 25. — 3) somit, unter solchen Umständen, daher V, 5, 12; VI, 10, 19; VII, 1, 30; atque ita, und so, und hiermit VI, 9, 36.

Itălia, ae, (*Ἰταλός*, „Rinderland"), Italien VIII, 1, 37; X, 1, 18.

Ităque, *adv.* und so, demnach, daher III, 1, 4; 2, 17; 4, 9; VI, 3, 5; nachgestellt VI, 10, 7.

Item, *adv.* ebenso, ebenfalls, besgleichen IV, 12, 6; VI, 7, 28; IX, 10, 26; X, 1, 39.

Iter, itinĕris, *n.* Gang, Reise: iter dirigere VII, 4, 28; Marsch III, 8, 23; VI, 4, 20; nocturnum VII, 5, 5; iter pronuntiare IV, 8, 16; VII, 3, 1; iter facere, marschieren IV, 10, 19; VI, 5, 12; 6, 20; inire III, 4, 13; als Wegmaß: iter quatridui, Marsch von vier Tagen VI, 3, 16; undecim dierum IX, 2, 2; modicis itineribus, in mäßigen Tagmärschen VII, 9, 20. — 2) Weg, Straße: ad alqm V, 4, 20; callium V, 4, 17; per calles V, 3, 5; saltūs III, 7, 6; rectum III, 11, 19; IV, 16, 7; campestre V, 1, 12; silvestre VII, 7, 32; terrestre IX, 10, 2; pedestre, Zugang zu Lande IV, 2, 9; iter alcui dare, offen lassen IV, 16, 9; aperire V, 3, 22; petere, einschlagen IV, 12, 1; (sibi) facere, bahnen IV, 14, 7; ingredi III, 13, 4; IV, 7, 6. — 3) v. Flüssen, Lauf, Bahn V, 1, 13; VI, 4, 6; placidum VIII, 9, 3; amnis duo itinera aperit VI, 4, 4. — 4) Richtung: iter monstrare operi jaciendo, für den aufzuführenden Bau IV, 4, 5.

Itĕrum, *adv.* wiederum, zum zweiten Male X, 5, 13. 22; semel ... iterum V, 4, 10.

J.

jăcĕo, ŭi, 2. liegen, baliegen: in gremio alcjus III, 11, 25; humi IV, 15, 17; opes (cadavera) totis campis jacent III, 13, 10; V, 1, 11; harenae jacent, liegen ausgebreitet IV, 7, 6; jacet debilitatus vulnere VIII, 1, 24; tot baliegen: circa regem IX, 5, 12; circa currum III, 11, 9. — 2) v. Lola-

jacio

litäten, gelegen sein, liegen: terra inter Tigrin et Euphraten jacens V, 1, 12; saltus ultra Istrum VII, 7, 4; valles jacet, erstreckt sich VI, 4, 16.

jăcĭo, jēci, jactum, 3. werfen, hinwerfen: arbores in altum IV, 3, 9; saxa (tela) in alqm VII, 2, 1; 4, 33; arma, von sich werfen III, 11, 12; se ex muris in praeceps, sich herabwerfen V, 6, 7. — 2) übtr. in der Rede hinwerfen, ausstoßen: probra in alqm VIII, 8, 19; temere jacta, unbesonnene Äußerungen VIII, 1, 38. — 3) aufwerfen, aufführen, errichten: vallum IV, 12, 24; molem IV, 2, 16; in salo IV, 3, 21; opus IV, 4, 5; fundamenta, Grund legen V, 1, 29.

jactātĭo, ōnis, f. das Hin- u. Herwerfen, das Schütteln: cervicum IV, 15, 16; vulnerum, Erschütterung VI, 1, 5. — 2) übtr. das „Sich-Brüsten", das. Prahlerei, Eitelkeit IV, 10, 3; virtutis, das prahlerische Anpreisen VI, 8, 3.

jacto, 1. (v. intens. v. jacio), mit Hast werfen; arma, wegwerfen III, 13, 9. — 2) übtr. a) hin- u. herwerfen: varietate fortuna jactari, ein Spielball des veränderlichen Geschickes sein IV, 12, 21. — b) in b. Rede hinwerfen, zur Sprache bringen, sprechen: alqd III, 8, 12; VIII, 5, 21; mit acc. c. inf. VIII, 5, 8; alqd vero majus, übertriebener schildern, als es in Wirklichkeit ist IV, 7, 8. — c) rühmend von etw. reden, etw. rühmen, mit etw. prahlen: alqd VIII, 1, 39; vires IX, 2, 5; stirpem Jovis praedicatione VI, 10, 27.

jactūra, ae, (jacio), eigentl. das Überbordwerfen der Waaren, um das Schiff zu erleichtern V, 9, 3. — 2) übtr. Einbuße, Verlust IV, 11, 8; 14, 17; sarcinarum IV, 16, 28; jacturam facere („erleiden") VI, 6, 17.

jactus, ūs, das Werfen, der Wurf: extra teli jactum, außer Schußweite III, 10, 1; V, 3, 17; gedeckt gegen die Geschosse IV, 2, 3; V, 3, 7; ad teli

jubeo

jactum pervenire, auf Schußweite III, 11, 1; IV, 13, 36.

jăcŭlātor, ōris, Schleuderer III, 9, 5.

jăcŭlor, 1. „schleudern", dah. übtr. in der Rede ausstoßen: verba in alqm VII, 1, 16.

jăcŭlum, i, Wurfspieß IV, 9, 3; jacula mittere IX, 5, 8.

jam, adv. sogleich, bald VII, 7, 25; mit futur. IV, 10, 32; 13, 24; 16, 8; V, 1, 7; X, 2, 29; 8, 4. — 2) jetzt, nunmehr III, 5, 11; IV, 10, 14; 14, 25; V, 8, 12; IX, 5, 12; X, 9, 14; loca jam inania IV, 1, 1; serio jam rex IV, 1, 23; jam etiam III, 8, 11; VII, 8, 19. — 3) schon, bereits IV, 5, 20; VII, 5, 29; jam tunc VII, 3, 1; die jam illustri III, 3, 8; dah. a) jam ob. jamque, beim Fortschritt b. Erzählung, schon, nunmehr III, 1, 22; VIII, 13, 20; jamque...et, schon...da IV, 12, 23; jamque, ob. III, 8, 23; jamque...tum VI, 9, 34; X, 6, 12; mit einschreitendem cum, s. cum 1, b. — b) jam non, nicht mehr IV, 14, 9; V, 2, 10; 3, 14; 5, 1; VI, 9, 20; VIII, 1, 51; jam nec...nec IV, 10, 3; VIII, 4, 5; jam nullus, keiner mehr V, 8, 2; 12, 8; jam nihil, nichts mehr IX, 9, 4; vix jam, s. vix. — c) als rhetorische Übergangspartikel, hierauf nun, ferner IV, 5, 5; 16, 30, VII, 1, 16; X, 5, 30. 34; jam ut, gesetzt nun auch daß III, 5, 7. — d) steigernd, vollends nun, sogar: et paene jam luctus III, 5, 4.

jamdūdum, adv. schon lange IX, 2, 30.

jamprīdem, s. pridem.

jŏcus, i, Scherz, Spaß: per ludum jocumque, unter Spiel u. Scherz VI, 8, 12.

jŭbĕo, jussi, jussum, 2. befehlen, thun heißen ob. lassen, mit acc. c. inf. III, 3. 7; 4, 13; mit bloß. inf. activ. wenn die handelnde Person leicht ergänzt werden kann ob. das unbestimmte „man" ist V, 3, 23; 5, 8; VIII, 14, 21; passiv. jubeor mit nom. c. inf., ich werde befehligt, mir wird befohlen IV, 12, 18;

judex VI, 2, 5; IX, 10, 29; satrapes interfici jussus est, es wurde der Befehl erteilt, ihn zu töbten IX, 10, 29; *part.* jussus, befehligt, aufgeforbert, geheißen: procedere III, 8, 23; vergl. III, 9, 8; IV, 1, 4; V, 11, 4; Hephaestione jusso oram praetervehi IV, 5, 10; commigrare jussis (erg. hominibus) IV, 8, 5; asservari eo jusso, nachdem er Befehl gegeben hatte, ihn im Gewahrsam zu halten III, 13, 3; vergl. IV, 13, 37; VIII, 5, 24. — b) mit folg. ut V, 13, 19; VIII, 1, 38; mit bloß. Konjunktiv VI, 4, 1; IX, 4, 23. — 2) seinen Willen zu erkennen geben, verlangen V, 6, 13.

judex, Ycis, Richter: causae VI, 10, 3; judices dare („bestellen") V, 2, 2.

judicium, i, Richterspruch VI, 10, 12.

judico, 1. (jus u. dico), aburteilen, gerichtlich entscheiden VI, 9, 31; de aliquo VI, 9, 34; exercitus judicabat, that ben Spruch VI, 8, 25. — 2) übtr. a) urteilen, entscheiden: de alqua re IX, 7, 17. — b) ber Meinung sein, glauben: mit *acc. c. inf.* IX, 6, 18; X, 4, 1. — c) öffentlich wofür erklären, mit boppelt. *acc.*: alqm optimum X, 6, 16; fortissimum V, 2, 3.

jugalis, e (jugum), im Joch gehenb: jumenta, Spannvieh IX, 10, 22.

jugerum, i, Morgen Landes, Juchert, als Flächenmaß = 240 Fuß lang, 120 Fuß breit; als Längenmaß V, 1, 26.

jugulo, 1. (jugulum), „abkehlen", bah. erstechen: alqm III, 2, 19.

jugulum, i, „Schlüsselbein", bah. Kehle VI, 7, 12; VII, 2, 27.

jugum, i, Joch der Zugtiere III, 1, 15; 3, 16; übtr. jugum fortunae 12, 25; imperii IV, 5, 13; gentibus jugum imponere III, 10, 5; jugum excipere IX, 7, 13; metonym. Gespann: boum VII, 8, 17. — 2) das Joch ob. Querholz, unter welches besiegte Feinde zur Demütigung geschickt wurden: sub jugum mittere VIII, 7, 12. — 3) Gebirgsjoch, Bergrücken, Kamm III, 4, 4; montis III, 4, 6; VI, 3, 16; VII, 11, 8; perpetuum V, 4, 5.

jumentum, i, (= jugmentum v. jungo), Spannvieh, Zugtier: *plur.* III, 8, 18; IV, 2, 20; V, 5, 22; jumenta et cameli V, 6, 9.

jungo, nxi, nctum, 3. zusammenfügen, verbinden, vereinigen: urbem b. i. die beiden Stadtteile V, 1, 29; duo navigia IX, 6, 1; binas quadriremes IV, 3, 14; vehicula inter se IX, 1, 15; opus IV, 3, 9; opere insulam continenti IV, 2, 8; copias IV, 12, 7; aciem VIII, 14, 21; aliquos in obsidionem VII, 6, 19; ratem (navem), zusammensetzen, bauen VII, 8, 8; VIII, 10, 3; hastas, dicht aneinander halten IV, 15, 15; amnem ponte, überbrücken III, 7, 1. 5; IV, 9, 9. 12; pedites (turmas) alcui, zu jemb. stoßen lassen IV, 13, 26; continens opus, zustanbebringen IV, 3, 9; junctis prope agminibus, als die Heere sich fast vermischt hatten IV, 15, 23; opes, gemeinsamen Hausstand gründen VIII, 4, 28; jungi, medial, anstoßen, angrenzen: Taurus jungitur montibus VII, 3, 20; Africa juncta est Aegypto IV, 8, 5; nemus flumini IX, 1, 13; silvae campo sunt VIII, 1, 4; Heneti Paphlagoniae III, 1, 22. — 2) übtr. a) ehelich verbinden: alqam secum (sibi) matrimonio, eine heiraten V, 3, 12; VIII, 1, 9; secum matrimonio X, 3, 11; jungi conubio VIII, 4, 25; jure matrimonii VIII, 4, 26. — b) zu einem Bündnis verbinden: societas periculi aliquos inter se jungit IX, 4, 15; fortuna alqm cum aliquo V, 8, 6.

junior, öris, s. juvenis.

Juppiter, *gen.* Jovis, Sohn bes Saturnus, Oberherr der Götter u. Menschen III, 12, 27; IV, 13, 15; bei den Persern = Ormuzd III, 1, 14; 3, 11; Juppiter Hammon s. Hammon.

jurgium, i, Zank, Haber VI, 7, 33; 10, 16.

jurgo, 1. zanken: jurgantes VIII, 1, 40; IX, 9, 17.

juro, 1. schwören: per deos, bei ben Göttern VI, 7, 5; per salutem alicjus VI, 11, 13; in verba alcjus, auf die von jemb. vorgesprochene Eidesformel jembm. den Eid der Treue schwören VII, 1, 29.

jūs, jūris, *n.* Recht, Satzung: humanum divinumque III, 10, 9; jura naturae, Naturgesetze IX, 4, 7; belli IV, 1, 13; in pace belli jura servantur, es herrscht Kriegsrecht (zwisch.ihnen)VII, 8, 28; jus matrimonii VIII, 4, 26; commercii IX, 10, 8; gentium, Völkerrecht IV, 2, 17; VI, 11, 15; contra jus fasque, gegen menschl. u. göttl. Recht VI, 4, 9; jus fasque est, es ist erlaubt u. gestattet X, 10, 13, peterejura („Rechtssprüche") V, 7, 8; jura reddere, Recht erteilen VIII, 9, 27; jure, mit Recht V, 12, 5; VII, 1, 1. 39; jure meritoque, mit Fug u. Recht X, 9, 3. — 2) Recht, Gerechtsame, Vorrecht: certum IV, 1, 27; imperii X, 8, 1; libertatis III, 12, 16; familiaris usus VI, 9, 18; alloquendi X, 2, 15; amoris, Verwandtschaftsrecht IX, 8, 10; ejusdem juris esse, gleiches Recht haben X, 3, 14; alcui est idem juris, derselbe Rechtsanspruch VIII, 8, 19. — 3) Recht, Gewalt: alloquendi X, 2, 15; sui juris esse, sein eigener Herr sein, unabhängig sein VI, 3, 9.

jusjūrandum, jurisjurandi, Eid, Schwur X, 7, 9; jurejurando alqd affirmare VI, 7, 4.

jussum, i, Befehl: jussa exequi IV, 3, 18.

jussū, *abl.* (v. ungebräuchl. jussus), auf Befehl, auf Geheiß: alcjus III, 7, 15; V, 2, 8; 10, 10.

justē, *adv.* gerecht, billig X, 5, 26; justius V, 5, 3.

justitia, ae, Gerechtigkeit, Billigkeit IV, 11, 2; in alqm X, 5, 25.

justus, 3. gerecht, rechtschaffen, dominus X,5,9;justissimi barbarorum VII, 6, 11. — 2) rechtmäßig, gesetzmäßig: rex V, 9, 8; VII, 4, 17; X, 5, 14. — 3) übtr. a) gerecht, gegründet: causa IV, 13, 5; ira VII, 1, 7; ultio VII, 5, 35; bellum IV, 10, 29; festinatio, berechtigt X, 6, 21. — b) regelrecht, gehörig, ordentlich: proelium III, 13, 8; arma IV, 14, 5; justo major cupiditas, größer als recht, allzugroß X,5,28; subst. justa, ōrum, die den Toten gebührenden Ehren, die letzten Ehren: justa corpori alcjus (alcui) solvere (persolvere) III, 12, 15; IV, 12, 2; VI, 6, 19; alcui praestare X, 8, 18.

jŭvĕnis, is, jugendlich, jung: dux VII, 2, 33; fratres admodum juvenes VII, 2, 12; subst. Jüngling, junger Mann III, 3, 1; IV, 1, 17; VIII, 1, 27; juniores, die Jüngeren, die junge Mannschaft IV, 2, 12; V, 2, 5; 10, 3; VIII, 5, 1; pedites IX, 4, 15; juniores senesque VIII, 1, 31.

jŭventa, ae, jugendliches Alter, Jugend X, 5, 34; konkr.: flos juventae, Jugendblüte III, 5, 8.

jŭventūs, ūtis, *f.* „jugendliches Alter", dah. konkr.: junges Volk, junge Mannschaft IV, 4, 20; Cappadocum IV, 1, 34; milia egregiae juventutis, von trefflicher Mannschaft III, 2, 9; principes nobilissimaejuventutis, die ersten der vornehmsten Jugend VI, 9, 21.

jŭvo, jūvi, jūtum, 1. unterstützen: exercitum commeatibus VII, 3, 1.

juxtā, *adv.* „dicht daneben", dah. übtr. auf gleiche Weise X, 2, 2.

L.

lābēs, is, *f.* Flecken, Makel: felicitati labem imponere, dem Glück einen Flecken anhängen, es trüben VII, 7, 30.

lăbo, 1. dem Falle nahe sein, wanken: partes labant III, 8, 30. — 2) übtr. a) in Verfall geraten: quicquam ex patrio more labat VIII, labor   lana   147

5, 7. — b) v. Rute, wanken, sinken: animi labant V, 3, 10.
  lābor, lapsus sum, 3. dahingleiten, (sanft) fließen: amnis labitur VI, 4, 5; leni tractu III, 4, 8; übtr. zu etw. sich hinneigen: omnia in externum morem lapsa VI, 2, 2. — 2) herabgleiten, herabsinken: ex equo IV, 16, 23; ex belua VIII, 14, 38. — 3) ausgleiten, abgleiten: ex rupe VIII, 11, 12; manus labitur in vanum, haut in die Luft IV, 6, 16. — 4) „herausgleiten", dah. entschlüpfen: e manibus alcjus III, 13, 4. — 5) zusammensinken, einsinken: fundamentum labitur IV, 3, 10.
  lābor, ōris, m. Anstrengung, Mühe, Arbeit: boum VII, 8, 18; venatūs, bei der Jagd VIII, 9, 28. — 2) Mühsal, Beschwerde, Strapaze: diurnus V, 13, 5; tolerabilis IV, 7, 10; immodicus VIII, 2, 34; sterilis III, 10, 6; itineris IV, 10, 19; militiae IX, 3, 1.
  lābōro, 1. „Mühe haben", dah. in Not sein: luxuria (abl. causae) IX, 3, 11; in Gefahr sein IX, 1, 15.
  Lăcĕdaemŏnĭi, ōrum, die Lacedämonier III, 13, 15; VI, 1, 20.
  lăcĕro, 1. zerreißen, zerfleischen: vestem IV, 10, 25; crines III, 11, 25; omnia IV, 3, 26; alqd stirpibus III, 13, 11; manus stipitibus IV, 3, 5; corpus VIII, 6, 8; navigia, beschädigen IV, 3, 18. 25; lacerari per cruciatus VI, 11, 15; humero usque ad ossa laceratus VIII, 1, 15.
  lăcerta, ae, Eidechse IX, 8, 2.
  lăcertus, i, Oberarm: brachia et lacerti, Unter- u. Oberarm VIII, 9, 21; IX, 1, 29.
  lăcesso, īvi, ītum, 3. (v. intens. v. lacio), herausfordern, angreifen: insontes VI, 10, 18. — 2) insb. den Feind belästigen, beunruhigen, angreifen: hostem (telis) VI, 5, 17; IX, 8, 19; absol. VII, 7, 6; passiv. lacessi IV, 12, 15; VII, 6, 11; bello VII, 10, 8.
  Lăcōnes, um, die Laconier, Lacebämonier VI, 1, 11; VII, 4, 32.

  lăcrĭma, ae, Thräne: lacrimas profundere IV, 10, 20; abstergere V, 5, 8; lacrimae manant VII, 2, 3; inarescunt V, 5, 11; lacrimis obortis IV, 10, 20; V, 5, 23; VI, 2, 18.
  lăcrĭmo, 1. weinen IV, 10, 30; V, 10, 11.
  lăcūna, ae, Loch, Vertiefung VIII, 14, 8. — 2) Lache IV, 16, 14.
  lăcus, ūs, See: salsus IX, 10, 1; Bassin V, 1, 28.
  laedo, si, sum, 3. „beschädigen", dah. übtr. a) treffen: ista me laedunt VI, 10, 24. — b) kränken, verletzen: alqm VI, 10, 17; quod maxime laeserat („empört hatte") VII, 2, 3.
  laetĭtĭa, ae, äußerlich sich offenbarende Fröhlichkeit, Freude VI, 3, 5; moderata VII, 1, 24; effusa VII, 10, 5.
  laetor, 1. sich über etw. freuen: adventu VII, 2, 21; mit acc. c. inf. VI, 6, 17; mit folg. quod VIII, 6, 14; absol. laetantes VII, 10, 4.
  laetus, 3. fröhlich, erfreut, über etw. froh: mit abl. III, 2, 10; 3, 7; IV, 4, 5; his, hierüber VII, 4, 39; ceteris, im übrigen VI, 5, 3; mit acc. c. inf. III, 8, 19; IV, 15, 10. — 2) erfreuend, erfreulich: victoria IX, 8, 20; nuntius III, 7, 4; spectaculum V, 5, 10; aspectus IV, 4, 5. — 3) übtr. a) von günstiger Vorbedeutung: somnium III, 3, 4; exta VII, 7, 29. — b) einen fröhlichen Anblick gewährend, herrlich, üppig: trunci VI, 5, 14; colles frondibus V, 4, 8.
  laevus, 3. link: humerus IX, 8, 22; cornu III, 9, 3; latus VI, 2, 13; subst. laeva, ae, linke Hand, Linke VII, 1, 19; a laeva, zur Linken IV, 10, 8; dextrā laevāque, zur Rechten u. Linken III, 3, 21; laevum, i, linker Flügel IV, 15, 6.
  lāmentor, 1. um jemb. wehklagen, ihn bejammern: alqm III, 12, 7.
  lāmentum, i, das Wehklagen: plur. X, 5, 7.
  lāmna, ae, Blech, Platte: argentea VIII, 5, 4; Panzerplatte IV, 9, 3; III, 11, 15.
  lāna, ae, Wolle V, 2, 19.

10*

lancĕa, ae, Lanze (hispanischer Art, mit einem Riemen in der Mitte) VI, 1, 15; 5, 26; VII, 1, 9.

languĕo, ŭi, 2. erschlafft sein: languentes IV, 16, 6.

languesco, gŭi, erschlaffen, ermatten: acies languescit VI, 1, 11; fons assueto tepore, wird in der gewöhnlichen Lauheit matt IV, 7, 22; übtr. favor languerat, war erkaltet X, 7, 13.

languĭdē, adv. matt, langsam IX, 9, 13; languidius instare, lässiger, mit weniger Nachdruck IV, 16, 4.

languĭdus, 3. matt, erschlafft: manus VIII, 14, 32.

lănĭo, 1. zerfleischen: os unguibus VIII, 2, 5.

Laomĕdōn, ontis, Bruder des Erighus, Truppenführer Alexanders X, 10, 2.

lăpĭdĕus, 3. steinern: pons V, 1, 29.

lăpillus, i, „Steinchen", insb. Edelstein VIII, 9, 21; IX, 1, 30.

lăpis, ĭdis, m. Stein VII, 9, 15; kollekt. quadrata V, 1, 33.

lapsus, ūs, sanfte, gleitende Bewegung, bah. das Schwimmen IV, 3, 10. — 2) der Lauf eines Flusses: lenis VIII, 9, 18.

lăquĕus, i, Schlinge VI, 5, 15; funium VII, 11, 15.

lār, laris, der Lar, Schutzgott des Hauses; sine lare, ohne eigenen Herd V, 12, 2.

largē, adv. reichlich, vollauf, in reichlichem Maße IV, 2, 2; VI, 6, 23; VIII, 10, 17; largius IV, 6, 19; VII, 4, 7.

largus, 3. reichlich, viel: vinum VIII, 6, 14; commeatus VII, 3, 18; fructus VII, 4, 26; imber IV, 7, 14.

lascīvĭa, ae, scherzhafter Mutwille VIII, 10, 15. — 2) Ausgelassenheit, Zügellosigkeit VI, 6, 1.

lascīvus, 3. mutwillig, ausgelassen: motus corporis VII, 10, 4.

lassĭtūdo, ĭnis, f. Ermüdung III, 7, 9; VII, 3, 12.

lasso, 1. ermüden, ermatten: laevam IX, 5, 1.

lātē, adv. breit, weit, weithin, im weiten Umkreise IX, 4, 24; aquae late stagnantes VIII, 13, 9; incendium (ignem) late fundere V, 7, 5; VIII, 10, 8; regionem late tenere IX, 10, 8; aciem latius extendere III, 9, 12; vulnus latius patefacere IX, 5, 28; stirpem generis latius propagare X, 3, 12.

lătĕbra, ae, Schlupfwinkel, Versteck VII, 11, 19; silvarum III, 8, 10; montium VII, 4, 4.

lătĕo, ŭi, 2. verborgen sein, versteckt sein, sich bergen: sub umbra alcjus VI, 10, 22; part. latens, verborgen: opera sub fronte IV, 3, 8; nodi III, 1, 18; res VII, 7, 9; causae V, 11, 10; periculum X, 1, 29; subst. latentes IX, 9, 5. — 2) verborgen leben: inter aliquos V, 5, 16. — 3) übtr. latet, es ist verborgen, mit Fragsatz V, 9, 9.

lăter, ĕris, m. Ziegelstein, Ziegel: kollekt. VIII, 3, 8; VIII, 10, 25.

lătercŭlus, i (demin. v. later), Ziegelstein, Ziegel: kollekt. VII, 3, 8; coctilis V, 1, 25.

lătĭbŭlum, i (lateo), Schlupfwinkel, Versteck VI, 5, 17.

lātĭtūdo, ĭnis, f. Breite: aggeris IV, 2, 21; in latitudinem V, 1, 25.

lātrātus, ūs, das Bellen: canum VIII, 10, 9; IX, 1, 31.

lātro, 1. bellen VII, 4, 13.

lătro, ōnis, Freibeuter, Räuber VII, 6, 2; omnium gentium VII, 8, 19; servatorum meorum, Mörder VIII, 2, 9.

lătrōcĭnĭum, i, Räuberei, Raubzug VI, 5, 11; VIII, 2, 16.

lătruncŭlus, i (demin. v. latro), Freibeuter, Räuber IV, 13, 8.

lātus, 3. breit: structura VII, 3, 9; paries viginti pedes latus V, 1, 34; planities, weit IV, 13, 6.

lătus, ĕris, n. Seite des menschl. Körpers VII, 2, 27; dextrum IX, 5, 9; proximus lateri X, 1, 33; se lateri alcjus admovere, sich drängen an VII, 1, 14; munire latus ab hostibus, seine Person gegen den Feind sichern VI, 8, 9; a latere ipsius (f. a) III, 5, 15.

— 2) Seite eines Gegenstandes: navis IV, 4, 7; navigii IV, 7, 24; currūs III, 3, 16; Thraciae VI, 2, 13: molem latere dirigere, mit der Breitseite IV, 3, 8; subsidia a latere posita, schräg aufgestellt IV, 13, 30. — 3) Seite ob. Flanke des Heeres III, 9, 12; IV, 12, 3; agminis III, 9, 11; invehi a latere, seitwärts IV, 15, 2; ab utroque latere, auf beiden Seiten VII, 9, 3.
laudo, 1. loben VII, 1, 24; alqm IX, 1, 1; virtutem V, 5, 3.
laurĕa, ae, Lorbeerzweig IV, 15, 27.
laurus, i, Lorbeerbaum VIII, 10, 14.
laus, dis, f. Anerkennung, Lob, Ruhm: gloria et laus V, 4, 12; VI, 3, 5; plur. ruhmvolle Thaten V, 1, 22. — 2) übtr. Ruhmbegierde IX, 6, 15.
lăvo, lāvi, lavātum u. lautum 1. waschen: passiv. sich baden VI, 9, 9.
laxē, adv. weit, weitläufig: laxius stare III, 7, 9; tendere III, 8, 18.
laxo, 1. erweitern, lösen, lockern: ordines IV, 13, 33; compagem saxorum IV, 4, 12; compages se laxant IV, 3, 6; sinus montium se laxant III, 9, 12. — 2) schlaff machen, locker lassen: funes IV, 3, 24; habenis laxatis, mit verhängtem Zügel IV, 9, 24; 15, 3. — 3) übtr. a) sich erholen lassen, erleichtern: animum, beruhigen III, 6, 11; animum curis, befreien VI, 2, 1. — b) nachlassen, mäßigen: vis morbi laxata videtur III, 5, 9; spiritum, sinken lassen IV, 8, 8.
lectīca, ae, Tragbett, Sänfte lectica ferri VII, 6, 8; recubare VIII, 9, 24.
lectus, i, Bett, Lager X, 5, 2; lecto cubare VIII, 8, 9; in lecto acquiescere IX, 8, 25. — 2) Speisebivan VIII, 1, 43; 5, 21; IX, 7, 15.
lēgātio, ōnis, Gesandtschaft, konkr. Gesandte X, 8, 18; VIII, 1, 10; 9, 27.
lēgātus, i, Gesandter: legatos mittere ad alqm VI, 5, 7; dere X, 8, 14.

legio, ōnis, f. „Legion", dah. übtr. Schar: hostium IX, 2, 24.
1. lēgo, 1. mit Aufträgen, als Gesandten abschicken: alqm IV, 5, 11; X, 8, 15.
2. lĕgo, lēgi, lectum, 3. „zusammenlesen", dah. übtr. a) einen Raum durchstreifen, vorübersegeln: terram, am Laube hinfahren X, 1, 16. — b) mit b. Augen gleichsam auffammeln, dah. lesen: epistulam III, 6, 9; litteras VII, 2, 23. — c) auslesen, auswählen: alqm VIII, 6, 9; tempora VII, 7, 10; milites, ausheben V, 1, 43.
lembus, i, spitzzulaufender Schnellsegler, Kutter: piraticus, Seeräuberbarke IV, 5, 18. 21.
lēnis, e, gelind, sanft: fastigium VI, 6, 23; aestus IX, 9, 7; mare IV, 2, 8; tractus (aquarum) III, 4, 8; IV, 9, 21; V, 3, 2; lapsus VIII, 9, 18. — 2) übtr. mild: oratio VI, 2, 20.
lentē, adv. langsam: comp. lentius VII, 7, 15; V, 13, 21; IX, 9, 8.
lentus, 3. zähe, biegsam: vimen VI, 5, 16. — 2) langsam: übtr. remedia, langsam wirkend III, 5, 13.
leo, ōnis, Löwe V, 1, 21; VII, 8, 15.
Leonīdās, ae, im Heere Alexanders VII, 2, 35.
Leonnātus, i, Generaladjutant Alexanders III, 12, 7; VI, 8, 17; VIII, 1, 46; 6, 22; 14, 15; IX, 5, 15; 10, 2; X, 7, 8; 10, 3.
lĕpōs, ōris, m. Anmut, Feinheit VII, 9, 19.
Lesbus, i, Insel im ägäischen Meere an b. Küste Kleinasiens III, 1, 19.
lētum, i, Tod: dies leti VIII, 9, 33.
Leucosyri, ōrum, die weißen Syrer in Cappadocien VI, 4, 17.
lĕvis, e, leicht (v. Gewicht): scutum III, 2, 5; navigium IV, 2, 21; agmen, leicht beweglich VIII, 14, 5; humus, mager IV, 6, 8. — 2) der Wirkung nach leicht, schwach: ictus III, 11, 4; plaga IX, 8, 20. — 3) übtr. a) unerheblich, unbedeutend, gering: cultus III, 5, 2; motus corporis IX, 5, 27;

levitas

proelium VIII, 10, 4; discrimen IV, 1, 40; fama IV, 4, 2; dolor VIII, 2, 39; cura IX, 8, 25; alqd levius habere III, 6, 19; alqd levius magnitudine sua ducere, als zu gering für seine Größe erachten VI, 6, 2. — b) erträglich: mors deditione levior VIII, 3, 6. — c) nicht gewichtvoll, unzuverlässig: auctor IV, 3, 22; VI, 7, 33. — d) gesinnungslos: subst. levissimi X, 1, 27.

1. **lēvĭtās**, ātis, f. Glätte VIII, 9, 22.

2. **lĕvĭtās**, ātis, f. Leichtigkeit: teli VIII, 9, 28; naturalis (avium) IV, 5, 3; corporis, Gewandtheit VII, 11, 8. — 2) übtr. Wankelmut, Unbeständigkeit V, 12, 4.

lĕvĭter, adv. leicht: leviter (levius) armatus III, 3, 25; 4, 13; VII, 8, 6. — 2) übtr. unerheblich, unbedeutend, leicht: gladius leviter curvatus VIII, 14, 29; saucius IX, 8, 22; levius aegri IX, 10, 14; porta levius custoditur, weniger streng IV, 10, 25.

lĕvo, 1. „durch Heben erleichtern", dah. erleichtern, entledigen: stipites onere IV, 3, 10. — 2) übtr. a) erleichtern, mindern: vim morbi III, 6, 2; desiderium VIII, 3, 5; jugum levat aestus V, 4, 9; umbra vim solis IX, 1, 11. — b) stärken, erfrischen: corpus (rore) IV, 12, 16; VII, 5, 5. — 3) in die Höhe heben, emporheben: arma super capita IV, 9, 17; alqm V, 3, 20; se VII, 11, 15 (levare = levavere); corpus in cubili, sich aufrichten III, 6, 9; corvi pennis se levant, fliegen auf IV, 7, 15; aestus levat navigia IX, 9, 25; mare levatur, erhebt sich IV, 3, 17.

lex, lēgis, f. Gesetz, Verordnung: de supplicio VI, 11, 20; solvere leges, die Verfassung X, 2, 5; fati, Bestimmung V, 12, 11. — 2) Gesetz, Regel V, 11, 10; VI, 3, 7. — 3) Friedensbedingung: leges dicere („bestimmen") IV, 5, 7.

Libănus, i, Gebirge in Phönicien, bildet den westlich. Rand des Plateau's von

libero

Syrien IV, 2, 18. 24; X, 1, 19.

līber, bri, Bast: libri arborum VIII, 9, 15.

līber, ĕra, ĕrum, bürgerlich u. politisch frei, unabhängig: populus IX, 10, 5; subst. liberi VI, 6, 11. — 2) übtr. a) frei, ungehindert: corpus VII, 1, 20; mare, offen IV, 4, 20; spatium VII, 4, 35; prospectus oculorum IV, 9, 10; cursus V, 1, 30; impetus IV, 4, 8; nisus VII, 9, 9; arbitrium IV, 4, 12; mare, offen IV, 4, 20; paenitentia, ungehemmt VIII, 2, 3. — b) ungebunden, freimütig: homo VII, 1, 35; vox VIII, 7, 9; dolor liberior, allzu freimütige Äußerung des Unwillens VI, 2, 4.

Līber pater, Beiname des Bacchus, dessen Zug nach Indien erst nach Alexanders Zeit erdichtet wurde als mythisches Gegenbild zu dem Zuge des Königs III, 12. 18; VIII, 2, 6; 5, 8. 11; 10, 1; 11, 17; IX, 2, 29; 8, 5; 10, 24; termini Liberi patris (in Indien) III, 10, 5; (in Scythien) VII, 9, 15; IX, 4, 2.

lībĕrālis, e, einem freien Mann geziemend: artes studiorum liberalium, die Übungen der freien Künste VIII, 6, 4. — 2) freigebig IX, 8, 23.

lībĕrālĭtās, ātis, f. Freigebigkeit IV, 11, 19; VI, 6, 11; VII, 11, 12.

lībĕrālĭter, adv. großmütig, gütig IV, 11, 16. — 2) freigebig IV, 11, 19.

lībĕrātor, ōris, Befreier: orbis terrarum III, 10, 5 (erg. esse).

lībĕrē, adv. frei, ungehindert: spiritus libere (liberius) meat VIII, 4, 12; III, 5, 9. — 2) freimütig, rücksichtslos VII, 1, 38; 2, 35; dolor erigitur liberius, unverhaltener IX, 3, 2.

lībĕri, ōrum, Kinder (als freier Teil b. Hauses): parvi III, 13, 12; adulti VIII, 3, 3; (gen. liberûm VI, 3, 5; 10, 31; VIII, 3, 14; IX, 2, 7.)

lībĕro, 1. in Freiheit setzen, befreien: alqm VI, 2, 11; VII, 6, 27. — 2) von etw. befreien, erlösen: alqm vinculis (compedibus) VII, 1, 18;

libertas   **linquo**   151

IV, 14, 23; insulas praesidiis III, 1, 19; alqm fame VIII, 4, 19; poenā IX, 7, 11; curis VIII, 3, 16; debito vitae liberatus, entlebigt X, 5, 3; se a cruciatu VI, 11, 21; liberate oculos meos (erg. aspectu vestro), von eurem Anblick X, 2, 27. — 3) v. einer Schuld freisprechen: alqm VI, 10, 3; VIII, 8, 6. (ab, „gegen").

libertās, atis, *f.* bürgerl. u. polit. Freiheit: Graeciae IV, 5, 11; publica VIII, 5, 20; pro (de) libertate pugnare VI, 1, 8; IV, 14, 9. — 2) Freimütigkeit III, 2, 18; VIII, 2, 2; 5, 13; linguae VII, 2, 37; in admonendo III, 12, 16; libertatem facere („bewirken") VIII, 14, 42. — 3) Erlaubnis: periculosa veri consilii VI, 10, 26.

libet, buit u. bitum est, 2. es beliebt, es verlangt (mich), ich möchte, mit *inf.* IV, 1, 25; 4, 19; VII, 1, 24.

libīdo, inis, *f.* Verlangen, Begierde VIII, 9, 19; insb. sinnliche Begierde III, 11, 21; IV, 10, 24.

libo, 1. „von etw. wegnehmen", dah. von etw. kosten, genießen: panem VIII, 4, 27; epulas V, 2, 15. — 2) von etw. ausgießen, dah. spenden: vinum paterā (diis) VII, 8, 18; VIII, 10, 34.

libro, 1. (libra), „wägen", dah. (balancierend) schwingen, schleudern: saxa fundā IV, 14, 5; corpus ita, sich einen solchen Schwung geben IX, 5, 3.

licenter, *adv.* frei, ungebunden: licentius vivere cum alquo V, 7, 2.

licentia, ae, Freiheit des Thuns u. Lassens, Unbeschränktheit: regni („der Herrschergewalt") III, 2, 18. — 2) Freiheit, die man sich nimmt, Willkür: mentiendi VIII, 10, 12. — 3) im üblen Sinne, Frechheit, Übermut, Zügellosigkeit III, 11, 22; VIII, 3, 15; 10, 16; X, 2, 15; verborum VIII, 2, 2; alcui licentiam facere, jemb. erdreisten III, 13, 7.

liceor, citus sum, 2. auf etw. einen Preis setzen: capita hostium IV, 1, 12; ad nutum licentium, der Meistbietenden V, 12, 2.

licet, cuit u. citum est, 2. es ist erlaubt, es steht frei, man darf: alcui mit *inf.* III, 5, 12; 11, 5; V, 8, 11. 15; mit *dat.* des Prädikats: (alcui) licet abire incolumi, er darf frei abziehen IV, 5, 22; vergl. VII, 11, 26; VIII, 6, 5; 9, 33; IX, 6, 19; mit *acc. c. inf.* VI, 10, 4; mit Konjunktiv: sciatis licet, ihr möget wissen IV, 2, 5. — 2) mag immerhin, wenn gleich, mit Konjunkt.: licet felicitas aspirare videatur IV, 14, 19; licet putes VII, 4, 15; licet notes IX, 6, 13; eludant licet V, 11, 10.

lignĕus, 3. hölzern: vas X, 2, 23.

lignum, i, „Holz", dah. metonym. Schaft III, 2, 7; sagittae IX, 5, 22.

līmen, inis, *n.* Schwelle: cubiculi VIII, 6, 22; domūs X, 8, 3; aedium IX, 10, 25; übtr. Schwelle, Anfang: in limine victoriae (operum) stare VI, 3, 16; IX, 2, 26.

līmes, itis, *m.* „Rain", dah. Weg, Straße X, 2, 27.

līmus, i, Schlamm IV, 16, 13; V, 1, 29; IX, 4, 9.

linĕus, 3. (linum), leinen: vestis IX, 7, 12.

lingua, ae, „Zunge", metonym. dah. das Reden, die Worte VI, 9, 20; VII, 2, 37; VIII, 1, 45; temeraria VIII, 8, 7; prägn. Mißbrauch der Zunge, lingua gravius castigatur IV, 6, 6. — b) Sprache eines Volkes IV, 13, 4; Persica III, 2, 6; peregrina VI, 10, 23; commercium linguae V, 5, 19; homines linguae suae, die seine Sprache reden VI, 11, 4.

linquo, liqui, 3. zurücklassen, hinterlassen, *passiv.* hinterbleiben: solitudo linquitur VII, 5, 34. — 2) verlassen: calor linquit corpus III, 5, 3; linqui animo, die Besinnung verlieren, ohnmächtig werden IV, 6, 20. — 3) *intransit.* animus linquit, die Besinnung schwindet VI, 9, 33; VII, 9, 14; VIII, 2, 38; spiritus pariter ac sanguis linquit, der Atem zugleich mit dem Blute entweicht VI, 1, 15; animus

152 linteum — loquor

linquens, schwindende Besinnung IX, 5. 11.
lintĕum, i, Leinwand, Leinentuch VIII, 9, 21.
līnum, i, Lein, Flachs VIII, 9, 15.
līquĕo, liqui ob. licūi, 2. „flüssig ob. klar sein", baß. übtr. offenbar sein, beutlich sein: res liquet VII, 2, 34; liquet alcui mit *acc. c. inf.* X, 5, 26; mit Fragsatz V, 5, 7,
liquidus, 3. „flüssig", baß. hell, klar: fons III, 1, 3; liquidior lux VII, 11, 21; VIII, 14, 2. — 2) übtr. klar, gewiß, fama ad liquidum perducitur, wird aufs klare (zur klaren Vorstellung) gebracht IX, 2, 14.
liquor, ōris, *m.* „Flüssigkeit", baß. Klarheit, Durchsichtigkeit: fluminis III, 5, 2; aquarum III, 4, 8.
littĕra, ae, Buchstabe IV, 4, 19; X, 1, 14; notae litterarum V, 5, 6; VIII, 9, 15. — 2) *plur.* Zuschrift, Brief: ab alquo III, 6, 4; IV, 1, 7; VI, 6, 20; litteras scribere III, 5, 12; alcui VII, 1, 36; ad alqm VII, 2, 30; litterae traduntur (redduntur) mit *acc. c. inf.* X, 1, 20; 2, 3.
līto, 1. unter günstigen Vorzeichen opfern: egregie VII, 7, 29.
lītus, ŏris, *n.* Gestade, Strand, Küste III, 4, 6; IV, 2, 7.
līvor, ōris, *m.* bläulicher Flecken X, 10, 12.
lixa, ae, Marketender V, 8, 5; lixae mercatoresque X, 1, 15; lixae et calones III, 3, 25; VI, 8, 23.
lŏco, 1. wohin stellen, wo aufstellen: simulacrum in patria IV, 3, 22; aras in petra VIII, 11, 24; tabernaculum super ripam VII, 8, 1; castra haud procul muris, aufschlagen IV, 3, 20; in humido VIII, 4, 13; clipeatos in proris VII, 9, 2; gentes in subsidiis („im Hintertreffen, als Reserve") III, 9, 3; equites in dextro cornu IV, 13, 26.
Locrenses, ium, bie Bewohner ber griech. Landschaft Locris IV, 13, 29.
lŏcus, i, (*plur.* loci u. loca), Ort, Platz, Stelle, Raum: aequus VI, 1, 6; locum urbi eligere IV, 8, 2; locum sibi facere, sich Raum schaffen III, 11, 5; locum dare, Raum geben VI, 6, 31. — 2) Örtlichkeit, Gegend III, 8, 22; IV, 2, 5; *plur.* loca III, 4, 11; IV, 1, 1; 6, 8; campestria V, 1, 35; deserta VII, 2, 18; 5, 1; cultiora VII, 3, 18. — 3) übtr. a) Platz, Stelle: tertium locum obtinere V, 2, 5; propior amicitiae locus, näheres Freundschaftsverhältnis IX, 2, 7; baß. *abl.* loco, mit *gen.* anstatt, wie: loco parentis, wie eine Mutter V, 3, 12; wie ein Vater VIII, 8, 2; parentum loco IV, 2, 10. — b) Gelegenheit zu etw., Möglichkeit: fugae IV, 14, 11; VIII, 14, 24; ad fugam IV, 14, 15; gloriae IX, 6, 24; locum insidiis quaerere X, 7, 19; locum morti invenire, einen Weg zum Tode IX, 2, 34; locum mendacio (jacturae) facere, Veranlassung geben zu III, 1, 4; IV, 11, 8; locus veniae non est, Gnade findet nicht statt V, 3, 11; mendacio locus non es Lüge ist nicht am Orte IV, 10, 32.
longē, *adv.* langhin, eithin, weit: mare longe fluctuagit VI, 4, 19; fuga alqm longius au: t III, 11, 26. — 2) übtr. weit, be weitem: longe emicare VII, 6, 2 ; longe diversus III, 11, 18; longe ius IV, 16, 1; longe praestantior X , 10; utilius III, 4, 4; carissimus II i, 12, 16; acceptissimus VII, 2, 11; larissimi III, 13, 15.
longinquus, 3. weit entfernt: gens IV, 9, 2; übtr. cognatio, lange X, 10, 19.
longĭtūdo, ĭnis, *f.* Länge: in longitudinem V, 4, 5; VI, 4, 4.
longus, 3. lan : navis, (Langschiff) Kriegsschiff IX, 9, 2. — 2) weit entfernt: expeditio VIII, 9, 29; übtr. cognatio, lange IV, 1, 19. — 3) lang, lange anhaltend: aetas V, 2, 12; dies („Zeit") VI, 3, 8; pax IV, 4, 21; obsidio IV, 2, 15; possessio X, 1, 23; fames V, 1, 6.
lŏquor, cūtus sum, 3. reben, sprechen: cum alquo V, 11, 4; ad alqm V, 5, 9; apud alqm VII, 8, 11.

lōrīca, ae, Panzer IV, 3, 26; 6, 14; VII, 9, 3. — 2) übtr. Bruſtwehr (auf Befeſtigungen) IX, 4, 30.

lōrum, i, Riemen III, 1, 18; IV, 6, 29; VII, 9, 4.

lūbrīcus, 3. ſchlüpfrig: saxa IV, 9, 18; humus VIII, 14, 19; campi VIII, 14, 4; gradus VIII, 11, 13; arma sudore VI, 1, 11; lubricis armis (konzeſſiv. *abl. absol.* „obgleich“) IV, 6, 25; ſubſt. lubrica, ſchlüpfrige Stellen VIII, 14, 7. — 2) übtr. a) leicht entſchlüpfend: fortuna VII, 8, 24. — b) unſicher: in lubrico stare, in unſichrer Lage ſein VI, 4, 10.

luctātīo, ōnis, *f.* das Ringen, der Kampf: cum amni IV, 9, 19.

luctor, 1. „ringen“, dah. kämpfen, ſich abmühen: invicem IV, 9, 20; cum ardore IV, 7, 7; cum nodis III, 1, 18.

luctus, ūs, „Trauer“, beſond. Totenklage III, 5, 4; X, 5, 8. 18.

lūcus, i, Hain: sacer VII, 5, 34.

lūdībrīum, i, Verhöhnung, Hohn, Spott VIII, 5, 23; oculorum, Blendwerk IV, 15, 26; vanissimi cujusque (Spielwerk) VII, 4, 8; ludibria fortunae, Poſſenſpiel des Schickſals IV, 16, 10; superstitio humanarum mentium ludibria, Gaukelwerk VII, 7, 8; fortuna excogitat nova ludibria, neue Arten des Hohnes V, 12, 20; ludibrio esse, zum Geſpött dienen VI, 11, 4; ad ludibrium recidere, dem Geſpött anheimfallen, zum Geſpött werden V, 2, 24; cum ludibrio credulitatis, mit Spott über die Leichtgläubigkeit VI, 10, 35; in longum sui ludibrium, zu beſtändiger Verhöhnung für ſie V, 5, 6; per ludibrium, ſpottweiſe, ſpöttiſch IV, 2, 20; VIII, 5, 22. — 2) verhöhnende Behandlung, Entehrung: meorum IV, 10, 27; corporum X, 1, 3. — 3) Gegenſtand des Hohnes: alcjus, für jemb. VI, 9, 28. — 4) Hirngeſpinſt VII, 4, 8.

lūdīcrus, 3. zur Kurzweil dienend: spectaculum, Feſtſpiel III, 7, 5; ſubſt. ludicrum, Feſtſpiel: Isthmiorum IV, 5, 11.

lūdīfīcor, 1. (ludus u. facio), mit jemb. ſein Spiel treiben, ihn zum Beſten haben: alqm VI, 11, 19 (erg. ipsum b. i. craterum).

lūdus, i, Spiel VI, 2, 2; convivalis V, 1, 37; per ludem jocumque, unter Spiel u. Scherz VI, 8, 12; per ludum atque otium, in Spiel u. Muße III, 7, 3. — 2) übtr. Scherz: per ludum, ſcherzhaft VIII, 6, 17; per seria et ludum, in Ernſt u. Scherz IX, 7, 16.

lūgeo, xi, ctum, 2. um jemb. trauern, ihn betrauern (durch Klageruf u. äußere Zeichen): alqm IV, 11, 4; X, 5, 17; alqm amissum X, 5, 20; ſubſt. lugentes IV, 10, 25.

lūgūbrīs, e, zur Trauer gehörig: vestis, Trauerkleid X, 5, 17. — 2) kläglich: ululatus IV, 15, 29; clamor III, 12, 3.

lūmen, ĭnis, *n.* Lichtkörper, Licht: luna deficiens lumen foedat IV, 10, 2. — 2) Licht, Leuchte: lumina accendere X, 5, 16; lumen inferre VIII, 2, 21; extinguere VI, 8, 17. — 3) Tageslicht: lumen superne accipere VII, 3, 9.

lūna, ae, Mond: deficiens IV, 10, 2; defectio lunae IV, 10, 6; cursus lunae VIII, 9, 36.

lŭo, lŭi, luĭtūrus, 3. „waſchen“, dah. übtr. a) durch Büßung gleichſam ſich reinigen, dah. etw. abbüßen, für etw. büßen ob. geſtraft werden: alqd IX, 6, 13; culpam VII, 5, 35; consilium capite III, 8, 6; scelus supplicio VIII, 8, 6. — b) zur Büßung erleiden: supplicia IV, 7, 27. — c) bezahlen: aes alienum X, 2, 25.

lustro, 1. „beſichtigen“, dah. übtr. burchwandern: plura victoria, mehr Länder ſiegreich durchziehen IX, 3, 8. — 2) durch ein Sühnopfer (lustrum) reinigen, ſühnen: exercitum X, 9, 11.

lūsus, ūs, Spiel: bacchantium, Bacchantenfeſt IX, 10, 24.

lux, lūcis, *f.* Licht (als ausgeſtrömte Maſſe, dah. Sonnenlicht, Tageslicht, Tag V, 4, 26; liquidior VII, 11, 21; clara VII, 11, 21; obscura IV, 16, 25; multa, hoher Tag IV, 13, 21;

luxuria

oriente luce (luce prima), mit Tagesanbruch III, 8, 23; VII, 2, 20; palam
luce, offen bei Tage IV, 13, 9; ante
lucem III, 13, 4; sub ortum lucis IV,
7, 22; in lucem, bis zum hellen Morgen VII, 11, 18; metonym. Tag: proxima
IV, 11, 21. — 2) Sternenlicht IV,
3, 16. — 3) übtr. Licht b. i. Heil, Glück
X, 9, 4.

luxŭria, ae, Üppigkeit, Prunksucht III, 3, 17; 11, 20; VIII, 8, 16.

luxŭrio, 1. „üppig wuchern", dah.
übtr. ausgelassen sein, in Freude
ausschweifen X, 7, 11.

luxus, ūs, üppige Pracht, Prunk
III, 3, 14; 11, 23.

Lycaonia, ae, Landschaft Kleinasiens
oberhalb Ciliciens IV, 5, 13.

Lycia, ae, Landschaft an der Südküste
Kleinasiens III, 1, 1; V, 4, 10; VII, 10,
12; X, 10, 2.

Lycius, 3. lycisch: civis V, 4, 11;
subst. Lycier V, 7, 12.

Lycus, i, Nebenfluß des Tigris in
b. Nähe von Arbela, jetzt der große *Zab*
in Assyrien IV, 9, 9; 16, 8. 16. — 2) Beiname des Flusses Marsyas in Phrygien
III, 1, 5.

Lydi, ōrum, die Lydier IV, 14, 24.

Lydia, ae, mittlere Landschaft der
Westküste Kleinasiens mit der Hauptstadt
Sardes III, 4, 1; IV, 1, 34; 5, 7; 11, 5;
VI, 6, 35; VII, 8, 19; X, 10, 2.

lymphātus, 3. wahnsinnig, wie
besessen IV, 12, 14; 13, 13; VI, 2, 16.

Lyncestēs, ae, ein Lyncestier, aus
der Landschaft Lyncestis im südwestl. Macedonien V, 2, 5; VII, 1, 5; VIII, 8, 6;
plur. IV, 13, 28.

lyra, ae, Laute, Lyra IX, 10, 26.

Lyrnessus, i, Stadt in Mysien in
der Nähe von Troja (v. Curtius irrtümlich nach Cilicien verlegt) III, 4, 10.

Lysimăchus, i, Generaladjutant Alexanders, erhielt nach dem Tode b. Königs
die Statthalterschaft über Thracien, gewann durch einen in Verbindung mit
Seleukus i. J. 301 bei Ipsus in Phrygien
über Antigonus erfochtenen Sieg einen
Teil Vorderasiens und fiel 281 im Kriege
gegen Seleukus VIII, 1, 15. 46; X, 10, 4.

M.

Măcĕdo, ōnis, ein Macedonier III, 11,
2; IV, 8, 4; *acc. plur.* Macedonas III, 9,
7; IV, 2, 14; VII, 9, 16 u. ö.; *adject.* miles
(milites) VIII, 1, 24; 4, 15; pedites VII,
1, 40.

Măcĕdŏnia, ae, Macedonien III, 1,
24; IV, 1, 10; 2, 15; IX, 6, 20; X, 5, 12.

Măcĕdŏnĭcus, 3. macedonisch:
exercitus III, 11, 1; phalanx III, 9, 2;
vestis V, 2, 18.

măcĕro, 1. „mürbe machen", dah. übtr.
entkräften, schwächen: siti maceratus V, 13, 24.

machĭna, ae, Maschine IV, 4, 10;
VIII, 10, 31.

mactus, 3. gepriesen: macti virtute estote, Preis euch um eurer Tugend
willen! IV, 1, 18.

Madātēs, is, persischer Satrap im Gebiet der Uxier V, 3, 4. 12.

mădĕo, ŭi, 2. naß sein, triefen:
oleo IX, 7, 16; madens vestis IV, 8, 8.

Maedi, ōrum, thracisches Volk am
westl. Ufer des Strymon IX, 6, 20.

Maeotis palus, der mäotische See
(das asowsche Meer) VI, 4, 18.

maeror, ōris, *m.* tiefe Betrübnis,
Wehmut, Trauer III, 11, 25; IV,
10, 21.

maestitia, ae, Traurigkeit, Niedergeschlagenheit V, 2, 14; 9, 13;
VI, 9, 1.

maestus, 3. tief betrübt, niedergeschlagen, traurig VI, 6, 19; 11,
27; VII, 2, 5; 6, 4; maestior VI, 2, 6.

Māgi, ōrum, die Magier, d. i. die
einem besonderen Volksstamme angehörende Priesterkaste des medisch-persischen
Kultus III, 3, 9; V, 1, 22.

magicus   maligne   155

măgicus, 3. magiſch, zauberiſch: ars VII, 4, 8.

măgis, *adv.* mehr (qualitativ), in höherem Grade IV, 3, 26; magis noxius IX, 1, 12; non alias magis, ſ. alias; nihilo magis fidus, ebenſo wenig treu IV, 1, 33; non magis quam, in keinem höheren Grade ... als, ebenſo wenig ... als VII, 6, 15; ebenſo ſehr ... als (wobei dann das Glied bei quam als hervorzuhebendes voranzuſtellen iſt): non duces magis quam milites callent, die Soldaten ebenſoſehr als die Anführer III, 2, 14; vrgl. III, 10, 4; 11, 7; VI, 3, 22; VII, 9, 18; X, 3, 9. — *2) superl.* **maxime:** a) im höchſten Grade, am meiſten, zumeiſt III, 4, 7; maxime inconditus, der ungebildetſte VII, 3, 6. — b) hauptſächlich, vorzüglich, vorzugsweiſe III, 8, 18; 9, 11; 11, 15; VI, 9, 6. — c) im weſentlichen, im ganzen, faſt: cetrae maxime speciem reddere III, 2, 5; in carinae (metae) maxime modum VII, 3, 9; VIII, 11, 6; in hunc maxime modum IV, 1, 10. — d) eben, gerade: cum maxime, eben jetzt V, 7, 2; VI, 6, 10; tum maxime, damals gerade, gerade jetzt III, 4, 14; VIII, 4, 15; verſchärfend: tum cum maxime VI, 6, 10; tunc cum maxime III, 2, 17. — e) am liebſten: quo modo maxime velles III, 6, 12.

măgister, tri, Lehrmeister VIII, 7, 3; 8, 1. 19.

măgistra, ae, Lehrerin: paupertate magistra (*abl. abs.*), in der Schule der Armut III, 2, 15.

magnĭfĭcē, *adv.* „großartig", daß. hochfahrend, großprahleriſch: magnificentius III, 8, 11.

magnĭfĭcentia, ae, Großartigkeit, Pracht III, 12, 23; V, 1, 23; regalis III, 13, 10; regia VIII, 13, 20.

magnĭfĭcus, 3. (magnus u. facio), großartig, prachtvoll: funus IV, 8, 9.

magnĭtūdo, ĭnis, Größe: humana VIII, 14, 13; fera eximiae magnitudinis VIII, 1, 15; IX, 8, 1; magnitudo operum, die großen Bauwerke V, 1, 28.

— *2)* übtr. Größe, Bedeutenheit: belli IV, 1, 38; periculi VI, 9, 32; mali III, 5, 9; doloris X, 5, 8; rerum VI, 3, 1; facinoris VIII, 2, 1; fortunae III, 12, 20; vulneris, Gefährlichkeit VII, 6, 5; animi, Geistesgröße, Seelengröße IV, 1, 18; VII, 6, 20; VIII, 14, 44; hoher Mut VI, 1, 3; VII, 5, 9; 10, 5.

magnŏpĕre (magno opere), recht ſehr, angelegentlich III, 8, 2; IV, 11, 12.

magnus, 3. groß: navigium IX, 4, 11; copiae, zahlreiche VI, 8, 18; pecunia, große Summe Geldes VII, 3, 3; sonus, ſtark V, 4, 25; clamor major numero (= quam pro numero) III, 10, 2. — *2)* bedeutend, beträchtlich, anſehnlich: facinus IV, 6, 15 (ſ. fortuna 2); omnia sunt vero majora, über die Wahrheit hinaus vergrößert IX, 2, 14; alqd vero majus jactare IV, 7, 8; cetera majora auditu quam vero (ſ. auditus) IX, 2, 15; ſubſt. majora, Größeres, Höheres IX, 6, 24. — *3)* Perſonen: groß, mächtig IV, 2, 20; major opibus praefecti (ſ. ops b) X, 10, 14; praefectus, hochgeſtellt V, 1, 42. — *4)* an Verdienſt, Talent u. dgl. groß, ausgezeichnet: vir VIII, 5, 15; major et clarior IX, 8, 23. — *5)* groß, gewaltig, heftig: labor VII, 7, 26; gaudium VII, 5, 29; cupido X, 5, 29. — *6)* major, älter: patria, Mutterſtadt IV, 3, 22; ſubſt. majores, Vorfahren IV, 13, 12; 14, 25; V, 1, 8; maximus natu, der älteſte IV, 7, 25; 11, 2; VII, 8, 12.

mājestās, ātis, *f.* Hoheit, Erhabenheit, Würde III, 11, 24; regum V, 10, 2; regia X, 6, 10; imperii VIII, 5, 11; corporum, majeſtätiſche Körpergeſtalt VI, 5, 29.

mălē, *adv.* ſchlecht, übel VIII, 1, 28; 2, 1. — *2)* nicht recht, kaum noch: male sanus VI, 7, 15.

Malienses, kum, Volk im ſüdl. Theſſalien am maliſchen Meerbuſen: griech. *gen.* Malieon IV, 13, 29.

mălignē, *adv.* böswillig, mißgünſtig: malignius dicta, böswilli-

malignitas — manus

ge Äußerungen VII, 1, 21; sermonem malignius habere, absonderlich boshaft führen VIII, 1, 29.

malignĭtās, ātis, f. Böswilligkeit, Mißgunst VIII, 1, 23.

malignus, 3. böswillig, mißgünstig: calamitas VI, 10, 9; subst. maligni IX, 7, 16.

Malli, ōrum, freies Volk am unteren Hydraotes, einem östl. Nebenflusse des Indus IX, 4, 15; 8, 3.

Mallos, i, Stadt in Cilicien III, 7, 5.

mālo, mālui, malle, lieber wollen, lieber wünschen, vorziehen: pecuniam quam gloriam IV, 11, 14; mit inf. IV, 3, 5; 16, 9; V, 11, 11; 12, 11; mit acc. c. inf. VI, 10, 18; VII, 1, 37; mit Konjunktiv IV, 13, 9.

mălum, i, f. malus.

mălus, 3. schlecht: mores VIII, 5, 7; carmina pessima VIII, 5, 8; pessimum mancipium, nichtswürdig V, 9, 9. — 2) subst. malum, i, a) Übel: altius X, 2, 20; perpetuum VIII, 5, 6. — b) Leiden, Krankheit III, 5, 9. — c) Unheil, Drangsal, Leiden, Not, Gefahr III, 11, 22; imminens IX, 10, 15; crescens VIII, 4, 2; ingens IV, 10, 26; anceps IV, 15, 9; huc malorum ventum est (s. huc) VII, 1, 35. — d) Laster: peregrina VI, 2, 3; invicta III, 12, 19. — e) als Ausruf des Unwillens, zum Henker! in aller Welt! VIII, 14, 41.

Manăpis, is, Satrap von Hyrkanien: acc. Manapin VI, 4, 25.

mancĭpĭum, i (manus u. capio), das Ergreifen eines Gegenstandes mit der Hand vor Zeugen als förmliche Eigentumserwerbung, dah. metonym. ein (durch Handauflegen) erworbener Sklave V, 9, 9; VIII, 7, 1; X, 8, 3.

mandātum, i, Auftrag (meist zur mündlichen Bestellung) X, 5, 4; mandata alcjus edere X, 8, 15; ad alqm perferre VII, 8, 8; exequi VI, 7, 20.

mando, 1. (= manui do), auftragen, anbefehlen: alcui mit folg. ut IV, 9, 8; VII, 6, 12; 7, 24; vos mandasse mementote, daß ich es euch auf-

getragen habe IX, 6, 26. — 2) übergeben, anvertrauen: alcui curam V, 2, 16; IX, 1, 25.

mănĕo, mansi, mansum, 3. (wo) bleiben V, 9, 16; IX, 10, 13. — 2) prägn. bleiben, fortbestehen: species castrorum (regiae) manet V, 4, 14; X, 8, 8. — 3) trans., auf jemb. warten, ihm (durch das Schicksal) bevorstehen: alqm manet exitus VII, 1, 19; idem („dasselbe Schicksal") VII, 4, 9; praemium IX, 4, 18; fructus VI, 10, 32.

mănĭcātus, 3. langärmelig: tunica III, 3, 13.

mănĭfestus, 3. offenbar, augenscheinlich, handgreiflich: indicium VII, 1, 12; periculum VII, 11, 20; ratio consilii VII, 7, 18; ira fuit manifesta, ist offenbar geworden VIII, 2, 6.

mănĭpŭlus, i, eig. der dritte Teil einer Legionskohorte römisch., „Manipel", dah. übtr. Schar X, 4, 3.

māno, 1. fließen, strömen, rinnen: ex radicibus montium III, 4, 12; ex petris VI, 4, 3; e fontibus IX, 1, 11; ex amne IV, 16, 14; per nexus operum IV, 2, 8; cruor (sanguis) manat IV, 2, 14; VIII, 2, 3; amnis placide III, 4, 8; lacrimae alcui manant VII, 2, 3; manantibus lacrimis IV, 10, 34; VI, 7, 28. — 2) übtr. sich verbreiten: suspicio manat in plures IX, 7, 5.

mansuētūdo, ĭnis, f. Zahmheit: animal ad mansuetudinem domitum IX, 8, 2. — 2) übtr. Milde IV, 10, 23; Romana, milde Herrschaft IV, 4, 21.

mănus, ūs, f. Hand: manus porrigere ad alqd VII, 8, 19; manus alcui inicere VIII, 1, 40; 6, 21; infestas manus corpori suo admovere (s. admoveo) VII, 1, 23; alqd e manibus amittere IX, 2, 26; victoriam alcui ex manibus eripere III, 5, 10; alqm eripere ex manibus impiorum VI, 7, 24. — 2) schaffende Hand: manus operi admovere, Hand ans Werk legen VI, 7, 14; lanae, sich mit Wollarbeit beschäftigen V, 2, 19; munimenta manu ponere (adjüngere), burch Menschenhände III, 4, 2; VIII, 2, 22; opera manu facta V, 1, 34; nemora manu consita VII, 2, 22. — 3) Hand i. b. Nähe: vis saxorum (silva) est ad manum, ist zur Hand, in der Nähe IV, 2, 18; VIII, 11, 8; gloria ad manum posita est, liegt zur Hand IX, 3, 14. — 4) bewaffnete Hand, Faust VIII, 11, 16; manu strenuus, persönlich tapfer VI, 11, 1; iter manu facere, mit dem Schwerte IV, 14, 7; ad manus alcjus confugere, zu dem Arme jemds. flüchten VI, 9, 24. — 5) Thätlichkeit: ira pervenit ad manus IX, 9, 17; manibus non temperare (s. tempero) VII, 5, 24. — 6) übtr. a) Rüssel des Elephanten VIII, 14, 27. — b) manus ferrea, Hakenstange IV, 2, 12; 3, 26. — c) Schar, Mannschaft: militum VI, 5, 1; sagittariorum III, 4, 13; peditum V, 6, 12; equitum VII, 3, 2; exigua III, 13, 3; modica VI, 5, 1; valida IV, 13, 30; invicta bello III, 2, 16.

Maracanda, ōrum, Stadt in Sogbiana, jetzt *Samarkand* in der Bucharei VII, 6, 10. 24; 9, 20; VIII, 1, 7. 19; 2, 13.

Marāthos, i, Stadt in Phönicien: acc. Marathon IV, 1, 6.

marcĕo, ŭi, 2. „welk sein", bah. übtr. matt sein, gelähmt sein: pavore IV, 13, 18.

Mardi, ōrum, räuberisches Volk im südl. Persis, am Kaspi-See u. in Armenien IV, 12, 7; V, 6, 17; VI, 5, 11; VIII, 3, 17; *sing.* Mardus III, 12, 2.

Mardonīus, i, Schwiegersohn des Dareus Hystaspis, Befehlshaber des Landheeres im Kriege des Xerxes gegen Griechenland, fiel 479 v. Chr. in der Schlacht bei Platää IV, 1, 11.

mare, is, n. Meer rubrum III, 2, 9; Persicum V, 3, 2; Ponticum III, 1, 12; Cilicium III, 1, 12; *plur.* III, 1, 13; IV, 2, 11.

Mareōtis, ĭdis, f. mareotisch: palus, der mareotische See bei Marea in Unterägypten, gebildet durch die kanobische Nilmündung u. andere Kanäle: acc. Mareotin IV, 7, 9; 8, 1.

Margania, ae, Hauptstadt der persischen Landschaft Margiana (s. Margianus) jetzt *Maru* VII, 10, 15.

margărīta, ae, Perle VIII, 5, 3; 9, 19; IX, 1, 2. 29.

Margiānus, 3. aus der Landschaft Margiana, westlich von Sogbiana IX, 7, 4; urbs VII, 10, 15 (V.).

margo, ĭnis, m. Rand: ripae VII, 9, 5; muri IX, 4, 31.

marĭtĭmus, 3. zum Meere gehörig: fluctus, Meereswogen IX, 4, 9; ora, Seeküste III, 13, 14; regio, Küstenland III, 8, 17; Indi maritimi, am Meere wohnend IX, 10, 7.

marītus, i, Ehemann, Gatte V, 1, 37; VIII, 8, 3.

Mars, tis, der Kriegsgott, bah. metonym. Kampf: discrimen Martis IX, 9, 4; belli Martisque IX, 6, 24; aequo (pari) Marte pugnare, mit gleichem Kriegsglück IV, 15, 29; aequo (pari) Marte contendere, unter gleichen Vorteilen, in ehrlicher Feldschlacht IV, 1, 8; VI, 1, 7; alieno Marte, durch Kampf mit einem fremden Volke VII, 7, 11.

Marsyās, ae, Fluß in Phrygien, fließt in den Mäander III, 1, 2.

mās, măris, männlichen Geschlechtes: subst. männlicher Sproß, Knabe VI, 5, 30; X, 6, 9; Mann X, 1, 26.

Massăgĕtae, ārum, scythisches Volk zwisch. Aralsee u. kaspischem Meere IV, 12, 6; VIII, 1, 3; Massagetae equites IV, 15, 2.

māter, tris, Mutter: Darei III, 3, 22; als Anrede III, 12, 17; V, 2, 20.

matĕrĭa, ae u. **matĕrĭēs**, ēi, Stoff, Material V, 7, 7; VIII, 8, 16; pocula ejusdem materiae IX, 10, 26. — 2) Bauholz, (nutzbares) Holz IV, 2, 18; VII, 3, 8; navalis, Schiffsbauholz IX, 1, 4; materiam caedere V, 3, 7; caesa materia cratibus faciundis („zu") V, 3, 7; vrgl. IV, 2, 18; VIII, 10, 30. — 2) übtr. Veranlassung, Stoff: consternationis VII, 2, 32; belli VI, 6, 12.

158 matrimonium

mātrimōnium, i, Ehe: alquam alcui in matrimonium dare, zur Gattin geben VI, 9, 17; aliquam secum (sibi) matrimonio jungere (conjungere, adjungere), sich mit einer ehelich verbinden, sie heiraten V, 3, 12; VI, 9, 30; VIII, 1, 9; 4, 29.

mātrōna, ae, freigeborene verheiratete Frau: matronae virginesque IV, 7, 24; V, 1, 38.

mātūrē, adv. rechtzeitig VII, 5, 14. — 2) früh, bald, schleunig III, 13, 3; IV, 16, 2; maturius V, 1, 11; expectatione maturius, früher als man erwartete III, 6, 16.

mātūrītās, ātis, f. Reife: fruges maturitatem expectant VI, 3, 7.

mātūrus, 3. rechtzeitig, an der Zeit: missio VII, 5, 27. — 2) herangereift, reif: fructus IX, 2, 26. — 3) übtr. reif zu etw.: aetas tantis rebus III, 6, 19; mendacia in perniciem X, 1, 30; absol. reif zur Ausführung VIII, 5, 5. — 4) zeitig, früh: occasio VIII, 6, 1.

mātūtīnus, 3. morgendlich, am Morgen: frigus VII, 5, 5.

maxīmē, f. magis.

Mazācēs, is, Truppenführer des Dareus IV, 1, 32; 7, 4.

Mazaeus, i, Truppenführer des Dareus, übergiebt Babylon an Alexander IV, 9, 7; 10, 14; 11, 20; 12, 1; 15, 5; 16, 1; V, 1, 17. 44; VIII, 3, 17.

Mazāgae, arum, Stadt der Affakaner in Indien VIII, 10, 22.

Medātēs, is, f. Madates.

měděor, ēri, heilen: medentes, die Ärzte III, 5, 14.

Medi, ōrum, die Meder III, 2, 4; IV, 12, 12; VI, 3, 3; VII, 8, 18; abjekt. Medi equites III, 9, 5.

Medīa, ae, Landschaft im innern Asien, nördl. ans kaspische Meer, südl. an Susiana grenzend IV, 5, 5; V, 1, 9; 4, 2; 7, 12; V, 8, 1; 13, 1; VIII, 3, 17; X, 10, 4.

medicāmentum, i, Heilmittel, Arzneimittel III, 6, 8; medicamentum sumere III, 6, 3; bibere VI, 10, 34.

mediusfidius

medicātus, 3. mit Heilkräften versehen: potio, Heiltrank III, 6, 2.

medicus, i, Arzt III, 5, 11; V, 9, 3.

mediōcris, mittelmäßig: formido non mediocris, nicht geringe III, 8, 25.

meditor, 1. „nachdenken", dah. auf etw. denken, sich auf etw. vorbereiten: defensionem VII, 1, 8.

medius, 3. in der Mitte befindlich, mitten: album III, 3, 17; Tanais medius Europam et Asiam interfluit, fließt mitten zwischen VI, 2, 14. — 2) partitiv. (vom mittleren Teile eines Gegenstandes), mitten, in der Mitte: opus IV, 3, 6; alveus IV, 9, 15; acies, Mitteltreffen IV, 14, 14; agmen III, 9, 6; dies, Mittag IV, 7, 22; nox, Mitternacht VII, 9, 16; hastam mediam frangere, mitten entzweibrechen IX, 7, 21; alqm medium complecti, mitten um den Leib fassen VIII, 1, 46; media moenia (mediam urbem) interfluere, mitten durch die Stadt fließen III, 1, 2; 5, 1; medio amni situs, mitten im Flusse IX, 9, 8; in (ex) medio spatio VI, 2, 18; VII, 11, 2; sarissam in medio gutture figere VII, 4, 36; in media pace VIII, 10, 17; in medio ardore VIII, 4, 27; in mediis hostibus, mitten unter Feinden X, 5, 12; se praecipitare in medios ignes, mitten ins Feuer VI, 6, 32; se immittere in medios hostes VII, 7, 37; persequi per medios hostes IV, 9, 25; ruere in medium belli discrimen VIII, 14, 6. — 3) subst. medium, i, Mitte: tabernaculum statuere in medium IX, 6, 1; in medio IV, 7, 22; immissi in medium Persarum III, 11, 4; plur. media, das eingeschlossene Land VI, 4. 16; übtr. a) Öffentlichkeit: alqm de medio tollere, aus dem Wege räumen VI, 10, 20. — b) Gemeinsamkeit: consulere in medium, für gemeinsamen Zweck VIII, 14, 21; velut in medio positis fundis hostium, als ob Grundstücke der Feinde zum Plündern preisgegeben wären IV, 1, 31.

mediusfidius, f. Fidius.

Medus — **mens** 159

Medus, i, Fluß in Persis, Nebenfluß des Araxes, jetzt *Polwar* V, 4, 7. — 2) ein Meder, s. Medi.

Megalopolitāni, ōrum, Bewohner b. Stadt Megalopolis in Arkabien VI, 1, 20.

maherculē, s. Hercules.

mĕl, mellis, *n.* Honig VI, 4, 22; VII, 4, 23.

Melamnĭdas, ae, Reiteranführer Alexanders VII, 10, 11.

Meleāger, gri, Oberst der macedonischen Phalanx III, 9, 7; IV, 13, 27; V, 4, 14; VII, 6, 19; X, 6, 20; 7, 1; 8, 1; X, 9, 21.

mĕlĭus, s. bene.

Melōn, ōnis, Dolmetscher des Dareus V, 13, 7.

Memacēni, ōrum, Volk am Jaxartes in Sogdiana VII, 6, 17. 21.

membrum, i, Glied (als Körperteil): *plur.* amputata IV, 15, 17; abrupta simulacrorum V, 6, 5; übtr. discordia membra X, 9, 4.

mĕmĭni, isse, sich erinnern, einer Sache eingedenk sein, mit *gen.*: periculi VII, 2, 8; injuriae VII, 5, 30; eorum VII, 8, 26; sui, an sich denken VII, 5, 9; mit *acc. c. inf.* IV, 1, 14; 11, 14; mit Fragsatz X, 8, 1.

Memnōn, ōnis, Sohn des Tithonus u. der Aurora, König der Äthioper, vor Troja vom Achilles getötet; Memnonis regia, Theben in Ägypten IV, 8, 3. — 2) ein Grieche aus Rhodus, befehligte am Granikus die griechisch. Soldtruppen des Dareus, eroberte Chios u. Lesbos, als er beabsichtigte von dort den Krieg nach Europa zu spielen, starb er bei d. Belagerung von Mytilene III, 1, 21; 2, 1; III, 13, 14; *nom.* Memno III, 4, 3. — 3) ein Truppenführer Alexanders IX, 3, 21; *acc.* Memnona IV, 8, 11.

mĕmor, ŏris, sich erinnernd, eingedenk: alcjus rei IV, 4, 15; 6, 14; VIII, 1, 51.

mĕmŏrābĭlis, e, merkwürdig, denkwürdig: pugna VII, 7, 37; proelium V, 4, 31; victoria IX, 1, 1; opus VI, 7, 14; laus V, 8, 16.

mĕmŏrĭa, ae, die Erinnerung an etw., das Gedenken, mit *gen. object.*: sortis V, 4, 11; periculi VII, 1, 7; meriti VIII, 1, 41; alcjus IV, 14, 24; memoriae prodere, dem Gedächtnis überliefern, berichten V, 1, 26. 35; VI, 1, 7; memoriae tradere IX, 5, 21. — 2) metonym. Gedenkzeit: urbs ad („bis zu") memoriam posteritatis insignis IV, 4, 19; clarissimus omnis aetatis ac memoriae, aller Zeit u. Erinnerung III, 5, 5. — 3) Erinnerungskraft, Gedächtnis: memoria alqm destituit VII, 1, 8.

mĕmŏro, 1. etw. in Erinnerung bringen, erwähnen, erzählen: amnem Granicum III, 10, 7; vera VIII, 1, 22; mit *acc. c. inf.* IX, 1, 18; 4, 2; *part.* memorandus, erwähnenswert, merkwürdig: exemplum V, 5, 5.

Memphis, is, Stadt in Mittelägypten am linken Nilufer IV, 1, 30; 7, 4. 5; 8, 2; X, 10, 20.

Menander, dri, Truppenführer Alexanders X, 10, 2.

mendācĭum, i, Lüge IV, 10, 32; VI, 11, 5. 21. — 2) Erdichtung, Fabel: poetarum III, 1, 4.

Menedēmus, i, Truppenführer Alexanders VII, 6, 24; 7, 31; 9, 21.

Menēs, ētis, Truppenführer Alexanders V, 1, 43.

Menĭdās, ae, Anführer berittener griechischer Soldtruppen IV, 12, 4; 15, 12; 16, 32; VII, 10, 11; *acc.* Menidan IV, 12, 4.

Mennis, is, Ort an der Heerstraße von Arbela nach Babylon, vielleicht das heutige *Kerkuk* V, 1, 16.

Menōn, ōnis, Truppenführer Alexanders VII, 3, 5; IX, 10, 20.

mens, tis, *f.* Denkart, Gesinnung, Sinn VIII, 1, 2; fida VIII, 3, 7; bona VI, 8, 10; prava VIII, 5, 5. — 2) Geisteskraft, Geist IV, 5, 3; 6, 12; X, 5, 13; humana IV, 13, 13; *plur.* VII, 7, 8, VIII, 6, 18; sollicita IV, 13, 2; attonita VIII, 6, 16; alqd mente complecti IX, 2, 11. — 3) Besinnung, Überlegung: mentis compos (potens)

III, 5, 4; mens alqm destituit VII, 1, 8; redit V, 7, 11; mentem colligere VIII, 6, 22. — 4) die **Gedanken**: impiae mentes IX, 3, 5; ea mente, in der Absicht V, 9, 1.

mensa, ae, Tisch VII, 4, 14 (s. moveo); vesci in mensa, am Tische V, 2, 14; super mensam, über Tische VII, 4, 7.

mensis, is, m. Monat IV, 4, 19; VIII, 9, 35; X, 6, 9; stipendium duorum mensum V, 1, 45.

mentio, ōnis, f. Erwähnung, mit gen. object.: alcjus VI, 9, 3; 10, 34; mentionem alcjus inferre ("vorbringen") VIII, 1, 38.

mentior, 4. lügen VI, 11, 36; mentientes IX, 2, 13. — 2) erdichten, fabeln VIII, 10, 12.

Mentor, ōris, Bruders des Rhodiers Memnon, Vater des Thymodes III, 3, 1. 13, 14.

mentum, i, Kinn VIII, 5, 22; 9, 22.

meo, 1. (regelmäßig) sich fortbewegen, ziehen, gehen: means excercitus VIII, 4, 3; amnis meat libero cursu, fließt dahin V, 1, 30; aqua means VII, 10, 3; iter qua meatur navigiis, die Fahrbahn der Schiffe IX, 4, 9; spiritus libere (arte) meat, geht frei III, 5, 9; 6, 14; VIII, 4, 12.

mercātor, ōris, Handelsmann, Kaufmann (als Großhändler) IV, 11, 14; X, 1, 15.

mercennārius, 3. um Lohn gebungen, gemietet: Graeci V, 3, 3; eques IV, 12, 22; miles, Söldner V, 1, 41.

mercēs, ēdis, f. Preis, Lohn, Belohnung: belli IV, 5, 8; parricidii VII, 5, 38; proditio mercede venalis III, 8, 3; militare mercede, um Sold dienen VI, 5, 7.

mĕrĕo, ŭi, itum, u. mĕrĕor, ĭtus sum, 2. (sich) etw. verdienen, auf etw. Anspruch machen können: benevolentiam IX, 6, 18; misericordiam VI, 11, 40; mit folg. ut III, 12, 24; VII, 1, 22. — 2) im üblen Sinne, verdienen, verwirken: supplicium VI, 6, 36; 7, 31; mortem VI, 8,

8; meritae poenae VI, 3, 14; verschulden: alqd de alquo X, 8, 2. — 3) sich verbient machen: de alquo, um jemb. X, 8, 1; de alquo optime meritus, hochverdient um VI, 9, 2; VII, 5, 38; subst. bene meritus, Wohlthäter VI, 10, 36.

mĕrētrix, icis, Buhldirne V, 1, 38.

mergo, si, sum, 3. eintauchen, versenken: se IV, 4, 4; alqm in amnem, ertränken X, 4, 2; mersa navis, versinkend IV, 8, 8; terrae profundo salo mersae, tief unter Wasser gestanden IX, 9, 20; übtr. mergi in voluptates, in Wollüste versinken X, 3, 9.

mĕrīdĭānus, 3. mittägig, süblich: regio VII, 3, 7; VIII, 9, 5.

mĕrīdĭēs, ēi, m. „Mittag", dah. übtr. Mittagsseite, Süden IV, 7, 18 (s. verto); V, 4, 7.

mĕrĭtum, i, das Verdienst: pro merito, nach Verdienst IV, 8, 14; jure meritoque, mit Fug u. Recht X, 9, 3. — 2) Verdienst, Wohlthat: in alqm VIII, 3, 14; IX, 2, 28; merito obligatus VII, 5, 23. — 3) im üblen Sinne, Verschulden: quo suo merito, wegen welcher Schuld von seiner Seite VIII, 6, 30; X, 7, 2.

Meros, i, Berg in Indien, vielleicht die Bergspitze *Meru* im Himalayagebirge: acc. Meron VIII, 10, 12.

mĕrum, (nicht mit Wasser vermischter) Wein VII, 4, 19; VIII, 1, 22; gravis mero VII, 4, 2; oneratus mero V, 7, 4.

Mĕsŏpŏtămĭa, ae, Land Vorderasiens zwisch. Euphrat u. Tigris III, 2, 3; 8, 2; IV, 9, 1; V, 1, 15; IX, 2, 13; X, 1, 19; 10, 10.

met, Anhängesilbe zur Hervorhebung eines Pronomen, „selbst, eigen": memetipse VI, 10, 4; nosmetipsos VII, 7, 15; temetipsum IX, 6, 14; sibimet IV, 5, 20; IX, 9, 22; sibimetipsis X, 7, 10; semet V, 4, 16; semetipse IX, 5, 2; semetipsum VII, 1, 16; a semetipso X, 1, 42; de semetipso VII, 10, 7.

mēta, ae, Spitzsäule, Meta (als Ziel der Rennbahn) VIII, 11, 6.

Methymnaei, orum, Bewohner der Stadt Methymna auf der Insel Lesbos IV, 5, 19; 8, 11.

mētior, mensus sum, 4. messen, bemessen: altitudinem VII, 8, 14; munimenta III, 1, 7. — 2) übtr. messen, beurteilen: terminos gloriae spatio VII, 7, 13; se („seinen Wert") spatio gloriae IX, 6, 18.

mētor, 1. (meta), abmessen: castra, abstecken III, 8, 19.

Metrōn, ōnis, im Heere Alexanders VI, 7, 22; 9, 7.

mĕtŭo, ŭi, ūtum, 3. etw. fürchten, sich vor etw. fürchten: supplicium VI, 11, 8; invidiam VI, 1, 17; nihil ab alquo VI, 8, 9; mit *acc. eines pronom.* IV, 13, 24; 16, 17; alqm VI, 3, 8; IX, 4, 19; mit folg. ne („daß") IV, 9, 13; V, 3, 13; ne non („daß nicht") III, 13, 4; mit *inf.* sich scheuen, Bedenken tragen, nicht wollen VIII, 7, 9; IX, 5, 25; X, 2, 15.

mĕtŭs, ūs, Furcht, Angst: mit *gen. object.* („vor"): insidiarum IV, 9, 15; poenae VII, 6, 15; suppliciorum V, 3, 12; mortis IV, 3, 18; metum incutere III, 8, 25; metu attonitus V, 12, 13. — 2) Schreckbild, Schrecknis: mortis VI, 7, 10; VIII, 3, 5; improvisus IX, 4, 16; Macedonum, für die Macedonier IV, 2, 13.

meus, 3. mein: sententia VI, 10, 4; Macedones IX, 2, 30. — 2) prägn. mir vorteilhaft: meliore hostium quam meo tempore, zu einer Zeit, die für die Feinde günstiger ist als für mich VII, 7, 10.

mīco, ŭi, 1. blitzen: tela tormentis excussa micant VIII, 2, 26.

Midās, ae, Sohn des Gordius, König in Phrygien III, 1, 12. 14.

mīlĕs, ĭtis, *m.* Soldat, Krieger: gregarius VII, 2, 33; *sing.* kollekt. III, 1, 1; 2, 16; IV, 3, 15; 5, 18; armatus VIII, 1, 4; mercennarius V, 1, 41; mercede conductus IV, 13, 31; peregrinus IV, 12, 10. — 2) Mitsoldat IX, 2, 33.

Milesli, ōrum, Bewohner von Milet IV, 1, 37; VII, 5, 29.

Milētus, i, Stadt in Carien in Kleinasien IV, 5, 13; VII, 5, 28. 35; VIII, 2, 8.

mīlĭtāris, e, soldatisch, kriegerisch, militärisch: via, Heerstraße V, 8, 5; lectica, Feldsänfte VII, 6, 8; opera, militärische Arbeiten IX, 8, 14; res militaris, Kriegswesen III, 6, 19; V, 2, 6; kriegerische Unternehmung VI, 2, 1; multitudo, Menge von Soldaten VI, 9, 6; vulgus, Soldatenvolk III, 6, 19; disciplina, Kriegszucht V, 1, 36; virtus V, 2, 2; flagitium VIII, 14, 11; der Soldaten: ferocia IX, 7, 14; favor X, 7, 13; animi IV, 2, 17; V, 10, 9; *subst.* militares, Krieger VIII, 5, 4.

mīlĭtĭa, ae, Kriegsdienst V, 4, 3; VI, 2, 17; militiae domique, im Krieg u. Frieden VII, 2, 33.

mīlĭto, 1. Kriegsdienste thun, dienen: apud alqm VII, 5, 29; cum alquo VI, 5, 31; peditem, zu Fuß VII, 1, 34; mercede, um Sold VI, 5, 7; gloriae, für den Ruhm VIII, 12, 10; *subst.* militantes, Krieger VII, 1, 24.

mille, tausend: equites IV, 9, 24; Macedonum V, 2, 16; Thracum V, 3, 3; milia armata (= armatorum) VI, 6, 24; vergl. milia resistentia V, 13, 19; appositiv: arma triginta quinque milia IX, 3, 21; vergl. III, 9, 2; V, 1, 41; singulis milia denariûm dare, je tausend V, 5, 22; terna V, 5, 24; *absol.* milia = milia militum IV, 10, 3; V, 2, 16; VI, 6, 35.

mīnae, arum, Drohungen IV, 6, 27; crescentis mali, drohende Anzeigen VIII, 4, 2.

Mĭnăpis, is, s. Manapis.

Minerva, ae, Göttin der Künste u. Wissenschaften, sowie der klugen, geordneten Kriegsführung III, 7, 3; 12, 27; IV, 13, 15; VIII, 2, 32; 11, 24.

mĭnĭmē, *adv. (superl.* zu *parum)*, am wenigsten VII, 11, 14; VIII, 6, 23. — 2) keineswegs, ganz u. gar nicht IV, 3, 23; VIII, 8, 5; minime

mirum est IV, 13, 23; minime vero haec feceris, thue doch dies ja nicht V, 2, 15.

minister, tri, Aufwärter, Diener III, 5, 4; V, 1, 42; 7, 5. — 2) Helfershelfer Gehilfe IV, 16, 33; VI, 9, 5; VII, 2, 14; supplicii X, 4, 1; caedis VIII, 7, 6; occidendi alqm VII, 1, 3; irae X, 1, 6; saevitiae X, 1, 8.

ministĕrĭum, i, Dienst, Verrichtung, Amt IX, 1, 32; magnum VII, 1, 11; servile VI, 6, 3; nautarum IV, 3, 18; carnificis VIII, 2, 2; sceleris, Beihilfe V, 12, 15; caedis X, 1, 2.

ministro, 1. „aufwarten", besond. bei Tisch, dah. auftragen, darreichen: vinum VIII, 9, 30.

mĭnor, 1. drohen VI, 3, 9; mit acc. c. inf. fut. X, 9, 16.

mĭnŭo, ŭi, ūtum, 3. „klein machen", dah. vermindern, verringern: omnia, weniger gefährlich scheinen lassen V, 4, 26; ratio audaciae minuitur, die Kühnheit wird geringer in Anschlag gebracht IV, 9, 23.

mĭnus, adv. (comp. zu parum), weniger V, 4, 22; uno minus, eins weniger VII, 11, 12; mit folg quam III, 2, 10; 8, 3; IV, 16, 26; non minus ...quam, nicht weniger, ebenso sehr... als III, 6, 12; V, 12, 5. — 2) nicht: si minus, wenn aber nicht V, 3, 14; quo minus, f. quominus.

mīrābĭlis, e, bewundernswert: opera, Wunderwerke V, 1, 29.

mīrābundus, 3. verwundert, voll Verwunderung IX, 9, 26.

mīrācŭlum, i, Wunderwerk, Wunder V, 1, 32; VII, 5, 42.

mīrātor, ōris, Bewunderer: virtutis IV, 6, 26.

mīrē, adv. „wunderbar", dah. außerordentlich: laetus VIII, 12, 16.

mīror, 1. sich wundern, sich verwundern: mit acc. c. inf. IV, 13, 18; V, 12, 2; mit folg. quod V, 12, 11; mit folg. si VIII, 7, 14.

mīrus, 3. wunderbar, erstaunlich: temperies IV, 7, 17; opportunitas IV, 4, 8; haud mirum est mit acc.

c. inf., kein Wunder V, 9, 9; minime mirum est IV, 13, 23; quid mirum est, was Wunder? V, 5, 12; X, 1, 33; ecquid mirum est mit folg. si IV, 11, 4.

miscĕo, cŭi, mixtum, 2. mischen, vermischen: mare flumini mixtum IX, 9, 7. — 2) übtr. a) vereinigen, zugesellen: eques pediti mixtus V, 4, 20; fors alium alii miscet, bringt den einen mit dem, den andern mit jenem zum Handgemenge IV, 15, 22. — b) passiv. misceri, verkehren, im Verkehr stehen: jure commercii cum alquo IX, 10, 8.

mĭser, ĕra, ĕrum, beklagenswert, unglücklich: conditio VII, 1, 37; miserior adolescentia VI, 10, 33; id miserrimum est alcui, ist das kläglichste für jemb. V, 3, 19; subst. miser VI, 10, 1; misera VIII, 2, 9.

mĭsĕrābĭlis, e, beklagenswert, bemitleidenswürdig: agmen V, 5, 5; quos pretium sui miserabiles fecerat (f. pretium) V, 6, 6. — 2) kläglich, jämmerlich: habitus VI, 9, 25; facies V, 4, 28; mors IV, 15, 17; casus VIII, 11, 12; bejulatus VIII, 2, 5.

mĭsĕrābĭlĭter, adv. auf klägliche Weise, jämmerlich IV, 16, 30.

mĭsĕrātĭo, ōnis, f. das Bemitleiden, das Mitleid VIII, 10, 36 (f. do i); 14, 41; X, 5, 11.

mĭsĕrĕor, sertus sum, 2. mit jemb. Mitleid fühlen, sich jembs. erbarmen, ihn bedauern: alcjus VI, 9, 18; 10, 26; fortunae alcjus V, 5, 24; X, 7, 5.

mĭsĕrĭa, ae, Elend, Unglück: plur. Leiden V, 5, 11.

mĭsĕrĭcordĭa, ae, Mitleiden, Mitgefühl, Barmherzigkeit: misericordia vertitur in alqm III, 5, 8; vertitur in metum (in formidinem) IV, 16, 12; VIII, 11, 12; IX, 10, 15.

mĭsĕrĭcors, dis (misereo u. cor), mitleidig, barmherzig IV, 10, 34; in alqm IX, 6, 12.

missĭlis, e, „werfbar", dah. subst. missile, is, Geschoß IV, 2, 9; 4, 9; missilia in alqm ingerere IV, 3, 15;

missio   **modo**   163

alqm missilibus appetere VI, 1, 15; incessere IV, 2, 21.

missio, ōnis, f. „das Loslassen", bah. militär. Dienstentlassung, Verabschiebung VII, 5, 27; X, 2, 12; 5, 14.

mītescō, ĕre, milb werden, reifen VI, 3, 7. — 2) gelinder werden, sich mildern: saevitia caeli mitescit VIII, 4, 13; aqua, wird weniger scharf VI, 4, 18.

Mithracēnēs, is, ein Perser V, 13, 9.

Mithrēnēs, is, ein Perser, überliefert Sardes III, 12, 6; V, 1, 44; 8, 12.

Mithrēs, is, persische Gottheit, den hellen Äther bezeichnend, später mit der Sonne identifiziert IV, 13, 12.

mītigō, 1. „mild machen", bah. übtr. mild stimmen, besänftigen, begütigen, beruhigen: alqm V, 3, 12; 9, 12; 10, 10; animum alcjus V, 3, 1. — 2) zähmen: bestias VI, 3, 8; elephantos IX, 2, 16; aures ad sonum, an den Schall gewöhnen VIII, 14, 10. — 3) v. Zuständen, mildern, mäßigen, besänftigen, beschwichtigen: iram IX, 7, 6; iracundiam X, 5, 34; dolorem VI, 6, 17; pertinaciam VII, 6, 17; perfidiam meritis, entwaffnen VII, 5, 19; imperia mitigantur obsequio VIII, 8, 8; hiems mitigatur, wird milder IX, 10, 4.

mītis, e. mild: fructus VII, 4, 26; terra, fruchtbar VII, 4, 30; mitis alendis frugibus, für das Wachstum der Feldfrüchte VIII, 9, 12; quae mitiora sunt, die fruchtbareren Strecken VII, 4, 26. — 2) übtr. mild, sanft, gütig III, 8, 4; V, 10, 14; in alqm VIII, 8, 4; ingenium III, 2, 17; mitiores vices fortunae, Wechsel zum Besseren V, 8, 15.

mitto, misi, missum 3. schicken, senden: alqd dono, zum Geschenk V, 2, 18; alqm in expeditionem IX, 5, 21; alqm commeatus paraturum VIII, 2, 13; mit relativ. Finalsatz VII, 11, 22. 26; ohne persönl. Objekt: mittere ad oraculum VI, 11, 6; mittuntur, qui Persas sollicitarent V, 10, 9; vergl. V, 3, 12; VIII, 1, 8. — 2) „von sich

ausgehen lassen", bah. verlauten lassen, hören lassen: vocem IV, 6, 28. — 3) werfen, schleudern: jacula IX, 5, 8; hastas VII, 9, 9; tela VIII, 14, 32; tormenta IV, 2, 9.

Mitylenaei, f. Mytilenaei.

Mitylēnē, ēs, f. Mytilene.

mōbilis, e, bewegbar: turris VIII, 10, 32; agmen, leicht beweglich IV, 14, 16. — 2) übtr. veränderlich, unbeständig: impetus IX, 4, 22.

mŏdĕrātē, adv. mit Mäßigung: alqd ferre III, 12, 20; VII, 4, 12.

mŏdĕrātiō, ōnis, f. Mäßigung, Selbstbeherrschung IV, 11, 7; VIII, 8, 10; moderatio et clementia V, 3, 15; continentia et moderatio VI, 6, 1.

mŏdĕrātus, 3. „das rechte Maß haltend", bah. gemäßigt, bescheiden VII, 4, 8; laetitia VII, 1, 24; oratio X, 8, 21.

mŏdestē, bescheiden, anspruchslos: modestius appetere X, 6, 18.

mŏdestus, 3. „das rechte Maß haltend", bah. bescheiden, sittsam: habitus V, 1, 38.

mŏdĭcus, 3. mäßig, ziemlich groß: altitudo IV, 2, 19; auctoritas VI, 7, 2. — 2) mäßig, nicht allzu groß, gering: habitus VII, 8, 9; iter VII, 9, 20; clivus VIII, 11, 6; spatium VII, 10, 15; intervallum VIII, 12, 7; exercitus X, 2, 8; praesidium III, 7, 7; manus VI, 5, 1; humor VII, 5, 2; 10, 3; tepor VI, 4, 22; flexus VI, 4, 16; volatus IV, 7, 15; lapsus VIII, 9, 18; declinatio VII, 4, 36; cibus, schmale Kost VII, 7, 5; cultus, bescheiden IX, 8, 23; usus, maßvoll VII, 6, 11.

mŏdŏ, adv. zur Beschränk. eines Begriffes ob. Urteils auf ein bestimmtes Maß, nur, bloß VII, 11, 14; VIII, 13, 14; beim Imperativ IV, 14, 13; VII, 8, 22; IX, 2, 25; beim conjunct. optativ. IV, 14, 3; VI, 2, 21; X, 7, 10; non modo ... sed etiam, nicht nur ... sondern auch III, 1, 9; non modo ... sed quoque IV, 5, 13; 6, 27; quoque ... non modo VII, 2, 6; non modo ... sed (sondern überhaupt) III, 4, 12; IV,

11*

4, 19; VI, 6, 34; 7, 1. — 2) in Bedingungsfätzen, wofern nur, wenn nur, mit Konjunktiv V, 1, 37; IX, 10, 27; X, 9, 6; viri modo et sobrii fuissent IX, 10, 27; modo ne, wenn nur nicht IV, 14, 3; VII, 2, 2; IX, 1, 7. — 3) z. Beschränk. auf einen unmittelbar vorhergehenden Zeitpunkt, eben, so eben, vor ganz kurzem IV, 1, 1; 16, 5; V, 5, 10; VI, 9, 27; 10, 31; VIII, 5, 17; modo ... modo, bald ... bald III, 6, 15; IV, 4, 4; VI, 7, 12; VII, 1, 24; modo ... interdum IV, 13, 16; modo ... nunc IV, 14, 21.

mŏdus, i, „Maß zum Messen", dah. übtr. Maß einer Sache, Größe, Menge: pecuniae V, 6, 8; vestis, („Stoffe") V, 6, 3; fortunae, Maßstab VII, 2, 33; modum excedere IV, 11, 8; ultra modum, über Gebühr IV, 13, 34; lunae, Mondphase VIII, 9, 36. — 2) Maß, Ziel, Grenze, Beschränkung: modum invenire VIII, 13, 15; laudi modum facere, der Ruhmbegierde ein Ziel setzen IX, 6, 15; tormentis modum adhibere, Einhalt thun VI, 11, 17; modum verborum tenere, in Worten Maß halten VI, 10, 1; modus cupiditatum, Mäßigung: sine modo, maßlos VII, 5, 8. — 3) Regel, Vorschrift: vetustus Macedonum VI, 8, 25. — 4) Stellung, Rang: hominis VI, 9, 18; praefecti VI, 1, 17 (s. capio 1). — 5) Art, Weise: varium suppliciorum V, 5, 5; in modum carinae (metae), nach Art VII, 3, 9; VIII, 11, 6; in (ad) hunc modum, nach dieser Weise, folgendermaßen IV, 1, 10; 11, 15; ad quem modum VIII, 5, 19; abl. modo mit folg. gen., in der Weise, nach Art, wie: avium modo IV, 5, 3; vergl. V, 13, 5; VI, 5, 17; simili modo, hoc modo III, 4, 14; hoc uno modo VIII, 4, 25; alio modo IX, 6, 13; quo modo III, 6, 12; simili modo IX, 1, 23.

moenia, um, Mauer (als Schutzwehr) IV, 2, 9; 6, 22; metonym. Stadt III, 1, 2.

Moeris, idis, ein indischer König IX, 8, 28.

mōlēs, is, f. Wucht, Massenhaftigkeit, Schwere: corporum V, 4, 32; crepidines magnae molis V, 1, 28; onera tantae molis V, 3, 21; mores saxorum, Steinblöcke VIII, 10, 30; corporum, Körperkolosse VIII, 13, 10; IX, 2, 21; übtr. Last, Arbeit X, 5, 37; belli IV, 8, 4. — 2) massenhafter Bau, Riesenbau V, 1, 33; VIII, 10, 26; VIII, 10, 32. — 3) insb. a) Damm, Mole IV, 3, 21; mare molibus contabulare V, 7, 8; molem jacere IV, 2, 16; agere IV, 2, 8; excitare VIII, 2, 24; moles novi operis, neuer Dammbau IV, 3, 8. — b) Wogenmasse III, 1, 5. — c) Heeresmasse: belli V, 9, 5; tot gentium III, 2, 12.

mŏlestē, adv. auf lästige Weise: sedulus III, 6, 11.

mŏlestus, 3. beschwerlich, lästig IX, 4, 28.

mōlior, 4. (moles), mit Kraftanstrengung in Bewegung setzen, von der Stelle bringen: navigia IX, 9, 13; truncos arborum IV, 3, 10; sabulum, durchwaten IV, 7, 7; gentes (classem), mobil machen IV, 9, 1; V, 7, 8. — 2) prägn. a) einreißen, zerstören: fundamenta ab imo VII, 5, 33; aditum domus, sprengen VI, 8, 20. — b) ins Werk setzen: aditum per saxa, bahnen VI, 6, 28; IX, 5, 19; opus, aufführen V, 1, 35; flumen insulas molitur, setzt an, bildet VIII, 9, 7; res, unternehmen V, 7, 1; id genus pugnae, dieses Manöver ausführen III, 11, 15. — c) beabsichtigen, planen: tantas res VII, 11, 23; defectionem IX, 10, 19; bellum alcui („gegen") IV, 1, 39; ictum, sich zum Schusse anschicken VIII, 14, 19.

mollis, e, weich, locker: solum mollius V, 3, 2. — 2) sanft sich erhebend: clivus VIII, 11, 6. — 3) übtr. mild, sanft: ingenium V, 6, 18; consuetudo VI, 3, 6.

mōmentum, i, (st. movimentum), „Bewegung", dah. b. b. Zeit, rascher Verlauf: unius horae IX, 6, 21; prägn. Augenblick: temporis VI, 7, 27; 9, 9;

momento temporis, augenblicklich VIII, 13, 24. — 2) was, in die Wagschale gelegt, den Ausschlag giebt, daß. übtr. Sache von Gewicht: maximum in bello V, 13, 14.

mŏnĕo, ŭi, ĭtum, 2. jemb. auf etw. aufmerksam machen, ermahnen, warnen: alqm V, 9, 17; mit *acc. c. inf.* III, 4, 13; mit folg. ut IV, 2, 3. 6; 9, 20; mit folg. ne IV, 6, 12; VIII, 14, 35; mit folg. Konjunktivsatz VII, 11, 22; ad nutum monentis, des Befehlenden III, 2, 13.

Monīmus, i, Gesandter Sparta's bei Dareus III, 13, 15.

mons, tis, *m.* Berg: editus III, 8, 22; praeruptus III, 4, 6; secundae magnitudinis VII, 3, 20; Caucasus mons VII, 3, 19.

monstro, 1. zeigen, weisen: vehiculum V, 13, 20; avem IV, 15, 27; iter IV, 7, 15; iter jaciendo operi, die Richtung für den aufzuführenden Bau IV, 4, 5; mit Fragsatz III, 12, 17 (f.. ex 4). — 2) übtr. angeben, bezeichnen: regionem IV, 13, 37; fontem V, 13, 24; mit *acc. c. inf.* IX, 8, 26.

monstrum, i, naturwidrige, Grausen erregende Erscheinung, Wunder IX, 8, 14; 9, 10.

mŏnūmentum, i (moneo), Denkzeichen, Denkmal III, 4, 10; expeditionis IX, 3, 19; regis X, 1, 14; monumenta majorum, Trophäen IV, 13, 12; monumenta rerum, Geschichtswerke IX, 5, 21.

mŏra, ae, Verzug, Verzögerung III, 6, 3; VIII, 3, 14.

mŏrātor, ōris, „Zögerer", daß.militär. Nachzügler IV, 10, 10.

morbus, i, Krankheit: morbum remediis curare V, 9, 3; morbo interire IX, 10, 20.

mordĕo, mŏmordi, morsum, 2. beißen VII, 4, 13.

mŏrībundus, 3. sterbend VI, 1, 15; IX, 1, 33.

mŏrĭor, mortŭus sum, moritūrus, 3. sterben: pro alquo VIII, 1, 34; pro fide III, 1, 7; subst. morientes IV, 15, 26.

mŏror, 1. (mora), zögern, säumen: diutius IX, 4, 30; morantes IV, 13, 18. — 2) verweilen, verbleiben IV, 4, 2. — 3) transit. aufhalten, zurückhalten, verzögern, hemmen: alqm VIII, 1, 46; 5, 13; IX, 9, 13; festinationem VIII,2,27; auxilia festinando IX, 4, 33; avaritiam III, 13, 11; iram VII, 1, 7; impetum, verrauchen lassen VI, 4, 2; humus moratur agilitatem rotarum IV, 6, 9; tempestas effectum consilii VIII, 13, 22; sollicitudo quietem IV, 13, 22; nox eventum III,8,20; rerum necessitas bellum IV, 4, 18; harenae morantur amnem V, 1, 30.

mors, tis, *f.* Tod: praesens IX, 1, 12; mortem occumbere IV, 15, 24; oppetere VII, 10, 5; subita morte corripi VI, 6, 18; egregia morte defungi III, 11, 9; miserabili morte consumi IV, 15, 17; ignobili morte extingui III, 5, 10.

morsus, ūs, Biß IX, 1, 12.

mortālis, e, sterblich, subst. mortales, Sterbliche, Menschenkinder VI, 11, 25; VII, 4, 10; 8, 26; miseri VI, 4, 11. — 2) menschlich: fastigium IV,7, 8.

mortālĭtās, ātis, *f.* „Sterblichkeit", daß. übtr. Menschennatur V, 5, 17; VIII, 4, 24; IX, 3, 7.

mōs, mōris, *m.* Sitte, Brauch, Gewohnheit: patrius III, 3, 8; majorum III, 8, 9; occidendi VIII, 8, 18; more quodam Persarum in Folge einer Sitte IV, 6, 5; more gentis, nach Sitte, nach Brauch VIII, 12, 14; more solito VIII, 14, 39, more novo VIII, 7, 11; more patrio III, 8, 12; more pristino V, 10, 12; suo more VII, 2, 1; carmina (ululatus) sui moris VII, 10, 6; IX, 4, 24; supplicia externi moris X, 4, 1; alqd moris est alcui, ist jemds. Sitte X, 1, 26; V, 2, 21; mos est (alcui) mit *inf.* VII, 7, 8; VIII. 6, 2; publicis moribus degere (f. publicus) VIII, 9, 33. — 2) *plur.* a) Sitten, Gesittung: gentis VIII, 4, 28; patrii VI, 6, 2; ex-

Mosyni

terni VI, 6, 10; mali VIII, 5, 7; perditi VIII, 9, 29. — b) *plur.* Wesen, Charakter III, 7, 12; VIII, 3, 15; optimis moribus praeditus VIII, 8, 22. — 3) übtr. a) Gesetz, Vorschrift: bonis moribus regi IX, 1, 24. — b) Eigentümlichkeit, Tracht: equitatus variis armis et moribus III, 3, 12. — c) Art u. Weise: more mit *gen.* nach Art, ähnlich wie: pecudum more V, 13, 19; triumphantis more IV, 1, 1.

Mosȳni, ōrum, Volk Asiens am schwarzen (nicht, wie Curtius berichtet, am kaspischen) Meere VI, 4, 17.

mōtus, ūs, Bewegung: corporis VII, 10, 4; siderum V, 1, 22; terrae, Erdbeben IV, 4, 20; amnis colliditur magno motu, mit großer Gewalt VIII, 9, 8. — 2) übtr. a) Gemütsbewegung, Aufregung VI, 9, 3; X, 7, 11; animi VII, 5, 16; VIII, 6, 16. — b) Empfindung, Stimmung: varii animorum motus V, 9, 14. — c) politische Bewegung, Aufstand III, 12, 3; IV, 14, 20.

mŏvĕo, mōvi, mōtum 2. in Bewegung setzen, bewegen: turres IV, 6, 9; mare ex profundo, aufwühlen IV, 3, 6; nusquam vestigium, sich nicht von der Stelle rühren X, 2, 13; coetus amnium fluctus movet, wirft auf IX, 4, 9; *passiv.* sich bewegen VII, 3, 13; agmen movetur, bewegt sich vorwärts VI, 6, 14; calor vitalis, regt sich VII, 3, 14. — 2) übtr. geistig ob. gemütlich erregen, daß. a) Eindruck machen auf jemb.: moveor alqua re, etw. macht Eindruck auf mich VIII, 2, 7. — b) aufregen, beunruhigen, schrecken: alqm IV, 14, 17; moveri vanis causis IV, 13, 5; metu poenae VII, 6, 15; v. Tieren, scheu werden VIII, 14, 10. — c) bewegen, ergreifen, rühren: alqm VII, 1, 2; 2, 6; moveri morte III, 2, 1; habitu VI, 9, 25; constantia III, 12, 26. — d) aufbringen, erbittern, reizen: alqm IV, 1, 7; VIII, 1, 38; motus, erbittert VII, 6, 19; VIII, 6, 8. — e) bewegen, bestimmen: alqm VI, 10, 19; VII, 1, 24; 9, 18; X, 2, 14; motus precibus VI, 5, 23; facto VII,

multiplico

1, 36. — 3) „herbeibewegen", daß. übtr. a) erregen, verursachen: dolorem IV, 6, 19; seditionem X, 4, 3; fortunam, herausfordern X, 9, 17. — b) anstiften, beginnen, unternehmen: alqd III, 1, 21; VIII, 5, 1; pugna se movet, rührt sich, ist im Gange VIII, 14, 6. — 4) wegbewegen, entfernen: oculos a vultu alcjus, abwenden III, 6, 9; copias, aufbrechen lassen IV, 7, 2; 9, 6; castra, das Lager abbrechen, mit dem Heere aufbrechen, vorrücken III, 8, 16; IV, 1, 6; 10, 8; ad hostes IX, 4, 23; dextrum cornu, werfen VIII, 14, 15; mensam, die Tafel abtragen lassen, aufheben VII, 4, 14 (Zeugma: ante ille agmen quam tu mensam istam movebis, „er wird eher sein Heer in Bewegung setzen, als du hier die Tafel aufheben wirst"); reflex. movere, aufbrechen: ab Ecbatanis V, 13, 1; in Indiam VIII, 9, 1.

mox, *adv.* bald, bald nachher, bald darauf V, 1, 6; 9, 11; VI, 5, 23. mox deinde X, 3, 12; primo...mox VIII, 13, 22; IX, 9, 25.

mucro, ōnis, *m.* Degenspitze, Degen III, 11, 5; IX, 5, 11.

mulco, 1. übel zurichten, verstümmeln: mulcari aliqua parte membrorum V, 5, 14; VII, 11, 17; VIII, 11, 23.

mŭlĭĕbris, e, weiblich, des Weibes: sexus VI, 5, 28; gratia VII, 1, 39; blanditiae VIII, 3, 2; muliebria pati, sich als Weib gebrauchen lassen VI, 6, 8.

mŭlĭĕbrĭter, *adv.* nach Weiberart, weibisch III, 3, 14. 18; VI, 7, 11.

mŭlĭer, ĕris, Weib III, 12, 6.

Mullīnus, i, Geheimschreiber Alexanders VIII, 11, 5.

multa, ae, Geldbuße III, 7, 2.

multĭplex, plĭcis, vielfach, mannigfach: natura VII, 4, 26; caedes IV, 16, 10; casus VI, 1, 9; expectatio IV, 10, 26.

multĭplĭco, 1. vervielfältigen, vermehren: sonum III, 10, 2; metum V, 4, 19; laborem VII, 3, 17.

multītūdo, ĭnis, *f.* große Anzahl, Menge: militum III,2,10. — 2) Menschenmenge, Menge Volks VI, 8, 5; 16, 2; IX, 9, 13; militaris VI, 9, 6; Überzahl IV, 9, 12; 13, 30. — b) die große Menge, das Volk IV, 10, 7; IX, 7, 6; imbellis VI, 6, 24.

multo, 1. (multa), (durch Verlust) strafen: alqm pecuniā, jemdm. eine Geldbuße auferlegen IV, 1, 37.

multō, *adv.* (eig. *abl. mensurae)*, „um vieles", bah. beim Komparativ, weit, bei weitem V, 2, 13; VII, 5, 15; multo magis IX, 5, 1; multo ante lange vorher V, 11, 10; haud multo post, nicht lange nachher X, 1, 10.

multum, *adv.* viel, sehr: bei Adjekt. III, 1, 7; 11, 8; bei Verbis IV, 3, 2; 6, 3; VII, 5, 38; haud multum infra VI, 8, 7.

multus, 3. viel: harena IV, 6, 8; arbor VII, 4, 26; cedrus V, 7, 5; silva VIII, 10, 14; lux, heller Tag IV, 13, 21; nox, spät VI, 11, 12; vita, inhaltreich IX, 6, 22; ex multo, seit langem V, 11, 10; multum mit *gen. part.*: multum sanguinis III, 11, 5; viae IV, 16, 3; in multum diei, weit in den Tag hinein VIII, 14, 28; plurimum spei, die meiste Hoffnung III, 3, 1; plurimum frumenti (vestis), sehr viel Getreide (Gewänder) IV, 10, 13; VIII, 12, 16; pluris aestimare, höher schätzen V, 8, 6; plures, a) die Mehrzahl III, 2, 1. 7; VII, 2, 31; VIII, 14, 31; X, 2, 25; 7, 18. — b) (= complures), ziemlich viele VIII, 2, 14; 13, 9; X, 2, 8; 9, 1.

mūlus, i, Maultier III, 3, 24; VIII, 7, 11.

mundus, i, Welt IV, 11, 22; X, 9, 4. — 2) Himmel VIII, 9, 13.

mūnia, ium, Dienstpflichten, Dienste VIII, 6, 2; IX, 3, 1; militiae X, 3, 9; munia exequi VI, 9, 29; munia explere VII, 2, 33.

mūnīmentum, i, Befestigungswerk, Verschanzung: arcis IX, 4, 8; urbis IV, 4, 4; castrorum IX, 3, 19; Lager IV, 12, 2; VII, 6, 26. — 2) übtr. Schutzwehr, Bollwerk V, 4, 5;

regni IV, 5, 4; 14, 10; corporis, körperliche Wehr (b. i. der Panzer) IV, 13, 25.

mūnio, 4. Schanzen aufführen, schanzen: munientes IV, 2, 23. — 2) befestigen: castra IV, 12, 17. — 3) übtr. decken, schützen: aciem orbe IV, 13, 31; latus ab hostibus (s. latus); VI, 8, 9; *part.* munitus, befestigt, geschützt: urbs (muro, opere) V, 1, 17; IX, 1, 14; 8, 11; urbs munitior VII, 6, 19; latera munitiora sunt IV, 13, 32.

mūnītio, ōnis, *f.* Befestigungswerk, Befestigung IV, 7, 21.

mūnus, ĕris, *n.* Obliegenheit, Dienst, Verrichtung VIII, 11, 8; sollemne X, 10, 9; militiae („im Kriege") V, 4, 3; Leistung VII, 6, 26; alqd est mei muneris, ist meines Amtes VII, 6, 8. — 2) Geschenk (aus Gewogenheit) V, 2, 19; deorum IV, 7, 13; fortunae IX, 6, 19.

mūrālis, e, zur Mauer gehörig: pilum, Mauerpile, eine schwere Gattung von Wurfspießen, die durch Maschinen geschleudert wurden VIII, 10, 32.

mūrex, ĭcis, *m.* mit Spitzen versehene Fußangel IV, 13, 36.

murmŭro, 1. murmeln: inter se VI, 11, 3; murren IX, 3, 15.

mūrus, i Mauer (als Bauwerk) III, 1, 5; laterculo instructus V, 1, 25; circumdatus nemori VII, 2, 29.

Musicāni, ōrum, Volk am Indus, 60 Meilen von b. Mündung IX, 8, 8. 16.

mūtābĭlis, e, veränderlich, wandelbar: fortuna III, 8, 20; vices rerum IV, 14, 19; mutatio IV, 10, 7.

mūtātio, ōnis, *f.* Veränderung, Wechsel: rerum III, 13, 12; anceps temporum IV, 1, 27; externa moris VIII, 5, 20.

mūtĭlo, 1. verstümmeln: aures naresque VII, 5, 40; corpora securibus IX, 2, 19.

mūto, 1. ändern, verändern, umändern pleraque in disciplina V, 2, 6; consilium iterque V, 8, 1; nomen VII, 3, 1; pugnam („Kampfstellung") III, 2, 14; rationem belli VIII, 10, 20; vultum VI,

168   mutuo   natura

9, 10; vices temporum VIII, 9, 13; nihil ex more (ex voluntate) IV, 7, 5; VII, 1, 31; VI, 7, 13; fidem VII, 4, 21; jura in contrarium IX, 4, 7; vaginam in formam III, 3, 6; cultum corporis in externum habitum, sein Äußeres in ausländische Tracht ummodeln X, 5, 33; moles in saltum mutatur, wird verwandelt IV, 3, 21; *passiv.* mutari, sich verändern: color mutatur IV, 6, 18; 15, 11; mutatus, verändert III, 2, 18. — 3) wechseln, vertauschen: equum III, 11, 26; ministros supplicii X, 4, 1; bellum ("den Kriegsschauplatz") IX, 4, 17; juga montium campis ("mit") III, 10, 10; exilium sede patria, gegen die Heimat eintauschen III, 7, 11. — 4) übtr. umstimmen: alqm VIII, 6, 12. 20; VI, 8, 6; animum (in diversum) VI, 10, 12; IX, 7, 10.

mūtŭo, *adv.* "wechselseitig", daß. beiderseitig, gemeinsam IV, 14, 21; V, 5, 12.
mūtus, 3. stumm: omnia tristi silentio muta torpent X, 5, 7.
mūtŭus, wechselseitig, gegenseitig: adhortatio III, 11, 9; gratulatio VII, 2, 24; salutatio X, 8, 23; clamor IV, 9, 20. — 2) beiderseitig, gemeinsam: gemitus IV, 16, 12; dolor IV, 10, 21; lacrimae V, 12, 8; querelae VI, 2, 4; caritas VI, 7, 4.
Mylleās, ae, Geheimschreiber Alexanders III, 11, 5 (*V.*).
Myndii, ōrum, Einwohner der dorischen Stadt Myndos in Karien III, 7, 4.
Mytilenaei, ōrum, Einwohner von Mytilene IV, 8, 13.
Mytilēnē, es, Hauptstadt d. Insel Lesbos, jetzt *Meletin* IV, 5, 22.

N.

Nabarzānēs, i, Chiliarch der Leibwache u. Großvezier des Dareus, gegen ihn mit Bessus verschworen III, 7, 12; 9, 1; V, 9, 2. 11; 10, 1. 12; 11, 8; 12, 14; 13, 18; VI, 3, 9; 4, 8; 5, 22.
nam, *conj.* benn, nämlich III, 8, 14; V, 11, 4; mit Ergänzung des zu erklärenden Satzes III, 2, 9; IV, 9, 2; VIII, 8, 19.
namque, *conj.* benn, benn ja, nämlich III, 4, 6; IV, 2, 11; nachgestellt III, 12, 5; V, 1, 15; VI, 5, 16; 6, 7.
nāris, is, *f.* "Nasenloch", *plur.* Nase VII, 5, 40.
Nasamōnes, um, Volk Afrikas südwestl. von Cyrenaica bis zur großen Syrte IV, 7, 19.
nascor, nātus sum, 3. geboren werden X, 6, 21; natus Macedo VI, 11, 4; *part.* natus: a) mit Zeitbestimmung, alt: septuaginta annos natus VI, 11, 32; VII, 2, 33. — b) wozu geschaffen, daß. geeignet: otium serendis rumoribus, wie geschaffen zu VIII, 9, 1. — 2) übtr. entstehen, entspringen: bellum nascitur ex victoria VII, 8, 21; poma nascuntur, wachsen VI, 4, 21.
nātio, ōnis, *f.* Völkerstamm, Volk (durch gemeinschaftl. Abstammung): ejusdem nationis esse VI, 3, 10; alquis ejusdem nationis VIII, 2, 25; Medus natione, bem Volksstamme nach VII, 4, 8; III, 6, 1; 13, 2. — 2) Menschenschlag: rudis VI, 6, 9.
nātīvus, 3. angeboren: sermo, Muttersprache VI, 10, 23.
nāto, 1. (no), schwimmen IV, 8, 8; IX, 4, 12; natantes IV, 3, 5.
nātūra, ae (nascor), Geburt: natura calamitosus V, 5, 17. — 2) Natur, natürliche Beschaffenheit VI, 6, 26; terrae VII, 4, 26; loci IV, 8, 1; maris IX, 9, 6; freti IX, 9, 10; lacūs IX, 10, 1; situs naturae, natürliche Lage VI, 4, 15; mare terram reddit naturae suae, giebt dem Lande seine natürl. Gestalt zurück VI, 4, 19. — 3) Natur, Naturell, Charakter III, 2, 17; IV, 11, 16; V, 10, 14; mortalium VII, 4, 10; bestiarum VI, 3, 8; natura simplex, von Natur V, 10, 14. — 4) Natur-

gesetz, Natur: elementi IX. 9, 26; jura naturae IX, 4, 7. — 5) die schaffende **Natur** IV, 6, 6; VII, 7, 14; 11, 10; IX, 9, 4; emoriens IX, 4, 18; metonym. das von der Natur Geschaffene V, 1, 34; Naturgebiet IX, 6, 20.

nātūrālis, e, von der Natur herrührend, natürlich: situs III, 4, 2; humor VII, 5, 5; solatium VIII, 4, 8; desiderium X, 5, 32.

nātus, ūs, (nur *abl.* gebräuchl.), Geburt: maximus natu, der älteste IV, 7, 25; 11, 2.

naufrăgĭum, i (navis u. frango), Schiffbruch V, 9, 3; IX, 9, 21.

nauta, ae, Schiffer, Matrose IV, 3, 18; VII, 9, 6.

Nautăca, ōrum, Ort in Sogdiana, nicht weit vom Fluß Oxus VIII, 2, 19.

nautĭcus, 3. schiffsmännisch: res, Seewesen IX, 10, 3; subst. nautici, Schiffsleute, Seeleute IX, 9, 4. 26.

nāvālis, e, die Schiffe betreffend: materia, Schiffbauholz IX, 1, 4; certamen, Seetreffen IV, 3, 12; proelium IV, 1, 11; clades, zur See IV, 3, 14.

nāvĭgĭum, i, Fahrzeug, Schiff: parvum IV, 2, 20; leve IV, 2, 21; majus IX, 4, 11.

nāvĭgo, 1. schiffen, segeln IX, 4, 12; 6, 3; 8, 3 (s. per 2); VIII, 13, 25; navigantes VII, 4, 28.

nāvis, is, *f.* Schiff: longa, Langschiff, Kriegsschiff IX, 9, 2; piratica IV, 5, 19; navem mergere IV, 8, 7; demergere IV, 3, 12; (*abl.* navi VIII, 13, 27; nave IX, 9, 21.)

nāvo, 1. rührig betreiben: operam, Dienste leisten IX, 1, 6; ad reliqua belli VII, 5, 27.

1. nē, *adv.* nicht, mit *conjunct. prohibit.*: ne credideris, glaube nicht VII, 8, 29; ne expectaveris IV, 10, 32; ne oneraveris VIII, 7, 15; ne credatis VI, 3, 12; ne dubitaret, er solle sich nicht bedenken V, 4, 16; ne proderet VI, 7, 8; modo ne IV, 14, 3; VII, 2, 2; IX, 1, 7. — 2) ne ... quidem (mit dem betonten Wort in der Mitte), a) auch nicht IV, 6, 22; aber auch nicht IV, 16, 31; ne ipse quidem, er ebenfalls nicht VIII, 1, 28. — 3) nicht einmal, sogar nicht III, 1, 23; 2, 18; 4, 5; 5, 16; VIII, 2, 31; IX, 1, 33; ne ... quidem ... sed, nicht bloß ... sondern VI, 9, 26 VIII, 1, 44. — B) *conj.* mit Konjunktiv: in Finalsätzen, damit nicht, daß nicht: ne dicam, um nicht zu sagen IX, 2, 28; vide ne, siehe zu, daß nicht VII, 8, 14; ita ne spiculum moveretur (= ita ut curarent, ne sp. moveretur) IX, 5, 22. — 2) nach Zeitwörtern des Bittens, Ermahnens, Forderns, Befehlens III, 5, 14; VIII, 14, 35; 10, 5; IX, 2, 28. — 3) nach Ausdrücken d. Furcht u. Besorgnis = daß (ob. „möchte") III, 7, 9; 9, 11; V, 3, 13; 12, 1; sollicitus ne VII, 9, 6; periculum est ne IV, 6, 12; ne non, „daß nicht" III, 13, 4; VII, 7, 27. — 4) (= nedum) geschweige daß: ne vos credatis VI, 3, 12.

2. **nē,** enklitische Fragepartikel: in einfach. direkter Frage, wohl: videsne IV, 10, 32; credisne IV, 13, 22; numne IV, 11, 19; wo bejahende Antwort erwartet wird, etwa nicht? licetne VII, 8, 16; nostrone VI, 11, 25. — 2) in einfach-indirekter Frage, ob, ob etwa: satisne III, 2, 10; IV, 1, 23. — 3) in zweigliederiger indirekter Frage: ne ... an, ob ... oder IV; 15, 12; V, 2, 4; 4, 10; IX, 4, 25; utrumne ... an III, 7, 8; IV, 9, 1.

Nearchus, i, Flottenführer Alexanders IX, 10, 3; X, 1, 10; 6, 10.

nec, s. neque.

necdum, *conj.* und noch nicht, aber noch nicht IX, 6, 1.

něcessārĭus, 3. notwendig, nötig: quies V, 4, 22; consilium, unbedingt geboten VIII, 2, 29; usu necessaria, die notwendig zu ergreifenden Maßregeln V, 1, 8; prägn. necessaria, ōrum, die notwendigen Lebensmittel V, 12, 6. — 2) durch ein bauerndes Verhältnis verbunden, subst. Angehöriger, Verwandter V, 3, 14; VII, 2, 36.

něcessě, *indcl.* unumgänglich notwenbig: necesse esse (alcui), notwenbig sein, müssen, mit *inf.* IV, 13, 20; VI, 10, 25; VIII, 1, 49.

něcessĭtās, ātis, *f.* „Unvermeiblichkeit", daß. Drang der Umstände, Notwendigkeit, Not IV, 10, 14; VII, 5, 17; praesens V, 4, 12; VI, 4, 10; ultima IX, 3, 6; efficax VIII, 4, 11; efficacior amni arte IV, 3, 24; necessitas stimulat IV, 14, 22; acuit ignaviam V, 4, 31; cogit omnia experiri IV, 1, 29; ante rationem est VII, 7, 10. — 2) Not, Mangel IX, 10, 17. — 3) Zwang VII, 4, 38.

něcessĭtūdo, ĭnis, *f.* enge Verbindung, Verwandtschaft: *plur.* konkret Verwandte IV, 10, 23.

něco, 1. umbringen, töten (bes. gewaltsam): alqm tortum IV, 8, 11; excruciatum VIII, 8, 20; per cruciatum IX, 7, 8; veneno X, 10, 14.

necŭbi, *conj.* (= ne alicubi), „damit nicht irgendwo", daß. damit nicht irgendworin VIII, 5, 4.

nēdum, *adv.* geschweige denn, viel weniger VII, 4, 4.

nĕfandus, 3. (ne u. fari), „nicht auszusprechen", daß. verrucht, schändlich: caedes VIII, 2, 2.

nĕfārĭus, 3. (nefas), verrucht, frevelhaft: spes V; 9, 3.

nĕfās, *indcl. n.* Unrecht, Frevel: tantum VI, 9, 4; ultimum VI, 9, 11; nefas committere IV, 10, 29; ad nefas agi VIII, 2, 6; nihil nefas est avaritiae, gilt der Habsucht für Frevel IV, 10, 17; nefas est, es ist unrecht, mit *acc. c. inf.* V, 7, 2; 9, 16; alcui mit *inf.*, es ist nicht gestattet V, 2, 21.

nĕfastus, 3. nach göttlicher Satzung verboten, daß. sündhaft, ruchlos VII, 5, 20.

neglĕgenter,*adv.*nachlässig;*comp.* neglegentius, weniger sorgfältig IX, 7, 2.

neglĕgentĭa, ae, Nachlässigkeit, Unachtsamkeit VI, 3, 11.

neglĕgo, exi, ectum 3. (nec u. lego), vernachlässigen, außer Achtlassen: cetera VII, 11, 9.

nĕgo, 1. (ne u. ajo), nein sagen IX, 2, 31; daß. *transit.* a) in Abrede stellen, leugnen mit *acc. c. inf.* VI, 10, 17; sagen (erklären, behaupten), daß nicht ... III, 8, 5; 11, 26; IV, 1, 17; 7, 27; V, 13, 16. — b) versagen, verweigern: alcui alqd X, 5, 11; VII, 2, 32.

nĕgōtĭum, i (nec u. otium), „Unmuße", daß. Beschäftigung, Thätigkeit VII, 1, 4. — 2) prägn. Schwierigkeit: nullo negotio, ohne Schwierigkeit VI, 10, 20. — 3) übtr. a) Geschäft, Auftrag: alcui negotium dare X, 1, 36; mit folg. ut IV, 2, 18. — b) Angelegenheit, Sache: alienum VII, 4, 10; humana negotia agere V, 11, 10.

nēmo, ĭnis (ne u. homo), niemand, keiner IX, 2, 31; captivorum V, 13, 20; kein abjekt.: nemo alius V, 12, 19; pius V, 5, 17.

nempē, Beteuerungspartikel, denn doch, doch wohl IV, 13, 21; VIII, 7, 9. — 2) mit Indignation, wohl verstanden IV, 11, 19; X, 2, 25 (s. in *B*, 5).

nĕmus, ŏris, *n.* triftenreicher Wald, Hain VII, 2, 22; opacum IX, 1, 13; umbrosum VI, 4, 3; nemora et silvae (et luci) V, 1, 35; VII, 5, 34.

nĕpōs, ōtis, Enkel IV, 10, 22.

neptis, is, Enkelin V, 2, 19; X, 5, 20; *acc.* neptim VI, 2, 7.

Neptūnus, i, Sohn des Saturnus, Gott des Meeres IV, 2, 20; 4, 5.

nēquam, *indecl.* nichtsnutzig: subst. Taugenichts X, 1, 26.

nēquāquam, *adv.* keineswegs, ganz u. gar nicht III, 1, 18; V, 13, 13.

nĕquĕ ob. **nec,** *conj.* und nicht, und auch nicht III, 6, 14; 8, 14; die Negation nur auf ein einzelnes Wort b. Satzes bezogen: nec dubitare eum ... adjecit (= et adjecit eum non dubitare) III, 13, 2; neque enim, denn nicht III, 9, 12; neque tamen, und dennoch nicht IV, 6, 25; neque ... quidem, auch nicht einmal VI, 10, 10; X, 4, 3;

nec modo... sed quoque X, 1, 28. — 2) aber nicht, jedoch nicht IV, 1, 7; 16, 24; V, 3, 19; 8, 13; VIII, 9, 8. — 3) und zwar nicht, denn nicht IV, 10, 24; V, 5, 7; VI, 6, 22. — 4) sogar nicht, selbst nicht VI, 11, 40; VII, 6, 4; X, 2, 8; 5, 29, — 5) neque (nec)... neque (nec), einerseits nicht... als auch nicht, weber... noch III, 1, 17; 3, 27; neque... et, einerseits nicht... andrerseits, teils nicht... teils IV, 1, 2; 2, 9; 3, 26; ob gleich nicht... doch VI, 5, 18.

nĕqueo, īvi, ĭtum, īre, nicht können, mit *inf.* III, 4, 3; IV, 10, 29.

nēquīquam, *adv.* vergeblich, fruchtlos III, 2, 11; 5, 12; VI, 11, 15.

ne-scio, 4. nicht wissen: mit abhäng. Frage VI, 10, 33; nescio an, ich weiß nicht, ob nicht = vielleicht IV, 11, 8; VI, 3, 4. — 2) nescio qui als adjekttiv. Begriff, irgend ein: malum IV, 10, 26; nescio quid, irgend etwas IX, 2, 31. — 3) nicht verstehen, mit *inf.* VII, 7 16 (s. ut *B*, 4).

neu ob. nēvĕ, *conj.* und (daß) nicht: nach ut VIII, 2, 27; 3, 15; nach ne VIII, 5, 14; nach bloß. Konjunktiv III, 8, 2.

nex, nĕcis, *f.* (gewaltsamer) Tod: dominus vitae necisque civium IV, 1, 22.

nexus, ūs, Verknüpfung, Verschlingung, Verbindung III, 1, 15. 17; IV, 3, 9; operum, die Fugen IV, 2, 8; ramos nexu conserere, mit einander verflechten VI, 5, 15; übtr. nexus causarum latentium, verborgener Kausalnexus V, 11, 10.

ni, *conj.* (= nisi), wenn nicht, wofern nicht IV, 15, 21; V, 9, 10; IX, 7, 22.

Nicaea, ae, Stadt in Indien am Hydaspes, von Alexander gegründet IX, 3, 23.

Nicānōr, ŏris, Sohn des Parmenio, Befehlshaber der halbleichten königlichen Schildknappen (Hypaspisten) III, 9, 7; IV, 13, 27; V, 13, 19; VI, 6, 18; 9, 13. 27. — 2) ein Mitverschworener des Dymnus VI, 7, 15. — 3) ein vornehmer Jüngling im macedon. Heere VIII, 13, 13.

Nicarchīdēs, is, im Heere Alexanders: *acc.* Nicarchiden V, 6, 11.

Nicomăchus, i, im Heere Alexanders VI, 7, 2; 8, 1; 10, 7; 11, 37.

Nicostrătus, i, ein königlicher Page VIII, 6, 9.

nĭhĭl (nil), *indcl. n.* nichts: nihil virium, keine Kräfte IX, 5, 13; nihil magnae rei, nichts von Bedeutung VII, 2, 33. — 2) v. Personen, niemand: nihil illis promptius fuit VII, 2, 38. — 3) als Adverb, in keiner Weise, gar nicht. nicht im geringsten X, 7, 14; nihil conterritus III, 12, 26; nihil cunctatus V, 6, 2; nihil opus est IX, 5, 28; X, 8, 16.

nĭhĭlō (*abl. mensurae* v. nihilum), um nichts: nihilo graviora X, 3, 1; nihilo magis, ebenso wenig IV, 1, 33; nihilo plus animi IX, 8, 8; nihilo minus, nichts besto weniger, gleichwohl IX, 1, 20. nīl, s. nihil.

Nīlus, i, der Nil in Ägypten IV, 7, 3; 8, 4; VIII, 9, 9.

nimbus, i, Regenguß VIII, 13, 23.

nīmīrum, *adv.* (eig. ne mirum, nämlich), nämlich, unstreitig IV, 16, 5; VI, 9, 11.

nĭmĭus, 3. übermäßig, zu groß: spes IV, 11, 8; cupiditas IV, 1, 19; gaudium IX, 7, 26; festinatio III, 10, 3.

Nīnus, i, Sohn des Belus, Gemahl der Sameramis, Gründer des assyrischen Reiches III, 3, 16.

nĭsi, *conj.* wenn nicht III, 1, 8; 2, 11; nisi forte V, 4, 12; 8, 12; nisi auctor (erg. esset) VI, 8, 10; nisi illato lumine, außer wenn VIII, 2, 21. — 2) außer, ausgenommen IV, 1, 17; X, 5, 32; mit b. Negation zusammen = nur IV, 2, 9; 12, 21; VII, 4, 27; nec nisi... nec, einerseits nur... andrerseits nicht VIII, 10, 27; nisi cum, außer wenn V, 2, 22; nisi quod, nur daß, abgesehen davon daß IV, 11, 3; 16, 6; VII, 1, 33; nisi dividat = nisi quod dividit VII, 8, 30; nisi qui (ignis) recipit, außer wenn es VIII, 9, 32.

nīsus, ūs (nitor), das Anstemmen, Kraftanstrengung, Schwung: tela nisu vibrare VII, 9, 7 (f. conor); hastas libero nisu mittere VII, 9, 9; sagittas majore nisu emittere VIII, 9, 28.

nīsus, a, um, f. nitor.

nĭtĕo, ui, 2. (nix), glänzen, blinken: purpura auroque III, 2, 12; oleo IX, 7, 20; cultu („Aufzug") X, 2, 24.

nĭtĭdus, 3. glänzend, hell: lux nitidior IV, 12, 23.

nĭtor, ōris, m. Glanz: sideris IV, 10, 2; VII, 4, 29.

nītor, nīsus (nixus) sum, 3. „sich anstemmen", dah. emporklimmen V, 3, 21; per ardua VIII, 11, 9; per aspera VII, 11, 16.

nix, nĭvis, f. Schnee: perennis VII, 11, 8; vento cumulata V, 4, 18; *plur.* Schneemassen V, 6, 13; VI, 3, 16; VIII, 9, 13; altae VII, 3, 11; Schneeflächen VI, 3, 16.

no, nāvi, nāre, schwimmen VII, 8, 6; VIII, 13, 12; equi nantes VII, 9, 4.

nōbĭlis, e (= noscibilis v. nosco), „kennbar, bekannt", dah. prägn. a) berühmt: rex IV, 12, 8; urbs III, 10, 7; vicus clade IV, 9, 9; regio fertilitate V, 1, 11; pugna, ruhmvoll VIII, 2, 37; victoria VIII, 1, 23. — b) edel, vornehm III, 11, 25; 12, 4; 13, 15; subst. nobiles VII, 3, 4; nobiliores X, 6, 20; nobilissimi III, 3, 21. — c) von edler Art, vorzüglich: equus VII, 4, 18; canis ad venandum IX, 1, 31; ferae VIII, 1, 11; gemma X, 1, 24.

nōbĭlĭtās, ātis, f. Berühmtheit, Ruhm: gentis V, 8, 16; locis nobilitatem dare („verleihen") IX, 6, 22. — 2) edle Abkunft, vornehme Geburt III, 7, 12; VI, 2, 9; genus ac nobilitas, Adel des Geschlechts IX, 1, 26.

nōbĭlĭto, 1. berühmt machen: victoria nobilitat alqm V, 8, 17; *passiv.* nobilitari, berühmt werden IV, 6, 30.

nŏcĕo, cŭi, cĭtum, 2. schaden: disciplinae V, 1, 36; absol. VI, 3, 11; VII, 2, 12.

noctū, *adv.* bei Nacht, zur Nachtzeit V, 2, 7; VI, 5, 12.

nocturnus, 3. nächtlich: iter VII, 5, 1; quies V, 13, 5; frigus VIII, 10, 7; calor IV, 7, 22.

nōdōsus, 3. voll Knoten, knotig: stipes IX, 7, 20.

nōdus, i, Knoten, Verschlingung III, 1, 15. 18; VI, 5, 27. — 2) übtr. Knoten am Holze VI, 5, 16.

nōlo, nōlŭi, nolle, nicht wollen: quicquam X, 7, 12; mit *inf.* III, 2, 11; salvus esse nolo VI, 9, 24; nolite amittere IX, 2, 26.

nōmen, ĭnis, n. Benennung, Name V, 10, 2 (f. ad 7); Gordium nomen est urbi III, 1, 12; alcui est nomen Alexandro VIII, 10, 36; nomen inditum est IX, 1, 5; ab alquo, nach jemb. VIII, 9, 14; a celeritate IV, 9, 16; multae nomine, unter der Benennung III, 7, 2; nomine alcjus, im Namen, im Auftrage jembs. VII, 2, 16; X, 8, 2; nomine (mit appositiv gestelltem Namen), Namens, mit Namen III, 7, 6; VII, 7, 1; VIII, 4, 23; 11, 2. — 2) Titel: regis VII, 5, 38; IX, 7, 3. — 3) Nationalität VI, 3, 18; Macedonum, das Macedoniertum X, 1, 4. — 4) Würde, Rang X, 3, 3; 6, 7. — 5) berühmter Name, Berühmtheit X, 2, 40; 10, 20; rex tanti nominis X, 1, 32; nomen et fama V, 13, 14; X, 5, 37. — 6) „Rubrik", dah. Veranlassung: hoc nomine, aus dem Grunde, um beswillen VII, 4, 10; IX, 6, 17.

nōmĭnātim, *adv.* namentlich X, 6, 2.

nōmĭno, 1. namentlich anführen, nennen: alqm IV, 5, 5; ut participem VIII, 6, 24; cum fuerim nominandus, da ich hätte genannt werden müssen VI, 10, 6.

nōn, *adv.* nicht: nullus non, jeder V, 8, 14; in auffallend. Stellung IV, 6, 18; 16, 24; VII, 6, 27; non quidem (non equidem) III, 11, 10; IV, 10, 29; V, 7, 2; 13, 3; VI, 8, 3; VII, 2, 31; et non (= ac non), und nicht vielmehr VII, 1, 36; IX, 5, 26; non … sed etiam VI, 11, 39.

nōnāgēni, ae, a, je neunzig VII, 4, 23.

nondum, *adv.* noch nicht III, 1, 10; 11, 24; mit einschreitendem cum IX, 13, 36; VII, 4, 32.

nonnullus, 3. einiger, *plur.* einige, etliche, der u. jener IV, 4, 12; VIII, 14, 21.

nonnunquam, *adv.* zuweilen, bisweilen VII, 4, 11.

Nora, ae, Stadt in Indien VIII, 11, 1.

nos, s. ego.

noscito, 1. (*v. intens.* v. nosco), erkennen: alqm III, 11, 10; faciem alcjus VIII, 13, 24.

nosco, nōvi, nōtum, 3. „inne werden", dah. kennen lernen, erfahren, von etw. Kenntnis nehmen, *perf.* kennen· naturam maris IX, 10, 3; sortem suam IV, 10, 26; magnitudinem alcjus IX, 6, 11; certiora ex alquo IX, 9, 5; alqm miserum, im Elend V, 5, 16; mit Fragsatz VII, 2, 21; VIII, 3, 13; quae noscenda erant, wovon Kenntnis zu nehmen war VI, 7, 25; IX, 2, 2. — 2) betrachten: copias III, 8, 15. — 3) untersuchen X, 2, 15. — 4) wiedererkennen, erkennen: alqm X, 7, 18.

nosse, s. nosco.

noster, tra, trum, unser: *subst.* nostri, die unsrigen VII, 8, 25; nostra, das unsrige IV, 15, 7.

nōta, ae, Kennzeichen, Merkmal: conscientiae III, 6, 9; perturbationis VI, 7, 18; notam initi consilii dare, ein Zeichen geben von VI, 8, 15; notae litterarum, Buchstabenzeichen V, 5, 6; VIII, 9, 15 (s. capio 1, b); oris, Gesichtszüge VIII, 3, 13.

nōtābīlis, e, bemerkenswert, merkwürdig: jugum III, 1, 15.

nōto, 1. kennzeichnen, kenntlich machen: locum signo IV, 13, 36; tempora cursu lunae, bestimmen VIII, 9, 36. — 2) übtr. a) auszeichnen, bemerklich machen, *passiv.* sich auszeichnen: cultus luxuriā notatur III, 3, 17. — b) brandmarken: alqm ignominia IX, 6, 13. — 3) „durch Zeichen darstellen", dah. aufzeichnen, angeben: intervallum V, 1, 13. —

4) wahrnehmen, beobachten, bemerken: fontem VII, 10, 14; fumum VII, 11, 18; guttas IV, 2, 14; alqd ex vultu VII, 2, 27; alqm insignem IX, 1, 25; corripuit singulos notatos, die er sich gemerkt hatte X, 2, 30.

nōtus, 3. bekannt: vox IV, 15, 32; fides V, 11, 11; alqd notum habere, kennen IV, 11, 7; *subst.* noti, Bekannnte IX, 10, 15; *neutr.* non adeo nota, eben nicht bekannte Gegenden VIII, 9, 11.

nōvitās, ātis, *f.* Neuheit: remedii III, 5, 16; inveterare peregrinam novitatem, dem Fremden u. Neuen die Gestalt des Alten geben, b. i. fremde u. neue Soldaten zu alten machen X, 3, 13.

nōvo, 1. erneuern: vires V, 9, 5; res, Unruhen stiften, Aufstand erregen VII, 6, 14; IX, 10, 21; gens aptior novandis quam gerendis rebus, geeigneter zu Empörungen als zu Thaten IV, 1, 30.

nōvus, 3. neu: urbs IV, 8, 1; milites III, 7, 8; res, Neuigkeit X, 9, 9; exilia, erneuert VIII, 3, 2; quid novi, etwas neues IX, 6, 5. — 2) übtr. a) unbekannt, ungewohnt: suci IX, 10, 13. — b) neu, neuer Art, ungewöhnlich: praemia V, 2, 2; praesidia IV, 3, 24; genus munimenti VI, 5, 13; forma pugnae IX, 4, 7; facies IX, 8, 5; supplicium, unerhört VIII, 14, 29.

nox, ctis, *f.* Nacht: media IV, 3, 16; intempesta IV, 13, 4; in multam noctem, bis in die späte Nacht VI, 11, 12. — 2) Finsternis: nox caelo obducta VIII, 13, 25.

noxa, ae, (noceo), Schaden: sine noxa, ohne Schaden zu verursachen IV, 13, 33. — 2) Schuld, Verbrechen VII, 2, 29; noxa contactum esse X, 4, 3.

noxius, 3. (noceo), schädlich: virus IX, 1, 12; motus IX, 5, 27. — 2) schuldig, sträflich: *subst.* noxius VI, 10, 9; *plur.* X, 9, 11.

nūbēs, is, *f.* Wolke, Gewölk: caelo obducta IV, 7, 13; spissae nubes se intendunt (caelo) IV, 3 16; VIII, 13, 24; pulveris, Staubwolle IV, 15, 32; V, 13, 12.

nūbo, psi, ptum, 3. „sich verhüllen", daß. heiraten (von b. Braut, welche dem Bräutigam verhüllt übergeben wurde): alcui IV, 11, 20; X, 5, 20.

nūdo, 1. entblößen, entkleiden: corpus IX, 5, 23; *passiv.* nudari IX, 7, 10. — 2) übtr. bloß legen, frei machen: spatium VII, 6, 23. — 3) übtr. enthüllen: consilia VII, 4, 39.

nūdus, 3. bloß, nackt IX, 3, 5; pars VI, 5, 27. — 2) unbewaffnet, ungeschützt V, 4, 32; IX, 7, 20; exercitus IX, 3, 12; latus IX, 5, 11; caput, unbehelmt VII, 4, 33; VIII, 1, 20. — 3) übtr. nackt, kahl: solum III, 4, 3; dorsum montis VII, 3, 8; colles III, 10, 10; solitudines IV, 7, 10; stipites, abgeästet VIII, 11, 8; ossa, bloßgelegt VI, 11, 17.

nullus, 3. kein: nullo negotio, ohne Schwierigkeit VI, 10, 20; nullā causā, ohne irgend eine Ursache VII, 1, 14; nullo auso, ohne daß jemb wagte III, 13, 7; IV, 5, 21; vergl. IV, 8, 8; V, 13, 23; VI, 6, 16; VIII, 11, 8; nullus non, jeder V, 8, 14.

nām, Fragepartikel 1. in direkt. Frage, etwa, doch wohl nicht etwa, wohl IV, 6, 28; 10, 27. 32; VI, 10, 34; num igitur VI, 10, 19. — 2) in indirekt. Frage, ob, ob etwa IV, 2, 20; VIII, 2, 6; IX, 6, 5; numquid, ob etwas V, 11, 4; num aliquid VI, 5, 30.

nūmen, ĭnis, *n.* (nuo), das „Nicken", als Zeichen des Befehls, vorzugsw. das Wollen einer Gottheit, daß. Göttermacht, Wundermacht: deorum VIII, 10, 32; Herculis IV, 3, 22. — 2) metonym. göttliches Wesen, Gottheit VIII, 5, 8; fulgor numinis (Solis) VII, 8, 12.

nŭmĕro, 1. zählen: copias III, 11, 17; annos IX, 6, 19. — 2) übtr. unter etw. zählen: pontem inter opera mirabilia V, 1, 29; opus inter prima VI, 3, 17.

nŭmĕrus, i, Zahl: exercitus III, 2, 3 (f. pro *e*); clamor major numero (= quam pro numero) alqm in numerum deorum (amicorum) recipere VI, 9, 18; VIII, 14, 45; numerum copiarum inire, Zählung veranstalten III, 1, 22; 2, 2. — 2) Anzahl, Menge: numero praestare V, 13, 13.

Nŭmĭdĭa, ae, Landschaft Nordafrikas zwisch. Mauretanien u. dem Gebiet von Karthago, jetzt Algier X, 1, 17.

numquam, *adv.* niemals III, 12, 17; IV, 5, 2; V, 11, 11.

numquid, f. num.

nunc, *adv.* jetzt, nun IX, 2, 7; tum .. nunc VII, 10, 16; tunc ... nunc VI, 2, 12; modo ... nunc IV, 14, 21; nunc demum VI, 10, 25; nunc primum IX, 2, 22; nunc quoque, auch jetzt noch IV, 10, 23; VII, 6, 27; ut nunc est, wie es jetzt steht V, 5, 10; wie es der jetzige Fall zeigt IX, 6, 6; nunc ... nunc, bald ... bald III, 16, 14; IV, 1, 40; nunc ... interdum VI, 7, 11. — 2) zur Ang. einer Folge aus Verhältnissen, nun, nun aber, so aber III, 4, 5; IV, 11, 14; 12, 15; VII, 4, 15; nunc vero VII, 1, 31.

nuntio, 1. verkündigen, melden, hinterbringen: pugnam III, 11, 16; alcui adventum III, 8, 24; defectio nuntiata, die Nachricht des Abfalles VII, 6, 13; quae nuntiata, diese Meldung VII, 11, 6; mit *acc. c. inf.* III, 1, 7; 8, 7; IV, 3, 19; unperf. nuntiatur III, 5, 10; IV, 16, 8; VI, 3, 15; mit Fragsatz IV, 16, 2; subst. nuntiaturi tumultus principia VII, 4, 32.

nuntius, i, *m.* Verkündiger, Bote: adventus IV, 12, 5; nuntium mittere ad alqm V, 10, 5. — 2) Botschaft, Nachricht: mortis III, 12, 5; nuntium affere III, 7, 4; 12, 5; nuntius venit ab aliquo mit *acc. c. inf.* IV, 16, 3; IX, 10, 19.

nūper, *adv.* (st. noviper v. novus), neulich, unlängst, vor kurzem III, 1, 24; 9, 10; IV, 13, 8.

nuptiae   **obligo**   175

nuptiae, ārum, Vermählung: sororis („mit") III, 6, 4; alqm nuptiis sibi adjungere IV, 5, 1; nuptiis coire IX, 1, 16 (f. conjungo e).
nusquam, adv. nirgends VIII, 13, 8; nirgendshin X, 2, 13.
nūtrĭo, 4. nähren: humus nutrit fruges VIII, 10, 14.
nūtrix, īcis, Pflegerin, Amme VIII, 2, 8.
nūtus, ūs, Wink, Befehl: intentus ad nutum alcjus III, 2, 13; 3, 27; ad nutum, auf den Wink V, 12, 2.
Nympha, ae, Nymphe III, 1, 4.
Nȳsa, ae, Stadt in Indien am Berge Meros VIII, 10, 7.

O.

o, interj. o! ach! mit acc.: o magni animi virum („o über") VI, 9, 10; o miseram conditionem meam VII, 1, 37.
ŏb, praep. mit acc. „nach... hin", dah. zur Bez. der Ursache, wegen: ob hanc causam IV, 6, 7; non ob aliud, aus keinem andern Grunde, gerade deshalb III, 8, 3; ob id (ob hoc, ob ea, ob hae), deshalb IV, 16, 7; VI, 3; 13; 8, 3; ob hoc solum, schon deshalb III, 5, 9; ob id ipsum (ob haec ipsa), eben deshalb IV, 10, 22. 31; 16, 23; VII, 2, 2.
ob-dūco, xi, ctum, 3. vor ob. über etw. ziehen: aulaea lectis VIII, 5, 21; lorica obducta, vorgezogen IX, 4, 30; vestis obducitur corpori, verhüllt den Körper VI, 5, 27; nubes (nox) caelo, überzieht den Himmel IV, 7, 13; VIII, 13, 25; cicatrix vulneri, zieht sich über die Wunde VIII, 10, 31; absol. cicatrix obducitur, verharrscht IV, 6, 24; VII, 9, 11; IX, 6, 1; 8, 27.
ŏb-ĕo, ĭi (īvi), ĭtum, ire, „zu etw. gehen", dah. durchwandern, besuchen: terras V, 5, 14; tantum terrarum IV, 5, 5; urbes, heimsuchen IV, 5, 13. — 2) übtr. sich an etw. machen, einer Sache sich unterziehen: reliqua belli IX, 1, 1.
ŏb-ĕquĭto, 1. entgegenreiten, heranreiten: moenibus VIII, 10, 6; VII, 7, 5; VIII, 13, 18. — 2) an etw. entlangreiten: agmini III, 10, 4.
ŏb-erro, 1. entgegenirren: crebri rivi oberrant, kommen hier u. dort entgegen III, 4, 12; übtr. imago oculis oberrat, schwebt vor VIII, 6, 26. — 2) herumirren: ignotis locis VI, 5, 18.

ŏbĭcĭo, jēci, jectum 3. (jacio), entgegenwerfen, entgegensetzen, entgegenstellen: se alcui, sich jemdm. in den Weg werfen VIII, 6, 16; manum ad os, vor den Mund halten VIII, 7, 2; Ganges obicit influenti(amni) asperum os VIII, 9, 8 (f. os 2); terra obicit tenue discrimen III, 1, 13; arbor ramos, streckt entgegen IX, 5, 4; claustrum, vorziehen IV, 5, 21; part. objectus, entgegenliegend, im Wege liegend: insula ostio objecta X, 1, 11; fretum V, 4, 6; amnes motesque IV, 14, 7; flumina VII, 4, 4; fossae V, 5, 1; rupes VIII, 9, 5; objectae, vorn befindlich VII, 9, 4. — 2) zum Schutz entgegenstellen: amnem velut murum hosti VII, 4, 5; saepem V, 4, 24; fossam, entgegen aufwerfen VIII, 10, 24; venabulum, entgegenhalten VIII, 1, 14; testudinem, vorhalten V, 3, 9. — 3) feindl. entgegenstellen: peditem hosti VIII, 14, 37; equites (agmini) III, 11, 8; VIII, 14, 2; se copiis III, 8, 28. — 4) den wilden Tieren vorwerfen: alqm leoni VIII, 1, 17; elephantis X, 9, 18; überh. preisgeben: alqm beluis IX, 2, 33; 3, 12; gentibus indomitis IX, 4, 17; fretum Africo objectum, ausgesetzt IV, 2, 7. — 5) entgegenbringen, ausliefern: praedam hosti III, 13, 6. — 6) vorwerfen, zum Vorwurf machen: alqd alcui VII, 1, 21; crimen III, 6, 11; X, 1, 6; caedem VIII, 1, 42; probra X, 7, 5; crudelitatem VIII, 8, 9; mit folg. quod VI, 10, 22.
ob-lĭgo, 1. verbinden, zubin-

ben: vulnus IV, 6, 18; oculos VI, 11, 15. — 2) übtr. verbindlich machen, verpflichten: merito obligatus VII, 5, 23; fidem pignore, verbürgen VII, 10, 9.

oblīquus, 3. feitwärts, in fcbräger Richtung: navis obliqua agitur IX, 4, 11; agmen obliquum incedit IV, 15, 1; flumen, feitwärts anbringenbe Strömung VII, 9, 6.

oblīvio, ōnis, *f*. Vergessenheit: alcjus rei IV, 14, 20. — 2) Vergeßlichteit VII, 1, 9.

oblīviscor, litus sum, 3. vergessen: alcjus rei III, 2, 11; IV, 1, 22; tui, beiner menschlichen Natur VII, 8, 26; mit *acc. c. inf.* VIII, 1, 36; mit Fragsatz VIII, 12, 18; X, 6, 7.

ob-lŏquor, cūtus sum, 3. bagegenreben, widersprechen X, 2, 30.

ob-luctor, 1. gegen etw. ringen, ankämpfen: flumini IV, 8, 8; übtr.

oblivioni VII, 1, 9 (f. ex 4); animus obluctans difficultatibus VI, 6, 27; absol. widerstreben, sich wehren IV, 9, 25; VIII, 1, 46.

ob-mōlior, 4. entgegenwälzen, vorwälzen: truncos arborum VI, 6, 24; rupes VIII, 10, 24.

obnoxĭus, 3. unterworfen, preisgegeben: mare praedonibus IV, 8, 15; natura (maris) imperio temporum, bem Gebot ber verschiebenen Zeiten IX, 9, 26; absol. unterwürfig X, 9, 18.

ōboedĭenter, *adv.* gehorsam, willig IV, 1, 5; VII, 4, 20.

ŏb-ŏrior, ortus sum, 4. losbrechen, entstehen: seditio oboritur IX, 4, 25; lacrimae alcui oboriuntur, brechen hervor V, 2, 19; VI, 9, 3; lacrimis obortis, unter hervorbrechenden Thränen IV, 10, 20; V, 5, 23; VI, 2, 18.

ob-rŭo, rŭi, rŭtum, 3. überbecken, überschütten: vites VII, 3, 10; alqm harenā VII, 4, 29; saxis, steinigen III, 4, 11; nives Indiam obruunt VIII, 9, 13; juga nive obruta VII, 11, 8; campi sabulo IV, 7, 11; milites nimbo, überströmt VIII, 13, 23; telis obrui III, 8, 4; VII, 7, 37; absol. obrui, mit Geschossen überschüttet werden VIII, 11, 15. — 2) übtr. a) übermannen: obrui navali clade IV, 3, 14; curae animum obruunt IX, 9, 23. — b) in Vergessenheit begraben: membra V, 5, 13.

obscūrĭtās, ātis, *f*. Dunkelheit V, 4, 25; VII, 11, 20.

obscūro, 1. verdunkeln: caligo obscurat lucem IV, 9, 15.

obscūrus, 3. bunkel: umbra VII, 3, 11; nox VIII, 11, 21; dies obscurior VIII, 4, 2; obscura luce, bei einbrechenbem Dunkel IV, 16, 25. — 2) übtr. unbekannt: turba III, 11, 10; turba III, 11, 10; periculum IX, 6, 14; unberühmt, bunkel: mors obscura et ignobilis III, 5, 10; senectus IX, 6, 19.

obsĕcro, 1. (sacro), beschwören, inständig bitten: alqm V, 2, 21; 5, 13.

obsĕquĭum, i, Willfährigkeit, Folgsamkeit, Gehorsam: militum VI, 2, 20; destinatus (paratus) ad obsequium V, 10, 5; VIII, 5, 13; obsequia fortunae, Gunstbezeigungen VIII, 4, 24; in obsequium desiderii, zur Willfahrung VI, 5, 32. — 2) Hingebung, Preisgebung: corporis VI, 7, 2; X, 1, 25.

ob-sĕquor, cūtus sum, 3. willfahren, folgen, gehorchen: gloriae („ber Stimme bes Ruhms") V, 8, 12 (f. ut B, 4); animo suo, feine Lust büßen X, 4, 1; *part*. obsequens als Abjett., willfährig, gehorsam: obsequentior VI, 3, 18.

1. **ob-sĕro**, 1. (sera, „Riegel"), verriegeln, verschließen: fores IV, 4, 12; conclave X, 7, 16.

2. **ob-sĕro**, sēvi, sĭtum, 3. „besäen", bah. *part*. obsitus, übtr. bebeckt mit etw.: rupes arboribus VI, 6, 23; iter (montes) nivibus V, 6, 13. 15.

ob-servo, 1. etw. beobachten, auf etw. merken: ignem V, 2, 7; sidera VII, 4, 28.

obsĕs, sĭdis, Geisel, Bürge: pacis et fidei IV, 11, 6; obsides, vinculum fidei VII, 2, 18; obsides dare III, 1, 23; accipere VI, 5, 21.

obsīdĕo, sēdi, sessum, 2. (sedeo), „vor etw. ſitzen", baḣ. umlagern, umringen: regiam IX, 5, 30. — 2) beſetzt halten, beſetzen: insulam armis IV, 8, 15; ripam VIII, 13, 23; litora IV, 7, 20; interiora montium III, 7, 7; itinera VI, 8, 18; vias IX, 2, 3; saltum VIII, 12, 2; aditum VII, 11, 9; maria classibus IV, 2, 11. — 3) einſchließen, blokieren, belagern: urbem IV, 2, 14; 6, 7; petram VIII, 11, 2; alqm VII, 6, 3; 7, 31. 38; ſubſt. obsessi IV, 3, 19; 6, 13; V, 1, 27.

obsĭdĭo, ōnis, f. Einſchließung, Blokabe, Belagerung: urbis IV, 5, 16; castelli V, 3, 9; rupis VII, 11, 23; alcjus VI, 6, 25.

ob-signo, 1. beſiegeln, verſiegeln: epistulam anulo III, 7, 12; litteras gemma anuli VI, 6, 6; anulo res („die Akte") imperii X, 6, 5.

ob-sisto, stĭti, stĭtum, 3. „vor etw. hintreten", baḣ. ſich entgegenſtellen, Stellung nehmen III, 2, 14. — 2) übtr. ſich widerſetzen, widerſtreben: opibus alcjus VI, 5, 9; abſol. IV, 3, 23.

obsĭtus, a, um, ſ. obsero.

obsŏlesco, lēvi, ēre (obs u. oleo), nach u. nach vergehen, an Wert verlieren: gloria obsolescit IX, 6, 14 (ſ. in B, 5); part. obsoletus, a) abgenützt, abgetragen: amiculum VI, 9, 25. — b) übtr. gemein, alltäglich: spolia IX, 1, 2.

ob-stĭnātus, 3. beharrlich, hartnäckig: silentium IX, 2, 30; ad moriendum, feſtentſchloſſen zu ſterben VIII, 2, 11; ad tacendum (ad silendum), hartnäckig ſchweigend IV, 6, 28; VIII, 1, 30; ſubſt. obstinati IX, 3, 18.

ob-sto, stĭti, statūrus, 1. „entgegenſtehen", baḣ. ſich in den Weg ſtellen, Widerſtand leiſten: alcui III, 9, 11; virtuti IX, 9, 4; imperio VI, 3, 11; abſol. VI, 6, 31. — 2) übtr. im Wege ſtehen, hinderlich ſein: coeptis VIII, 6, 20; consilio VII, 7, 21; ignavia militum obstat alcui VI, 2, 19; furtum obstat gloriae IV, 13, 9; ventus accipiendo operi IV, 2, 8; crudelitas luxuriae IX, 10, 30 (quicquam, „in etwas"); pudor professioni X, 2, 10; mit folg. quominus IV, 6, 13; IX, 4, 19; abſol. obstant saxa IV, 6, 8; lorica IV, 6, 18; natura VI, 6, 26; metus VII, 4, 11; ignavia IX, 2, 26; obstantes difficultates IX, 2, 10.

ob-strĕpo, pŭi, pĭtum, 3. entgegentoben: obstrepunt venti VIII, 13, 23; milites scuta hastis quatientes X, 6, 12; obstrepit ira VIII, 1, 48; fremitus indignantium VI, 9, 6; hinc metus praeter hunc clamor IV, 9, 20. — 2) durch Geſchrei unterbrechen, ſtören: cantu aeriis rebus VIII, 9, 25; alcui, jemb. überſchreien VIII, 7, 7; conscientia obstrepit, die Stimme des Gewiſſens wird laut VI, 10, 14.

ob-stringo, inxi, ictum, 3. „verſchnüren", baḣ. übtr. verbindlich machen, verpflichten: liberalitas obstringit alqm VIII, 12, 17; sacramento obstrictus VII, 1, 29.

ob-strŭo, xi, ctum, 3. vorbauen: saxa IV, 3, 13.

ob-tendo, di, tum, 3. vorſpannen, vorziehen: coria munientibus, vor die Schanzenben IV, 2, 23.

ob-tĕro, trīvi, tritum, 3. zertreten, zerſtampfen: alqm IV, 15, 3; obteri equorum ungulis IV, 14, 14; pedibus beluarum VIII, 14, 26; ab elephantis VIII, 14, 30; niedergefahren werden VIII, 14, 7. — 2) aufreiben, vernichten: hostem III, 2, 10; IV, 15, 18. — 3) übtr. herabſetzen, übtr. verkleinern: res (laudem) alcjus VIII, 1, 23. 31 (quis = quibus).

ob-testor, 1. (feierlich) beſchwören: alqm per fidem V, 11, 6; per decora majorum V, 8, 16.

ob-tĭnĕo, tĭnŭi, tentum, 2. (teneo), „mit den Händen halten", baḣ. inne haben, einnehmen: summa tectorum IV, 4, 12; sedem IX, 4, 2; regionem VI, 6, 13; Lyciam X, 10, 2; spatium VI, 1, 12. — 2) beſetzt halten, beſetzen: oppidum IX, 1, 27; petram VII, 11, 1; ripam armis virisque VIII,

14, 1. — 3) **inne haben, einneh=
men, haben**: tertium locum („Rang=
ſtelle") V, 2, 5; gradum in amicitia IX,
1, 6; vicem veri VIII, 8, 15; summam
imperii X, 10, 1. — **4)** (in Beſitz Ge=
nommenes) **behalten, behaupten**:
jugum III, 4, 4; Mediam X, 1, 4; locum
III, 4, 5; victoriam X, 6, 8.
 ob-torpesco, torpŭi, 3. **erſtarren**:
subito metu X, 3, 1.
 ob-trunco, 1. „abſtutzen", **bah. in
Stücke hauen, niederhauen**: alqm
IV, 2, 24; VI, 1, 1.
 ob-umbro, 1. **beſchatten**: amnis
obumbratus V, 4, 8.
 ob-vĕnĭo, vēni, ventum, 4. „entge=
genkommen", bah. übtr. **ſich ereignen**:
occasio obvenit VIII, 6, 1.
 ob-verto, ti, sum, 3. **gegen etw.
hinwenden, hinkehren**: agmen
eodem IV, 15, 2; corpus in regionem
VIII, 4, 5; *passiv* obverti, **ſich wenden**:
in alqm IV, 15, 21.
 obvĭam, *adv.* (via), **entgegen**:
egredi (alcui) V, 1, 19; alqm obviam
mittere V, 2, 8; obviam ire (hosti) V,
8, 10; X, 2, 28; übtr. spei suae obviam
ire, **feindlich entgegen treten** X, 2, 26.
 ob-vĭus, 3. **begegnend**: quicquid
obvium est, alles was im Wege ſteht
IV, 9, 5; obvium ire hosti, **entgegen=
rücken** VIII, 14, 22; nullo obvio hoste,
ba kein Feind ſich entgegenſtellte VI, 4,
20; ſubſt. obvii V, 6, 6. — **2)** übtr. **im
Wege liegend, zur Hand**: quic-
quid obvium est IV, 15, 9.
 ob-volvo, volvi, vŏlūtum, 3. **ver=
hüllen**: caput X, 5, 24.
 occāsĭo, ōnis, *f.* **Gelegenheit,
günſtiger Zeitpunkt**: fugae VII,
4, 4; sceleris exequendi VIII, 6, 16;
apta VI, 8, 4; reri alqd suam occasionem
(fore), für eine günſtige Gelegenheit
halten IV, 6, 13; VIII, 13, 26; occasio
offertur IX, 6, 26; obvenit VIII, 6, 1.
 occāsus, us (occĭdo), **Untergang**:
solis V, 3, 6. — **2) als Himmelsgegend,
Abend, Weſten** VI, 4, 17.
 occĭdens, tis, *m.*, ſ. occĭdo.

 1. **occĭdo**, cĭdi, cāsum, 3. (cado),
„niederfallen", bah. prägn. **umkommen,
ſterben** VIII, 11, 23; in b. **Schlacht
fallen** VII, 7, 37; in acie VI, 9, 23. —
3) v. **Geſtirnen, untergehen**: *part.*
occidens, tis, *m.* (erg. sol), **Abend,
Weſten** IV, 7, 19; VI, 6, 23; **Abend=
land** VII, 8, 12.
 2. **occĭdo**, di, sum, 3. (caedo), **nie=
hauen, töten**: alqm IV, 4, 17; se
VI, 10, 19.
 occŭlo, cŭlŭi, cultum, 3. **verbecken,
verbergen**: alqd VIII, 3, 12; se (silvarum latebris) III, 8, 10; IX, 1, 27.
 occultē, *adv.* **im verborgenen,
heimlich**: circumire III, 8, 28. 11, 3.
 occulto, 1. (*v. intens.* v. occulo),
verbecken, verbergen: gladium
veste VIII, 3, 9; occultatus, **verſteckt**:
navigiis IV, 4, 15.
 occultus, 3. **verborgen, ver=
ſteckt, geheim**: saxa VIII, 13, 9;
aditus VI, 8, 20; humor IV, 16, 14;
scelus V, 10, 12; lapsus, unbemerkt
IV, 3, 10; occultis telis hostem laces-
sere, **durch Geſchoſſe aus dem Verſteck
heraus** VI, 5, 17; hostis occultus, ver=
ſteckt III, 4, 13; alquis evadit (enat)
occultus, heimlich VI, 8, 18; VIII, 13,
15; consedit occultus, in einem Ver=
ſteck VII, 7, 31; ſubſt. occulta, ōrum,
Geheimniſſe IV, 6, 6.
 occumbo, cŭbŭi, cŭbĭtum, 3. **nieber=
ſinken**: mortem, in den Tod ſinken IV,
15, 24; VIII, 2, 8.
 occŭpo, 1. (ob u. capio), **in Beſitz
nehmen, in Beſchlag nehmen,
ſich bemächtigen**: alqd IV, 1, 27;
VI, 3, 10; praedam V, 6, 4; deversorium
VI, 11, 2; verticem VII, 11, 12; urbem
V, 4, 33; regionem VI, 2, 13; orbem
IV, 1, 38; regnum („Herrſchaft") III, 3, 5;
IV, 11, 13; cibum III, 2, 15; pacem (mit
beiden Händen) ergreifen IV, 11, 7. —
2) v. **Truppen, einen Ort einnehmen,
beſetzen**: muros IX, 1, 18; campos
III, 2, 3; tumulum IV, 12, 15; colles
VI, 5, 12; montes VI, 6, 22; rupes V,
3, 17; angustias III, 7, 7; ripam VIII,
13, 25; iter, verlegen IV, 12, 1; V, 4,

15; undae occupant fastigium, bebecken IX, 9, 19. — 3) sich einer Person bemächtigen: alqm VI, 8, 21; VII, 2, 4; feram, packen IX, 1, 32. — 4) überraschen, überfallen, überrumpeln: alqm III, 1, 19; 11, 15; V, 8, 1; X, 9, 7. — 5) einen Ort mit etw. besetzen, anfüllen; angustias (insulas) praesidio III, 4, 4; IV, 1, 37; solum castris VII, 6, 25; mare iter fluctibus occupat VI, 3, 16; urbem tectis, bebauen V, 1, 27; Cretenses praesidiis, belegen IV, 1, 40; aures criminibus, erfüllen X, 1, 36. — 6) übtr. a) vornehmen, vollziehen: ministerium VIII, 2, 2; munus VIII, 11, 8; arbitrium mortis, ergreifen IV, 4, 12 — b) einer Sache ob. Person zuvorkommen: aestum IX, 9, 27; ortum solis VI, 4, 22; diem fati VIII, 9, 32; morte manus hostium („den Gewaltthätigkeiten") V, 6, 7; animum impotentem alcjus X, 8, 1; aprum telo, zuvor schießen VIII, 6, 7; alqm complexu, durch Umschlingung zuvorkommen IX, 7, 22; discrimen (mors) alqm occupat, überrascht VII, 7, 10; IX, 6, 19; gratiam, vorher zu erlangen suchen VII, 4, 16; *passiv.* occupor ab aliquo, jemb. kommt mir zuvor, ich werde von jemb. überrascht VII, 5, 22; celeritate alcjus VIII, 14, 19; absol. V, 5, 2. — 7) hindern: alqm IX, 5, 24; ministeria aestu occupantur IX, 4, 10; profluvium sanguinis occupat secantes IX, 5, 24. — 8) übtr. a) einnehmen, sich bemeistern: rabies occupat animum VII, 5, 38; metu occupari VII, 11, 25. — b) in Anspruch nehmen, beschäftigen: manus alcjus IV, 11, 11; occupati, anderweitig beschäftigt III, 2, 15.

occurro, curri, cursum, 3. (ob u. curro), entgegenkommen, begegnen, zu jembm. stoßen: alcui III, 7, 6; V, 1, 17; 2, 10; 5, 6; agmini IV, 7, 15; supplementum occurrit, stößt hinzu V, 7, 12; VI, 6, 35; exercitus VII, 3, 4; quadrigae inter se occurentes, einander begegnend V, 1, 25. — 2) entgegenziehen, gegen den Feind vorrücken: alcui IV, 15, 1; absol. III, 8, 24; IV, 4, 7; 9, 12; 16, 30; VI, 6, 20; VIII, 10, 4. — 3) übtr. a) v. leblof. Gegenst., sich entgegenstellen, sich zeigen, sich finden: occurrit arbor IV, 7, 12; oceanus IX, 3, 14; deserta IV, 10, 3; cotes VI, 6, 26; tempestas, schlägt entgegen VIII, 4, 5. — b) begegnen, Einhalt thun: incendio IV, 3, 3. — c) dem Auge (der Seele) nahetreten, sich darstellen: alqd oculis occurrit X, 5, 10; memoria patriae VII, 1, 24; desiderium, wandelt an VI, 3, 1; absol. occurrit mit *acc. c. inf.*, es tritt vor die Seele III, 8, 21.

occurso, 1. (*v. intens.* v. occurro), entgegenrennen: alcui X, 5, 16.

occursus, ūs, das Herbeieilen VI, 7, 29; VIII, 3, 4.

Oceănus, i, Weltmeer, Ocean III, 12, 18; IV, 4, 20.

1. Ochus, i, Fluß in Margiana, vielleicht der *Murghab* VII, 10, 15.

2. Ochus, i, Beiname des Königs Artaxerxes III (359—338 v. Chr.) III, 13, 12; VI, 2, 7; 4, 25; 5, 2; X, 5, 23. — 2) Sohn des Dareus Codomannus IV, 11, 6; 14, 22.

ōcius, *adv.* (*comp.* v. ociter), schleunigst, sogleich X, 2, 27.

ŏcŭlus, i, Auge: oculos allevare III, 5, 9; aperire V, 5, 8; alqd compertum habere oculis („durch eigene Anschauung") V, 4, 10; oculos alcjus liberare, jemb. von seinem Anblick befreien X. 2, 27; in oculis alcjus, vor Augen jembs. IX, 4, 11; in oculis esse, sichtbar sein IV, 13, 1; vor Augen schweben VI, 6, 3; VIII, 6, 21; supplicia ante oculos habere, in Aussicht haben VII, 10, 5.

ōdi, ōdisse, hassen, abgeneigt sein: alqm IV, 10, 29; vitam V, 9, 6; beneficia VI, 8, 8.

ŏdĭum, i, Haß, Abneigung: alcjus, gegen jemb. VIII, 12, 3; odium gerere in alqm VII, 5, 30; *plur.* IV, 11, 4; IX, 3, 22.

ŏdor, ōris, *m.* Geruch: cibi III, 6, 14; cadaverum V, 1, 11. — 2) metonym.

plur. wohlriechende Spezereien V, 1, 11. 20; VIII, 9, 23; wohlriechende Salben VIII, 9, 27.

Odrȳsae, arum, mächtigstes Volk Thraciens am Hebrus X, 1, 45.

offendo, di, sum, 3. „anstoßen", bah. übtr. bei jemb. Anstoß erregen, ihn beleidigen: alqm VII, 2, 32; VIII, 12, 17; onimos oculosque popularium VI, 2, 2.

offĕro, obtŭli, oblatum, offerre, „entgegentragen", bah. barbieten, zeigen: se oculis alcjus VIII, 3, 5; beluae speciem moenium offerentes IX, 2, 15; *passiv.* offerri, sich zeigen, erscheinen: species per somnum (in somno) offertur alcui III, 3, 7; IV, 2, 17; 3, 21; IX, 8, 26. — 2) darbringen, darbieten, geben: alqd VI, 11, 5; X, 10, 8; poculum VII, 5, 12; dextram alcui III, 6, 12; spolia III, 10, 6; remedium IX, 1, 12; nomen filii VIII, 8, 15; praedam hosti, in die Hände liefern III, 13, 5; securitatem, verleihen VI, 10, 14; excusationem parricidio, bieten V, 12, 4; *passiv.* offerri, sich darbieten: offertur ignis remedium VIII, 10, 7; occasio IX, 6, 26; spes VIII, 11, 19. — 3) anbieten, antragen: alqd IV, 5, 2; VIII, 11, 4; X, 6, 18; alqd dotem IV, 5, 1; in dotem IV, 11, 5; equum alcui VIII, 2, 36; patriam V, 5, 18; operam suam VI, 2, 20. — 4) entgegenstellen, aussetzen, preisgeben: copias discrimini bellorum III, 8, 9; se exercitui VIII, 2, 27; se manibus hostium VI, 6, 32; se (corpus) periculis IX, 2, 29; 6, 8; corpus quaestioni IV, 13, 33; alqm (corpus) irae VII, 1, 40; X, 4, 3; se temere, sich unvorsichtig bloßstellen VII, 9, 7.

officīna, ae, Werkstätte IV, 2, 12.

officĭum, i, Dienstverrichtung, Dienst, Obliegenheit VII, 1, 14; VIII, 6, 17; proprium VII, 6, 8; officia militis IV, 3, 18; fungi officio ducum (imperatoriis officiis) V, 9, 17; VII, 9, 12; sollemne, Aufwartung V, 10, 12; supremum, letzte Ehre (gegen Verstor-

bene) III, 12, 11. 14. — 2) Pflichttreue: officio vinci VII, 10, 8.

offundo, fūdi, fūsum, 3. „ausschütten", bah. übtr. verbreiten· caligo offunditur, verbreitet sich IV, 3, 16; caligo oculis, es wird jemb. dunkel vor den Augen VII, 6, 22; IX, 5, 28.

olĕum, i, Öl VII, 4, 23; 5, 7.

ōlim, *adv.* schon vorher, längst IV, 5, 17; 7, 1; V, 5, 12. 13; 10, 1. — 2) künftig, bereinst III, 10, 5.

Olympĭās, ădis, Tochter des Neoptolemus, Königs von Epirus, Mutter Alexanders b. Gr. V, 2, 22; IX, 6, 26; *acc.* Olympiada X, 5, 30.

Olynthĭus, i, ein Olynthier, Einwohner der griechisch. Kolonie Olynthos in Thracien am toronaischen Meerbusen VIII, 8, 19.

ōmen, ĭnis, *n.* Wahrzeichen, Omen: victoriae IV, 4, 5; bellorum X, 9, 19; alqd accipere omen, als Omen ansehen V, 2, 15; omen pro tristi accipere IV, 8, 6; irritum inceptum in omen vertere, als schlimmes Omen deuten III, 1, 17.

ōminor, 1. „ein Omen geben", bah. prophezeien, ahnen: fortunam IX, 8, 24; famem et ultima sibi IX, 9, 22.

ōmitto, misi, missum, 3. loslassen, fallen lassen, wegwerfen onera III, 13, 9 (quis sub oneribus erant omissis = omissis oneribus, sub quis erant); arma IV, 3, 4; 15, 17; habenas, fahren lassen VIII, 14, 3. — 2) übtr. fahren lassen, aufgeben, von etw. ablassen: alqd V, 5, 19; VI, 3, 11; Graeciam VI, 3, 11, 6; navigia IX, 9, 18; iter V, 13, 1; proelium V, 2, 5; pugnam VI, 1, 6; obsidionem IX, 4, 27; consilium X, 2, 4; simulationem VII, 5, 24; spem III, 2, 1; IV, 1, 30; metum, sich der Furcht entschlagen III, 6, 11; alqd intactum, unberührt lassen III, 11, 23; aquam, unbenutzt lassen V, 7, 7; omissis pignoribus, ohne Unterpfänder zu gewähren VI, 5, 8. — 3) unterlassen, versäumen: pignus IX, 6, 17; questus X, 5, 8; nihil X, 3, 4; nihil inexpertum, nichts unver-

omnīnō **oppeto** 181

ſucht laſſen III, 6, 14; IV, 4, 2; V, 9, 7; VIII, 14, 29; nihil metu omissum relinquere, **nichts aus Furcht unvollendet laſſen** IX, 2, 27; abſol. **ablaſſen** IX, 7, 8. — 4) **aus der Acht laſſen**: Scythas VII, 7, 11; ceteros IX, 5, 16. — 5) **un= erwähnt laſſen**: Illyrios VI, 3, 2. **omnīnō**, *adv.* „**gänzlich**", bah. bei Zahlwörtern, im Ganzen, alles in allem, nur III, 11, 27; IV, 3, 12.

omnis, e, aller, jeber: dona omnis generis X, 1, 24; ad unum omnes, alle bis auf den letzten Mann IV, 1, 33; omnes ejus, alle ihre Angehörigen VIII, 2, 9; omnia deserta, lauter Einöden IV, 10, 3; ignarus omnium („der Örtlich= keit") IX, 9, 2. — 2) aller u. jeder Art, allerlei, allemögliche: opulentia III, 11, 20; VIII, 5, 9; clades IV, 1, 10; VIII, 10, 20; honor I-II, 7, 11; VIII, 2, 40; gentes IX, 6, 7. — 3) ganz: manus IV, 1, 34; regio III, 1, 23.

Omphis, is, König in Indien VIII, 12, 4; 14.

Onchae, arum, Ort in Syrien zwiſch. Iſſus u. Thapſacus IV, 1, 3.

ŏnĕro, 1. (onus), beladen, be= pacten: plaustra VI, 2, 16. — 2) be= laſten, beſchweren: navem saxis IV, 3, 2; mensas auro VIII, 8, 9; telum pondere VIII, 9, 28; pontem (scalas), überlaſten IV, 16, 16; IX, 4, 33. — 3) übtr. a) überladen: se vino (mero) IV, 4, 5; V, 7, 4. — b) belaſten: corpus pluribus, den Staatskörper mit meh= reren Häuptern X, 9, 2. — c) über= häufen: alqm promissis V, 4, 12; 12, 19. — d) unerträglicher machen: senectutem suppliciis VIII, 7, 15; dolorem, vermehren IV, 8, 9.

Onesicrĭtus, i, Oberſteuermann des Nearchus IX, 10, 3; X, 1, 10.

Onomastorĭdēs, is, lacedämoniſcher Geſandter bei Dareus III, 13, 15.

ŏnus, ĕris, *n.* Laſt III, 13, 9 (ſ. omitto); onera tantae molis V, 3, 21; onera humeris (dorso) portare III, 13, 7; IV, 9, 19; III, 13, 16. — 2) übtr. Laſt, Bürde VII, 4, 12.

ŏnustus, 3. beladen, belaſtet: vehicula (auro) VI, 6, 15; 11, 3; onustus praeda V, 12, 17; auro argentoque V, 6, 6; praemiis VII, 1, 23.

ŏpācus, 3. bedeckt, ſchattig: nemus arboribus IX, 1, 13; jugum opacum et umbrosum V, 4, 9.

ŏpĕra, ae, Mühe, Bemühung: operae (esse)videtur, es ſcheint der Mühe wert VIII, 9, 37. — 2) Dienſtleiſtung, Dienſt, Beihilfe VI, 8, 3; VII, 1, 38; operam suam offerre VI, 2, 20; promittere VII, 2, 17; polliceri VI, 7, 12; navare IX, 1, 6; opera alcjus uti III, 3, 1; opera alcjus, mit jembs. Hilfe, burch jemb. VII, 6, 14. — 3) metonym. „Tagewerk", bah. konkret Tagelöhner, Mietling X, 2, 21.

ŏpĕrĭo, perŭi, pertum, 4. über= decken, bebecten: stipites operiunt solum IV, 9, 10; trunci terram VI, 5, 15. — 2) übtr. verbergen, verheh= len: alqd VI, 10, 21.

ŏpĕror, 1. (opus), „beſchäftigt ſein", bah. opfern: exercitum Libero operatum habere, das Heer opfern laſſen VIII, 10, 17.

ŏpĭfex, ĭcis (opus u. facio), Hand= werker IV, 2, 12.

ŏpīmus, 3. „fruchtbar, fett", bah. übtr. reich, herrlich: praeda V, 1, 4; regnum IV, 11, 13; decus, ehrenvolle Waf= fenbeute (= spolia opima) III, 11, 7; VII, 4, 40.

ŏpīnĭo, ōnis, *f.* Meinung, Ver= mutung IV, 5, 16.

ŏpīnor, 1. meinen, vermuten: ut opinor IV, 6, 17; V, 4, 31; VI, 10, 10; VII, 1, 31.

ŏportet, tŭit, 2. ſich gebühren, müſſen (v. dem, was nicht anders ſein barf): mit *acc. c. inf.* IV, 1, 13; 2, 13; V, 12, 9; mit Konjunktiv IV, 11, 17.

oppĕrĭor, peritus u. pertus sum, 4. auf jemd. ob. etw. warten, etw. er= warten: alqm III, 7, 8. 10; 13, 1; VI, 7, 17; adventum alcjus VIII, 12, 5; praesentiam VIII, 2, 32; arbitrium III, 12, 9.

oppĕto, ivi (ĭi), itum, 3. entgegen= gehen: mortem VII, 10, 5.

oppĭdānus, 3. ſtäbtiſch, ſubſt. oppidani, Stabtbewohner IV, 5, 17; 6, 9.

oppĭdum, i, Stabt (als feſter Wohnſitz) III, 4, 14; V, 6, 2; parvulum VII, 5, 28.

oppōno, sŭi, sĭtum, 3. vor etw. ſtellen, entgegenſtellen: naves ante moenia IV, 3, 12; his Agrianos III, 9, 10; alcui ordines equitum VII, 9, 5; se IV, 13, 33; armis flumina VII, 4, 15; agmen a tergo alcjus, im Rücken jembs. aufſtellen IV, 15, 21; corpus pro alquo, jemb. mit ſeinem Leibe ſchützen IV, 14, 11.

opportūnē, *adv.* ganz gelegen, günſtiger Weiſe III, 4, 4; VI, 6, 12.

opportūnĭtās,ātis,*f.* „bequeme Lage", bah. günſtige Örtlichkeit VIII, 13, 8. — 2) übtr. günſtige Gelegenheit: rerum IV, 4, 1; mira, wunderbar günſtiger Zufall IV, 4, 8.

opportūnus,3.der Lage nach bequem, gelegen: loca IX, 3, 24; regio explicandis copiis, für die Entfaltung der Streitkräfte IV, 9, 10. — 2) übtr. a) der Zeit nach günſtig, rechtzeitig: victoria VII, 9, 17. — b) ben Umſtänden nach geeignet, vorteilhaft: remedium VIII, 10, 7; auxilium VIII, 13, 3; solatium III, 13, 17.

opprĭmo, pressi, pressum, 3. (premo), „entgegendrücken", bah. überfallen, überraſchen: alqm VI, 3, 16; hostes IV, 13 4; incautum X, 9, 8; noxios X, 9, 10; impedimenta IV, 15, 20; somnus alqm opprimit IV, 13, 17; VI, 8, 21; *passiv.* opprimi VII, 6, 1; VIII, 10, 20; IX, 5, 2; ancipiti malo V, 5, 31. — 2) gefangen nehmen, verhaften: alqm V, 13, 4; X, 1, 20. — 3) „niederdrücken", bah. a) überwältigen, mit jemb. fertig werden: alqm VI, 6, 21; IX, 8, 16; hostem III, 4, 4; cunctantes III, 8, 11; *passiv.* IX, 10, 19; ancipiti acie III, 7, 9; unterliegen III, 6, 6. — b) niebermachen, vernichten: incompositos IV, 9, 23; *passiv.* VIII, 1, 6.

oppugno, 1. angreifen, bekämpfen: alqm IV, 1, 11; insb. mit Sturm angreifen, beſtürmen: arcem III, 1, 6; urbem IV, 4, 19.

ops, ŏpis,*f.*(*sing.*nur *gen., acc.u.abl.* gebräuchl.) förbernbes Mittel, Hilfsmittel IV, 3, 18; *plur.* V, 2, 10; exercitūs V, 1, 10; bah. a) Hilfe, Beiſtanb IV,13,13; 14, 23. 25; VI, 3, 13; quicquam (quid) opis, einige (irgenb welche) Hilfe IX, 9, 15; III, 5, 13; quid opis in me sit, wieviel Beiſtanb X, 2, 29; divina ope IV, 2, 16; alcui opem ferre IV, 15, 12; opem petere (ab alquo) IV, 4, 14; V, 5, 10; implorare IX, 10, 16; exposcere IV, 6, 10. — b) *plur.* Macht IV, 11, 8; V, 10, 1; VIII, 6, 6; regum VIII, 5, 6; Persarum IV, 7, 1; paternae IX, 6, 19; major opibus praefecti, zu mächtig für einen Statthalter X, 10, 14. — c) Kraft, Stärke: nulla ope, quae cernitur, burch keine ſichtbare Kraft VIII, 10, 32; nulla externa ope admota V, 12, 16. — d) Reichtümer, Schätze V, 2, 12; 6, 3; VI, 2, 8; VIII, 4, 28 (ſ. jungo); regiae III, 13, 10; a majoribus traditae X, 1, 23.

opto, 1. „ſich auserſehen", bah. wünſchen: alqd V, 5, 18; multam vitam (ſ. multus) IX, 6, 22; mit *inf.* III, 6, 12; 11, 1; IV, 12, 5; mit *acc. c. inf.* X, 1, 7; mit folg. ut X, 6, 9.

ŏpŭlentĭa, ae, Reichtum, Pracht VIII, 5, 9; ingens III, 13, 10; regalis V, 2, 10; regia V, 6, 2; barbara III, 3, 13.

ŏpŭlentus, 3. (ops), reich (an Mitteln): oppidum III, 4, 14; urbs V, 1, 7; regio VI, 9, 22; Persis IX, 10, 23; agri VII, 8, 23; bona VIII, 6, 26; ſubſt. *plur.* opulenta regionis intactae, bie reichen noch verſchont gebliebenen Gaue V, 9, 16. — 2) übtr. mächtig: rex IV, 1, 38.

ŏpus, ĕris,*n.* Verrichtung, Arbeit: diurnum, Tagewerk IV, 1, 20; alqd est magni operis, erfordert große Arbeit V, 1, 17; VI, 5, 16; magni operis videtur, es ſcheint ein großes Stück Arbeit VIII, 2, 23; muri (fossa) ingentis operis, von gewaltigem Bau IV, 6, 7; V, 1, 16; VIII, 10, 24; moles novi operis, der neue Dammbau IV, 3, 8; alqm operi praeficere IV,3,1. — 2) metonym. baß burch Arbeit Hervorgebrachte, baß. a) Gewebe V, 2, 20. — b) Bauwerk, Bau V, 1, 26; VII, 3, 9; 6, 26; Damm IV, 2, 8; 4, 5; *plur*. Werke, IX, 6, 23; manu facta V, 1, 34; mirabilia orientis V, 1, 29; Werkstücke IV, 2, 8; VIII, 9, 26. — c) Befestigungswerk, Belagerungswerk IV, 3, 6; 6, 8; 12, 24; occultum IV, 6, 8; militaria IX, 8, 14; *sing*. kollekt. III, 1, 7; VIII, 10, 23. — d) Geschichtswerk V, 1, 2. — 3) übtr. Werk, That, Unternehmung VI, 7, 8; VII, 7, 19; egregium VI, 3, 17; memorabile VI, 7, 14; maximum V, 13, 4; virtutis VIII, 14, 37; alqd mei operis est, ist mein Werk VIII, 1, 23; gloria plus habet nominis quam operis, beruht mehr auf Namen als auf Thaten IX, 2, 14; *plur*. III, 6, 19; IX, 6, 26; magna VI, 5, 29; bellica VIII, 1, 20.

ŏpus, *indcl*. „nötige Sache, Bedürfnis", baß. opus est, es ist nötig, ist von nöten, man bedarf, mit *abl*. der Sache: robore III, 2, 16; vrgl. III, 10, 6; IV, 13, 4; V, 9, 4; VI, 3, 6; consulto (Beratung) X, 6, 15; quid armis opus est (erg. iis), wozu bedarfs der Waffen für diejenigen IV, 11, 4; vrgl. VI, 11, 14; mit *dat*. der Person: tibi amico opus est VII, 8, 20; vrgl. VII, 8, 29; VIII, 12, 12; mit *inf*. VI, 1, 17; VIII, 6, 10.

ōra, ae, Rand, Grenze: ultimi orientis IV, 5, 8. — 2) Küste, Gestade III, 1, 19; 5, 1; maritima III, 13, 14.

ōrāculum, i, Orakel: Hammonis IV, 7, 5; sors oraculo editur III, 1, 16; V, 4, 11. — 2) Orakelspruch: oraculum edere IV, 7, 24.

ōrātio, ōnis, *f*. Rede, Ansprache, Worte: varia III, 10, 4; longa IX, 3, 20; lenis VI, 2, 20; blanda VII, 1, 21; aspera VI, 9, 28; orationem habere („halten") VI, 2, 21.

ōrātor, ōris, „Sprecher", baß. Unterhändler, Gesandter V, 3, 11; VI, 1, 20.

orbis, is, *m*. „Rundung", baß. Kreis: aciem orbe munire, ringsum IV, 13, 31; orbes rotarum, die Felgen der Räder IV, 9, 5; orbis terrarum, der Erdkreis III, 10, 5; V, 12, 2; Umkreis: orbem muris destinare IV, 8, 6; übtr. temporum orbes, Kreislauf der Zeiten IV, .10, 5. — 2) Scheibe: lunae VI, 4, 16; terrae (ob. absol. orbis), Erdenrund, Welt IX, 9, 4; IV, 1, 38; 4, 19; 7, 26; 14, 4; alius, Weltteil VII, 7, 14; IX, 3, 8; 6, 20.

orbĭtās, ātis, *f*. verwaister Zustand (in Bezug auf Eltern u. Kinder), Kinderlosigkeit VI, 9, 12; VII,1,2; VIII, 2, 8.

orbo, 1. verwaist machen, kinderlos machen: senectutem VIII, 7, 15; filio orbari, des Sohnes beraubt werden VI, 9, 27; 10, 31.

orbus, 3. verwaist, kinderlos VI, 9, 12.

ordĭno,1. reihen, ordnen: aciem III, 8, 24. — 2) übtr. anordnen, einrichten: fata IV, 14, 20; gentem, die Angelegenheiten des Volkes ordnen VII, 3, 3.

ordĭor, orsus sum, 4. „ein Gewebe anzetteln", baß. anfangen, beginnen opus IV, 2,18; 6, 9; molem IV, 3, 8; bellum ab Hellesponto VI, 3, 3; sententiam, zu einem Entschlusse greifen V, 9, 12; mit *inf*. V, 1, 2; 5, 17; VI, 9, 32; absol. a Macedonia orsus („ausgehend") IX, 6, 20.

ordo, ĭnis, *m*. Reihe, Ordnung: agminis III,3,9; longus pelicum VIII, 9, 29; reginae, Gefolge VIII, 9, 29; incedere ordine, in gewöhnlicher Ordnung III, 9, 12. — 2) Reihe, Glied des Heeres: armatorum III, 9, 12; hostium VIII, 14, 17; primi ordines VII, 4, 33; ultimi IV, 13, 31; densati V, 3, 23; VI, 1, 6; ordines laxare IV,13,33; solvere VIII, 1, 5; pedes incedit pluribus in ordine, mit mehr Gliedern in Front III,9,12; in ordines ire (currere), in Reih' u. Glied treten (eilen) IV,13,19; VII, 1, 25; ordines servare, Reih' u. Glied halten III,2,13. — 3) Klasse,

Stand: humilis VI, 11, 1; *plur*. III, 11, 22; X, 2, 6. — 4) übtr. **Ordnung, Aufeinanderfolge**: sceleris, Hergang VI, 11, 32; rerum, Gang der Ereignisse VIII, 9, 37; absol. X, 9, 7; equestris proelii, regelmäßiges Reitergefecht VII, 7, 32; quisque percurrit ordinem suum, die Reihe seiner Schicksale V, 11, 10; ordinem servare, Ordnung beobachten VII, 9, 4; ordine, der Reihe nach, Punkt für Punkt VI, 7, 25; 8, 1; VIII, 6, 24.

Orestae, ārum, Volk in Epirus IV, 13, 28.

ŏriens, tis, f. orior.

ŏrīgo, ĭnis, f. **Ursprung**: originem trahere III, 1, 22 (unde = a quibus). — 2) **Gründungsgeschichte** VIII, 10, 11. — 3) **Abstammung, Geburt** VII, 5, 30; 10, 16; originem sui ad alqm referre IV, 12, 8.

ŏrior, ortus sum, 4. (*praes. indicat.* nach der 3. Konjugation), „sich erheben", dah. v. Gestirn, **aufgehen**: oriente luce, mit Sonnenaufgang III, 8, 23; orta luce (orto sole), nach Sonnenaufgang III, 3, 8; IV, 6, 10; 13, 17; orto sole, von Sonnenaufgang an III, 2, 3; subst. *part.* oriens, tis, m. a) **Morgen, Osten** IV, 5, 1; VII, 7, 3; VIII, 9, 2; ab oriente, gegen Morgen IV, 7, 18. — b) **Morgenland, Orient** III, 2, 12; 10, 4; IV, 5, 8; VII, 8, 12; IX, 1, 1; ab oriente, im Orient VIII, 9, 5. — 2) v. Flüssen, **entspringen**: in montibus V, 3, 1; Caucaso monte VIII, 9, 3. — 3) **abstammen, geboren werden**: ortus stirpe regia IV, 1, 17; pelice IX, 8, 22; rex nondum ortus (= natus) X, 6, 11; oriundus, abstammend: a Persis IV, 12, 8. — 4) **herrühren, entstehen**: fabula oritur a casu VIII, 1, 17; desiderium a consuetudine IV, 10, 31; licentia a paucis VIII, 10, 16. — 5) **entstehen, ausbrechen**: oritur bellum VI, 1, 21; seditio IV, 5, 16; contentio VIII, 1, 31; luctatio IV, 9, 19; clamor IX, 3, 16; fremitus IX, 3, 2. — 6) **anfangen, den Anfang nehmen**: aestus oritur VII, 5, 5; fortuna

oriens („im Anbeginn") III, 12, 20; sermo ortus VIII, 1, 32.

Orītae, ārum, Volk an der Küste des roten Meeres, östl. vom Flusse Arabus IX, 10, 6.

ŏriundus, a, um, f. orior.

ornāmentum, i, **Schmuck, Zierde**: capitis V, 6, 18; regni V, 1, 7; *plur*. **Schmucksachen** III, 11, 21.

ornātus, ūs, **Schmuck, Putz**: regalis III, 3, 24.

orno, 1. **womit ausstatten, schmücken**: brachia margaritis IX, 1, 29; vehicula velis IX, 10, 25; tabernaculum regali magnificentia III, 13, 10; capillum VIII, 9, 27; alqm vestibus, ausstaffieren VI, 6, 7. — 2) **auszeichnen, ehren**: alqm IV, 14, 6.

ōro, 1. **bitten**: (alqm) mit folg. ut III, 12, 11; IV, 8, 12; mit folg. ne VIII, 1, 48; mit Konjunktiv VI, 6, 34; oro quaesoque III, 6, 11; oro et obtestor per decora V, 8, 16; per fidem V, 11, 6.

Orontobătēs, is, ein persischer Truppenführer IV, 12, 7.

Orsĭllos, i, ein Perser V, 13, 9.

Orsĭnēs, is, Statthalter von Persis IV, 12, 8; X, 1, 22.

ortus, ūs (orior), **Aufgang**: solis III, 13, 5; lucis IV, 7, 22; diei IV, 7, 22; metonym. ortus solis, Land des Sonnenaufgangs IX, 2, 26.

1. **ōs**, ōris, n. **Mund**: uno ore clamorem tollere X, 2, 18; *plur*. VII, 5, 5. 7; IV, 7, 13. — 2) metonym. **Gesicht, Antlitz** III, 6, 9; IV, 10, 34; VI, 2, 6; 11, 31; color (habitus) oris IV, 6, 18; VIII, 13, 21; quo ore, mit welcher Stirn VI, 6, 10; *plur*. III, 11, 5; VI, 6, 30; VII, 9, 13; adversa IV, 15, 31; deformia X, 2, 12; hirta IV, 13, 5; ora in terram defigere IX, 3, 1; inter ora hostium, vor den Augen VIII, 10, 18. — 3) übtr. **Öffnung**: specūs VII, 11, 3; insb. **Mündung** amnis VI, 4, 7; Euphratis X, 1, 16; asperum os obicit influenti, setzt seinem Einströmen einen störrigen Eingang entgegen VIII, 9, 8.

2. ōs, ossis, n. Knochen, Gebein: plur. VI, 11, 17; VII, 9, 21; VIII, 1, 15.

ostendo, di, sum (tum), 3. (obs u. tendo), „entgegenhalten", daß sehen lassen, zeigen: alqd VIII, 3, 12; apparatum VIII, 13, 20; vadum manu IV, 9, 18; patrem, vor Augen stellen VI, 10, 30; fumus ostendit aedificia VII, 3, 15; lux aciem IV, 12, 23; insb. Streitkräfte zeigen, zum Vorschein kommen lassen VII, 7, 33; arma VIII, 10, 20; se V, 3, 10; 4, 27. — 2) übtr. a) zeigen, an den Tag legen, beweisen: alqd IX, 7, 15; artem VII, 5, 41; speciem VIII, 11, 19; moderationem V, 3, 15; indignationem III, 6, 10; mit *acc. c. inf.* III, 5, 2; IV, 2, 5; 13, 1; mit abhängig. Frage VII, 4, 34; VIII, 8, 1. — b) anzeigen, angeben, kundmachen, eröffnen: periculum IV, 15, 6; clementiam alcjus VII, 6, 17; auctores VI, 9, 3; consilium salubre (= quam salubre sit) VII, 8, 24; causam, Grund vorgeben X, 2, 19 (in qua major pars ... non est, „in welchem Falle"); iter, schildern V, 4, 2; finem doloris, in Aussicht stellen VI, 11, 21; mit abhäng. Frage III, 7, 3; VI, 7, 23; mit *acc. c. inf.* IV, 7, 26; V, 4, 2; VII, 5, 31. — c) erklären, deuten: motus siderum V, 1, 22.

ostentātio, ōnis, *f.* „das Zeigen", insb. das (prahlerische) Zurschautragen: luxūs V, 6, 3; fiduciae, das Prahlen mit VIII, 11, 21.

ostento, 1. (*v. intens. v.* ostendo), sehen lassen, zeigen: canitiem VII, 4, 34; ora X, 2, 12; supplicia („Verstümmelungen") V, 5, 10; alqm, auf jemd. hinweisen IV, 1, 32. — 2) übtr. a) vor Augen halten, vorstellen: pericula V, 9, 16. — b) zeigen, an den Tag legen: gaudium VII, 10, 4; speciem dolentis X, 9, 9.

ostĭum, i, Mündung: amnis X, 1, 11; Pelusii IV, 1, 29; ostia Euphratis X, 1, 16.

ōtiōsus, 3. müßig, unbeschäftigt: miles VI, 2, 15. — 2) übtr. überflüssig, unnütz: peregrinatio IV, 8, 4.

ōtĭum, i, Muße, unthätige Ruhe III, 7, 3; V, 2, 2; per otium (f. per 4, *a*) IV, 10, 11; IX, 6, 19.

ovo, āre, frohlocken, triumphieren IX, 2, 24; victoriā („über") IV, 6, 20; 16, 20.

Oxartēs, is, ein Sogdianer VIII, 2, 25. 31.

Oxāthrēs, is, Bruder des Dareus III, 11, 8; 13, 13; VI, 2, 9; *acc.* Oxathren VII, 5, 40.

Oxus, i, Fluß im Inneren Asiens entspringt auf dem Parapamisos (*Hindu-Kusch*) u. strömt ins kaspische Meer, jetzt *Amu* ob. *Gihon* VII, 4, 5. 21; 5, 13; 10, 13. 15.

Oxyartēs, is, Statthalter in Baktrien, Vater der Roxane VIII, 4, 21; IX, 8, 10; X, 3, 11.

Oxydātēs, is, ein Perser VI, 2, 11; VIII, 3, 17.

Oxydrācae, ārum, Volk in Indien zwisch. Indus n. Acesines IX, 4, 15; 24, 26.

Ozĭnēs, is, ein Perser: *acc.* Ozinen IX, 10, 19.

P.

pābŭlum, i (pasco), Futter: avium VII, 8, 15; Futterkraut V, 4, 20; VII, 4, 26; 6, 1.

păciscor, pactus sum, 3. über etw. ein Abkommen treffen, etw. sich ausbedingen: indutias III, 1, 8; mit folg. ut IV, 5, 22, VII, 11, 26; *part.* pactus, verabredet, subst. pactum, Vertrag VII, 8, 29.

pāco, 1. (pax), zum Frieden bringen, beruhigen: cetera („die übrigen Gegenden") VII, 11, 1; *part.* pacatus als Abjekt., ruhig, friedlich: Persis IV, 10, 23; quicquam pacati, etwas Friedliches X, 9, 14.

pactus, a, um, f. paciscor.

paenĕ, *adv.* beinahe, fast (zur Ermäßigung eines zu vollen Ausdruckes)

III, 5, 4; IV, 4, 20; 8, 3; 14, 6; VI, 9, 2.

paenitentia, ae, Reue VIII, 8, 23; aljus rei, wegen etw. V, 10, 8; VIII, 6, 23 (f. ago B, 4, b); paenitentia subit alqm III, 2, 19. — 2) Schamgefühl V, 5, 24.

paeniteo, ui, 2. Reue ob. Unzufriedenheit empfinden: unperf. paenitet alqm alcjus rei, jemb. gereut etw., er läßt sich etw. leib sein, ist über etw. unzufrieden IV, 13, 9; V, 5, 10; 10, 15; VIII, 2, 29; 8, 10; mit inf. VI, 10, 15; X, 5, 11; abfol. V, 7, 11.

Paeŏnes, um, die Päonier: abjett. equites IV, 9, 24.

Paeŏnia, ae, nordwestl. Landschaft Macedoniens von illyrisch. Grenze bis zum Fluß Strymon IV, 12, 22.

Palaetýros, i, Altthrus auf b. phönicischen Küste, südl. von Sidon, 586 v. Chr. durch Nebukadnezar zerstört, worauf die Bewohner sich auf einer nahe an b. Küste gelegenen Insel anbauten: acc. Palaetyron IV, 2, 4; vergl. IV, 2, 18.

pălam, adv. offen, öffentlich, vor aller Augen VI, 6, 1. 9; palam luce, offen bei Tage IV, 13, 9. — 2) übtr. offenbar: sontes VI, 11, 39.

palla, ae, weit herabhängendes Obergewand, Mantel III, 3, 17.

pallor, ōris, m. Blässe III, 5, 3; VIII, 3, 13.

palma, ae, „die flache Hand", bah. v. Bäumen, ber äußerste Zweig IV, 3, 10. — 2) Palme IX, 10, 11; X, 1, 14; metonym. „Palmzweig" als Siegeszeichen, Siegespalme IX, 2, 29.

palmĕs, ĭtis, m. „Rebschoß", bah. übtr. Zweig: arborum IV, 3, 10.

pălor, 1. umherschweifen: palantes IV, 1, 32; V, 13, 11.

pălūs, ūdis, f. Sumpf, See IX, 1, 14; Mareotis IV, 7, 9; 8, 1; Maeotia VI, 4, 18.

Pamphylia, ae, Küstenlandschaft Kleinasiens zwisch. Lycien u. Cilicien III, 1, 1; V, 3, 22; VI, 3, 3; X, 10, 2.

pando, pandi, passum, 3. ausbrei-

ten: ulteriora panduntur, die Teile weiterhin breiten sich aus VII, 11, 3.

pānis, is, m. Brob IV, 2, 14; VIII, 4, 27.

Paphlăgŏnes, um, die Paphlagonier, (welche für roh galten) IV, 1, 34; acc. Paphlagonas VI, 11, 4.

Paphlăgŏnia, ae, Landschaft Kleinasiens am schwarzen Meere zwisch. Bithynien u. Pontus III, 1, 22; IV, 5, 13; X, 10, 3.

păpilla, ae, „Brustwarze", bah. Brust VI, 5, 28.

pār, gen. păris, gleichkommend, gleich: alqm alcui parem facere VI, 6, 3; summa par huic pecuniae VI, 2, 10; fastigium par potentiae deorum VI, 6, 2; pernicitas velocitati VII, 7, 32; par numero, an Zahl III, 3, 10; aetate III, 12, 16; lepore VII, 9, 19; mit folg. et III, 1, 12; subst. par, ber Gleiche V, 5, 12; plur. pares VII, 8, 27. — 2) gleichstart, gewachsen: alcui IV, 16, 5; V. 12, 9; armis VII, 9, 17; acies par phalangi III, 9, 2. — 3) gleichberechtigt: alcui VII, 6, 11. — 4) entsprechend, angemessen: habitus par famae (aviditati) VI, 5, 29; VII, 8, 9. 12; par est, es ist angemessen, ist recht VII, 7, 25; X, 5, 33; sicuti par est, wie billig VI, 6, 33; haud secus quam par est, wie natürlich, natürlicher Weise III, 2, 1; VI, 2, 18; VII, 6, 19.

părābĭlis, e, leicht zu beschaffen: cultus corporis III, 5, 2; victus VI, 2, 3; VIII, 4, 28.

Paraetacēnē, es, Distrikt an b. Grenze von Persis u. Medien V, 13, 2.

Parapamisădae, ārum, Anwohner des Parapamisus VII, 3, 6; IX, 8, 9.

Parapamīsus, i, Hauptgebirge des innern Asiens mit ben Quellen des Oxus u. Indus, im heut. Kabulistan, von b. Griechen auch indischer Kaukasus genannt, jetzt *Hindu-Kusch* VII, 4, 31.

parātus, a, um, f. paro.

parcē, adv. „sparsam", bah. mit Maßen, wenig: parcius IV, 10, 30; VIII, 14, 26.

parco, peperci, parcĭtum, 3. „ſparſam ſein", baß. übtr. a) ſchonen, ver-
ſchonen, mit *dat.*: alcui IV, 4, 18; 5,
22; VI, 3, 13; 6, 34; corporibus III,
11, 21; urbi V, 7, 5; auribus alcjus
IV, 10, 26; saluti suae („Leben") VI,
9, 24; VII, 2, 26; IX, 6, 15; parcitur
alcui, jemb. wird verſchont VIII, 10, 5;
14, 38; IX, 5, 20; abſol. VIII, 7, 15.
— b) etw. ſparen: labori V, 13, 5.
parcus, 3. „ſparſam", baß. übtr. kärg-
lich: victus VI, 2, 3; VIII, 4, 28.
pardālis, is, *f.* Parbel, Panther-
tier V, 1, 21 (nur bei Curtius).
parens, tis (pario), Erzeuger,
Vater IV, 1, 12; eodem patre genitus III, 12, 21; *femin.* Mutter IV,
10, 20; 14, 22; *plur.* a) Eltern V,
1, 37; VI, 3, 5; X, 5, 30; Stammeltern
IV, 2, 10. — b) Anverwandte, Angehörige VI, 10, 30 (*gen.* parentum
IV, 2, 10; VI, 3, 5).
parento, 1. (parens), „Angehörigen
ein feierliches Totenopfer bringen", baß.
a) jembs. Tod rächen: majoribus V,
6, 1; alcui sanguine alcjus VII, 2, 29.
— b) Racheopfer darbringen,
ſühnen: irae internecione hostium
IX, 5, 20.
parĕo, ŭi, ĭtum, 2. „auf jembs. Geheiß erſcheinen", baß. gehorchen: alcui
IV, 3, 18; 6, 13; 10, 7; dicto VII, 4,
9. — 2) übtr. einer Sache nachkommen, ihr gerecht werden: animo
suo („ſeinen Gefühlen") VI, 10, 2. —
3) unter jembs. Befehl ſtehen, ihm
untertßan ſein: alcui III, 1, 23; 9,
8; VI, 5, 21; imperio, unterb. Kommanbo
ſtehen V, 12, 18; qui parent, bie Unterthanen IV, 10, 28; VIII, 8, 8.
părĭēs, ĕtis, *m.* Wand, Mauer
V, 1, 34.
părĭo, pepĕri, partum, 3. „gebären",
baß. übtr. verſchaffen, erwerben:
alcui libertatem V, 8, 14; gloriam VI,
3, 5; victoriam de alquo X, 6, 8; ultio-
nem V, 8, 14; praeda (per scelus) parta
V, 12, 17; IX, 2, 10; res („Güter") per
virtutem partae VI, 3, 5; regnum per
scelus partum VII, 4, 3.

părĭter, *adv.* auf gleiche Weiſe,
gleich, ebenſo X, 2, 18; mit folg. et
(„ebenſowohl... als") IV, 12, 17; VI,
11, 35; pariter et... et IV, 4, 10; VII,
7, 33; VIII, 4, 19; mit folg. ac (atque)
III, 5, 11; 6, 20; IV, 6, 25; mit folg.
que III, 11, 15; VI, 2, 2; X, 5, 9. —
2) zugleich: pariter cum ipso III,
12, 16; pariter et nox et somnus VII,
11, 17; zu gleicher Zeit X, 5, 21.
Parmenĭo, ōnis, wurde 336 v. Chr.
mit Attalus nach Kleinaſien vorausge-
ſchickt, um die griechiſchen Kolonien zu
befreien u. ben Krieg gegen Perſien vor-
zubereiten; bei Iſſus befehligte er ben
linken Flügel u. blieb nach der Schlacht
bei Arbela in Ekbatana als Statthalter
zurück III, 4, 15; 7, 6; 9, 8; IV, 1, 4; 5,
9; 13, 35; 15, 6; 16, 1; VI, 9, 4; VII,
2, 11; (*nom.* Parmenion IV, 11, 14;
VII, 2, 23. 25. 26; *acc.* Parmeniona
III, 13, 2; VII, 2, 16).
păro, 1. zubereiten, zurecht
machen, zurüſten: funes VII, 11,
13; cibum III, 2, 15; epulas VIII, 9,
30; insidias, legen VIII, 1, 3; venenum
alcui, einen Vergiftungsverſuch gegen
jemb. machen VI, 10, 34; commeatus,
beſchaffen VIII, 2, 13; ſich zu etw. rüſten:
iter VIII, 1, 22; bellum IV, 11, 24;
expeditionem VII, 2, 26; se ad proelium IV, 13, 10; (classem), ausrüſten
X, 2, 2. — 2) etw. beabſichtigen,
ſich wozu anſchicken, womit umgehen: alqd VI, 8, 26; scelus VI, 7,
22; mit *inf.* III, 13, 6; VIII, 13, 23;
alqd paratur, iſt im Werke VIII, 6, 20.
— 3) übtr. zuwegebringen, ſich
verſchaffen: famem satietate VII,
8, 20. — Dav. *part.* paratus, als Abjekt.
a) zu etw. bereit, fertig, entſchloſſen: itineri, zum Marſch III, 8,
23; pugnae IV, 13, 30; ad alqd V, 9,
15; 11, 1; ad pugnam VIII, 12, 8; mit
inf. III, 3, 27; IV, 1, 9; V, 11, 12; 13,
5; abſol. parati et intenti IX, 9, 24. —
b) kampfgerüſtet: classis IV, 3, 16;
vires V, 9, 5. — c) in Bereitſchaft,
bei der Hand: ultor III, 2, 18; praeda
(hostibus), leicht (zu gewinnen) IV, 14,

11; V, 1, 4; IX, 10, 27; simulatio, geläufig V, 10, 13; turba saevientibus parata, preisgegeben IV, 4, 14.
parrĭcīda, ae, (pater u. caedo), „Vatermörder", dah. übrh. verruchter Mörder (an nahen Verwandten) parentis VIII, 7, 2. — 2) Königsmörder, Hochverräter V, 10, 13; 11, 8; 12, 18; regis VI, 9, 30.
parrīcīdĭum, i, „Verwandtenmord", dah. übrh. ruchloser Mord VI, 10, 14. — 2) Königsmord, Hochverrat III, 6, 11; V, 9, 9; 12, 4; VI, 7, 7 (s. in B, 6).
pars, tis, *f.* Teil: nostri V, 5, 14; magna sui („seines Körpers") IV, 4, 4; mei („meines Ich's") IV, 14, 22; conjuges, carissima sui pars, ihr teuerstes Teil IV, 3, 20; magna ex parte, großenteils III, 1, 13; majore ex parte, zum größeren Teile IV, 16, 27; ex maxima parte, größtenteils IV, 10, 22. — 2) Seite VIII, 13, 19; a dextra a parte IV, 9, 6; ab utraque parte (rechts u. links) X, 9, 12; magna parte, weit hin VI, 4, 19. — 3) übtr. a) Partei IV, 1, 35; 16, 1; VI, 1, 9; VII, 6, 9; parte alcjus, auf Seiten III, 11, 27; *plur.* Partei IV, 1, 40; 5, 15; VIII, 13, 13 (partium, „ihrer Partei" b. i. der diesseitigen Waffen); fortuna partium, seiner Partei IV, 16, 4; fides in partes (näml. Alexandri) IV, 8, 13; stare in partibus alcjus, auf jemds. Seite III, 11, 18; copiae affuerunt partibus, waren zu seiner Partei gestoßen IV, 9, 2. — b) *plur.* „Rolle des Schauspielers", dah. überh. Rolle, Aufgabe: proximae a nobis („nach uns") VI, 11, 28; alqd est mearum partium, ist meines Amtes IV, 14, 12. — c) Seite, Beziehung: in utramque partem, nach beiden Seiten, dafür u. dawider III, 6, 5.
Parsagăda, ōrum, Stadt in Persis am Medus V, 6, 10; X, 1, 22.
Parthi, ōrum, die Parther, zum scythischen Stamme gehörig, hatten ursprüngl. in den südwärts von den Gestaden des kaspischen Meeres gelegenen Ländern ihre Wohnsitze. Nach Alexanders Tode kamen sie unter syrische Herrschaft, von der sie um 250 v. Chr. abfielen u. unter Arsaces ein eigenes Reich gründeten, welches sie über alle Länder zwischen dem Euphrat, Indus u. Oxus ausdehnten IV, 12, 11; V, 7, 9; 8, 1; VI, 2, 14.
Parthĭēnē, ēs, Landschaft Asiens südl. von Hyrkanien, wohin in früher Zeit ein Teil der Parther eingewandert war V, 12, 18; VI, 2, 12; 3, 3; 4, 2; 5, 32.
Parthyaei, ōrum, die Einwohner von Parthiene IV, 12, 11; IX, 10, 17.
partĭceps, cĭpis, teilhaftig, an etw. beteiligt, Teilnehmer an etw.: periculorum VII, 1, 3; consilii VII, 1, 11; 5, 24; facinoris V, 13, 15; sceleris VI, 8, 15; noxae VII, 2, 29; alicui, mit jemb. VI, 6, 36; 7, 6.
partim, *adv.* (eig. *acc.* zu pars), zum Teil, teils: partim... partim IV, 3, 4; V, 6, 2; einerseits... andrerseits VII, 5, 23.
partĭor, 4. teilen: alqd IV, 5, 7; alqd cum alquo IX, 10, 6.
părum, *adv.* zu wenig, nicht genug III, 13, 5; parum est mit *acc. c. inf.* VI, 10, 31. — 2) nicht sehr VIII, 14, 43.
părumper, *adv.* eine kurze Zeit hindurch VIII, 14, 12; X, 4, 2.
parvŭlus, 3. klein: oppidum VII, 5, 28; nepos, jung IV, 10, 22.
parvus, 3. klein: aves minimae VII, 8, 15; Armenii minores, Kleinarmenier IV, 12, 10. — 2) übtr. a) schwach, leise: sonus minimus VII, 4, 13. — b) klein, jung: filius III, 8, 12; liberi V, 5, 15; minimus ex fratribus VII, 1, 10. — c) unbedeutend, geringfügig: alqd parvum ducere, für gering achten IX, 6, 24; res parva dictu, gering zu erwähnen IV, 2, 10; minora promissis praestare, weniger als versprochen war VIII, 11, 25.
Pasās, ae, ein Thessalier X, 8, 15.
pascor, pastus sum, 3. „sich ätzen", dah. fressen, mit *abl.*: polentā IV, 8, 6.
Pasippus, i, ein Lacedämonier III, 13, 15.

Pasitĭgris, is, der kleine Tigris, jetzt *Kuran*, ergießt sich in den Eulaeus V, 3, 1.

passim, *adv.* (pando), überall zerstreut, allenthalben, überall III, 11, 20; IV, 7, 16; 9, 19. — 2) ohne Unterschied VII, 5, 33.

pastor, ōris, (pasco), Hirt V, 4, 10.

pastus, ūs, (pasco), Weide V, 1, 12.

Patalĭa gens, Volk im Indus-Delta mit der Hauptstadt Patala IX, 8, 28.

pătefăcio, fēci, factum, 3. aufmachen, öffnen: portam IX, 1, 28; vulnus latius, erweitern IX, 5, 28.

pătĕo, ŭi, 2. offen stehen: limites fugientibus patent X, 2, 27; *part.* patens als Abjekt., offen, frei: campi IV, 12, 5. — 2) prägn. offenstehen, zugänglich sein: portus patet alcui IV, 5, 20; regia VIII, 9, 27; iter IV, 16, 11; VII, 8, 18; saltus VI, 5, 17; aditus VI, 7, 17; via ad fugam III, 11, 12. — 3) übtr. a) offen stehen, zu Gebote stehen: nihil obsessis patet praeter deditionem VIII, 10, 33; Bactra patent V, 10, 9; exilia alcui VI, 4, 13; usus fontium X, 10, 11; gradus amicitiae apud alqm V, 10, 10; via agendae rei („zur Ausführung der That") VIII, 6, 10; via expugnandi VIII, 11, 7. — b) ausgesetzt sein, preisgegeben sein: vulneribus IV, 3, 26; insidiis alcjus IV, 10, 17. — c) offenbar sein: causa patet VIII, 9, 13. — d) v. Gegenden, sich ausdehnen, sich erstrecken: valles usque ad mare patens VI, 4, 16; Scythae late patent VII, 8, 22.

păter, tris, Vater: Midae III, 1, 4; als Ehrentitel IX, 3, 16; Liber pater, s. Liber.

pătĕra, ae, Opferschale IV, 7, 24; 8, 16; vinum patera libare VII, 8, 18.

păternus, 3. väterlich, des Vaters: opes IX, 6, 19; fortuna IX, 2, 7; fastigium III, 13, 12.

pătiens, s. patior.

pătientĭa, ae, das Ertragen, Erdulden: verberum VIII, 6, 25; decoris, schmachvolle Preisgebung X, 1, 29. — 2) prägn. a) Dulbsamkeit, Ausdauer IV, 1, 25; laboris, bei Beschwerden X, 5, 27. — b) Geduld VIII, 8, 1. — c) Fügsamkeit, Gehorsam: imperii, Subordination X, 3, 10.

pătienter, *adv.* geduldig VIII, 1, 31; 7, 7.

pătĭor, passus sum, 3. ertragen, erdulden, sich gefallen lassen: obsidionem IV, 2, 11; vexationem VII, 9, 13; sitim VII, 5, 10; jugum III, 12, 25; sortem VIII, 3, 6; quietem IV, 13, 16; vultum VIII, 7, 9; dominum VII, 8, 21; regem X, 7, 6; regnum, die Last der Krone tragen IV, 1, 25; consilia, geduldig annehmen IV, 1, 9; muliebria, sich als Weib gebrauchen lassen VI, 6, 8. — 2) übtr. a) zu erleiden haben, erfahren, von etw. betroffen werden: alqd IV, 6, 26; alqd in se („an sich") VII, 11, 16; ultima III, 1, 6. — b) leiden, gestatten, zugeben, geschehen lassen: mit *inf.* VI, 1, 10; IX, 7, 18; mit *acc. c. inf.* III, 6, 6. 11; IV, 7, 30; V, 1, 37; VI, 1, 10; 3, 14; 5, 31; IX, 7, 18; absol. geschehen lassen X, 8, 2; dav. *part.* patiens als Abjekt. aushaltend, Stand haltend gegen etw., imstande etw. zu ertragen, mit *gen.*: mali VIII, 4, 9; suci X, 10, 16; consilii (veri), empfänglich für V, 12, 8; X, 4, 2; patientior rerum militarium, besser imstande kriegerische Thätigkeit zu ertragen VI, 2, 1; amnis navium (solum terrae) patiens, fähig zu tragen V, 3, 2; IX, 9, 2; V, 1, 33. — 3) prägn. geduldig, nachsichtig: rex patientissimus VIII, 7, 10; patientior V, 7, 4 (s. avidus).

pătria, ae, Vaterland IV, 10, 3; major, Mutterstadt IV, 3, 22; regia, patria tot regum, Stammburg V, 7, 8.

pătrĭus, 3. des Vaters, väterlich: imperium IV, 1, 9. — 2) vaterländisch, heimatlich: sedes III, 7, 11; sermo VI, 9, 34; carmen III, 3, 9; mos III, 3, 8; dii IV, 10, 30.

Patron

Patrōn, ōnis, Anführer der griechischen Mietstruppen bei Dareus V, 9, 15; 11, 1; V, 12, 4. 7; *acc.* Patrona V, 11, 7.

paucĭtās, ātis, *f.* geringe Anzahl: equitum IV, 9, 24; hostium V, 13, 22; juvenum VII, 11, 27; suorum III, 13, 1; nostra IX, 2, 24; *absol.* geringe Truppenzahl III, 3, 28; IV, 14, 14.

paucus, 3. gewöhnl. *plur.* pauci, ae, a, wenig: inter pauca exempla fortunae, wie wenige V, 5, 5; *subst.* pauci, einige wenige, nur wenige III, 4, 5; IV, 1, 2; VII, 2, 31; pauciores, geringere Anzahl, Minderzahl III, 4, 5; IV, 2, 24; 13, 6; carus in paucis (= inter paucos), wie wenige IV, 8, 7; VI, 8, 2; eminens in paucissimis, wie sehr wenige III, 11, 8; pauca, orum, wenige Worte III, 13, 8.

paulātim, *adv.* allmählich, nach u. nach III, 5, 9; 9, 12; IV, 3, 17.

paulisper, *adv.* eine kleine Weile lang, eine kurze Zeit III, 6, 11; V, 13, 12.

paulo, s. paulus.

paulum, *adv.* s. paulus.

paulus, 3. „gering, klein", daß. paulō als *abl. mensurae* beim Komparat., um ein weniges, ein wenig, etwas VII, 7, 38; IX, 9, 8; haud paulo aptius, weit V, 1, 2; paulo ante, kurz vorher III, 5, 1; 7, 7; paulo antequam, kurz bevor VIII, 2, 40; paulo post, bald nachher III, 3, 3; V, 6, 7; 10, 13. — 2) *acc.* paulum, ein wenig, nur wenig III. 6, 19; IV, 2, 21.

paupertās, ātis, *f.* „spärliches Auskommen", daß. Armut III, 2, 15 (s. magistra); IV, 1, 20; paupertas nostra, wir mit unserer Armut VIII, 8, 22.

Pausanĭās, ae, Mörder b. Königs Philipp v. Macedonien VII, 1, 6.

Pausippus, i, s. Pasippus.

păvĕo, pāvi, 2. sich ängstlich zeigen, zagen: paventes V, 3, 17.

păvĭdus, 3. ängstlich, furchtsam, zaghaft: agrestes III, 8, 24; aures IX, 8, 6; equi, scheu IV, 13, 33; animal ad omnia, scheu vor allem VIII, 14, 23.

păvo, ōnis, *m.* Pfau: agrestis IX, 1, 13.

pello

păvor, ōris, *m.* Beben, Angst, Furcht: inconsultus VI, 2, 4; improvisus VIII, 13, 11; subitus III, 12, 4; pavor alqm invadit IV, 12, 14; concutit VIII, 2, 24; intrat animum IV, 16, 17; pavore marcere IV, 13, 18.

pax, pacis, *f.* Friede: longa IV, 4, 21; in pace VI, 8, 25; pacem petere IV, 11, 1; dare IV, 11, 7.

pecco, 1. fehlen, sich vergehen, Unrecht thun VI, 3, 13; in alqm VII, 2, 7; intra verba VII, 1, 25.

pecto, xi, xum, 3. kämmen: capillum VIII, 9, 22. 27.

pectus, ōris, *n.* Brust: nudum VI, 1, 15; tergum alcjus suo pectore defendere VIII, 1, 41. — 2) Herz: capax spei VIII, 13, 11.

pecūnĭa, ae, Geld: magna VII, 3, 3; ingens IV, 1, 12; regia III, 13, 5; captiva V, 6, 8.

1. **pĕcŭs**, ōris, *n.* Vieh (als Gattung) V, 4, 12; *plur.* Viehherden, Vieh V, 1, 12; VII, 8, 19; greges pecorum V, 6, 15; pecora agere VII, 11, 7. — 2) insb. Kleinvieh, Schafe VIII, 4, 20; pecora et armenta VIII, 4, 19; pecorum modo agi (exigi), wie Schafe III, 11, 17; VIII, 14, 30.

2. **pĕcŭs**, ŭdis, *f.* Tier, (einzelnes Stück) Vieh: *plur.* VI, 5, 18; VII, 7, 9; pecudum more, wie Schafe V, 13, 19.

pĕdes, ĭtis, *m.* Fußgänger: pedes ingreditur (circumit etc.), zu Fuß V, 6, 14; VII, 3, 17; VIII, 1, 18; 2, 36. — 2) Fußsoldat VII, 1, 34; *plur.* Fußtruppen, Fußvolk III, 2, 3; 9, 2. 3; IV, 12, 7; follett. III, 9, 12; IV, 9, 17; 12, 3; 16, 11; peregrinus V, 1, 45.

pĕdester, tris, tre, zu Fuß: copiae, Fußtruppen IV, 7, 3; exercitus III, 2, 8; acies III, 9, 4. — 2) zu Lande: iter IV, 2, 9; exercitus, Landheer IV, 2, 5.

pēlex (paelex), ĭcis, Nebenfrau, Kebsweib III, 3, 24; IV, 7, 21.

pellis, is, *f.* Haut, Fell: ferarum IX, 4, 3; lacertarum IX, 8, 2; tabernaculi VII, 8, 2.

pello, pepŭli, pulsum, 3. fortstoßen: navigia contis IX, 9, 12. —

2) **zurückdrängen**: flumen pellitur IX, 9, 9. — 3) übtr. a) **den Feind zurücktreiben**, schlagen IV, 14, 11; IX, 4, 6; V, 4, 16. — b) **aus dem Lande vertreiben**: alqm VIII, 2, 15; civitate X, 2, 4.

Peloponnenses, ium, die Peloponnesier IV, 13, 29.

Peloponnesii, orum, die Peloponnesier III, 9, 8; VII, 4, 31.

Peloponnesus, i, f. die südliche Halbinsel Griechenlands, jetzt *Morea* III, 1, 1; V, 1, 41; VI, 3, 2.

Pelusium, i, Stabt Unterägyptens an b. östlichst. Nilmündung IV, 1, 30; 7, 2.

Pelusius, 3. pelusisch: ostium (s. Pelusium) IV, 1, 29.

penates, ium, die Penaten, Schutzgottheiten der Familie u. des aus b. Familienverbande erwachsenen Staates; metonym. Heimat, heimatlicher Herd IV, 14, 7; V, 5, 20; VI, 3, 5; IX, 6, 9.

pendeo, pependi, 2. hangen, herabhangen: lapilli pendent ex auribus VIII, 9, 21; paterae ex latere IV, 7, 24; aves ramis VIII, 9, 25; affixi crucibus IV, 4, 16; crus saucium pendet VIII, 10, 29. — 2) schweben: pedenti similis IV, 15, 26; naves pendentes, schwanend IV, 2, 9. — 3) übtr. a) schwanten, unentschieden sein: animi pendentes IV, 5, 12. — b) von etw. abhängen, auf etw. beruhen: salus pendet ex fide V, 4, 19; spiritus ex alquo III, 6, 10; cetera pendent ex certamine IV, 1, 40; perdere ex mutatione temporum, sich richten nach IV, 1, 27.

pendo, pependi, sum, 3. „abwägen", bah. (weil früher das Metall bei Zahlungen gewogen wurde) zahlen: tributum III, 1, 23; stipendium VIII, 13, 2.

penes, *praep.* mit *acc.* bei b. i. in Obhut, in den Händen jembs.: penes aliquem III, 13, 3; VIII, 4, 22.

penetro, 1. einbringen, vorbringen, bis wohin gelangen: ad Hellespontum III, 5, 7 (s. ut B, 4); ad molem usque IV, 3, 10; ad alqm VIII, 14, 9; v. leblos. Subjekten: flamma penetrat ad inferiora IV, 10, 12; aquilo ad interiora VIII, 9, 12; telum alte IV, 6, 18; in viscera IX, 5, 24; per pectus ad tergum VIII, 14, 36; transit. harena penetrat loricam corpusque, bringt durch den Panzer auf den Leib IV, 3, 26.

penitus, *adv.* tief hinein VII, 3, 10; aus b. innersten Tiefe V, 1, 29; amor penitus haerens, tief im Herzen VIII, 3, 6. — 2) übtr. ganz u. gar, völlig V, 13, 22; VII, 5, 5.

penna, ae, Schwungfeder, *plur.* Flügel, Schwingen IV, 7, 15.

pensilis, e (pendeo), schwebend: horti V, 1, 32.

pensito, 1. (*v. intens.* v. penso). „genau abwägen", bah. zahlen: stipendium IX, 7, 14.

penso, 1. (*v. intens.* v. pendo), „wägen", bah. übtr. abwägen, erwägen: vires hostis VIII, 2, 29; consulta animi VII, 8, 2; alqd secreta (vera) aestimatione III, 6, 5; IV, 7, 29. — 2) „bezahlen", bah. übtr. vergelten: beneficium exigua impensa VIII, 5, 10.

penuria, ae, Mangel an etw.: victus VII, 3, 1; frugum VII, 4, 24 (s. in B, 5); commeatuum VI, 6, 19; aquarum IV, 7, 6.

per, *praep.* mit *acc.* durch, über ...hin: elabi per portam IV, 10, 25; iter per Mediam V, 4, 2; sarissa per cervicem eminet VII, 4, 36; saxa devolvere per prona montium, über... hinab V, 3, 18. — 2) v. der Verbreitung ob. Ausdehnung über einen Raum, über ...hin, längs ...hin, auf...hin: per spatium IV, 4, 17; per muros, überall auf den Mauern IV, 2, 12; per omnes ordines, unter allen Ständen III, 11, 22; corpora per herbas prosternere, auf dem Grase VIII, 10, 17; per iter, entlang VIII, 9, 23; per amnem, den Fluß hinab IX, 8, 3. — 3) v. b. Zeit: a) durch...hin, lang: per complures dies III, 7, 15; per ducentos annos VI, 4, 9; per tot aetates IX, 7, 13. — b) im Verlauf, während: per somnum (per quietem), während des Schlafes, im Traum III, 3, 2. 7; IV, 3, 21. — 4) z. Ang. des Werkzeugs ob.

Mittels, durch, vermittelst: per ignem ferrumque IV,1,18; per litteras IV, 6, 1; per aliquem III, 2, 1; IV, 1, 4; 4, 14; VI, 8, 17; 11, 3; per se, durch seinen Mund VIII, 6, 23. — **5)** z. Ang. des vermittelnden Umstandes ob. der Art u. Weise, **durch, mit, unter:** per scelus V, 12, 17; per cruciatus VI, 1, 11, 15; IX, 7, 8; per ludibrium, spöttisch IV, 2, 20; per ludum, scherzhaft VIII, 6, 17; per seria et ludum, in Ernst u. Scherz IX, 7, 16; per ludum jocumque, unter Spiel u. Scherz VI, 8, 12; per ludum atque otium, in Spiel u. Muße III, 7, 3; per otium, mit Muße, in Ruhe IV, 10, 14; per insidias, meuchlerisch, hinterlistig VIII, 3, 14; IX, 2, 7; X, 2, 3; per supplicia, auf dem Wege der Hinrichtungen X, 4, 1. — **b) in Folge, wegen:** per valitudinem VII, 8, 7; per metum III, 13, 9; per inertiam IX, 2, 26. — **6) bei Bitten, Beteuerungen u. Eiden, bei, um... willen:** per deos IV, 10, 30. 32; per fidem V, 11, 6; per vos IX, 2, 28; per caritatem VI, 7, 4; per salutem VI, 11, 18; von seinem Kasus getrennt: per ego vos deos patrios (erg. oro) IV, 14, 24; vgl. V, 8, 16.

pĕr-ăgo, ēgi, actum, 3. „bis ans Ziel bewegen", dah. übtr. **a) eine Zeit (ganz) hinbringen:** peracta nocte V, 10, 12. — **b) eine Thätigkeit ausführen, vollbringen:** hoc VII, 2, 15.

pĕrăgro, 1. **durchwandern, durchziehen:** terras III, 5, 6; solitudines X, 1, 17; ultima orientis IX, 10, 12; Indos, das Land der Inder VI, 2, 18.

pĕrangustus, 2. **sehr enge, sehr schmal:** aditus III, 4, 7; semita VII, 11, 2.

pĕr-armo, 1. **vollständig bewaffnen:** exercitum IV, 9, 6; perarmati IV, 9, 23.

per-cello, cŭli, culsum, 3. „erschüttern", dah. umstoßen: alqm IV, 9, 19. — **2)** übtr. **a) erschüttern,** *passiv.* percelli, vom Unglück betroffen werden V, 1, 8. — **b) verzagt machen, bestürzt machen:** metu perculsus V, 3, 12; absol. perculsi IV, 12, 15. — **3) schlagen, treffen: saxis** percelli VIII, 11, 13.

per-censĕo, sŭi, 2. „durchmustern", dah. **herzählen:** exempla IV, 16, 6; merita VIII, 5, 10.

percĭpĭo, cēpi, ceptum 3. (capio), **in Empfang nehmen, empfangen:** fructum ex alquo (ex amicitia), von jemb. ernten VI, 10, 32; IX, 6, 18; VII, 1, 26. — **2)** übtr. **a) wahrnehmen empfinden:** salubritatem corpore III, 6, 16. — **b) auffassen, verstehen:** alqd VI, 9, 35; ratio ipsis percepta, von ihnen selbst erkannt IV, 10, 5.

percontor, 1. (ausführlich) **fragen,** nach etw. **sich erkundigen:** alqd VI, 7, 25; alqm alqd, jemb. um etw. fragen V, 11, 7; mit Fragsatz III, 2, 10; IV, 1, 23.

per-crēbresco, brŭi, 3. **sehr häufig werden:** rumor percrebruit, verbreitete sich VI, 2, 15.

per-cūro, 1. **völlig heilen:** nondum percurato vulnere IV, 6, 21; VII, 6, 23.

per-curro, cŭcurri u. curri, cursum, 3. **durchlaufen, durcheilen:** Asiam IV, 4, 1; calles V, 4, 10; amnes iter percurrunt V, 1, 13; vitis totas columnas, umzieht die Säulen in ihrer ganzen Länge VIII, 9, 26; quisque suum ordinem percurrit, muß durchmachen V, 11, 10; temperies pari salubritate partes anni percurrit, geht durch alle Teile IV, 7, 17; metus pectora, durchbebt IV, 12, 14.

percussor, ōris (percutio), **Mörder** IV, 1, 12; veneficus IV, 11, 18.

percŭtĭo, cussi, cussum, 3. (quatio), **durchbohren, durchstechen:** alqm VIII,1,45; 3, 4. — **2) „heftig schlagen",** dah. **verwunden:** alqm sagitta VIII, 10, 27. — **3)** übtr. (heftig) **ergreifen, durchbeben:** amnis pectura pavore percutit VIII, 13, 11.

Perdiccās, ae, König Perdiccas III von Macedonien, älterer Bruder Phi-

perditus — **pergo** — 193

lipps II, bem Gerüchte nach auf Anstiften der Olympias ermorbet VI, 10, 24; 11, 26. — 2) Generaladjutant Alexanders, nach bem Tobe bes Königs Reichsverweser, 321 v. Chr. ermorbet III, 9, 7; VI, 8, 17; VIII, 14, 5; X, 5, 4; acc. Perdiccan IV, 3, 1; VIII, 10, 2; X, 6, 21.

perdĭtus, 3. (*part.* v. perdo), zu Grunde gerichtet, unglücklich: res VII, 11, 28 (f. despero). — 2) grundschlecht, verworfen: homines VI, 11, 6; mores VIII, 9, 29.

per-dŏmo, ŭi, ĭtum, 1. bezwingen, unterjochen: alqm omni clade VIII, 10, 20; regionem X, 1, 17; orientem X, 5, 36; subst. *partic.* perdomita, ōrum, bie unterworfenen Gegenden VII, 6, 13.

per-dūco, xi, ctum, 3. (bis) wohin führen, wohin bringen: alqm ad alqm III, 13, 2; VII, 10, 4; in turrem III, 1, 17; ad navigia IV, 4, 15; exercitum in fines IX, 10, 18; milites ex Macedonia VII, 1, 37; vehicula in planitiem VI, 6, 15; alqm ad insidias, locken VIII, 1, 4; absol. alqm, herbeiführen III, 3, 4; vorführen VIII, 13, 3; übtr. fama ad liquidum perducitur, wird ins klare gebracht IX, 2, 14.

pĕrĕgrīnātĭo, ōnis, *f.* das Reisen in der Fremde IV, 8, 4.

pĕrĕgrīnus, 3. fremb, ausländisch: miles III, 3, 1; lingua VI, 10, 23; aures VI, 2, 5; ritus IV, 6, 29; mala VI, 2, 3; novitas X, 3, 13.

pĕrennis, e (annus), „das Jahr hindurchbauernd", baß. immerwährend: nix VII, 11, 8; fons (aquae), nie versiegend VI, 6, 23; VIII, 1, 12; 10, 13.

pĕr-ĕo, ĭi, ĭtum, īre, zu Grunde gehen, umkommen, sterben IV, 4, 12; V, 11, 11; quo periturus eram („untergehen sollte") VI, 10, 21.

per-fĕro, tŭli, lātum, ferre, wohin tragen, wohin bringen: alqm in regiam VI, 7, 29. — 2) überbringen: epistolam IV, 1, 14; litteras ad alqm VII, 2, 15. 36; arma IX, 3, 21; mandata (preces) ad alqm VII, 8, 8;

V, 10, 11; IX, 6, 6; clamor (tumultus, fama) ad alqm perfertur, gelangt, bringt V, 12, 13; VI, 2, 16; VIII, 1, 6; IX, 5, 19. — 3) hinterbringen, berichten, melben: ad alqm mit *acc. c. inf.* IX, 3, 1; alqd incorruptum VII, 8, 11; terror perfertur VII, 4, 32. — 4) übtr. a) wohin bringen: continentiam in fortunam, in die Stellung mit hinübernehmen IV, 1, 22. — b) ertragen: opus VII, 4, 12; mala VII, 3, 12.

perfĭcĭo, fēci, fectum, 3. (facio), zu Stande bringen, vollenden: opus IV, 12, 24; structuram V, 1, 26.

perfĭdĭa, ae, Treulosigkeit III, 8, 4; IV, 6, 4; VII, 5, 20.

perfĭdus, 3. treulos, verräterisch: homo V, 12, 1.

per-flo, 1. blasen, wehen: aura maris perflat ad alqm IX, 4, 21.

per-fŏdĭo, fōdi, fossum, 3. durchgraben: montes V, 7, 8. — 2) durchbohren: femur hastā IV, 1, 4; corpora vulneribus perfossa IX, 3, 10.

per-fŏro, 1. durchlöchern, durchbohren: scutum spiculis VII, 9, 8.

perfringo, frēgi, fractum, 3. (frango), durchbrechen, zerschmettern: glaciem (murum) dolabra V, 6, 14; IX, 5, 19; galeam IX, 5, 7; claustra, erbrechen X, 7, 17; humus tabulata perfringit, veranlaßt das Zusammenbrechen IV, 6, 9. — 2) burch etw. hindurchbrechen, etw. durchbrechen: aciem VII, 9, 10.

perfŭgĭo, fūgi, 3. wohin fliehen, flüchten: Bactra VI, 6, 22; VII, 9, 20.

per-fundo, fūdi, fūsum, 3. übergießen: lacrimis perfusus, überströmt V, 12, 8; pulvere, bedeckt III, 5, 2.

pergo, perrexi, perrectum, 3. (per u. rego), „eine Richtung verfolgen", baß. vorrücken, vorbringen V, 4, 17; IX, 3, 6; ad alqm, sich begeben VII, 5, 22; absol. seinen Weg verfolgen V, 3, 18. — 2) übtr. in einer Handlung fortfahren, mit *inf.* III, 8, 7; IV, 7, 9. 32; V, 1, 8; 13, 1.

Wörterbuch zu Curtius Rufus. 13

pĕrīclĭtor, 1. (periculum) „einen Versuch machen", dah. prägn. kühn wagen IX, 3, 5. — 2) sich in Gefahr befinden, gefährdet sein: miles in acie periclitans VII, 1, 22; fratres periclitantes VII, 2, 5; subst. periclitantes VIII, 11, 12.

pĕrīcŭlōsus, 3. gefahrvoll, gefährlich: imperium IV, 11, 8; periculosum est mit *inf.* III, 8, 6; periculosius est alcui VII, 1, 37.

pĕrīcŭlum, i, Versuch: periculum virium facere: die Kräfte versuchen VII, 8, 27; periculum sui facere, sich gegen jemd. versuchen IV, 9, 12. — 2) prägn. Gefahr: mortis V, 13, 3; vitae IV, 6, 6; salutis VI, 11, 39; anceps VII, 7, 7; praesens V, 9, 1; instans VII, 11, 18; periculo alcjus, auf jemds. Gefahr III, 6, 2; ad ultimum periculum pervenire VII, 6, 22; periculum est alcui ab alquo, droht von Seiten jemds. VII, 8, 15; periculum est mit folg. ne („daß") IV, 6, 12; VII, 1, 21.

Perilāus, i, ein Macedonier X, 8, 15.

pĕrĭmo, ēmi, emptum, 3. (emo), „gänzlich wegnehmen", dah. vernichten: opera V, 1, 34; pecora, töten V, 1, 12.

pĕrindĕ, *adv* gerade so: mit folg. ac („wie") VIII, 5, 5.

pĕrinvalĭdus, 3. sehr schwach: corpus IX, 6, 2 (nur bei Curtius).

pĕrītĕ, *adv.* mit Erfahrung, geschickt: peritissime IV, 16, 28.

pĕrītus, 3. in etw. erfahren, einer Sache kundig, mit *gen.*: belli III, 2, 10; rei nauticae IX, 10, 3; linguae Persicae III, 12, 6; locorum V, 3, 5; regionis VII, 5, 6; siderum IV, 10, 4; amnis IX, 8, 30; subst. periti IV, 3, 18. — 2) ortskundig, landeskundig V, 13, 24; VIII, 5, 4.

perjūrĭum, i, Meineid: alqd cum perjurio detegere, mit Verletzung des Eides VI, 7, 5.

per-lĕgo, lēgi, lectum, 3. durchlesen: epistolam III, 6, 10.

per-lustro, 1. überschauen, mustern: habitum oculis VI, 5, 29.

per-miscĕo, miscŭi, mixtum, 2. vermischen: clamor ululatu permixtus III, 12, 3.

per-mitto, misi, missum, 3. „bis an ein Ziel hinlassen", dah. übtr. a) überlassen, übergeben, anvertrauen: alcui tutelam V, 2, 17; salutem flumini IX, 9, 1; omnia dicioni alcjus VIII, 13, 1; caput (libertatem) fidei VI, 7, 9; IX, 7, 13; corpus alcui VIII, 12, 10; se fortunae, sich ganz in die Arme werfen III, 2, 18; se alcui (dicioni, potestati alcjus), sich ergeben III, 1, 8; IV, 5, 9; VIII, 4, 21. — b) zulassen, gestatten, erlauben: liberum prospectum IV, 9, 10; jus III, 12, 16; voluptates permissae V, 7, 1; alcui mit *inf.* III, 12, 11; IV, 16, 18; V, 3, 15; VI, 9, 21; VII, 1, 21; 2, 31; mit folg. ut IV, 1, 16; 7, 28; permisso (= cum ei permissum esset) ut regnaret VIII, 12, 6; mit folg. Konjunktiv III, 12, 13; mit abhäng. Frage, freistellen III, 6, 12; absol. V, 2, 22; VIII, 12, 14; subst. permissum, das Erlaubte (s. ex 8).

per-mulcĕo, si, sum, 2. „streicheln", dah. übtr. sanfter machen, beruhigen: efferatos VI, 3, 6; animos oratione VI, 2, 20.

per-mūto, 1. umtauschen, vertauschen: vices stationum VIII, 6, 11; alqd cum alqua re, gegen etw. eintauschen IV, 1, 22; alqm auro, auswechseln gegen Gold IV, 11, 12.

pernĭcĭābĭlis, e, verderblich, schädlich: alcui VII, 3, 13.

pernĭcĭēs, ēi, Verderben, Untergang: trahi in perniciem V, 10, 9; in perniciem incurrere (ruere) IV, 13, 14; V, 9, 6.

pernĭcĭōsus, 3. verderblich: adulatio VIII, 5, 6.

pernīcĭtās, ātis, *f.* Behendigkeit, (ausdauernde) Schnelligkeit VII, 7, 32; IX, 1, 18.

pernix, icis, behend, rasch: juvenes pernicissimi VII, 11, 7.

pernōtus, 3. sehr bekannt: alcui IX, 7, 16.

per-ōdi, isse, sehr hassen: *part.* perosus, einer Sache ganz überdrüssig: solitudinem V, 12, 10.

per-pello, pŭli, pulsum, 3. „heftig stoßen", bah. übtr. jemb. wozu bewegen, wohin bringen, etw. bei jemb. durchsetzen: alqm mit folg. ut V, 3, 9; VI, 5, 32; VII, 6, 8; mit folg. ne IV, 1, 32.

per-pendo, di, sum, 2. „genau abwägen", bah. übtr. in Erwägung ziehen, erwägen: consilium IV, 12, 21; futura VIII, 2, 1.

perpětior, pessus sum, 3. (patior), (standhaft) aushalten, ertragen, erdulden: alqd V,11,11; vim frigoris VII, 11, 8; contumeliam IV, 10, 29; moram III, 6, 3; alcui invito nihil perpeti necesse est, jemb. braucht sich nichts gegen seinen Willen gefallen zu lassen X, 6, 20.

perpětro, 1. (patro), verrichten, vollbringen: alqd VI, 3, 18; sacrificium IV, 13, 16; caedem VII, 2, 29.

perpětŭus, 3. aneinanderhangenb, fortlaufenb, ununterbrochen: dorsum (jugum) montium V, 3, 16; 4, 5; vallis VI, 4, 16. 19; saepes V, 4, 24; lorica IX, 4, 30; cuniculus VIII, 2, 21. — 2) übtr. fortwährend, beständig: gelu III, 10, 10; nives V, 6, 13; vigiliae VII, 5, 16; sedes X, 2, 12; fructus IX, 6, 18; felicitas IV, 16, 23; fortuna IV, 9, 22; laus V, 4, 12; malum VIII, 5, 6; in perpetuum, für beständig V, 8, 17; X, 8, 23.

perplexē, *adv.* (plecto), „untereinandergewirrt", bah. übtr. unbeutlich; haud perplexe, ganz unverblümt VIII, 5, 13.

per-pōto, 1. in einem fort zechen VI, 2, 2.

perquam, *adv.* recht sehr, überaus: gratus X, 1, 2. 26.

per-rumpo, rūpi, ruptum, 3. durchbrechen: aciem VIII, 14, 17.

Persae, ārum, die Perser, ursprüngl. Bewohner der ben Mebern unterworfenen Landschaft Persis am persischen Meerbusen, bann überh. des ganzen durch Cyrus gestifteten persischen Reiches: septem Persae, bie 7 vornehmen Perser, welche sich zur Ermordung des falschen Smerdes verschworen hatten, und aus deren Mitte nachher Dareus, Sohn des Hystaspes, als König hervorging IV, 12, 8; *sing.* Perses III, 7, 11; VI, 2, 11; X, 3, 11.

per-salūto, 1. (der Reihe nach) begrüßen X, 5, 3.

Persĕpŏlis, is, Hauptstabt b. Provinz Persis, nörbl. v. Flusse Araxes, älteste u. eigentliche Residenz b. persischen Könige, die auch später Krönungs- u. Begräbnisstätte derselben blieb, als der königl. Hof meist in Ekbatana u. Susa verweilte IV, 5, 8; V, 4, 33; 6, 11.

per-sĕquor, cūtus sum, 3. „beharrlich nachgehen", bah. nachfolgen, begleiten: alqm V, 8, 8; 13, 21; ex acie IV, 1, 27; fugam alcjus V, 9, 12; vestigia muri, bem Fuß der Mauer entlang IX, 5, 14. — 2) verfolgen, nachsetzen: alqm III, 12, 1; V, 7, 12; ad internecionem IV, 11, 18; fugientes IV, 16, 29; beluas VIII, 14, 26. — 3) übtr. rächend verfolgen, strafen: alqm VII, 1, 39; 2, 14; helli jure („kriegsrechtlich") VIII, 7, 12; debitā poenā III, 13, 17.

Persēs, ae, s. Persae.

persĕvēro, 1. (severus), in etw. beharrlich fortfahren, bei etw. verharren, beharrlich sein: in obsidione IV, 5, 16; in defectione VIII, 1, 2; in admiratione IV, 13, 23; in ira VIII, 1, 48; in maerore IV, 15, 11; continentiā III, 12, 18; mit *inf.* IV, 16, 30; V, 6, 12; VI, 5, 31; 7, 10, 28; bibere perseverem, soll ich dabei verharren? III, 6, 6.

Persĭcus, 3. persisch: vestis VIII, 12, 16; lingua III, 12, 6; regia VI, 6, 2; bellum III, 1, 9; mare, der persische Meerbusen bei Arabien, ein Teil des erythräischen Meeres V, 3, 2.

per-sĭdĕo, sēdi, sessum, 2. wo anhaltend sitzen: tota nocte in speculis IX, 9, 23.

Persis, ĭdis, Stammprovinz des Perserreiches zwisch. Karmanien, Medien,

Susiana u. dem perfischen Meerbusen, jetzt *Farsistan* III, 11, 19; IV, 4, 24; V, 2, 16; 3, 3. 16; V, 4, 4; 6, 12. 17; IX, 10, 23; *acc.* Persiden VI, 3, 3; metonym. Perserreich V, 1, 37; reges (regnum) Persidis IV, 10, 6; V, 6, 1; IX, 6, 10.

per-solvo, solvi, solūtum, 3. „auszahlen", dah. bezahlen, abtragen: sibi mercedem parricidii, sich bezahlt machen für b. Königsmord VII, 5, 38; vota, erfüllen VI, 11, 7; justa alcui, die letzte Ehre erweisen IV, 12, 2; poenas capite, mit dem Leben büßen VII, 10, 10 (interfecto Dareo, „für die Ermordung").

per-sŏno, ŭi, ĭtum, 1. (durch u. durch) ertönen: regia personat ploratu X, 5, 7. — 2) transit. ertönen machen: regiam gemitu VIII, 2, 5.

perspicio, exi, ectum, 3. (specio), „durchbliden", dah. deutlich wahrnehmen, genau erkennen: discrimina agminum IV, 12, 20; alqd visu III, 1, 17; alqd ex vultu VI, 7, 3; alqd mihi perspectum est, ist mir genau bekannt V, 12, 5. — 2) prüfend in Augenschein nehmen, betrachten: cuncta VIII, 10, 30.

per-sto, stĭti, statūrus, 1. wo stehen bleiben, anhaltend da stehen: ante signa IV, 6, 19; absol. auf Wache stehen VIII, 6, 19.

perstringo, strinxi, strictum, 3. streifen, oberflächlich berühren: summam cutem III, 12, 2; femur leviter mucrone III, 11, 10; übtr. species periculi horrore perstringit alqm, durchschauert V, 9, 1.

per-suādĕo, si, sum, 1. überzeugen, überreden: alcui mit *acc. c. inf.* IX, 7, 5; mihi persuasum est, ich bin überzeugt V, 11, 10.

per-taedet, taesum est, 2. einer Sache überdrüssig sein, mit *acc.* der Person u. *gen.* der Sache: Asiae pertaesum est (erg. vos), Asien ist euch zum Ekel X, 2, 25.

per-terrĕo, ŭi, ĭtum, 2. (sehr) in Schrecken setzen, erschrecken: per-

territus aliqua re VII, 1, 14; 4, 1; VIII, 10, 18; subito pavore IV, 16, 5.

pertĭca, ae, lange Stange V, 2, 7.

pertĭnācĭa, ae, Hartnäckigkeit, Beharrlichkeit VII, 6, 17; VIII, 11, 20.

pertĭnācĭus, *adv.* (*comp.* v. pertinaciter), hartnäckiger, beharrlicher IV, 3, 18; VII, 2, 32.

pertinax, ācis, hartnäckig, beharrlich, anhaltend: spes VIII, 6, 18; acclamatio X, 7, 6; vis mali VIII, 4, 8; fortuna, unerbittlich V, 9, 4.

pertinĕo, tĭnŭi, tentum, 2. (teneo), bis wohin sich ausdehnen, reichen, sich erstrecken: cornu (regio) pertinet ad mare III, 9, 8; VII, 3, 4; dorsum a monte ad mare V, 4, 5; gentes ad Caucasum pertinentes IV, 5, 5. — 2) übtr. a) auf jemb. ob. etw. sich beziehen, jemb. ob. etw. betreffen, angehen: ad alqm VIII, 1, 36; ad caput (salutem) alcjus VI, 8, 12; VIII, 6, 21; regnum nihil ad ipsos pertinens, das ihnen nicht gebührt X, 7, 14; quod pertinet ad alqm (= quod attinet ad alqm), was jemb. anbelangt, in Bezug auf jemb. VI, 11, 30; IX, 2, 19; quantum ad hostes pertinet, soweit es auf b. Feinde ankommt VIII, 7, 4. — b) worauf von Einfluß sein, wozu beitragen: ad regnum stabiliendum VIII, 4, 25; ad belli discrimen IV, 14, 3.

per-tracto, 1. „betasten", dah. übtr. behandeln: animos IV, 2, 17.

perturbātĭo, ōnis, *f.* Verwirrung, Aufregung VI, 7, 18.

per-turbo, 1. in Verwirrung setzen, aus der Fassung bringen: alqm VI, 11, 36; VII, 7, 26 (f. quam 1).

per-ungo (perunguo), nxi, nctum, 3. (über u. über) salben, einreiben: artus oleo VII, 4, 23.

per-ūro, ussi, ustum, 3. durchbrennen, versengen: alqd IV, 3, 26; sitis perurit alqm, brennt quälend IV, 16, 12.

per-vādo, si, sum, 3. „hindurchgehen", dah. übtr. durchlaufen,

burchbringen: fama Asiam pervadit X,5,18.
per-věho, xi, ctum, 3. wohin führen ob. bringen: fama alqm in caelum pervehit, versetzt VIII,5,17.
per-vĕnĭo, vēni, ventum, 4. wohin kommen, wo ankommen: ad urbem III,4,14; Tripoli n IV,1,27; in regionem III,4,1; ad alqm III,8,1; ad Indos IX,10,8; ad teli jactum III,11,1; IV,13,36; *passiv*. perventum est ad regionem VIII, 10, 19; ad cultiora VI, 4, 20; ad feminas III, 11, 21; in Bactrianos VII, 4, 25; in Dopraestos IX,8,11; v. leblos. Subjekten: pervenit epistola ad alqm (in manus alcjus) VI, 9,15; III,7,14; clamor IV,6,14; fama IV,16,4; alqd pervenit ad alqm, kommt zu jembs. Kenntnis VI, 7, 28; fastigium pervenit ad octoginta pedes, reicht hinan V, 1,31. — 2) übtr. in einen Zustand u. dgl. kommen, gelangen: in potestatem hostium IV,6,25; ad seditionem X,6,12; ad ultimum periculi VIII,1,15; ad extrema IV,14,22; ira pervenit ad manus („zu Thätlichkeiten") IX, 9, 17; ira in rabiem, steigert sich X,4,2; temeritas ad gladios, versteigt sich bis zu den Schwertern VI, 9,20.

pervīcācĭus, *adv.* (*comp.* v. pervicaciter), störriger, hartnäckiger X,6,12.18 (erg. eo).

pervīcax, acis, störrig, hartnäckig, beharrlich: cupido IX, 9, 1; animus ad omnia X, 3, 6; pervicacioris irae esse VIII,6,1 (s. sum).

per-vĭgĭlo, 1. die Nacht hindurch wach bleiben VI,2,2.

pervĭus, 3. (via), burchgängig, wegsam, gangbar: calles V, 4, 4; murus VIII, 10, 26; petram manu perviam facere, durch den Felsen einen künstlichen Durchgang machen VIII, 2,20.

per-vŏlo, volui, velle, gern wollen: scire X,2,17.

pēs, pĕdis, *m*. Fuß III, 10, 7 (s. subicio); pedibus iter facere (ingredi), zu Fuß VI,5,4; VII,7,18; pedem referre, zurückweichen IV,16,5; collato pede, Fuß an Fuß, Mann gegen Mann III, 11,5. — 2) Fuß als Maßstab V, 1,25.31.

pestĭfer, ĕra, ĕrum, Verderben bringend, schädlich: virus X,10,17.
pestĭlentĭa, ae, Seuche IX, 10,13.
pestis, is, *f*. „Verderben", bah. metonym. Unheil IV,6,23; VIII,4,13; Verderben bringendes Mittel IV,3,26.

pĕto, īvi (ĭi), ītum, 3. „nach etw. langen", bah. nach jemb. zielen: schießen: alqm procul IX,5,5; eminus V, 3, 9; VI, 1, 4; IX, 4, 91; telis IV, 4,11; 6, 26. — 2) auf jemb. losgehen, ihn angreifen, bedrohen, es auf jemb. abgesehen haben: alqm VII,7,36; 8,18.19; VIII,14,31; alqm intestino facinore VI,7, 1. — 3) sich wohin begeben, einen Ort zu erreichen suchen, wohin ziehen, marschieren: Bactra V, 9, 8; regionem IV, 6,5; partem VIII, 13,19; regnum VI, 5, 32; interiora regni IV, 9, 13; deserta V, 1,5; montes V, 6,15; saltus IV,16,11; rupes III,11,19; verticem VIII,2,26; deverticula III,13,9; iter, einschlagen IV, 12, 1; V, 13, 1; Dahas (Sagos), gegen die Daher (Sager) ziehen VIII, 3, 1; 4, 20; wohin segeln, steuern: Andrum IV, 1,37; ripam VIII, 13,27; portum X, 2, 1. — 4) suchen, holen: pabulum VII,6,1; commeatus IX,9,8; jura, Rechtssprüche holen V, 7,8. — 5) übtr. a) nach etw. streben, trachten, etw. zu erreichen ob. zu erlangen suchen: alqd IV, 1, 18; 11, 8; VIII, 7, 15; praesidium VI, 9, 22; finem tormentorum VII,2,34; laudem IX,4,21; gloriam IX, 3, 14; caelum cogitationibus IV, 10, 3; pignora V, 5, 16. — b) verlangen, begehren: terras V, 11, 5; responsum V, 7, 24; missionem a rege X, 5, 14; mit folg. ut X, 8, 22. — c) etw. erbitten, um etw. bitten: alqd VI, 5, 30; pacem IV, 7, 9; veniam VIII, 10,33; tempus VI,11, 19; mit folg. ut III, 1, 9; IV, 5, 1; V, 3, 12; mit folg. ne VI, 5, 31; ab alqo, jemb. bitten V,5,21; VI,9,24; alqd ab alqo, etw. von jemb. erbitten, jemb. um etw. bitten IV, 4, 14; 11, 2; V, 5, 9.

petra, ae, **Felsstein, Fels** III, 1, 3; 10, 2; V, 3, 18.

Peucestēs, is, Alexanders Befehlshaber in Ägypten: *acc.* Peucesten IV, 8, 4. — 2) Generaladjutant Alexanders IX, 5, 14.

Peucolāus, i, Truppenführer Alexanders VI, 7, 15; VII, 10, 10.

phalanx, gis, *f.* dichtgedrängte Kriegerschar; insb. das schwerbewaffnete macedon. Fußvolk, die macedonische Phalanx, in der Schlacht gewöhnlich 16 Mann tief aufgestellt, so daß die Lanzen der ersten 5 Glieder über die Fronte hinausragten, während die folgenden Reihen sie auf die Schultern der Vordermänner legten III, 2, 9. 13; IV, 9, 12; V, 13, 10; VI, 4, 3. 15; VII, 5, 32; 8, 6. — b) das Korps der Hypaspisten (s. armiger) IV, 13, 27.

Pharnabāzus, i, Feldherr des Dareus III, 3, 1; 8, 1; 13, 14; IV, 1, 37; 5, 15.

Phārus, i, kleine Insel an b. Küste Ägyptens, welche Alexander durch einen Damm mit b. Festlande und dem Hafen von Alexandria verbinden ließ IV, 8, 1.

Phāsis, ĭdis, Fluß in Colchis, entspringt in Armenien und ergießt sich ins schwarze Meer, jetzt *Rioni*: *acc.* Phasin VI, 5, 25.

Phegeus, ĕi, König in Indien IX, 1, 36; 2, 2.

Philippus, i, Sohn des Amyntas, Vater Alexanders d. Gr., König v. Macedonien, vernichtet durch den Sieg bei Chäronea (338) über die Athener u. Thebaner die Freiheit Griechenlands u. wird 336 vom Pausanias, einem seiner Leibwächter, ermordet III, 7, 11; 10, 7; IV, 1, 12; 7, 27; V, 9, 1; VI, 4, 25; VII, 1, 3. 6; VIII, 1, 20. 33; IX, 6, 25; 8, 22; X, 2, 23; 5, 30; 7, 2. — 2) Philippus Arrhidaeus, s. Arrhidaeus. — 3) ein Akarnane, Leibarzt Alexanders III, 6, 1; IV, 6, 17; VI, 10, 34. — 4) Sohn des Balacrus, Truppenführer Alexanders IV, 13, 28. — 5) Sohn des Menelaus, Anführer der thessalischen Reiter IV, 13,

29; VI, 6, 35. — 6) Bruder des Lysimachus VIII, 2, 35. — 7) Bruder des Harpalus, Statthalter in Indien X, 1, 20.

Philōtās, ae, Sohn des Parmenio, Oberst der macedonischen schweren Reiterei IV, 13, 26; V, 2, 15; 4, 20. 30; VI, 6, 19; VIII, 7, 4; 8, 5; *acc.* Philotan VI, 7, 27; 8, 24; 9, 13; 11, 20. 37; VII, 1, 1. — 2) Philotas aus Augäa in Chalcidice V, 2, 5. — 3) Alexanders Befehlshaber über b. Gegend um Tyrus IV, 5, 9. — 4) ein Truppenführer Alexanders X, 10, 2. — 5) ein königlicher Page VIII, 6, 9.

Phoenīcē, es, Phönicien, Küstenland Asiens am mittelländ. Meere von Syrien bis Palästina IV, 1, 15; 2, 1; 5, 10; VI, 3, 3; X, 10, 2.

Phradātēs, is, Satrap über die Tapurer in Medien IV, 12. 9; VI, 4, 24; 5, 21; X, 1, 39; *acc.* Phradaten VIII, 3, 17.

Phrataphernēs, is, Satrap von Hyrkanien u. Parthien V, 4, 23; VIII, 3, 17; *acc.* Phraphernen IX, 10, 17. — 2) König der Chorasmier Sogbiana VIII, 1, 8.

Phryges, um, die Phrygier III, 1, 17; *acc.* Phrygas IV, 12, 11; VI, 11, 4.

Phrygia, ae, Landschaft im Westen Kleinasiens, eingeteilt in Klein-Phrygien (die später in Mysien gerechnete Südküste der Propontis bis zum Hellespont) u. Groß-Phrygien III, 1, 11; VI, 3, 3; X, 10, 2.

piē, *adv.* pflichtmäßig, fromm X, 3, 4; VIII, 5, 11.

piĕtās, ātis, *f.* „pflichtmäßige Gesinnung", insb. zärtliche Liebe, Anhänglichkeit, Ergebenheit III, 12, 6; VI, 8, 4; erga parentes X, 5, 30; erga reges X, 3, 8; Bruderliebe III, 11, 8.

piger, gra, grum, träge, verdrossen: agricola IX, 2, 26; pigrior ad alqd VI, 9, 29; *subst.* pigri IX, 6, 19.

pigĕo, ŭi, 2. „Verdruß empfinden"; *unpers.* piget, es verdrießt, es erregt Unlust, mit *inf.* VII, 5, 6. — b) es erregt Scham, man schämt

pignus   **plebs**   199

sich, mit *acc.* der Person u. *inf.* X, 6, 13.
pignus, ŏris, *n.* Pfand: pignori esse, verpfändet sein X. 2, 26. — 2) Unterpfand, Bürgschaft: fidei VI, 5, 8; hospitii VI, 5, 2; dextram pignus fidei dare VIII, 12, 10; pignori esse, zum Pfande dienen VII, 10, 9; sine pignore, ohne ein Pfand der Treue V, 12, 2. — 3) *plur.* Liebespfänder, teure Angehörige IV, 14, 11. 22; V, 5, 16. — 4) übtr. Unterpfand, Beweis: animi („Gesinnung") VI, 7, 4; benevolentiae VI, 7, 9; reconciliati animi VI, 10, 11; indicii VI, 10, 15; coëuntium (s. coëo) VIII, 4, 27.
pigrē, *adv.* träge, verdrossen: non pigre, unverdrossen V, 9, 7.
pigrĭtĭa, ae, Trägheit: corporum, träge Ruhe VIII, 4, 8.
pīla, ae, Pfeiler V, 1, 33.
pīlum, i, Wurfspieß, Pile: muralia VIII, 10, 32.
Pinărus, i, Fluß bei Issus in Cilicien, jetzt *Delitshai* III, 8, 16. 28; 12, 27.
pinguis, e, fett: solum, fruchtbar V, 4, 20; V, 4, 3; VII, 4, 26; terra V, 1, 12.
pinna, ae, (Nebenform v. penna), Schwungfeder, *plur.* Schwingen, Flügel III, 3, 16; VII, 8, 25. — 2) übtr. Mauerzacke, Zinne auf der Brustwehr (lorica) IX, 4, 30.
pīrāta, ae, Seeräuber, Pirat IV, 5, 18.
pīrātĭcus, 3. zu den Seeräubern gehörig: navis, Piratenschiff IV, 5, 19; lembus IV, 5, 18; classis IV, 8, 15.
piscis, is, *m.* Fisch VI, 4, 18; collect. fluviatilis VII, 4, 24.
Pĭsĭdae, arum, die Bewohner der Landschaft Pisidien im südl. Kleinasien VI, 3, 3.
Pĭthōn, ōnis, Sohn des Agenor, im Heere Alexanders IX, 8, 19. — 2) Sohn des Crateas, Generaladjutant Alexanders X, 7, 4. 8; 10, 4.
pius, 3. „pflichtmäßig", dah. rechtmäßig, heilig: bellum justum ac pium V, 8, 15. — 2) gegen Angehörige,

pflichtgetreu, liebevoll gesinnt, ergeben V, 5, 17; VI, 8, 10; piissimi civium IX, 6, 17.
plăcĕo, ŭi, ĭtum, 2. gefallen, zusagen: alcui III, 6, 2; X, 6, 12; alcui placere velle, gefällig sein wollen VII, 1, 28. — 2) *unpers.* placet, man findet für gut, stimmt wofür, beschließt: (alcui) mit *inf.* V, 5, 9; 10, 5; VII, 4, 5; mit *acc. c. inf.* IV, 11, 15; VI, 7, 16; quid (fieri) placeret IV, 11, 10; VI, 1, 19.
plăcĭdē, *adv.* ruhig, sanft: manare III, 4, 8; volare IV, 15, 26; flumen placidius stagnat IX, 2, 17; placidius parere VI, 3, 10.
plăcĭdus, 3. ruhig, sanft: mare III, 1, 4; os amnis IX, 9, 2; iter (näml. amnis) VIII, 9, 3.
plāco, 1. besänftigen: alqm VIII, 3, 2.
1. **plāga**, ae, Schlag, Hieb: levis IX, 8, 20.
2. **plāga**, ae, Landstrich, Distrikt VIII, 9, 13; ad orientis plagam, in den östlichen Gegenden IV, 9, 16; rectā plagā, in gerader Richtung VI, 2, 13.
planctus, ūs, (plango), „das Schlagen" auf die Brust, als Ausdruck des Schmerzes, dah. laute Trauer, Ausbruch des wilden Schmerzes III, 11, 22; *plur.* X, 5, 7.
plānĭtĭēs, ēi, Fläche, Ebene: aperta IV, 13, 6; spatiosa V, 4, 6; planities campique III, 7, 9.
plānus, 3. eben, flach: omnia plana sunt VI, 3, 16; VIII, 9, 3; ea quae plana sunt, die ebenen Teile VI, 5, 13; *subst.* planum, ebenes Land VI, 1, 2; planiora, das mehr ebene Land V, 4, 23.
plătănus, i, Platane V, 4, 8.
Platōn, ōnis, Truppenführer Alexanders V, 7, 12.
plaustrum, i, Lastwagen VI, 2, 16; VIII, 10, 3.
plausus, ūs (plaudo), das Beifallklatschen: militum IX, 9, 26.
plebs, bis, *f.* der römische Bürgerstand im Gegensatz zu den Patriziern, dah. die geringe Volksklasse, das

plenus

niebere Volk: infima X, 7, 1; ultima VI, 8, 10; e plebe esse X, 1, 32.

plēnus, 3. voll von etw., mit etw. erfüllt, mit *gen.*: vehicula plena opulentiae III, 13, 11; mare beluarum X, 1, 12; oratio desperationis V, 1, 7; animus alacritatis IX, 2, 25; plenus spiritūs IV, 14, 25; spei III, 6, 11, lacrimarum, unter strömenden Thränen X, 7, 4; mit *abl.*: plenus spe IV, 14, 25; absol. poculum VII, 5. 12, — 2) vollständig, voll: spatia anni VIII, 9, 35.

plērumque, *adv.* in vielen Fällen, meistens III, 2, 17; 4, 12; 6, 19.

plērīque, aeque, äque, sehr viele, eine große Anzahl: pleraque recedentia IV, 1, 6; pleraque tradita V, 2, 8; pleraque alia, sehr vieles andere VIII, 3, 1; *subst.* plerique III, 8, 26; IV, 1, 20; 3, 26; amicorum X, 1, 6; pleraque, sehr vieles, ein großer Teil V, 2, 6; ex praeda IV, 1, 26; belli („im Kriege") VII, 11, 25; sehr viele Länder IV, 5, 13. — 2) die meisten: rami X, 1, 10; navigia IV, 3, 18; feminae („meistens") III, 13, 12; *subst.* plerique, die meisten, die Mehrzahl, der größte Teil IX, 7, 5; insulae IV, 8, 15; tractūs III, 7, 4; militum IV, 1, 35; pleraque, das meiste IV, 3, 10; 10, 14.

plōrātus, ūs (ploro), lautes Wehklagen, Schluchzen X, 5, 7; clamor atque ploratus IX, 5, 29; clamor cum ploratu IX, 3, 16; hejulatus ploratusque X, 6, 3.

plūrĭmum, *adv.* am meisten, gar sehr V, 4, 2; VI, 7, 14.

plūs, s. multus.

plŭtĕus, i, Frontschirm, eine Schutzwand aus Weidengeflecht u. mit Häuten bedeckt zur Deckung gegen die Geschosse bei Belagerungen V, 3, 7.

Pnytagŏrās, ae, König der Cyprier IV, 3, 11.

pōcŭlum, i, Becher III, 6, 8; VII, 5, 12.

poena, ae, „Lösung zur Sühnung einer Schuld", dah. Strafe: capitis,

pondus

Todesstrafe VIII, 14, 12; poenas dare alcui, jemb. Strafe zahlen, v. jemb. gestraft werden IV, 1, 33; 7, 27; VII, 1, 39 (daturus fui = dedissem); poenas alcui solvere VI, 3, 14; poenas (alcjus rei) expetere III, 2, 18; X, 2, 29; 8, 10; ex alquo IV, 13, 13; alqm debita poena persequi III, 13, 17; poenam in alqm capere, an jemb. vollziehen IV, 6, 29.

Poeni, ōrum, die Punier b. i. die von den Phöniciern abstammenden Karthager IV, 2, 11; 3, 22.

poenĭtentĭa, ae, s. paenitentia.

poenĭtĕo, s. paeniteo.

poēta, ae, Dichter III, 1, 3.

Polĕmōn, ōnis, Befehlshaber Alexanders in Ägypten IV, 8, 4. — 2) Sohn des Abromenes, Bruder des Amyntas u. Simias VII, 1, 10; 2, 1.

pŏlenta, ae, Gerstengraupe IV, 8, 6.

pollĭcĕor, cĭtus sum, 2. versprechen, zusagen, verheißen: operam VI, 7, 12; obsequium VI, 2, 20; mit *acc. c. inf. fut.* VI, 5, 8; 11, 17; VII, 5, 27; 9, 17; absol. das Versprechen geben III, 6, 2 (periculo „auf die Gefahr").

Pollux, ūcis, Zwillingsbruder des Castor (s. Castor) VIII, 5, 8.

Polydāmās, antis, Anführer einer Schwadron der macedonischen schweren Reiterei VIII, 5, 8; *acc.* Polydamanta IV, 15, 6; VII, 2, 11; 13, 20.

Polypercōn, ontis, Oberst in der macedonischen Phalanx IV, 13, 7. 28; V, 4, 20. 30; VIII, 5, 2. 22; 11, 1.

Polystrătus, i, im Heere Alexanders V, 13, 24.

Polytimētus, i, Fluß in Sogbiana, jetzt *Kohik* VII, 10, 2.

pōmum, i, Baumfrucht: *plur.* VI, 4, 21; VIII, 10, 14.

pondus, ĕris, *n.* Gewicht, Schwere: inhabile VIII, 9, 28; vasa magni ponderis X, 1, 24. — 2) Masse: auri III, 11, 20; facti argenti, geprägten Silbers III, 13, 16; argentum rudi pondere, in Barren V, 2, 11.

pōno, pŏsŭi, posĭtum, 3. setzen, legen, stellen, aufstellen: sedem in regia X, 6, 15; mensas castris X, 2, 10; alqd ante alqm (ante pedes alcjus) VIII, 2, 8; IV, 9, 25; genu alcui, die Kniee beugen vor jemb., einen Fußfall thun IV, 6, 28; VIII, 7, 13. — 2) Truppen aufstellen, postieren: funditores ante aciem III, 9, 9; peditem post elephantos VIII, 14, 10; subsidia a latere IV, 13, 30; aciem IV, 13, 32. — 3) *part.* positus, v. Lokalitäten, gelegen: oppidum haud procul positum IX, 1, 14. — 4) übtr. a) setzen, stellen: positus in illo fortunae gradu VI, 10, 25; haud multum infra magnitudinis fastigium VI, 8, 7; pernicies ante praedam posita est, liegt IV, 13, 14; gloria ad manum, liegt zur Hand IX, 3, 14; alqd in medio positum est (f. medius) IV, 1, 31. — b) etw. in eine Sache setzen: spem in morte alcjus X, 9, 7; multum in misericordia, bauen auf V, 5, 11; religionem in fide, dem bloßen Worte eine Eidesverpflichtung beilegen VII, 8, 29; *passiv.* positum esse in alqua re, auf etw. beruhen: victoria posita est in eo III, 6, 3; in consilio IV, 13, 7; in illo corpore („Person") V, 13, 4. — 5) aufführen, errichten: opēra IV, 3, 3; munimenta manu („durch Kunst") III, 4, 2; aras IX, 4, 14; carinam navis, den Kiel zu einem Schiffe legen X, 1, 19; castra, aufschlagen IV, 1, 31; 9, 10. — 6) in eine amtliche Stellung einsetzen: alqm super armamentarium, über die Waffenkammer setzen VI, 7, 22. — 7) wegsetzen: pocula VIII, 1, 44; arma, niederlegen X, 8, 15; alqm, niedersetzen VIII, 14, 34.

pons, tis, *m.* Brücke: pontem erigere VII, 5, 17; flumini imponere V, 1, 29; amnem ponto jungere III, 7, 1. 5; pontem solvere IV, 16, 8; rescindere IV, 16, 8.

Pontĭcus, 3. zur Landschaft Pontus im nordöstl. Kleinasien gehörig, pontisch: gentes X, 10, 4; mare, das schwarze Meer (der Pontus Euxinus) III, 1, 12; VII, 3, 4; 4, 27.

pŏplĕs, ĭtis, *m.* Kniebeuge, Kniekehle VI, 1, 14; IX, 5, 9.

pŏpŭlāris, e, zu demselben Volke gehörig; subst. populares, Landsleute, Mitbürger IV, 1, 16; 8, 11; V, 11, 11.

pŏpŭlātĭo, ōnis, *f.* Verheerung, Verwüstung III, 4, 5; villarum X, 8, 13.

pŏpŭlātor, ōris, Verwüster, Verheerer: terrae III, 4, 5.

pŏpŭlor, 1. plündern, verwüsten, verheeren: urbes IV, 1, 11; agros IV, 1, 31; Indos IX, 10, 7; regionem populari atque urere IV, 9, 8; 10, 13; VII, 6, 10.

1. pŏpŭlus, i, Volk (als zu einem Staate vereinigte Menge) X, 6, 23; Romanus X, 9, 3; liber IX, 10, 5.

2. pŏpŭlus, i, *f.* Pappel V, 4, 8.

porrĭgo, rexi, rectum, 3. (pro u. rego), ausstrecken: manus ad alqd VII, 8, 19. — 2) barreichen, geben: dextram IV, 2, 17; manus VII, 8, 25; vas alcui VII, 5, 11.

porro, *adv.* fürder, weiter: hinc porro, von hier weiter IX, 1, 8.

porta, ae, Thor: portam claudere IX, 1, 27; aperire IX, 1, 21; patefacere IX, 1, 28; effringere IV, 5, 17.

portendo, di, tum, 3. (pro u. tendo), „hervorreichen", bah. verkündigen, prophezeien: fulgorem alcui III, 3, 5; exitium urbi IV, 2, 14; ruinam gentibus IV, 10, 6; excidium urbis IV, 6, 12; alqd (sacrificio) portenditur VII, 7, 8. 24.

Portĭcānus, i, König in Indien IX, 8, 11.

portĭo, ōnis, *f.* „abgemessener Teil", bah. übtr. Verhältnis VII, 11, 12; pro portione, nach Verhältnis IX, 1, 6.

porto, 1. tragen: arma IX, 10, 15; onera humeris III, 13, 7; aquam, herbeitragen V, 7, 7; VII, 5, 14; onera jumentis, tragen lassen VII, 4, 25; alqd secum, mit sich führen V, 6, 9.

portus, ūs, Hafen IV, 4, 9; 5, 19.

Porus, i, König in Indien zwisch. b. Flüssen Hydaspes u. Acesines, im heut.

Lahore VIII, 12, 13; 13, 2; IX, 1, 7; 2, 5; 3, 22; X, 1, 20.

posco, pŏposci, 3. (entſchieden) forbern, verlangen: alienum VII, 1, 33; difficillima quaeque VI, 2, 20; alqd alqm, etw. von jemb. III, 10, 8; natura poscit spiritum VI, 10, 33. — 2) übtr. erforbern, erheiſchen: cum res locusque poscit V, 13, 8.

possessio, ōnis, f. Beſitz: terrarum VI, 3, 5; imperii X, 1, 23. — 2) metonym. Beſitztum VIII, 8, 11.

possĭdĕo, sēdi, sessum, 2. beſitzen: oram IV, 1, 6; terras IV, 11, 13; Bactra VI, 3, 9.

possīdo, sēdi, sessum, 3. in Beſitz nehmen: alqd certo jure IV, 1, 27.

possum, pŏtŭi, posse, können, vermögen: mit inf. III, 7, 1; non potest fieri, es iſt unmöglich X, 2, 19; abſol. quam potest, ſo ſehr als möglich iſt = überaus VII, 7, 25. — 2) verſtehen, wiſſen: dicere VIII, 7, 8.

post, adv. „hinten", bah. v. b. Zeit, hernach, ſpäter VIII, 10, 4; paulo post, ſ. paulus; tanto post, ſoviel ſpäter VI, 7, 26; haud multo post, nicht lange barauf X, 1, 10; paucis post diebus, wenige Tage nachher IX, 8, 1. — 2) praep. mit acc. a) hinter: post aulaea VIII, 5, 21; post alqm III, 3, 24; IV, 11, 8; post tergum, im Rücken, hinter jemb. III, 10, 7. — b) v. b. Zeit, nach: post paucos dies (für paucis diebus post) IX, 7, 24; post multas aetates VIII, 6, 6; post tertium diem, quam, am britten Tage, nachdem III, 6, 16; post Dareum victum, nach Beſiegung des D. VII, 7, 8; post haec, hierauf IV, 7, 27; VIII, 8, 20.

posteā, adv. hernach, ſpäter VIII, 1, 14; 2, 7.

postĕrĭtās, ātis, f. „künftige Zeit", metonym. Nachwelt, Nachkommenſchaft IV, 4, 19; V, 8, 10; domus X, 9, 6.

postĕrus, 3. (ber Zeit nach) folgenb, kommenb: postero die III, 12, 13; postera die IV, 3, 13; 5, 20; postero = postero die VIII, 6, 28; in posterum diem VI, 11, 9; in posterum = in posterum diem VI, 8, 15; VII, 5, 7; ſubſt. posteri, Nachkommen III, 2, 18; IV, 14, 25; V, 2, 12; VII, 5, 35; 6, 27; VIII, 5, 11; 6, 6. — 2) superl. postrēmus, ber letzte: ad postremum, zuletzt, enblich IV, 6, 25.

post-fĕro, ferre, nachſetzen: alqm alcui VII, 4, 34.

postquam, conj. nachbem, als: mit perfect. III, 4, 15; IV, 15, 28; mit pluspqf. VI, 11, 20; VII, 1, 1; VIII, 2, 1; septimo die postquam moverat IV, 7, 2; vrgl. V, 6, 19; IX, 6, 3; X, 5, 24; mit imperf. III, 1, 8; 12, 1. 10; IX, 5, 13.

postrēmus, a, um, ſ. posterus.

postŭlo, 1. (als Wunſch) verlangen, begehren: missionem X, 2, 12; mit folg. ut IV, 1, 8; 14, 6; VII, 1, 5; postulat deus credi VI, 11, 24.

pŏtens, tis (eig. part. v. possum), vermögenb, mächtig: fortuna III, 8, 29; auctor, wirkſam IV, 9, 1. — 2) einer Sache mächtig, Herr über etw., etw. beherrſchenb, mit gen.: irae IV, 2, 5; mentis („Beſinnung") VII, 4, 3. 19; superstitionis VII, 7, 21; corporis IX, 5, 13; mei, meiner mächtig IV, 13, 23.

pŏtentĭa, ae, (faktiſche) Macht, Gewalt, Einfluß: alcjus VI, 9, 16; VII, 6, 18; deorum VI, 6, 2; scelere (flagitio) quaesita X, 1, 6. 27.

pŏtestās, ātis, f. „das Können", bah. Macht, Gewalt VIII, 6, 5 (ſ. sum B, 1); alqd est in potestate mea, ſteht in meiner Gewalt, iſt in meiner Hand IV, 14, 13; esse in potestate alcjus, ſich in jembs. Gewalt begeben, ſich ihm zu Willen fügen III, 5, 14; VIII, 3, 7; X, 7, 9; jembm. unterworfen ſein, unterthänig ſein V, 9, 5; esse in potestatem alcjus, ſich jembm. unterwerfen VIII, 2, 30; X, 7, 9; vocem (fortunam) in potestate habere VII, 11, 16; X, 5, 35; in potestatem alcjus venire (pervenire) III, 11, 11; VI, 6, 32; VIII, 2, 28; IV, 6, 25. — 2) Macht, Herrſchaft: regis VI, 8, 25; alqm redigere

in potestatem (suam), unter seine Bot=
mäßigkeit bringen, unterwerfen VII, 6,
14; V, 6, 17. — 3) „Möglichkeit", daß.
Erlaubnis: (alcui) potestatem facere, Erlaubnis erteilen: dicendi VI,
9, 31; VII, 1, 18; veniendi VI, 5, 26;
regnandi, die Herrschaft anbieten IV,
1, 17.
pōtĭo, ōnis, f. Trank X, 1, 17;
medicata III, 6, 2; cibo ac potione
firmari VII, 5, 14.
pŏtĭor, ōris, s. potis.
pŏtĭor, 4. sich eines Gegenst. be=
mächtigen, mit abl.: oppido IX, 8,
29; mit gen.: Asiae III, 1, 16; urbis
III, 7, 2; Pelusii IV, 1, 30; regis V,
10, 4; mit acc.: cupido potiundi loci
VII, 11, 20; spes potiundae petrae
VIII, 11, 19.
pŏtis, e, „vermögend, mächtig",comp.
potior, us, gen. ōris, mächtiger,
vorzüglicher: consuetudo potior
natura V, 5, 21; pudor metu VIII,
14, 22; mos externus potior suo VI,
2, 2; futura praesentibus sunt potiora
IV, 1, 29; omnia deditione potiora ducere, für besser halten IX, 1, 20; subst.
potiora, wichtigere Dinge VIII, 5, 21.
— 2) tüchtiger, würdiger IV, 1,
19; X, 8, 19.
pŏtissĭmum, adv. hauptsächlich,
gerade, am liebsten III, 8, 19; IV,
10, 26; V, 5, 9.
pŏtĭus, adv. vielmehr, eher,
lieber IV, 13, 16; potius ... quam
III, 12, 25; mit folg. Konjunktiv(=quam
ut) IV, 11, 13; V, 8, 6; X, 2, 7.
pōtus, ūs, das Trinken, der Trank
VII, 5, 16; insalubris potui, zum Trin=
ken VII, 10, 13.

prae, praep. mit abl. vor, vor...
her: alqm prae se agere VII, 6, 2;
alqd prae se ferre, zur Schau tragen,
kund geben VI, 7, 18. — 2) vergleichend,
vor: prae alquo ferri VIII, 5, 8. — 3)
v. Hinderungsgrunde in negativ. Sätzen,
vor, wegen: prae metu III, 8, 29.
praealtus, 3. sehr hoch: arbor VI,
4, 3; silva VI, 5, 13; rupes VIII, 10,
24. — 2) sehr tief: mare IV, 2, 9;
amnis VIII, 11, 7; aqua IX, 9, 19;
fossa V, 5, 1; sabulum IV, 7, 7.
praebĕo, buī, bĭtum, 2. (prae u. habeo), hinhalten, hinreichen: aures faciles (propitias) alcui, geneigtes
Gehör geben VIII, 6, 24; IX, 3, 6; terga,
den Rücken zeigen, die Flucht ergreifen
IV, 14, 14; corpus, darbieten IX, 5,
28; se continendum, sich halten lassen
IX, 5, 27. — 2) darreichen, geben:
frumentum copiis VIII, 12, 15; alimenta terris IV, 8, 6; omnia ad epulas
VIII, 10, 17; saxa IV, 2, 18; aes X,
1, 19; iter VIII, 2, 21; 4, 2; 9, 3; spectaculum IV, 4, 17; suspicionem alcui,
erregen III, 7, 13; VI, 2, 6; speciem
alcjus rei, den Anblick darbieten, das
Aussehen haben III, 1, 13; 13, 8; X,
5, 1; den Schein (die Vermutung) er=
zeugen III, 8, 17; IV, 12, 14; mit acc.
c. inf., den Anschein haben VIII, 13, 21;
se ducem sceleris, sich zum Anführer
der Frevelthat hergeben VI, 9, 4.
prae-căvĕo, cāvi, cautum, 2. sich
vorsehen, auf der Hut sein: nihil („in keiner Weise") V, 13, 11.
prae-cēdo, cessi, cessum, 3. vor=
ausgehen, voranziehen III, 4, 13;
13, 1; IV, 11, 22; ad locum capiendum
VII, 5, 10; ut praeciderent (mari), vor=
ankamen IX, 9, 23.
praeceps, cĭpĭtis (caput), kopfüber,
häuptlings, jählings, jäh: saltus IX, 5, 2; terra praeceps in profundum ruit IV, 3, 7; amnis terram
praeceps subit VI, 4, 5; praeceps recidit VIII, 11, 13. — 2) v. Eilenden,
über Hals u. Kopf, eilig V, 13, 2;
fluvius inter saxa devolvitur praeceps,
reißend V, 3, 1. — 3) v. b. Zeit sich
neigend: tempus in noctem IV, 16,
18; senectus, dem Ende sich zuneigend
VI, 5, 3. — 4) augenblicklich wir=
kend: remedium III, 6, 2. — 5) (im
Handeln) sich überstürzend, über=
eilt, leidenschaftlich: animus VI,
9, 11; ingenium VIII, 1, 35; ira VIII,
1, 48; temeritas III, 5, 14; consilium
VII, 7, 20; ad supplicia, leicht hinge=
rissen X, 1, 39. — 6) abschüssig,

jäh: rupes VIII, 11, 3; fossa V, 5, 1; alveus IX, 9, 9; iter arduum et praeceps V, 4, 12. 22; murus praeceps in salum, jäh abfallend IV, 2, 9; subst. **praeceps**, *n*. jähe Tiefe, schroffe Höhe: se in praeceps jacere V, 6, 7; devolvi ex praecipiti VII, 11, 16; übtr. gefährliche Lage: in praecipiti et lubrico stare VI, 4, 10.

praecido, cīdo, cīsum, 3. (caedo), (vorn) abhauen: manum III, 8, 15.

praecĭpio, cēpi, ceptum, 3. (capio), vorausnehmen (vor anderen): alqd celeritate, vorausbesetzen IV, 1, 3; omen, mit dem Vorzeichen vorgreifen IV, 4, 5; multum viae, voraus zurücklegen IV, 16, 3; iter festinando, Vorsprung gewinnen IX, 10, 14; aliquantum intervalli a classe, ein ziemliches Stück vor der Flotte voraus sein IX, 6, 2; cuncta incendio, vorher verbrennen IV, 10, 13; fatum alqm praecipit, rafft vorher weg IX, 6, 26. — 2) übtr. a) anraten, vorschlagen: sollertiam alcui IV, 13, 8. — b) vorschreiben, befehlen: nihil alcui IX, 2, 29; mit folg. ut III, 3, 1; 9, 10; IV, 13, 33; mit folg. ne VII, 1, 38; VIII, 10, 5; mit acc. c. *inf.* VI, 6, 15; absol. ut praeceperat VIII, 12, 4; sicut praeceptum erat III, 8, 23.

praecĭpĭto, 1. (praeceps), jählings hinabstürzen: alqm IV, 4, 11; 15, 15; tauros VI, 4, 7; alqm ex equo IV, 9, 25; in altum IV, 2, 15; in terram, zu Boden werfen VIII, 5, 23; 14, 30; curricula in amnem VIII, 14, 8; se petris VI, 6, 32; se in flumen IV, 16, 16; navigia praecipitantur in proras, stürzen nach vorn über IX, 9, 20; per saxa praecipitari, sich über die Felsen hinabstürzen VIII, 11, 23.

praecĭpŭē, *adv*. vorzugsweise, vorzüglich IV, 1, 7; 2, 2; V, 4, 25.

praecĭpŭus, 3. vorzüglich, besonder: auxilium IV, 3, 10; praemium VIII, 1, 34; honor VII, 5, 19; spes III, 8, 1; terror IX, 2, 4.

praeclārus, 3. höchst glänzend, überaus herrlich: urbs V, 7, 10.

praeco, ōnis, Herold IV, 4, 14; X, 6, 2.

praecordĭa, ōrum, „Zwerchfell", das. übtr. Eingeweide IV, 16, 13.

praecŏquis, e, frühreif: fructus VIII, 5, 15. — 2) übtr. zu früh, vorzeitig: gaudium IV, 15, 11.

praeda, ae, Beute, Kriegsbeute: Asiatica X, 2, 25 (s. in B, 5); praedae esse alcui, zur Beute werden V, 1, 6; *plur.* IV, 1, 31; VII, 8, 22; magnas praedas (pecorum) agere, wegtreiben IX, 10, 7; 8, 29.

praedābundus, 3. auf Beute ausgehend VIII, 1, 5.

praedĭcātĭo, ōnis, *f.* Verkündigung: alqd praedicatione jactare, öffentlich womit prahlen VI, 10, 27.

prae-dīco, xi, ctum, 3. vorhersagen, vorherverkündigen: alqd V, 4, 2; futura VIII, 6, 16; mit acc. c. *inf.* VII, 7, 26. — 2) vorschreiben, bestimmen: ita III, 6, 3.

praedĭtus, 3. mit etw. versehen, begabt, ausgestattet, mit *abl.*: opibus X, 1, 32; optimis moribus VIII, 8, 22; sapientiā VIII, 5, 12.

praedo, ōnis, Seeräuber IV, 8, 15.

praedor, 1. Beute machen, plündern: praedantes III, 13, 11.

prae-ĕo, ivi (ii), itum, ire, „vorangehen", das. in der Religionssprache vorsprechen: preces alcui IV, 13, 15; absol. den Eid abnehmen VII, 1, 29.

praefectus, i (praeficio), Vorgesetzter, Befehlshaber VI, 10, 22; urbis V, 6, 10; classis VI, 1, 37; exercitūs III, 11, 10; copiarum VI, 2, 18; equitatus IV, 9, 25; VI, 8, 11; equitum III, 11, 3. — 2) Statthalter: Damasci III, 13, 2; Macedoniae IV, 1, 39; Drangarum VIII, 3, 17; regionis V, 2, 8. — 3) Feldherr III, 8, 17; IV, 5, 13; V, 1, 42; VI, 11, 37; VIII, 6, 6.

prae-fĕro, tuli, lātum, ferre, vorantragen, zur Schau tragen, vor sich hertragen: spolia VII, 4, 40; verbenas manu IV, 13, 15; alqd dextrā IV, 15, 27; simulacrum agmini

praefacio VIII, 14, 11; ignem altaribus („auf bem Altar") III, 3, 9; IV, 14, 24; leones caveis V, 1, 21. — **2)** übtr. **a)** **kundgeben, zeigen, offenbaren, verraten**: vultu dolorem VI, 9, 1; oculis motum animi VIII, 6, 16; speciem laetitiae VII, 2, 24; vultus praefert malum IV, 10, 26; epistola indicium consilii VI, 9, 13. — **b) vorwenden, vorschützen**: titulum sceleri (facinori), ein Aushängeschild vorhängen V, 10, 12; VII, 5, 20; speciem pietatis odio, seinen Haß unter b. Schein ber Ergebenheit verbergen VI, 8, 4. — **c)** (bem Werte nach) **vorziehen**: alqm alcui VII, 1, 29; VIII, 5, 8; X, 2, 29; alqd alcui rei VIII, 1, 30. 33.

praefīcio, fēci, fectum, 3. (facio), **über etw. setzen** (als Aufseher, Befehlshaber), jemb. **ben Oberbefehl über etw. geben**: alqm equitatui VI, 9, 21; classi III, 1, 19; operi IV, 3, 1; Syriae IV, 1, 4; Aegypto IV, 8, 4; regioni VI, 6, 13; satrapem VI, 6, 20.

prae-fīgo, xi, xum, 3. „vorn anheften", baß. **vorn mit etw. versehen**: hastae aere praefixae, mit ehernen Spitzen III, 2, 7; IV, 9, 5; spicula auro, mit Gold beschlagen III, 3, 20.

prae-for, 1. **vorher sagen**, (mündlich) **vorausschicken**, mit *acc. c. inf*. VI, 7, 3; VII, 4, 9; vorläufig erklären VIII, 4, 20.

praegnans, tis, **schwanger** X, 6, 9.

praegrăvis, e, sehr schwer, wuchtig: hasta VIII, 10, 32; currus crateris, schwer belaben IX, 10, 26. — **2)** übtr. **a) schwerfällig, unbehilflich**: agmen turbā III, 3, 27. — **b) überlästig**: imperium IV, 11, 8.

praegrĕdior, gressus sum, 3. (gradior), **vorausziehen** VIII, 12, 2.

praejūdĭcĭum, i, Vorentscheidung, vorgefälltes Urteil: sine praejudicio (wie es sich näml. in der Fessellung ausgesprochen hatte) VII, 1, 20.

praelongus, 3. **sehr lang**: hasta VIII, 14, 16.

prae-mitto, mīsi, missum, 3. **vorausschicken**: alqm ad explorandum iter III, 7, 6; speculatum IV, 10, 11; ad captivas, qui nuntiarent III, 12, 15; commeatus VIII, 10, 13; viginti milia praemissa III, 8, 28; subst. praemissi III, 8, 24.

praemĭum, i, Belohnung, Preis: fortitudinis V, 2, 3; belli IV, 11, 21; victoriae IV, 5, 7; regis occisi („für bie Ermordung") VI, 11, 29.

prae-opto, 1. **lieber wollen, vorziehen**: mit *inf.* V, 12, 5.

prae-păro, 1. **im voraus zurüsten, einrichten, vorbereiten, bereit halten**: classem III, 5, 7; scaphas ad hoc ipsum ("eigens baju") IV, 3, 3; tela VIII, 14, 31; secures VIII, 14, 28; aquam, sich versehen mit VII, 5, 7; ventrem epulis, zum Schmause vorbereiten IX, 7, 16; insidias, anstiften VI, 7, 31; se proelio, sich zum Treffen rüsten V, 8, 2; miraculum posteriati IX, 3, 19; aditum spei, anbahnen V, 9, 3; animos (aures), vorbereiten IV, 9, 13; VI, 2, 21; pecunia stipendio praeparata, zur Auszahlung bes Soldes bestimmt III, 13, 10; animus praeparatus ad dimicandum, zum Kampfe entschlossen X, 9, 15; sicut praeparatum erat, wie verabrebet war VIII, 5, 10.

prae-pōno, pŏsŭi, pŏsĭtum, 3. „voranfetzen", insb. als Aufseher ob. Befehlshaber **über etw. setzen**, jemb. **über etw. ben Oberbefehl geben**: praeponi regioni III, 1, 24; IV, 8, 5; praepositum esse peditibus, ben Oberbefehl über bas Fußvolk haben III, 9, 2. — **2)** übtr. **vorziehen**: alqm alcui IV, 11, 20; alqd saluti IV, 14, 9; utilitatem gratiae VII, 1, 39; salutem meam vestrae IX, 6, 17.

praepŏtens, tis, **sehr mächtig, einflußreich**: praepotens (= praestans) viribus meis, einflußreicher als ich selbst VI, 9, 11.

praerăpĭdus, 3. **sehr reißend**: celeritas fluminum IX, 4, 10.

praeruptus, 3. „abgebrochen", baß. **abhängig, abschüssig**: petra III,

10, 6; ripa VIII, 10, 23; mons (aditus) asper ac praeruptus III, 4, 6; VII, 11, 14; rupes abscisae et praeruptae V, 3, 17; subst. praerupta, ōrum, die abschüssigen Stellen VII, 11, 15.

praes, dis, Bürge IX, 2, 25 (s. vas).

prae-sāgio, 4. eine Vorempfindung haben, ahnen III, 3, 2.

praesens, tis, gegenwärtig: auctor („durch seine Gegenwart") IV, 9, 1 (futurus = putans se futurum esse); praesentes pelices, die ihm zur Hand waren VIII, 3, 6. — 2) gegenwärtig, jetzig, dermalig: tempus VII, 8, 24; aetas VIII, 5, 11; res IV, 4, 18; necessitas VI, 4, 10; periculum V, 9, 1; fortuna III, 12, 14. 25; curae VIII, 3, 16; decora VI, 1, 8; exemplum, aus der Gegenwart IX, 2, 19; terror, nach VII, 4, 32; subst. praesentia, um, das Gegenwärtige, die Gegenwart IV, 1, 29; IX, 9, 21; die gegenwärtigen Umstände IV, 12, 17 (s. ex 8); X, 9, 17. — 3) prägn. a) augenblicklich, sofortig: affectio VII, 1, 24; mors IX, 1, 12. — b) sichtbar waltend: deus III, 6, 17; VI, 7, 5.

praesentia, ae, Gegenwart: alcjus VII, 8, 4; VIII, 2, 32.

prae-sentio, si, sum, 4. vorausmerken, vorausahnen: facinus V, 11, 2.

praesertim, adv. besonders, zumal VI, 10, 6.

praeses, sĭdis (praesideo), „vor etw. sitzend", dah. subst. Beschützer, Beschirmer X, 6, 7; deus praeses nemoris, Schutzgott VIII, 10, 16; dii praesides loci III, 8, 22; maris IX, 9, 27; absol. praesides, Schutzgötter: imperii IV, 13, 13.

praesĭdeo, sēdi, sessum, 2. (sedeo), „voransitzen", dah. besetzt halten, bewachen, decken, mit dat.: callibus III, 4, 5; itineri IV, 12, 15; Hellesponto III, 1, 20; ripae VII, 9, 6. — 2) die Aufsicht ob. den Oberbefehl über etw. haben, etw. beaufsichtigen, befehligen: castris V, 4, 29; arci V, 1, 43; regioni IV, 5, 9; custodiae arcis, ben Wachdienst in der Burg versehen V, 2, 16.

praesĭdĭum, i, Schutz, Hilfe, Rettung III, 1, 8; praesidium petere VI, 9, 22; milites praesidio (in praesidium) relinquere, zur Deckung V, 6, 11; VII, 3, 5; in cujus praesidium relictus, zu dessen Schutze IV, 7, 4; milites dare in praesidium regionis, zum Schutz IV, 8, 4. — 2) metonym. a) Besatzung, Posten IV, 8, 12; IX, 4, 8; urbis VII, 6, 10; Persarum IV, 1, 28; Macedonum VII, 6, 24; validum III, 4, 4; modicum III, 7, 7; praesidium in urbem introducere IV, 1, 37; arci (urbi) imponere III, 7, 2; *plur.* III, 1, 19; IV, 12, 14; praesidia disponere X, 2, 8; insulas praesidiis occupare IV, 1, 37; urbem praesidio tenere IV, 5, 22. — b) Bedeckung, Eskorte: firmum X, 8, 4; modicum III, 8, 12; IV, 13, 35; VI, 4, 3; sagittariorum III, 3, 24. — c) Besatzungsort, fester Platz: milites ex praesidiis dimittere IV, 1, 35; intra Macedonum praesidia, im Heerlager IV, 4, 15. — 3) Hilfsmittel, Schutzmittel VIII, 2, 26; usitata IV, 3, 24.

praestans, tis, s. praesto.

Praesti, ōrum, Volk in Indien, diesseits des Ganges IX, 8, 11.

praestĭtŭo, ŭi, ūtum, 3. (statuo), vorherbestimmen, festsetzen: dies praestituta III, 1, 8.

praestō, adj. indecl. gegenwärtig, bei der Hand: praesto esse in vestibulo VII, 1, 4; alcui, sich jembm. zeigen VI, 7, 21; jembm. aufwarten VIII, 13, 2. — 2) prägn. zu Diensten, zur Hilfe: praesto esse, hilfreich zur Seite stehen, beistehen V, 9, 12; IX, 2, 24; fortuna ubique praesto est III, 6, 18.

prae-sto, stĭti, 1. „voranstehen", dah. übtr. a) überlegen sein, vorzüglicher sein, sich auszeichnen: alqua re III, 12, 16; V, 13, 13; ceteris („in den übrigen Stücken") VIII, 5, 4; alcui, jemb. übertreffen VIII, 14, 13. — b) *part.* praestans als Adjekt., ausgezeichnet, vorzüglich: levitate VII, 11, 8; praestantior X, 3, 10. —

praesum c) unperf. **praestat, es hat den Vorzug, ist besser**: mori IX, 2, 3, 4; quanto praestat VI, 3, 16; quod praestare cogitabat, was er für das Bessere hielt V, 5, 22. — 2) transit. für etw. **einstehen**: alqd IX, 6, 13 (näml. die Preisgebung des Königs). — 3) übtr. a) **leisten, thun, verrichten**: alqd III, 8, 28; custodiam V, 11, 6; minora promissis (f. promissum) VIII, 11, 25; hoc, vollführen IX, 6, 26; mit folg. ne, dafür sorgen V, 5, 22; latus tutum, sicher machen III, 9, 11; alqm securum ab fraude, sicher stellen gegen IX, 6, 24; alqm invictum, unbesiegbar machen IX, 6, 7. — b) **leisten, erweisen, gewähren**: alcui alqd V, 5, 22; VI, 9, 24; justa regi X, 8, 18; alcui multum, große Ehre erweisen IV, 11, 20. — c) **darthun, (durch die That) zeigen, beweisen**: fidem inviolatam alcui VI, 4, 9.

prae-sum, fŭi, esse, **vorstehen, an der Spitze von etw. stehen, über etw. gesetzt sein**: provinciae X, 1, 1; Chorasmiis VIII, 1, 8; urbi exaedificandae, den Bau leiten IV, 8, 2; absol. Oberbefehl führen: in Media VI, 11, 6. — 2) **Truppen befehligen, kommandieren**: copiis V, 9, 2. 11; equitibus III, 11, 8; IV, 13, 26; singulis militum milibus praefuturi erant, sollten vorstehen V, 2, 3.

praeter, praep. mit acc. an... **vorbei**: praeter Arbela IV, 9, 14. — 2) übtr. a) v. **Hinausgehen über ein Maß, gegen, wider**: praeter consuetudinem VII, 1, 14; praeter spem, gegen Erwartung IX, 7, 7. — b) **ausgenommen, außer**: praeter aliquem III, 6, 2; 13, 6; nihil praeter famam III, 4, 10; nec quicquam praeter fiduciam III, 12, 23; praeter venerationem, abgesehen von III, 6, 17; praeter ipsum = praeterquam ipsius VIII, 6, 5; praeter haec, außerdem, überdies III, 8, 28; VIII, 12, 15.

praeterĕā, adv. außerdem, überdies III, 13, 16; IV, 13, 5.

praeter-ĕo, ĭi (ivi), ĭtum, īre, **vorübergehen** VII, 5, 16; praetereuntes III, 8, 10; Aegyptus rapta praetereuntibus (= a praetereuntibus), im **Vorübergehen** IV, 14, 1. — 2) transit. an etw. **vorbeigehen**: cetera, den übrigen Teil des Weges passieren V, 4, 23; amnis praeterit moenia, fließt vorbei VII, 4, 31; campos, durchzieht V, 3, 2; mons Ciliciam, zieht sich an C. hin VII, 3, 20. — 3) v. b. Zeit, **vorüber gehen, vergehen**: praeterit dies VIII, 4, 2; tempus VIII, 1, 41; part. praeteritus, vergangen, früher: vita VI, 7, 34; fortuna III, 12, 25; discordia X, 9, 11; subst. praeterita, ōrum, das Frühere V, 6, 2; 8, 17. — 4) übtr. a) **übergehen, unerwähnt lassen**: alqm VI, 10, 6; nomen alcjus VI, 10, 7; crimen X, 1, 7. — b) **übergehen, hintansetzen**: alqm X, 6, 11; 7, 2; praeteriti, die Übergangenen VII, 6, 9.

praeter-flŭo, ĕre, **vorbeifließen**: urbem III, 1, 12; aqua (amnis) praeterfluens IV, 16, 12; VIII, 11, 12.

praetergrĕdior, gressus sum, 3. (gradior), **vorübergehen, vorüberziehen** III, 9, 11; silvam VIII, 1, 5.

praeter-vĕhor, vectus sum, 3. **vorbeifahren**: classe oram, an der Küste IV, 5, 10; X, 1, 18.

praeter-vŏlo, 1. **vorüberfliegen** IV, 6, 11.

praetor, ōris (= praeitor v. praeeo), „**Vorgesetzter**", insb. a) **Statthalter, Satrap**: Aegypti III, 7, 11; Syriae V, 13, 11; Bactrianorum IV, 6, 2; Drangarum VIII, 3, 16. — b) **Befehlshaber, Feldherr**: exercitūs VI, 2, 7; regius VI, 9, 28; Alexandri III, 11, 18.

praetorĭum, i, **Feldherrnzelt** IV, 10, 4; 13, 17; V, 2, 7.

praevălens, tis, **sehr stark**: equus VII, 7, 35.

prae-vertor, verti, **sich vorher zu etw. wenden, sich vorher an etw. machen**: ad alqm opprimendum VI, 6, 21; ad id, sich lieber zu dem Punkte wenden VII, 1, 26.

Prasii, ōrum, Volk in Indien an der Westseite des Ganges IX, 2, 3.

prāvus, 3. „krumm, ungestaltet", bah. übtr. verkehrt, übel: natura VII, 4, 10; mens VIII, 5, 5; contentio animi VIII, 1, 33.

prĕcārĭō, *adv.* (precor), bittweise, aus Gnade u. Barmherzigkeit IX, 2, 34; X, 2, 15.

prĕcārĭus, 3. (precor), erbeten, erbettelt: regnum („Herrschaft") V, 8, 12; victus, Gnadenbrod IV, 14, 23. — 2) übtr. a) unbefugt, angemaßt: imperium („Befehl") X, 6, 2; (Oberbefehl) IV, 7, 1. — b) unsicher (prekär): imperium („Herrschaft") VI, 3, 6.

prĕces, f. prex.

prĕcor, 1. um etw. bitten: vitam pro alquo V, 3, 14; nihil aliud ab alquo VI, 1, 20; pro salute alcjus VIII, 6, 26; mit folg. ut VII, 2, 31; IX, 1, 30; („beten") X, 10, 13; mit folg. ne III, 5, 14; IV, 10, 34; mit bloß. Konjunktiv IV, 11, 6; absol. VIII, 14, 44. — 2) jembm. Gutes ob. Böses wünschen: alcui alqd III, 12, 24; VIII, 5, 16; IX, 10, 16; mit ut VI, 5, 4.

prĕmo, pressi, pressum, 3. drücken: premente limo IV, 16, 13. — 2) übtr. a) bedrängen, jembm. hart zusetzen: premi ab alquo IV, 15, 22; IX, 9, 17; belli clade VII, 9, 22. — b) belasten: moles radicibus premitur V, 1, 34. — c) bedecken: nix premit terram VII, 3, 11; umbra terram VII, 3, 11. — d) bedecken, verbergen: consilium silentio (dissimulatione) VI, 8, 15; X, 9, 8; dolorem, unterdrücken VIII, 1, 38; alqd in animo suo, in seiner Brust verschließen VI, 9, 19; luna sole premitur, wird verdunkelt IV, 10, 5. — 3) prägn. a) herabdrücken, senken: cavernae in altitudinem pressae, tief eingegraben V, 1, 28; alveus in solum pressus, tief eingeschnitten V, 4, 8; übtr. niederdrücken, stürzen VI, 8, 4. — b) zusammendrücken: alqd pressis manibus tenere, mit geschlossenen Händen VII, 8, 24.

prendo, di, sum, 3. (synkop. aus prehendo) ergreifen, fassen: alqm manu VII, 11, 24; ut quaeque prenderent, wie sie jeben (Wagen) aufgriffen V, 13, 20.

prĕtĭōsē, *adv.* kostbar, mit Aufwand III, 12, 14; pretiosius X, 1, 32.

prĕtĭōsus, 3. kostbar, wertvoll: vestis V, 1, 10; vasa pretiosae artis, von wertvoller Kunstarbeit V, 6, 5; subst. *plur.* pretiosissima rerum, die wertvollen Kostbarkeiten III, 8, 12; 13, 5; vestium V, 6, 7.

prĕtĭum, i, Preis, Wert: libertatis VIII, 2, 28; alqd pretio aestimare, nach dem Preise VIII, 9, 19; dominis reddere pretium („Kaufpreis") VII, 6, 27; pretium alcjus rei est, etwas hat Wert VIII, 2, 28. — 2) Lösegeld IV, 1, 13; VII, 9, 18; pretium sui, der für sie zu hoffende Erlös V, 6, 6 (f. miserabilis); captivos pretio remittere, gegen Lösegeld IV, 11, 15. — 3) Lohn, Preis: operae, für den Dienst VIII, 11, 3; flagitii V, 1, 37; servitutis, Knechtessold VI, 6, 11; sanguinis, für das vergossene Blut VI, 6, 16; alcui pretium reddere („auszahlen") VIII, 11, 25.

prex, prĕcis, f. (*nom.* u. *gen. sing.* ungebräuchl.), gewöhnl. *plur.* preces, um, Bitte VI, 5, 23; VII, 1, 7; supplicum V, 4, 14; vota et preces, Gelübbe u. Gebete IV, 13, 15. — 2) Selbstverwünschung VIII, 2, 5.

pridem, *adv.* vorlängst: jam pridem, schon längst VI, 9, 19; 10, 23; VII, 1, 21.

prīdĭē, *adv.* Tages vorher V, 4, 16; mit folg. quam VII, 1, 13. 32.

prīmō, *adv.* anfangs, anfänglich, zuerst: primo...deinde III, 12, 6; IV, 9, 15; primo...mox VIII, 13, 22; 14, 1.

prīmordĭum, i, erster Anfang: in primordio operum stare IX, 2, 11; a primordiis belli IX, 6, 17.

prīmōris, e, bererste, vorderste: inter primores dimicare IV, 6, 17. 24. — 2) übtr. der angesehenste: subst. primores VII, 2. 30; *femin.* vornehme Jungfrauen VIII, 1, 9.

prīmum, *adv.* zuerst, erstlich, zuvörderst: jam primum III, 6, 18;

primus   pro   209

primum...deinde III, 6, 16; IV, 10, 2; V, 6, 14. — 2) zum erstenmale, zuerst IX, 7, 13; 10, 24; nunc primum IX, 2, 22; X, 3, 10; tum (tunc) primum III, 12, 26; V, 2, 3; eben erst VIII, 2, 35; ut primum, sobald als III, 6, 15; IV, 8, 8; V, 7, 11; ubi primum, sobald erst IV, 14, 13; cum primum, sobald als VI, 11, 23; quam primum, sobald als möglich, möglichst bald IV, 5, 7; 11, 22; VIII, 3, 4.

primus, a, um, s. prior.

princeps, cǐpis, der „erste" (nach Reihenfolge u. Zeit), bah. der erste, oberste, vornehmste, angesehenste: vir X, 10, 1; princeps purpuratorum III, 13, 13; principes cognatorum IV, 11, 1; amicorum VI, 6, 11; 11, 39; principes feminarum, die vornehmsten Frauen X, 1, 3; principes nobilissimae juventutis, die Blüte der edelsten Jünglinge VI, 9, 21; princeps conjurationis, Haupt der Verschwörung VI, 10, 22. — 2) Befehlshaber, Führer VII, 2, 33; IX, 7, 3. 6; militum VI, 6, 7; satellitum X, 7, 17; agminis IV, 13, 28; duces principesque (militum) IX, 3, 1; IV, 10, 4. — 3) Gebieter, Fürst X, 9, 3; gentis IX, 8, 16.

principium, i, Ursprung, Anfang, Beginn: motūs III, 12, 3; bellorum X, 9, 19; legum solvendarum X, 2, 5; in principio imperii III, 3, 6; rerum („der Herrschaft") V, 1, 8; hujus rei VI, 8, 4; absol. in principio, anfangs, zuerst V, 1, 38; principio, gleich anfangs, von vornherein VIII, 10, 5; plur. tumultūs VII, 4, 32; seditionis IX, 4, 22.

prior, us, gen. ōris, eher, früher (d. Zeit u. Ordnung nach): vulnus IV, 6, 24; status V, 5, 11; zuerst: barbarus VII, 4, 36; Persae III, 10, 1. — der vordere: murus IV, 3, 13. — superl. primus, a) der erste: dies IV, 7, 10; prima quaeque, immer die ersten Gedanken VI, 6, 27; zuerst III, 13, 12; VII, 1, 6; 5, 18; 11, 12; Clitus est primus, kommt zuerst dran VIII, 1, 34; partitiv: prima vespera, mit Anbruch des Abends V, 13, 10; prima luce, mit Tagesanbruch V, 5, 3. — b) der vorderste: primi V, 13, 10; subst. plur. prima, die vordersten Glieder IV, 13, 32; prima Persis, Grenze von Persien V, 3, 3; agmen, Vortrab d. Heeres VII, 5, 14; in primo margine, vorn am Rande VII, 9, 5; in primo aditu finium, gleich am Eingang seines Gebietes VIII, 13, 2. — c) v. Range, der erste, angesehenste: cohors VI, 7, 17; prima opera gloriae, die vorzüglichsten Ruhmesthaten VI, 3, 17; in primis (inprimis), „unter den ersten", daß. vorzüglich, besonders VIII, 5, 12; IX, 8, 23.

pristinus, 3. vormalig, vorig, früher: fastigium IV, 6, 22; iter VII, 4, 27; fulgor IV, 10, 3; decus III, 11, 25; violentia („von vorhin") VIII, 1, 41. — 2) nächstvergangen, vorig: dies VIII, 4, 2.

prius, adv. eher, früher, vorher: prius...deinde III, 10, 8; V, 6, 1; prius...quam (ob. priusquam), eher . als, bevor, mit Indikativ IX, 5, 30; mit Konjunktiv III, 7, 14; IV, 3, 3; 6, 10; VI, 1, 21. — 2) (= potius) eher, lieber IX, 6, 22.

priusquam, s. prius.

privātus, 3. „abgesondert v. Staate", baf. subst. Privatmann III, 6, 19; VII, 7, 24; VIII, 12, 5.

1. prō, interj. Ausruf b. Staunens u. der Klage, ach, oh! IV, 16, 10.

2. prō, praep. mit abl. vor, vorn an: pro opere, am äußersten Rande des Bau's IV, 2, 21; pro contione, vor dem versammelten Heere IV, 10, 16; IX, 1, 1; X, 5, 10. — 2) übtr. a) gleichs. vorgestellt zum Schutze, für, zum Schutze (zu Gunsten) für: pro alquo corpus opponere IV, 14, 11; pugnare pro alquo VIII, 14, 45; pro salute IV, 3, 19; mori pro alquo IX, 6, 18; res pro salute gestae IV, 5, 11; vota pro salute suscepta III, 7, 3; dii stant pro causa, stehen auf Seite der Sache IV, 1, 13; alqd est pro alquo, ist zu jemds. Vorteil, spricht für ihn IV, 14, 16; VII, 2, 3 (s. solus); planities

est pro equitibus, ist günstig X, 9, 14. — b) anstatt, für: pro patria V, 11, 5; pro se X, 6, 22; pro solacio, zum Troste V, 12, 10; nemus pro arce habere IV, 7, 20; pro cantu esse VIII, 14, 10; pelles sunt pro veste IX, 4, 3; respondere pro alquo VIII, 5, 15; cautus pro temerario factus (= ex temerario) III, 8, 10. — c) v. der Gleichstellung ob. Gleichgeltung, für, als, wie: alqm pro hoste habere („halten für") VI, 2, 2; alqd pro dedecore VIII, 9, 32; alqm pro socio aestimare IV, 1, 28; alqd pro deo colere IV, 7, 23; temeritatem pro virtute timere IV, 14, 13; omen pro tristi accipere IV, 8, 6; pro victore se gerere IV, 16, 28; pro hoste esse, als Feind gelten V, 6, 4; pro comperto esse, als gewiß gelten VII, 1, 6. — d) z. Bezeichn. eines Aequivalentes, für: pro corporibus aurum accipere IV, 11, 6. — e) im Verhältnis zu, nach Maßgabe, gemäß, nach: pro numero IX, 4, 14; pro portione IX, 1, 6; pro spatio aquarum VIII, 13, 9; pro copia cujusque IX, 10, 26; pro habitu III, 12, 14; pro jure VI, 9, 18; pro merito IV, 8, 14; pro spe, wie er gehofft hatte VI, 9, 29; major quam pro numero, als im Verhältnis zur Zahl stand III, 2, 3; quam pro corporis habitu V, 2, 13; IX, 3, 19; quam pro flatu, als seinem Wehen gemäß war V, 4, 25; pro se quisque, jeder für seinen Teil, jeder nach Kräften III, 5, 14; 6, 17; IV, 7, 14; VII, 6, 8; IX, 4, 33.

prŏăvus, i, „Urgroßvater", bah. übrh. Ahnherr, Vorfahr VI, 11, 26.

prŏbābĭlis, e, annehmbar, glaublich: causa X, 9, 11; nulla probabili causā, ohne irgend eine annehmbare Ursache VII, 1, 14.

prŏbē, adv. gut, wohl VI, 1, 19.

prŏbĭtās, ātis, f. Redlichkeit, Rechtschaffenheit IV, 1, 20.

prŏbo, 1. „erproben", dah. zweckdienlich finden: remos aptari IX, 9, 12. — 2) als beifallswert erscheinen lassen, passiv. probari alcui, gefallen VIII, 8, 5. — 3) erweisen, beweisen: alqd factum, als Thatsache VII, 2, 34.

prŏbrum, i, schimpfliche Handlung, Schimpf, Schmach IV, 6, 6; militiae IX, 10, 28. — 2) Schmährede, Schmähung: probra dicere alcui, gegen jemd. VIII, 8, 7; jacere (obicere) in alqm VIII, 8, 19; intendere X, 7, 5.

prŏbus, 3. rechtschaffen, brav VII, 4, 8.

prŏcācĭter, frech, unverschämt VIII, 1, 32; procacius VIII, 8, 3; procacissime VIII, 1, 34.

prŏcax, ācis, frech, unverschämt: licentia X, 2, 14.

prō-cēdo, cessi, cessum, 3. vorwärts gehen, vorgehen: natura longius potest procedere, kann weiter hinaus IX, 9, 4. — 2) militär. vorgehen, vorrücken, vorbringen: ad amnem VII, 5, 36; in Carmaniam IX, 10, 20; ultra IV, 12, 4; absol. III, 3, 8; 8, 23; cum equite VIII, 2, 33; campestri itinere V, 3, 16; vorwärts segeln, vorbringen: quadraginta stadia (in mare) IX, 3, 24; 9, 3. 27; longius in Oceanum X, 1, 10. — 3) hervorgehen: ex tenebris et carcere V, 5, 10. — 4) öffentl. hervortreten, sich zeigen, erscheinen: ad milites IV, 13, 25; VII, 8, 3; in contionem VI, 9, 1; VII, 1, 5; in medium X, 6, 18; inter electas VIII, 4, 24; ad alqd visendum VIII, 10, 31; absol. III, 12, 10.

prŏcella, ae, Sturmwind III, 13, 7; IV, 7, 14; tempestates et procellae X, 1, 44.

prŏcellōsus, 3. stürmisch: dies VIII. 4, 2; fretum X, 7, 11.

prŏcērĭtās, ātis, f. hoher Wuchs: arborum V, 1, 32.

prŏcērus, 3. von hohem Wuchs, hoch: arbor IV, 2, 16; VII, 9, 15.

prŏcĭdo, cĭdi, 3. (cado), „vorwärts hinfallen", dah. v. Gebäuden, einstürzen IX, 8, 12.

prō-clāmo, 1. laut rufen, schreien: mit acc. c. inf. VIII, 1, 41.

prō-crĕo, 1. erzeugen: alqm VI, 10, 32.

prŏcul, *adv.* fern, von fern, weit weg: stare VI, 11, 36; venire VII, 2, 24; recedere IV, 9, 10; procul a Perside IX, 10, 23; a continenti X, 1, 14; a conspectu IV, 2, 24; mit *abl.*: procul insula IV, 8, 1; amne VII, 7, 1; Europa V, 5, 14; teli jactu IV, 3, 8; muris IV, 3, 20; munimentis IV, 4, 4; sede IV, 7, 15; gente IV, 6, 3; conspectu IV, 3, 10. — 2) übtr. weit ab, sehr: tanto facinore abhorrere VI, 7, 11; istud procul abest, dies ist keineswegs der Fall IV, 10, 28.

prōculco, 1. (calco), niedertreten: nives, durchwaten VI, 3, 16; alam, niederreiten III, 11, 14.

prō-cumbo, cŭbŭi, cŭbĭtum, 3. nach vorn niederfallen, niedersinken V, 2, 22; humi V, 10, 13; in genua VIII, 14, 39; navigia procumbunt in latera, legen sich auf die Seite IX, 9, 20; b. Verwundeten u. Sterbenden III, 11, 9; IV, 15, 17; in arma VI, 1, 15; super corpus alcjus VIII, 11, 16; ante pedes alcjus IX, 5, 17. — 2) sich abbachen, abwärts sich hinziehen: planities sub radicibus montium procumbit V, 4, 6.

prō-cūro, 1. „besorgen", insb. für einen andern etw. verwalten: imperium alienum X, 10, 7.

prō-curro, curri, cursum, 3. forteilen, fortstürzen: in vestibulum regiae VIII, 1, 49. — 2) übtr. v. Lokalitäten, vorlaufen, sich erstrecken: latus in longitudinem procurrit V, 4, 5.

prōd-ĕo, ĭi, ĭtum, ire, hervorgehen, herauskommen VI, 7, 20; extra specum VII, 11, 24.

prōdĭtĭo, ōnis, *f.* Verräterei, Verrat III, 8, 3; 13, 6; IV, 11, 18.

prōdĭtor, ōris, Verräter III, 12, 7; 13, 3; V, 1, 44; VI, 7, 11; imperii regnique VIII, 14, 36; fortunae III, 13, 17.

prō-do, dĭdi, dĭtum, 3. „hervorgeben", baß. zur Nachahmung aufstellen: exemplum VIII, 5, 12. — 2) mitteilen, bekannt machen: memoriae, dem Andenken übergeben, (schriftlich) überliefern, berichten, mit *acc. c. inf.* V, 1, 26. 35; VI, 1, 7; VII, 8, 11. — 3) entdecken, verraten: occulta IV, 6, 6; arcana VII, 7, 24; animum („Gefühl") V, 2, 19; voluntatem alcjus VIII, 2, 30; insignia produnt fugam III, 11, 11; cultu prodi III, 12, 5. — 4) preisgeben, verraten: alqm III, 4, 5; VI, 7, 8. 16; alqm alcui VI, 9, 28; urbem alcui VII, 5, 35; subst. proditi, die Verratenen (b. i. die Milesier) VII, 5, 30.

prō-dūco, xi, ctum, 3. vorführen: besond. zum Verhör: alqm VI, 9, 7; 11, 35; VII, 1, 17. — 2) hineinführen: alqm VI, 2, 6. — 3) übtr. zu Ämtern ob. Würden hervorziehen, befördern: alqm ad magna ministeria VII, 1, 11.

proelĭor, 1. ein Treffen liefern, kämpfen: comminus VIII, 14, 3; proeliantes IV, 1, 11.

proelĭum, i, Treffen, Gefecht, Schlacht: navale IV, 1, 11; proelium facere VIII, 2, 16; inire III, 4, 13; IV, 6, 14; committere IV, 1, 35; conserere VIII, 13, 12.

prŏfāno, 1. „unheilig machen", übtr. entweihen, schänden: pudorem V, 1, 38.

prŏfānus, 3. (fanum), „vor dem Tempelbezirk befindlich", daß. ungeheiligt, ungeweiht: subst. profana, örum, weltliches Besitztum (im Gegensatz der Tempelgüter) X, 1, 3.

prŏfectō, *adv.* in der That, wirklich, fürwahr IV, 7, 29; 13, 13; ganz sicher, jedenfalls IV, 4, 5; 10, 31; V, 9, 2.

prō-fero, tŭli, lātum, ferre, hervorbringen, herholen: milia talentum X, 2, 10; übtr. (in b. Rede) vorbringen, anführen: pauca VII, 1, 8. — 2) weitertragen: arma in Europam VII, 7, 13.

prŏfessĭo, ōnis, *f.* (profiteor), „Bekenntnis", insb. öffentliche Angabe: aeris („der Schulden") X, 2, 10. 11.

— 2) metonym. ber angegebene berufsmäßige Betrieb, Ausübung: artis VII, 1, 8; VIII, 5, 7.

proficio, fēci, fectum, 3. (facio), „vorwärts machen", bah. übtr. ausrichten, bewirken: plus monendo VIII, 14, 44; haud sane auctoritate apud alqm VII, 7, 21; tantum ad spem, so viel der Hoffnung sich nähern IX, 10, 14.

proficiscor, fectus sum, 3. „sich vorwärtsmachen", bah. abreisen, wohin reisen VII, 4, 32; in Mediam VII, 2, 15. — 2) militär. aufbrechen, ausziehen: a Persepoli V, 6, 19; Scythia IV, 12, 11; ad subigendam Asiam III, 10, 4.

profiteor, fessus sum, 2. (fateor), bekennen, eingestehen, frei u. offen aussagen: hoc X, 3, 10; studia sua, zu erkennen geben VII, 2, 7; indicium, freiwillige Aussage thun VIII, 6, 23 (s. per 4); mit *acc. c. inf.* VIII, 8, 18; X, 2, 11. 13; 9, 3; mit abhäng. Frage VII, 7, 24; se digniorem, sich für würdiger erklären X, 8, 20; absol. VIII, 3, 13. — 2) öffentlich angeben: aes alienum X, 2, 9.

profligo, 1. „zu Boden schlagen", bah. überwältigen: hostem IV, 15, 19.

prō-fluō, xi, xum, 3. hervorfließen: ex montibus V, 1, 13.

profluvium, i, das Hervorfließen: sanguinis, Blutfluß IX, 5, 24. 29.

prō-fugio, fūgi, fugitum, 3. davonfliehen, sich flüchten: in Indiam V, 6, 36; absol. III, 9, 11; VI, 4, 23; 5, 12. — 2) transit. alqm, jembm. entfliehen X, 2, 20.

profugus, 3. flüchtig, entflohen: ex Cilicia IV, 1, 39.

prō-fundo, fūdi, fūsum, 3. vergießen: lacrimas IV, 10, 20; sanguinem VIII, 14, 32; sudor ex membris profunditur, ergießt sich VIII, 2, 38.

profundus, 3. bodenlos, tief: mare IV, 2, 16; salum IX, 9, 20; venter, unersättlich X, 2, 26; subst. profundum, bodenlose Tiefe IV, 3, 6; 10, 17. — 2) übtr. unermeßlich: silva VII, 7, 4.

prōgredior, gressus sum, 3. (gradior), vorwärtsschreiten IV, 15, 16; VII, 5, 6.—2) militär. vorrücken, vorbringen VI, 6, 27; IX, 10, 3; ultra III, 7, 8.

prohibeo, būi, bitum, 2. (habeo), abhalten, zurückhalten, verhindern: alqm III, 4, 4; 12, 9; IV, 14, 15; V, 5, 6; alqm finibus X, 2, 7; impias mentes ab alquo, fernhalten IX, 3, 5; alqm transitu (aditu), jembm. ben Übergang (Zutritt) wehren VIII, 13, 5; X, 3, 5; alqm sepultura, das Begräbnis jembs. verweigern VIII, 2, 12; mit *inf.* III, 12, 2; IV, 8, 8; IX, 3, 18; mit *acc. c. inf.* III, 2, 9; IV, 12, 20; absol. III. 13, 7; VII, 6, 24.

prōicio, jēci, jectum, 3. (jacio), hinwerfen: amiculum ante lectum III, 6, 10; se in flumen IX, 4, 12; velamentum corporis, abwerfen V, 1, 38.

prōinde, *adv.* bemgemäß, bemzufolge, baher IV, 15, 8 (s. sum A, 3); VII, 8, 24; zur Aufforderung am Schluß einer Rede III, 5, 13; IV, 2, 5; V, 9, 8.

prolāto, 1. (*v. intens.* v. profero), aufschieben, verzögern: tempus prolatando extrahere X, 2, 10.

Promētheus, ěi, Sohn des Titanen Japetos, wurde, weil er Feuer vom Himmel entwendet hatte, um die von ihm aus Thon gebildeten Menschen zu beleben, an einen Felsen des Kaukasus angeschmiedet, wo ihm ein Adler täglich die in der Nacht stets wieder wachsende Leber aushackte VII, 3, 22.

prō-mineo, ūi, 2. hervorragen, hervorstehen: ungues prominent IX, 10, 9; comae hirtae, starren struppig empor V, 6, 18.

prōmissum, i, Versprechen IV, 10, 17; VII, 10, 9; promissis minora praestare, weniger als versprochen war VIII, 11, 25; alqm promissis onerare V, 4, 12; 12, 19.

prō-mitto, mīsi, missum, 3. „hervorgehen lassen", bah. übtr. versprechen, zusichern: alqd IV, 5, 7;

11, 19; VII, 2, 17; mit *acc. c. inf. fut.*
III, 6, 2; IV, 1, 13; V, 2, 8; 9, 5.
prōmo, mpsi, mptum, 3 (emo), „hervornehmen", bah. übtr. offenbaren, aussprechen: rem in animo agitatam IX, 6, 26.
prōmontōrĭum, i, f. promunturium.
prō-mŏvĕo, mōvi, mōtum, 2. vorwärtsbewegen: gradum, vorwärts thun III, 11, 6; copias Memphim, vorrücken lassen IV, 1, 30; asseres tormento, vorschieben IV, 3, 24. — 2) übtr. aufrücken lassen, befördern: alqm ab humili ordine ad gradum VI, 11, 1.
promptē, *adv.* eifrig, willig, entschlossen: promptius VI, 1, 1; VII, 5, 21; allzueifrig IV, 6, 17; promptissime IV, 16, 28.
promptus, 3. (promo), herausgenommen, „zur Hand", bah. bereit, entschlossen, bereitwillig: animus IX, 1, 1; ad bella VII, 2, 38; esse promptae audaciae, entschlossene Kühnheit zeigen IX, 6, 10; vir promptae audaciae VIII, 11, 11; libertas, rebefertige Freimütigkeit VIII, 5, 13. — 2) eifrig, rüstig, beherzt IV, 6, 3; VI, 8, 20; VIII, 11, 9; IX, 8, 23; promptissimi Macedonum III, 11, 10; militum VII, 6, 22; inter promptissimos dimicare VII, 6, 3; IX, 8, 21; manu promptus, persönlich tapfer V, 1, 18.
prōmuntŭrĭum, i (promineo), Vorgebirge X, 2, 1.
prō-nuntĭo, 1. bekannt machen, ankündigen, ansagen: alqd per praecones IV, 4, 14; iter in proximum (in posterum) IV, 8, 16; 10, 1; VI, 8, 15; mit *acc. c. inf.* III, 5, 16; IV, 2, 17; mit folg. ut IV, 13, 20. — 2) (richterl.) den Ausspruch thun: mit *acc. c. inf.* X, 1, 7. — 3) versprechen: praedam X, 6, 23.
prōnus, 3. vorwärtsgeneigt, vorwärtsüber: pronus in ora, vorwärts auf dem Antlitz III, 11, 9; corpus pronum in humum abicere, sich mit d. Angesicht zu Boden werfen V, 12, 8. — 2) übtr. a) v. Lokalitäten, sich absenkend: prona montium, Abhänge V, 3, 18; VII,

11, 3. — 3) übtr. a) zu etw. geneigt: ad credendum IV, 3, 22. — b) leicht, ohne Schwierigkeit: plana omnia et prona sunt VI, 3, 16.
prōpāgo, 1. fortpflanzen: stirpem generis X, 3, 12.
prōpălam, *adv.* öffentlich, offen V, 10, 7.
prŏpĕ, *adv.* nahe: quae prope sunt VII, 3, 11; propius VI, 7, 17; nox propius vergit ad lucem IV, 7, 22; propius adire IV, 7, 25; accedere V, 11, 4; proxime, zunächst: sequi VII, 1, 14. — 2) übtr. a) v. b. Zeit, nahe: *superl.* proxime, neulichst, jüngst IV, 1, 12; VII, 8, 3. — b) beinahe, fast IV, 1, 1; 15, 23; 16, 32; V, 6, 8. — 3) *praep.* mit *acc.* nahe bei, nahe an: propius tribunal (discrimen) accedere IX, 3, 3; IV, 14, 24. — 4) übtr. fast bis an: prope seditionem res est, es kommt fast bis zum Aufstand IV, 10, 4.
prō-pello, pŭli, pulsum, 3. „vorwärtsstoßen", bah. herabwälzen: onera V, 3, 21; saxa in subeuntes III, 4, 11. — 2) forttreiben: pecora VIII, 1, 4; partem hostium, in die Flucht treiben, werfen VI, 1, 1. — 3) übtr. wozu treiben, nötigen: ad ultima propelli VI, 4, 11.
prŏpĕmŏdum, *adv.* beinahe, fast III, 2, 3; 3, 14; 5, 3.
prŏpĕrē, *adv.* schleunig, eilig IV, 15, 6; V, 9, 10.
prŏpĕro, 1. sich beeilen: mit *inf.* V, 5, 2; 10, 15; VI, 8, 12; ad bellum civile properantium est, es ist das Verfahren derjenigen, die sich in den Krieg stürzen X, 8, 17.
prŏpinquĭtās, ātis, *f.* Verwandtschaft: arta III, 12, 14.
prŏpinquus, 3. nahe: exemplum, naheliegend VIII, 14, 41; in propinquo esse, in der Nähe sein V, 5, 4. — 2) übtr. nahe verwandt, nahe: cognatio V, 3, 12; VI, 11, 20; *subst.* Verwandter, Angehöriger V, 3, 14; *plur.* III, 3, 21.
prŏpĭor, us, *gen.* ōris, näher: periculum V, 4, 15; quae septentrioni (mari) propiora sunt VII, 7, 4; VIII,

9, 12; übtr. gradus VI, 7, 32; locus amicitiae IX, 2, 7; *superl.* proximus, (örtlich) der nächste, zunächst: alcui III, 9, 5; VII, 11, 12; agmini III, 3, 25; foribus VIII, 6, 3; lateri VII, 2, 11; vicus itineri, dem Wege zunächst liegend IV, 16, 15; proxima regio ab urbe X, 5, 18; qui proximi astiterant(steterant, sederant) VII, 1, 9; IX, 5, 8; X, 6, 19; subst. proximi, die nächststehenden, die nächsten IV, 6, 20; VII, 7, 20; proximi Aethiopum, nächste Nachbarn IV, 7, 18. — 2) übtr. a) v. d. Zeit: nächstfolgend, nächst: dies VIII, 4, 2; lux IV, 11, 21; nox V, 12, 1; proximus quisque fructus, der nächste beste Genuß IX, 2, 11; in proximum, für den folgenden Tag IV, 10, 1. — b) nächstvergangen, letzt: nox VI, 10, 12; proelium V, 1, 18; scelus VI, 11, 35; praeda VI, 2, 10. — c) v. Range, der nächste: proximus alcui V, 2, 5; proximae a nobis partes, die nächste Rolle nach uns VI, 11, 28. — d) v. Verbindungen, nächst: proximi amicorum X, 3, 12; nächstverwandt X, 7, 2.

propĭtĭo, 1. sich geneigt machen: Jovem IV, 7, 24; Minervam IV, 13, 15.

propĭtĭus, 3. geneigt, günstig: dii (alcui) VIII, 5, 19; aures IX, 3, 6.

propĭus, *adv.* s. prope.

prō-pōno, pŏsŭi, pŏsĭtum, 3. öffentlich hinstellen: instrumenta in conspectu alcjus, jemdm. zur Schau stellen VI, 11, 13; praemia, aussetzen V, 2, 2.

proprĭus, 3. jemdm. ausschließlich eigen, persönlich: officium VII, 6, 8; periculum VII, 4, 9; causa X, 5, 20; veneratio X, 3, 3.

proptĕr, *praep.* mit *acc.* wegen III, 5, 16; V, 1, 12; propter quod, weswegen VII, 1, 26; VIII, 9, 14.

prōpugnātor, ōris, Verteidiger, Streiter IV, 3, 25; 15, 15.

prō-pugno, 1. zur Verteidigung kämpfen: e muris IV, 4, 11; propugnantes, Verteidiger IV, 3, 15; VIII, 2, 22.

prōpulso, 1. (*v. intens.* v. propello), zurückschlagen, abwehren: tela clipeo IX, 4, 31; vim firmo praesidio X, 8, 4; bellum nobis illatum („den gegen uns begonnenen") IV, 14, 21; famem, sich des Hungers erwehren, kaum sein Leben fristen IX, 2, 6.

prōra, ae, Schiffsvorderteil, Vorderdeck IV, 3, 2. 14; VII, 9, 2.

prorsus, *adv.* „geradesWeges", dah. übtr. gewiß sehr, durchaus, ganz und gar IV, 4, 11; VII, 7, 29; (ironisch) V, 5, 13; IX, 6, 13.

prō-rumpo, rūpi, ruptum, 3. hervorbrechen, losstürzen: in hostem IV, 16, 6.

prō-rŭo, rŭi, rŭtum, 3. hervorbrechen, losstürzen: in hostem IV, 16, 6. — 2) *transit.* niederreißen: vallum IV, 13, 26; *passiv.* prorui, einstürzen IV, 3, 7.

prō-sĕquor, cūtus sum, 3. nachfolgen: longius V, 13, 17 (erg. ipsos). — 2) das Geleit geben, begleiten III, 3, 24; alqm III, 13, 9. — 3) übtr. jemdm. mit etw. geleiten, ihm etw. erweisen: alqm honore V, 2, 18.

prōsĭlĭo, silŭi, 4. (salio), hervorspringen, aufspringen: ex lecto VIII, 1, 43; convivio, vom Gelage VII, 4, 19.

prōspecto, 1. (*v. intens.* v. prospicio), ausschauen, sich umschauen: e muris X, 5, 15. — 2) übtr. v. Lokalitäten, nach einer Gegend hin liegen: terra illos spectat, liegt nach jenen zu VI, 4, 17.

prospectus, ūs, Fernsicht, Aussicht: liber oculorum IV, 9, 10; prospectum oculorum auferre (adimere) IV, 15, 32; V, 13, 12.

prosper, ĕra, ĕrum (pro u. spero), „der Hoffnung entsprechend", dah. günstig, erwünscht, glücklich: eventus VIII, 1, 18; exitus VII, 1, 19; pugna III, 11, 16; curatio IX, 5, 25; in rebus prosperis, in glücklichen Verhältnissen IV, 14, 20.

prospĕrē, *adv.* günstig, glücklich: res (multa) prospere gerere III, 8, 20; VII, 2, 33.

prōspĭcĭo, exi, ctum, 3. (specio), in die Ferne hinausschauen: qua („soweit als") prospici potest IX, 8, 5. — 2) von fern überschauen, vor sich erblicken: castra ex colle IV, 12, 18; cuncta ex monte VII, 6, 4; agmen inde III, 8, 26; Oceanum IX, 4, 21.

prō-sterno, strāvi, strātum, 3. „hinbreiten", das. niederwerfen: corpus (humi), sich niederwerfen IV, 16, 12; VIII, 2, 5; 4, 6; 5, 6. 12; per herbas, sich auf das Gras hinstrecken VIII, 10, 17; (humi) prostratus, am Boden liegend IV, 10, 21; VIII, 4, 9. — 2) den Feind niederwerfen, vernichten III, 11, 6. 8; IX, 1, 1; ingenti caede III, 11, 14; IV, 15, 10.

prō-sum, fŭi, prōdesse, nützlich sein, nützen: alcui VI, 11, 30; apud alqm X, 1, 6.

prō-tĕgo, xi, ctum, 3. „vorn bedecken", das. decken, schützen: alqm IV, 3, 26; 4, 15; VIII, 2, 37; clipeo VI, 1, 14; VIII, 1; 24; testudine VII, 9, 3; fortuna alqm perpetua felicitate protegit X, 5, 35; passiv. sich decken V, 3, 21; protegentes, Beschützer IX, 5, 16.

prō-tendo, di, sum u. tum, 3. vor sich hinstrecken, ausstrecken: dextram X, 8, 20.

prō-tĕro, trivi, trītum, 3. zerquetschen, zermalmen: singulos V, 3, 18.

prōtervē, adv. mutwillig, rücksichtslos: illudere IV, 1, 23.

prōtĭnus, adv. „weiter fort", das. v. d. Zeit, unmittelbar darauf, sofort III, 3, 6; IV, 1, 25; V, 12, 1.

prō-turbo, 1. vertreiben: alqm deversorio VI, 11, 2.

prŏŭt, conj., je nachdem, sowie: prout cuique fortuna erat III, 11, 22.

prō-vĕho, xi, ctum, 3. vorwärts führen: ira alqm longius provehit, reißt weiter fort VII, 9, 16. — 2) übtr. wozu fortreißen, verleiten: ad largius vinum („Weingenuß") VIII, 6, 14; provectus vino VIII, 1, 33; provectus divino instinctu VIII, 10, 15.

prōverbĭum, i, Sprichwort VII, 8, 23.

prōvĭdentĭa, ae, Vorsehung, Vorsorge; deûm VI, 9, 2.

prō-vĭdĕo, vīdi, vīsum, 2. vorhersehen, voraussehen: seditionem X, 8, 6; bellum non provisum VII, 7, 5; nondum satis proviso impetu, während sie sich noch nicht hinlänglich vorgesehen hätten auf IV, 15, 3. — 2) für etw. Vorkehrungen treffen, sorgen: mit folg. ne IV, 14, 12; IX, 5, 3.

prōvincĭa, ae, Provinz (erobertes u. von einem Statthalter verwaltetes Land) III, 10, 5; VI, 3, 4.

prō-vŏco, 1. „hervorrufen", das. herausfordern: alqm III, 5, 11; IV, 10, 29; ad pugnam VII, 4, 33; hostem manu IX, 5, 13; non provocatus, ohne (von mir) gereizt worden zu sein IV, 10, 29.

prō-volvo, volvi, vŏlūtum, 3. vorwärts rollen, herabwälzen: saxa in subeuntes VIII, 11, 13; passiv. provolvi, sich hinwerfen: ad pedes alcjus III, 12, 11.

proxĭme, f. prope.

proxĭmus, a, um, f. propior.

prūdens, tis (aus providens), wohl wissend: mit acc. c. inf. VII, 1, 4. — 2) prägn. einsichtsvoll, klug: consilium IV, 1, 33.

prūdenter, adv. umsichtig, verständig, klug III, 12, 20; V, 12, 1; wohlweislich VIII, 5, 11; prudentius III, 8, 6.

prūdentĭa, ae, Verständigkeit, Lebensklugheit VII, 4, 13.

Ptŏlŏmaeus, i, Sohn des Lagus, Generaladjutant Alexanders, erhielt bei der Teilung des Reiches Ägypten, wo er die Dynastie der Ptolomäer gründete u. 283 v. Chr. starb III, 9, 7; VIII, 1, 45; 6, 22; 10, 21; 13, 18; 14, 15; IX, 5, 21; 6, 15; 8, 22; 10, 6; X, 6, 13; 7, 16; 10, 1. 20. — 2) Anführer der Thracier bei Alexander VII, 10, 11.

pūbēs, ĕris, mannbar: subst. puberes, Mannbare, Erwachsene VII, 6, 16; 9, 22; IX, 4, 5.

pūbĕsco, būi, 3. mannbar werden, heranreifen: juvenis primo aetatis flore pubescens VII, 2, 4.

pūblicē, adv. öffentlich, staatlich X, 2, 6.

publīcus, 3. zum Staate gehörig: status X, 10, 9; vindices, des Staates X, 2, 6; spes X, 7, 10; publicae vires regni, die königliche Staatsgewalt X, 5, 12; felicitas, die glücklichen Staatsverhältnisse X, 9, 7. — 2) öffentlich, allgemein: spes X, 7, 10; salus, das Leben aller IX, 6, 15; libertas VIII, 5, 20; subst. publicum, das Volkstum, Gemeinwesen X, 2, 6; die Öffentlichkeit, das Publikum: in publico se conspici pati, sich öffentlich sehen lassen VIII, 9, 23. — 3) bei aller Welt gebräuchlich, allgemein üblich: moribus publicis degere, nach den üblichen Sitten b. l. nicht als Einsiedler VIII, 9, 33.

pŭdĕo, ŭi, ĭtum, 2. mit Scham erfüllen, unpers. pudet me, es erfüllt mich mit Scham, ich schäme mich: mit inf. IV, 4, 2; 10, 32; VI, 8, 8; mit acc. c. inf. V, 7, 10; VIII, 2, 28; 4, 30; pudet me alcjus rei, ich schäme mich über etw. IV, 13, 9; V, 5, 10; pudere jam sui, schon schäme man sich vor sich selbst VI, 6, 10.

pŭdīcĭtĭa, ae, Schamhaftigkeit IV, 11, 3.

pŭdīcus, 3. sittsam, keusch: dignus qui pudicus esset, würdig ein ehrenhaftes Leben zu führen VI, 7, 13.

pŭdor, ōris, m. Schamgefühl, Scham VII, 7, 23; VIII, 2, 13; relinquendi alqm („zu verlassen") X, 2, 20; exercitus in angustias conjecti („getrieben zu haben") V, 3, 21. — 2) Scheu X, 6, 18. — 3) Schamhaftigkeit, Züchtigkeit V, 1, 38; VI, 2, 6.

puella, ae, Mädchen IV, 11, 12; X, 5, 22.

puer, ĕri, Knabe: ingenuus IV, 3, 23; nobilis, Edelknabe, Page VIII, 6, 7; X, 5, 8; puerorum regia cohors X, 7, 16.

puĕrīlis, e, jugendlich: affectus IV, 5, 3; impetus VIII, 6, 9.

puĕrĭtĭa, ae, Knabenalter, Jugend VI, 5, 23.

pūgil, ĭlis, Faustkämpfer IX, 7, 16.

pugna, ae, Kampf, Gefecht: equestris VII, 7, 32; anceps VIII, 14, 28; prospera III, 11, 16; pugnam inire IX, 5, 3; edere IV, 6, 25; ciere VIII, 14, 9; remittere IV, 16, 4. — 2) metonym. Kampfstellung: pugnam mutare III, 2, 14.

pugnax, ācis, streitbar: gentes pugnacissimae III, 9, 3.

pugno, 1. fechten, kämpfen: comminus VIII, 11, 14; cum alquo VII, 6, 6; de gloria IV, 14, 9; pro libertate VI, 1, 8; pro alquo VIII, 14, 45; absol. pugnantes IV, 12, 23.

pulcher, chra, chrum, „schön anzusehn", dah. vortrefflich, herrlich: exercitus IX, 3, 12; facinus VI, 7, 10; pulchrum est mit inf., es ist ruhmvoll VIII, 9, 32; IX, 6, 22.

pulchrĭtūdo, ĭnis, f. Schönheit: corporis III, 12, 22; formae III, 11, 24; urbis V, 1, 24.

pulso, 1. (v. intens. v. pello), heftig stoßen ob. schlagen: tympana VIII, 11, 20; arma armis, Schild an Schild III, 11, 5; fluctus pulsant proras, schlagen an IX, 4, 10; surdas aures pulsare, an taube Ohren klopfen IX, 2, 30.

pulsus, ūs, das Stoßen, Schlagen, der Stoß: arietum IV, 3, 13; remorum IX, 6, 2; maris, Anprall IV, 2, 8.

pulvīnus, i, Polster, Pfühl III, 6, 7.

pulvis, ĕris, m. Staub III, 5, 2; nubes pulveris IV, 15, 32.

pūnĭcĕus, 3. purpurfarbig, purpurn: amiculum III, 3, 10; IX, 7, 20.

Pūnĭcus, 3. punisch, karthagisch: classis IV, 2, 11.

pūnĭo, 4. bestrafen: alqm VII, 2, 14; verba VI, 9, 20.

pūpillus, i, verwaister Knabe, Mündel VIII, 8, 3.

puppis, is, f. Hinterteil des Schiffes, Hinterdeck: a puppi IV, 3, 2; e puppi IV, 4, 8; a puppe VII, 9, 4.

purgāmentum, i, Unrat, Aus-wurf: purgamenta freti VIII, 9, 19; maris IX, 10, 10. — 2) übtr. v. Personen, Auswurf, Abschaum: urbis X, 2, 7; VIII, 5, 8; servorum VI, 11, 2.

purgo, 1. reinigen: corpus X, 10, 13. — 2) rechtfertigen: se V, 10, 11; 12, 3; facinus VII, 5, 39; dicta oratione VII, 1, 21; consilium, sich rein-waschen von V, 12, 5; absol. VII, 1, 31; 2, 9.

pūpūra, ae, Purpurstoff, Purpur: purpurā fulgens IX, 7, 15; vestis (carbasa) auro purpuraque distincta IX, 1, 29; 7, 12; VIII, 9, 24; amicula ex purpura X, 2, 23.

purpurātus, 3. in Purpur gekleidet; subst. purpurati, Purpurträger, b. i. Höflinge III, 2, 10; 6, 4; 8, 3. 15; 12, 7; V, 1, 37.

purpŭrĕus, 2. purpurfarbig, purpurn: tunica III, 3, 17; vestis X, 1, 24. — 2) glänzend blau: diadema VI, 6, 4.

pūrus, 3. rein: solum III, 4, 8.

pŭtĕus, i, Brunnen, Cisterne: puteum fodere VII, 10, 14; IX, 10, 2.

pūter, tris, e, zermürbt, morsch: clipeus X, 1, 31; corpora cicatricibus IX, 3, 10.

puto, 1. glauben, meinen: mit acc. c. inf. III, 2, 15; VIII, 8, 16. — 2) mit doppelt. acc. wofür erachten, wofür halten VI, 5, 29; VIII, 9, 34.

Pȳlae, ārum (πύλαι,„Pforten"), Eng-pässe, Desiléen III, 4, 2. 11; Amanicae III, 8, 13; Susides V, 3, 17.

Pyrămus, i, Fluß in Cilicien, entspringt in Cappadocien, durchbricht das Taurusgebirge u. erreicht bei Mallus das Meer, jetzt *Dschechun* III, 4, 8; 7, 5.

Q.

quā, adv. wo, wohin III, 4, 7; IV, 7, 2; 13, 36; V, 3, 22; VI, 4, 3; qua patet via (iter) III, 11, 12; IV, 16, 11; iter, qua IX, 4, 9; qua natura fert VI, 5, 15; so weit als IX, 8, 5. — 2) irgendwo: si qua VI, 5, 17; 6, 31; etiamsi qua V, 4, 25.

quădrāgēni, ae, a, je vierzig VII, 4, 23.

quădrātus, 3. viereckig: saxum, Quaderstein IX, 3, 19; lapis V, 1, 33; agmen, Marschordnung im Viereck (in Form eines Parallelogrammes): quadrato agmine ingredi (incedere), in geschlossenem Heereszuge V, 1, 19; 13, 10; ire quadrato et composito agmine VI, 4, 14.

quădrīga, ae (aus quadrijuga), vierspänniger Wagen, Viergespann V, 1, 25; insb. Streitwagen, Sichelwagen IV, 12, 6; falcata IV, 9, 4.

quădrĭjŭgus, 3. (jugum), vierspännig: equi, Viergespann IX, 8, 1.

quădrĭrēmis, is, f. Schiff mit vier Reihen Ruderbänke, Vierruderer IV, 3, 14.

quaero, sivi, situm, 3. suchen, aufsuchen: locum V, 5, 13; domicilia sibi IV, 4, 20; successorem alcui X, 5, 37; parem V, 5, 12; similem X, 7, 2. — 2) etw. suchen, nach etw. trachten: remedium belli III, 5, 13; solacia IV, 10, 23; locum insidiis X, 7, 19. — 3) zu erwerben suchen, erwerben: alqd bello VI, 6, 9; fruges boum laborequaesitae VII, 8, 18; potentiam scelere (flagitio) quaesita X, 1, 6. 27. — 4) „zu erfahren suchen", daß. fragen: alqm, nach jemb. VI, 10, 6; alqd IV, 10, 32; nihil amplius IV, 7, 28; mit abhäng. Frage IV, 7, 27; VI, 7, 28; 9, 34. — 5) peinlich (mit Anwendung der Folter) befragen VI, 11, 34; de alquo VII, 1, 13.

quaeso, ivi, 3. bitten: deos VI, 5, 3; oro quaesoque III, 6, 11; IX, 2, 28; absol. quaeso, ich bitte dich! um Himmels willen! VI, 10, 8. 25; VII, 1, 21; IX, 3, 6.

quaestio, ōnis, *f.* „Befragung", baß. peinliche Unterſuchung, Folterung IV, 10, 33; VI, 11, 12. 40; quaestionem habere de aliquo, anſtellen gegegen VI, 8, 15; 11, 11.

quaestuōsus, 3. (quaestus), viel Vorteil ziehend, ſich bereichernd: navigiorum spoliis IV, 7, 19.

quaestus, ūs, Erwerb, Verdienſt: diurnus IX, 2, 6.

quālis, e, wie beſchaffen, was für ein VI, 7, 14; qualis animi videtur, von welcher Geſinnung ſcheint der zu ſein VI, 9, 8. — 2) relat. bergleichen, wie IV, 10, 20; 15, 19; VI, 6, 4; 9, 6.

quāliscunque, qualecunque, wie immer beſchaffen, was auch für ein: qualiacunque erant, wie geringfügig es auch ſein mag VI, 7, 34; vita, das Leben unter allen Umſtänden V, 8, 6; stultitia qualiumcunque suorum tamen, von Leuten, die, wie auch beſchaffen, doch ihm angehörten V, 9, 12.

quam, *adv.* 1. wie ſehr, wie: quam mutabilis III, 8, 20; quam cordi esset X, 1, 26; quam vellem, wie ſehr wollte ich III, 12, 26; tam ... quam, ſ. **tam,** mit ausgelaſſ. tam, als vielmehr VII, 7, 26. — 2) beim Komparat. u. Komparat. Begriffen, als: avidior quam patientior V, 7, 4; magnificentius quam verius III, 8, 11; potius quam, ſ. **potius.** — 3) bei Superlat. mit u. ohne possum, möglichſt, recht ſehr: quam maximo posset exercitu IV, 6, 2; quam plurimi, möglichſt viele VII, 5 17; quam primum, ſ. **primum.** — 4) bei Zeitbeſtimmungen als, nachdem: post diem tertium quam III, 8, 16; septimo mense quam IV, 4, 19; VII, 6, 26; IX, 8, 11; pridie quam VII, 1, 13.

quamdīu, *adv.* wie lange, ſo lange als III, 1, 5; VI, 9, 19.

quamprīmum, ſ. **primum.**

quamquam, *conj.* wiewohl, obgleich IV, 3, 12; V, 9, 9; quamquam ... tamen IV, 1, 32; 3, 22.

quamvīs, *conj.* ſo ſehr auch, wenn auch immerhin: quamvis arduum (erg. iter sit) V, 4, 12.

quando, *adv.* zu welcher Zeit, wann IV, 5, 5; 13, 4. — 2) *conj.* ba, weil IV, 9, 18.

quandōcunque, *conj.* wann immer, ſobald nur X, 8, 10.

quandōque, *conj.* wann immer, ſobald nur VII, 10, 9; IX, 6, 26.

quantō, ſ. **quantus.**

quantŭlus, 3. wie klein, wie wenig: quantulo contenti esse deberent VIII, 4, 28.

quantum, *adv.* ſ. **quantus.**

quantus, 3. wie groß: altitudo III, 1, 7; nefas V, 9, 9; tantus ... quantus, ſo groß ... als III, 11, 24; V, 13, 13; opulentia, quantam concipere non possunt, ſo groß als III, 2, 12. 7, 1; bei posse zur Verſtärkung des Superlativs: quanta maxima celeritate potuit, mit der möglichſt größten Schnelligkeit IV, 8, 10; quanto maximo cursu posset III, 8, 16; quanto maximo cultu possumus, in möglichſt größter Pracht V, 9, 1. — 2) ſubſt. **quantum,** wie viel: quantum in aliquo est, wieviel auf jemb. beruht VII, 7, 27; mit *gen. part.*: quantum sanguinis IV, 4, 16; soli VII, 6, 25; frumenti VIII, 12, 15; itineris IX, 10, 14; animi VII, 7, 11. — 3) **quantum,** wieviel, in wie weit, ſoviel als III, 6, 17; VII, 2, 14; quantum conjectari (concipi) potest IV, 9, 11; V, 11, 7; quantum licet III, 12, 25; quantum ad hostes pertinet VIII, 7, 4. — 4) **quanti** als *gen. pretii,* wie hoch: quanti aestimandum est VII, 7, 14. — 5) **quanto** als *abl. mensurae,* um wie viel IV, 1, 18; VI, 3, 18; 9, 3; quanto praestat VI, 3, 6; tantum eminens, quanto aliis praestabat VIII, 14, 13.

quantuscunque, täcunque, tumcunque, ſo groß als nur: quantuscunque honor haberi potest, eine ſo große Ehre als nur immer erwieſen werben kann IV, 10, 28; sapientia, quantamcunque gens capit, ſo weit als es empfänglich iſt für VII, 8, 10; pecunia, quantamcunque Macedonia caperet, ſoviel nur immer IV, 1, 8; quantam-

cunque accepere vocem, einen wie schwachen Ton auch III, 10, 2.
quantuslibet, tālĭbet, tumlĭbet, beliebig groß: quantalibet vis conspiret, mag eine noch so große Macht sich verschwören IX, 6, 7.
quārē, *adv.* aus welchem Grunde, warum VII, 1, 36.
quāsi, *adv.* wie wenn, als wenn, als ob, mit Konjunktiv III, 11, 5; V, 9, 10; VIII, 5, 13. 21; mit Particip.: quasi fidens, als ob er traue III, 13, 5; quasi cohaerentes III, 11, 4; quasi visuri, wie wenn sie sehen wollten X, 5, 15; quasi conterritus, als sei er erschreckt III, 13, 10; hostis quasi profligatus IV, 15, 19; quasi ripis coëuntibus VIII, 13, 9; quasi deo retenturo, als ob der Gott zurückhalten würde IV, 3, 22. — 2) gleichwie, gleichsam III, 11, 23; IV, 4, 2; 6, 15; V, 4, 19; 12, 17.
quāterni, ae, a, je vier III, 4, 12.
quātĭo, quassum, 3. schütteln, erschüttern: jugum III, 11, 11; ventus silvas quatit V, 4, 25. — 2) schlagen: scuta (clipeos) hastis X, 6, 12; 7, 14; mentum ad terram, aufstoßen VIII, 5, 22. — 3) zerschmettern: muros pulsu arietum IV, 3, 13; übtr. vox quassa, gebrochene Stimme VII, 7, 20.
quātrīdŭum, i, *n.* (quattuor u. dies), Zeit von vier Tagen, vier Tage: iter quatridui, Marsch von vier Tagen VI, 3, 16; quatriduo, in vier Tagen VII, 9, 21; vier Tage lang IV, 10, 15.
quē (enklitisch), verbindet abschließend zusammengehörige Begriffe und Gedanken, u n b: lixae calonesque VI, 8, 23; divinum humanumque jus III, 10, 9. — 2) u n d z w a r: praecipueque IX, 3, 17; nulloque negotio VI, 10, 20. — 3) aber: occurrusque VI, 7, 29; tandemque VII, 7, 26; aequatque VIII, 9, 29; opportunumque VIII, 10, 7. — 4) que ... et, sowohl ... als auch VIII, 4, 15.
quĕo, quivi, quĭtum, ire, können IV, 16, 10.
quercus, ūs, *f.* Eiche VI, 4, 22.
quĕrēla (querella), ae, Klage VI, 2, 4; VIII, 2, 10.

quĕror, questus sum, 3. worüber klagen, sich beklagen: de alquo X, 2, 17; de saevitia IV, 3, 7; mit *acc. c. inf.* III, 5, 5; 8, 10; IV, 10, 3; transit.: taedium laboris VII, 2, 36.
quĕrŭlus, 3. zu klagen geneigt: calamitas V, 5, 12.
questus, ūs, Klage: *plur.* X, 5, 8.
1. **qui, quae, quod,** *pron.relat.*(quis = quibus III, 2, 4; 3, 1; 6, 20; IV, 9, 3; V, 1, 30; VI, 7, 7; VII, 1, 4; VIII, 1, 31), welcher: quod vigoris, was an Kraft VII, 9, 11; im *abl.* beim Komparativ, „im Vergleich mit welchem (womit)": qua nihil validius erat III, 9, 7; vgl. IV, 14, 10; VI, 9, 17. 22; in der Konstruktion des *acc. c. inf.*: quos peritissimos esse credebat, von denen er glaubte, daß sie ... oder: welche, wie er glaubte, sehr kundig waren IV, 10, 4; vgl. IV, 5, 8; VII, 6, 20; VIII, 12, 10. — 2) als Beziehungswort ist ein Demonstrativpronomen zu ergänzen: exponunt (ea) quae quisque detulerat VI, 9, 7; (ii) quibus imperatum erat III, 2, 19; (ii) de quibus ante dictum est IV, 1, 21; namentlich bei *abl. absol.*: exspectato (eo) qui introduceret III, 12, 10; exposito (eo) quod nuntiatum erat IV, 13, 37; assumptis (iis) qui venerant III, 1, 24; vgl. III, 7, 7; IV, 4, 13; 5, 15; 8, 2. 11; V, 6, 15; 12, 7. 15; VI, 1, 1; 8, 10; VII, 4, 33; 5, 27; VIII, 12, 2; IX, 1, 20; 9, 13; X, 6, 2. — 3) an Vorhergehendes anschließend, u n d d i e s e r, dieser nun: quae quia adhaeret III, 1, 13; cujus universae aspectu III, 2, 10; qui ut advertit V, 11, 4; quae si vera essent VII, 1, 16; inter quos VIII, 1, 14; denn dieser: qui si cessasset VII, 5, 39; quem occupaturum esse III, 3, 5; quod non fuisse vanum VI, 9, 8. —
4) der Konjunktiv steht im Relativsatze a) in obliquer Rede: quod tulissent III, 1, 23; quam vocent IV, 2, 4; quem colerent IV, 3, 21; doch findet sich hier der objektive Indikativ, wenn der Relativsatz die eigene Bemerkung des Schriftstellers enthält ob. zur bloßen Umschreibung eines Begriffes dient: quae post tergum erant

220   qui   quies

III, 10, 7; quae amisit IV, 11, 21; quae propior est VI, 4, 7; quae audierat VI, 7, 25; quae censebat VIII, 3, 7; qui nunc regnat IX, 2, 7; qui aspersi erant X, 2, 4; qui praeerant X, 10, 4. — b) wenn der Relativsatz ein finaler ist: qui (= ut is) nos fastidiat VI, 11, 25; qui denuntiaret III, 1, 6; qua transeant, auf der sie übergehen könnten III, 5, 7; quarum sorte completa repeterent (= ut earum) X, 6, 6; vrgl. III, 1, 20; 3, 25; 4, 5; 12, 8; 13, 4; IV, 2, 12; 15, 6. — c) wenn der Relativsatz ein kausaler ist: qui mallent, weil sie lieber wollten IV, 3, 5; qui metueret VI, 11, 8; qui statuisset (da er doch) VI, 2, 18. — d) um eine Beschränkung auszudrücken: quod posset intellegi, in so weit sich erkennen ließ VIII, 12, 9; quae extarent, so weit sie vorhanden waren X, 2, 5. — e) wenn der Relativsatz eine Folge oder nähere Bestimmung enthält: vallo, quod caperet, von der Art daß, derartig daß III, 2, 2; qui turbent, welche trüben könnten III, 4, 8; vrgl. IV, 6, 6; 11, 8; 14, 12; nach vorhergeh. tam IV, 2, 8; V, 8, 10; VII, 8, 15; nach dignus (indignus) III, 12, 24; IV, 6, 12; sunt qui, es giebt (finden sich) Leute, welche III, 4, 11; VI, 4, 18; desunt qui III, 8, 6; non est quod, es ist kein Grund, daß VI, 8, 6.

2. **qui, quae, quod,** *pron. interrog.* welcher, was für ein: quem ducem III, 11, 26; IV, 2, 16; 10, 29; VI, 10, 22; subst. qui sis VII, 8, 16.

3. **qui, quae (qua), quod,** *pron. indefin.* irgend ein: si qua res (memoria) III, 13, 11; si qua auguria IV, 13, 13; ne qui V, 5, 22; ne qua nota VI, 8, 15.

quia, *conj.* giebt einen Grund als wirkliche Thatsache an, weil III, 1, 13; 7, 15; IV, 10, 25.

quicquam, s. quisquam.
quicquid, s. quisquis.
quicunque, quaecunque, quodcunque, welcher nur immer, jeder welcher: mare IV, 4, 19; regio IV, 9, 2; terrae V, 11, 5; sors VIII, 3, 6; subst. quicunque VIII, 12, 14; *plur.* X, 10, 19; quaecunque, alles was III, 13, 3; VI, 4, 7.

quidam, quaedam, quoddam (subst. quiddam), ein gewisser: Abdalonymus IV, 1, 19; vallis V, 13, 23; mos IV, 6, 5; *plur.* einige, manche: praesidia IV, 3, 24; beneficia VI, 8, 8; subst. quidam ex infima plebe X, 7, 1; quidam militum IV, 2, 14; ex copiis X, 9, 8; alii...quidam III, 11, 19; V, 5, 6; quaedam, einiges, manches IV, 11, 9; VI, 3, 4; VIII, 8, 13. — 2) eine Art von, gewissermaßen, förmlich: sinus III, 4, 6; nexus IV, 3, 9; nubes VI, 6, 30; formido IV, 10, 2; gaudium VII, 10, 4; pudor X, 2, 20; certamen X, 5, 9.

quidem, *conj.* enklitisch zur Hervorheb. ob. Beschränk. eines Begriffes in Beziehung auf einen andern, bah. allerdings, nämlich, gerade (oft auch durch bloße Betonung des vorhergehenben Wortes auszudrücken) III, 11, 10; VI, 10, 22; 11, 8. 26; VIII, 1, 6; 7, 4. — 2) zwar, und zwar V, 7, 2; 9, 1; VIII, 8, 22; et quidem X, 10, 6; 11, 1; nec...quidem, auch nicht einmal VI, 10, 10; X, 4, 3; insb. zur Hervorhebung einer angeredeten Person: tu quidem III, 2, 18; VI, 5, 3; vos quidem IV, 1, 18; 2, 5; vobis quidem IX, 6, 17. — 3) um eine unterbrochene Erzählung mit Nachdruck wieder aufzunehmen, nun, also III, 1, 6; IV, 5, 9; 12, 1; V, 10, 15. — 4) zwar, freilich: quidem...sed III, 12, 25; 13, 12; IV, 1, 19; VII, 4, 34; quidem...autem IV, 4, 9; VI, 11, 10; quidem...vero III, 1, 6; quidem...tamen VIII, 13, 11; quidem...at X, 9, 20; non quidem...sed (sed tamen) V, 9, 4; VII, 2, 31; III, 11, 10; VI, 8, 3; VII, 2, 31; nondum quidem...tamen VIII, 4, 2; quidem...ceterum (s. ceterum 4).

quiēs, ētis, *f.* Ruhe, Rast, Erholung V, 4, 22; quies et otium VI, 2, 1; militibus quietem dare VI, 4, 8; biduum ad quietem dare IV, 4, 10; 9, 13. — 2) insb. Nachtruhe, Schlaf: nocturna V, 13, 5; alti somni VI, 10,

13; per quietem, während b. Schlafes IX, 8, 26. — 3) übtr. a) Ruhe, Friede VI, 3, 5. — b) ruhige Überlegung V, 7, 11.

quiesco, ēvi, ētum, 3.. ausruhen VIII, 4, 8; insb. ruhen, schlafen IV, 5, 20; somno IV, 13, 18; in lucem VII, 11, 18. — 2) sich ruhig verhalten V, 12, 13; VI, 8, 7; X, 8, 16.

quiētē, *adv.* „ruhig", bah. gelassen: quietius VII, 7, 25.

quiētus, 3. sich ruhig verhaltend, ruhig V, 3, 17; X, 9, 20.

quīn, *conj.* nach negativem Hauptsatze, a) im Folgesatze, daß nicht, ohne daß, mit Konjunktiv IX, 2, 29; mit adversat. Nebenbegriff: non tamen animum curae obruunt, quin persideret, sondern er saß IX, 9, 23. — 2) daß ob. zu (mit Infinit.) nach den Verben des Verhinderns, des Zweifels u. der Ungewißheit: non contineri (inhiberi) quin IV, 12, 24; VII, 2, 1; non dubito quin III, 8, 14; 13, 2; IV, 10, 29; 15, 28; haud dubius V, 12, 3; nulli est dubium VII, 1, 9. — 3) in auffordernder Frage mit Indikat., warum nicht VII, 4, 16; quin igitur V, 7, 4; X, 6, 23; quin erumperent, warum wollten sie nicht herausbrechen V, 5, 19.

quīnam, quaenam, quodnam, welcher benn? fortuna IV, 17, 7; quonam modo VII, 7, 29; quaenam esset VI, 2, 7.

quingēnārius, 3. aus je fünfhundert bestehend: cohors V, 2, 3.

quingēni, ae, a, je fünfhundert V, 1, 45.

quīni, ae, a, je fünf: quini deni, je fünfzehn VIII, 9, 35.

quinquěrēmis, is, *f.* Schiff mit fünf Reihen Ruderbänken, Fünfruderer IV, 3, 11; 4, 7.

quippe, *conj.* denn ja, nämlich III, 1, 4, 17; 3, 5. 10; IV, 6, 17; VI, 1, 18; 9, 36; quippe secuturi, da sie ja bereit waren sich zu fügen VII, 4, 35; vergl. VII, 3, 5; in parenthet. Sätzen III, 2, 10; 4, 9; IV, 4, 15; 5, 8; quippe cum, denn wenn IV, 1, 29; denn weil IV, 9, 19.

1. **quis**, quid, *pron. interrog.* wer, was: quis deorum IX, 6, 8; quid hoc rei est, was bedeutet dies X, 2, 17; VIII, 3, 13; in rhetorisch. Frage mit *acc. c. inf.*: quem daturum signum III, 5, 7; vrgl. III, 8, 5; X, 5, 22. — 2) quid: a) wieviel: quid inimicitiarum VI, 10, 18; quid opis X, 2, 29. — b) in lebhafter Frage, was? wie? VI, 3, 8; VII, 8, 14; quid ceteri, wie aber die übrigen? VI, 10, 9. — c) was, warum? woju: quid ego mirer VIII, 8, 9; quid ruimus V, 9, 6; quid cessatis VI, 11, 14; quid opus est armis IV, 11, 4; quid enim, warum denn auch VI, 10, 32.

2. **quis**, quid, *pron. indefin.* irgend einer, irgendetwas: si quis III, 3, 26; quodsi quem IV, 14, 17; si quid opis (reverentiae, animi), irgend welche Hilfe III, 5, 13; IV, 10, 32; IX, 10, 27; nisi quid spei IV, 14, 22; ne quis III, 12, 22; ne quid IV, 4, 2; ne quid novi, irgend etwas Unerwartetes IX, 6, 19; cum quid tristius accidit VII, 1, 23; *plur.* si qui, irgend welche IV, 14, 7; VII, 3, 15; si quos V, 5, 20. — 2) abjekt. irgend ein: ne quis locus IV, 14, 4.

3. **quīs** = quibus, f. *pron. relat.*

quisnam, quidnam, wer denn? was denn? quisnam esset VIII, 1, 50; quidnam ageret VII, 2, 25.

quisquam, quaequam, quicquam (quidquam), irgend einer, irgend etwas, in Sätzen, die durch Negation ob. ihrer Bedeutung nach negativ sind III, 5, 16; IV, 1, 17; 13, 19; VI, 11, 3; nec quisquam, und niemand IV, 11, 13; nec quicquam, und nichts III, 2, 10; quicquam virium, ein Teil der Streitkräfte IV, 15, 8 (f. sum A, 3); quicquam opis, einige Hilfe IX, 9, 15; haud sane quicquam pacati, nicht gerade etwas Friedliches X, 9, 14. — 2) quicquam als *adv.*, in irgend etwas IX, 10, 29.

quisque, quaeque, quidque u. abjekt. quodque, jeber (in jedem einzelnen Falle) III, 10, 4; *plur.* quique III, 3, 25; IV, 1, 30; als Apposition eines Pluralis III, 3, 25; 9, 7; IV, 4, 14; V, 2, 6; VII, 1, 25; 4, 20; 6, 8; nach *pron. relat.*

III, 11, 12; IV, 13, 24; V, 6, 2; nach *pron. reflex.* IV, 7, 32; 9, 19; 15, 25; V, 1, 1; 4, 26; 5, 12; suae cujusque nationis copias, ihrer betreffenden Nationalität IV, 12, 7; pro se quisque, s. pro. — 2) beim Superlat., immer, allemal, gerade, besonders: in altissima quaque fortuna VI, 6, 1; timidissimus quisque, gerade die Furchtsamsten IV, 14, 25; vrgl. VI, 2, 20; 6, 1; VII, 4, 13; divitissimus quisque, besonders die Reichsten IV, 1, 24; vrgl. VI, 11, 20; VII, 4, 8; proximus quisque, die zunächst Befindlichen IV, 13, 38; vrgl. VI, 6, 31; proximus quisque fructus, der nächste beste Genuß IX, 2, 11; prima quaeque, immer der erste Besitz X, 10, 8; immer die ersten Gedanken VI, 6, 27; prima quaeque congesta, die jedesmalige erste Aufschüttung IV, 2, 8; prima quaeque amicula, die Gewänder nach einander IV, 1, 38.

quisquis, quaequae, quidquid (quicquid) u. abjekt. quodquod, wer nur immer, jeder welcher; quidquid, alles was III, 4, 3; quidquid mit *gen. partit.*: quidquid lucis, alles Licht, welches IV, 3, 16; vrgl. IV, 16, 14; VII, 4, 27; 5, 7; quidquid malorum, alle Drangsale welche VIII, 3, 12; quidquid irarum, was von Zorn VII, 1, 25; quidquid Indis virium est, die sämtlichen Streitkräfte der Inder IX, 1, 1; quidquid soli est, alles Land IV, 8, 2.

quō, *adv.* wohin IV, 1, 29; V, 1, 2, 9; VIII, 2, 9; quove III, 1, 17. — 2) beim Kompar. als *abl. mensurae,* „um was", daß. je III, 11, 21; VII, 8, 20; quoque = et quo IV, 2, 16; 7, 22; mit korrelat. eo ob. hoc („desto") IV, 2, 22; 14, 24; V, 1, 14. — 3) *conj.* mit Konjunktiv „wodurch", daß. beim Kompar. a) damit besto: quo facilius VI, 10, 6; VIII, 2, 30; IX, 1, 17; X, 2, 10; 7, 18; quo magis III, 2, 2; 9, 10; 13, 6; VII, 4, 37; 9, 2; quoque = et ut eo VIII, 2, 12. — 4) sobaß, besto V, 1, 39; quo facilius VII, 4, 17; VIII, 3, 3. — 5) quo minus, nach Verben, die ein Hindernis, eine Weigerung ausdrücken, daß ob. zu mit Infinit. IV, 6, 13; 14, 26; VI, 10, 34; VII, 4, 19; IX, 4, 19.

quōād, *adv.* so weit als IX, 10, 3.

quōcunque, *adv.* wohin nur immer IV, 5, 8. 12; VI, 4, 1.

quŏd, *adv.* (eigentl. *acc.* v. qui), „in Beziehung worauf": non est quod, es ist kein Grund, daß IV, 15, 8; non est quod existimes, du darfst nicht glauben VI, 8, 6; quod si (ob. quodsi), eigentl. „was den Fall anbetrifft, wenn", daß. wenn demnach, wenn also, wenn nun IV, 1, 14; 11, 18; 12, 15; 14, 17; VIII, 5, 12; IX, 3, 13; 6, 10; quod ubi, als nun V, 3, 18. — 2) *conj.* a) z. objektiv. Angabe eines Grundes, weil III, 3, 4; IV, 6, 24; hōc (eo) nomine („um beswillen") quod VII, 4, 10; IX, 6, 17. — b) nach Verben der Affekte u. Affektsäußerungen, (darüber) daß: laetari VIII, 6, 14; gratias agere V, 12, 1; pudore confusus VII, 7, 23. — c) z. Ang. eines faktischen Umstandes, (der Umstand) daß: ad illa hoc accessit, quod X, 3, 8; nullum majus incidium est quam quod IV, 14, 2; VIII, 8, 10; ea ipsa res quod, eben der Umstand daß III, 12, 10; vrgl. III, 12, 4; IV, 1, 7; V, 3, 14; VI, 11. 22; nisi quod, nur daß, abgesehen davon, daß IV, 11, 3; 16, 6; VII, 1, 33.

quōdam-mŏdo, *adv.* gewissermaßen VII, 7, 14.

quod-si, s. quod.

quō-mĭnus, s. quo 2.

quō-mŏdo, *adv.* auf welche Weise, wie III, 1, 18; VI, 9, 4.

quondam, *adv.* ehemals, vormals, einst III, 1, 12; 4, 3; quondam ... tunc III, 11, 25; X, 2, 7.

quōnĭam, *conj.* weil nun, da ja (bekanntlich) III, 3, 5; VI, 9, 2; VIII, 14, 42.

quŏque, *adv.* (dem betonten Worte nachgesetzt): auch III, 2, 7; 3, 10; postea quoque IV, 13, 24; tum quoque, auch jetzt VI, 5, 17; tunc quoque VII, 1, 7; nunc quoque, auch jetzt noch IV, 10, 23; VII, 6, 27; non modo ... sed ...

quoque IV, 5, 13; quoque...non modo VII, 2, 6. — **2)** steigernd, sogar, selbst IV, 10, 15; 12, 8; 16, 6; V, 4, 31; 7, 1; 10, 2; auf ben ganzen Satz bezogen III, 2, 7; IV, 2, 21; 3, 2; 5, 8; 7, 21; VI, 1, 9; auf bas folgenbe Wort bezogen VI, 6, 5; 11, 9; non modo... sed...quoque IV, 6, 27. — **3)** quoque = et ut eo VIII, 2, 12. — **4)** quoque = et quo IV, 2, 16; 7, 22.

quot, *indecl.* wie viele: totidem ...quot (als) VI, 6, 8; VII, 1, 30.

quŏtĭdĭē, *adv.* täglich III, 8, 6.

quŏtiens, *adv.* wie oft? VI, 11, 2; X, 5, 35. — **2)** so oft als IV, 10, 6; VI, 2, 21; 10, 35.

quŏtienscunque, *adv.* so oft nur V, 2, 22.

quŏtus, 3. ber wievielste: dies VI, 7, 25; pars nostri („von uns") V, 5, 14; quotus quidem, wie wenige nämlich VIII, 7, 4.

quŏtusquisque, quotaquaeque, quotumquodque, wie wenige IX, 3, 11.

quousque, *adv.* „bis wohin", bah. wie lange V, 8, 11; quousque etiam, wie lange noch X, 4, 1.

quōvē, s. ve.

R.

răbĭēs, ēi, *f.* Wut, Wildheit, Ingrimm: ferae VII, 5, 38; rabies occidendi, Morblust IV, 4, 17; ira (desperatio) vertitur in rabiem IV, 6, 29; V, 3, 20; IX, 10, 16: ira pervenit in rabiem X, 4, 2; rabie uti („freien Lauf lassen") VIII, 8, 2.

rădĭus, i, „Stab", bah. übtr. *plur.* radii, bie Speichen: rotarum IV, 9, 5.

rādix, īcis, *f.* Wurzel: arborum V, 1, 34; palmarum IX, 10, 11. — **2)** *plur.* unterster Teil eines Gegenstandes, Fuß: petrae VII, 11, 28; montis III, 4, 12; sub radicibus montis V, 4, 6; VIII, 10, 12.

rāmus, i, Ast, Zweig IV, 3, 9; V, 4, 4; VII, 8, 14.

răpĭdus, 3. reißenb schnell, reißenb: gurges IV, 9, 19; vortex IX, 4, 11; rapidior unda IV, 9, 18.

răpĭo, pŭi, ptum, 3. schnell entraffen, wegreißen: lanceam ex manibus alcjus VIII, 1, 45; caverna amnem sub terram rapit, entführt rasch VII, 10, 2; Syriam, im Fluge erobern IV, 14, 1 (s. praeterio). — **2)** gewaltsam fortreißen, fortschleppen, rauben: alqm IV, 3, 26; alqd III, 11, 20; alqd rapiendo occupare IV, 9, 8; vivere rapto, vom Raube III, 10, 9; IV, 6, 3. — **3)** übtr. fortreißen: impetu ad affectus rapi VII, 1, 24.

raptim, *adv.* eilenbs, hastig III, 8, 25; agmen raptim ducere V, 13, 5; agmen raptim agitur IX, 10, 14; V, 4, 34.

rārō, *adv.* selten IV, 13, 25; VII, 7, 10.

rārus, 3. bünn, lückenhaft, licht: acies IV, 15, 20; agmen VIII, 2, 34. — **2)** vereinzelt, wenig, selten: ordines IV, 14, 14; fontes X, 10, 11; vestigia V, 6, 15; animal alibi rarum IX, 1, 5. — **3)** selten, außerordentlich, ausgezeichnet: indoles VIII, 2, 35; decor VIII, 4, 23; leo (corpus) rarae magnitudinis VIII, 1, 14; 13, 7.

rătĭo, ōnis, *f.* (reor), „Rechnung", bah. übtr. a) Berechnung, Überlegung III, 1, 17; V, 9, 5; VI, 6, 17; VIII, 4, 11; necessitas ante rationem est, geht über Berechnung VII, 7, 10; ratio audaciae („Berücksichtigung") IV, 9, 23 (s. minuo); consilium ratione prudens, klug berechneter Plan IV, 1, 33. — b) planmäßige Absicht: necessitas in rationem versa est IV, 10, 14. — c) Verfahrungsart, Maßregel VI, 5, 16; salubris V, 9, 4; rationem inire, Plan entwerfen X, 9, 11. — d) Art u. Weise: belli VIII, 10, 20. — e) Rechenschaft, Aufschluß: rationem consilii reddere, Aufschluß geben über IV, 13, 24. — 2) prägn. „bewußtes Denken", bah. a) vernünftige Überlegung: cupido vicit rationem IX, 2, 11. — b) kluge Überlegung, Klugheit IV, 14, 19; fortuna potentior ratione III, 8, 29. — c) vernünftiger Grund: trahendi belli III, 8, 8; alcui percepta, Begründung IV, 10, 5; Motiv III, 7, 10; VII, 7, 18.

ratis, is, f. Floß, Flöße IV, 2, 18; VIII, 13, 11.

ratus, a, um, f. reor.

rebellis, e, den Krieg erneuernd, aufrührerisch: regio VIII, 1, 35.

re-bello, 1. den Krieg erneuern, sich empören VIII, 8, 11.

re-cēdo, cessi, cessum, 3. sich entfernen, fortgehen: a curru V, 11, 2; a popularibus·V, 11, 11; ad armigeros VII, 1, 14; ad curandum corpus VII, 5, 16; 11, 20. — 2) militär. sich zurückziehen, zurückweichen III, 8, 7; VI, 2, 21; in montem VII, 6, 2; in specum III, 8, 11; in Sogdianos VII, 4, 5; citato gradu IV, 16, 6; subst. recedentes IV, 6, 13; IX, 8, 18. — 3) übtr. v. Localitäten, zurücktreten, entfernt sein: procul IV, 9, 10; longius a mari recedentia, weiter vom Meere zurückliegende Landstriche IV, 1, 6.

recens, tis, neu, frisch: incendium IV, 9, 14; vestigia sceleris VII, 1, 1; dolor X, 5, 21; malum IV, 10, 21; re quoque recenti, selbst als das Ereignis noch neu war VII, 2, 34. — 2) übtr. den Kräften nach frisch: Persae III, 7, 9.

re-censĕo, sŭi, situm u. sum, 2. „durchmustern", bah. übtr. etw. im Geiste durchgehen, überdenken, mit acc. c. inf. III, 3, 6.

receptāculum, i, Zufluchtsort, Schlupfwinkel V, 9, 8; VII, 5, 32; VIII, 1, 12; 2, 15.

receptus, ūs, Rückzug: signum dare receptui, zum Rückzuge IV, 6, 10. 13; V, 3, 23.

recessus, ūs, „das Zurücktreten", bah. metonym. a) Vertiefung, Höh-

lung: altus VII, 11, 3. — b) abgelegener Platz: magni, ausgedehnte Parkanlagen VII, 2, 22.

1. recīdo, cĭdi, cāsum, 3. (cado), zurückfallen VIII, 11, 13; saxa recidunt in alqm V, 3, 20. — 2) übtr. a) auf jemb. zurückfallen, ihn treffen: ira (periculum) recidit in alqm X, 1, 6; 8, 7; eventus in caput alcjus IX, 5, 25; multa recidunt in nos VII, 7, 15. — b) in etw. fallen ob. geraten: ad ludibrium, dem Gespött anheimfallen, zum Gespött werden V, 2, 14; IX, 7, 23.

2. recīdo, cīdi, cīsum, 3. (caedo), verschneiden, abschneiden: ungues IX, 10, 9. — 2) übtr. ausrotten: quicquid obstat imperio VI, 3, 11.

recipĕro, 1. wiedererlangen, wiedergewinnen: sua IV, 15, 13; Lydiam IV, 1, 34; oram IV, 1, 38; res amissas IV, 1, 32; vigorem III, 6, 10; ordines suos, ihre frühere Stellung IV, 15, 12.

recipio, cēpi, ceptum, 3. (capio), „zurücknehmen", bah. zurückziehen: turres IV, 6, 9; equos VII, 9, 9; exercitum IV, 12, 21; se, sich zurückbegeben, sich zurückziehen: in lectum IX, 8, 26; in castra IV, 12, 5; sensim VIII, 11, 18. — 2) zurückführen, retten: alqm in castra IV, 6, 20. — 3) wiedernehmen, wieder aufnehmen: mare fretum in se recipit, zieht wieder an sich VI, 4, 19; arma et animos, die Waffen wieder ergreifen und Mut fassen IV, 12, 17. — 4) zurückhalten, wiedererlangen: liberos IV, 1, 13; captivos VIII, 6, 7; vires corporis III, 7, 2; spiritum (ac vocem) VI, 9, 32; 11, 19; calorem vitalem VIII, 4, 16; animum wieder zum Bewußtsein kommen IX, 5, 29; sich wieder fassen VI, 9, 2. — 5) wiedererobern: Tenedon IV, 5, 14. — 6) entgegennehmen, annehmen: nomen VIII, 8, 15; ignis recipit spirantes, nimmt auf VIII, 9, 32. — 7) an sich nehmen, in Besitz nehmen, sich aneignen: praedam IV, 1, 4; oppidum IV, 1, 15. — 8) bei sich ob. in eine Oertlichkeit auf-

nehmen: alqm IV, 2, 6; 7, 1; IX, 1, 21; X, 2, 4; inter suos IV, 6, 15; in sinum III, 11, 24; in gremium, an sich ziehen IV, 10, 21; servos eo VI, 11, 2; currum in medium agmen IV, 15, 29; navis alqm recipit IX, 9, 13. — 9) in einen Stand ob. in ein Verhältnis aufnehmen: alqm in cohortem amicorum VI, 2, 11; in numerum deorum (amicorum) VI, 9, 18; VIII, 14, 45; in fidem VI, 4, 24; in fastigium, erheben IV, 1, 17.

rĕcĭprŏco, 1. rückwärts bewegen: mare reciprocatur, fließt zurück (durch Ebbe) IX, 9, 20.

rĕ-cĭto, 1. vorlesen: epistolam VI, 9, 13; litteras IV, 10, 16; quae confessus erat VI, 11, 34.

rĕ-cognosco, növi, nĭtum, 3. durchsehen, prüfend besichtigen: supellectilem V, 1, 23.

re-concĭlĭo, 1. „wieder vereinigen", daß. übtr. wieder versöhnen: animum alcjus VI, 10, 11; VII, 2, 10. — 2) „wieder verschaffen", daß. übtr. wiederherstellen: (cum alquo) gratiam („Freundschaftsverhältnis") X, 8, 12; VI, 7, 35.

rĕ-crĕo, 1. „von neuem schaffen", daß. erkräftigen, *passiv.* sich stärken: commeatu VII, 3, 18.

rĕ-crūdesco, dŭi, 3. „wieder roh werden", daß. übtr. wiederausbrechen: soporatus dolor recruduit VII, 1, 7.

rectē, *adv.* „gerade", daß. übtr. recht, richtig VI, 10, 37.

rector, ōris (rego), Lenker: currus VIII, 14, 9; beluae VIII, 14, 16. 33. — 2) übtr. Beherrscher: terrarum omnium IV, 7, 26.

rectus, 3. gerade gerichtet, gerade: iter III, 11, 19; spatium rectae regionis, in gerader Richtung, nach der Länge VII, 10, 2; recta fronte, gerade mit der Vorderseite IV, 3, 8; mit der Fronte (des Heeres) gerabaus IV, 13, 16. 30; recta regione (plagā), in gerader Richtung VII, 7, 4; VIII, 9, 2; VI, 2, 13; Ganges juga recto alveo stringit, mit geradem Flußbett, in gerabem Laufe VIII, 9, 5.

rĕ-cŭbo, āre, zurückgelehnt liegen: lectica VIII, 9, 24.

rĕcŭpĕro, s. recipero.

rĕ-curro, curri, cursum, 3. zurücklaufen, zurückeilen: ad suos V, 4, 28; ad naves IX, 9, 11; aquae in suum fretum recurrunt IX, 9, 20.

rĕcūso, 1. (causa), etw. (unter Angabe von Gründen) zurückweisen, sich einer Sache weigern, gegen etw. sich sträuben: bellum VII, 8, 5; jugum imperii IV, 5, 13; mortem V, 9, 1; tormenta VI, 11, 33; nihil, in alles willigen VI, 7, 13; *mit inf.* sich sträuben, sich weigern IV, 14, 22; V, 4, 13; VI, 10, 24; 11, 36; non recuso mit folg. quominus IV, 14, 26; recusantes X, 9, 16.

red-do, dĭdi, dĭtum, 3. zurückgeben, wiedergeben: alcui cultum III, 12, 23; captos III, 1, 9; regnum V, 9, 4; imperium VIII, 4, 21; habitum VI, 1, 18; vitam VII, 10, 9; lucem mundo X, 9, 4; arbores caelo („der Luft") VII, 3, 10; mare terras reddit, giebt wieder heraus IX, 9, 20; terram naturae (f. natura) VI, 4, 19; quies mentem V, 7, 11; majoribus reddi, (durch den Tod) zu den Vorfahren gesendet werden VII, 10, 6. — 2) „dagegen geben", daß. a) erseßen, wiedererstatten: amissa VIII, 4, 18; pretium domino VII, 6, 27; pecuniam IV, 8, 13; cetera IV, 9, 20; gratiam, Dank erstatten VIII, 5, 15; hanc vicem saevitiae, die Grausamkeit so vergelten IV, 10, 29. — b) als Antwort erwiedern: vocem ad minas IV, 6, 27; clamorem III, 10, 2. — c) etw. seinem Wesen nach wiedergeben, nachahmen: fulgorem auri, wie Gold blitzen IX, 1, 12; speciem Cetrae, der Cetra ähneln III, 2, 5. — 3) „von sich geben, herausgeben", daß. a) (Empfangenes ob. jemb. Gebührendes) übergeben, zustellen, zukommen lassen: alcui epistolam III, 7, 14; litteras IV, 1, 7; V, 5, 2; pretium, auszahlen VIII, 11, 25;

redeo

vota, erfüllen, lösen III, 7, 3; sacrificium deo, darbringen VIII, 2, 6; nomen alcui, beilegen IV, 7, 25; corporibus honorem, erweisen VIII, 9, 32; suis quaeque temporibus, zuweisen V, 1, 1. — b) münbl. ob. schriftlich zukommen lassen: responsum alcui, erteilen V, 3, 11; jura VIII, 9, 27; rationem alcjus rei, über etw. Aufschluß geben IV, 13, 24. — c) ausstoßen: clamorem IX, 4, 23.

red-ĕo, ĭi, itum, ire, zurückgehen, zurückkehren: ab Hammone IV, 8, 1; e Graecia VII, 5, 28; in castra VII, 9, 16; in convivium („Speisezimmer") VIII, 6, 16; mare redit IX, 9, 26; übtr. redire ad ordinem X, 9, 7; cum alquo in gratiam („Freundschaftsverhältnis") VII, 2, 8; vigor membris redit VII, 3, 14; animus III, 5, 9; reditura ipsorum vice VIII, 6, 15.

redigo, ēgi, actum, 3. (ago), „zurücktreiben", baß. (als Erlös) eintreiben, einziehen, lösen: pecuniam ex captivis IV, 11, 11; milia talentûm VI, 2, 10. — 2) übtr. a) in eine Lage bringen, versetzen: gentem in potestatem VII, 6, 14; V, 6, 17; in dicionem III, 1, 14; IV, 1, 13. — b) auf eine Zahl herunterbringen: redigi ad paucitatem, sich beschränkt sehen auf III, 3, 28.

redimĭo, ĭi, ītum, 4. umwinden, bekränzen: redimitus floribus coronisque IV, 4, 5; fronde VIII, 10, 15.

redĭmo, ēmi, emptum, 3. (emo), loskaufen: captivos IV, 11, 11. — 2) übtr. a) (durch einen Preis) retten, erhalten: jacturā alqd V, 9, 3. — b) erkaufen: alqd morte V, 5, 18.

rĕ-dūco, xi, ctum, 3. zurückführen: alqm VII, 2, 1; copias in castra IV, 16, 20.

redundo, 1. (re u. unda), „überströmen", baß. übtr. auf jemb. zurückfallen: calamitas ad alqm redundat IV, 10, 22.

redux, ŭcis, zurückführend: nisi te reduce, außer wenn bu (ihn) zurückführst IX, 6, 9. — 2) zurückkehrend:

reficio

reducem domum ire, nach Hause zurückkehren IX, 2, 34.

rĕfello, felli, 3. (fallo), als irrig widerlegen: alqd VII, 1, 16.

rĕfercĭo, fersi, fertum 4. (farcio), vollstopfen: utres stramentis VII, 5, 17; part. refertus als Adjekt., ganz angefüllt, voll: urbes opulentia refertae V, 6, 2.

rĕ-fĕro, retŭli, latum, ferre, zurückbringen, zurücktragen: simulacrum ex acie VIII, 14, 12; opes in patriam IX, 2, 27; alqm in castra VI, 1, 5; cicatrices domum VIII, 7, 11; spem in castra, mit zurücknehmen IX, 5, 30; mare refert aestum IX, 9, 22; pedem referre, zurückweichen IV, 16, 5; VI, 1, 11. — 2) zurücktönen lassen, wiederhallen lassen: nemora vocem referunt III, 10, 2; passiv. wiederhallen V, 12, 14. — 3) auf etw. zurückführen, auf etw. beziehen: originem sui ad alqm IV, 12, 8; culpam in alqm, auf jemb. schieben IV, 3, 7. — 4) zurückmelden, hinterbringen: sermonem (ad alqm) V, 11, 7; V, 9, 9; voces ad alqm VII, 1, 4; mit abhäng. Frage VII, 7, 8. — 5) abführen, abliefern: sarcinas in medium VI, 6, 14. — 6) dagegenbringen, zurückerstatten: alcui gratiam, Dank beweisen, bethätigen V, 8, 9; VI, 7, 28. — 7) übtr. a) wieder vorbringen, wiederholen: probra VIII, 8, 19. — b) ins Gedächtnis zurückrufen: alqd IV, 2, 17; mit acc c. inf. III, 10, 9; IX, 7, 13. — c) anführen, erwähnen: alqm VIII, 5, 17; carmen, zitieren VIII, 1, 28; colorem, angeben IX, 8, 27; traditum X, 10, 11; referre ad consilium, Anfrage stellen an den Kriegsrat IV, 11, 10.

rĕfert, (= rei fert), v. impers. „es bringt etw. zur Sache", baß. es kommt darauf an: plurimum mit abhäng. Frage VI, 7, 14.

rĕfertus, a, um, s. refercio.

rĕfĭcĭo, fēci, fectum 3. (facio), wieder in Stand setzen, ausbessern: muros IV, 3, 13; navigia IX, 9, 24;

arma ad pristinum cultum, im früheren Schmuck wieder herstellen IX, 10, 23. — 2)übtr.erholen lassen, wieder kräftigen, *passiv.* sich erholen, sich kräftigen VII, 3, 15; cibo V, 4, 23; refecti, Gekräftigte V, 13, 15.

rē-formīdo, 1. vor etw. zurückscheuen: mentionem alcjus IV, 9, 3.

rĕ-fŏvĕo, fōvi, fōtum, 2. wieder erwärmen, wieder beleben: artus igne VIII, 4, 15; übtr. pax cuncta refovet IV, 4, 21.

re-frāgor, 1. „gegen etw. stimmen", daß. widerstreben, entgegen sein: gloriae suae IX, 5, 21.

rĕ-frēno, 1. mit dem Zügel zurückhalten: equum IV, 16, 3.

rĕ-fŭgĭo, fūgi, fŭgĭtum, 3. zurückfliehen: in oppidum IX, 1, 17; ad alqm IV, 10, 11; 15, 12; übtr. mare refugit, entweicht IX. 9, 26.

rĕ-fulgĕo, si, 2. hell aufleuchten, erglänzen: faces ex petra refulgent VIII, 11, 21.

rēgālis, e, einem König zukommend, königlich: vestis III, 3, 15; cultus III, 3, 24; solium IV, 1, 22; opulentia V, 2, 10; magnificentia III, 13, 10.

rēgĭa, ae, Königssitz, Königsburg VI, 2, 9; VIII, 9, 26; regum V, 6, 1; tyrannorum IV, 7, 21. — 2) im Lager: Hauptquartier, Königszelt VI, 7, 16; 8, 23; VII, 1, 4; 2, 12; VIII, 1, 47; IX, 3, 18; 5, 30. — 3) metonym. a) königlicher Hof: fastus regiae IX, 8, 23. — b) Königsmacht: fastigium Persicae regiae VI, 6, 2.

rēgīna, ae, Königin III, 3, 22; virgo regina, königliche Jungfrau III, 12, 21.

rĕgĭo, ōnis, *f.* Richtung VIII, 4, 5; spatium rectae regionis, („in gerader Richtung, der Länge nach") VII, 10, 1; in regionem insulae, in der Richtung auf die Insel VIII, 13, 23; recta regione, in gerader Richtung VII, 7, 4; VIII, 9, 2. — 2) übtr. a) Grenzlinie, Begrenzung: imperii X, 10, 7. — b) Strecke, Gegend, Gebiet III, 4, 1; IV, 1, 35; 2, 16; 8, 13; urbi apposita IV, 1, 26; meridiana VII, 3, 7; maritima III, 8, 17; campestris VI, 2, 13; dives IX, 2, 27. — c) Bereich, Landschaft, Distrikt III, 1, 23; VII, 3, 4; Mediae V, 7, 12; Uxiorum V, 3, 3; Bactriana V, 8, 4; Sogdiana VIII, 1, 35; Susiana V, 2, 17; Weltteil IX, 6, 21.

rēgĭus, 3. königlich, des Königs: vestis III, 3, 4; insigne III, 3, 19; sella V, 2, 13; sedes VIII, 4, 17; praetor VI, 9, 28; cohors VIII, 6, 7; pueri V, 2, 13; magnificentia VIII, 13, 20; majestas X, 6, 10; fastigium X, 10, 14; superbia III, 2, 11.

regno, 1. König sein, herrschen: in urbe IV, 1, 16; in Persis VI, 2, 7; absol. VI, 3, 14; VIII, 1, 14; subst. regnantes V. II, 12, 11. — 2) schalten, walten: proditores regnant in urbibus V, 8, 9.

regnum, i, Königswürde, königliche Herrschaft, Krone III, 2, 18; IV, 1, 8. 18; 10, 34; IX, 6, 21; Asiae III, 3, 5; alienum VII, 4, 17; vacuum IV, 3, 12; imperium regnumque, Thron und Reich VIII, 14, 36; regnum atque imperium, Königs- u. Herrschermacht X, 6, 5; regnum affectare IV, 6, 4; VI, 10, 22. — 2) metonym. Königreich, Reich III, 8, 2. 7; IV, 11, 21; V, 8, 11; IX, 1, 35; 8, 17; X, 1, 21.

rĕgo, rexi, rectum, 3. „recken", daß. richten, lenken, leiten: navigia IV, 3, 18; 11, 8; cursum V, 13, 10; currum VIII, 14, 7; equos IV, 15, 16; elephantum VIII, 14, 39; semet ipsum regere non posse, seine Bewegung nicht in der Gewalt haben IV, 9, 19; subst. regentes equos, Rosselenker III, 3, 11. — 2) übtr. a) abstecken, regulieren: terminos regni IV, 11, 21. — b) lenken, leiten, regieren: multitudinem IV, 10, 7; fortunam X, 2, 22; felicitatem VII, 8, 24. — c) als Regent regieren, beherrschen: imperium („Reich") VIII, 8, 13; regi ab alquo

X, 6, 9; imperio IX, 8, 4; bonis moribus („Gesetze") IX, 1, 24; castra nullius imperio reguntur, ist ohne Befehlshaber V, 9, 14. — d) v. Feldherrn, befehligen: Stymphaeos IV, 13, 28.
rēgŭlus, i, Kleinfürst (bei den Jnbern Maja) VIII, 10, 1; 13, 5; IX, 7, 15.
rēĭcĭo, jēci, jectum, 3. (jacio), zurückwerfen: vestem ab ore, zurückschlagen IV, 10, 34. — 2) zurücksinken lassen: membra fatigata X, 5, 3.
rĕ-lābor, lapsus sum, 3. „zurückgleiten", bah. zurückfließen VI, 4, 19.
rĕ-laxo, 1. „locker machen", bah. übtr. abspannen, erleichtern: quies laborem relaxat, giebt Erholung V, 13, 5.
rĕ-lēgo, 1. fortschicken, entfernen: alqm procul VI, 11, 3. — 2) verweisen, verbannen: alqm in ultima orientis V, 5, 14; in ultimum rerum humanarum terminum IX, 2, 9.
rĕlĭgĭo, ōnis, f. (v. relĕgo), „Gewissenhaftigkeit", bah. fromme Scheu, religiöse Ehrfurcht, Verehrung: deum eximia religione colere IV, 3, 21, religio veneratioque, heilige Verehrung VIII, 14, 12. — 2) abergläubisches Bedenken, Aberglaube: ingens IV, 10, 2; vana IV, 10, 7. — 3) Verehrungswürdigkeit, Heiligkeit: loci X, 9, 21. — 4) Eidesverpflichtung, Eid VII, 8, 29 (s. pono 2); religione constringi VI, 7, 7; religione deûm astrictus VI, 8, 12.
rĕ-lĭgo, 1. hinterbinden, festbinden: manus post tergum VI, 9, 25; alqm ad currum IV, 6, 29.
rĕ-linquo, liqui, lictum, 3. zurücklassen, wo lassen: impedimenta ibi VII, 5, 1; comitatum intra munimenta IV, 12, 2; praesidium III, 7, 7; alqm in regno suo IX, 1, 35; 3, 22; in praesidium, zur Deckung IV, 7, 4; in obsidionem VI, 6, 25; tuta a tergo, sich den Rücken gesichert halten III, 1, 19; sagitta spiculum relinquit VII, 6, 3. — 2) als Erbteil hinterlassen: alcui regnum X, 5, 5; alqm regem X, 6, 22;

gloriam posteris IV, 14, 25. — 3) in einem gewissen Zustande zurücklassen, lassen: pleraque hosti inviolata IV, 10, 14; urbem intactam V, 3, 15; nihil inexpertum, nichts unversucht lassen IX, 2, 27. — 4) übrig lassen, lassen: cibos alcui III, 10, 8; solum nudum III, 4, 3; foramen VII, 3, 9; nihil in corporibus VI, 3, 11; alcui jus X, 2, 15; regio aditum relinquit V, 3, 3; amnes relinquunt angustum spatium V, 1, 14; locus inter flammas relictus est, ist übrig VIII, 4, 12. — 5) verlassen: alqm V, 5, 20 (erg. eos); colonias IX, 7, 11; stationes VIII, 11, 11; Issum, räumen III, 8, 14. — 6) im Stiche lassen: alqm VII, 4, 20; destitutos a ceteris X, 2, 20.
rĕlĭquĭae, ārum, Überrest IV, 5, 4; exercitūs IV, 16, 7; pristini moris VI, 2, 8; tenues VIII, 9, 10.
rĕlĭquus, 3. übrig geblieben, übrig: alqm reliquum facere, übrig lassen VI, 9, 27; subst. reliquum, i, das übrige, der Rest: noctis IV, 13, 16; reliqua belli, der noch übrige Krieg VII, 5, 27; IX, 1, 1.
rĕ-luctor, 1. „dagegenringen", bah. sich sträuben: alcui („gegen") VI, 2, 6; precibus, widerstreben VIII, 2, 11.
rĕ-mănĕo, nsi, nsum, 2. zurückbleiben VII, 2, 31. — 2) verbleiben: vires imperii in eadem domo remanent X, 7, 15.
rĕmĕdĭum, i, Gegenmittel, Heilmittel IX, 1, 12; lentum III, 5, 13; strenuum III, 6, 2; veneni („gegen") IX, 8, 26; remedio esse, als Heilmittel dienen IX, 10, 1. — 2) übtr. Hilfsmittel, Rettungsmittel, Mittel VII, 3, 14; 5, 9; V, 3, 22; belli („gegen") III, 5, 13; frigoris VIII, 4, 11; seditionis, Beseitigung X, 4, 22; ignis (gen. epexeg., „das Feuer als Rettungsmittel") VIII, 10, 7; remedia adhibere insanabilibus („bei") X, 2, 21.
rĕ-mētĭor, mensus sum, 4. „zurückmessen", bah. übtr. einen Weg wieder zurückgehen V, 3, 23.

rēmex, ĭgis (remus u. ago), Ruber-
knecht, Ruberer IV, 3, 3; kollekt. IV,
3, 18; 5, 18; VII, 9, 3.
rēmīgo, 1. rubern IX, 9, 7.
rĕ-mitto, mīsi, missum, 3. zurück-
schicken: alqm domum VI, 5, 10; in
patriam X, 2, 8; captivos pretio (ohne
pretio) IV, 11, 15. — 2) „zurückgehen
lassen", daß. a) loslassen: ferreas
manus tormento, schnellen IV, 3, 26. —
b) loslassen, sinken lassen: arma IX, 5, 10. — c) erschlaffen
lassen, in etw. nachlassen: pugna
remissa, nachlassend, ermattet IV, 16,
4. — d) erlassen, auf etw. verzichten: legem, nicht in Anwendung bringen VI, 11, 20 (sontibus v. cognatorum abhäng.); hoc, dieses Vergehen verzeihen VI, 10, 11. — e) reflex. nachlassen, ablassen: nihil eo remit-
tente VIII, 1, 32.
rĕ-mŏvĕo, mōvi, mōtum, 2. zu-
rückbewegen, entfernen: scaphas
IV, 2, 22; arbitros V, 12, 10; VII, 5, 22;
libertatem linguae ab auribus, fernhalten VII, 2, 37; part. remotus als
Abjekt., entfernt IX, 2, 9; semita longius a stationibus V, 4, 21.
rēmus, i, Ruder: remos concitare
IX, 4, 13; aptare IX, 9, 12; abstergere
IX, 9, 16.
rĕ-nascor, nātus sum, 3. „wieder
geboren werden", daß. übtr. wieder
aufleben: urbs renata IV, 4, 21.
rĕ-nŏvo, 1. erneuern: exercitum
incremento V, 1, 39; vires V, 9, 5;
bellum IV, 6, 1; proelium V, 4, 34;
memoriam periculi VII, 1, 7; iram III,
12, 7; moeror (hejulatus) renovatur,
erneuert sich IV, 10, 21; X, 6, 3.
rĕ-nuntio, 1. zurückmelden: haec
X, 8, 16.
rĕor, rătus sum, 2. „berechnen",
daß. meinen, glauben: ratus mit
acc. c. inf. III, 2, 1; 4, 5; V, 11, 8; VI,
7, 5; optimum ratus, es für das beste
haltend VI, 6, 21; illud ultimum auxilium, bies für die letzte Hilfe erachtend
VIII, 14, 6; alqd suam occasionem (f.
suus) IV, 6, 13; VI, 13, 26.

rĕ-pāro, 1. wieder bereiten,
wieder beschaffen, wieder herstellen: pristinam fortunam V, 1, 8;
copias, wieder aufbringen IV, 9, 11; vires, wieder ergänzen IV, 6, 1; vires bello
(„für den Krieg") V, 1, 5; bellum, sich
zu neuem Kriege rüsten V, 7, 2. — 2)
sich wiederverschaffen, wiedergewinnen: alqd V, 8, 11; gratiam
liberalitate VI, 6, 11. — 3) wieder
auffrischen: animos („Mut") IV,
9, 13.
rĕ-pello, pŭli, pulsum, 3. zurücktreiben: equites fundis III, 2, 16;
pecora a pastu V, 1, 12; vim VIII, 8, 8;
bellum, abwehren IV, 1, 13. — 2) zurückweisen, abweisen: alqm VIII,
1, 14; repelli cum ludibrio VI, 10, 35.
rĕpens, tis, plötzlich, unvermutet: consternatio X, 2, 15; adventus IX, 6, 5.
rĕpentē, adv. plötzlich, unvermutet: III, 12, 3; IV, 6, 14.
rĕ-percŭtio, cussi, cussum, 3. (quatio), „zurückschlagen", passiv. a) v. Gewässern, zurückbranden VI, 4, 4;
VIII, 9, 8; 13, 9. — b) zurückprallen:
clamor jugis repercussus III, 10, 2.
rĕpĕrio, reppĕri, pertum, 4. finden,
auffinden, antreffen: saxa IV,
2, 16; corpus IV, 8, 9; amiculum III,
12, 5; agrestes III, 13, 4; latentes IX,
9, 5; duces (erg. iis) IX, 9, 1. — 2)
finden, ausfindig machen, erlangen: firmum solum V, 1, 29; tempus exoptatum V, 9, 9; verba VI, 10,
1; auctorem VI, 6, 6; aliquem qui
ipsas tueretur X, 5, 22; amnis mollius
solum reperit VIII, 9, 7. — 3) er-
finden, ersinnen: alqd VII, 4, 11.
rĕ-pĕto, īvi (ĭi), ĭtum, 3. „wieder
nach etw. langen", daß. einen Ort wieder aufsuchen, wieder wohin zurückkehren, sich zurückbegeben:
urbem IV, 6, 20; portum IV, 4, 9;
domos IV, 1, 39; terras III, 5, 6; campos III, 8, 2; amnem IX, 8, 16; convivium („Speisezimmer") VIII, 5, 21;
quae emensus erat („den durchlaufenen
Weg") IX, 3, 20. — 2) übtr. a) zu-

rückfordern: vitam VII,10,9; alqm stirpi suae, zu seinem Geschlechte X, 6, 6; res repetere, das Geraubte zurückfordern VI, 3, 15. — b) herholen: auxilium VII, 10, 15; vires V, 10, 4; consilium a necessitate, seinen Entschluß nach der Notwendigkeit fassen VI, 4, 10; sermonem altius, mit der Rede weiter ausholen IX, 6, 17. — c) von neuem bornehmen: sacrum intermissum IV, 3, 23; sermonem, wiederholen VI, 11, 28.

rĕ-plĕo, plēvi, plētum, 2. vollfüllen, anfüllen: utres stramento VII, 9, 4; solium odoribus X, 10, 13; Macedoniam auro IX, 1, 2 (s. 1 eo 2); urbes colonis X, 2, 8; castra planctu III, 11, 22.

rĕ-praesento, 1. vergegenwärtigen, vor Augen stellen: speciem animis III, 10, 7. — 2) gleich zur Ausführung bringen: consilium VI, 11, 33; supplicia, sofort vollziehen lassen X, 1, 39.

rĕ-prĕhendo, di, sum, 3. ergreifen, festhalten: alqm ex fuga, auf der Flucht IV, 14, 2.

rĕprimo, pressi, pressum, 3. (premo), zurückdrängen, hemmen: suos IV, 16, 6; imber reprimitur, läßt nach VIII, 13, 24. — 2) beschwichtigen, dämpfen: indignationem VI, 9, 7; sitim VII, 5, 7.

rĕ-pugno, 1. Widerstand leisten, sich widersetzen IV, 5, 21; VII, 4, 37; 5, 24; repugnantes IX,1,16; procibus, widerstehen V, 3, 13. — 2) mit etw. im Widerspruch stehen, einer Sache widersprechen: habitus famae repugnat IV, 1, 25.

rĕ-purgo, 1. reinigen, säubern: hortum IV, 1, 21; quicquid ingredi possent VI, 6, 26.

rĕ-pŭto, 1. „überrechnen", daß. überdenken, erwägen: exitus regum IX, 6, 25; mit abhäng. Frage III, 4, 3; 8, 20; IV, 12, 22.

rĕquĭēs, ētis, f. Ruhe, Rast: acc. requiem IX, 6, 3.

rĕ-quiesco, ēvi, ētum, 3. ausruhen VIII, 4, 16.

rĕquīro, sivi, situm, 3. (quaero), aufsuchen: alqm VI,2, 8. 16; herbam IX, 8, 27; terram oculis IV, 7, 11. — 2) nach etw. fragen, forschen: causam maestitiae (laetitiae) V, 2, 14; VII, 10, 5; mit abhäng. Frage III, 11, 26; VI, 7, 20.

rēs, rĕi, Sache, Ding, Gegenstand: militaris, Kriegswesen III, 6, 19; nautica, Seewesen IX, 10, 3; domesticae, Heimwesen V, 11, 5; quid hoc rei est, was soll dies bedeuten X, 2, 17; quid rei sit VIII, 3, 13. — 2) Eigentum, Habe, Gut: res amissae IV, 1, 32; per virtutem partae VI, 3, 5. — 3) Ereignis, Vorfall, Begebenheit: res praesentes IV, 4, 18; imminentes III, 3, 2; latentes VII, 7, 9; saeculi IV, 16, 10; Asiae V, 1, 1. — 4) Angelegenheit, Geschäft: imperii X, 6, 5; mihi res est cum alquo, ich habe mit jemb. Auftritt mit jemb. VII, 1, 32; ich habe es mit jemb. zu thun IV, 9, 2; VI, 3, 8; VIII, 14, 14; X, 8, 17; in rem esse, zur Sache dienen, förderlich sein VI, 2, 21. — 5) Unternehmung, That VI, 1, 17; 3, 1; militaris VI, 2, 1; tanta III, 6, 19; VI, 7, 14; maxima IV, 4, 1; pulcherrima VIII, 7, 10; nihil magnae rei, nichts von Bedeutung VII, 2,33; articulus rerum mearum („meines Wirkens") III, 5, 11; rem gerere, s. gero. — 6) plur. Lage, Verhältnis: diffidere rebus suis VIII, 2, 27; res secundae V, 11, 6; adversae IV, 3, 7; humanae, irdische Verhältnisse X, 3, 10; 6, 6; res locusque, Umstände und Örtlichkeit V,13,8; status rerum, Stand der Dinge IV, 1, 27. — 7) staatliche Verhältnisse, Staat IV, 4, 15; ruina rerum V, 10, 9; in principio rerum („der Herrschaft") V, 1, 8; res administrare X, 7, 9; novare, s. novo. — 8) Wirklichkeit, Wahrheit: re vera (revera), in Wahrheit, in der That III, 13, 5; IV, 16, 19.

rĕ-scindo, scīdi, scissum, 3. einreißen: pontem, abbrechen IV, 16, 8.

rē-scisco, scīvi (scĭi), scitum, 3. zur Kunde gelangen, erfahren: mit *acc. c. inf.* VI, 7, 16.

rē-scrībo, psi, ptum, 3. zurückschreiben, schriftlich antworten: alcui VI, 9, 18; in hunc modum IV, 1, 10.

rē-servo, 1. aufsparen, aufbewahren: iram in alqm VI, 6, 34; alqd suo tempori, für die passende Zeit IV, 7, 32; alqm in ludibrium sui V, 5, 6.

rēsĭdĕo, sēdi, sessum, 2. (sedeo), sitzen: in solio IV, 1, 22.

rē-sīdo, sēdi, sessum, 3. sich niederlassen, sich setzen: humi IV, 7, 15.

rē-sisto, stĭti, stĭtum, 3. stehen bleiben V, 2, 22; auf den Beinen sein VII, 11, 20. — 2) sich zur Wehr setzen, Widerstand leisten V, 13, 18; VI, 1, 1.

rē-solvo, solvi, sŏlūtum, 3. auflösen, öffnen: utrem VII, 5, 11; gleba resoluta, zerbröckelnd IV, 6, 11. — 2) übtr. entkräften, ermatten: *passiv.* IV, 16, 13; IX, 5, 10; fatigatione VI, 8, 21.

rē-sŏno, avi, 1. wiedertönen, wiederhallen: colles resonant vocibus VIII, 10, 16; plausus resonat litoribus, an den Gestaden IX, 9, 26.

rēspergo, si, sum, 3. (spargo), bespritzen: respersus cruore VIII, 3, 9. 11.

rēspĭcĭo, exi, ectum, 3. (specio), zurückblicken IV, 11, 8; alqm, nach jemb. IX, 10, 15. — 2) übtr. a) an etw. zurückdenken: Macedoniam IV, 11, 13. — b) etw. berücksichtigen, wofür Sorge tragen: qui respiceret, wer sich ihrer annehmen würde X, 5, 22.

rē-spondĕo, di, sum, 2. antworten: alcui VIII, 5, 14; multa VII, 11, 5; ad hunc modum IV, 11, 16; mit *acc. c. inf.* III, 1, 9. — 2) übtr. entsprechen, gemäß sein: magnitudo viribus respondet VIII, 9, 17.

rēsponsum, i, Antwort: dare III, 12, 9; reddere, erteilen V, 3, 11; ferre,

erhalten X, 8, 15; insb. Ausspruch der Seher u. Orakel: vatum III, 3, 7; IV, 10, 7; oraculi IV, 7, 29.

rē-stinguo, nxi, nctum, 3. auslöschen: flammas VI, 6, 16.

rēstĭtŭo, ŭi, ūtum, 3. (statuo), „wieder hinstellen", bah. prägn. etw. wieder zustellen, wiedergeben, zurückgeben: alcui opes VI, 2, 8; bona X, 2, 5; imperium V, 9, 8; regnum VIII, 12, 10; satrapeam V, 2, 17; liberos IV, 1, 8; pignora IV, 14, 22; captivos suis III, 1, 9. — 2) „wiederherstellen", bah. a) ersetzen: alcui impedimenta IX, 10, 22. — b) einen Verurteilten durch Straferlaß in seine Gerechtsame wieder einsetzen, begnadigen: alqm VIII, 6, 26.

rē-sto, stĭti, 1. „zurückbleiben", bah. noch übrig sein VII, 11, 16; IX, 6, 27.

rē-sūdo, are, Feuchtigkeit ausschwitzen: solum resudat V, 1, 12; humore, schwitzen von VII, 10, 3.

rē-surgo, surrexi, surrectum, 3. sich wieder erheben: ramus resurgens IX, 1, 10; übtr. urbs resurrexit V, 7, 9.

rētĭcĕo, cŭi, 2. (taceo), verschweigen: alqd VI, 7, 34; 10, 26.

rētĭnĕo, tinŭi, tentum, 2. (teneo), zurückhalten, aufhalten: alqm IV, 3, 22; VI, 3, 5; Bactra regem retinent VI, 11, 32; sanguis medicamento retinetur IV, 6, 19; amnis retentus V, 1, 30; retentus amore, gefesselt III, 1, 4. — 2) zurückbehalten, (an sich, bei sich) behalten, beibehalten: arma IV, 9, 20; frumentum X, 8, 11; equos VII, 1, 33; alqm IV, 10, 32; liberos VI, 5, 30; pedites in Asia X, 2, 8; alqm obsidem IV, 11, 6; VIII, 11, 4; Aegyptum (regionem), behaupten IV, 1, 31; VI, 5, 21; beibehalten: nomen III, 1, 5; speciem fortunae IV, 11, 3. — 3) festhalten, halten: arma VIII, 4, 5; alqm in vinculis VI, 10, 28.

rē-torquĕo, torsi, tortum, 2. zurückdrehen: hastam in se, gegen sich kehren VIII, 2, 4. — 2) zurückschleudern: missilia in hostem VI, 1, 15.

rĕ-traoto, 1. wieder vornehmen, wieder erneuern: vetera odia IX, 3, 22. — 2) wieder überdenken: caussas doloris X, 5, 20.

rĕtrō, adv. rückwärts, zurück: ire III, 8, 7; evadere V, 3, 23; cedere IX, 4, 14; urgere IX, 9, 9.

rĕtrō-cēdo, cessi, cessum, 3. zurückweichen VII, 4, 4; in montes III, 8, 28.

reus, i (res), Angeklagter: capitis („auf den Tod") VI, 10, 30; VII, 2, 6; criminis, einer Schuld angeklagt VI, 7, 31; reum esse, beschuldigt werden, verantwortlich sein VI, 10, 5. 25; IX, 5, 26); propter aliquid VII, 1, 26; omnes rei sunt, jeder gilt uns für schuldig VII, 1, 23; alqm reum agere, f. ago 1.

rēvēra, f. res.

rĕ-verbĕro, 1. zurückschlagen: Indus saxis reverberatur VIII, 9, 7; cursus aestu, wird durch die Flut zurückgetrieben IX, 9, 8.

rĕvĕrentia, ae, Ehrfurcht, Ehrerbietung VIII, 8, 8; alcjus, gegen jemb. IV, 10, 32.

rĕ-vĕrĕor, ĭtus sum, 2. vor etw. sich scheuen, sich fürchten: homines VII, 8, 29. — 2) achten, vor etw. Ehrfurcht haben: fortunam alcjus VI, 2, 8; vicem regis III, 13, 17.

rĕ-verto, ti, sum, 3. u. re-vertor, versus sum, 3. (in aktiv. Form bei Curtius, nur perfect. reverti), zurückkehren: in castra VI, 1, 16; in patriam VIII, 2, 9; domos V, 5, 9; ab Oceano VIII, 10, 18; ad alqm VI, 11, 34; in contionem VI, 11, 9; in gratiam cum alquo VII, 2, 9. — 2) übtr. in der Rede auf etw. zurückkommen: ad crimen VI, 10, 11.

rĕvīresoo, vīrŭi, 3. „wieder grün werden", daß. übtr. wiederaufblühen, wieder erstarken: imperium revirescit X, 9, 5.

rĕ-vŏco, 1. zurückrufen: alqm VII, 10, 5; rursus tortores VI, 11, 19; alqm ex spatio gloriae VI, 2, 18; ad vitam VIII, 8, 22; a morte X, 5, 35. — 2) übtr. a) ins Gedächtnis zurück-

rufen, an etw. wieder erinnern: sollicitudo revocat omina III, 3, 6; dolor praeterita X, 5, 21. — b) abrufen, abhalten: revocatus sermone, vom Gespräch V, 11, 3.

rĕ-volvo, volvi, volūtum, 3. „zurückrollen", daß. pass. übtr. wieder auf etw. verfallen: rursus ad superstitionem VII, 7, 8; in sollicitudinem IV, 10, 31.

rex, rēgis, König: Asiae IV, 10, 34; Scytharum VII, 7, 1.

Rheomithrēs, is, Satrap des Dareus III, 11, 10.

rhīnŏcĕrōs, ōtis, m. Nashorn IX, 1, 5; acc. plur. rhinocerotas VIII, 9, 16.

Rhŏdĭi, ōrum, Bewohner der Insel Rhodos an der Küste von Carien bei Kleinasien IV, 5, 9; 8, 12; sing. Rhodius IV, 8, 4.

Rhoskŏēs, is, persischer Satrap VIII, 1, 20.

Ridagnus, i, ein Fluß in Parthien VI, 4, 6.

rĭdĕo, rīsi, risum, 2. lachen: alqd in alquo, an jemb. belachen VIII, 5, 24.

rĭgĕo, ēre, starr sein, starren VIII, 9, 13; gelū III, 10, 10; 13, 7; horrore III, 5, 3; manus rigentes VIII, 4, 5.

rĭgĭdus, 3. „starr", daß. übtr. störrig: cervix VI, 3, 6.

rĭgo, 1. Flüssigkeiten wohin ableiten VIII, 9, 10 (erg. eum per agros). — 2) bewässern: terras humore V, 1, 33; fons rigat campos (solum) III, 1, 3; VII, 4, 26; aqua solum VI, 4, 3.

rĭgor, ōris, m. Erstarrung, Starrheit: terrae VII, 3, 10. — 2) metonym. Kälte VII, 3, 11; VIII, 4, 12; nivis VII, 3, 13.

rimor, 1. (rima, „Ritze"), „zerspalten", daß. durchsuchen, durchspähen: aditus VII, 11, 10; valles VII, 11, 18; radices, aufstöbern IX, 10, 11.

rīpa, ae, Ufer: amnis III, 12, 27; aspera VIII, 11, 7; praerupta VIII, 10, 23; angusta VI, 4, 6.

rĭtē, adv. nach rechtem Religionsgebrauch: sacrum (sacrificium) facere IV, 2, 4; VII, 4, 1.

rītus, ūs, „religiöſer Gebrauch", baḥ. übrḥ. Gebrauch, Sitte, Art: peregrinus IV, 6, 29; ritu suo, nach gewohnter Sitte VI, 2, 5; barbaro ritu IV, 16, 15; ritu mit *gen.* nach Art, gleich, wie: ritu ferarum III, 8, 10; IV, 13, 14; beluarum V, 9, 6; antecedentium IV, 7, 15.

rīvus, i, Bach III, 4, 8. 12; IV, 16, 12; übtr. sanguinis, Strom IV, 2, 13.

rōbur, ŏris, *n.* „Kernholz", baḥ. übtr. a) Stärke, Kraft: corporis III, 11, 8; VII, 10, 4; animi et corporis VII, 4, 34; aetatis VI, 10, 33. — b) Kern, Kerntruppen III, 2, 16; 9, 2; 11, 1; virium („der Streitmacht") VII, 3, 4; robora virorum, Kernmenſchen III. 2, 13.

rŏgo, 1. bitten, um etw. erſuchen: alqm VII, 5, 21; IX, 2, 29; sedem V, 5, 9; mit folg. ut VI, 7, 4; VII, 11, 24; mit folg. ne VIII, 2, 5.

rŏgus, i, Scheiterhaufen: in rogum alcjus imponi, mit jembm. zugleich den Tod erleiden VI, 10, 31; digredi velut a rogo, wie von einem Grabe, wie von einem Toten V, 12, 8.

Rōmānus, 3. römiſch IV, 4, 21; X, 9, 3; ſubſt. Romani VIII, 6, 6.

rōs, rŏris, *m.* Tau VII, 5, 5.

rostrum, i, Schnabel III, 3, 18. — 2) übtr. Schiffsſchnabel IV, 4, 7.

rŏta, ae, Rad IV, 9, 5.

Roxānē, ēs, Tochter des bactriſchen Fürſten Oxyartes, Gemahlin Alexanders, wurde nebſt ihrem nach dem Tode des Königsgeborenen Sohne Alexander Aegus von Kaſſander umgebracht VIII, 4, 23; X, 6, 8; 7, 8; 13, 21.

rŭbĕo, bŭi, ēre, rot ſein VIII, 9, 14.

rŭber, bra, brum, rot: mare, das rote Meer (mare Erythraeum), zwiſch. Indien, Arabien u. Afrika, oft auch mit Einſchluß des perſiſchen u. arabiſchen Meerbuſens III, 2, 9; IV, 7, 18; V, 1, 15; 4, 5; VI, 2, 12; VIII, 9, 6; X, 1, 13; 10, 4.

rūbīgo, ĭnis, *f.* Roſt VII, 8, 15; gladiorum, roſtige Schwerter X, 2, 23.

rŭbor, ōris, *m.* „Röte", insb. Schamröte, baḥ. Beſchämung IX, 7, 25.

rŭdīmentum, i, erſter Unterricht: rudimenta ducum, Vorſchule V, 1, 42.

rŭdis, e, unbearbeitet, roh: pondus V, 2, 11. — 2) übtr. a) ungebildet, roh: sensus VII, 8, 10; ſubſt. rudes VIII, 13, 7. — b) unkundig, unerfahren in etw., mit etw. unbekannt, mit *gen.*: linguae V, 11, 4; operum VIII, 10, 32; artium VI, 11, 1; pertractandi animos IV, 2, 17; ad voluptates, nicht gewöhnt an VI, 6, 9; ad dicendum, ungeübt im VIII, 7, 8.

ruīna, ae (ruo), das Niederſtürzen, der Einſturz: templa ruinis et ignibus delere, durch Niederreißen u. Feuer zerſtören, in Schutt u. Aſche verwandeln III, 10, 9. — 2) metonym. a) niedergeworfener Haufe: equorum aurigarumque IV, 15, 16. — b) v. Gebäuden, Trümmer: muri IV, 6, 23; munimentorum VIII, 2, 22; turrium IX, 8, 12. — 3) übtr. Untergang, Vernichtung, Ruin IV, 10, 6; rerum („des Staates") V, 10, 9; völlige Niederlage III, 11, 9.

rūmor, ōris, *m.* unverbürgte Nachricht, Gerücht: percrebrescit VI, 2, 15; rumores serere VIII, 9, 1.

rumpo, rūpi, ruptum, 3. zerbrechen, zerreißen: opus IV, 3, 6; vincula IV, 15, 5; lora gladio, durchhauen III, 1, 18; cicatrices, aufreißen VII, 7, 9; X, 5, 13; vorago iter rumpit, unterbricht V, 4, 23. — 2) übtr. a) brechen, vernichten: imperium, den Gehorsam auftündigen X, 2, 15. — b) brechen, unterbrechen: silentium IX, 2, 30.

ruo, rŭi, rŭtum, ruitūrus, 3. heranſtürzen, anſtürmen IV, 15, 3; ruentes IX, 5, 17; in alqm IV, 4, 12; 16, 23; in medium discrimen VIII, 14, 6; ruere in perniciem, ins Verderben rennen V, 9, 6; fastigium regni in humeros alcjus ruit, wälzt ſich X, 6, 20. — 2) herabſtürzen, einſtürzen IV, 3, 17; 4, 5; terra ruit in profundum IV, 3, 7. — 3) übtr. zuſammenſtürzen: imperium ruit X, 9, 2; onus

234 rupes

in alqm, stürzt auf jemb. zusammen VII, 4, 12.

rūpēs, is, *f.* (schroffer) Fels: praerupta VI, 6, 23; abscisa et praerupta V, 3, 17; praeceps et abrupta VIII, 11, 3; invia V, 4, 18; praealta VIII, 10, 24.

rursus u. rursum (= reversus), andererseits, dagegen III, 8, 21; VII, 7, 4; 8, 23; VIII, 9, 13. — b) wiederum, von neuem III, 4, 6; 5, 8; IV, 1, 11; 3, 9; 10, 7; 13, 8; X, 7, 10; 8, 22; pleonastisch VI, 11, 19; VII, 6, 2; rursus repetere IX, 8, 16; redire III, 11, 14.

rustīcus, 3. „ländlich", dah. bäuerisch, unbeholfen: homines VI, 11, 4.

salus

S.

S = salutem IV, 1, 10 (s. salus 2).

Sabāces, is, persischer Satrap in Ägypten III, 11, 10 (*V.*); *acc.* Sabacen IV, 1, 28.

Sabarcae, ārum, indisches Volk IX, 8, 4.

sabŭlum, i, (grobkörniger) Sand IV, 6, 9; VII, 4, 27.

Sācae, ārum, nomadisches Volk im heut. *Turan* V, 9, 5; VII, 4, 6; 9, 17. 19. — 2) scythische Horde am westl. Abhange des Imaus VIII, 4, 20.

sācer, cra, crum, einer Gottheit geweiht, geheiligt, heilig: ignis III, 3, 9; lucus VII, 5, 34; foedus X, 3, 12; subst. sacrum, a) Heiligtum X, 1, 3. — b) gottesdienstliche Handlung IV, 2, 10; X, 9, 13; *plur.* Gottesdienst V, 5, 19; VI, 3, 8; IX, 10, 16. — c) Opfer IV, 3, 23; sacrum facere IV, 2, 4; 6, 10. — 2) geheiligt, ehrwürdig os III, 6, 10; mensa V, 2, 14.

sācerdōs, ōtis, Priester IV, 7, 24.

sācrāmentum, i, Verpflichtung, Eib: pietatis VII, 1, 29.

sācrĭfĭcĭum, i, Opfer V, 4, 2; VII, 7, 8; sacrificium facere III, 8, 22; reddere („darbringen") VIII, 2, 6.

sācrĭfĭco, 1. opfern: Herculi IV, 2, 3.

sācrĭlĕgĭum, i, „Tempelraub", dah. übtr. Entweihung des Heiligen IV, 3, 23.

sācrĭlĕgus, 3. (sacrum u. lego), „tempelräuberisch",dah.übtr.gottlos,verrucht: subst. sacrilegi VII, 6, 6.

sācro, 1. einer Gottheit weihen: currum (aram) Jovi III, 3, 11; 12, 27; aquilam, als geweihtes Symbol anbringen III, 3, 16.

sācrum, i, s. sacer.

saecŭlum,i,Menschenalter,Zeitalter IV, 16, 10; insb. Regierungszeit X, 9, 6. — 2) als längstes Menschenalter: Jahrhundert IV, 3, 23.

saepē, *adv.* oft: *comp.* saepius, öfter IV, 4, 20.

saepēs, s. sepes.

saepio, s. sepio.

saevĭo, 4. wüten III, 8, 15; in tecta VIII, 10, 6.

saevītĭa,ae,Wut, Grausamkeit III, 12, 25; in alqm VIII, 8, 4; caeli VIII, 4, 13; maris IV, 3, 7.

saevus,3.wütend, tobend: multitudo IV, 10, 7; contio X, 3, 1; rex, Wüterich X, 5, 23.

Sagi, ōrum, Volk östl. vom oberen Oxus in Sogbiana VIII, 4, 20.

săgīno, 1. mästen: belua saginati corporis, Mastvieh IX, 7, 16; *passiv.* sich mästen V, 1, 39.

săgitta,ae,Pfeil: sagittas mittere IX, 5, 8; alqm sagittis configere VII, 5, 40; sagitta ici VII, 6, 3.

săgittārĭus, i, Bogenschütze III, 3, 24; Cretenses IV, 13, 31; sagittarii equites, berittene V, 4, 14; funditores et sagittarii III, 9, 1; V, 8, 4; VIII, 12, 2.

săgitto, 1. mit Pfeilen schießen VII, 5, 42.

sălus, 3. salzig: lacus IX, 10, 1.

saltem, *adv.* zum wenigsten, doch wenigstens, auch nur IV, 11, 18; VII, 2, 31; VIII, 3, 3; IX, 2, 31; X, 4, 1; non saltem, nicht wenigstens, nicht einmal III, 5, 5.

1. **saltus,** ūs (salio), Sprung: transilire strenuo saltu IX, 2, 15; praecipiti saltu se immittere IX, 5, 2.

2. **saltus,** ūs, Bergwald, Waldschlucht III, 10, 2; VI, 5, 16; montium III, 11, 19; silvester IV, 3, 21; angustiae saltūs III, 7, 10.

sălūber, bris, e, der Gesundheit zuträglich, heilsam, gesund: sucus VIII, 10, 14; temperies caeli IX, 1, 11; regio salubrior V, 4, 9. — 2) übtr. a) heilsam, ersprießlich, zweckmäßig: consilium III, 4, 3; 7, 10; sententia VII, 4, 7; ratio V, 9, 4. — b) gehörig, vernünftig: aestimatio IV, 6, 29.

sălūbrĭtās, ātis, *f.* Heilkraft III, 6, 16; Zuträglichkeit für die Gesundheit IV, 7, 17.

sălūbrĭter, *adv.* heilsam, zweckmäßig: salubriter destinata III, 8, 29; disciplina salubriter temperata VI, 6, 2.

sălum, i, das hohe, offene Meer IV, 2, 9; profundum IX, 9, 20.

sălūs, ūtis, *f.* Wohlbefinden, Wohlsein, Gesundheit: custos salutis, Leibarzt III, 6, 1. — 2) Wohlfahrt, Heil: res pro salute Graciae gestae IV, 5, 11; dimicare pro salute IV, 3, 19. — 3) Rettung, Erhaltung III, 6, 11. 13; 7, 3; IX, 7, 7; insperata IX, 9, 26; alcui salutem suam debere VIII, 1, 25; saluti esse, zur Rettung dienen, zum Heil gereichen IV, 4, 15; V, 1, 5. — 4) persönliches Wohl, Sicherheit, Leben VII, 9, 12; regis VI, 8, 14; periculum salutis („des Lebens") VI, 11, 39; salutem alcui committere III, 6, 4; permittere IX, 9, 1; credere III, 8, 5; tueri ab aliquo VII, 1, 12; saluti suae parcere VI, 9, 24; jurare per salutem alcjus, bei dem Leben jembs. VI, 11, 18. — 5) das schriftlich. ob. mündl. gewünschte Wohlsein, der Gruß: rex Alexander Dareo salutem (erg. dicit) IV, 1, 10.

sălūtātĭo, ōnis, *f.* Begrüßung: mutuam salutationem facere, sich gegenseitig begrüßen X, 8, 23.

sălūto, 1. grüßen, begrüßen: alqm regem, als König IV, 1, 22; alqm filium Jovis VI, 11, 23.

salvus, 3. wohlbehalten, noch am Leben, gerettet: nolle alqm salvum esse, jemb. nicht gerettet wünschen V, 11, 11; salvus esse nolo, ich will nicht länger leben IV, 15, 24; VI, 9, 24; tanquam salvi esse possent, als ob sie noch gerettet werden könnten VI, 9, 3; vobis salvis, so lange ihr lebt VI, 9, 12.

Samaritae, ārum, Bewohner von Samaria in Palästina IV, 8, 9.

Samaxus, i, König in Indien VIII, 13, 3.

Sambus, i, König in Indien im Süden des Indusarmes von Larkhanu IX, 8, 13. 17.

Samīrămis, ĭdis, Gemahlin u. Thronfolgerin des Ninus, des Stifters des assyrischen Reiches V, 1, 24; IX, 6, 23; *acc.* Samiramin VII, 6, 20.

Samothrāces, um, die Einwohner der Insel Samothrace unweit der Küste Thraciens, berühmt durch den Geheimdienst der Götter (die sogenannten „Mysterien der Kabiren"): initia Samothracum) VIII, 1, 26.

sancĭo, sanxi, sancītum u. sanctum, 4. „durch religiöse Weihe festsetzen", dah. unverbrüchlich festsetzen: poenam capitis alcui VIII, 14, 12; silentium periculo vitae, mit Androhung des Todes IV, 6, 6. — 2) bestätigen, sichern: gratiam jurejurando VII, 8, 29; jus imperii morte alcjus X, 8, 1.

sanctē, *adv.* „mit heiliger Scheu", dah. unsträflich, sittlich rein: alqm sancte (caste sancteque) habere, sich gegen jemb. unsträflich benehmen III, 12, 21; IV, 10, 33.

sanctus, 3. unverletzlich, heilig: pignus VIII, 4, 27. — 2) v. Personen unsträflich, fromm III, 8, 4.

sānē, *adv.* „vernünftig"; bah. übtr. a) in der That, allerdings, freilich III, 6, 11; VIII, 8, 12; haud sane VI, 5, 13; nec sane IV, 9, 16; mit konjessiv. Konjunktiv, immerhin: occuparet sane („möchte immerhin") V, 1, 6; dicat sane VI, 9, 36; Dymnus sane ut („gesetzt daß") vellet mihi parcere VI, 10, 9. — b) ganz, durchaus VII, 2, 2; haud sane, nicht sonderlich, durchaus nicht gerade, keineswegs III, 1, 14; 3, 23; IV, 6, 4; V, 3, 4; 11, 7; VI, 7, 33; VII, 1, 4; VIII, 2, 17; signum haud sane notum, völlig unbekannt III, 7, 12; sane temporum homo V, 3, 4 (s. tempus).

Sangarius, i, Fluß in Kleinasien, entspringt an d. Grenze von Galatien u. mündet ins schwarze Meer, jetzt *Sakarja* III, 1, 12.

sanguis, ĭnis, *m.* Blut (als Lebenssaft): sanguinem effundere IV, 15, 17; profundere VIII, 14, 33; fundere III, 11, 5. — 2) metonym. a) Blutvergießen V, 4, 33; VII, 7, 12; civium, Bürgermord X, 8, 19; sine sanguine IX, 9, 4. — b) Blutverwandtschaft, Geblüt, Geschlecht: vilissimus VIII, 7, 4; alqm sanguine contingere, jemb. blutverwandt sein VIII, 6, 28; sanguine conjunctum esse IX, 8, 22. — 3) konkret, Abkömmling, Sprößling: sanguis ac stirps Alexandri X, 6, 10.

sānus, 3. „gesund", bah. übtr. vernünftig IV, 1, 23; 13, 14; consilia saniora IV, 1, 9; amore male sanus, kaum noch bei Verstande VI, 7, 15.

săpĭens, tis, verständig, weise: subst. VIII, 9, 31.

săpĭentĭa, ae, Einsicht, Weisheit, VIII, 5, 12; 13, 7. — 2) Weltweisheit, Philosophie VII, 8, 10.

săpĭo, ii, 3. weise sein VII, 7, 25 (s. possum).

sarcĭna, ae, zusammengeschnürtes Bündel, Pack III, 11, 20; *plur.* das Gepäck, welches die Soldaten auf einer Stange trugen III, 3, 27; IV, 9, 9; sarcinae et impedimenta, Gepäck u. Heeres-

gerät IV, 16, 28; VII, 5, 1; in sarcinis ferri, beim Gepäck transportiert werden V, 11, 1.

Sardēs, ium, Hauptstadt des lydischen Reiches in Kleinasien, am Fluß Pactolus III, 12, 6; V, 1, 44.

sărīsa (sarissa), ae, die Sarisa, lange macedonische Lanze VII, 4, 36; IX, 7, 19.

sărĭsŏphŏrus, i, ein Sarisophore, Lanzenreiter IV, 15, 13.

Sarmătae, arum, die Bewohner b. Landes von der Weichsel bis zur Wolga, durch den Tanais (Don) in die europäischen u. asiatischen Sarmaten geteilt VI, 7, 3.

sătelles, ĭtis, Begleiter, Trabant III, 12, 10; IV, 7, 21; VI, 7, 24.

Satibarzānēs, is, Satrap über die Provinz Aria VI, 6, 13; VII, 3, 2; 4, 33. 37; *acc.* Satibarzanen VI, 6, 20.

sătĭĕtās, ātis (satis), *f.* Genüge, Überfluß: ad satietatem instructus, bis zum Übermaß IV, 10, 15. — 2) Sättigung, Übersättigung V, 1, 12; epularum, am Schmause VI, 2, 5; satietate famem parare, durch Sättigung sich Hunger erzeugen VII, 8, 20; übtr. satietas gloriae VI, 3, 1; laudis IX, 6, 23.

sătĭo, 1. sättigen, übtr. se auro V, 1, 6.

sătis, genug, hinreichend, hinlänglich: satis est, es genügt, mit *inf.* V, 9, 7; satis habere, sich begnügen, mit *inf.* IV, 9, 20; satis gnarus, wohl wissend III, 1, 21; non satis compos, nicht recht III, 5, 4; mit *gen. part.*: satis hostium superest VI, 8, 9; satis virium est VII, 7, 19. — 2) *compar.* satius, besser, bienlicher: satius est mit *inf.* V, 8, 12; mit *acc. c. inf.* III, 6, 6.

sătis-făcĭo, fēci, factum, 3. Genüge leisten, zufriedenstellen: alcui VI, 4, 10; VII, 2, 33.

sătĭus, s. satis.

sătrăpēa, ae, Statthalterschaft, Satrapie: Babyloniae V, 1, 44; Ariorum VI, 6, 20.

Satrapēne, s. Sittacene.

satrapes — **Scythae** — 237

sātrăpēs, ae u. **sătrăpa**, ae, perfi=
fcher Statthalter, Satrap: (satrapes) VIII, 4, 21; IX, 10, 21 (*acc.* sa-
trapam III, 13, 1; satrapen VI, 4, 25;
6, 10; IX, 10, 17; *abl.* satrape VII, 3,
1; *gen. plur.* satraparum VI, 6, 20;
VII, 2, 22).

Satropătēs, is, perfifcher Befehls=
haber der Reiterei: *acc.* Satropaten IV,
9, 7. 25.

Saturnus, i, altlatinifcher mit dem
Kronos der Griechen identificierter Gott,
bei d. Phöniciern der Sonnengott Baal
ob. Moloch IV, 3, 23.

sauclus, 3. verwundet: graviter
IX, 5, 18; leviter IX, 8, 22; fubft. saucii
III, 8, 14; IV, 16, 12.

saxum, i, Felsblock, Fels: saxa
eminentia V, 3, 20; praerupta V, 4, 18;
iter saxis impeditum VIII, 2, 34; saxa
Thraciae, fteinige Gegenden III, 10, 6.
— 2) (großer) Stein, Geftein: ingentis
magnitudinis V, 3, 18; pilae
saxo instructae V, 1, 33; inferiora muri
saxo structa VIII, 10, 25; saxo affligi
IV, 6, 23; saxis obrui III, 4, 11.

scăblēs, ēi, Ausfchlag, Krätze
IX, 10, 1.

scālae, ārum, Leiter: scalas admovere
IX, 1, 18; moenibus applicare
IV, 2, 9.

scăpha, ae, Boot, Kahn IV, 2, 23;
3, 3.

scělěrātus, 3. durch Frevel befleckt,
fubft. Verbrecher VI, 10, 14.

scělestus, 3. frevelhaft, verrucht:
animus VII, 1, 16; consilium III, 7, 13;
VIII, 6, 23; fubft. Frevler VIII, 8, 18.

scělus, ěris, *n.* Freveltat, Verbrechen:
in alqm VI, 6, 36; ultimum
V, 12, 17; consilium sceleris V, 12, 1;
ministerium sceleris V, 12, 15; scelus
agitare V, 10, 1; cogitare V, 10, 15;
parare VI, 7, 22; exequi V, 10, 1. —
2) verbrecherifche Gefinnung,
Ruchlofigkeit VI, 8, 3. — 3) Schuldbewußtfein
VI, 7, 15; VIII, 7, 2.

scientĭa, ae, Kenntnis, Gefchicklichkeit
in etwas: magicae artis VII,
4, 8.

scīlĭcet, *adv.* (aus scire u. licet,
„wiffe nur"), verfteht fich, natür=
lich, offenbar X, 1, 40; felbftver=
ftändlich IX, 5, 21; ironifch u. farkaftifch
V, 5, 14; VI, 11, 5, VII, 4, 15; VIII, 5,
18; aversaremur scilicet, wir hätten
wohl verabfcheuen follen VII, 1, 29.

scindo, scĭdi, scissum, 3. „fchlitzen",
daß, zerreißen: vincula scinduntur,
reißen IV, 3, 17.

scintilla, ae, Funke VI, 3, 11.

scĭo, 4. wiffen, erfahren haben:
nihil (de alquo) VI, 10, 8; 11, 30;
mit *acc. c. inf.* III, 1, 7; 5, 13; sciatis
licet, ihr mögt wiffen, laßt euch gefagt
fein IV, 2, 5; mit abhäng. Frage IV, 1,
25; VII, 1, 15. — 2) wiffen, ver=
ftehen: vincere IV, 1, 14.

sciscĭtor, 1. (scisco), fich erkundigen,
nachforfchen, mit abhäng.
Frage VI, 7, 14.

scisco, scīvi, scitum, 3. verorbnen:
mit folg. ne VIII, 1, 18.

scītē, *adv.* gefchickt VIII, 9, 33.

scortum, i, Buhldirne V, 7, 4;
Mannbuhle VI, 7, 33; 10, 16; X, 1, 26.

scrība, ae, Schreiber, Sekretär
VII, 3, 4; equitum Estabronfchreiber
VII, 1, 15.

scrībo, psi, ptum, 3. mit einer Auf=
fchrift verfehen, befchreiben: columna
litteris scripta X, 1, 14. — 2) fchrei=
ben: alcui IV, 1, 14; de alquo VII, 1,
36; epistolam VI, 9, 13; litteras (alcui)
III, 5, 12; VII, 1, 36; haec IV, 5, 9; mit
acc. c. inf. VIII, 1, 25; mit folg. ut III,
13, 3.

scrŏbis, is, *c.* Grube VII, 4, 24 (*V.*).

scrūtor, 1. durchftöbern, genau
durchfuchen: calles III, 4, 13; latibula
VI, 5, 17; tuguria IX, 9, 5; vehicula
V, 13, 20. — 2) übtr. forfchen,
mit abhäng. Frage VIII, 2, 6; 3, 12.

scūtum, i, (mit Leder überzogener)
Langfchild III, 2, 5; V, 3, 23; testudo
scutorum VII, 9, 3.

Scythae, ārum, die nomadifierenden
Völkerfchaften Europas u. Afiens im
Norden des fchwarzen u. kafpifchen
Meeres IV, 6, 3; 9, 2; 14, 3; 15, 12;

VII, 7, 1; 8, 10. 23; 9, 17; VIII, 14, 5; IX, 2, 24. 33; Tanais accolae VI,6,13; ultra Tanain colentes VII, 4, 6. 32; super Bosporum colentes VI, 2, 13; VII, 6, 12; VIII, 1, 7; qui Europam incolunt VII, 6, 12; Abii Scythae, f. Abii.

Scythia, ae, Land der Scythen, Scythien IV, 12, 11; VII, 3, 19.

Scythicus, 3. scythisch: arcus X, 1, 31.

sē-cēdo, cessi, cessum, 3. sich absondern, sich entfernen V, 9, 16; ab exercitu V, 9, 11. — 2) abseits gehen, sich zurückziehen X, 7, 10; in templum VI, 7, 3; in tabernaculum IV, 12, 24; in intimam partem deversorii VI, 11, 12.

sē-cerno, crēvi, crētum, 3. absondern, ausscheiden: aliquos X, 2, 9; in unam cohortem VII,2,35; *partic.* secretus als Abjekt., „abgesondert", das. übtr. geheim: aestimatio III, 6, 5; consilium V, 9, 11; cogitationes X, 8, 9; in secreto, im Geheim, heimlich VII, 1, 13.

sēcessio, ōnis, *f.* „das Abseitsgehen", das. insb. (revoltierende) Trennung, Spaltung V, 10, 8; VI, 2, 4.

sēco, sĕcŭi, sectum, secaturus, 1. schneiden, ausschneiden IX,5,23; partem, abschneiben IX, 1, 33. — 2) übtr. (in b. Bewegung) durchschneiben: amnes secant terras V, 1, 14.

sēcrētus, a, um, f. secerno.

sēcŭlum, i, f. saeculum.

sĕcundus, 3. (sequor), „folgend", das. an Zahl, Rang, Wert der zweite: gradus IV,6,4; mons secundae magnitudinis VII, 3, 20. — 2) nachstehend: tibi VIII, 14, 42; regio spatio nulli earum gentium secunda V, 10, 3. — 3) v. Wasser- u. Luftströmungen, günstig (weil der Bewegung der Schiffe folgend): aestus X, 1, 12; secundo amne, stromabwärts IV, 7, 9; 8, 7. — 4) übtr. a) begünstigend, günstig: diis secundis, unter dem Segen b. Götter IX, 4, 23. — b) günstig, glücklich: cursus IV, 14, 20; fortuna X, 2, 22; res secundae, günstige Umstände, Glück IX,

6, 10; X, 1, 40; secundae adversaeque res V, 11, 6; subst. *plur.* secunda, glückliche Erfolge IV, 6, 31.

sĕcūris, is, *f.* Beil VIII,14,28; IX, 2, 19.

sēcūrĭtās, ātis, *f.* „Sorglosigkeit", das. Furchtlosigkeit, Gemütsruhe VI, 8, 21; 10, 14. — 2) Unbekümmertheit, Fahrlässigkeit IX,5,21.

sēcūrus, 3. (se u. cura), sorglos, furchtlos, unbekümmert III, 6, 12; de aliqua re IV, 11, 14; de Spartanis VII, 4, 39; pro salute III, 6, 12; ohne Furcht vor etw.: periculi V, 10, 15; casūs IX, 9, 8. — 2) sicher, gefahrlos IV,6,13; possessio VI,3,5; alqm securum praestare ab insidiis, gegen Nachstellungen sichern IX, 6, 24.

sĕcŭs, *adv.* nicht so, anders, haud secus quam, nicht anders als, ganz so wie IV,7,11; VII, 4, 23; VIII, 1, 21; haud secus quam par erat III, 2, 1; VI, 2, 18; VII, 6, 19; haud secus quam si IV, 10, 20; VIII, 10, 18.

sĕd, *conj.* berichtigend ob. beschränkend, aber, allein: sed et = sed etiam X, 1, 2; mit vorhergeh. quidem, f. quidem; insb. die Rede abbrechend und zu neuem überleitend VI, 6, 18. — b) nach negativ. Satze, sondern, wohl aber: non...sed etiam VI, 11, 39; ne...quidem...sed VIII, 1, 44; non modo (solum)...sed etiam, f. modo u. solum. — c) bei Einwürfen (= at), nun aber VII, 1, 32.

sēdĕcim, sechzehn X, 8, 3.

sĕdĕo, sēdi, sessum, 2. sitzen VIII, 6, 5. — 2) wo bleiben, verweilen: in tumulo IV, 12, 15.

sēdēs, is, *f.* Stuhl, Thron: regia VIII, 4, 16; Alexandri X, 6, 15. — 2) übtr. a) Sitz, Wohnsitz, Aufenthaltsort V,5, 9. 21; oraculi IV, 7, 15; deo consecrata IV, 7, 16; patria III, 7, 11; aliena X, 8, 13; sedem sibi eligere VI,4,13; Niederlassung: magna IV, 8, 2. — b) Stätte, Stelle, Platz IV, 2, 4; V, 1, 10; VII, 5, 28; regni X, 2, 12; urbium III, 4, 10; sedem urbi condendae eligere VII, 3, 23.

sēdĭtĭo, ōnis, *f.* (se u. itio), „das Ab= seitgehen", das. Zwiespalt, Zwist: oritur inter alquos IV, 5, 16. — 2) Aufstand, Empörung VIII, 1, 24; IX, 4, 22. 25; res est prope seditionem (s. prope 2) IV, 10, 4; res vertitur in seditionem VI, 6, 12; pervenire ad seditionem X, 6, 12; seditionem movere X, 4, 3; comprimere VII, 2, 31.

sēdĭtĭōsus, 3. aufrührerisch: vox („Rede, Äußerung") VII, 1, 4; IX, 4, 16.

sē-dūco, xi, ctum, 3. „beiseitführen", das. absondern: quod semper ab immortalitate seducitur, ausgeschlossen bleibt (d. i. der Körper) X, 6, 7.

sēdŭlus, 3. dienstfertig, emsig: amici molesti seduli III, 6, 11.

segnis, e, träg, laß, zögernd III, 5, 13; IV, 12, 15; cursus segnior IX, 2, 17; aquae, langsam fließend VIII, 9, 18; pugna, unentschieben VII, 4, 33; aetas, zähes Alter VIII, 9, 32.

segnĭter, *adv.* lässig, träge, unthätig IV, 3, 1. 9; non segnius, nicht weniger eifrig IV, 1, 3; IX, 1, 33; haud segnius VIII, 10, 28.

sella, ae, Sessel, Stuhl VIII, 4, 15; regia V, 2, 13.

sĕmel, *adv.* einmal, ein einziges Mal IV, 10, 24. — 2) einmal, das erste Mal: semel ... iterum V, 4, 10.

sēmen, ĭnis, *n.* Same: fruges fortuitorum seminum („aus") VIII, 10, 14.

sēmēsus, 3. (semi u. edo), halb verzehrt: haec semesa, unsere nur noch halben Leiber V, 5, 13.

semetipse, s. met.

sēmĭănĭmis, e, halbentseelt, halbtot IV, 8, 8; IX, 5, 17.

sēmĭnārĭum, i (semen), Pflanzschule: ducum praefectorumque VIII, 6, 6.

sēmĭnūdus, 3. halbnackt X, 2, 23.

Semiramis, s. Samiramis.

sēmĭsomnus, 3. halb schlafend, schlaftrunken VIII, 3, 8.

sēmĭta, ae, Fußweg, Pfad V, 4, 21; VI, 4, 20; VII, 11, 2.

sēmĭustŭlātus, 3. halb versengt VI, 6, 32.

sēmĭvīvus, 3. nur noch halb lebend, halbtot: homo V, 13, 25; subst. IX, 10, 14.

semper, *adv.* allzeit, immer III, 6, 10; IV, 1, 27.

sempĭternus, 3. immerwährend, beständig: gratia VIII, 8, 11.

sĕnectus, ūtis, *f.* Greisenalter VI, 10, 32; VIII, 7, 15; praeceps VI, 5, 3; obscura et ignobilis IX, 6, 19.

sĕnesco, sēnŭi, 3. alt werden, altern: senescendum fore obeunti, er müsse ein Greis werden, wenn er durchwandern wollte IV, 5, 5.

sĕnex, sĕnis, (*comp.* senior), alt, bejahrt: Macedones senes facti IX, 2, 10; seniores duces IX, 3, 17; Atharrias senior, schon bejahrt V, 2, 5; subst. senex, Greis: juniores senesque VIII, 1, 31; senior, bejahrter Mann VIII, 11, 3; seniores, die Älteren VIII, 1, 23; 5, 20; X, 2, 8; insb. seniores, der Rat der Alten IV, 3, 23.

sēni, ae, a, je sechs: viri VIII, 14, 3; milia VI, 2, 17.

sĕnĭor, s. senex.

sensim, *adv.* (sentio), „kaum merklich", das. allmählich, gemach III, 6, 16; IV, 15, 4. 31; 16, 6; V, 4, 20.

sensus, ūs, „Gefühl", das. Wahrnehmung, Beobachtung: operis IV, 6, 9. — 2) geistige Empfindung: sensus omnis expertia, empfindungslose Gegenstände VI, 3, 7. — 3) Ansicht, Gedanke VI, 6, 9. — 4) Denkart, Verstand: rudis et inconditus VII, 8, 10. — 5) Besinnung: sensum alcui excutere V, 13, 22; *plur.* Sinne, Bewußtsein: vincuntur mero VIII, 1, 43.

sententĭa, ae, Meinung, Ansicht, Gedanke VII, 4, 7; X, 6, 12; huius sententiae esse V, 5, 21; sententia haec est, ut X, 6, 15; sententiam dicere III, 8, 6; ordiri V, 9, 12; sententiae variant VII, 5, 31. — 2) Ausspruch, Stimme, Urteil VI, 10, 4; in sententiam alcjus transire, beitreten VI,

11, 10; sententiam ferre, **abgeben** V, 7, 4; alqm sua sententia absolvere VII, 2, 8. — 3) übtr. **Inhalt:** litterarum VI, 4, 8.

sentio, sensi, sensum, 4. **fühlen, empfinden, wahrnehmen, merken:** magnitudinem mali III, 5, 9; vitia corporis aegri VIII, 10, 29; mit *acc. c. inf.* III, 6, 15; 8, 10. — 2) **die Wirkung von etw. Unangenehmem fühlen, spüren, zu erleiden haben:** inopiam IX, 10, 11; invidiam IV, 5, 2; damnum V, 1, 39. — 3) **geistig: a) empfinden, einsehen, sich einer Sache bewußt sein:** quum venerat VI, 5, 18; clamitatem IV, 10, 22; mit *acc. c. inf.* VIII, 1, 22. — b) **die u. die Meinung haben, denken:** alqd IV, 10, 4; 11, 10. — c) **so u. so gesinnt sein:** scribit, quae sentit, seine Gesinnungen VII, 2, 36.

seorsus u. **seorsum** (= sevorsus v. se u. verto), *adv.* **abgesondert:** a ceteris V, 2, 6; VII, 2, 37.

sē-păro, 1. **absondern, trennen:** alqm ab amicis VII, 1, 30; a cetero exercitu VII, 2, 35; agmen a reginae ordine separatum VIII, 9, 29.

sĕpĕlĭo, ivi (ĭi), pultum, 4. **begraben, bestatten:** alqm III, 2, 19; pretiose X, 1, 32; milites cum cura III, 12, 13.

sēpēs, is, *f.* **Zaun, Gehege** V, 4, 24; VI, 5, 15.

sēpĭo, psi, ptum, 4. „**umzäunen**", dah. übtr. a) **umgeben, einschließen:** silvae juga montium sepiunt VI, 5, 13. — b) **sperren, verwahren:** fauces munimento VIII, 2, 20; lorica transitum sepit IX, 4, 30.

septentrio, ōnis, *m.* (gewöhnl. *plur.* septentriones), „**die sieben Pflugochsen**", b. i. die sieben Sterne am Nordpol, welche das Sternbild des großen Bären ob. des Wagens bilden, dah. metonym. der **Norden** VII, 7, 3; terra vergit ad septentrionem VI, 4, 17; a septentrione, im Norden IV, 7, 19; IX, 4, 8; axis septentrionis, der Nordpol VII, 3, 7.

septingenti, ae, a, **siebenhundert** V, 1, 43.

septirēmis, is, *f.* **Siebenruderer** X, 1, 19.

sĕpulcrum, i, **Grabesstätte, Gruft** X, 1, 30. — 2) **Grabdenkmal** VIII, 10, 8.

sĕpultūra, ae, **Begräbnis, Bestattung** VIII, 2, 12.

sĕquor, cūtus sum, 3. **folgen, nachfolgen, begleiten:** alqm III, 3, 10; 9, 4; V, 4, 13 (erg. me); alqm in aciem V, 9, 1; ad bellum VIII, 5, 4; currum III, 3, 10; vehicula III, 3, 12; apparatum IX, 10, 29; vestigium, **nachgehen** VII, 4, 29; aliquem se sequi jubere, in sein Gefolge einreihen V, 1, 44. — 2) **nachsetzen, verfolgen:** alqm III, 8, 24; VI, 6, 25; hostis sequendus est IV, 9, 13; *absol.* sequentes, Verfolger IV, 16, 9. 11; VI, 1, 2; VIII, 14, 28. — 3) v. b. **Zeit, folgen, nachfolgen:** aestas quae excidium secuta est V, 7, 9; quae ebrietatem sequuntur V, 1, 37; quae secuta sunt, die nächstfolgenden Wirkungen III, 6, 13; graviora, quae sequerentur, was nachfolgen könnte IX, 9, 21. — a) **nachgeben:** palmites sequuntur IV, 3, 10; trahebant magis, quam sequebantur, als daß sie nachgaben V, 4, 18; canis sequitur, läßt sich wegziehen IX, 1, 32. — b) **zufallen, zu teil werden:** omnia sequuntur armatos V, 1, 8. — c) **folgen, nachfolgen:** veneratio pristinae fortunae sequitur adversam, folgt (ihnen) ins Unglück V, 10, 2. — d) **folgen, sich anschließen, anhangen:** partes IV, 1, 40; fortunam alcjus V, 8, 9; *absol.* sich treiben lassen IV, 5, 12. — e) einer **Sache nachgehen**, etw. **aufsuchen:** deserta VII, 8, 24. — f) von etw. **sich leiten ob. bestimmen lassen:** famam auri X, 1, 15; consilium alcjus VII, 9, 1; speciosa dictu V, 1, 8; quae coëgisset necessitas VI, 4, 11. — g) **folgen, befolgen, sich fügen:** alqm VI, 10, 6; auctorem consilii IV, 10, 17; auctoritatem alcjus VII, 6, 14; imperium V,

serenitas   sestertius   241

1, 9; IX, 3, 6; discrimen, das Los des Entscheidungskampfes teilen VII, 4, 35 (f. alienus); fidem, dem gegebenen Worte folgen III, 8, 5; abfol. sich fügen VII, 6, 24. — i) von etw. die Folge sein, (als Wirkung) auf etw. folgen: mors sequitur morsum IX, 1, 12; pestilentia famem IX, 10, 13; insolentia superbiam VI, 6, 5; nomen imperium, ist mit der Würde des Herrschers verbunden VIII, 12, 14. — k) logisch folgen, sich ergeben: sequitur ut, es folgt daraus VII, 1, 40.

sĕrēnĭtās, ātis, f. „heiteres Wetter", daß. übtr. heiterer Glanz X, 9, 5.

sĕrĭēs, ēi, Reihe, Reihenfolge, Kette: vinculorum III, 1, 17; juga velut serie cohaerentia VII, 3, 20; series lamminarum, Schuppenpanzer III, 11, 15; lamminae serie connexae, reihenweis IV, 9, 3.

sĕrĭō, adv. f. serius.

sĕrĭus, 3. ernstlich, ernst: res, ernste Geschäfte VIII, 9, 25; subst. serium, Ernst: rem in serium vertere, ins Ernste ziehen V, 7, 10; abl. serio, im Ernst, ernstlich IV, 1, 23; per seria et ludum, in Ernst u. Scherz IX, 7, 16.

sermo, ōnis, m. Rede, Gespräch: longus VI, 8, 12; sermonem conserere VIII, 12, 9; instituere VIII, 5, 10; habere („führen") VI, 11, 12; VII, 1, 21; repetere VI, 11, 28; finire VIII, 5, 21; Wortlaut VIII, 1, 28.—2) Sprache (als Ausdrucksmittel): Graecus V, 11, 7; patrius VI, 9, 34; 10, 22; domesticus VII, 9, 29.

sĕro, sēvi, sătum, 3. „säen", daß. übtr. ausstreuen, verbreiten: rumores VIII, 9, 1. — 2) besäen, bepflanzen: agrum V, 5, 24; cetera V, 1, 27.

sērō, adv. zu spät III, 4, 3; V, 11, 11; IX, 2, 24.

serpens, tis, c. „kriechendes Tier", besond. Schlange VI, 4, 18; IX, 1, 4.

sērus, 3. spät: immortalitas VIII, 5, 16; ultores III, 13, 17; zu spät: poenitentia III, 2, 19; aestimatio IV, 12, 21.

servātor, ōris, Erhalter, Retter VIII, 2, 9; sui VIII, 2, 2.

servīlis, e, zu den Sklaven gehörig: ministeria, Sklavendienste VI, 6, 3; VIII, 6, 2.

servĭo, 4. dienstbar sein, untertan sein: alcui IV, 14, 23; VII, 8, 16; 10, 16. — 2) übtr. a) sich servil zeigen: vultus, qui maxime servit VIII, 4, 30. — b) einer Sache bienen, im Interesse einer Sache handeln: suae causae VIII, 8, 5.

servĭtĭum, i, Sklaverei, Knechtschaft: barbariae, unter den Barbaren VI, 3, 3.

servĭtūs, ūtis, f. Sklaverei, Knechtschaft V, 5, 20; in servitute vivere VIII, 7, 14.

servo, 1. erhalten, erretten: alqm III, 6, 11; V, 9, 3; ex periculis VI, 9, 23. — 2) bewahren, beibehalten: papillam intactam VI, 5, 28; ordines, Reih u. Glied halten III, 2, 13; sidera servant fulgorem IV, 10, 3. — 3) beobachten, aufrechterhalten, nicht verletzen: alqd V, 2, 22; ordinem VII, 9, 4; morem VIII, 8, 9; jura belli IV, 1, 13; imperium IX, 9, 15; portionem VII, 11, 12; vices vigiliarum (noctium) V, 1, 42; VIII, 6, 3; vigilias, halten IV, 13, 11; plena spatia anni, beibehalten VIII, 9, 35; honorem alcui, lassen, erweisen IV, 10, 28; V, 6, 11; VI, 2, 11; honorem funeri IV, 10, 23; judicium suum, treu bleiben VI, 10, 12. — 4) (für die Zukunft) aufbewahren, aufsparen: se ad alqd IX, 6, 14.

servus, i, Sklave IV, 11, 20; V, 12, 16.

sēsama, ae, Sesam, eine ölreiche Hülsenfrucht VII, 4, 22.

sescēni, ae, a, je sechshundert V, 1, 45.

sescenti (sexcenti), ae, a, sechshundert III, 1, 20; 3, 24; 13, 16; VI, 6, 35.

sestertĭus, 3. (semis u. tertius), „dritthalb", subst. sestertius, der Sesterz, römische Silbermünze (= 2 ½ As ob.

16

15 Pfennige); sestertium, eine eingebildete Münze von tausend Sesterzen: quinquaginta VIII, 6, 19.
seu, s. sivi.
sē-vŏco, 1. abseitsrufen, abrufen: alqm X, 7, 18.
Seuthēs, is, ein Häuptling der Odrysen X, 1, 45.
sexcēni, ae, a, s. sesceni.
sextus, a, um, der sechste: sextis decimis castris VIII, 12, 4.
sexus, ūs, das (männl. ob. weibl.) Geschlecht: liberi muliebris sexus VI, 5, 28; se retenturam feminini sexus, ein Kind weiblichen Geschlechts VI, 5, 30.
si, *conj.* wenn, wofern, mit Indikativ, wenn die Bedingung objektiv ausgesprochen wird III, 5, 13; 12, 25; IV, 10, 32; V, 8, 14; si nihil aliud (erg. effecero) IV, 6, 28; mit Konjunktiv, wenn die Bedingung subjektiv, als bloße Vorstellung ausgesprochen wird III, 6, 12; 12, 18; IV, 3, 13; 16, 30; ut si, wie wenn V, 1, 33. — 2) wenn anders, wenn nämlich: si quid mihi creditis IV, 14, 18. — 3) obgleich: si forsitan... tamen VII, 5, 42. — 4) im abhäng. Fragesatz, ob etwa, ob: si quis auderet VI, 1, 14.
Sibi, ōrum, Volk in Indien am Acesines IX, 4, 2.
Sibyrtius, i, Statthalter von Gedrosien IX, 10, 20.
sic, *adv.* auf diese Weise, so, also IV, 3, 15; 9, 22; sicut... sic, wie ... so VI, 3, 11. — 2) unter diesen Umständen, bemgemäß, so III, 12, 19; VII, 10, 11; sic quoque, auch so schon VI, 10, 17; ne sic quidem VI, 5, 20; VIII, 14, 42. — 3) dergestalt, so sehr: sic... ut (daß) IX, 2, 21.
siccitās, ātis, Trockenheit, Dürre IV, 7, 7; VII, 2, 18; 4, 27; 5, 5.
sicco, 1. trocknen: cruor siccatur, wird trocken VIII, 10, 29.
siccus, 3. trocken: regio IX, 10, 2; lacuna IV, 16, 14; ora („Lippen") IV, 7, 13; in sicco, auf dem Trocknen IX, 9, 21.

Sicilia, ae, Sicilien VIII, 5, 8.
sicut u. **sicŭti**, *adv.* sowie, wie III, 9, 5; 11, 9; 12, 5; erat III, 8, 23; sicut... sic, wie einerseits... so andrerseits VI, 3, 11; sicut... ita V, 1, 2; VII, 1, 1; X, 5, 34; wenn gleich... doch, zwar ... aber III, 8, 21; 12, 16; VIII, 12, 17. — 2) wie zum Beispiel, wie IV, 1, 12; 13, 2. — 3) z. Bezeichn. eines Zustandes, worin sich jemb. gerade befindet, wie, so wie: sicut vincti erant X, 4, 2; sicut adhuc nudatus erat IX, 7, 10; sicut cruentum erat VIII, 2, 8; sicuti erat cruenta veste VIII, 3, 10; sicut curru eminebat IV, 14, 9.
Sidōn, ōnis, Stadt Phöniziens, nördl. von Tyrus, jetzt *Saida*: acc. Sidona IV, 1, 15; 4, 15.
Sidōnii, ōrum, die Einwohner von Sidon IV, 1, 16; 4, 15.
sidus, ĕris, *n.* Sternbild, Gestirn: Vergiliarum V, 6, 12; v. Monde IV, 10, 2; VI, 4, 16; *plur.* Sterne IV, 10, 3; V, 4, 25. — 2) bildl. Stern: princeps, qui noctis novum sidus illuxit X, 9, 3; columen ac sidus Macedoniae, Leuchte IX, 6, 8.
sigillum, i, „Bildchen", dah. insb. Bild im Siegelringe, Siegel: anuli III, 6, 7; 7, 14.
signĭfĭco, 1. „Zeichen geben", dah. anbeuten, auf etw. hindeuten, mit *acc. c. inf.* VII, 7, 22, VIII, 1, 29.
signo, 1. „mit einem Zeichen versehen", dah. prägen: pecunia signata III, 13, 16; argentum signatum VIII, 12, 15; argentum non signatum formā, ungeprägt V, 2, 11.
signum, i, Zeichen, Kennzeichen, Merkmal: certum IV, 13, 36; capti verticis („der Besetzung") VII, 11, 21. — 2) Feldzeichen, Fahne: signa sequi, in gegliederter Ordnung marschieren III, 2, 13; ante signa stare, an der Spitze des Heeres stehen III, 6, 3; prima signa, die ersten Reihen, das Vordertreffen IV, 6, 14; 7, 15; 15, 14; ante prima signa ire („reiten") III, 10, 3; IV, 16, 22; signa inferre alcui, zum Angriff gegen jemb. vorrücken, ihn an-

silentium — **sine** 243

greifen IV, 6, 13; VIII, 14, 15; signa convertere, mit dem Heere eine Schwenkung machen IV, 16, 19; signa Macedonum circumaguntur, die Macedonier schwenken sich, machen wieder Front IV, 6, 14. — 3) das gegebene Zeichen, Signal IV, 15, 32; ducis III, 3, 27; signum (tuba, bucina) dare III, 3, 8; 5, 7; IV, 15, 3; V, 2, 7; 4, 17; VII, 1, 25; 5, 32; ad eundum, zum Aufbruch V, 10, 12; signum dare mit folg. ut IV, 12, 16; VI, 2, 16; VIII, 1, 47; concentus signorum VII, 11, 25. — 4) künstlich gearbeitetes Bild, insb. im Siegelringe, Siegelbild III, 7, 12; anuli, Siegelring VII, 2, 16.

silentĭum, i, Stillschweigen, Stille: silentium habere, „beobachten" VIII, 1, 23; facere, „bewirken" X, 6, 3; *abl.* silentio, stillschweigend, in der Stille IV, 13, 33; VIII, 13, 26.

sĭlĕo, ŭi, 2. still sein, schweigen: *part.* silens als Adjekt., lautlos: agmen V, 4, 17. — 2) transit. über etw. schweigen: nefas VI, 9, 4; silenda, Dinge, welche Verschwiegenheit erfordern VI, 7, 3.

silva, ae, Wald, Gehölz: invia V, 6, 15; praealta VI, 5, 13; lauri multa agrestis silva VIII, 10, 14; silvae, Waldpartien V, 4, 4. — 2) metonym. *plur.* Bäume VI, 6, 31; VIII, 4, 11; 10, 8.

silvestris, e, mit Wald bewachsen, waldig: locus VIII, 10, 7; insula VIII, 13, 17; montes VIII, 10, 19; ripae V, 3, 1.

sĭmĭlis, e, ähnlich, mit *gen.*: monstri IX, 8, 14; vestri similes adhuc, euch noch ähnlich, noch dieselben V, 8, 7; mit *dat.*: alcui III, 3, 16; mari III, 1, 4; fontibus III, 4, 9; nocti VII, 3, 11; fulgor ardenti similis, glutartig IV, 12, 14.

Simŭlās, ae, ein Macedonier VII, 1, 10.

simplex, ĭcis, einfach: mors (b. i. ohne besondere Martern) VIII, 7, 5. — 2) übtr. v. Charakter: arglos V, 10, 14.

simplicĭtās, ātis, *f.* „Einfachheit", bah. übtr. Aufrichtigkeit, Treuherzigkeit: barbari VIII, 12, 10.

simplicĭter, *adv.* „einfach", bah. übtr. nicht doppelzüngig, aufrichtig, arglos IV, 11, 22; VII, 2, 36; ohne Tücke IV, 14, 19; *comp.* simplicius VIII, 14, 46.

Simui, ōrum, ein äthiopischer Volksstamm IV, 7, 19.

sĭmul, *adv.* zugleich, zusammen (meist in Bezug auf Zeit): plura simul agmina, gleichzeitig mehrere IV, 15, 22; simul venire IX, 6, 5; qui simul cenaverant („mit ihm") VIII, 1, 49; qui simul esse debebant, welche bei ihnen sein sollten, ihre Schiffsgenossen IX, 9, 13; tot simul malis victi, durch so viele gleichzeitige Gefahren IV, 4, 12; mit folg. ac (atque) III, 5, 2; 8, 23; VI, 5, 19; mit folg. que IV, 3, 14; IX, 4, 19; simul ... simul, sowohl ... als VI, 7, 15. — 2) (= simulac) sobald als III, 11, 4; VI, 3, 9.

sĭmŭlācrum, i, Abbild, Bildnis: deorum III, 3, 16; Bildsäule IV, 3, 22; V, 6, 5; VIII, 14, 11; invisitata, Gebilde V, 5, 7.

sĭmŭlātĭo, ōnis, *f.* der angenommene Schein von etw.: valitudinis, verstellte Krankheit III, 8, 11; mortis VIII, 1, 24; absol. Verstellung, Heuchelei V, 10, 13; VII, 5, 24.

sĭmŭlo, 1. (similis), „ähnlich machen", bah. übtr. den Schein einer Sache annehmen, etw. zum Schein vorgeben, erheucheln, sich stellen als ob: valitudinem VII, 7, 7; fugam III, 13, 5; poenitentiam V, 10, 8; obsequium VIII, 3, 8; mit *acc. c. inf.* IV, 1, 29; V, 13, 7; absol. simulans cuncta pavore compleverat, durch seine Verstellung III, 13, 10; simulans, quasi et ipse conterritus (esset) III, 13, 10.

sin, *conj.* wenn aber, wofern aber (bei Curtius stets durch autem verstärkt), VII, 11, 22; mit vorhergeh. si IV, 13, 33; V, 4, 16; 9, 2.

sĭnĕ, *praep.* mit *abl.*, ohne: sine divina ope III, 6, 18; sine ullo discri-

16*

mine IX, 9, 4; sine modo, maßlos VII, 5, 8; sine alquo esse, getrennt von jemdm. sein IV, 11, 3; sine liberis esse, kinderlos sein VI, 9, 12.

singulāris, e, „vereinzelt", dah. ganz besonder, außerordentlich: species VI, 5, 23; exemplum X, 3, 4.

singŭlus, 3. einzeln: animi consulta VII, 8, 2; singuli inter se dimicant, Mann gegen Mann III, 11, 5. — 2) je ein: amphorae VII, 4, 23; currus VIII, 14, 3; equites VI, 2, 17; milia militum V, 2, 3; equi X, 1, 11; dies IX, 3, 24; subst. VI, 8, 19; VIII, 6, 19; singuli invicem desiliunt, abwechselnb balb ber eine balb ber andere VII, 7, 32.

sĭnister, tra, trum, link: manus III, 6, 9. — 2) „linkisch", dah. übtr. verkehrt, ungeschickt: natura mortalium VII, 4, 10.

sĭno, sīvi, sĭtum, 3. „niederlegen", dah. *part*. situs als Adjektiv. a) gelegen: in collibus VII, 10, 16; inter Hellespontum et Halyn IV, 5, 1; sub monte VII, 4, 31. — b) v. Völkern, wohnenb, seßhaft: post Euphraten VI, 2, 12; haud procul Thraciā VII, 7, 3; haud procul gente IV, 6, 3. — c) übtr. situm esse in aliqua re, auf etw. beruhen: clementia sita est in ingenio VIII, 8, 8. — 2) zulassen, lassen: mit *acc. c. inf*. VI, 5, 15; nihil remotum videri sinere, erscheinen lassen mit *inf*. IX, 2, 9; pontem intactum sinere, unversehrt lassen IV, 16, 9; nec dii siverint mit folg. ut, aber das mögen bie Götter nicht zulassen V, 8, 13; X, 6, 20.

Sĭnōpenses, ium, bie Einwohner von Sinope, einer Kolonie ber Milesier auf einer Halbinsel bes schwarzen Meeres an ber Küste Paphlagoniens VI, 5, 6.

sĭnus, ūs, Bausch ob. Faltenwurf bes Gewandes auf ber Brust: vestis, bas bauschige Gewand VI, 5, 27. alqm recipere in sinum, ans Herz brücken III, 11, 24. — 2) übtr. Biegung ob. Krümmung ber Berge III, 4, 6; sinum facere VI, 4, 16 (f. medius 2).

Sĭphnus, i, cykladische Insel im ägäisch. Meere, südöstl. von Seriphus IV, 1, 37.

sīrus, i, (σειρός), Getreibegrube, Sire VII, 4, 24.

Sĭsĕnēs, is, ein Perser im Heere Alexanders III, 7, 11.

Sĭsĭgambis, f. Sisygambis.

Sĭsĭmĭthres, is, Satrap in Sogdiana VIII, 2, 19; 4, 19.

Sĭsŏcostus, i, ein Inber VIII, 11, 24.

sisto, stĭti, stătum, 3. „stehen machen", dah. stillstehen machen, anhalten: gradum, Halt machen IV, 6, 14; vim hostium, ben Anbrang hemmen V, 3, 11. — 2) übtr. a) hemmen, einstellen: fugam IV, 16, 2; VIII, 3, 2; 14, 37. — b) festsetzen, bestimmen: statum tempus (erg. aestūs) IX, 9, 27; stato tempore VI, 3, 7; statae vices temporum V, 1, 22, VIII, 9, 13; stata vice IX, 9, 9.

Sĭsygambis, i, Tochter bes Oxatres, eines Bruders des Artaxerxes Mnemon, Mutter des Dareus Cobomannus III, 3, 22; 12, 17. 24; IV, 15, 10; V, 2, 18; 3, 12; X, 5, 21.

Sĭtalcēs, is, Anführer der Thracier unter Parmenio X, 1, 1.

sĭtis, is, f. Durst: sitis peruit alqm IV, 16, 12; siti maceratus V, 13, 24.

Sittăcēnē, ēs, Landschaft zwisch. bem Tigris u. Susiana, am Abhang des Zagrosgebirges V, 2, 1 (das handschriftliche Satrapene ist verberbt).

1. **sĭtus**, a, um, f. sino.

2. **sĭtus**, ūs, (sino), Lage: urbis VIII, 9, 20; naturae, natürliche Lage VI, 4, 15; naturalis III, 4, 2; situs locorum, Beschaffenheit des Terrains, bie Lokalverhältnisse III, 4, 11; IV, 6, 8; VII, 6, 12; IX, 2, 8.

sīvĕ ob. seu, *conj.* „ober wenn", dah. sivo... sive: a) wenn... ober wenn, mit je einem Nachsatz VI, 9, 15; 11, 28. — b) sei... es bas... ober bas, mag nun... ober mag: mit verschiedenem Verbum V, 1, 9; VI, 11, 9; mit gemeinschaftl. Verbum III, 3, 2; IV, 7, 13; 14, 26; 15, 26; VII, 5, 30; VIII, 12, 9; IX, 10, 24. — c) sei es nun ...ober, entweder...ober IV, 12,

18; 13, 3; V, 10, 10; VI, 8, 21. — 2) (= vel), ober IV, 4, 20.
smăragdus, i, ber Edelstein Smaragb IV, 7, 23.
sŏbŏlēs, is, ſ. suboles.
sōbrĭus, 3. (se u. ebrius), nicht betrunken, nüchtern VIII, 1, 28; X, 10, 27 (ſ. modo 2).
sŏcer, ĕri, Schwiegervater VII, 1, 7; VIII, 4, 30.
sŏcĭĕtās, ātis, f. Verbindung, Gemeinschaft, Teilnahme an etwas: periculi IX, 4, 15; sceleris VI, 11, 6; defectionis IX, 7, 2; cogitatae rei VII, 5, 21; societatem alcujus rei inire (cum alquo), sich zu etwas (mit jemb.) verbinden V, 9, 2; VI, 7, 14. — 2) Bundesgenossenschaft, Bündnis: alcjus, mit jemb. IV, 2, 2; alqm in societatem asciscere III, 13, 15; IV, 13, 28.
sŏcĭo, 1. vereinigen, verbinben: sermonem cum alquo, sich mit jemb. in ein Gespräch einlassen VIII, 2, 7.
sŏcĭus, i, Genosse, Gefährte III, 7, 11; VI, 9, 17. — 2) Bundesgenosse III, 1, 20; defectionis VI, 1, 20; belli VIII, 14, 1.
sōcordĭa, ae (se u. cor), Sorglosigkeit, Fahrlässigkeit VII, 4, 3.
sōcordĭus, adv. (comp. v. socorditer), fahrlässiger IX, 9, 1.
Socrătēs, is, Befehlshaber Alexanders in Cilicien IV, 5, 9.
sŏcrus, ūs, Schwiegermutter IV, 10, 19.
Sogdiāna regio, nördliche Provinz des Perserreiches, zwisch. den Flüssen Oxus u. Jaxartes, das heutige *Bukhara* VII, 10, 1; VIII, 1, 35.
Sogdiāni, ōrum, die Einwohner v. Sogbiana III, 2, 9; IV, 5, 5; 12, 7; VII, 4, 5; 5, 1; 8, 21; 10, 4; VIII, 1, 7; IX, 2, 24; X, 10, 4; in Sogdianis, im Lande der Sogbianer VII, 10, 10.
sōl, sōlis, m. Sonne: ortus solis III, 13, 5; orto sole, mit Sonnenaufgang III, 3, 8; IV, 4, 5; von Sonnenaufgang an III, 2, 3; als Gottheit IV, 7, 22; 13, 12; IX, 1, 1. — 2) übtr.

Sonnenhitze: aestivus VII, 5, 3; vis solis IX, 1, 11; pisces sole durati IX, 10, 10.
sōlācĭum, i, Trost, Trostmittel: naturale VIII, 4, 8; opportunum alcui III, 13, 17; calamitatis („bei, in") IV, 10, 26; solitudinem pro solacio petere, zum Troste begehren V, 12, 10; v. Personen: orbitatis VIII, 2, 8; virgines, solacia doloris IV, 10, 21; non vitae sed mortis solacium, nicht als Lebensretter, sondern als Trost im Tobe IX, 5, 15; solacio esse, zum Trost gereichen IV, 10, 21.
sŏlĕa, ae, Schnürsohle, Sanbale (nur die Fußsohle bebeckend u. über b. Fuße mit Riemen befestigt) VIII, 9, 21. 27; IX, 1, 29.
sŏlĕo, solĭtus sum, 2. gewohnt sein, pflegen, mit *inf.* IV, 11, 17; 15, 19; absol. ut solet, wie es gewöhnlich geschieht IV, 1, 24; *part.* solĭtus, a) gewohnt, mit *inf.* III, 3, 15; IV, 3, 18; VI, 2, 3; 5, 17. — b) gewohnt, gewöhnlich: cibi III, 10, 8; vanitas III, 2, 10; more solito V, 12, 6.
Sŏli, ōrum, Stadt in Cilicien III, 7, 2.
sŏlĭdus, 3. „gediegen, massiv", daß. übtr. fest, wesenhaft: ingenium habet nihil solidius VIII, 14, 46; gloria est ex solido, ruht auf fester Grundlage X, 2, 14.
sōlĭtūdo, ĭnis, f. Einsamkeit, Einöbe V, 5, 11; 12, 9; loca ingenti (omni) solitudine vasta IV, 1, 1; 9, 13; *plur.*: vastae III, 5, 6; vastae nudaeque IV, 7, 10; inviae V, 6, 13; Numidiae X, 1, 17; Scytharum VII, 8, 23. — 2) Verwaistheit, Mangel: humani cultus VII, 3, 12.
sŏlĭtus, a, um, ſ. soleo.
sŏlĭum, i, Thronsessel, Thron: regale IV, 1, 22; Xerxis V, 7, 11. — 2) Sarkophag, Sarg X, 1, 32; 10, 9. 13.
sollemnis, e (sollus = totus u. annus), „alljährlich wiederkehrend", daß. übtr. a) feierlich, festlich, ludicrum IV, 5, 11; convivium VIII, 1, 22; munus X, 10, 9. — b) feststehend, her-

kömmlich: munus V, 4, 3; officium V, 10, 12.

sollers, tis (sollus = totus u. ars), „kunstvoll", bah. geschickt, klug: consilium VII, 7, 39.

sollerter, *adv.* anstellig, geschickt VII, 4, 24; 11, 10.

sollertia, ae, Geschicklichkeit, Gewandtheit X, 5, 31; furum, Schlauheit IV, 13, 8.

sollicito, 1. „stark in Bewegung setzen", bah. übtr. aufreizen, aufwiegeln, zu verführen suchen: alqm V, 10, 9; mit folg. ut IV, 10, 16; ad perniciem alcjus III, 5, 15 (f. latus); IV, 11, 18; praemiis V, 8, 9.

sollicitūdo, ĭnis, *f.* Gemütsunruhe, ängstliche Besorgnis, Kummer: sollicitudinem (animo) incutere III, 6, 5; VI, 11, 27.

sollicitus, 3. (sollus = totus u. cieo), „stark in Bewegung gesetzt", bah. übtr. aufgeregt, unruhvoll, bekümmert, besorgt: de alqua re IV, 16, 19; pro alquo VII, 1, 36; pro fide III, 6, 12; ex fiducia (f. ex 7) III, 1, 17; mens expectatione sollicita, durch Erwartung der Dinge aufgeregt IV, 13, 2; mit folg. ne („daß") VII, 9, 6; VIII, 6, 14.

sŏlum, i, Fußboden, Boden, Grund VIII, 10, 8; lapide stratum V, 1, 33; urbem ad solum diruere, bis auf den Grund III, 10, 7. — 2) Boden, Erbboden, Erbe IV, 9, 10; V, 4, 8; VII, 10, 3; solum urbis, Grund u. Boden V, 1, 27; cultum IV, 7, 12; uberrimum gignendis uvis („für") VI, 4, 21.

sōlum, *adv.* allein, bloß: non solum ... sed etiam III, 9, 12; 11, 24; non solum ... sed IV, 3, 6; IX, 6, 17.

sōlus, 3. *gen.* solius, allein, einzig, bloß: gens VI, 5, 11; arbor IX, 10, 11; vestigia IV, 15, 33; hoc solum, dies allein schon VII, 2, 3; ob hoc solum, schon deshalb III, 5, 9; alqd solum ducere, für das einzige (was zu thun ist) halten VII, 4, 11.

solvo, solvi, sŏlūtum, 3. Gebundenes ob. Befestigtes auflösen, lösen: vinculum III, 1, 16; nodos III, 1, 18; ratem, das (am Lande befestigte) Floß lösen, vom Lande abstoßen VII, 9, 5; aliquem, entfesseln VII, 1, 18. — 2) übtr. a) eine Verbindlichkeit lösen, bah. abzahlen, abtragen: meritas poenas alcui, für jemb. gebührende Strafe zahlen VI, 3, 14; justa corpori alcjus, jemb. die letzte Ehre erweisen III, 12, 15; X, 6, 7. — b) entfesseln: cupiditates, den Leidenschaften freien Lauf lassen VI, 6, 1; curis solutus, entlastet IV, 13, 23. — 3) in Teile auflösen: pontem, abbrechen IV, 16, 8; naves, auseinander nehmen VIII, 10, 3; ordines solvuntur, lösen sich auf VIII, 1, 5; 4, 6. — 4) übtr. a) auflösen, aufreiben: senectus corpus solvit VIII, 9, 32. — b) aufheben: leges X, 2, 5; morem VIII, 8, 18; obsidionem IV, 4, 1; convivium VIII, 5, 24.

somnĭum, i, Traum III, 3, 4; IV, 1, 23.

somnus, i, Schlaf: altus IV, 13, 17; somnum capere („finden") IV, 13, 16. 22; somno quiescere IV, 13, 18; somno sopitum esse VIII, 3, 9; per somnum, im Schlafe, im Traume III, 3, 2; IV, 3, 21; in somno IV, 2, 17.

sŏno, ŭi, ĭtum, 1. ertönen: silvae incendio sonant, erkrachen VI, 6, 31.

sons, tis, straffällig, schuldig: subst. VI, 11, 20 (f. remitto); VI, 11, 39.

sŏnus, i, Schall, Klang, Geräusch, Laut: terribilis IV, 12, 23; armorum IV, 15, 26; tubae V, 2, 7; vocis IV, 15, 32; aquae meantis VII, 10, 3; ventus edit sonum („Brausen") V, 4, 25; flumina minimo sono labuntur VII, 4, 13.

sopio, 4. einschläfern: somno sopitus, in Schlaf versunken VIII, 3, 9. — 2) betäuben: sopitus mero VIII, 10, 18; mero ac somno VIII, 6, 22; 9, 30; absol. sopitus, trunken VIII, 6, 14.

Sopithēs, is, König in Indien in der Quellgegend des Hyarotis IX, 1, 24. 35.

Sopŏlis, is, Anführer einer Schwabron der macedon. schweren Reiterei VIII, 7, 2.

sōpor, ōris, *m.* fester, tiefer Schlaf VI, 10, 13; VII, 11, 18; sopor discutitur VI, 8, 22. — 2) Betäubung: animi corporisque VIII, 6, 26.

sōpōrātus, 3. „eingeschlafen", dah. übtr. beschwichtigt: dolor VII, 1, 7.

sorbĕo, ŭi, 2. schlürfen: aquam V, 13, 24.

sordĕo, ŭi, 2. „schmutzig sein", dah. übtr. gering erscheinen, verächtlich sein: alcui X, 2, 23; 10, 8 (f. quisque).

sordēs, is, gewöhnl. *plur.* **sordēs**, ium. *f.* Schmutz, Unflat IV, 1, 22.

sordĭdus, 3. schmutzig: pellis V, 12, 20. — 2) übtr. a) ärmlich: vehiculum V, 12, 16; omnia sordida et humilia, lauter Armut u. Dürftigkeit VIII, 8, 17. — b) verächtlich: hostis IX, 6, 14 (f. in B, 5); sanguis, wertlos VIII, 7, 11.

sŏror, ōris, Schwester III, 6, 15; VI, 9, 17.

sors, tis, *f.* „Los", dah. metonym. a) der (ursprüngl. auf Lostäfelchen gegebene) Orakelspruch, Weissagung: sors oraculo editur III, 1, 16; V, 4, 11; oraculi sortem implere III, 1, 18. — b) das jemdm. zufallende Los, Schicksal, Geschick III, 11, 24; 13, 12; IV, 10, 26; melior VIII, 4, 17; communis periculi IV, 3, 20; humana, die menschliche Natur IV, 7, 25; fati, Bestimmung X, 1, 30; rerum, Ziel X, 6, 6. — c) Lebensstellung, Stand III, 2, 11; ultima IX, 2, 6.

sortĭor, 4. „erlosen", dah. übtr. (durchs Schicksal) zugewiesen erhalten, bekommen: bestiae praecipitia ingenia sortitae, denen zugefallen ist VIII, 1, 35; mores tempora et ingenia cultiora sortiti, die einer Zeit höherer Geistesbildung angehören VII, 8, 11.

sospĕs, ĭtis, wohlbehalten, unversehrt, verschont: sospitem reverti X, 1, 7; ut sospites acciperet (näml. se liberosque in fidem) IX, 1, 30.

Sosträtus, i, im Heere Alexanders VIII, 6, 7.

spădo, ōnis, Verschnittener, Eunuch III, 3, 23; 12, 5. 17 (f. ex 4); IV, 10, 19.

spargo, si, sum, 3. zerstreuen: manum VIII, 1, 1; vestigia fugae, verwischen V, 13, 18; barbari sparsi III, 11, 14; tecta pluribus locis sparguntur, stehen zerstreut V, 1, 27; sparsis tuguriis habitare V, 6, 15.

Sparta, ae, Hauptstadt Laconiens, gewöhnl. Lacedämon genannt VI, 1, 16; 3, 2.

Spartānus, 3. spartanisch: victoria („über die Spartaner") X, 10, 14; subst. Spartani IV, 8, 15; VII, 4, 39.

spătĭor, 2. umherspazieren, sich ergehen: in nemore VII, 2, 23.

spătĭōsus, 3. geräumig, weit ausgedehnt, umfangreich: India VIII, 9, 2; planities V, 4, 6; campus III, 8, 2; silva VIII, 1, 12; stipes IX, 5, 4; amnis, breit VI, 4, 5; ima sunt spatiosiora VIII, 11, 6.

spătĭum, i, Raumweite, Ausbehnung, Umfang: regionis VII, 10, 2; locorum V, 10, 3; aquarum III, 4, 8; VIII, 13, 9; IX, 2, 1; altitudinis VII, 11, 3; immensum IX, 1, 9, spatia terrarum, die Weiten der Erde IX, 4, 19; spatium alvei, weites Flussbett IX, 2, 17. — 2) Raum, Strecke IV, 2, 16; 16, 9; VI, 1, 12; ingens litoris IV, 4, 17; itineris V, 5, 3; VII, 9, 21; triginta pedum V, 1, 25; quinquaginta cubitorum V, 1, 26; terrarum, Länderstrecken IV, 14, 7; IX, 2, 10; liberum spatium dare, freien Raum geben VII, 4, 35. — 3) Zwischenraum, Entfernung: unius jugeri V, 1, 26; terrae ingenti spatio intervalloque discretae IV, 11, 13; modicis spatiis inter se distare VII, 10, 15. — 4) übtr. Zeitraum, Zeit: breve V, 4, 26; septemdecim dierum VII, 3, 22; spatium animo dare, der Überlegung Zeit lassen VIII, 1, 48; (f. spatio fugae dato, Gelegenheit zur Flucht) IV, 16, 7. — 5) prägn. Dauer, Länge der Zeit: aetatis IX, 6, 18; mensium VIII, 9, 36; plena spatia anni VIII, 9, 35; me

248   species

metior non aetatis spatio, nach dem Maß der Lebensjahre IX, 6, 18. — 6) „Rennbahn", bah. übtr. Bahn: gloriae VI, 2, 18.

spĕciēs, ei, das Aussehen, Äußere, die Gestalt: camporum VII, 5, 4; castrorum V, 4, 14; multitudinis IX, 4, 24; pristinae fortunae, die äußeren Zeichen des früheren Ranges IV, 11, 3; exercitus VII. 9, 6; Erscheinung: vera IV, 15, 26; fulminum VIII, 4, 4; cutem ad speciem levitatis exaequare (f. exaequo) VIII, 9, 22; speciem alcjus rei praebere, das Aussehen von etw. haben III, 1, 13; 13, 8; X, 5, 1; speciem facere, das Aussehen von etw. bewirken, den Eindruck von etw. machen IV, 10, 10; VIII, 11, 24; 12, 7; 13, 8; 14, 13; speciem Cetrae reddere, der Cetra ähnlich sein III, 2, 5; speciem omnium augere, das Aussehen von allem größer darstellen IX, 3, 19; beluae speciem moenium offerentes, wie Bollwerke aussehend IX, 2, 15. — 2) prägn. empfehlendes Äußere, Schönheit: corporis VII, 9, 19; armorum VI, 1, 3; singularis VI, 5, 23; eximia VI, 5, 29; VIII, 4, 23. — 3) Schein, Anschein: speciem ferre, darbieten III, 2, 3 (f. pro); praebere, erzeugen III, 8, 17; IV, 12, 14; mit folg. *acc. c. inf.* VIII, 13, 21; speciem perseverantiae ostendere, sich den Schein geben, als beharre er VIII, 11, 19; speciem dolentis ostentare X, 9, 9; vultu speciem laetitiae praeferre VII, 2, 24; odio speciem pietatis praeferre, seinen Haß unter dem Schein der Ergebenheit verbergen VI, 8, 4; sub specie tutelae IX, 2, 7; specie officii, anscheinend zur Dienstleistung VII, 1, 14; vergl. VII, 2. 14; X, 10, 7; specie tristium, wie Traurige V, 9, 10; prima specie, dem ersten Anschein nach V, 9, 3; IX, 8, 20. — 4) das im Geist aufgestellte Bild, bah. a) Vorstellung, Bild: praesentis periculi V, 9, 1; domitae Boeotiae III, 10, 7; inanes, Schreckbilder VII, 1, 36. — b) Wesen einer Sache: impotentis fortunae III, 11, 23. — c) Traumbild, Erscheinung:

specula

imminentium rerum III, 3, 2; species per somnum (per quietem) offertur III, 2, 7; IV, 2, 17; 3, 21; IX, 8, 26.

spĕcīmen, ĭnis, *n.* Kennzeichen, Beispiel: specimen magnae indolis capere, ein Bild erhalten von IV, 1, 26.

spĕciōsus, 3. „schön dem Aussehen nach", bah. schöntlingenb: titulus VII, 5, 20; dictu speciosa, schöntlingende Maßregeln V, 1, 8.

spectācŭlum, i, Anblick, Schauspiel: laetum V, 5, 10; gratum VII, 5, 36; triste IV, 4, 17; spectaculo esse, zur Schau dienen VIII, 7, 5; insb. aufgeführtes Schauspiel IX, 7, 23; spectaculum edere III, 7, 5.

specto, 1. (*v. intens. v.* specio), wonach schauen, etw. anschauen, betrachten: omnia III, 8, 15; difficultatem loci VII, 11, 4; fructus arborum VII, 8, 14; motus siderum, beobachten VIII, 9, 33; absol. zuschauen III, 7, 4; VI, 1, 10. — 2) prägn. prüfend betrachten, prüfen, untersuchen: habitum infantium IX, 1, 25; exta VII, 7, 8; nobilitatem singulorum VI, 2, 9. — 3) *part.* spectatus als Abjekt, erprobt, bewährt: dux spectatae virtutis IX, 4, 24; duces virtute bellica spectati IX, 8, 4. — 4) übtr. v. Lokalitäten, nach einer Gegend hinsehen, gelegen sein: orientem IV, 5, 1; VII, 10, 15; VIII, 9, 2; 10, 23; occidentem VI, 6, 23; axem septentrionis VII, 3, 7; Tanaim et Bactra VII, 7, 4; hinc mare VII, 3, 19; Arabes spectant in meridiem versam (sedem), begrenzen die Südseite IV, 7, 18; vigiliae nisi quae castra spectant, außer nach dem Lager zu VII, 11, 9. — 5) sich nach etw. umsehen, etw. erwarten: sordida omnia et humilia VIII, 8, 17 (expectantium). — 6) übtr. sein Augenmerk auf etw. richten, etw. im Auge haben: praedam V, 1, 4; opes alcjus V, 12, 1; arma, an den Krieg denken IX, 7, 2; fortunam belli, abwarten VI, 1, 16.

spĕcŭla, ae, Spähort, Warte: in speculis, auf der Ausschau IX, 9, 23.

spĕcŭlātor, ōris, **Kundschafter**, Späher III, 8. 17; IV, 9, 15.

spĕcŭlor, 1. auskundschaften, spähen IV, 10, 11; 12, 18.

spĕcus, ūs, **Höhle, Schlucht** III, 8, 11; montium V, 7, 8. — 2) unterirdischer Gang, Mine IV, 6, 8; IX, 8, 14; Abzugsgraben V, 1, 28.

sperno, sprēvi, sprētum, 3. „absondern", dah. verachten, verschmähen: alqd IV, 1, 18; alqm V, 10, 4; hostem VI, 3, 11 (quem spreveris = si eum spreveris); IX, 2, 8; paucitatem III, 13, 1; orbitatem VI, 9, 11; consilium III, 2, 18; orationem VII, 8, 11 (f. ut B, 4); imperium VIII, 14, 20; periculum IV, 16, 22; agmen non spernendum III, 13, 8.

spēro, 1. hoffen, erwarten, sich versprechen: victoriam V, 9, 1; opes V, 10, 1; misericordiam VI, 8, 6; alqd ex alquo, von jemd. VIII, 7, 14; mit *acc. c. inf.* IX, 8, 21; 9, 5.

spēs, ĕi, Hoffnung: bona VIII, 13, 11; mit *gen. object.*: nuptiarum III, 6, 4; salutis IX, 5, 30; futuri temporis IV, 14, 25; consequendi III, 12, 1; potiundae petrae VIII, 11, 19; spe mit *acc. c. inf.*, in der Hoffnung IV, 15, 21; in spem, auf die Hoffnung hin III, 11, 24; IV, 1, 38; ad spem, in Folge der Hoffnung IV, 7, 1; pro spe ipsius, wie er selbst gehofft hatte VI, 9, 29; spes est in alquo, beruht auf jemd. V, 11, 6; spei suae indulgere VIII, 14, 1; spem alcui abrumpere X, 8, 17; spem omittere III, 2, 1. — 2) metonym. Gegenstand der Hoffnung IX, 9, 7; Graeci milites, praecipua spes et propemodum unica III, 8, 1.

spīcŭlum, i, Spitze eines Geschosses III, 3, 20; VII, 6, 3. — 2) metonym. Spieß IV, 9, 5; Pfeil VII, 9, 8.

spīrītus, ūs, „Hauch, wehende Luft", dah. das Atemholen, der Atem: spiritus arte (libere) meat, geht schwach (frei) III, 6, 14; 5, 9; VIII, 4, 12; spiritum ducere („holen") IV, 10, 18; concitare III, 10, 3; intendere IV, 8, 8; laxare IV, 8, 8; recipere VI, 9, 33; 11,

19. — 2) Lebenshauch, Leben V, 8, 13; VI, 4, 11; IX, 5, 30; spiritus meus ex te pendet III, 6, 10 (dagegen spiritus meus ore [tuo] trahitur, „mein Atem wird von deinem Munde gezogen" b. i. ich atme gleichsam durch deinen Mund); alcui spiritum adimere VI, 10, 33. — 3) übtr. a) Mut: ite spiritus pleni IV, 14, 25. — b) hoher Geist, hohe Gesinnung: spiritus nobilitate dignos capere V, 8, 16; spiritus tanti animi, feuriger Aufschwung seines so großen Geistes VI, 2, 21; sine spiritu, ohne den Heldengeist (Alexanders) VI, 9, 28. — c) hochfahrender Sinn, Ehrgeiz: *plur.* VI, 1, 19.

spīro, 1. blasen, wehen: venti a mari spirant VII, 4, 27. — 2) atmen, leben: spirans, noch lebend IV, 6, 29; VIII, 9, 32; X, 10, 13. — 3) übtr. nach etw. begierig streben: majora VI, 9, 11 (f. capio 1).

spissus, 3. dicht, did: nubes IV, 3, 16; VIII, 13, 24.

Spitamĕnēs, is, persischer Satrap VII, 5, 19; 6, 24; 9, 20; *acc.* Spitamenen VII, 6, 14; 7, 31; VIII, 3, 1.

splendĕo, ēre, glänzen, schimmern: armis IV, 13, 1; flammae splendent IV, 12, 14.

spŏlĭo, 1. der Waffenrüstung berauben, ausplündern: corpus alejus VIII, 14, 40; IX, 5, 11; dah. überh. berauben: omnia profana X, 1, 3; mit *abl.*: omni velamento spoliatus V, 3, 36; rege X, 6, 7; tantis viribus VI, 11, 32.

spŏlĭum, i, die abgezogene Haut eines erlegten Tieres, dah. *plur.* spolia: a) die dem getöteten Feinde abgenommene Rüstung, Waffenbeute VI, 1, 14; regis occisi VII, 5, 24; corporis IX, 6, 12. — b) die dem besiegten Feinde abgenommene Beute VI, 6, 14; de hostibus (f. de 1) VIII, 8, 9; IX, 1, 2; 10, 12; orientis III, 10, 6; urbium IV, 3, 22. — c) überh. Raub, Beute: navigiorum IV, 7, 19; sua spolia, das (vom Wasser) Entrissene IV, 9, 19; nostra, unser geraubtes Eigentum IV, 14, 16.

spondĕo, spŏpondi, sponsum, 2. Bürge sein: cicatrices spondent pro alquo IV, 14, 6. — 2) anerkennen: quantum praesens aetas spopondisset VIII, 5, 11.

sponsio, ōnis, f. Verbürgung: sponsiones et fides, verbürgte Sicherheit VI, 5, 8.

spontĕ (abl. v. ungebräuchl. spons), aus eigenem Antriebe, freiwillig, von selbst VI, 5, 18; VII, 4, 38; popularium sponte IV, 1, 16; sua sponte V, 2, 8; 5, 19. — 2) ohne jemds. Zuthun, für sich allein, von selbst: sua sponte VII, 6, 15; VIII, 6, 8; IX, 3, 2; ingens sua sponte maestitia (erg. coorta) X, 8, 9; pugna sua sponte remissa IV, 16, 4; humus sua sponte fruges nutrit, ohne Anbau VIII, 10, 14.

squālīdus, 3. v. Schmutz starr, unsauber, schmutzig: corpus sordibus IV, 1, 22. — 2) wüst, unwirtlich: regio VII, 4, 27.

squālor, ōris, m. Schmutz, Unsauberkeit IV, 1, 22. — 2) Unwirtlichkeit, Wüstheit: locorum V, 6, 13.

squāma, ae, Schuppe IX, 1, 12.

stăbĭlĭo, 4. „fest stehen machen", dah. übtr. befestigen, aufrecht erhalten: regnum IV, 10, 34; VIII, 4, 25.

stăbĭlis, e, standfest, nicht wankend: agmen peditum III, 2, 13. — 2) übtr. fest, dauerhaft: imperium VIII, 8, 12.

stădĭum, i, das Stadium, ein Längenmaß, welches 125 Schritte od. den vierzigsten Teil einer geographischen Meile betrug III, 3, 22; 4, 2; 8, 24; V, 3, 1; VII, 6, 25.

stagno, 1. austreten, stehendes Wasser bilden: mare stagnat VI, 4, 19; amnis VIII, 9, 7. — 2) fließen IX, 2, 17; aquae late stagnantes, weit ausgetretene VIII, 13, 9.

Stamĕnes, is, Statthalter von Babylonien VIII, 3, 17.

Stasānōr, ōris, Alexanders Statthalter in Drangiana VIII, 3, 17.

stătĭo, ōnis, f. „Standort", dah. Posten, Wache: in statione esse, auf Posten stehen, Wache halten VII, 5, 18; in stationem succedere VIII, 6, 15. 18; stationes hostium, Vorposten V, 4, 21. 27.

Statīra, ae, Tochter des Dareus Codomannus IV, 5, 1.

stătīva, ōrum, Standlager (für längeren Aufenthalt) VI, 5, 22; 7, 1; stativa habere III, 4, 1.

stătŭo, ŭi, ūtum, 3. hinstellen, aufstellen: tabernaculum in castris V, 11, 6; in medium IX, 6, 1. — 2) übtr. a) festsetzen, bestimmen, verordnen: finem vitae X, 5, 36; alqm regem, einsetzen V, 9, 8; tempore statuto VI, 3, 7. — b) richterlich beschließen, verhängen: alqd VIII, 14, 43; de alquo VIII, 8, 18. — c) entscheiden, mit acc. c. inf. IV, 1, 19. — d) beschließen, mit inf. III, 1, 19; 2, 1; IV, 16, 19; VI, 2, 15; VII, 5, 19.

1. **stătŭs**, a, um, s. sisto.

2. **stătŭs**, ūs, „Stellung", dah. übtr. Zustand, Lage, Verfassung, Verhältnisse IV, 1, 22; V, 5, 22; X, 2, 22; 10, 9; in illo statu rerum („Stand der Dinge") IV, 1, 27; alio caeli statu, in anderer Jahreszeit VI, 4, 19.

stĕrĭlis, e, unfruchtbar: terra IV, 7, 10; herbae, Unkraut IV, 1, 21; solum materia sterile, arm an Bauholz VII, 3, 8; 5, 17. — 2) übtr. fruchtlos: labor III, 10, 6.

sterno, strāvi, strātum, 3. hinbreiten: pontes super asseres, darüberlegen IV, 3, 15; solum super pilas V, 1, 33. — 2) niederstrecken, hinstrecken: corpus VII, 3, 13; in inviis saxorum VII, 11, 18. — 3) gewaltsam niederwerfen: omnia III, 10, 7; alqm impetu, niederrennen VIII, 14, 30; silvas dolabris, fällen VIII, 4, 11. — 4) „mit etw. bedecken, bestreuen: vicos floribus IX, 10, 25; itinera (campi) sarcinis) strata sunt III, 11, 20; IX, 9, 20; omnia caede Persarum, mit erschlagenen Persern IV, 16, 5.

stĭmŭlo, 1. „stacheln", dah. übtr. a) beunruhigen, quälen: alqm conscientia stimulat V, 11, 7; metus VII, 7, 26. — b) reizen, aufregen, an-

spornen: alqm IV, 2, 18; 14, 22; animum IV, 7, 8; stimulatus ira VI, 5, 19.

stipendium, i, Abgabe, Tribut: ferre alcui V, 8, 16; pendere VIII, 13, 2; imponere IX, 1, 14. — 2) Sold, Löhnung: militum III, 13, 10; duum mensum V, 1, 45.

stĭpĕs, ĭtis, *m.* Pfahl, Stock IV, 3, 5. 10; nodosus IX, 7, 20. — 2) Stamm: arboris VIII, 2, 38; V, 1, 33; ingens IX, 1, 10; spatiosus IX, 5, 4.

stipo, 1. „zusammenstopfen", dah. *passiv.* stipari, sich dicht anschließen: stipati, dicht (um ihn) geschart IV, 15, 29. — 2) mit etw. dicht umgeben, umringen: stipatus agmine IV, 14, 8; armatis V, 1, 23; equitibus V, 4, 33; juvenibus VI, 8, 20.

stips, stĭpis, *f.* „Geldbeitrag", dah. übtr. Gewinn: exigua IV, 1, 19.

stirps, stirpis, *f.* „Wurzelstock", dah. übtr. a) Staubengewächs, Strauch III, 13, 11; IV, 9, 10. — b) Abstammung, Stamm IX, 4, 3; X, 6, 6; generis, Stammbaum des Geschlechtes X, 3, 12; Jovis, Abstammung v. Juppiter VI, 10, 27. — c) konkr.: Abkömmling, Sprößling: regia X, 7, 12; Philippi X, 7, 10; Alexandri X, 6, 10; Persarum X, 6, 14; stirpes regum VIII, 6, 6; kollekt. VIII, 6, 6.

sto, stĕti, stătum, 1. stehen, dastehen: ante signa III, 6, 3; post aulaea VIII, 5, 21; in conspectu exercitus IX, 4, 33; classis stat in aqua IX, 3, 21. — 2) v. Truppen, stehen, aufgestellt sein: laxius III, 7, 9; extra teli jactum V, 3, 17; in acie, in Schlachtordnung, auf dem Kampfplatze IV, 11, 4; 16, 19; VIII, 7, 4; in armis, unter den Waffen IV, 13, 12; acies hoc modo stetit, war aufgestellt III, 9, 1. — 3) übtr. a) stehen: in limine victoriae (operum laborumque) VI, 3, 16; IX, 2, 26; in primordio operum IX, 2, 11; in praecipiti et lubrico VI, 4, 10. — b) auf jemds. Seite stehen, ihm beistehen: cum alquo IV, 13, 13; pro meliore causa, auf Seite der besseren Sache IV, 1, 13; in partibus alcjus III, 11, 18. — c) auf etw. beruhen, sich auf etw. stützen: bella stant fama III, 8, 7. — d) zu stehen kommen, kosten, mit *abl. pretii*: victoria stat tantulo impendio, kostet ein so kleines Opfer III, 11, 27. — 4) prägn. stehen bleiben, stillstehen, feststehen III, 3, 27; VIII, 3, 12; 14, 21; in vestibulo VIII, 3, 12; fortuna stat eodem vestigio, verharrt auf derselben Stelle IV, 5, 2; sagitta stans in humero, haftend IV, 6, 17; pugna segnis stat, steht unentschieden VII, 4, 33. — 5) übtr. a) feststehen, bestehen: stat adhuc disciplina III, 2, 15; imperium sub uno X, 9, 2; terminus stat adversus cupiditates X, 10, 6. — b) bei etw. beharren, es bei etw. bewenden lassen: statur eo, quod major pars decreverit X, 6, 15.

stŏlĭdus, 3. dummdreist, thöricht: audacia VI, 11, 2; consilium III, 8, 6.

strāgēs, is, *f.* „das Zu-Boden-Schlagen", dah. prägn. Niedermetzelung, Niederlage: filiorum X, 5, 23; barbaros magna strage fundere, mit großem Verluste VII, 7, 35.

strāmentum, i (sterno), „das zum Hinbreiten Dienliche", dah. Stroh VII, 5, 17; 9, 4.

Strato, ōnis, König der Insel Arabus bei Phönizien IV, 1, 6. — 2) König von Sidon IV, 1, 16. 26.

strēnŭē, *adv.* rüstig, entschlossen, ungesäumt III, 5, 13; 8, 23; 11, 14.

strēnŭus, 3. rüstig, entschlossen, thatkräftig: manu, rasch zur That VI, 11, 1; VII, 2, 33; remedium, schnell wirkend III, 6, 2; subst. strenuus IV, 9, 2; V, 13, 12. — 2) rasch, schnell: saltus IX, 1, 15, metus VII, 4, 15; mors IX, 8, 20.

strĕpĭtus, ūs, (wildes) Geräusch, Getöse, Lärm: armorum III, 5, 11; aquarum, Gebrause III, 1, 3; aequoris X, 1, 12; *plur.* strepitus habenarum, das Klatschen IV, 15, 33.

strĕpo, ŭi, ĭtum, 3. lärmen, ertönen: omnia belli apparatu strepunt IV, 2, 12.

strīdor, ōris, *m*. Zischen, Pfeifen (der Elefanten) VIII, 13, 10; 14, 23.

stringo, nxi, ictum, 3. „abstreifen", daß. eine Waffe ziehen, zücken: gladium III, 11, 4; acinacem IV, 15, 30; ferrum VIII, 7, 7. — 2) übtr. streifen, berühren: Ganges juga montium recto alveo stringit VIII, 9, 5; gens ultima Asiae, grenzt an VII, 7, 4.

structūra, ae, Mauerwerk, Gemäuer V, 1, 26; VII, 3, 9.

strŭēs, is, *f.* (aufgeschichteter) Haufe: saxorum IV, 3, 9; acervi struesque, aufgeschichtete Haufen u. Stöße VIII, 4, 11.

strŭo, xi, ctum, 3. „aufeinander schichten", daß. aufbauen: tuguria latere VII, 3, 8; specum laterculo V, 1, 29; inferiora saxo structa sunt VIII, 10, 25.

stŭdĕo, ŭi, 2. eifrig auf etw. bedacht sein, sich bemühen, mit *inf.* IV, 9, 19. — 2) für jemb. Partei nehmen, ihn (thätlich) begünstigen: alcui IX, 7, 19.

stŭdĭum, i, Bestrebung, Bemühung, Eifer: summum VII, 1, 11; auri, Begierde III, 2, 15. — 2) Eifer für jemb., Zuneigung, Ergebenheit, Beflissenheit IV, 1, 24; V, 1, 20; studium et ira, Liebe u. Haß VI, 9, 6; *plur.* VII, 2, 7; studiis inclinare in alqm X, 7, 12. — 3) *plur.* wissenschaftliches Streben, die Studien: liberalia, die freien Künste VIII, 6, 4.

stultitĭa, ae, Einfalt, Thorheit V, 9, 12.

stultus, 3. einfältig, thöricht VII, 8, 14.

stŭpĕo, ŭi, 2. starr sein: membra stupentia VIII, 4, 12. — 2) übtr. verblüfft sein, betroffen sein, vor Staunen starr sein VIII, 7, 1; stupenti similis VI, 9, 2; attonitis auribus stupens VIII, 4, 4; stupere malo, in starrer Bestürzung über die Gefahr sein X, 9, 17.

stuppa, ae, Werg X, 1, 19.

stŭprum, i, unzüchtiger Umgang, Unzucht, Schändung IV, 10, 31; stupro coire cum alquo, unzüchtigen Umgang haben mit jemb. V, 1, 37; VIII, 2, 19.

Styx, gis, *f.* Name einer Quelle in Arkabien, von Curtius nach Macedonien versetzt X, 10, 17.

suādĕo, si, sum, 2. etw. anraten, zu etw. raten, zureden: alcui III, 2, 18; sibi, sich selbst raten VII, 4, 11; mit folg. ut III, 8, 2; IV. 11, 11; mit folg. ne VII, 9, 1; X, 7, 19; mit bloß. Konjunktiv VI, 8, 5; mit *inf.* VII, 11, 23; alqd III, 4, 3; IV, 13, 11; utilia III, 2, 17; talia X, 5, 33; quod hic dies tibi suadet VIII, 14, 43; *absol.* raten, Rat geben III, 8, 6; VII, 4, 9; prudenter III, 8, 6; bene VIII, 6, 17.

sŭb, *praep.* mit *abl.* unter: sub solo VII, 10, 3; sub oneribus esse, Lasten tragen III, 13, 9; sub flammis, unter... hervor IV, 2, 13; opera sub fronte latentia, hinter IV, 3, 8. — 2) unterhalb, unten an (einem höher ragenden Gegenstande): sub monte VII, 4, 31; sub radicibus montis V, 4, 6. — 3) z. Bezeichn. b. Unterordnung, unter: sub alquo (esse) VII, 3, 4; X, 2, 23; 3, 3; 8, 11; sub alquo vivere VI, 9, 18; 10, 26; VIII, 1, 27; imperium stat sub uno X, 9, 2. — 4) z. Bezeichn. näherer Umstände, unter: sub tutela IV, 4, 21; sub specie IX, 2, 7; X, 6, 21. — B) mit *acc.* unter: sub terram rapere VII, 10, 2; alqm sub jugum mittere VIII, 7, 11. — 2) v. b. Zeit: a) gegen, um: sub vesperam VI, 7, 20; sub lucis ortum (exortum) IV, 7, 22; sub sidus, um die Zeit b. Gestirnes V, 6, 12; sub casum discriminis, beim Bevorstehen des Entscheidungskampfes IV, 10, 2. — b) während: sub noctem X, 3, 4. — 3) v. beeinflussenden Umständen, unter: sub unum fortunae ictum cadere, einem einzigen Schlage des Schicksals unterworfen werden III, 8, 2.

subactus, a, um, f. subigo.

sub-dēfĭcĭo, ēre, allmählich matt werden VII, 7, 20.

sub-do, dĭdi, dĭtum, 3. unter etw. legen ob. setzen, unterlegen: saxa V, 5, 4; gradus VII, 11, 15; mensam pedibus V, 2, 13; faces urbi (sarcinis), Brandfackeln in die Stadt werfen V, 7, 4; VI, 6, 15; equo calcaria, einsetzen III, 13, 8; VII, 2, 6; 7, 37. — **2)** übtr. a) aussetzen, preisgeben: caput („seine Person") ruinae rerum V, 10, 9. — b) „an die Stelle des andern setzen", daß. insb. (fälschlich) unterschieben: marem X, 6, 21.

sub-dūco, xi, ctum, 3. (darunter) wegziehen: pedes IX, 7, 22; mensam V, 2, 15; unda vestigium subducit IV, 9, 18. — **2)** Truppen wegziehen, wegführen (besond. heimlich): equites (vires) ex acie III, 11, 3; IV, 15, 8 (s. sum A, 3); copias in urbem X, 9, 14; subduci ex acie VII, 6, 4 (s. fallo 3). — **3)** heimlich wegnehmen, bei Seite schaffen: poculum IX, 7, 24; alqm saevitiae, entziehen IV, 4, 15; alqm (alqd) oculis, den Blicken entziehen III, 3, 3; IX, 4, 18. — **4)** vorenthalten: alqd IX, 1, 34; multitudo mihi quaedam subduxit, hat mich vergessen lassen VI, 3, 4. — **5)** einziehen: vela, reffen IX, 4, 10.

sŭb-ĕo, ĭi, ĭtum, īre, unter etw. gehen: aquam, unter b. Wasser tauchen IV, 3, 10; virgulta, kriechen durch VI, 5, 17; lecticam, auf die Schultern nehmen VII, 6, 8, amnis terram subit, strömt unter die Erde IV, 4, 5. 7; luna terram, tritt hinter die Erde IV, 10, 5; übtr. sich einer Sache unterziehen, etw. auf sich nehmen, übernehmen: periculum V, 7, 1; discrimen VIII, 11, 10; molem X, 5, 37; jugum imperii VI, 3, 6; nova fortuna subit peregrinos ritus, seine neue Stellung (als König v. Asien) läßt ihn fremde Bräuche annehmen IV, 6, 29. — **2)** emporsteigen, hinansteigen V, 3, 8; VII, 11, 14; VIII, 11, 13. 25; adverso amne (eodem amne), herauffahren IX, 10, 3; X, 1, 16; classis subit adversum flumen, schifft stromaufwärts IX, 10, 1. — **3)** heranrücken, anrücken, vorbringen, sich nähern: muros IV, 3, 24; moenia IX, 8, 18; absol. III, 4, 4; IV, 4, 13; 6, 23; IX, 4, 32; 5, 15; scaphae subeuntes IV, 2, 23; mare (aqua) subit, bringt heran IX, 9, 7. 25; mare Ciliciam (Indus radices petrae) subit, bespült VII, 3, 19; VIII, 11, 7. — **4)** übtr. a) jemb. überkommen, befallen, beschleichen: paenitentia subit alqm III, 2, 19; verecundia V, 2, 15; cogitatio horum (= harum rerum) VII, 1, 4. — b) in die Gedanken kommen, vor die Seele treten: alqd subit animum V, 4, 11; VI, 9, 27; mit acc. c. inf. X, 5, 23; absol. subit alqm VIII, 2, 6.

sŭbĭcĭo, jēci, jectum, 3. (jacio), unter etw. werfen, legen ob. stellen: epistolam pulvino III, 6, 7; mensam pedibus V, 2, 15; ignem urbi (aedibus tectis), Feuer in die Stadt werfen III, 4, 14; V, 6, 7; IX, 4, 6; mucronem, von unten hineinstoßen IX, 5, 11, alqd oculis, mit Augen sehen III, 2, 12; *part.* subjectus, darunter liegend: petra III, 1, 3; valles ipsis subjectae, unter ihnen liegend VII, 11, 18; insula ostio, vorliegend X, 1, 11. — **2)** übtr. a) unterwerfen, unterordnen: Asiam VIII, 1, 37; Babyloniam alcui VIII, 3, 17; Mediam imperio VI, 9, 22; omnia pedibus ipsorum subjecta sunt, liegt unterworfen unter ihren Füßen III, 10, 7. — b) an die Hand geben, in den Sinn geben: consilium VII, 5, 17; aliud atque aliud VI, 6, 27; quicquid metus subicit III, 6, 5.

sŭbĭgo, ēgi, actum, 3. (ago), „untertreiben", daß. übtr. a) unterjochen, unterwerfen: Illyrios IX, 6, 20; bello VIII, 8, 10; armis VIII, 1, 2; regionem IX, 1, 35; Asiam III, 10, 4; VII, 7, 14; orbem terrarum VIII, 8, 17. — b) zu etw. bringen, zwingen: alqm fame in deditionem VII, 7, 38; mit folg. ut IV, 11, 2.

sŭbindĕ, *adv.* gleich barauf, balb nachher VI, 7, 30; VII, 7, 30. — 2) von Zeit zu Zeit, immer wieber, wiederholentlich III, 7, 9. 13. 11, 26; IV, 1, 2; 15, 32; V, 1, 30; 4, 18; 12, 20; VI, 4, 14; VIII, 2, 35; 9, 10; IX, 1, 33; 3, 24. — 3) allmählich VIII, 2, 34.

sŭbĭtō, *adv.* plötzlich, unvermutet III, 2, 18; 3, 3; IV, 1, 21.

sŭbĭtus, 3, plötzlich, unvermutet: metus X, 3, 1; pavor III, 12, 4; formido IV, 13, 13; terror IV, 12, 16; serenitas X, 9, 5; desiderium VI, 2, 19; mors VI, 6, 18.

sub-jăcĕo, ŭi, 2. barunter liegen: petrae subjacentes V, 3, 18.

subjectus, a, um, f. subicio.

sublīmis, e, emporragenb, erhaben, hoch: fastigium VIII, 11, 6; curru sublimis, thronenb III, 11, 7; IV, 1, 1.

sub-lŭo, lŭi, lūtum, 3. bespülen: Asia Hellesponto subluitur IX, 6, 20.

sub-mergo, si, sum, 3. untertauchen, versenken: navigia IX, 4, 11.

sub-mĭnistro, 1. an bie Hand geben, verschaffen: alimenta alcui V, 1, 27; consilium VI, 6, 27.

sub-mitto, misi, missum, 3. herunterlassen, niederlassen: clipeum, sinken lassen IX, 5, 18; genua, beugen VI, 5, 18; se, sich niederlassen VIII, 14, 39; genu submitti, ins Knie sinken IV, 6, 20. — 2) übtr. *passiv.,* v. Lokalitäten, abfallen, sich senken: fastigium submittitur valle, senkt sich zum Thal VI, 4, 19; rupes leniore fastigio submissa, sich herabsenkend VI, 6, 23. — 3) emporrichten: falces submissae, nach oben gerichtet IV, 9, 5.

sub-mŏvĕo, mōvi, mōtum, 2. entfernen, fern halten, vertreiben: alqm IV, 10, 32; VII, 2, 13; hostes VI, 8, 9; natura terras submovit, hat (ihnen) weit entrückt IX, 6, 22.

sŭbŏlēs, is, *f.* (subolesco), „Nachwuchs", bah. Nachkommenschaft: regia stirpis IV, 14, 22; Sprößling X, 6, 13; 10, 19 (Cassander).

sŭb-orno, 1. „ausrüsten, zustutzen", bah. heimlich wozu anstiften, anstellen: alqm VI, 10, 16; X, 9, 8; in caput alojus VI, 9, 5; subst. subornati X, 1, 36.

sub-rŭo, ŭi, ŭtum, 3. unterwühlen, über ben Haufen werfen: muros cuniculis IV, 6, 21; Africus congesta subruit IV, 2, 8; murus cuniculo subrutus, ber Einsturz ber Mauer IV, 6, 23.

sub-sĕquor, cūtus sum, 3. unmittelbar nachfolgen VII, 9, 22; alqm X, 2, 16.

subsĭdĭum, i (subsideo), Reservetruppen, Reserve: cornua subsidiis firmare IV, 13, 30; in subsidiis, in Reserve III, 9, 3; IV, 13, 28.

sub-sīdo, sēdi, sessum, 3. sich niedersetzen, sich niederlassen: in genua VII, 9, 2. — 2) übtr. sich senken: qua valles subsederant, wo Thalsenkungen waren IX, 9, 19.

sub-sisto, stĭti, 3. stehen bleiben, Halt machen IV, 9, 15; VI, 6, 19; cum copiis IX, 10, 2; subsistere jubere, Halt machen lassen III, 11, 2; VI, 5, 26. — 2) verweilen, bleiben: in eodem loco IV, 10, 15; in tabernaculo VI, 7, 16; in nave IX, 9, 21; circa Mesopotamiam IV, 9, 1; ibi VII, 9, 14; apud alqm IX, 2, 1; paucos dies VI, 5, 32; diutius V, 2, 2.

substĭtŭo, ŭi, ūtum, 3. (statuo), an jembs. Stelle setzen: alqm alcui IV, 8, 11; VIII, 3, 17; alqm reum criminis, bie Schulb bes Vergehens auf jemb. wälzen VI, 7, 31.

sub-sum, fŭi, esse, „barunter sein", bah. übtr. zu Grunde liegen, babei vorhanden sein: subest malum X, 2, 20; nefas V, 9, 9; ratio alcui rei IV, 14, 19; causa (spes) liegt vor IV, 12, 14; 14, 22; facinus subest silentio, steckt hinter bem Stillschweigen VI, 9, 11.

sub-trăho, xi, ctum, 3. heimlich entziehen, unterschlagen: pecuniam VI, 2, 10. — 2) übtr. a) ent-

suburbanus — **sum** 255

ziehen: materiem consternationis VII, 2, 32; alqm tormentis VI, 9, 31. — b) nicht erwähnen, übergehen: alqm VI, 10, 7. 9.

sŭburbānus, 3. nahe bei der Stadt befindlich: hortus IV, 1, 19.

sub-vĕho, xi, ctum, 3. (stromaufwärts) zuführen, herbeischaffen: vestem IX, 3, 10; commeatus Tigri amne IV, 9, 8.

sub-vĕnĭo, vēni, ventum, 4. „dazukommen", bah. zu Hilfe kommen", IV, 16, 2.

succēdo, cessi, cessum, 3. herangehen: ad portus claustra, heranfahren IV, 5, 19; ad molem IV, 3, 2. — 2) nachrücken, an die Stelle treten III, 7, 9; fatigatis VIII, 11, 19; in stationem, die Wache beziehen VIII, 6, 15. 18. — 3) im Amte nachfolgen, jemds. Nachfolger sein: alcui III, 5, 7; VIII, 3, 17.

successor, ōris, Nachfolger X, 5, 37.

succĭdo, cĭdi, 3. (cado), niedersinken, einsinken: genua succidunt IX, 5, 7.

succumbo, cŭbŭi, cubĭtum, 3. unterliegen: dolori X, 5, 24.

succurro, curri, cursum, 3. „herbeilaufen", bah. zu Hilfe eilen: alcui IX, 1, 15. — 2) übtr. in die Gedanken kommen, einfallen: succurrit alcui mit abhäng. Frage VII, 8, 21.

sūcus, i, Saft VI, 4, 22; pomorum VIII, 10, 14; ciborum IX, 10, 13.

sūdor, ōris, m. Schweiß VI, 1, 11; ex membris profunditur VIII, 2, 38; sudore perfusus III, 5, 2.

Sudrăcae, ārum, indisches Volkzwisch. den Flüssen Indus und Acesines IX, 4, 15; 24, 26 (V.).

sufficio, fēci, fectum, 3. (facio), „darunter thun", bah. unterbauen, zu etw. den Grund legen: solum sufficiens operi V, 1, 29. — 2) übtr. für etw. hinlänglich sein, ausreichen, genügen: alimenta sufficiunt multitudini III, 8, 8; manus praedae (desiderio) III, 13, 11; IV, 1, 25; felicitas temeritati IV, 14, 19; aliquis fortunae VII, 7, 27; dextra ad vellendum telum, hat Kraft IX, 5, 10; part. sufficiens, gewachsen: aetas tantis rebus III, 6, 19; rex malis VIII, 4, 10 (multiplicato labore, „trotz der vermehrten Anstrengung"); absol. scalae non sufficiunt, halten nicht aus IX, 4, 33.

suffŏdĭo, fōdi, fossum, 3. unterhalb graben: specum, unter der Erde graben IX, 8, 14; moenia cuniculo, unterminieren VII, 6, 23. — 2) (von unten) durchbohren: equos telis IV, 13, 33; ilia IV, 15, 15.

suffrāgātĭo, ōnis, f. Empfehlung zu einem Amte VII, 1, 11.

suffrāgor, 1. durch seine Stimme (suffragium) für ein Amt empfehlen, bah. überh. begünstigen, unterstützen, mit dat.: robur aetatis suffragatur spei X, 7, 10.

suffŭgĭum, i, Zufluchtsort VIII, 4, 9. — 2) übtr. Zufluchtsmittel, Schutzmittel VIII, 4, 7.

suffulcĭo, si, tum, 4. stützen: opus V, 1, 29.

suffundo, fūdi, fūsum, 3. „untergießen", bah. passiv. über etw. sich ergießen, sich verbreiten: color sanguinis suffunditur IV, 10, 2; pallor suffusus est, überzog ihn III, 5, 3.

suggĕro, gessi, gestum, 3. (sub u. gero), „unterbringen", bah. übtr. beibringen, veranlassen: dolor suggerit questus X, 5, 8.

sui, sibi, se (ob. sese), pron. reflex., seiner, ihrer: immemor sui IV, 15, 24; aestimator sui VIII, 1, 22; servator sui VIII, 2, 2; ludibrium sui V, 5, 6; deditio sui V, 1, 18; pretium sui V, 6, 6; pars sui IV, 3, 20; 4, 4; origo sui IV, 12, 8; contemptu sui V, 3, 18; sibimet u. semet, s. met.

sulphur, ŭris, n. Schwefel IV, 3, 2; 6, 11.

sum, fŭi, esse, dasein, vorhanden sein, sein: quiquid vini erat VII, 5, 7; nulla Bactra sunt nobis, für uns giebt es kein Bactra V, 11, 6; quantum in te uno sit, wieviel auf dir allein be-

sum

ruhe VII, 7, 27; sunt qui … mit folg. Konjunkt. gen., (f. qui 4); filius ex alqua futurus (= nasciturus) X, 7, 8; insb. a) mit dat. der Person = haben: Indis sunt sagittae IX, 5, 9; alcui est ingenium III, 2, 17; nomen III, 1, 12; vergl. IV, 9, 3; V, 6, 18; 13, 13; alcui est (= inest in alquo) reverentia (veneratio, ira), wohnt inne IV, 10, 32; VI, 5, 29; VIII, 6, 12. — b) wo sein, sich befinden: in theatro IX, 6, 21; in propinquo V, 5, 4; in hoc statu III, 6, 16; in periculo V, 13, 3. — c) der Fall sein, stattfinden: quae in Sogdianis sunt, die Vorgänge in Sogbiana VII, 5, 19; quid deinde futurum esset, was nun werden solle X, 5, 7; ut nunc est, wie es jetzt steht V, 5, 10; IX, 6, 6; non est quod, es ist kein Grund, daß IV, 15, 8; non est quod existimes, du darfst nicht glauben VI, 8, 6; est cur Persas vicerimus, es ist darum, daß wir besiegt haben X, 6, 14. — B) mit gen. possessiv.: esse alicujus, jemb. angehören: id fore ipsius IV, 1, 3; vergl. IV, 2, 1; 14, 2; V, 2, 14; VIII, 10, 22; X, 6, 9; quae hostium sunt IV, 15, 7; potestas est nullius, steht keinem zu VIII, 8, 5; primi agminis esse, zum Vortrab gehören VII, 5, 14; alienae dicionis, unter fremder Botmäßigkeit stehen V, 5, 6. — 2) mit gen. qualit.: pervicacis irae esse, beharrlichen Zorn hegen VIII, 6, 1; animi obluctantis („einen Geist haben, welcher") VI, 6, 27; mentis intactae a superstitione IV, 6, 12; ultimae sortis, dem niedrigsten Stande angehören IX, 2, 6; hujus sententiae esse, dieser Ansicht sein V, 5, 21; sui juris esse, unabhängig sein VI, 3, 9; ejusdem juris esse, gleiches Recht haben X, 3, 14; murus est quinquaginta stadiorum, beträgt VII, 6, 25. — 3) mit gen. pretii: supellex est sexaginta talentorum, ist wert X, 2, 24. — 4) mit Auslassung eines Begriffes: est vulgi, ist Sache des Volkes VI, 8, 25; fortium virorum est, es ziemt tapferen Männern V, 9, 6; properantium est (f. propero) X, 8, 17; insatiabilis avaritiae est, es verrät un-

Sunium

ersättliche Habsucht VIII, 8, 12; victoria est mei operis, ist mein Werk VIII, 1,23; aliquid est mei muneris, ist meines Amtes VII, 6, 8; mearum partium, ist meine Aufgabe IV, 14, 12. — 5) mit dat. finalis, wozu dienen, wozu gereichen: esse honori, zur Ehre III, 7, 12; saluti IV, 4, 15; solacio IV, 10, 21; terrori V, 4, 25; exemplo VI, 4, 24; ludibrio VI, 11, 4; spectaculo VIII, 7, 5; usui VIII, 14, 16; praedae, zur Beute werden V, 1, 6; remedio, als Heilmittel dienen IX, 10, 1; fastidio, zuwider sein IV, 10, 3; alqd mihi est curae, ich lasse mir etwas angelegen sein, sorge für etwas VI, 7, 21; cordi esse, f. cor; pignori esse, f. pignus. — 6) mit abl. qualit.: pingui solo esse, fetten Boden haben V, 1, 12.

summa, ae, Hauptsache: virium, Hauptstärke VIII, 14, 2; epistolae (sermonis), Hauptgedanken, Inhalt VI, 9, 13; 11, 12. — 2) insb. a) Gesammtheit, das Ganze III, 8, 30; copiarum IV, 12, 8; imperii, höchste Gewalt X, 6, 17; 10, 1. — b) Gesammtzahl, Summe: exercitūs IV, 12, 13; pecuniae III, 13, 16; V, 2, 11; 6, 10; VI, 2, 10.

summitto, f. submitto.
summŏvĕo, f. submoveo.
summus, a, um, f. superus.
sūmo, sumpsi, sumptum, 3. (an sich) nehmen, ergreifen: arma III, 8, 24; 11, 12; regium insigne VIII, 12, 14; alimenta in biduum VII, 11, 14; nomen, annehmen IV, 1, 10; supplicium de alquo, an jemb. vollziehen X, 1, 9. — 2) insb. a) anlegen: loricam IV, 6, 14; thoracem X, 7, 14; munimentum corporis IV, 13, 25; vestem VI, 6, 4; galeam VI, 1, 14. — b) einnehmen: medicamentum III, 6, 3. — c) wählen: duces IX, 8, 30.

sumptuōsus, 3. viel Aufwand machend: subst. sumptuosi, Verschwender X, 2, 10.

Sūnĭum, i, Vorgebirge an d. Südspitze v. Attika, jetzt *Capo Colonni* X, 2, 1.

sŭpellex, lectīlis, *f.* Hausrat, Hausgerät, Inventar: pretiosa V, 1, 6; regia III, 13, 2. — 2) Schatz: regia X, 2, 24.

sŭpĕr, *adv.* obenbarauf, darüber: super quae alia strue saxorum cumulata IV, 3, 9. — B) *praep. mit acc.* über... hin, über: pontes sternere super asseres IV, 3, 15; arma levare (scuta conserere) super capita IV, 9, 17; VIII, 13, 12; V, 3, 23; volare super caput alcjus IV, 15, 26; procumbere super corpus alcjus VIII, 11, 16; super se, über ihren Kopf hinweg VIII, 14, 27. — 2) über... hinaus: eminere super fluctus IV, 4, 3; super undas IV, 4, 4; super alqm VIII, 13, 7; III, 11, 8. — 3) über, oberhalb, auf: super Bosporum colere VI, 2, 13; VII, 6, 12; super arcem V, 1, 32; 3, 10; super tabernaculum III, 3, 8; super ripam VII, 8, 1; 6, 13; super utres nare VII, 8, 6; super latus IX, 5, 9; super cervicem IX, 7, 22; cubare super alqm zu Häupten jembs. VIII, 5, 22; super capita hostium, oberhalb der Feinde V, 3, 5; vestis supra genua est, reicht nur bis ans Knie V, 6, 18. — 4) v. b. Zeit, während: super cenam, über Tisch, bei Tische VI, 11, 27; VIII, 12, 17; super mensam, bei Tafel VII, 4, 7; super vinum et epulas, beim Wein u. Schmause VIII, 4, 30. — 5) v. Maße, über... hinaus: super ipsorum vota, über ihre eigenen Wünsche X, 1, 25; luxuria super omnium gentium vitia (est), übersteigt VIII, 9, 23. — 6) v. Ämtern, über: super armamentarium positus, gesetzt über VI, 7, 22.

sŭperbē, *adv.* stolz, hochmütig IV, 1, 7; superbius VII, 11, 23.

sŭperbĭa, ae, Stolz, Hochmut III, 12, 19; VI, 6, 1; habitus, Hoffart in der Tracht VI, 6, 5.

sŭperbus, 3. stolz, hochmütig: homo VII, 1, 34; vultus V, 8, 14; felicitas V, 5, 12; litterae III, 5, 12; *mit abl. causae* („auf"): superbus parto regno VII, 4, 3.

super-fundo, fūdi, fūsum, 3. darübergießen, *passiv.* überströmen, überfluten IV, 4, 4; IX, 9, 10; fastigio summi operis, („über den obersten Rand des Bau's") IV, 2, 8; übtr. fortuna se superfundit animo ejus, überflutet (berauscht) sein Herz III, 12, 20.

sŭpergrĕdĭor, gressus sum, 3. (gradior), überschreiten: ruinas munimentorum VIII, 2, 22.

sŭpĕri, ōrum, *f.* superus.

sŭpernē, *adv.* von oben her III, 9, 11; VII, 3, 9.

sŭpĕro, 1. überschreiten, übersteigen, passieren: angustias V, 3, 7; Caucasum VII, 3, 22; munimenta VII, 11, 8; amnem III, 1. 10; 8, 16; IV, 3, 16; zeugmatisch: sic superavit Granicum, sic multitudinem hostium, so überschritt er... so überwand er IV, 9, 22. — 2) „überragen", bah. a) übertreffen: alqm felicitate III, 12, 24. — b) überwinden, besiegen: alqm IV, 16, 4; acie III, 7, 4; proelio IV, 1, 31.

sŭper-sĕdĕo, sēdi, sessum, 2. „überettw. sitzen", bah. übtr. einer Sache überhoben sein, sich einer Sache enthalten, ettw. unterlassen, *mit inf.* V, 6, 14.

sŭperstĕs, stĭtis, überlebend: superstitem esse alcui, jemb. überleben IX, 6, 9; dedecori VIII, 2, 5.

sŭperstĭtĭo, ōnis, *f.* abergläubische Furcht, Aberglaube IV, 3, 23; 10, 7; animi V, 4, 1 (f. a 3); captus superstitione IX, 4, 29; mens intacta a superstitione IV, 6, 12.

sŭper-sum, fŭi, esse, übrig sein, übrig bleiben, noch vorhanden sein: superest iter VI, 3, 16; una nox III, 8, 20; usus aurium V, 4, 25; aliquid lucis VII, 9, 14; satis hostium VI, 8, 9; bellum IV, 5, 9; hoc unum discrimen IV, 14, 1; belli moles V, 9, 5; labor V, 13, 4; nihil virium IX, 5, 13; aliquid ex praeda IX, 3, 11; non amplius ex pecunia X, 2, 11; hoc solum ex opibus X, 2, 27; nihil aliud ex alquo X, 6, 7; unus e liberis X, 5, 23; pauci (ex milibus) VI, 3, 17;

V, 11, 5; unperf. superest ut VI, 8, 8. — 2) überleben, mit dat.: caedi VII, 7, 38; proelio IV, 1, 34; omnibus ejus, alle ihre Angehörigen VIII, 2, 9; absol. noch am Leben sein IV, 11, 3; saevitiae, für die Grausamkeit VIII, 7, 4.

sŭpĕrus, 3. „oben befindlich"; comp. superior, der obere, höhere: fastigium VIII, 2, 23; superiora (muri), die oberen Teile VIII, 10, 25; superl. 1) suprēmus, „der oberste", dah. übtr. v. b. Zeit, der letzte: nox X, 9, 3; hora („Todesstunde") III, 12, 8; vox X, 5, 6; officium III, 12, 11; ferrum supremum stringere, b. i. zum Todesstreiche VIII, 7, 7. — 2) summus, der oberste, höchste: cacumen III, 1, 3; fastigium V, 1, 31; fastigium summi operis, der oberste Rand des Bau's IV, 2, 8; partitiv: pectus, die Brust oben IV, 9, 15; cutis, Oberfläche der Haut III, 12, 2; terra, Erdoberfläche VIII, 10, 31; jugum, Höhe des Bergrückens VIII, 11, 5; temo, Spitze der Deichsel IV, 9, 5; in summo, am obersten Teile IV, 10, 12; summa, die obersten Teile VIII, 11, 6; summa tectorum, Dächer der Häuser IV, 4, 12; summa confundere imis, s. confundo. — 3) übtr. a) der äußerste: terminus IV, 11, 19. — b) der höchste, größte, vorzüglichste: cura III, 12, 22; studium VII, 1, 11; utilitas V, 2, 6; imperium, Oberbefehl III, 13, 14; eventus summae rei, im Großen VIII, 13, 12; discrimen summae rei (s. discrimen 2).

sŭpervăcŭus, 3. überflüssig, unnötig: defensio VI, 10, 4; sermo IV, 8, 12; sanguis VIII, 7, 11 (s. ut A, 3); supervacuum est mit inf. VIII, 4, 18; 8, 4.

sŭper-vĕnio, vēni, ventum, 4. „über etw. kommen", dah. (unvermutet) dazukommen, (dabei) eintreffen, ankommen IV, 10, 19; 15, 18; V, 4, 34; VII, 2, 1; X, 1, 1; solacium supervenit, kommt herbei IX, 5, 15; nox (casus) alcui, kommt über jemb. IX, 9, 8; X, 5, 15. — 2) jemb. über den Hals kommen, ihn überraschen, überfallen: alcui IV, 9, 23; 12, 15; V, 13, 11; VI, 6, 21.

sŭpīnus, 3. rückwärts gebogen: manus (nach alter Gebetssitte gegen die Brust zurückgebogen und mit der Fläche nach oben gekehrt) VI, 6, 34.

suppĕto, īvi (ĭi), itum, 3. „herbeikommen", dah. ausreichend vorhanden sein, ausreichend zu Gebote stehen: alimenta suppetunt multitudini VII, 11, 1; locus castris III, 3, 27; nec consilium nec vox V, 9, 1.

supplēmentum, i, „Ergänzung",insb. Truppenergänzung, Verstärkung: in supplementum, zur Ergänzung V, 1, 43; VI, 5, 10; copiarum IV, 5, 18; Ergänzungsmannschaft V, 7, 12; VI, 6, 35.

supplĕo, ēvi, ētum, 2. ergänzen, ersetzen: vigorem firmitate animi VII, 9, 11.

supplex, ĭcis (plico), „die Kniee beugend", dah. demütig bittend, schutzflehend IV, 4, 12; V, 1, 17; vox IV, 6, 28; subst. IV, 6, 15; V, 3, 13; VI, 6, 34; Schützling III, 2, 17.

suppliciter, adv. demütig, flehentlich V, 10, 14.

supplicium, i, das Niederknieen zum Empfang der Strafe, dah. überh. (harte Leibes-) Strafe, Marter, insb. Todesstrafe, Hinrichtung VI, 11, 20 (s. remitto); VIII, 6, 21; X, 4, 1 (s. per 4); grave VI, 11, 8; capitale III, 2, 17; debitum VIII, 8, 6; ultimum VI, 6, 31; 7, 31; novum, unerhörte Marter VIII, 14, 29; ad supplicium trahi (abstrahi) VII, 10, 4; X, 3, 1; supplicium sumere de alquo, Todesstrafe an jemb. vollziehen X, 1, 9; alqm supplicio afficere, hinrichten IV, 5, 18; 8, 11; supplicium luere IV, 7, 27. — 2) insb. Verstümmelung V, 5, 8; vario modo suppliciorum afficere, auf verschiedene Weise verstümmeln V, 5, 5; metonym. verstümmelter Körper V, 5, 10.

supprimo, pressi, pressum, 3. (premo), „herunterdrücken", dah. zurückhalten, hemmen: sanguinem medi-

suppuro   **sustineo**   259

camento IV, 6, 19; iram altius VI, 7, 35; umbra lucem supprimit VIII, 4, 8; vox per metum supprimitur VII, 7, 26. — 2) **unterbrüden, verheh-len**: indicium VI, 8, 10; 9, 8; epistolam III,7,14; indoles claritate fratris suppressa, in Schatten gestellt X, 8, 21.

suppūro, 1. (pus, „Eiter"), „unterschwären", bah. forteitern: alte („in ber Tiefe") VII, 2, 9, dolor suppuratus VII, 1, 7.

sūprā, adv. „oberhalb", bah. v. b. Zeit, oben, früher: sicut supra diximus VII, 1, 6; ut supra dictum est IV, 16, 16; VI, 5, 24. — 2) praep. mit acc., oben auf, über: perticam supra praetorium statuere V, 2, 7; übtr. alqm supra somnum habere, als Wächter über seine Nachtruhe VI, 11, 3.

sūprēmus, a, um, f. superus.

sūra, ae, Wade VIII, 10, 28.

surdus, 3. taub: aures VI, 11, 15; surdas aures pulsare (fatigare) IX, 2, 30; 10, 16. — 2) übtr. unempfindlich: posteritas V, 8, 10.

surgo, rexi, rectum, 3. (= subrigo v. rego), aufstehen, sich erheben V, 4, 23; 7, 5; VII, 3, 13.

Sūsa, ōrum, Hauptstadt der Provinz Susiana, Winterresidenz der persischen Könige V, 1, 7; 2, 8. 16; 3, 3; 6, 9.

Sūsiānus, 3. susianisch: regio, die Provinz Susiana, mit Babylonien eine zusammenhängende durch hohe Gebirge begrenzte Ebene bildend, jetzt Schusistan V, 2, 17; subst. Susiani IV, 12, 6; V, 3, 3. 16.

Sūsis, ĭdis, susisch: Susides pylae, Gebirgspaß zwisch. dem Lande der Uxier u. Persis, jetzt Passage Kala Sefid, nordwestl. von Schiras: acc. Susidas pylas V, 3, 17.

suscĭpĭo, cēpi, ceptum, 3. (capio), „über sich nehmen", bah. übtr. a) übernehmen: vota III, 7, 3. — b) unternehmen, beginnen: bellum IV, 1, 12; VI, 3, 18.

suspectus, 3. Argwohn erregend, verdächtig: alcui VII, 1, 12; perfidia IV, 6, 4; fraus V, 5, 1; dissimula-

tio VII, 2, 9; remedium III, 5, 15; dies VII, 1, 31; suspectus contumaciā (abl. causae) VIII, 6, 1; sceleris (f. scelus 2) VI, 8, 3; mit inf. IX, 10, 21; X, 1, 39; alqm suspectum facere VII, 2, 34; fidem suspectam habere, für verdächtig halten VI, 10, 16.

suspendo, di, sum, 3. aufhängen, anhängen: acinacem III, 3, 18; circuli suspensi VI, 5, 16. — 2) „schweben machen", bah. übtr. in Spannung versehen, spannen: expectationem VII, 4, 14; animos expectatione IX, 7, 20; suspensus expectatione, in gespannter Erwartung III, 1, 17; VI, 7, 4; absol. suspensus, unruhig, aufgeregt III, 10, 3.

suspīcio, ōnis, f. Argwohn, Verdacht IV, 10, 31; suspicionem alcjus rei praebere III, 3, 13. — 2) Vermutung, mit acc. c. inf. VI, 2, 6.

suspīcor, 1. argwöhnen: alqd IV, 10, 27; mit acc. c. inf. VI, 11, 37; VIII, 1, 29.

suspīro, 1. seufzen, ächzen IV, 10, 32.

sustento, 1. (v. intens. v. sustineo), aufrecht halten: se et arma VIII, 4, 15; übtr. animus corpus sustentat VIII, 2, 38.

sustīnĕo, tinui, tentum, 2. (teneo), aufrecht halten, tragen, halten: arma VI, 1, 11; onus capite VII, 4, 11; spolia, fortbringen VIII, 8, 9; parietes sustinent molem V, 1, 34; pilae onus V, 1, 33; pontes militem IV, 3, 15; pons saxis sustinetur V, 1, 30; terra cumulis lapidum IV, 3, 7; absol. adminiculum sustinet, giebt Halt VIII, 2, 39. — 2) übtr. a) stützen: imperium sustinetur, wird zu stützen versucht X, 9, 2. — b) auf sich nehmen, übernehmen: rem magnam IV, 6, 6. — c) über sich vermögen, über sich gewinnen, wagen: id VI, 7, 9; mit inf. IV, 4, 14; V, 10, 13; VI, 1, 15; VII, 5, 12. 38; VIII, 12, 6; IX, 1, 34. — d) ertragen: munia IX, 3, 1; mit acc. c. inf. VIII, 5, 7. — e) gegen etw. Stand halten, es womit aufneh-

17*

men, etw. bestehen: impetum IV, 15, 12; vim hostium IX, 5, 18; turbam IX, 2, 22; beluas IX, 2, 15; conspectum hostis III, 4, 5; adventum alcjus IV, 7, 3. — f) erhalten, ernähren: pisce et herbis sustineri, sich nähren VII, 4, 24.
suus, 3. sein, ihr: sui, die Seinigen, Ihrigen III, 1, 9; 8, 25; suum (sua), das Seinige, Ihrige VII, 1, 33; IV, 15, 13; omnia sua, ihr sämtliches Eigentum VI, 6, 34. — 2) prägn. a) sein eigen: sors III, 2, 11; pavor III, 10, 6; maeror III, 11, 25; necessitudines IV, 10, 23; sui juris esse, unabhängig sein VI, 3, 9. — b) gewöhnlich, eigentümlich, natürlich: vigor III, 6, 16; terra V, 1, 33; lex VI, 3, 7. — c) landesüblich: genus V, 1, 22; mos VI, 2, 2; VII, 2, 1; 10, 6; IX, 4, 24; ritus VI, 2, 5. — d) zukommend, geeignet: honores V, 12, 16; tempus IV, 7, 32; V, 1, 1.

e) günstig: occasio IV, 6, 13; VIII, 13, 26.
Symmăchus, i, ein Macedonier VIII, 13, 13.
Syrācūsae, ārum, Kolonie der Dorier in Sicilien, jetzt *Saragossa* IV, 3, 23.
Syri, ōrum, die Syrer IV, 1, 5; 12, 12.
Syria, ae, Landschaft Asiens am Mittelmeer zwisch. Cilicien u. Palästina, im weiteren Sinne mit Einschluß von Phönizien, Palästina, Mesopotamien, Babylonien u. Assyrien III, 8, 12; 12, 27; IV, 2, 1; 8, 9; 14, 1; f. auch Coele Syria. — 2) = Assyria V, 1, 35; VII, 8, 18.
Syrtĭcus, 3. zu den Syrten, zweien tief einschneidenden Buchten des libyschen Meeres an der Nordküste Afrikas, gehörig, syrtisch: gens IV, 7, 19.

T.

Tabae, ārum, Stadt in Parätacene an der Grenze von Persis u. Medien V, 13, 2,
tăbernācŭlum, i, Zelt III, 3, 8; VII, 10, 14; tabernaculum locare VII, 8, 1; statuere IX, 6, 1.
tābēs, is, f. Fäulnis, Verwesung X, 10, 12.
tăbŭla, ae, Brett IX, 9, 20.
tăbŭlātum, i, Bretterwerk IV, 3, 17; hölzerner Oberbau IV, 3, 4; VIII, 10, 26; tabulata turrium, Bretterwände IV, 6, 9.
tăcĕo, ŭi, ĭtum, 2. schweigen IV, 6, 6. 28. — 2) transit. verschweigen: rem VI, 10, 11; arcana de alquo VI, 10, 7.
tăcĭtus, 3. schweigend, schweigsam, still III, 12, 9; VI, 1, 18. — 2) „unbesprochen", dah. geheim, im Stillen X, 1, 6.
tactus, ūs, Berührung IV, 13, 20.
taedet, taeduit u. taesum est, 2. eteln: alqm taedet patrii sermonis,

jembm. ist die vaterländische Sprache zuwider VI, 9, 36.
taedĭum, i, Ekel, Überdruß: laboris V, 9, 7; VII, 2, 37; expectationis IV, 12, 23.
tălentum, i, Talent: als Gewicht = 1/2 Centner: ferri candidi IX, 8, 1; argenti formā non signati V, 2, 11. — 2) als Geldsumme in verschiedenen Staaten u. Zeiten von verschiedenem Werte; das attische Talent (seit Alexander) betrug 60 Minen ob. 4500 Mark: *gen. plur.* talentūm III, 13, 16; IV, 11, 6; V, 1, 10; VI, 2, 10; V, 1, 24. 34; 2, 10.
tălis, e, solcher, derartig: opus VIII, 2, 24; nihil tale, nichts der Art V, 4, 27; talia, solches, dergleichen Dinge VI, 8, 13; VIII, 5, 6; X, 1, 7; prägn. vir, so ausgezeichnet IV, 14, 4; vis, so stark X, 10, 16. — 2) in Bezug auf Folgendes, folgender: ordo III, 3, 9; oratio VI, 2, 21; X, 3, 6; dolus VII, 5, 21.
tălus, i, Knöchel (am Fuße) IV, 6, 29.

tăm, *adv.* so sehr, so: tam fidus VII, 1, 3; tam grave agmen III, 7, 1; tam ab amico animo IV, 11, 4; tam subito III, 2, 18; tam ... quam, ebensowohl ... als IV, 4, 2; VI, 10, 3; VII, 5, 36; ebensogut ... als VIII, 1, 14; tam ... quam si III, 12, 21; non tam ... quam, nicht sowohl ... als, weniger ... als III, 5, 13; IV, 5, 16; 6, 30.

tamdīu, *adv.* so lange VI, 10, 25; tamdiu ... donec V, 9, 4; VI, 5, 4.

tămen, *adv.* jedoch, dennoch, doch: im Nachsatze eines konzessiv. ob.konditional.Vordersatzes: quamquam ... tamen IV, 1, 32; etsi ... tamen IV, 1, 13; etiamsi ... tamen V, 8, 10; cum („obgleich") ... tamen IV, 8, 8; VI, 9, 16; licet ... tamen VII, 4, 15; ut („gesetzt daß, wenn auch") ... tamen VII, 8, 11. 21; si ... tamen V, 8, 15; quidem ... sed tamen III, 11. 10; V, 5, 7; quantuscunque ... tamen V, 5, 2; qualiscunque ... tamen V, 9, 12. — 2) nach konzessiv.Partizip. u. abl. absol.: navali proelio victus = quamquam victus erat IV, 1, 11; vergl. IV, 1, 30; 6, 5; V, 6, 12; VII, 4, 37; quinque tamen diebus, doch erst nach fünf Tagen III, 7, 1; nec tamen VII, 10, 14. — 3) doch wenigstens IV, 4, 12. 21; 6, 14; tamen ... non, doch nur ... nicht aber VI, 7, 34.

tamquam, s. tanquam.

Tanāis, is, *m.* Fluß im europäischen Sarmatien, bei den Alten die Grenze zwisch. Europa u. Asien, fließt ins asowsche Meer, jetzt *Don* VI, 2, 13. — 2) der von Curtius so benannte Jaxartes (jetzt *Sir - Deria*), welcher Sogbiana von dem Gebiete der nomadischen Scythen schied u. in den Aralsee fließt VI, 6, 13; VII, 7, 1. 2; 5, 36; *acc.* Tanain IV, 5, 5; VI, 4, 6; 7, 4; 8, 22. 30.

tandem, *adv.* doch endlich, endlich einmal IV, 1, 9; 7, 16; 9, 21; schließlich IX, 7, 17. — 2) zur Schärfung der Frage, denn VI, 6, 10; VII, 7, 19. — 3) als Ausdruck b. Verwunderung, doch: en tandem, setzt mir doch! X, 2, 23.

tanquam, *conj.* gleich als ob, wie wenn mit Konjunktiv VI, 3, 9; 8, 13; 9, 3; VIII, 5, 5.

tantŭlus, 3. so klein, so gering: impendium III, 11, 27.

tantum, *adv.*, s. tantus.

tantusdem, tantădem, tantundem, eben so viel: tantundem itineris V, 4, 22; tantundem credere VIII, 5, 11.

tantus, 3. so groß: exercitus IV, 1, 1; bellum III, 1, 10; victoria III, 5, 10; dux VI, 9, 27; tantum, so viel IX, 10, 14; tantum animi, soviel Mut V, 13, 13; irae VIII, 1, 43; terrarum, so viele Länder IV, 5, 5; *abl.* tanto, „um so viel": tanto post, soviel später VI, 7, 26. — 2) „nur so groß", daß. tantum, als *adv.* nur, bloß III, 6, 3; V, 3, 14; 13, 18; VII, 2, 34; 6, 6; 8, 25; non tantum IX, 1, 2; non tantum ... sed etiam III, 11, 25; VIII, 5, 5.

Tapyri, ōrum, mediſches Volk am kaspischen Meere zwisch. den Hyrkanern und Derbikern VI, 4, 24; VIII, 3, 17; equites Tapyri III, 2, 6.

tardē, *adv.* langsam III, 5, 13; tardius VIII, 14, 34. — 2) spät VII, 10, 14.

tardus, 3. langsam: animal VIII, 14, 18; festinatio tarda est, bewirkt Verzug IX, 9, 12.

Tarsos, i, Hauptstadt Ciliciens am Flusse Cydnus: *acc.* Tarson III, 4, 14.

Tasiăces, is, Satrap in Ägypten III, 11, 10; IV, 1, 28.

Taurōn, ōnis, Befehlshaber des leichten Fußvolkes im Heere Alexanders V, 3, 6. 10; VIII, 14, 15.

taurus, i, Stier VIII, 12, 11.

Taurus, i, Gebirge Kleinasiens, welches die Südküste der Halbinsel durchzieht u. sich in Cilicien in zwei Teile teilt, von denen der nördliche, der Antitaurus, sich bis zum Kaukasus erstreckt VII, 3, 20.

Taxilēs, i, Name der Regenten von Taxila in Indien jenseits des Indus VIII, 13, 5; 14, 35. 41; X, 1, 20; *acc.* Taxilen VIII, 12, 14; IX, 3, 22.

tectum, i, „Dach", dah. metonym. Wohnung, Haus IV, 10, 12; V, 1,

tego

8. 27; summa tectorum, bie Dächer ber Häuſer IV, 4, 13; sub tectis, unter Dach u. Fach VIII, 13, 23.

tĕgo, xi, ctum, 3. bede n, bedecken: tabulata muros tegunt VIII, 10, 26; tecti pellibus IX, 10,10; armis („Schilbe") VIII, 4, 5; arbores fronde tectae V, 4, 25. — 2) verdecken, verbergen: gladium clipeo IV, 6, 15; alquem VI,8, 24; insidias VII, 7, 32; VIII, 13,17; alqd veste tectum habere VIII, 3, 12; acies robora virorum clipeis tegit III, 2,13; caligo lucem VII,5,4.'— 3) übtr. a) verbergen, verheimlichen: scelus VI, 7, 7; insidias VI, 7, 31; cladem consilio VII, 7, 39; alqd silentio VI, 7, 4. — b) decken, ſchützen: alqm (aciem) clipeo VIII, 1, 20; IX, 2, 29; laevam partem IV, 9, 6; felicitas alqm tegit VIII, 10, 18; tegi agmine VII, 9,10; proris IV, 3, 15; cornu mari tegitur III, 8, 27. — 4) umgeben: cornu tegunt equites IV, 12, 23; acies equitatu tegitur IV, 13, 29.

tĕgŭmentum, i, Bedeckung, Panzer IV, 9, 3.

tēlum, i, Angriffswaffe, Wurfwaffe, Geſchoß III, 8, 4; V, 6, 18; tela jacere VII, 4, 33; emittere III, 11,4; conicere in alqm V, 13, 16; tormentis excutere VIII, 2, 26; extra teli jactum, außer Schußweite III, 10, 1; IV, 2, 23; intra teli jactum IV, 3, 14; ad teli jactum pervenire, auf Schußweite III, 11, 1; IV,13,36; insb. Lanze, Speer IV, 6, 24; VIII, 14. 36; IX, 7, 22; Pfeil VIII, 9, 28; 13, 6; IX, 5, 10; sagittarii gravioribus telis (abl. qualit.) VIII, 18, 6; Pfeilſpitze IX, 5, 24; übtr. fama infirmissimum telum („Waffe") IV, 14, 13.

tĕmĕrārĭus, 3. unüberlegt, unbeſonnen, verwegen: rex III, 8, 10; animal IV, 14, 18; lingua VIII, 8, 7; consilium VII, 2, 37; fiducia III, 1, 17.

tĕmĕrē, adv. unüberlegt, ohne weiteres, blindlings IV, 12, 14; 15, 15; V, 3, 21; temere facere

tempto

IV, 9, 23; VII, 9, 1; inconsulte ac temere VIII, 1, 38; forte temere, aufs Geratewohl, durch Zufall u. Ungefähr V, 11,10. — 2) ohne Grund, grundlos VI, 2, 17; VIII, 1, 17; X, 9, 15.

tĕmĕrĭtās, ātis, f. Unüberlegtheit, unüberlegte Kühnheit, Verwegenheit III, 5, 14; IV, 14, 13; linguae VI, 9, 20; VIII, 12, 18; verborum, unüberlegte Worte VII,1,16.

tēmo, ōnis, m. Deichſel IV, 9, 5 (ſ. superus); IV, 15, 4.

tempĕrantĭa, ae, Maßhalten, bie Mäßigung: in voluptatibus V, 7, 1.

tempĕrĭēs, ēi, „gehörige Miſchung", baſ. gemäßigte Beſchaffenheit, Temperatur: caeli („ber Luft") IV, 7, 17; IX, 1, 11.

tempĕro, 1. „in gehörige Miſchung bringen", baſ. gehörig einrichten, regeln: disciplina salubriter temperata VI, 6, 2. — 2) mäßigen, mildern: jugum temperat caelum („Klima") V, 4, 9. — 3) intransit. „bas rechte Maß beobachten", baſ. beherrſchen, zurückhalten: mit dat. lacrimis VII,2,7; animo („Zorn") V,9,9; oculis, ſich ber Thränen enthalten IX, 3, 2; manibus non temperaturus, willens, Hand an ſie zu legen VII, 5, 24.

tempestās, ātis, f. Zeitabſchnitt, Zeit: illa (ea) tempestate III, 1, 2; IV, 2, 11. — 2) „Witterung", insb. Unwetter III, 13, 7; V, 6, 12; VIII, 4, 5; 13, 22; tempestas procellaeque X, 1, 44; übtr. X, 9, 5.

tempestīvus, 3. „rechtzeitig", baſ. prägn. zeitig beginnend: convivium, ſchwelgeriſch VI, 2, 2; VIII, 1, 22.

templum, i, Tempel (als geweihter Ort) III,10,9; Jovis III, 1, 14.

tempŏrārĭus, 3. nach ben Zeitumſtänden ſich richtend, wetterwendiſch: ingenia IV, 5,11.

tempto (tento), 1. „betaſten", baſ. unterſuchen: vadum fluminis IV, 9, 15. — 2) übtr. a) prüfen: alqm X, 2, 10. — b) verſuchen, probieren: certamen IV, 15, 12; discrimen VIII, 10, 10; mit inf. III, 7, 13; IV, 1, 34;

V, 4, 15; VI, 6, 11; VII, 7, 21. — c) bearbeiten, zu gewinnen suchen: alqm VI, 10, 6; VII, 11, 22.

tempus, ŏris, n. Zeitabschnitt, Zeit: diei III, 5, 1; vernum IX, 10, 2. — 2) bestimmte Zeit, Zeitpunkt, Augenblick IX, 5, 26; ultimi discriminis III, 8, 20; rei agendae VII, 2, 23; tanti meriti VIII, 1, 41; statuto tempore VI, 3, 7; tempus est mit *inf.*, es ist au der Zeit VII, 2, 26. — 3) prägn. rechter Zeitpunkt, günstiger Augenblick IV, 11, 7; tempora legere VII, 7, 10. — 4) (längere ob. kürzere) Zeit: convivii VIII, 6, 17; tempora somni („die Stunden") III, 2, 15; tempore opus est VI, 3, 6. — 5) Zeitumstände, Verhältnisse, Lage: melius VII, 7, 10 (s. meus); temporis gratia V, 9, 8; *plur.* III, 5, 13; IV, 1, 27; V, 9, 12; homo temporum, sich nach der Zeitströmung richtend, ein schlauer Berechner der Verhältnisse V, 3, 4. — 6) bedrängte Lage: nostrum VII, 1, 22.

tēmŭlentus, 3. (verwandt mit temētum, „berauschendes Getränk, Met"), trunken V, 7, 3; VII, 4, 7; VIII, 10, 18.

tĕnax, ācis (teneo), festhaltend: sabulum, hemmend IV, 7, 7. — 2) übtr. an etw. festhaltend, in etw. beharrlich, mit *gen.*: disciplinae suae VI, 2, 3.

tendo, tĕtendi, tentum u. tensum, 3. spannen, ausdehnen, ausstrecken: manus supinas VI, 6, 34; manus ad caelum IV, 10, 34; ad alqm IV, 14, 23; praecordia tenduntur IV, 16, 13. — 2) reflex. „sich ausdehnen", dah. a) wohin streben, vordringen: in Indiam VIII, 2, 27. — b) übtr. nach etw. streben, etw. wollen: idem atque unum IX, 9, 14. — 3) „Zelte aufspannen", dah. lagern, kampieren: in campis X, 7, 20; extra munimenta VII, 6, 18; haud procul urbe V, 7, 6; laxius III, 8, 18; seorsum a ceteris VII, 2, 37.

tĕnĕbrae, ārum, *f.* Finsternis IV, 15, 32; tenebrae et carcer, Finsternis des Kerkers V, 5, 10.

Tĕnēdos, i, *f.* Insel vor der Küste von Troas in Kleinasien IV, 5, 14.

tĕnĕo, tenŭi, tentum, 2. (in der Hand) halten, haben: epistolam manu III, 6, 9; hastam laeva IV, 7, 19; diadema dextrā X, 8, 20. — 2) besitzen, inne haben: urbem V, 8, 1; Persidem VII, 8, 19; terras IV, 12, 11; regnum V, 8, 16; VIII, 14, 45; imperium Graeciae IX, 6, 20. — 3) inne haben, bewohnen: oram IV, 1, 10; regionem late IX, 10, 8. — 4) inne haben, besetzt halten: urbem praesidio IV, 5, 22; insulam VIII, 13, 14; ripam VIII, 13, 17. — 5) einnehmen: natio tenet cornu IV, 12, 12; regio partem Asiae V, 10, 3; harenae tenent partem terrae VII, 4, 27; solitudines octoginta stadia VII, 10, 1. — 6) festhalten: alqm VI, 9, 33; VII, 5, 36; quinqueremis tenet navem IV, 4, 7; fortuna invita teneri non potest VII, 8, 24; modum verborum, Maß in Worten halten VI, 10, 1; studio auri teneri, beherrscht werden III, 2, 15. — 7) zurückhalten: alqm X, 2, 27; se intra vestibulum, sich halten, verweilen X, 5, 8; übtr. iram, bezähmen IV, 2, 5; VIII, 12, 18.

tĕner, ĕra, ĕrum, zart: ramus VI, 5, 14; liber arborum VIII, 9, 15.

tĕnor, ōris, *m.* der ununterbrochene Lauf: rerum, Verlauf der Dinge X, 6, 11.

tento, s. tempto.

tĕnŭis, e, „dünn", dah. schmal, eng: alveus VII, 10, 2; discrimen III, 1, 13. — 2) übtr. gering, schwach: reliquiae VI, 2, 8; VIII, 9, 10.

tĕpĕo, ēre, lauwarm sein, *part.* tepens, warm: vulnus IV, 6, 19.

tĕpĭdus, 3. lauwarm, lau: fons IV, 7, 22.

tĕpor, ōris, *m.* Lauigkeit, milde Wärme IV, 7, 22; V, 4, 9; vernus IV, 7, 17.

tergum, i, Rücken (als Kehrseite): terga abeuntium X, 2, 27; fugientium IV, 15, 31; circumvenire (circumvehi) terga hostium III, 11, 3; VIII, 14, 21;

in tergo alcjus haerere (inhaerere), jembm. auf bem Nacken sitzen III, 8, 16; VII, 9, 14; tergum alcjus videre, jemb. ben Rücken wenden sehen VI, 3, 9; terga praebere, ben Rücken kehren IV, 14, 14; dare alcui, vor jemb. die Flucht ergreifen VIII, 2, 17; terga vertere, ben Rücken wenden IV, 16, 6; sich zur Flucht wenden IX, 8, 19; post tergum, hinter bem Rücken, hinter jemb. III, 10, 7; IV, 14, 7; a tergo, im Rücken III, 1, 19; 8, 27; IV, 15, 21; VII, 7, 33; 11, 22. — 2) übtr. Rückseite, Hintergrund: petrae VIII, 2, 20.

Terioltēs, is, Satrap ber Parapamisaben IX, 8, 9.

termĭno, 1. begrenzen: Halys Lydiam terminat IV, 11, 5; mari terminari VI, 2, 12.

termĭnus, i, Grenzlinie, Grenze: regni IV, 11, 21; Scytharum IX, 7, 11; mundi IX, 9, 1; rerum humanarum („ber Welt") V, 6, 13; mare est terminus rebus humanis IX, 3, 13; extra terminos solis IV, 8, 3. — 2) übtr. Grenze, Schranke: gloriae VII, 7, 13; terminus stat adversus cupiditates X, 10, 6.

terni, ae, a, je brei IV, 9, 5; V, 5, 24.

terra, ae, Erbkörper, Erbe: orbis terrae IX, 9, 4; motus terrae VIII, 11, 2; abl. terrā, auf ber Erbe IV, 7, 6; Festland IX, 2, 18; terra, zu Lande IV, 9, 8; IX, 3, 24; 10, 4. — 2) Erdboden, Erbe IV, 3, 7; V, 1, 33; aquam terramque poscere III, 10, 8; Lehm VIII, 10, 25. — 3) Landschaft, Land III, 2, 16; 4, 5; Attica X, 2, 1; abundans commeatu V, 2, 1; plur. Länder IV, 4, 20; 5, 1; V, 1, 14. — 4) Erbkreis VIII, 8, 10; ultimae IV, 10, 3; orbis terrarum III, 10, 5; V, 12, 2; finis terrarum IX, 2, 26.

terrĕo, ŭi, ĭtum, 2. in Schrecken setzen, erschrecken: alqm IV, 6, 4; metu IV, 4, 6; VI, 7, 10; clamore IV, 13, 33; VIII, 13, 18; fluminibus („burch Flußnamen") IV, 5, 8; territus periculo IV, 13, 4; aspectu III, 9, 11; facie IX, 8, 5; sono IV, 15, 26; metu IX, 4, 16.

terrester, tris, tre, zu Lande: clades IV, 3, 14; iter IX, 10, 2.

terrĭbĭlis, e, erschrecklich, schrecklich: rex III, 8, 10; bestia IX, 9, 22; moles III, 2, 12; sonus IV, 12, 23; vultus VII, 2, 6; Euphrates (s. facio) IX, 2, 18; nox omnia terribiliora facit V, 4, 26.

terror, ōris, m. Schrecken, Schreck: ingens IX, 1, 18; alienus („ber anberen") VII, 2, 4; terrorem inferre V, 4, 15; terror invadit alqm VII, 9, 6; incutitur IX, 9, 19; diffunditur per castra VI, 11, 20; terrori esse, zum Schrecken gereichen V, 4, 25. — 2) metonym. Schrecken erregender Gegenstand, Schrecknis IX, 2, 4; 4, 32; hostium IV, 9, 4; Macedonum V, 2, 10; Graeciae V, 7, 8; Schreckensnachricht VII, 4, 32.

tertĭō, adv. zum brittenmal: jam hoc tertio, biesmal (jetzt) schon zum brittenmal IV, 11, 2.

testāmentum, i, letzter Wille, Testament X, 10, 5.

testis, is, Zeuge: causae VI, 10, 28; indicii VI, 10, 15; factorum V, 2, 4; amissorum impedimentorum IV, 15, 12; deos testes (fidei) invocare IV, 10, 33; V, 12, 3; implorare IX, 10, 16. — 2) Zeugnis, Beweis: roboris IX, 2, 23; scelesti animi VII, 1, 16; indignationis IX, 7, 26; mit folg. acc. c. inf. IV, 4, 2.

testor, 1. bezeugen, feierlich erklären, mit acc. c. inf. V, 13, 16; part. testatus mit passiv. Bedeutung, bezeugt, bargethan III, 12, 25.

testūdo, ĭnis, f. Schilbkröte IX, 8, 2. — 2) Schilbbach, Schutzbach (burch bie Schilbe) V, 3, 9, 21; VII, 9, 3.

tēter, tra, trum, häßlich, garstig: sordes IV, 1, 22.

Thais, ĭdis, eine Hetäre aus Athen V, 7, 3.

Thalestris, is, Königin ber Amazonen: acc. Thalestrin VI, 5, 25.

Thapsăcus, is, Stadt Syriens am Euphrat X, 1, 19.

Theaetētus, i, ein Athener V, 5, 17.

theātrum, i, Schauplatz, Theater IX, 6, 25; orbis terrarum, Weltschauplatz IX, 6, 21.

Thēbae, arum, Hauptstadt Böotiens, vom Phönizier Cadmus gegründet, von Alexander b. Gr. zerstört IV, 4, 20; VIII, 1, 33.

Thēbē, ēs, Stadt in Mysien unweit von Troja (v. Curtius irrtümlich nach Cilicien versetzt) III, 4, 10.

Themiscȳra, ae, Ebene u. Stadt in Pontus zwisch. den Flüssen Iris u. Thermodon VI, 5, 24.

Theodōtus, i, ein Macedonier V, 2, 5.

Thermōdōn, ontis, Fluß in Pontus (jetzt *Thermeh*), fließt östlich von Sinope ins schwarze Meer: acc. Thermodonta VI, 5, 24.

Thersippus, i, im Heere Alexanders IV, 1, 14.

thēsaurus, i, Schatzkammer, Schatz V, 2, 11; X, 6, 23.

Thessălus, 3. zur Landschaft Thessalien im nördl. Griechenland gehörig, **thessalisch**: equites III, 2, 16; 11, 13; subst. Thessali III, 9, 8; 11, 14.

Thimbro, ōnis, Mörder des Harpalus X, 2, 3.

thōrax, ācis, m. Brustharnisch IV, 13, 25; IX, 5, 9; thoracem indutus VII, 5, 16.

Thrācia, ae, Landschaft im südöstl. Europa oberhalb Griechenlands, von der Donau, bem schwarzen Meere, dem ägäischen Meere u. Macedonien begrenzt III, 10, 6; V, 1, 1; VI, 2, 13; 3, 2; VII, 7, 3; IX, 3, 21; 6, 20; X, 1, 45; 10, 4.

Thrācēs, um, die Thracier III, 9, 9; V, 3, 3; acc. Thracas III, 4, 13; IV, 13, 31; V, 1, 41; VIII, 14, 24.

Thymōdēs, is, Sohn des Griechen Mentor III, 3, 1; 8, 1; 9, 2.

tibīcen, ĭnis (tibia u. cano), Flötenbläser IX, 10, 26.

tigris, ĭdis u. is, Tiger IX, 8, 2.

Tigris, ĭdis u. is („Pfeil"), Fluß Asiens, entspringt in Armenien, durchbricht die Taurusette, fließt an Mesopotamien hin, vereinigt sich unterhalb Bagdad mit dem Euphrat u. strömt, als vereinigter Fluß *Schat-el-Arab* genannt, in den persischen Meerbusen: dat. Tigri IV, 9, 16; acc. Tigrim IV, 5, 4; 10, 8; V, 3, 1; VI, 2, 12; Tigrin IV, 9, 16; 6, 7; V, 1, 12; abl. Tigri IV, 9, 7. 8.

Timaeus, i, im Heere Alexanders IX, 5, 15 f.

Timagěnēs, is, Rhetor u. Geschichtsschreiber aus Alexandria, lebte in Rom zur Zeit des Augustus IX, 5, 21.

Tiridātēs, is, Schatzmeister in Persepolis V, 5, 2; 6, 11; VIII, 6, 26.

tĭmĕo, ŭi, 2. fürchten, sich vor jemb. ob. etw. fürchten: insidias III, 13, 4; periculum VI, 9, 23; tormenta VI, 9, 9; naufragium V, 9, 3; timeri (ab aliquo) VI, 3, 10; 9, 16; timere pro alquo VI, 10, 27; de salute VI, 8, 14; mit folg. ne („daß") III, 9, 11; VI, 4, 12; 10, 14. 17; mit folg. ne non („daß nicht") III, 7, 9; mit *inf.* IV, 1, 14; 10, 27; IX, 6, 12.

tĭmĭdē, adv. furchtsam, schüchtern VI, 10, 34.

tĭmĭdus, 3. furchtsam, verzagt: canis VII, 4, 13; subst. III, 11, 5; VI, 7, 11.

tĭmor, ōris, m. Furcht, Besorgnis V, 11, 3; mortis VIII, 14, 29.

tingo, nxi, nctum, 3. benetzen, befeuchten: folia melle VI, 4, 22; gladios veneno, bestreichen IX, 8, 20.

Tithōnus, i, Sohn des Laomedon, Bruder des Priamus, Gemahl der Aurora, Vater des Memnon, König der Äthiopen IV, 8, 3.

tĭtŭlus, i, „Aufschrift", dah. übtr. a) Ehrenname, Titel: regis IV, 1, 7; VII, 5, 39. — b) Ruhm, Ehre: victoriae X, 10, 14; captae urbis („der Eroberung") VI, 6, 32. — c) äußerlicher Grund, Vorwand, Aushängeschild VII, 5, 20; officii V, 10, 12.

tŏlĕrābĭlis, e, erträglich, leidlich: imber VIII, 13, 23; iter IV, 7, 6; labor IV, 7, 10; cupiditas V, 7, 1; superbia alcui VI, 11, 24.

tŏlĕro, 1. ertragen, aushalten, erbulben: alqd V, 5, 14; praeterita

tollo

V, 8, 17; tormenta VI, 11, 33; jactationem vulnerum VI, 1, 5; mala VII, 3, 12; munia militiae X, 3, 9; obsidionem IV, 5, 22; vim tempestatis III, 13, 7; iter, überwinden VIII, 2, 34.

tollo, sustŭli, sublātum, 2. emporheben, erheben: alqm in crucem, ans Kreuz schlagen IX, 8, 16; liberos, aufziehen (nach Sitte der Alten, das neugeborene Kind auf die Erde zu legen, damit der Vater zum Zeichen der Anerkennung es aufhebe) IX, 1, 24; daß. ex aliqua liberos tollere, mit einer Kinder erzeugen X, 3, 11. — 2) aufheben, wegnehmen: anulum X, 6, 18; corpus, wegbringen VII, 1, 10; prägn. alqm (de medio) tollere, aus dem Wege räumen, beseitigen VI, 11, 29; 10, 20. — 3) übtr. a) aufheben, beseitigen: causas certaminum X, 10, 7; odia IV, 11, 4. — b) aufheben, vernichten: libertas sublata est VIII, 4, 30. — c) erheben: clamorem III, 10, 1; IV, 15, 19.

tondĕo, tŏtondi, tonsum, 2. scheren: capillum VIII, 9, 22.

tonsor, ōris, Bartscherer IX, 2, 6.

tormentum, i (torqueo), Drehwerk, Maschinerie IV, 3, 24. — 2) Folterwerkzeug, Folter, Tortur IV, 10, 32; VI, 9, 9. 31; tormenta (corpori) admovere VI, 11, 31; IX, 7, 8; übtr. Marter, Plage: invidi homines tormenta ipsorum sunt VIII, 12, 18. — 3) Wurfmaschine, schweres Geschütz (Ballisten u. Katapulten) IV, 2, 12; kollekt. IV, 3, 26; tormenta intendere VII, 9, 3; tela (hastas) tormentis excutere VII, 9, 7; VIII, 2, 26; 10, 32; metonym. aus b. Wurfmaschine geschleudertes Geschoß: tormenta excussa IV, 2, 9.

torpĕo, ēre, erstarrt sein, regungslos sein: membra torpent IV, 16, 13; torpens III, 6, 14; VII, 3, 14; regungslos VI, 8, 21; temeritas torpet, ist gelähmt IV, 14, 13. — 2) betäubt sein: desperatione IV, 3, 16; torpentes IV, 10, 7; X, 9, 18; omnia tristi silentio muta torpent, ist in trau-

tractabilis

rigem u. starrem Schweigen verstummt X, 5, 7.

torquĕo, torsi, tortum, 2. „drehen", daß. auf die Folter spannen, foltern: alqm VI, 11, 9. 15; VI, 11, 40 (f. video, 2). — 2) übtr. quälen, beunruhigen: hoc uno torqueri VI, 5, 3.

torquis, is, m. Halskette III, 3, 13.

torrens, tis, f. torreo.

torrĕo, torrŭi, tostum, 2. versengen, erhitzen: clipeos igne IV, 3, 25; part. torrens als Adjekt., „brennend, erhitzt", daß. v. Flüssen, brausend, reißend: aquae IX, 2, 17; amnis VI, 4, 5; subst. torrens, m. Sturzbach, Gießbach III, 4, 8; IV, 9, 16; VI, 4, 20; torrentia (erg. flumina) IX, 9, 9.

torrĭdus, 3. ausgedorrt, dürr: materia vapore VI, 6, 28.

tortor, ōris (torqueo), Folterknecht VI, 11, 13.

tortus, a, um, f. torqueo.

torvus, 3. grausig: acies III, 2, 13.

tŏt, indcl. so viele: gentes III, 2, 12; curae III, 7, 13; milia IV, 9, 11; 10, 3.

tŏtĭdem, ebenso viele: dies III, 3, 10; sagittarii VI, 4, 2; decora IV, 14, 6; totidem...quot („als") VII, 1, 30; VIII, 14, 20; IX, 2, 20.

tŏtĭens, adv. so oft VIII, 1, 35.

tōtus, a, um, gen. totius, dat. toti (wofür VI, 5, 27 toto), ganz: corpus III, 5, 3; tota urbe, in der ganzen Stadt IV, 1, 24; totā Indiā IX, 4, 8; toto orbe IV, 4, 20; toto monte VIII, 10, 13; toto vestibulo VIII, 2, 3; tota contione VI, 9, 6; totis castris IV, 10, 29; totis vicis, ganze Straßen entlang VI, 11, 3; toto triennio, ganzer drei Jahre VII, 1, 8; ex toto, gänzlich, ganz u. gar VIII, 6, 23. — 2) aller zugleich, sämtlich: vires III, 1, 10; totis campis III, 8, 18; 13, 10.

trabs, trabis, f. Balken VIII, 10, 26.

tractābĭlis, e, „betastbar", daß. übtr. weich, gütig: ingenium III, 2, 17.

tracto, 1. (*v. intens.* b. traho), „hin- u. herziehen, daß. übtr. etw. vor die Hand nehmen, überlegen X, 6, 8. tractus, ūs, „der Zug", eines sich fortbewegenden Gegenstandes, daß. Strömung: magnus IX, 9, 20; lenis III, 4, 8; V, 3, 2. — 2) „Ausdehnung", daß. Landstrich, Gegend III, 7, 4. trādo, dĭdi, dĭtum, 3. (trans u. do), übergeben, überreichen, geben, einhändigen: alcui alqd III, 7, 12; 13, 2; filiam (zur Gattin) IV, 11, 5; alqm in custodiam VI, 5, 10; in vincula X, 1, 37. — 2) zur Besorgung, Obhut übergeben, anvertrauen: alcui Ciliciam IV, 5, 9; urbem IV, 5, 15; regionem VII, 5, 1; custodiam corporis VI, 4, 2; imperium III, 3, 1; V, 9, 4; vicem VIII, 6, 19; partem copiarum IX, 1, 19; liberos ad munia VIII, 6, 2; satellites, beigeben VI, 8, 19; agmen ducendum („zur Führung") VIII, 12, 1; liberos devehendos IV, 3, 20. — 3) bei jemd. einführen, daß. empfehlen: alqm VII, 1, 28. — 4) dem Feinde ob. zur Bestrafung übergeben, überliefern, ausliefern: alcui arma VII, 4, 38; pecuniam V, 6, 8; supellectilem III, 13, 2; urbem V, 1, 10; Sardis III, 12, 6; petram VII, 11, 23; vires imperii VIII, 12, 9; alqm vinctum III, 5, 10; alqm vivum V, 9, 2; sceleris auctores IV, 8, 10; damnatos VIII, 8, 20; se alcui, sich ergeben V, 6, 16. — 5) preisgeben: regnum hostibus III, 8, 7; imperium servo VI, 3, 13. — 6) übtr. a) (als Erbteil) übergeben, überliefern, überlassen: opes X, 1, 23; opes posteritati famaeque VI, 3, 17; morem III, 11, 23; more traditum est mit *inf.* III, 3, 8; sacrilegium a conditoribus traditum, überkommen IV, 3, 23; pleraque a majoribus tradita V, 2, 6. — b) schriftlich überliefern, aufzeichnen, berichten, erzählen: alqd IV, 4, 20; multa alia VIII, 9, 37; prudentiam VII, 4, 13; famam X, 10, 5; memoriae IX, 5, 21; antiquitas tradit VII, 3, 22; traditum referre X, 10, 11; traditum est mit *acc. c. inf.* III, 1, 4; VII, 8, 11; mit abhäng. Frage IX, 4, 25; absol. fama tradente IX, 2, 14. — c) durch Lehre übergeben, lehren: alcui alqd VIII, 8, 13; tradita a magistro VIII, 8, 1.

trăho, xi, ctum, 3. ziehen, schleppen: currum IX, 8, 1; alqm circa urbem, schleifen IV, 6, 29; alqm, herbeischleppen VII, 5, 24; übtr. a) wohin ziehen, reißen: alqm in perniciem V, 10, 9. — b) wozu bestimmen: alqm ad deditionem VII, 11, 25. — 2) nach sich ziehen: equos loris VII, 9, 4; übtr. defectio Bactrianos traxit VII, 6, 13; alqm in casum, in den Untergang hineinziehen IX, 6, 8. — 3) an sich ziehen: palmites falcibus ad se IV, 3, 10; partem vestium ad se, an sich reißen V, 6, 5; publicas vires ad se X, 5, 12; spiritum, Atem holen III, 6, 10. — 4) mit sich schleppen, mit sich führen: onera V, 1, 6; alqm III, 13, 12; alqm comitem in omne discrimen VIII, 3, 2; quadrigas IX, 2, 4; interfectos, mit sich fortschleifen IV, 15, 16; Tigris saxa secum trahens IV, 9, 16; fons suas undas trahens, wälzend III, 1, 3. — 5) wegführen, fortschleppen: trahi in ultimas terras IV, 10, 3; extra sidera IX, 4, 18; extra terminos solis IV, 8, 3; ad poenam X, 4, 1; ad supplicium VII, 10, 4; übtr. a) abziehen, überziehen: rem ad Macedonas, den Staat in die Hände der Macedonier spielen wollen IV, 5, 15. — b) ableiten, herleiten: originem inde III, 1, 22; appellationem ex nomine IV, 8, 2; licentiam inde, entnehmen VIII, 10, 2. — 6) hinabziehen: adjuvantes V, 4, 18; alqm secum in profundum IV, 3, 17. — 7) „verlängern", daß. übtr. a) in die Länge ziehen: bellum III, 8, 7. — b) eine Zeit hinhalten, fristen: vitam carne jumentorum VII, 4, 25.

trāicio, jeci, jectum, 3. (trans u. jacio), „hinüber werfen ob. bringen", daß. Truppen übersetzen: exercitum III, 7, 1; Euphraten, über b. Euphrat IV, 9, 9; reflex. übersetzen, über-

tranquillus

fahren VII, 5, 18; VIII, 12, 4; amnem, über b. Fluß IV, 16, 8; VII, 7, 13; mare IV, 1, 10; in Europam X, 2, 4; ex Europa in Asiam X, 3, 7. — 2) **hindurchziehen**: lora per talos IV, 6, 29.

tranquillus, 3. ruhig, still: mare IV, 2, 8.

transcrībo, psi, ptum, 3. „hinüberschreiben", daß. (aus einem Buche in das andere), **abschreiben**: plura IX, 1, 34.

trans-curro, cŭcurri u. curri, cursum, 3. vorüberfahren IV, 13, 33. — 2) über etw. laufen, über etw. steigen: juga montium VI, 3, 16.

trans-ĕo, ĭi, ĭtum, ĭre, **hinübergehen, hinüberziehen, übersetzen**: in Europam VII, 8, 13; in regionem V, 7, 12; in castra V, 12, 7; in Oritas IX, 10, 6; Mileto, überſiebeln VII, 5, 28; ad alqm, ſich hinbegeben VI, 11, 36; abſol. VII, 5, 18; 8, 8; classe III, 5, 7; übtr. a) **übergehen**: ab insignibus victoriā in habitum devicti VI, 6, 4; imperium transit ad alqm (in alqm) III, 3, 6; VIII, 12, 14; fortuna in alqm X, 6, 1. — b) mit ſeiner Meinung **übertreten**: ad sententiam alcjus, beitreten VI, 11, 10. — 2) transit. a) über etw. gehen ob. ſetzen, einen Fluß u. dgl. **überſchreiten, paſſieren**: amnem (navigiis) VII, 4, 21; III, 8, 28; flumen IV, 9, 23; mare IV, 5, 8; terminos VII, 9, 15; spatium VII, 7, 13. — b) **hindurchgehen, durchziehen**: Asiam VIII, 8, 12; campos VII, 4, 28. — c) übtr. über einen Punkt **hinausliegen**: castra transeunt terminum IV, 11, 19. — d) mit Schweigen **übergehen**: alqd VIII, 1, 35.

trans-fĕro, tŭli, lātum, ferre, **überbringen**: corpus Memphim X, 10, 20; gladium (hastam) in dextram, **hinübernehmen** IV, 6, 16; IX, 7, 21; ceteros in medium belli discrimen, **hinüberführen** III, 11, 2; fortuna transfert opes ad alqm V, 2, 10; exemplar in mores Graecorum transferre, **verpflanzen** unter VIII, 3, 15.

trecenti

trans-fīgo, xi, xum, 3. **durchſtechen, durchbohren**: alqm hasta IV, 4, 11; 9, 25; latus VIII, 1, 52; se gladio VI, 5, 9.

transfŭga, ae, **Überläufer** III, 11, 18; IV, 6, 15.

trans-fŭgĭo, fūgi, fŭgĭtum, 3. zum Feinde **übergehen**: ad alqm IV, 1, 33; ab alqo ad alqm IV, 1, 27.

trans-fundo, fūdi, fūsum, 3. „hinübergießen", daß. übtr. **übertragen**: mores in Macedonas VIII, 8, 13.

transĭgo, ēgi, actum, 3. (ago), „durchtreiben", daß. übtr. etw. **durchführen, zu Stande bringen, vollenden**: expeditionem VIII, 3, 1; ſubſt. transacta, das bereits Geſchehene VIII, 2, 1; de mo transactum est, es iſt mit mir zu Ende IV, 10, 34.

transĭlĭo, ŭi, 4. (salio), **hinüberſpringen**: saltu in vehiculum IX, 1, 15.

transĭtus, ūs, **Übergang** über einen Fluß u. dgl. VIII, 13, 21; amnis transitu difficilis IX, 2, 1; das **Überſteigen** IX, 4, 30.

trans-mitto misi, missum, 3. **hinüberſchicken, überſetzen laſſen**, passiv. **hinüberfahren**: navigia in insulam transmissa sunt X, 1, 15. — 2) reflex. **hinüberſchiffen, überſetzen**: Cyprum IV, 1, 27; navibus Sunium X, 2, 1. — 3) „**vorüberlaſſen**", daß. übtr. etw. **aufgeben**: Gangem IX, 4, 17.

trans-no, 1. **hinüberſchwimmen, durchſchwimmen**: in insulam VIII, 13, 14; flumen VII, 5, 18; 7, 15; paludem IX, 1, 18.

trans-porto, 1. **hinüberſchaffen, überſetzen**: phalangem ratibus VII, 8, 6; exercitum navigiis in ulteriora VIII, 10, 2.

Trāpĕzūs, untis, f. Stadt im öſtlich. Teile des Pontus, Kolonie von Sinope, jetzt *Trebisonde* X, 10, 3.

trĕcēni, ae, a, je **dreihundert** VII, 4, 23.

trĕcenti, ae, a, **dreihundert** VI, 5, 26.

trepidatio   trux   269

trĕpĭdātĭo, ōnis, f. „das Trippeln", das ängstliche Hin- u. Herlaufen, die ängstliche Hast, Unruhe, Verwirrung IV, 10, 25; V, 13, 19; VII, 1, 2. 14; nocturna IV, 13, 4.

trĕpĭdo, 1. „trippeln", dah. ängstlich thun, in unruhiger Hast sein, bestürzt sein IV, 12, 14; VII, 2, 12; barbari trepidantes V, 4, 16; subst. trepidantes, die Bestürzten VII, 11, 26; übtr. discordia membra trepidant, erzittern X, 9, 4.

trĕpĭdus, 3. „trippelnd", dah. unruhig, ängstlich, angstvoll VI, 7, 33; VII, 1, 8; litterae VII, 1, 36.

Trĭballi, ōrum, thracisches Volk in Untermösien (Serbien u. teilweis in Bulgarien) VI, 3, 2; IX, 6, 20.

trĭbūnal, ālis, n. die halbzirkelförmige Erhöhung für Amtshandlungen der Magistrate, dah. der erhöhte Sitz des Feldherrn im Lager, Rednerbühne, Tribüne IX, 3, 3; X, 2, 30.

trĭbŭo, ŭi, ūtum, 3. zuteilen, verleihen, schenken: equitibus sescenos denarios I, 1, 44; alcui beneficia VII, 8, 26. — 2) übtr. zollen, zugestehen:alqd amicitiae, etw. mit Rücksicht auf die Freundschaft thun IV, 11, 16.

trĭbūtārĭus, 3. zinspflichtig: subst. tributarii Illyriorum X, 2, 23.

trĭbūtum, i, Abgabe, Tribut V, 2, 15; ferre alcui III, 1, 23.

trīdŭum, i (tres u. dies), Zeitraum von drei Tagen, drei Tage: alimenta tridui V, 4, 17; triduum, drei Tage lang VIII, 2, 10; per triduum VIII, 12, 15; intra triduum, bis zum dritten Tage VII, 8, 8.

trĭennĭum, i, (tres u. annus), Zeitraum von drei Jahren, drei Jahre: toto triennio, ganzer drei Jahre VII, 1, 8.

trīgĭnta, dreißig VII, 11, 19.

trĭplex, ĭcis, breifach: muros IV, 7, 20.

Trĭpŏlis, is, Seestadt in Phönizien: acc. Tripolin IV, 1, 26.

trĭpŭdĭum, i, (ter u. pes), der (dreischrittige) Waffentanz VII, 10, 4.

trīrēmis, is, f. (tres u. remus), Schiff mit drei Reihen Ruderbänken, Dreiruderer IV, 4, 8; 5, 18.

tristis, e, traurig, betrübt V, 2, 20; VII, 10, 6; VIII, 8, 18. — 2) übtr. a) traurig, unerfreulich, jammervoll; spectaculum IV, 4, 17; facies III, 13, 11. — b) traurig, betrübend, schmerzlich, verderblich: nuntius IV, 16, 3; omen IV, 8, 6; exitus VII, 1, 19; eventus IX, 7, 23; ludibrium IV, 10, 27; sententia V, 5, 17; dies, unerfreulich VIII, 4, 2; responsum, hart V, 3, 11; cum quid tristius accidit, etwas Schlimmes VII, 1, 23; extu tristia, Unheil verkündend VII, 7, 22. — c) düster gestimmt, düster VI, 11, 27; silentium X, 5, 7.

tristĭtĭa, ae, Traurigkeit, Betrübnis V, 5, 23.

trĭtĭcum, i, Weizen VII, 4, 23.

trĭumpho, 1. einen Triumphzug halten: more triumphantis, nach Art eines Triumphators IV, 1, 1. — 2) übtr. froh sein: de fuga X, 2, 29.

trĭumphus, i, Triumphzug, Siegeszug III, 12, 18; IX, 10, 24.

Troglodȳtae, arum, („Höhlenbewohner"), äthiopisches Volk an der Westküste des arabischen Meerbusens IV, 7, 18.

trŏpaeum, i, Siegeszeichen, Trophäe V, 8, 16; VIII, 1, 29; tropaea statuere VII, 7, 14.

trŭcīdo, 1. abschlachten, niedermetzeln, morden: corpora captivorum V, 6, 6; passiv. III, 8, 5; IV, 4, 16; VII, 5, 33.

truncus, i, Stamm eines Baumes (ohne Rücksicht auf die Äste) IV, 3, 10; VI, 5, 14. — 2) übtr. Rumpf des menschl. Körpers VII, 2, 32.

truncus, 3. eines od. mehrerer Teile beraubt, verstümmelt IV, 15, 17; corpus VI, 9, 28; arbor, der Äste beraubt VIII, 11, 8.

trux, trŭcis, wild, grimmig: vultus VII, 5, 24; clamor III, 10, 1; cantus X, 1, 12.

tu, bu VIII, 14, 15; tui VII, 8, 26; vestrum V, 5, 22; VIII, 8, 9; conspectus vestri VI, 9, 2.

tŭba, ae, Kriegsposaune, Tuba ein gerades in trichterförmige Öffnung auslaufendes Blasinstrument von tiefem Tone, mit welchem das Signal zum Sammeln, Angriff u. Rückzug gegeben wurde: cantus tubarum VIII, 14, 10; tuba signum dare V, 2, 7; 4, 17; VII, 1, 25; accipere III, 8, 23.

tŭĕor, tuĭtus sum, 2. „ins Auge fassen", bah. prägn. in Obhut halten, schützen, bewahren, behaupten: quaedam IV, 11, 2 (f. vinco 1); opes X, 10, 6; causam alcjus, jemds. Sache führen V, 10, 11; sententiam, aufrecht erhalten X, 6, 12. — 2) schützen, verteidigen, decken: alqm III, 11, 7; VII, 9, 4; VIII, 14, 40; corpus IX, 5, 9; se III, 11, 4; se scuto IX, 5, 17; se muro IV, 3, 13; salutem periculo vitae V, 12, 9; salutem suam ab alquo, gegen jemb. VII, 1, 12; Parthienem ab incursione VI, 4, 2; urbem III, 1, 20; arcem V, 6, 11; muros praesidio IV, 6, 7; angustias valida manu VIII, 2, 22; opera IV, 3, 8; claustra Nili IV, 8, 4; solum III, 4, 3; cornu equitatu III, 9, 1. — 3) vom Feldherrn, befehligen: cornu III, 9, 7; IV, 3, 11; 13, 35; 15, 1; 16, 1.

tŭgŭrĭum, i, Hütte VII, 3, 8; VIII, 4, 2; dispersis (sparsis) tuguriis habitare IV, 7, 20; V, 6, 15.

tum, adv. z. Bezeichn. eines bestimmten Zeitpunktes, der mit einem anderen zusammenfällt, bann, alsbann: tum ...cum X, 5, 6; tum demum, bann erst III, 11, 6; 12, 12; VII, 3, 14; tum vero, zu Anfang b. Satzes, um das Eintreten eines wichtigen Momentes zu markieren, f. vero. — 2) von einem bestimmten Zeitpunkte der Vergangenheit, bamals IV, 1, 6; 3, 20; 6, 29; VI, 8, 18; VII, 7, 1; tum ... cum VII, 2, 6; tum ... nunc VII, 7, 29; multitudo tum universa, die bamals versammelte III, 2, 10; bah. in die Gegenwart des Erzählenden versetzt = jetzt III, 10, 12;

tunc VII, 2, 5; 6, 11; VIII, 2, 16; 14, 19; tum...cum, jetzt...wo VII, 6, 8; alias ...tum IV, 3, 18; tum quoque, auch jetzt VI, 5, 17; IX, 6, 4; tum quidem, für ben Augenblick X, 9, 20; ne tum quidem, nicht einmal ba, auch jetzt nicht III, 2, 18; V, 10, 15; tum primum f. primum. — 3) z. Ang. eines Zeitpunktes, der einem anbern Zeitpunkte nachfolgt, alsbann, bann, hierauf III, 6, 9; 12, 27; IV, 1, 22; tum ille...inquit IV, 1, 25; VI, 9, 8; ac tum quidem IX, 6, 26. — 4) z. Bezeichn. der Reihenfolge, barauf, ferner, außerbem III, 3, 24.

tummaxime, f. magis 2.

tŭmultŭārĭus, 3. in Eile zusammengebracht: manus IV, 16, 24.

tŭmultŭor, 1. in lärmenber Unruhe sein, lärmen X, 8, 6; fremitus tumultuantium V, 2, 7; VIII, 13, 23.

tŭmultŭōsus, 3. lärmenb, tobenb: clamor X, 2, 13. — 2) beunruhigenb: nuntius VII, 2, 28.

tumultus, ūs, lärmenbe Unruhe, verworrener Lärm, Aufruhr, Tumult III, 8, 26; 11, 22; V, 4, 16; VI, 2, 16. — 2) insb. Waffenlärm, plötzlicher Überfall, Aufstanb VI, 5, 12; VII, 4, 32; X, 8, 16.

tŭmŭlus, i, (kuppelförmiger) Hügel IV, 12, 15; VII, 7, 38; insb. Grabhügel VII, 9, 21.

tunc, adv. (= tumce), zur Hinweisung auf einen mit einem anberen zusammenfallenden Zeitpunkt, alsbann, bann III, 8, 24; VI, 3, 15; VIII, 9, 27; tunc demum IV, 13, 20; tunc vero, ba nun III, 11, 23. — 2) von einem bestimmten Zeitpunkte der Vergangenheit, bamals (eben) III, 1, 12; 5, 1; 11, 18; IV, 4, 20; clementia quae tunc fuit, bie bamalige V, 3, 15; Macedones, qui tunc erant IV, 16, 33; tunc cummaxime, bamals gerabe III, 2, 17; tunc primum, f. primum; bah. in bie Gegenwart bes Erzählenden versetzt = jetzt III, 13, 11; IV, 13, 18; tunc quoque IV, 13, 25; VII, 1, 7; quondam...tunc

III, 11, 25; X, 2, 7; alias...tunc IX, 4, 15; tunc...alioqui VIII, 2, 2.

tŭnĭca, ae, bie Tunika, das mit kurzen Ärmeln verſehene Obergewand der Männer u. Frauen, welches im Hauſe ungegürtet getragen wurde: manicata, Ärmelrock III, 3, 13.

turba, ae, „Gewühl", daħ.ſontr. ungeordnete Menge, Haufe, Schar, Schwarm: incondita IX, 2, 22; militaris X, 6, 8; equitum peditumque III, 2, 3; comitantium III, 12, 25; circumstantium VI, 10, 36; oppidanorum V, 1, 23; amicorum X, 6, 17; artificum VI, 2, 5; feminarum III, 3, 22; agmen turbā praegrave („durch ben Troß") III, 3, 27.

turbĭdus, 3. „in Unruhe befindlich", daħ. v. Meere, unruhig, ſtürmiſch: in turbido (erg. mari) IV, 3, 18. — **2)** v. Flüſſigkeiten, aufgewühlt, trübe: aqua IV, 16, 13; Oxus VII, 10, 13; limus IX, 4, 2. — **3)** übtr. verworren: consilium VII, 4, 11.

turbo, 1. in Unordnung ob. Verwirrung bringen: ordines IV, 15, 4; aciem IV, 15, 14; antecedentes IX, 9, 17; impedimenta IV, 15, 9; ordinem pugnae VII, 7, 32; *passiv.* in Unordnung geraten IV, 15, 22; ſubſt. turbati VIII, 14, 15. — **2)** v. Flüſſigkeiten, aufwühlen, trüben: torrentus alveum turbant III, 4, 8; limus concursu aquarum turbatur IX, 4, 2. — **3)** übtr. in Unruhe verſetzen, beunruhigen, ſtören: animum alcjus III, 6, 11; mentem IV, 13, 2; alqm III, 12, 10; cuncta vario tumultu III, 8, 26; ministeria nautarum IV, 3, 18; summa turbatur III, 8, 30; quae defectione turbata erant, bie durch ben Abfall entſtandenen Verwirrungen VII, 10, 13; equi turbati, ſcheu geworden VIII, 14, 8.

tūrĭbŭlum, i (tus), Weihrauchpfanne VIII, 9, 23.

turma, ae, Abteilung der Reiterei von dreißig Mann, Schwadron IV, 13, 26. 29; 15, 12; 16, 21; VII, 9, 10.

turris, is, f. Turm IV, 2, 9; V, 1, 31; insb. Belagerungsturm (aus Holz, mit mehreren Stockwerken von denen die oberen mit Geſchütz beſetzt wurden; in der Mitte war eine Fallbrücke, die auf die feindliche Mauer herabgelaſſen werden konnte, und im unterſten Raume befand ſich der Mauerbrecher (aries); ſie ſtanden auf ob. unter dem Belagerungsbamme u. wurden durch Rollen ob. Walzen vorgeſchoben): mobilis VIII, 10, 32; turres erigere IV, 2, 23; aggeri imponere IV, 6, 22; (muris) admovere VIII, 2, 26; IV, 6, 2. (*acc.* turrem III, 1, 7; IV, 4, 10; *abl.* turre IV, 6, 11.)

tūs, tūris, *n.* Weihrauch V, 1, 20; VIII, 5, 10.

tūtēla, ae (tueor), Obhut, Schutz, Beſchützung: urbis VIII, 10, 33; thesaurorum V, 2, 17; corporum III, 11, 12; salutis VIII, 5, 11; alqd tutelae alcjus committere VI, 9, 21; sub tutela Romanae mansuetudinis acquiescere IV, 4, 21; in tutelam regionis relinqui, zum Schutze VII, 11, 29. — **2)** insb. Vormundſchaft X, 6, 21; liberûm IX, 2, 7.

tūtō, *adv.* ſicher, ohne Gefahr IV, 3, 15; VI, 3, 11; VIII, 13, 11.

tūtor, 1. (*v. intens.* v. tueor), ſichern, decken: terga abeuntium X, 2, 27.

tūtor, ōris, „Beſchützer", insb. Vormund VIII, 8, 3; X, 7, 8.

tūtus, 3. (tueor), ſicher, geſichert, gefahrlos: tutus virtute VIII, 12, 8; adversus ictus VII, 9, 2; externa vi, vor äußerer Gewalt VI, 7, 1; abſol. iter V, 4, 2; circuitus IV, 16, 7; fuga IV, 16, 25; obsidio VII, 6, 17; arx tutissima III, 13, 6; tutius visum est IV, 12, 17; V, 1, 27; nihil tutius est III, 8, 4; latus agminis tutum praestare, ſichern III, 9, 11; ſubſt. *plur.* tuta, geſichertes Land III, 1, 19; tutiora, ſicherere Entſchlüſſe VIII, 2, 28.

tuus, 3. bein III, 12, 25; ſubſt. tui, die deinigen IV, 10, 28.

tympănum, i, Handpauke mit hohlem halbrundgewölbten Schallboden: tympana pulsare VIII, 11, 20; 14, 10.

Typhōn, ŏnis, Sohn der Gäa u. des Tartarus, mit hundert feuerspeienden Drachenhäuptern u. hundert Armen, stritt mit Zeus um die Herrschaft der Welt. Dieser wurde anfänglich besiegt und, der Sehnen an Händen u. Füßen beraubt, vom Typhon in der korycischen Höhle (bei Korykos in Cilicien) niedergelegt. Hermes u. Pan aber stahlen die Sehnen u. setzten sie dem Zeus wieder ein, der nun den Kampf erneuerte u. seinen Gegner besiegte III, 4, 10.

tyrannus, i, unumschränkter Herrscher, Gebieter IV, 7, 21; insb. Zwingherr, Tyrann IV, 5, 19; 8, 11.

Tyriōtēs, is, ein Eunuch des Dareus IV, 10, 25 ff.

Tyrius, 3. zur Stadt Tyros gehörig, tyrisch IV, 4, 7; 8, 16; subst. Tyrii, IV, 2, 3.

Tyros, Stadt Phöniziens, ursprünglich an der Küste südöstlich von Sidon gelegen und 568 v. Chr. durch Nebukadnezar zerstört (Tyrus vetus, Palātyrus), worauf die Einwohner sich auf einer Küsteninsel, die nur durch einen schmalen Arm der See vom Festlande getrennt war, anbauten (Neotyrus). Alexander eroberte sie nach siebenmonatlicher Belagerung 332 v. Chr. IV, 2, 1; 4, 19.

U.

uber, ĕris, reichhaltig, fruchtbar: terra V, 1, 12; solum uberrimum gignendis uvis, für Erzeugung von Trauben VI, 4, 21; uberrima praemia victoriae, die reichsten VI, 3, 5.

ubertās, ātis, *f.* Reichhaltigkeit, Fruchtbarkeit: terrae VIII, 2, 14.

ŭbi, *adv.* wo III, 1, 22; IV, 13, 21; VI, 3, 5. — 2) wann, nachdem, sobald als, mit *perf. indic.* IV, 7, 6; 16, 17; VII, 4, 27; VIII, 2, 22; ubi primum, sobald erst IV, 14, 13; mit *praes.* IV, 10, 10; V, 9, 3; VI, 4, 7; 9, 6; VIII, 9, 13; quod ubi, als nun V, 3, 18; mit *plusqperf.* IV, 3, 10. 26.

ubicunque. *adv.* wo nur immer III, 1, 19; IV, 15, 22.

ubīque, *adv.* aller Orten, überall III, 4, 9; 6, 18; von allen Seiten, überall her IX, 4, 31.

ulciscor, ultus sum, 3. sich rächen: alqm, sich an jemb. rächen, an jemb. Rache nehmen III, 13, 17; VI, 3, 17. — 2) mit *acc.* der Sache, rächend strafen, ahnen: verborum licentiam (saevitiam) caede VIII, 2, 2; 8, 4; temeritatem ultum ire, rächen wollen X, 8, 5. — 3) für jemb. Rache nehmen, ihn rächen: alqm VI, 11, 26; VII, 5, 25. 37; X, 5, 30; Graeciam V, 7, 4.

ulcus, cĕris, *n.* wunde Stelle, Beule VI, 11, 17.

ullus, 3. irgend ein (in negativ. hypothetisch. u. fragend. Sätzen): vox IV, 15, 11; pestis IV, 3, 26; virus haud ullum IX, 1, 12; vix ulla domus III, 13, 14; sine ullo discrimine IX, 9, 4; major quam ullo proelio VII, 5, 15; gentis IX, 6, 11; subst. irgend einer: ullius IV, 7, 27; VIII, 12, 6; *dat.* ulli VII, 5, 20; 8, 16.

ultĕrĭor, us, *gen.* ōris, weiter hinaus befindlich, jenseitig: ripa IV, 9, 22; VII, 5, 18; ulteriora, die hinteren Teile VII, 11, 3; *superl.* ultĭmus, der äußerste, entfernteste, letzte: terra IV, 10, 3; finis mundi IX, 3, 8; acies IV, 13, 34; agmen IV, 13, 30; gentes IV, 9, 1; equites ibant ultimi, zuletzt V, 1, 23; vrgl. IV, 13, 27; VIII, 1, 50; *part.*: oriens IV, 5, 8; saltus, äußerster Teil des Waldes VIII, 4, 13; Paratacene V, 13, 2; ultimo in campo, am Ende des Feldes X, 9, 12; subst. mors est ultimum omnium, der letzte Ausweg V, 9, 7; ultimi, die Letzten, Hintersten IV, 14, 14; V, 13, 10; ultima, ōrum, die äußersten Teile (Gegenden): orientis III, 10, 4; regni V, 1, 5. — 2) v. Zeit u. Reihenfolge, der letzte: dies V, 11, 8; epulae VI, 8, 16; spiritus IX, 5, 12; verba VI, 10, 37; spes IX, 5, 18; opus virtutis VIII, 14, 37; auxilium VIII,

ultimum — universus

14, 6; discrimen III, 8, 20; ad ultimum vitae, bis ans Ende des Lebens III, 12, 18; am Ende seines Lebens X, 1, 42; ad ultimum, bis zuletzt V, 8, 3; 12, 11; VI, 5, 2; zuletzt, endlich III, 12, 20; IV, 14, 19; V, 1, 38; VI, 3, 13; VIII, 1, 42; X, 5, 24; ultimum als *adv.*, zum letztenmale V, 12, 8; illud ultimum, damals (jetzt) zum letztenmale X, 5, 3. — 3) v. Grade, a) der äußerste, höchste, ärgste: pestis IV, 6, 23; periculum VII, 6, 22; discrimen fortunae V, 11, 8; necessitas IX, 3, 6; desperatio X, 8, 9; cruciatus VI, 11, 15; supplicium VI, 7, 31; facinus VIII, 8, 2; dedecus IV, 14, 24; scelus V, 12, 17; nefas VI, 9, 11; ultimum periculi VIII, 1, 15; ultimum suppliciorum, qualvollster Tod VI, 6, 31; ad ultimum, im äußersten Falle III, 1, 7; propelli ad ultima, zum äußersten getrieben werden VI, 4, 11; ultima pati III, 1, 6; ultima experiri V, 3, 4; sibi ominari ultima, die äußerste Not IX, 9, 22. — b) der niedrigste, geringste: sors IX, 2, 6; plebs VI, 8, 10.
ultimum, *adv.*, f. ulterior.
ultio, ōnis, *f.* Rache, rächende Strafe VII, 5, 35; VIII, 11, 16; tot malorum („für") V, 8, 14.
ultor, ōris, Rächer, Bestrafer: Graeciae V, 5, 8; mortis III, 2, 18; sceleris VII, 5, 25; dii ultores V, 13, 16.
ultus, a, um, f. ulciscor.
ultrā, *adv.* darüber hinaus, weiter hinaus, weiter: progredi III, 7, 8; procedere IV, 12, 4; quae ultra sunt, was darüber hinaus liegt IX, 4, 17. — 2) v. d. Zeit, weiter, ferner V, 11, 8; VI, 7, 22; VIII, 7, 2. — B) *praep.* mit *acc.* 1) über... hinaus, jenseits: ultra Tanaim VII, 4, 6. 32; ultra Hydaspen VIII, 12, 13; ultra amnem IV, 9, 14; ultra temonem IV, 15, 4. — 2) hinter: ultra aciem VIII, 14, 30; ultra eos III, 9, 5; VIII, 13, 6. — 3) v. Maße, über... hinaus: ultra modum, über Gebühr IV, 13, 34.
ultrō, *adv.* „über... hinaus", daß. 1) noch dazu, sogar VI, 1, 14. — 2) ohne Veranlassung, aus freien Stücken, von selbst IV, 5, 14; 11,

13. 28; IX, 7, 5; ultro bellum (arma) inferre III, 5, 11; IV, 14, 21; VII, 7, 11.
ululātus, ūs, Geheul, wildes Geschrei: barbarus III, 12, 3; lugubris IV, 15, 29; clamor ac ululatus IX, 4, 24; *plur.* IV, 16, 15.
ululo, 1. wildes Geschrei erheben, heulen: ululantium fremitus VIII, 10, 18.
umbilicus, i, Schildbuckel in der Mitte des Schildes, welcher im Handgemenge zuweilen als Stoßwaffe diente III, 6, 10.
umbra, ae, Schatten: densa IV, 7, 16; arborum V, 1, 32; silvarum, Dunkel VIII, 4, 8; obscura caeli, Finsternis VII, 3, 11; noctis VII, 4, 28. — 2) übtr. a) Schutz, Schirm: sub umbra alcjus latere VI, 10, 22. — b) behaglicher Genuß: libertatis IV, 7, 31.
umbrōsus, 3. schattenreich, schattig: nemus (silva) arboribus VI, 4, 3; IX, 1, 9; jugum opacum et umbrosum V, 4, 9.
umquam, f. unquam.
uncus, i, Haken IV, 3, 25.
unda, ae, Welle, Woge III, 1, 3; IV, 2, 8.
undĕ, *adv.* von woher, von wo aus III, 3, 8; 4, 4; quo et unde VII, 2, 6. — 2) übtr. v. Personen u. sachl. Gegenständen z. Bezeichn. des Ursprungs, der Ursache (= a quo, a quibus ob. a qua re), woher III, 1, 22; VI, 9, 22; 10, 13.
undique, *adv.* von allen Seiten, überall III, 1, 10; 8, 27; IV, 3, 13.
unguis, is, *m.* Nagel des Fingers ob. der Zehe VIII, 2, 5; IX, 10, 9.
ungŭla, ae, Huf: equorum IV, 14; VIII, 2, 34; X, 10, 16.
ūnicus, 3. einzig, allein: filius VI, 10, 31; spes III, 8, 1; solacium V, 5, 15; bonum IX, 6, 19; remedium VII, 5, 9; votum IV, 13, 8. — 2) übtr. besonder, vorzüglich: terror Graeciae V, 7, 8; auxilium IV, 9, 4.
ūniversus, 3. gesamt, gänzlich, ganz: exercitus X, 2, 20; contio VI, 11, 8; multitudo III, 2, 10 (f. tum 2); facies IV, 13, 1; acies universa, ganze

Korps IV, 16, 24; agmina, ganze Scharen V, 13, 21; res, im Zusammenhange V, 1, 2; amnis fluit universus, ungeteilt VI, 4, 4; subst. universi, alle insgesamt IV, 16, 10; V, 9, 17.

unquam, adv. irgend einmal, jemals X, 10, 6; nihil unquam, niemals etwas IX, 2, 29.

ūnus, 3. einer, ein: e spadonibus III, 12, 5; e consciis III, 13, 17; X, 6, 20; unus...alter VII, 2, 16; unus et alter, einer u. der andere V, 7, 4; ad unum (omnes), alle bis auf den letzten Mann IV, 1, 33; VII, 5, 32. — 2) nur einer, ein einziger, der einzige: urbs IV, 2, 17; amnis VII, 7, 13; animal IV, 14, 18; nox III, 8, 20; consilium VII, 5, 17; ratio VI, 5, 16. — 3) allein, bloß, nur: is unus X, 6, 17; frater VII, 2, 6; hoc unum VI, 5, 3; VII, 1, 35; quod unum VI, 1, 3; haec una sententia VII, 4, 7; haec una res V, 3, 15; hoc uno modo, auf diese Weise allein VIII, 4, 25; quo uno (animo) VI, 1, 3; unus, er allein IV, 4, 11; unus maxime V, 2, 5; unus praecipue IV, 4, 11; se unum IV, 14, 6. — 4) ein u. derselbe, der nämliche: vox VII, 2, 7; unus omnium sensus VI, 6, 9; unum atque idem regnum X, 3, 13; idem atque unum tendere IX, 9, 14.

ūnusquisque, unaquaeque, unumquidque (adjekt. unumquodque), ein jeder VII, 4, 11.

urbs, bis, f. (orbis), Stadt: Ancyra III, 1, 22; munita V, 1, 17; opulenta V, 1, 7; valida IX, 1, 19; praeclara V, 7, 10; celeberrima V, 1, 4; nobilissima III, 10, 7; insb. Athen X, 2, 1.

urgeo (urgueo), ursi, 2. drängen, drängend stoßen: navigia IX, 9, 16; Oceanus flumen retro urget, drängt zurück IX, 9, 9. — 2) übtr. bedrängen, belästigen, hart zusetzen: alqm III, 8, 27; 11, 13; IX, 5, 16; alas Macedonum IV, 16, 1; frontem VIII, 14, 15; fames urget alqm IX, 10, 13; malum V, 3, 10; fortuna V, 9, 4; animi aegritudo urget corpus III, 5, 10; curis urgeri III, 7, 13; absol. IV, 3, 14; 16, 16; VI, 1, 11; (a tergo) III, 11, 6.

ūro, ussi, ustum, 3. verbrennen, austrocknen: ora visceraque uruntur VII, 5, 5. — 2) durch Feuer verwüsten, verheeren: urbes IV, 14, 2; agros IV, 1, 11; terram IV, 13, 23; Indos („das Land der Inder") IX, 10, 7; urere et populari regionem (terram) IV, 9, 8; 10, 13; vicos depopulari atque urere VI, 6, 10; Asiam urere et vastare VIII, 1, 26.

ūsitātus, 3. gebräuchlich, gewöhnlich: praesidia IV, 3, 24; voluptates V, 7, 1.

usquam, adv. irgendwo V, 1, 36; VIII, 1, 25; IX, 2, 16.

usquě, adv. „in einem fort", daß bis...hin, bis: usque pedes, bis zu den Füßen VIII, 9, 21; corpus usque IV, 3, 26; mit Präposition: usque ab Hellesponto III, 12, 18; usque in Aegyptum VII, 8, 18; usque ad mare IV, 7, 18; usque ad summum fastigium VII, 3, 8; ad molem usque IV, 3, 10; usque ad excidium urbis IV, 3, 23; usque ad mortis metum adductus VI, 8, 5.

ūsurpo, 1. (aus usu rapio), „durch b. Gebrauch an sich ziehen", daß in Anwendung bringen, von etw. Gebrauch machen, etw. gebrauchen: nomen IX, 1, 5; praemia in alquo colendo, anwenden um jemb. zu ehren IV, 14, 6; jus (morem), ausüben VIII, 12, 6; 8, 3; hoc unum militiae suae, von seinem Waffendienst nur das eine ausüben VII, 1, 35. — 2) (widerrechtlich) in Anspruch nehmen, sich aneignen: titulum regis VII, 5, 39; caelestes honores VIII, 5, 5. — 3) in den Mund nehmen, erwähnen: quod apud Bactrianos vulgo usurpant, was bei den Baktrianern ein gewöhnliches Sprichwort ist VII, 4, 13.

ūsus, ūs, Gebrauch, Benutzung: fontium X, 10, 11; vini VIII, 9, 30; oculorum IX, 9, 14; aurium IV, 13, 38; libertatis VII, 6, 11; Veneris, Liebesgenuß X, 5, 32; usu vulgatus, allgemein gebräuchlich III, 1, 14. — 2) Umgang, Verkehr: familiaris VI, 9, 18; commercio mutuos usus colere

VII, 3, 5. — 3) übtr. a) Übung, (praktische) Erfahrung: sagittandi, im Bogenschießen VII, 5, 42; usu didicisse, aus Erfahrung wissen V, 1, 6. — b) Brauchbarkeit, Nutzen: sagittarum VIII, 14, 19; auxilii („des Hilfsmittels") VIII, 14, 4; usui esse, zum Nutzen gereichen III, 4, 3; adversus beluas VIII, 14, 16. — c) Bedarf, Bedürfnis: ad usum (usus) belli III, 1, 20; V, 6, 2; usu necessaria, die notwendig zu ergreifenden Maßregeln V, 1, 8.

ŭt ob. ŭti, A) *adv.* wie, so wie: ut solet fieri III, 8, 20; ut fere fit III, 3, 6; ut solet IV, 1, 24; ut mos est IV, 8, 6; ut nunc est, wie es jetzt steht V, 5, 10; IX, 6, 6. — 2) gleichwie, wie, als: alqm ut regem deligere III, 6, 1; ut deum venerari VIII, 7, 13; vrgl. ut participem III, 8, 24; VIII, 6, 24; ut justus hostis IV, 11, 18; ut fur IX, 7, 25; ut cum militibus X, 2, 21; ut perpetuam („gewissermaßen") V, 4, 24; ut...ita, jedoch X, 5, 29; ut... non ita, wie...nicht ebenso IX, 8, 20; ut si, wie wenn V, 1, 33. — 3) z. Ang. einer näheren Erklärung (in den Kausalbegriff übergehend), wie nämlich, da: ut erat sanctus III, 8, 5; ut sunt temporaria ingenia IV, 5, 11; ut erat animi obluctantis VI, 6, 27; ut qui mit Konjunkt., „welcher nämlich": ut quibus dimicandum esset, da sie zu kämpfen hatten V, 3, 8; ut quae prohibere (eos) non possent III, 12, 9; bei appositiv. Adjektiven: ut honestiorem, als ehrenvoller = weil die ehrenvollere wäre VII, 6, 17; vrgl. ut superbe scriptis IV, 1, 7; ut supervacuo, als wäre es unnütz VIII, 7, 11. — 4) beschränkend, nach Maßgabe: ut inter illas gentes, wie sich von selbst versteht unter III, 2, 6; ut in ea regione, für diese Gegend IX, 1, 14.

B) *conj.* z. Ang. eines Zeitverhältnisses, a) als, sobald als, mit *perf.* III, 1, 8; IV, 1, 23; 4, 7; 6, 14; 7, 11; V, 5, 8; 11, 4; mit *imperf.* VI, 6, 26; mit *plusqperf.* IX, 8, 28; ut primum, f. primum. — b) seitdem: quintus dies erat, ut pervenerat VII, 3, 2. —

2) z. Bezeichn. der Wirkung u. Folge mit Konjunktiv, daß, so daß: ita...ut III, 1, 17; 9, 12; tam...ut VII, 1, 3; adeo ...ut IV, 13, 32; V, 1, 33; tantus... ut III, 6, 13; munitior, quam ut VII, 6, 19; major, quam ut posset X, 5, 37. accidit ut X, 8, 13; superest ut VI, 8, 8; facere ut III, 8, 5; daß. in abhängigen Sätzen, welche bezeichnen, daß etw. geschehen soll: nach orare, rogare, petere, hortari, monere, postulare, imperare, praecipere, jubere (V, 13, 19). — 3) in Finalsätzen mit Konjunktiv, damit, daß, um zu III, 1, 19; IV, 10, 24; V, 1, 27. — 4) z. Bildung von Konzessivsätzen, mit Konjunktiv, gesetzt daß, falls, selbst wenn: ut penetrarint III, 5, 7; ut jam malit V, 8, 12; ut vellet VI, 10, 9; ut Scythae nesciant VII, 7, 16; ut possit sperni VII, 8, 11; ut major sis VII, 8, 21; ut augeant barbari IX, 3, 12; quos ut omnes fundant IX, 4, 18; ut jam consisterent IX, 6, 6. — 5) als Ausdruck b. Wunsches (= utinam), o daß doch: ut viveret adhuc VI, 10, 2.

ŭtcunque, *adv.* wie auch immer, wie nur immer, wie eben VI, 9, 36; VII, 1, 24; IX, 3, 5; utcunque cesserit, wie es auch ablaufen mag VII, 4, 16; puer ex ea utcunque genitus, sei es immer von welchem Vater VIII, 10, 36; utcunque sunt credita, in welchem Maße auch immer X, 10, 18. — 2) so gut es geht, wohl oder übel: utcunque tolerabant VIII, 2, 34. — 3) (= utique), jedenfalls, sicherlich VII, 4, 11.

ŭter, tris, *m.* Schlauch VII, 5, 17; 8, 6; 9, 4; utribus aquam vehere (gestare) IV, 7, 12; VII, 5, 10; utribus amnem traicere VII, 7, 16.

ŭter, tra, utrum, *gen.* utrius, welcher von beiden? cornu III, 11, 26; status IV, 5, 7.

ŭterque, utrăque, utrumque, *gen.* utriusque, jeder von beiden, beide: rex III, 7, 9; urbs IV, 4, 15; mare III, 1, 13; cornu III, 9, 8; animus, beiderseitige Gesinnung VI, 7, 4; in utramque partem, nach beiden Seiten hin, dafür u. barwiber III, 6, 5; subst. uterque, beide VII, 1, 18; VIII, 2, 40; utrumque, beides VI, 11, 18; *plur.* von zwei Mehrheiten: utraeque acies VII, 4, 35; subst. utrique, beide Teile IV, 4, 5; 12, 10; V, 7, 12; VIII, 14, 7.

ūti, s. ut.

ūtĭlis, e, nützlich, dienlich, zuträglich: consilium VII, 4, 14; utilia suadere III, 2, 17; utilius est parcere VII, 4, 9; longe utilius fuit, es wäre weit dienlicher gewesen III, 4, 4.

ūtĭlĭtās, ātis, f. Nutzen VII, 1, 39; summa utilitate, auf sehr ersprießliche Weise V, 2, 6.

ūtĭnam, *adv.* z. Hervorheb. eines Wunsches, daß doch, wenn doch, möchte doch: mit *praes. conj.* IV, 1, 25; VIII, 8, 15; mit *imperf. conj.* V, 11, 6; VII, 1, 36; mit *plusqpf. conj.* VI, 8, 4; VII, 1, 25; utinam non (= utinam ne), daß doch nicht VIII, 8, 7; mit Ellipse des Verbums, wo möglich X, 9, 6.

ūtĭque, *adv.* „wie es auch sei", daß. unter allen Umständen, jedenfalls, sicherlich III, 8, 21; IV, 11, 15; V, 1, 2; non utique, nicht gerade V, 2, 6. — 2) besonders, vorzüglich, zumal III, 6, 17; 11, 8; V, 5, 17; 13, 14; utique cum III, 8, 8; VIII, 13, 21; utique postquam IV, 15, 28; utique si X, 7, 11.

ūtor, ūsus sum, ūti, von etw. Gebrauch machen, sich einer Sache bedienen, etw. gebrauchen, benutzen, mit *abl.*: thorace IV, 13, 25; beneficio alcjus V, 5, 20; manibus alcjus ad alqd VIII, 7, 6; opera alcjus III, 2, 1; VII, 1, 38; animo suo, seinem Mute folgen VII, 7, 18; ingenio suo, seiner Sinnesart folgen VIII, 8, 4; animis (impetu animorum), sich den Mut jembs. zu Nutze machen IV, 1, 29; 10, 8; ra-

bie, seine Wut auslassen VIII, 8, 2; alquo duce (ministro), als Führer (Gehilfen) gebrauchen VII, 1, 3; 2, 14; VIII, 10, 2; extorum interprete metu suo, seine Furcht als Auslegerin der Eingeweide brauchen VII, 7, 24. — 2) mit jemb. umgehen: alquo familiariter VI, 11, 22. — 3) etw. „genießen", daß. überh. haben: alquo uti bono amico, jemb. zum guten Freunde haben VII, 8, 27.

utpŏte, *adv.* (= ut pote est, „wie es möglich ist", „wie es nicht anber sein kann"), zur Hervorheb. des Kausalbegriffes, nämlich X, 2, 19 (s. causa 2); utpote qui mit Konjunkt., da er ja IV, 1, 13; 7, 1; V, 13, 11; im abgekürzten Satze: utpote innoxius erat, da er nämlich unschuldig war III, 7, 13; vergl. VI, 11, 15; utpote libero nisu, weil (jetzt) mit freiem Schwunge VII, 9, 2; utpote gentis ejusdem, weil sie nämlich demselben Völkerstamme angehörten IX, 1, 23.

utrimque, *adv.* auf beiden Seiten, von beiden Seiten IV, 9, 5; 13, 33; 15, 23; auf beiden Flügeln III, 11, 16; von beiden Parteien IV, 4, 3; causas utrimque cognoscere, dafür u. dagegen VI, 10, 3.

ŭtrum, „welches von beiden", daß. als Fragepartikel in direkter Doppelfrage (im Deutschen nur durch den Frageton auszudrücken): utrum... an VI, 10, 25; verstärkt durch ne: utrumne... an IX, 2, 19. — 2) in direkter Doppelfrage ob: utrum... an X, 2, 17; utrumne... an III, 7, 8; IV, 9, 1; VI, 11, 28.

utrumne, s. utrum.

ūva, ae, Traube VI, 4, 21.

Uxĭi, ōrum, Volk in Susiana an der Grenze von Persis V, 3, 1 ff. 16.

uxor, ōris, Ehefrau, Gattin III, 9, 6; aliquam ducere uxorem, zur Frau nehmen, heiraten X, 3, 12.

V.

văcillo, 1. wanken, schwanken: vacillantes milites VII, 9, 6.

văco, 1. „lebig sein", daß. für etw. freie Zeit ob. Muße haben: sermoni alcjus, zu einer Unterredung mit jemb. VI, 7, 21; 8, 11; unpersönl. vacat alcui, jemb. hat freie Zeit: mit *inf.* X, 10, 12.

văcŭus, 3. leer, ledig, frei von etw.: humano cultu vacua, Gegenden ohne menſchliche Kultur VII, 8, 24; ripa vacua ab hostibus, unbeſetzt VIII, 13, 27. — 2) insb. erlediget, herrenlos: regnum VI, 3, 12.

vădum, i, ſeichte Stelle, Furt: fluminis IV, 9, 15; Tigrim vado transire IX, 2, 13; amnis vadum aperit, wird ſeichter IV, 9, 21; VIII, 13, 8.

vāgīna, ae, Scheide: acinacis III, 3, 6. 18.

văgor, 1. (unſtät) umherſchweifen: toto nemore VIII, 10, 15; currus vagantur tota acie, irren umher VIII, 14, 9; beluae, kriechen umher IX, 9, 22. — 2) übtr. ſich verbreiten: crudelitas per omnes ordines vagatur, hat freien Spielraum unter III, 11, 22.

văgus, 3. umherſchweifend, umherſtreifend VIII, 1, 1; IX, 9, 5; X, 5, 8.

valdē, adv. in ſtarkem Maße, ſehr VII, 2, 9.

vălens, ſ. valeo.

vălĕo, ŭi, ĭtum, 2. kräftig ſein, part. valens als Abjekt., ſtark VI, 3, 11 (ſ. sperno).—2) prägn. geſund ſein VII, 7, 19. — 3) übtr. Macht haben, vermögen: nihil VI, 8, 25; quantum X, 2, 29; mit inf. III, 4, 5; VII, 7, 7; IX, 6, 25; X, 1, 40.

vălĭdus, 3. ſtark, kräftig: arbores V, 1, 33; trabes VIII, 10, 26; stipes IX, 7, 20; hastae VIII, 14, 16; funes VII, 11, 13; naves IX, 10, 3; insb. ſtark zum Widerſtande III, 9, 7 (ſ. qui 1); IV, 16, 4; manus IV, 13, 30; praesidium III, 4, 4; auxilia VII, 4, 5; populares IX, 7, 2; gens VI, 6, 17; IX, 4, 24; pars imperii VIII, 1, 21; ſubſt. validior VII, 4, 16.—2) feſt: urbs IX, 1, 19; 8, 13; munimentum VIII, 2, 20; angustiae VIII, 2, 22.

vălĭtūdo, ĭnis, f. Geſundheitszuſtand, körperliches Befinden: infirmitas valitudinis VII, 7, 27; adversa III, 7, 1; IX, 6, 4; incommoda VIII, 9, 32. — 2) im üblen Sinne, Übelbefinden, Krankheit, simulatio valitudinis III, 8, 11; valitudinem simulare VII, 7, 7; per valitudinem aus Körperſchwäche VII, 8, 7.

vallis (valles), is, f. Thal IV, 12, 23; V, 13, 23.

vallum, i, der mit Palliſaben verſehene Wall IV, 15, 15; IX, 6, 6; vallum jacere IV, 12, 24; Umzäunung III, 2, 2.

vānĭtās, ātis, f. „Leerheit, Nichtigkeit", daß. eitle Prahlerei, Lügenhaftigkeit III, 2, 10; IX, 2, 17; mentientium IX, 2, 13.

vānus, 3. nichts in ſich enthaltend, leer: acies, weniger dicht, ſchwach IV, 14, 8; acies vana et exhausta IV, 14, 14; manus in vanum lapsa, ins Leere, in die leere Luft IV, 6, 16. — 2) übtr. a) leer, nichtig, eitel, grundlos: metus X, 5, 16; religio IV, 10, 7; fiducia III, 8, 10; fama X, 10, 5; cogitatio IV, 10, 3; indicium VI, 9, 8; responsa IV, 7, 29; nomina IV, 14, 3; ictus, unwirkſam III, 11, 4; ſubſt. vana, Nichtiges VI, 8, 14; vana et inania (ſ. inanis) IV, 13, 5; VII, 11, 25. — b) v. Perſonen, lügenhaft: vanissimus quisque, jeder Betrüger VII, 4, 8. — c) windig, unzuverläſſig IV, 1, 30; X, 9, 7.

văpor, ōris, m. Dunſthitze, Glutzhitze V, 6, 28; solis III, 5, 1; VII, 5, 3.

vărĭĕtās, ātis, f. verſchiedenartige Beſchaffenheit, Verſchiedenheit, Abwechſelung: caeli VII, 11, 21; fortunae, Schickſalswechſel IV, 4, 19; 14, 21.

vărĭo, 1. „mannigfaltig machen", daß. in verſchiedenem Sinne ausſprechen: consilia VI, 5, 8. — 2) intrans. mannigfaltig ſein: sententiae variant, ſind verſchieden VII, 5, 31.

vărĭus, 3. mannigfaltig, verſchiedenartig: flores IX, 10, 26; arma III, 3, 12; caedes VI, 6, 32; modus suppliciorum V, 5, 5; fortuna V, 5, 7; tumultus III, 8, 26; clamor V, 12, 14; voces IX, 8, 6; oratio III, 10, 4; animorum motus V, 9, 14; sententiae III, 8, 6; certamen, mit wechſelndem Erfolge VIII, 14, 28.

vas

1. **văs**, vădis, derjenige, welcher das Erscheinen eines vor Gericht Geforderten mit seiner Person verbürgt, **Bürge**; übtr. virtutem alcjus vadem praedemque habere, als **Bürgschaft** u. Unterpfand IX, 2, 25.

2. **văs**, vāsis, *plur.* vasa, ōrum, *n.* **Gefäß, Gerät** VII, 5, 11; vasa aurea III, 13, 10; lignea X, 2, 23; pretiosae artis V, 6, 5; eximiae magnitudinis IX, 10, 25; convivalia ex auro et argento VIII, 12, 16. — 2) insb. **Kriegsgerät, Gepäck**: vasa colligere, (zum Abmarsch) zusammenpacken VI, 2, 16.

vasto, 1. „veröden", dah. übtr. verwüsten, verheeren: regionem V, 3, 17; agros V, 6, 17; vicos VIII, 1, 3; Asiam urere et vastare VIII, 1, 26; colonias omni clade, mit allen Kriegsplagen heimsuchen IV, 1, 10.

vastus, 3. wüst, öde, verödet: regio III, 8, 8; planities IV, 9, 10; terra IV, 10, 3; solitudo III, 5, 6; VI, 11, 20; loca ingenti solitudine vasta, leere u. durch tiefe Einsamkeit veröbete Gegend IV, 1, 1; loca omni solitudine atque inopia vasta, völlig unbewohnte u. an allem Mangel leidende Einöden IV, 9, 3; omnia vasta atque sine ullo humani cultus vestigio V, 6, 13. — 2) mit Nebenbegriff des Weiten, **ungeheuer groß, unermeßlich, weit**: mare VIII, 13, 8; aequor VII, 5, 4; fretum X, 7, 11; saltus III, 10, 2; silva VII, 8, 16; saxa IV, 2, 16; vorago VIII, 2, 23; corpus, ungeschlacht IV, 13, 5.

vātēs, is, **Seher, Wahrsager** III, 3, 4; Aegyptii IV, 10, 4; Babyloniorum V, 1, 22.

vĕ (aus vel), Anhängepartikel, oder: quove III, 1, 17; quive IV, 14, 3; vultusque IV, 15, 11; quove casu VI, 8, 26; dictove VII, 1, 36; feraeve VII, 3, 11; spesve VIII, 6, 12; quodve tempus IX, 5, 26; quidve X, 7, 2.

vēcors, dis (cor), **verstandlos, wahnsinnig** X, 2, 12; animal IV, 14, 18; subst. vecordes IV, 13, 13.

vectīgal, gālis, *n.* Abgabe, Staatseinkünfte: Africae IV, 3, 5.

vecto, 1. (*v. intens. v.* veho), **tragen**: equis vectari, reiten III, 3, 22.

vĕhĕmens, tis, **heftig, hitzig, ungestüm**: ventus IV, 3, 6; calor IV, 7, 22; discrimen VI, 1, 7; vis mali VIII, 4, 8.

vĕhĕmenter, *adv.* heftig, hitzig, ungestüm III, 11, 13; vehementius VII, 4, 13; VIII, 5, 22. — 2) heftig, sehr IV, 1, 7; VIII, 12, 17; vehementius VIII, 10, 7.

vĕhĭcŭlum, i (veho), **Fuhrwerk, Wagen** III, 3, 12; 13, 11; VI, 6, 15; vehiculo vehi III, 1, 14.

vĕho, vexi, vectum, 3. **tragen, fahren, führen**: sarcinas IX, 10, 12; pecuniam III, 3, 24; aurum VIII, 7, 11; frumentum in urbem X, 8, 11; aquam utribus IV, 7, 12; praedam, mit sich führen VII, 8, 22; talenta, fortschaffen V, 6, 9; naves plaustris VIII, 10, 3; equus (elephantus) vehit alqm VI, 5, 18; VII, 7, 35; VIII, 13, 7; jumenta (equi) vehunt alqm V, 5, 22; 13, 23; III, 11, 11; VII, 7, 32; equi vehunt currum III, 3, 11; currus vehit alqm III, 3, 22; VIII, 14, 3; uter alqm VII, 9, 4; flumen aquas (limum, aurum) vehit, führt V, 1, 29; 2, 9; VIII, 9, 18; *passiv.* „getragen werden", dah. a) reiten: equo III, 3, 3; IV, 15, 24; beluā VIII, 14, 13; *absol.* V, 5, 3 (V.); VIII, 2, 36; qui vehuntur, die Reiter IV, 16, 3; VIII, 14, 16. — b) zu Wagen ob. zu Schiffe fahren: curru III, 3, 15; IV, 14, 26; vehiculo III, 1, 14; *absol.* III, 3, 24, 25; rate VIII, 13, 26; Nilo amne IV, 7, 3; classis vehitur IX, 9, 16. — 2) übtr. in pericula vehi, sich in Gefahren stürzen X, 5, 35.

vĕl, *conj.* (eigentl. *imperat. v.* volo, „wähle was du willst"), oder IX, 3, 5; vel ... vel, entweder ... oder, sei es ... oder III, 1, 18; IV, 6, 19; V, 1, 1. — 2) steigernd, sogar, selbst, schon III, 4, 5. 11; 5, 13; IV, 4, 16; 5, 5; V, 3, 15; 12, 9; VI, 3, 5; 4, 22; 10, 6; VII, 11, 1; X, 6, 21; vel maxime, ganz besonders, im höchsten Grade X, 7, 4. — 3) milbernd, auch nur IV, 10, 17; VI, 10, 12.

vēlāmentum, i, **Hülle, Bedeckung**: corporis V, 1, 38; insb. *plur.*,

die mit wollenen Binden umhüllten Ölzweige derum Schutzflehenden VII, 5, 33.
vello, velli u. vulsi, vulsum, 3. „zupfen", das. herausziehen: telum IX, 5, 10.
vēlo, 1. verhüllen, umhüllen: caput IV, 10, 34; os VI, 2, 6; crura IX, 1, 21; cetera VI, 5, 27; corpus carbaso VIII, 9, 21; solium amiculo X, 1, 32; amiculo velatus III, 3, 10.
vēlōcĭtās, ātis, f. Geschwindigkeit, Schnelligkeit IV, 4, 1; V, 8, 2; equorum VII, 7, 32; in rebus moliendis V, 7, 1; cameli velocitatis eximiae V, 2, 10.
vēlox, ōcis, rasch, geschwind, schnell: apes velocior VII, 4, 15; paupertas VII, 8, 22; velocissimus rex VII, 4, 14.
vēlum, i, Segel IV, 2, 23; 3, 2; vela subducere IX, 4, 10. — 2) übtr. Decke, Tuch VII, 11, 21; candidum VII, 11, 11; IX, 10, 25.
vēlut ob. velūti, adv. gleich wie, ganz wie: grates habebant veluti praesenti deo III, 6, 17; vgl. III, 8, 18; 13, 6; IV, 3, 9; V, 5, 10; VI, 5, 14; bei *part.* IV, 1, 27; 3, 8; 9, 17; 12, 14; V, 3, 19; IX, 7, 19; X, 5, 3; bei *abl. absol.* IV, 1, 31; VI, 1, 9; 4, 4; VII, 6, 22. — 2) bei bildlichen Ausdrücken gleichsam III, 4, 6; IV, 3, 18; V, 3, 19; 12, 8; VI, 4, 16; 5, 15; 9, 28. — 3) mit Konjunkt. gleich als wenn III, 3, 17; V, 1, 19; VIII, 1, 31.
vēna, ae, Ader III, 6, 11; venae aquarum, die Kanäle zwischen Euphrat u. Tigris V, 1, 12.
vēnābŭlum, i, Jagdspieß VIII, 1, 14.
vēnālis, e, verkäuflich, feil: fides mercede venalis III, 8, 3; aliquis omnia venalia habet, jedm. ist alles feil V, 12, 2; nihil habere venale, sich nichts ablaufen lassen IV, 11, 15.
vēnātĭo, ōnis, f. Jagd VIII, 8, 3.
vēnātus, ūs, Jagd VIII, 9, 28.
vendo, dĭdi, dĭtum, 3. (aus venum do), verkaufen: fortunam suam IV, 11, 15.
vēnēfĭcus, 3. giftmischerisch: percussor IV, 11, 18.

vĕnēnum, i, Gift III, 6, 6; VI, 10, 34; IX, 8, 20; alqm veneno necare X, 10, 14.
ĕnĕo, vēnīi, venum, ire (aus venum eo, „zum Verkauf gehen"), verkauft werden IX, 4, 5; sub corona IX, 8, 15.
vĕnĕrābĭlis, e, verehrungswert: ehrwürdig: mater III, 11, 24; os III, 6, 10; conspectus alcjus VI, 9, 2.
vĕnĕrābundus, 3. verehrend, anbetend: alqm VI, 6, 3; VIII, 5, 6.
vĕnĕrandus, a, um, f. veneror.
vĕnĕrātĭo, ōnis, f. Verehrung, Hochachtung VI, 5, 29 (f. in B, 5); religio veneratioque, heilige Verehrung VIII, 14, 12; mit *gen. object.*: regis VII, 8, 4; fortunae V, 10, 2.
vĕnĕror, 1. verehren: alqm VI, 10, 25; nomen alcjus X, 7, 15; *part.* venerandus, verehrungswert III, 6, 20. -- 2) insb. (= προσκυνεῖν) nach persischer Sitte fußfällig verehren: alqm III, 12, 17; V, 2, 22; 10, 13; alqm ut deum VIII, 7, 13.
Vĕnēti, ōrum, Volk an der Nordostküste des adriatischen Meeres, im heutigen Gebiet von Venedig III, 1, 22.
vĕnĭa, ae, Verzeihung, Begnadigung, Gnade VI, 5, 9; 8, 6; defectionis („wegen") VI, 1, 20; veniam petere VIII, 10, 33; dare VI, 6, 34; impetrare VIII, 2, 30; veniae locus non est, Gnade findet nicht statt V, 3, 11.
vĕnĭo, vēni, ventum, 3. kommen: a mari III, 2, 8; ad urbem IV, 5, 10; exitio alcjus, zum Verderben IV, 5, 6; ventum est ad urbem III, 1, 22; nuntius venit ab aliquo IV, 16, 3; militär. cum copiis ad oppugnandum alqm, anrücken IV, 1, 11. — 2) v. d. Zeit, kommen, herannahen: dies venit VII, 4, 34. — 3) in eine Lage ob. Zustand kommen, geraten: ad ultimum periculum VII, 6, 22; in potestatem alcjus III, 11, 11; ventum est ad famem, es kam zur Hungersnot VII, 4, 22; huc malorum ventum est (f. huc) VII, 1, 35; eo rerum ventum est (f. eo) V, 12, 3.
vēnor, 1. jagen VIII, 1, 15; IX, 1, 31; venantes, Jäger V, 1, 42; VI, 5, 17.

venter, tris, *m.* Bauch IX, 7, 16; X, 2, 26 (f. circumfero).

ventus, i, Wind IV, 2, 8; 3, 2.

vēnundo, dĕdi, dătum, dăre (= venum do), zum Verkaufe geben, verkaufen: captivos IX, 8, 13.

Vĕnus, ĕris, die Göttin der Liebe, dah. metonym. Geschlechtsliebe VI, 5, 32; usus Veneris, Liebesgenuß X, 5, 32.

verbēnae, ārum, heilige Zweige (von Lorbeer, Olive u. Myrte), für religiöse Zwecke von Priestern u. Schutzflehenden getragen IV, 13, 15.

verber, ĕris, n. (*sing.* nur in *gen.* u. *abl.* gebräuchl.), „Peitsche, Geißel", dah. metonym. Geißelhieb: alqm verberibus castigare VIII, 6, 5; veberibus affici, gegeißelt werden VII, 11, 28.

verbĕro, 1. peitschen, geißeln: equos habenis IV, 15, 33; alqm VIII, 6, 25; übtr. compages fluctibus verberatae, gepeitscht IV, 3, 6.

verbum, i, Wort: verba frustra consumere V, 8, 6; modum verborum tenere VI, 10, 1; in verba alcjus jurare (f. juro) VII, 1, 29; intra verba peccare (f. intra) VII, 1, 25.

vērē, *adv.* der Wahrheit gemäß, richtig IV, 16, 33; *comp.* verius, der Wahrheit gemäßer, richtiger, mit mehr Recht III, 8, 11; IV, 3, 7; VI, 11, 3; VII, 3, 11. — 2) in der That, fürwahr III, 6, 10.

vĕrēcundē, *adv.* sittsam, schamhaft VI, 2, 6.

vĕrēcundĭa, ae, ehrfurchtsvolle Scheu, Ehrfurcht: violandi deos V, 2, 15; alcjus, vor jemb. X, 2, 13.

vĕrēor, ĭtus sum, 2. etw. scheuen, fürchten, sich vor etw. fürchten: omen VI, 6, 4; fortunam III, 8, 20; mit *inf.* III, 12, 19; mit *acc. c. inf.*, mit Besorgnis sehen IX, 7, 23. — 2) etw. befürchten, wegen etw. besorgt sein: populationem villarum X, 8, 13; mit folg. ne („daß") III, 11, 11; IV, 5, 3; V, 8, 1; mit folg. ne non („daß nicht") VII, 7, 27.

Vergilĭae, ārum, das Siebengestirn der Plejaden, dessen Untergang im November den Winter eröffnet V, 6, 12.

vergo, ĕre, „sich wohinneigen", dah. übtr. a) v. Lokalitäten, wohin gerichtet sein, nach einer Richtung hin liegen: ad mare III, 4, 8; ad occidentem IV, 7, 19; ad orientem VI, 6, 23; ad septentrionem VI, 4, 17. — b) sich nähern: nox propius vergit ad lucem IV, 7, 22.

vērĭtās, ātis, *f.* Wirklichkeit, Wahrheit III, 2, 17; VI, 10, 29.

vērĭus, f. vere.

vernus, 3. (ver), zum Frühling gehörig: tempus, Frühlingszeit IX, 10, 2; tepor IV, 7, 17.

vērō, *adv.* in Wahrheit, in der That, wirklich IV, 11, 20; V, 2, 4; VI, 3, 5; X, 2, 27. — 2) in bekräftigender Entgegnung, allerdings, gewiß, jawohl (oft auch bloßes Zeichen der Antwort) III, 8, 5; IV, 7, 25; V, 9, 1; 11, 4; VI, 7, 7; ego vero, nein, ich ... IX, 6, 21. — 3) steigernd, vollends, sogar, gar IV, 2, 3; 3, 25; IV, 10, 21; 11, 19; VII, 11, 16; tum vero, da vollends, da nun III, 5, 9. 12; tunc vero III, 11, 23; cum vero, wenn nun gar VII, 4, 27; VIII, 11, 12; at vero, als nun aber III, 6, 16; V, 2, 11; 5, 8. — 4) bei Aufforderungen, doch, nun IV, 5, 6; minime vero, doch ja nicht V, 2, 15. — 5) z. Bekräftig. eines Gegensatzes (wirklich) aber III, 1, 6; 10, 9; IV, 13, 9. 24; VII, 4, 9; 7, 12.

versābĭlis, e (verso), leicht zu wenden, beweglich: acies IV, 13, 32. — 2) übtr. veränderlich, unbeständig: fortunae V, 8, 15.

verso, 1. (*v. intens. v.* verto), „hin u. her wenden", dah. übtr. a) wenden: se ad omnes cogitationes, auf alle möglichen Pläne verfallen VI, 6, 27; *passiv.* sich wenden: animus versatur in diversa, schwankt hin u. her III, 6, 7. — b) jemb. bestürmen, ihm zusetzen: animum V, 10, 9; VI, 7, 11.

versus ob. **versum**, *adv.* gegen ... hin, nach ... zu: ad meridiem versus V, 4, 7.

versus, a, um, f. verto.

vertex (vortex), ĭcis, *m.* (verto), das „Sichherumdrehende", dah. **Wasserwirbel, Strudel** VIII, 13, 16; IX, 4, 11. — 2) **Wirbel des Kopfes, Scheitel** VII, 4, 6. — 3) übtr. höchste Spitze, **Gipfel**: montis VIII, 10, 13; petrae VII, 11, 12; rupis VI, 6, 24.
verto, ti, sum, 3. **kehren, wenden, umdrehen**: currum in fugam IV, 15, 32; terga, den Rücken kehren, die Flucht ergreifen IV, 16, 6; IX, 8, 10; *passiv.* sich wenden, kehrt machen IV, 13, 32; Medus versus ad meridiem V, 4, 7. — 2) v. b. örtlichen Lage: se vertere, nach einer Richtung hin liegen: gens se vertit ab oriente ad septentrionem, wohnt in der Richtung von VII, 7, 3; *part.* versus, hingewendet, hinliegend: oppida ad meridiem versa VII, 10, 15; (sedes) in meridiem versa, die Südseite IV, 7, 18. — 3) übtr. a) wenden: cogitationes in bellum VIII, 5, 3; cladem in suum caput, auf sein eigenes Haupt lenken VIII, 2, 27; misericordia (miseratio) vertitur in alqm, wendet sich auf III, 5, 8; X, 5, 11. — b) eine Sache so u. so wenden, ihr die Wendung geben, etw. so u. so ausschlagen lassen: probrum in gloriam IX, 10, 28; incommoda ad bonos eventus, zum guten Ausgang wenden VIII, 13, 12; res in seditionem vertitur, schlägt in Aufruhr aus VI, 6, 12; contio in seditionem gerät in Aufruhr X, 7, 1; *refl.* vertere, ausschlagen: quod bene verteret, mit dem Wunsche, daß es gut ausfallen möge, auf gut Glück V, 4, 12; VII, 11, 12. — c) in der Beurteilung wohin wenden, auslegen, deuten: alqd in omen, als Vorzeichen III, 1, 17; omen in metum Macedonum, als Schrecknis für die Macedonier IV, 2, 13; rem in serium, ins Ernste ziehen V, 7, 10. — d) umwandeln, wandeln, verkehren: natura se vertit VIII, 9, 13; fortunam pugnae vertere IV, 15, 18; continentiam in superbiam VI, 6, 1; *passiv.* sich verwandeln, sich verkehren, umschlagen: fiducia vertitur in sollicitudinem III, 8, 20; VII, 2, 12; misericordia in metum (in formidinem) IV, 16, 12; VIII, 11, 12; IX, 10, 15; ira (desperatio) in rabiem V, 3, 20; IX, 10, 16; ira misericordiam IX, 3, 2; necessitas in rationem IV, 10, 14; in contrarium verti, sich ins Gegenteil verkehren IV, 14, 15; *refl.* ira vertit in rabiem IV, 6, 29; invidia in misericordiam VII, 1, 1.

vērum, *adv.* „in Wahrheit", dah. z. Bezeichn. eines überwiegenden Gegensatzes ob. beim Übergange der Rede auf etw. anderes, jedoch aber, aber VII, 11, 22; verstärkt verum enimvero, nun aber freilich IV, 11, 18. — 2) nach Negation, sondern IX, 3, 6.

vērumtāmen, *conj.* jedoch, gleichwohl VIII, 8, 13.

vērus, 3. wahr, ächt, wirklich, begründet: species IV, 15, 26; origo VIII, 10, 11; nomen III, 11, 25; desiderium X, 5, 17; re vera, in Wahrheit, in der That III, 13, 5; IV, 16, 19; *subst.* verum u. *plur.* vera, das Wahre, die Wahrheit VI, 11, 21; VIII, 8, 15; patiens veri X, 4, 2; alqd vero majus jactare, größer als es in Wirklichkeit ist IV, 7, 8; vera explorare IV, 10, 10; dicere III, 2, 19; deferre V, 12, 3. — 2) übtr. vernünftig, recht, gut: aestimatio IV, 7, 29; consilium VI, 10, 26; vera censere, das Richtige X, 6, 18; *abl.* vero, mit Recht V, 2, 4.

vescor, vesci, genießen, sich von etw. nähren, mit *abl.*: carne V, 6, 17; piscibus IX, 10, 10; *absol.* speisen, tafeln VIII, 6, 13; cum rege VIII, 9, 5; in mensa („am Tische") V, 2, 14.

vespĕra, ae, Abendzeit, Abend: dies inclinatur (inclinat) in vesperam IV, 7, 22; VI, 11, 9; sub vesperam, gegen Abend VI, 7, 20; primā vesperā, mit Anbruch des Abends V, 13, 10.

vester, tra, trum, euer: *subst.* vestri, die eurigen IV, 1, 12; VI, 9, 14.

vestĭbŭlum, i, Vorplatz, Vorhalle, Eingang III, 12, 8; aedium IV, 4, 14; praetorii V, 10, 12; regiae V, 7, 7; VI, 7, 17.

vestĭgĭum, i, Fußsohle IV, 7, 6. — 2) der auftretende Fuß IV, 7,

282 vestigo — vicis

7; vestigium fallere IV, **9, 18; V, 4,** 18;nusquam vestigium movere, ſich von der Stelle rühren X, 2, 13. — **3)** metonym. Spur: avium VII, **3, 11;** urbis V, **7, 9;** molis IV, **3, 7;** suffossi specus IX, **8, 14;** itineris VII, **4, 27;** soli culti IV, **7, 12;** humani cultus V, **6, 13. 15;** fugae V, **13, 18.** — **4)** übtr. a) Merkmal, Kennzeichen, Spur IV, **15, 33;** stirpis IX, **4, 3;** recentibus sceleris vestigiis, als die Spuren des Verbrechens noch friſch vor Augen ſtanden VII, **1,** L. — b) Fuß eines Gegenſtandes: vestigia regis persequens IX, **5, 14.** — c) „das Betretene", daß. Stätte, Stelle: in eodem vestigio haerere IV, **14,** 2; stare, auf einem u. demſelben Flecke ſtehen III, **11, 5;** fortuna stat eodem vestigio, verharrt auf derſelben Stelle IV, 5, 2.

vestīgo, 1. nachſpüren, aufſuchen: equum VI, **5, 19;** mit abhäng. Frage IV, **6, 5;** ſubſt. vestigantes IV, **16, 14.**

vestio, 4. „bekleiden", daß. überkleiden, bedecken: Medus quicquid alluit floribus vestiens V, **4, 7;** trunci (rami) fronde vestiti VI, **5, 15;** VIII, 11, **8;** IX, **5, 4.**

vestis, is, f. Kleidung, Gewand: auro distincta III, **3, 13;** lugubris X, **5, 17;** habitus vestis III, **3,** 3; vestem sumere VI, **6, 13;** deponere III, **3, 4;** in candida veste esse IV, **13, 15;** toïłett. III, 3, 3. 26; X, 5, 16; vestem induere IX, **3, 10;** plur. III, **3,** 11; **13, 7;** V, **2, 18;** IX, **7, 12.** — **2)** Zeug, Stoff V, **6,** 3; linea IX, **8,** 1; plur. IX, **10,** 25; X, 1, 24.

vĕto, tŭi, tĭtum, 1. nicht zulaſſen, verbieten: mitacc.c.inf.VIII,14,38.

vĕtus, ĕris, alt (von langem Beſtande): regia IV, **7, 21;** disciplina IV, **6, 6;** omina III, **3, 6;** luxus IX, **7, 15;** odium VII, **5, 30;** gloria IV, **13, 12;** dominus III, **11, 23;** miles, altgedient VI, **6, 9; 11,** L. — **2)** im Gegenſatz des Jetzigen, alt, früher: Tyrus IV, **2,** 18; anulus VI, **6, 6;** arma IX, **3, 21;** cicatrix X, **5, 13;** periculum VII, **1, 7;** decora VI, **1, 8;** vita VII, **1, 31;** exempla IV, **10, 6;** reges V, 6, L.

vĕtustās, ātis, f. das Alter: originis IV, **4, 19;** urbis IV, **1, 15;** Altertum: vetustatem cognoscere IV, **8, 3.** — **2)** Alter, Länge der Zeit: longa VIII, **10, 24;**exeditmonumenta(opera) III, **4, 10;** V, **1, 34.**

vĕtustus, 3. alt: (durch langes Beſtehen): arbor IX, **5, 4;** cedrus VIII, **10,** 8; monumenta IX, **5, 21;** modus VI, **8, 25;** vetustissimus amicorum V, **9, 1;** VI, **9, 4.** — **2)** alt, früher: claritas VI, **2, 11.**

vexātĭo, ōnis, f. Erſchütterung, ſtarke Bewegung: corporis VII, **9, 13.** — **2)** übtr. Beſchwerde, Strapaze: magna exercitūs VI, **5, 13;** multa V, **4, 21.**

vexo, 1. (v. intens. v. veho), „ſtark bewegen", daß. übtr. beläſtigen, heimſuchen, ſtark mitnehmen: imbribus vexari V, **6,12;**regio ab hoste vexata III,8,8; militesvexati IX,10,18.

via, ae, Weg, Straße: militaris, Heerſtraße V, **8, 5;** via fert in Persidem V, **4,** 11; patet ad fugam III, **11, 12;** alcui viam facere, den Weg öffnen VIII, **12, 2;** viam dare, Platz machen X, **6, 24.** — **2)** übtr. Weg, Mittel: patet via agendae rei VIII, **6, 10;** expugnandi VIII, **11,** 7.

viātĭcum,i, Reiſezehrung, Reiſegeld X, **2, 25.**

vībro, 1. „wippen",daß. ſchwingen: tela III, **11, 4;** VI, **5, 28;** VII, **9,** 7; hastam VI, **1, 13.**

vīcēsĭmus,(vigesimus)3. der zwanzigſte IX, 6, 21.

vīcīnĭa, ae, Nachbarſchaft, Nähe: diversorii VI, **11, 3.**

vīcīnus, 3. benachbart, nahe: oppida IX, **1, 18;** mare IV, **4, 19;** amnes sunt maxime vicini, einander am nächſten V, **1,** 15.

vĭcis, gen. (ohne nom.), f. Aufeinanderfolge, Wechſel: statae vices temporum („der Jahreszeiten") V, **1, 22;** VIII, **9, 13;** orbes temporum

victima   video   283

destinatas vices implent, der Kreislauf der Zeiten erfüllt sich im festbestimmten Wechsel IV, 10, 5; servatis noctium vicibus, indem sie die Reihenfolge der Nächte innehielten VIII, 6, 3; vigiliarum vices servare, abwechselnd den Wachdienst versehen V, 1, 42; permutare stationum vices, die Reihenfolge der Posten vertauschen VIII, 6, 11; non vice sua (abl. absol.), nicht in der ihnen zukommenden Reihe, außer der Reihe VII, 1, 14; stata vice, im feststehenden Wechsel IX, 9, 2. — 2) Erwiederung einer Handlung, Gegenleistung, Vergeltung: hanc vicem saevitiae reddere, die Grausamkeit so vergelten IV, 10, 29. — 3) Schicksalswechsel, Schicksal: vicem suam flere X, 5, 21; mitiores vices fortunae, Wechsel zum Besseren V, 8, 15; vices rerum, Wechsel der Dinge IV, 14, 19.— 4) übtr. Stelle, Amt, Rolle, Geschäft: vicem alcui tradere VIII, 6, 19; vicem veri obtinere, die Stelle der Wahrheit einnehmen, gleiche Wirkung wie die Wahrheit haben VIII, 8, 15; vicem officii explere, dem pflichtmäßigen Dienste Genüge leisten VIII, 6, 18; vicem regis revereri, die Würde III, 13, 17; vice ipsorum reditura, während ihr Dienst wieder an die Reihe kommen sollte VIII, 6, 15; vices regni atque imperii, die Akte der königlichen Herrschaft X, 6, 5; vicem ob. vice alcjus, bei Ausbrüchen, welche eine Gemütsbewegung bezeichnen, „anstatt jemds.", daß. um jemds. willen, wegen jemds. VII, 2, 5; 11, 20.

victima, ae, Opfertier VIII, 2, 32; IX, 1, 1; übtr. Opfer VI, 9, 23.

victor, ōris, Sieger, Besieger: Atheniensium III, 10, 7; urbium V, 3, 9; omnium, über alles IX, 3, 11; kollekt. III, 11, 22; abjekt. siegreich: Persae IV, 15, 10; exercitus VIII, 2, 27.

victōria, ae, Sieg: egregia V, 8, 17; ingens III, 11, 27; memorabilis IX, 1, 1; de Atheniensibus VIII, 1, 33; Spartana (= de Spartanis) X, 10, 14; victoriam parere de alquo X, 6, 8; terras victoriā peragrare („siegreich") III, 5, 6.— 2) Siegesruhm: victoriam

deportare ex Asia X, 2, 11. — 3) die Siegesgöttin IV, 13, 15; VIII, 2, 32.

victus, ūs (vivo), Lebensbedarf, Nahrung, Kost VII, 3, 1; parcus ac parabilis VI, 2, 3; precarius IV, 14, 23.

vicus, i, „Häuserkomplex", daß. Gasse: totis vicis, ganze Straßen entlang VI, 11, 3. — 2) Dorf, Flecken III, 1, 11; IV, 13, 23; V, 12, 6; 13, 6; vici et urbes IV, 1, 30; V, 4, 6.

vidēlicet, adv. (= vide licet), versteht sich, natürlich, offenbar IV, 14, 21; (ironisch) VI, 10, 9.

video, vīdi, vīsum, 2. sehen, erblicken: terminos rerum V, 6, 13; incognita IX, 9, 4; mit acc. c. partic. IV, 15, 5; V, 7, 7; VII, 9, 2. 11; VIII, 14, 41; IX, 3, 4; X, 9, 21; mit acc. c. inf. III, 1, 8; IV, 14, 24; IX, 2, 20; labor irritus videtur, erweist sich VI, 6, 26; insb. a) im Traume sehen III, 3, 4. — b) sehen, erleben: rem IX, 6, 12; amplius regnum IV, 14, 10. — 2) übtr. a) sehen, einsehen, merken, begreifen, mit acc. c. inf. IV, 16, 8; mit abhäng. Frage VI, 10, 5; VII, 2, 14. — b) erwägen, bedenken: vide ne, siehe wohl zu VII, 8, 14. — 3) passiv. als etw. erscheinen, scheinen, mit nom. des Prädikats III, 2, 10; 5, 9; V, 2, 20; dicturus videbatur, schien sprechen zu wollen VI, 9, 33; qua intraturus (ducturus) videbatur, wo er wahrscheinlich einziehen (führen) werde IV, 7, 2; IX, 10, 2; vrgl. interfecturus eum videbatur V, 9, 10; cum videretur imperaturus VIII, 1, 32; quod facturus videbatur V, 6, 7; mit nom. c. inf. III, 3, 3; 6, 18; 7, 15; VI, 8, 8; crudeliter torqueri videbatur, seine Folterung erschien als Grausamkeit VI, 11, 40. — 4) mihi videor, ich dünke mir, es beucht mir, es kommt mir vor, als ob ich..., ich glaube: strepitum exaudire III, 5, 11; vrgl. V, 5, 8; VI, 9, 19; IX, 2, 31; bloß videor (ohne reflex. dat.): se intrare visum, er habe sich einziehen sehen IV, 2, 17; monstra cernere videbantur IX, 9, 10. — 5) prägn. videtur (alcui), es dünkt gut, es beliebt: quo videretur IV, 1, 29.

vĭgĕo, ŭi, 2. vollkräftig sein: audacia, durch Kühnheit sich hervorthun IV, 9, 23.

vĭgēsĭmus, a, um, s. vicesimus.

vĭgĭl, ĭlis, wach; subst. Wächter IV, 5, 21; 10, 25; VIII, 1, 40.

vĭgĭlĭa, ae, das Wachsein, das Wachen: noctem perpetuis vigiliis agere, in beständigen Wachen VII, 5, 16; noctem vigiliis extrahere VII, 8, 2; nox inter vigilias consumitur IX, 9, 24. — 2) das Wachen zur Sicherheit: vigilias agere, Wache halten IV, 13, 10; vigilias servare IV, 13, 11; vigiliarum vices servare V, 1, 42. — 3) Nachtwache (als Zeit von je drei Stunden, weil die Zeit von Abends 6 Uhr bis früh 6 Uhr in vier Nachtwachen geteilt war): prima IV, 5, 19; secunda IV, 10, 8; tertia III, 8, 22; quarta VII, 2, 19. — 4) Wachposten VII, 11, 2.

vĭgĭlo, 1. wach sein, wachen VI, 8, 17; in armis X, 5, 15.

vĭgor, ōris, m. (vigeo), Lebenskraft, Lebensfrische, Lebendigkeit, Feuer X, 5, 10 (s. vultus); X, 10, 12; militaris III, 6, 19; animi IV, 13, 21; quod vigoris corpori deest („was von Lebenskraft") VII, 9, 11; vigor membris redit VII, 3, 14; animus vigorem recuperat III, 6, 16.

vīlis, e, „wohlfeil", dah. übtr. a) wertlos, gering, gemein VIII, 8, 16; vehiculum III, 1, 14; spolia IX, 1, 2; sarcinae III, 11, 20; corpora, wertlos geworden V, 6, 6; vilis alcui, in jembs. Augen wertlos IX, 6, 6. 13. — b) gering geachtet, verachtet: alcui IX, 2, 7; III, 3, 23; vilior, weniger geachtet X, 1, 29; sanguis vilissimus VIII, 7, 4; alqm viliorem sibi facere, in seinen Augen herabsetzen VI, 9, 19.

vīlĭtās, ātis, f. „Wohlfeilheit", dah. übtr. Geringachtung: sui, Aufopferung ihrer selbst V, 9, 7; vulgati corporis, Wegwerfung des Körpers durch Preisgebung V, 1, 38.

villa, ae, Landhaus, Landgut X, 8, 13.

vīmen, ĭnis, n. Gerte, Reis, Astwerk, Stiell. Gezweig: lentum VI, 5, 16.

vincĭo, vinxi, vinctum, 4. umbinden, umwinden: frontem funda V, 6, 18; pedes soleis, Sandalen um die Füße binden VIII, 9, 21. — 2) in Bande legen, binden, fesseln: alqm V, 9, 2.15 (vincturi, „willens ihn zu fesseln"); X, 1, 8; compedibus V, 12, 20; alqm vinctum tenere VII, 5, 22; habere IV, 14, 22; asservare VIII, 6, 27; tradere IV, 5, 17; III, 5, 10; dedere VIII, 3, 16. — 3) übtr. fesseln: vinctus obsequio VI, 7, 2.

vinco, vici, victum, 3. die Oberhand behalten, siegen III, 8, 21; bello IV, 14, 15; acie IV, 15, 7; fortuna vincit alcui („für jemb.") IV, 16, 5; transit. überwinden, besiegen: alqm acie IV, 1, 13; proelio IV, 1, 11; VI, 3, 8; quaedam („manches") IV, 11, 9; subst. victus V, 2, 10; VII, 7, 16; IX, 10, 27. — 2) übtr. a) überwältigen: vitia alqm vincunt VI, 2, 1; vinci cruciatibus VII, 2, 34; sensus mero victi sunt VIII, 1, 43. — b) über etw. siegen, etw. besiegen, überwinden: dolorem IV, 6, 19; superbiam III, 12, 19; memoriam VI, 9, 4; pertinaciam IX, 1, 33; silentium, brechen IV, 6, 28; invidiam, erhaben sein über VII, 1, 21; 5, 11; dolor vincit consilium IV, 15, 13; superstitio humanitatem IV, 3, 23; labor pudorem VIII, 2, 34; cupido rationem IX, 2, 12; pudor magnitudinem periculi IX, 4, 32; acerbitas bonitatem VI, 8, 22. — c) besiegen, wozu bestimmen, bewegen: alqm mit folg. ut VIII, 2, 11; consuetudo alqm vincit V, 5, 21; victus amore V, 1, 35; continentia hostis IV, 11, 1; beneficio alcjus VI, 8, 7; indiciis VII, 1, 12; absol. victus, nachgebend V, 3, 14. — d) überbieten, überwiegen, übertreffen: divitiae vincunt praeterita („alles frühere") V, 6, 2; alqm continentia III, 12, 21; pulchritudine III, 12, 22; dignatione VII, 1, 27; fides vincit pignora, wog noch mehr als VI, 5, 2; atrocitas gratiam meriti, gab den Ausschlag über VIII, 3, 15; *passiv.* überboten werden, nachstehen VIII, 5, 4;

officio VII, 10, 8; auro („an Golbreich=
tum") VIII, 8, 16; studio ab alquo V,
1, 20.
  vincŭlum, i (vincio), Band, Strick,
Feffel IX, 1, 17; inexplicabile III, 1,
16; epistolae, Schnur, Verschluß VII,
2, 25. — 2) plur. Bande, Fesseln,
Gefängnis: in vincula tradi X, 1, 37;
alqm in vinculis habere, in Banden
halten V, 10, 13; in vinculis esse IX,
10, 19; cohiberi VI, 2, 11; custodiri
VII, 1, 6; vincula rumpere IV, 15, 9;
alqm ex vinculis eripere IV, 14, 22. —
3) übtr. a) Bindemittel: lateri vinculum lapides sunt VIII, 10, 25. —
b) Band, Unterpfand: fidei VII, 2, 18.
  vindex, ĭcis (vindico), Rächer,
Bestrafer: maris occupati IV, 4, 5;
amissorum impedimentorum („des Ver=
lustes") IV, 15, 12; vindex ultorque vio-
latae fidei V, 12, 5. — 2) Beschützer,
Verteidiger VIII, 5, 20; X, 2, 6.
  vindĭco, 1. (= vim dicere, „Gewalt
androhen"), „strafend einschreiten", daß.
a) ahnden, rächen: injurias VIII, 3,
16; interitum alcjus IV, 8, 10. — b)
für jemd. Strafe nehmen, ihn rächen:
alqm VII, 2, 30. — 2) (als Eigentum) in
Anspruch nehmen, beanspruchen:
jus III, 12, 16; proximas partes a nobis („nach uns") VI, 11, 28; alqd pro
suo, als seinen eigenen Entschluß aner=
kennen X, 9, 19. — 3) in Schutz neh=
men, schützen, sichern: alqm VI, 9,
24; VII, 5, 26; alqm a decore, vor der
Schande retten IV, 14, 24; exercitum
fame, vor Hunger schützen IX, 10, 18;
terram a populationibus III, 4, 5; mare
a classibus IV, 8, 15; gloriam alcjus,
für d. Ruhm jemds. in die Schranken
treten IX, 2, 32; imperium, aufrecht er=
halten X, 7, 15.
  vindicta, ae, Rache: alcjus für
jemb. VII, 5, 20.
  vīnum, i, Wein: vino se onerare
IV, 4, 5; vino gravatus VI, 11, 28.
  violentĭus, adv. (comp. v. violenter),
gewaltsamer, ungestümer, hef=
tiger III, 11, 21; VIII, 14, 4.
  violentĭa, ae, Ungestüm, Hef=
tigkeit: linguae VII, 1, 16; tempestatis VIII, 4, 5; militaris, soldatischer
Ungestüm X, 2, 13.
  violentus, 3. gewaltsam, unge=
stüm, heftig: amnis saxorum asperi-
tate violentior VI, 4, 5; amnis violentus invehitur IV, 9, 16.
  violo, 1. gewaltsam behandeln,
sich an jemd. vergreifen, jemb. ob.
etw. verletzen: alqm III, 12, 22; IV,
7, 27; V, 7, 2; 12, 5; templum VII, 5,
28; jura gentium IV, 2, 17; foedera
divini humanique juris III, 10, 9; fidem
III, 13, 15; V, 12, 5; datam fidem, das
gegebene Wort brechen VI, 4, 12. — 2)
beleidigen: deos hospitales V, 2, 15.
  vĭr, vĭri, Mann: arma virique, be=
waffnete Männer VIII, 14, 1. 27. —
2) Ehemann V, 1, 35; VI, 2, 8; VIII,
3, 7. — 3) prägn. entschlossener Mann,
Mann von Mut VI, 11, 25; VIII, 9, 18,
IX, 7, 17; 10, 27 (s. modo 2).
  vĭrĕo, ŭi, 2. grünen: trunci virent
VI, 5, 14.
  virgo, ĭnis, Jungfrau: adulta
III, 11, 25; filia, jungfräulich IV, 10,
19; 11, 6; virgines reginae, königliche
Jungfrauen III, 12, 21.
  virgultum, i, Strauchwerk, Ge=
sträuch: plur. IV, 9, 10; VI, 5, 17.
  virguncŭla, ae (deminut. v. virgo),
Mägdlein VIII, 4, 25.
  virĭdis, e, „grün", dah. übtr. ju=
gendfrisch, kräftig X, 5, 10.
  virīlis, e, männlich: lepos, der
Manneswürde entsprechend VII, 9, 19.
  virītim, adv. Mann gegen Mann:
viritim dimicare, im Zweikampf VII,
4, 33.
  virtūs, ūtis, f. (vir), „Mannhaftig=
keit", dah. Tüchtigkeit, Vorzüg=
lichkeit, Vorzug X, 5, 27; bellica
IX, 8, 5; regis, gute Eigenschaft V, 5, 3;
virium, Kraftleistungen IX, 7, 16; That=
kraft IX, 3, 9; Tugend IV, 1, 18. — 2)
Tapferkeit, kriegerischer Mut:
spectata IX, 4, 24; inveterata III, 10,
4; absol. III, 7, 2; IV, 6, 26; V, 12, 5;
VI, 8, 3.
  vīrus, i, n. giftige Flüssigkeit,
Gift IX, 1, 12; X, 10, 17.

vis (gen. u. dat. sing. selten, acc. vim, abl. vi, plur. vires, ium), Kraft, Stärke, Gewalt: humana IX, 4, 13; venti IV, 3, 2; solis IX, 1, 11; frigoris V, 6, 13; teli VIII, 9, 28; veneni X, 10, 16; medicaminis III, 6, 13; morbi III, 5, 9; mali IV, 3, 14; animi III, 5, 8; X, 5, 27; plur. Kräfte: corporis III, 7, 2; animi VII, 9, 14; absol. Körperkräfte IV, 6, 26; VII, 7, 19; VIII, 14, 36; IX, 7, 16. — 2) Gewaltthat, Gewalt IV, 11, 2; V, 10, 8; VIII, 8, 8; vim corpori alcjus afferre, jembs. Person Gewalt anthun X, 9, 20; vim inferre X, 8, 4; 9, 15. — 3) metonym. a) Menge, Masse: hominum X, 3, 7; hostium IX, 5, 18; serpentium IX, 1, 12; equorum IX, 10, 22; sagittarum VII, 9, 8; telorum VIII, 10, 31; bituminis V, 1, 16; sanguinis IX, 5, 10. 28; frumenti IX, 8, 29; materiae VIII, 10, 30. — b) Streitmacht: hostium VII, 11, 18; externa V, 1, 27; VI, 7, 1; plur. Streitkräfte IV, 6, 1; 14, 10; 15, 8; V, 1, 5; 9, 5; universae III, 2, 2; 8, 9; intactae IX, 7, 13; regni III, 8, 2; imperii V, 10, 4; gentis et regni IX, 2, 5; summa virium VIII, 14, 2; robur virium VII, 3, 4; totis viribus discrimen belli adire (ingredi) III, 1, 10; VI, 1, 10; aequis viribus dimicare VI, 1, 2; pugna segnis utrimque aequis viribus stat VII, 4, 33; non tam suis viribus, nicht sowohl wegen ihrer eigenen Stärke IV, 5, 16. — c) plur. Hilfsmittel, Mittel VI, 11, 32. — 4) übtr. Macht: regis IX, 1, 23; plur. VI, 9, 11; VIII, 13, 3; publicae vires, Staatsgewalt X, 5, 12; vires imperii, Herrschermacht X, 7, 15; vires regni atque imperii, die ganze Macht der Krone X, 6, 5; absol. vires, Staatsgewalt X, 9, 2.

viscus, ĕris, gewöhnl. plur. viscera, um, n. Eingeweide VII, 5, 5; canis X, 9, 12; bildl. partem viscerum suorum abrumpere, einen Teil seines Herzens VI, 9, 19. — 2) übtr. „Fleisch", daß das eigene Fleisch u. Blut, die eigenen Kinder IV, 14, 22.

viso, si, sum, 3. (v. intens. v. video), sehen, erblicken: speciem fulminum VIII, 4, 4; alqm VIII, 13, 21; visentes V, 1, 34; 4, 8; VII, 5, 42. — 2) besichtigen, in Augenschein nehmen: opera VIII, 10, 31; initia Samothracum VIII, 1, 26; alqm, besuchen VI, 5, 25; Scythas (Oceanum), aufsuchen VII, 6, 12; IX, 9, 1; urbes (Macedoniam), wiedersehen V, 5, 8; IX, 3, 20.

visus, ūs, das Sehen, der Anblick: avium visu gaudere VIII, 9, 26; alqd visu percipere, mit den Augen III, 1, 17.

vita, ae, das Leben: multa („inhaltreich") IX, 6, 22; periculum (discrimen) vitae V, 12, 9; 11, 8; vitam alcui dare, retten VIII, 1, 32; accipere VI, 8, 8; trahere carne VII, 4, 25; vitā excedere III, 1, 21. — 2) Lebensweise, Lebenswandel VI, 9, 17; praeterita VI, 7, 34; vetus VII, 1, 31; cultus vitae V, 6, 17.

vitālis, e, zum Leben gehörig: calor, Lebenswärme III, 5, 3; VII, 3, 14.

vitis, is, f. Weinstock, Rebe VII, 3, 10; tollett. VII, 4, 26; VIII, 10, 13; Weinranken VIII, 9, 26.

vitium, i, fehlerhafte Beschaffenheit, Fehler, Gebrechen: ingenii VIII, 5, 8; memoriae, Schwäche VII, 1, 9; corporis aegri, Leiden VIII, 10, 29. — 2) übtr. Fehler, Verirrung, Laster: militis VI, 2, 15; gentis IX, 7, 15; Persarum VI, 2, 1; otii VII, 1, 4; vitia sunt fortunae, entstammen dem Glück X, 5, 26; kontr. vitia, verberbliche Luxusgegenstände VIII, 9, 19.

vito, 1. einer Sache ausweichen, entgehen, etw. vermeiden: campos III, 7, 9; hastam declinatione capitis (corporis) VII, 4, 36; IX, 7, 21; tela corpore, durch Wendungen des Körpers VI, 1, 4; violentia tempestatis vitatur, man sucht zu entgehen VIII, 4, 5; dedecus morte IV, 15, 30; bellum VII, 7, 17.

vitŭpĕro, 1. tadeln: alqm VIII, 6, 24; absol. VII, 1, 24.

vivārium, i, Tierzwinger, Tiergarten VIII, 9, 28.

vivo, vixi, victum, 3. am Leben sein, leben: viventes cum alquo, Zeitgenossen jembs. VIII, 5, 11; am Le-

vivus   vox   287

ben bleiben VI, 5, 19; 10, 25; VIII, 3, 14; victuri estis, sollt leben bleiben VII, 10, 7. — 2) irgendwie leben: in servitute VIII, 7, 14; in solitudine VIII, 2, 7; in silvis VII, 8, 16; sub alquo VI, 9, 18; VIII, 4, 17; sine regio imperio IX, 1, 7; legibus („nach") VIII, 5, 19. — 3) von etw. leben, sich nähren: rapto, vom Raube III, 10, 9; IV, 6, 3.

vīvus, 3. lebendig, lebend: alqm vivum capere IX, 5, 2; tradere V, 12, 1; cremare V, 6, 7; vivo aliquo, so lange jemb. lebt VI, 11, 29.

vix, adv. mit genauer Not, mit Mühe, kaum III, 4, 12; 8, 16; IV, 2, 8; 7, 6; VI, 6, 14. — 2) v. b. Zeit, kaum erst, kaum III, 5, 3; 6, 19; IV, 15, 12.

vōcīfĕrātĭo, ōnis, f. Geschrei: tumultuantium IX, 7, 9.

vōcīfĕror, 1. (vox u. fero), laut rufen, schreien: haec III, 2, 19; mit acc. c. inf. III, 12, 8.

vŏco, 1. rufen, herbeirufen, berufen: alqm IV, 5, 6; ad se IV, 16, 5; ad vota et preces IV, 13, 15; ad contionem VI, 2, 21; ad arma III, 8, 25. — 2) herausfordern: hostem ultro VI, 1, 14. — 3) nennen: alqm mit acc. des Prädikats III, 2, 13; 3, 19; 8, 13; 12, 25; VI, 5, 18; VII, 4, 24; Iberiam ab Ibero X, 1, 18; passiv. heißen III, 3, 15.

vŏlātus, ūs, der Flug IV, 7, 15.

volgus, i, s. vulgus.

1. vŏlo, 1. fliegen IV, 15, 26; VII, 11, 5.

2. vŏlo, vŏlŭi, velle, wollen, wünschen: quicquam X, 7, 12; mit inf. III, 5, 6; IV, 5, 7; 15, 24; mit acc. c. inf. III, 12, 25; IV, 6, 6; 13, 24; VI, 1, 18; 10, 8; mit Konjunkt.: quam vellem hausisset, wie sehr wünschte ich, daß III, 12, 26; volentibus (erg. vobis), wenn ihr es wollt (daß ich am Leben bleibe) VI, 9, 24.

vŏluntārĭus, 3. freiwillig: mors V, 6, 7.

vŏluntās, ātis, f. Wille, Wunsch, Verlangen VII, 2, 31; 11, 12. — 2) Absicht, Entschließung IV, 11,

10; VI, 7, 13. — 3) Gesinnung, Stimmung IV, 5, 16.

vōluptās, ātis, f. Vergnügen, Lust, Liebhaberei VII, 2, 22. — 2) Wollust X, 5, 31; plur. sinnliche Genüsse VI, 2, 1; 6, 9; X, 3, 9.

vŏlūto, 1. (v. intens. v. volvo), wälzen, rollen: fretum artius volutatur, wogt eingeengter IV, 2, 16. — 2) übtr. hin u. her überlegen, überdenken, erwägen: parricidium V, 9, 3; consilium animo V, 12, 10.

volvo, volvi, volūtum, 3. „wälzen", „rollen", übtr. „aus der Schicksalsurne rollen lassen", daß. verhängen: humana negotia volvuntur et aguntur, werden verhängt und ausgeführt V, 11, 10. — 2) sich mit etw. tragen, etw. hegen, über etw. brüten: cogitationes X, 5, 15; 8, 9; consilia X, 8, 7.

vŏmĭtus, ūs, das Erbrechen, Speien: aquam vomitu egerere VII, 5, 8.

vŏrāgo, ĭnis, f. Schlund, Abgrund V, 4, 23; VIII, 2, 23; in altum cavata VIII, 10, 24.

vortex, s. vertex.

vos, s. tu.

vōtum, i (voveo), Gelübde IV, 13, 15; VIII, 9, 28; vota suscipere pro salute III, 7, 3; reddere („erfüllen") III, 7, 3; persolvere VI, 11, 7. — 2) Wunsch, Verlangen: unicum IV, 13, 8; votum alcjus implere IV, 13, 24; alqd voto expetere, wünschen VII, 10, 6; omni voto (omnibus votis), sehnlichst wünschen III, 8, 19; IX, 9, 4; voti compos (s. compos) IX, 9, 27; super ipsorum vota, über ihre eigene Erwartung X, 1, 25.

vox, vōcis, f. Stimme: humana VIII, 9, 16; magna („laut") VIII, 1, 30; voces dissonae IX, 9, 14; vox aliquem deficit VI, 7, 30. — 2) metonym. a) Laut, Ton III, 10, 2. — b) Wort, Rede, Äußerung, Aussage III, 6, 12; IV, 6, 6; V, 2, 19; indicium VI, 9, 7; colloquentium VII, 1, 25; impia V, 9, 9; suprema X, 5, 6; voces seditiosae VII, 1, 4; IX, 1, 16; vox excidit alcui IV, 15, 11; supplicem vocem mittere IV, 6, 28; vocem alcui exprimere IX, 3, 1; vocem ad minas reddere („erwiebern") IV, 6, 27; ad hanc vocem, bei biefer Mitteilung V, 2, 19; voces variae nautarum, Zuruf IX, 8, 6; laute Zuſtimmung VIII, 5, 20; Willensäußerung X, 7, 8.

vulgāris, e (bei ber großen Menge) gewöhnlich: habitus, Tracht eines Unterthanen III, 3, 4 (ſ. et 1, a).

vulgātus, a, um, ſ. vulgo.

vulgo, adv. gewöhnlich, gemeiniglich IV, 7, 23; VII, 4, 13.

vulgo, 1. (vulgus), „unter bie große Menge bringen", bah. allgemein verbreiten, allen mitteilen: commercium vitiorum in gentes VIII, 9, 19; odor (sucus) morbos vulgat V, 1, 11; IX, 10, 13; licentia in omnes se vulgat VIII, 10, 16; contagium morbi in alios vulgatum est IX, 10, 1; corpus vulgare, preisgegeben V, 1, 38; vulgatus usu, allgemein gebräuchlich III, 1, 14. — 2) allgemein bekannt machen, ruchbar machen, verbreiten: acta VII, 7, 39; rumorem VI, 2, 17; periculum V, 12, 7; fama vulgare, das Gerücht ausſprengen VII, 6, 15; X, 1, 31; fama vulgat mit acc. c. inf., bas Gerücht verbreitet ſich IV, 9, 2; VI, 11, 20; VIII, 11, 2; fabula vulgat VIII, 1, 17; part. vulgatus, allgemein bekannt: miraculum fabulis V, 1, 32; monumenta carminibus III, 4, 10.

vulgus (volgus) i, n. (acc. vulgum IX, 1, 20), bie große Menge, bas Volk IV, 10, 5; IX, 9, 10; in pace erat vulgi (erg. judicare) VI, 8, 25 (ſ. sum B, 4); ber große Haufe VI, 2, 9; insb. das Heer VI, 2, 21; X, 5, 3; 6, 4; 7, 8; militum VII, 2, 33; militare III, 6, 19 (V); edere in vulgus, unter bem Heere III, 3, 7; IV, 10, 7.

vulnĕro, 1. verwunden: alqm eminus VIII, 14, 31; se gladio VI, 7, 29; ſubſt. vulnerati III, 11, 6.

vulnus, ĕris, n. Wunbe: insanabile IX, 5, 26; vulnus accipere IV, 6, 12; (adverso corpore) III, 11, 9; IX, 5, 16; vulnus curare VII, 2, 22; percurare IV, 6, 21; vulneribus fatigatus V, 13, 23; confectus IV, 6, 25.

vultus, üs, Geſicht (als Ausbruck des Innern), Miene, Blick VI, 1, 17; IX, 2, 30; superbus V, 8, 14; dispar animo VII, 8, 1; vultus, animi index VIII, 6, 22; vigor ejus ot vultus, ber helbenmäßige Mut in seinen Mienen X, 5, 10; vultu speciem laetitiae praeferre VII, 2, 24; vultu assentiri VIII, 4, 30; ex vultu alcjus alqd conspicere (perspicere, intellegere) V, 11, 7; VI, 7, 3; VIII, 12, 9; ex vultu spem augurari IV, 13, 25; alqm vultu interrito (terribili, truci) intueri IV, 6, 27; VI, 5, 29; VII, 2, 6; 5, 24; animus vultu aestimatur VI, 7, 33; mutatur IV, 15, 11; vultus erigere V, 5, 23. — 2) Angeſicht, Antlitz VII, 8, 9; vultum avertere (oculos movere) a conspectu alcjus III, 6, 9; VI, 7, 30; vultum in terram demittere VI, 9, 2.

X.

Xenippa, ōrum, Gegend öſtl. von Sogbiana, vielleicht bie gebirgigen Diſtrikte von Hiſſar VIII, 2, 14.

Xenophīlus, i, im Heere Alexanders V, 2, 16.

Xerxēs, is, Sohn des Dareus Hyſtaspis, König ber Perſer 486—465 v. Chr. III, 2, 2; 10, 8; IV, 1, 11; V, 6, 1; 7, 11; VII, 5, 28; X, 6, 14.

Z.

Zariaspēs, is, ein vornehmer Perſer: acc. Zariaspen IX, 10, 19.

Ziobētis, is, Fluß in Parthien VI, 4, 4.

smaragdus, ſ. smaragdus.

Zoïlus, ein Truppenführer Alexanders VI, 6, 35.

zōna, ae, Gürtel III, 3, 18.

Zopyrio, ōnis, Truppenführer Alexanders in Thracien X, 1, 44.

www.ingramcontent.com/pod-product-compliance
Lightning Source LLC
Chambersburg PA
CBHW032100220426
43664CB00008B/1073